2026 제37회 시험대비

합격으로 가는 하이패스

단한권 공인중개사

핵심이론서 **1차**

송도윤, 박기인 공저

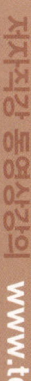
저자직강 동영상강의
www.tomatopass.com

PROFILE 저자약력

부동산학개론

송도윤

- 현) 토마토패스 공인중개사 부동산학개론 전임교수
  해커스 공인중개사 부동산학개론
  인강드림 공인중개사 부동산학개론
  남양주 공인중개사 부동산학개론
- 전) 은평 박문각 공인중개사 부동산학개론

민법 및 민사특별법

박기인

- 현) 토마토패스 공인중개사 민법 전임교수
  토마토 집톡 부동산시그널 강사
  합격닷컴 대표
  도서출판 채움 대표
  (주) 유알도시정비 대표
- 전) 감정평가사, 공인노무사, 주택관리사, 행정사 민법, 경찰형법 등 다수 강의

공인중개사법령 및 중개실무

송성호

- 현) 토마토패스 공인중개사 공인중개사법 전임교수
  박문각 공인중개사법 전임교수
  메가랜드 공인중개사법 전임교수
  유튜브 '송쌤의 공인중개사법' 운영
- 전) 노량진 이그잼고시학원   랜드삼 공인중개사법
  노량진 제일고시학원   랜드프로
  노량진 한국법학교육원   EBS TV
  에듀윌

부동산공법

박후서

현) 토마토패스 공인중개사 부동산공법 전임교수
   국토교통부 국토교통인재개발원 교수
   미래보험교육원 보험계약법·근로자퇴직급여 보장법 교수
   너무쉬운강의 부동산공법 교수
전) 무크랜드·랜드스쿨·인강드림·공인단기 부동산공법 교수
   보험연수원 종합자산관리사 교수
   계명대 평생교육원 교수
   수협은행 중앙연수원 부동산공법 교수

부동산공시법

목희수

현) 토마토패스 공인중개사 부동산공시법 전임교수
   메가랜드 노원캠퍼스, 김포캠퍼스 부동산공시법 전임교수
   EBS 공인중개사 부동산공시법 전임교수
   스페셜 에듀 부동산공시법 전임교수
전) 노량진한국법학원   시울시 공무원 교육원
   한국경제 TV   TN 부동산 TV
   에듀나인   랜드프로

부동산세법

김윤석

현) 토마토패스 공인중개사 부동산세법 전임교수
   신구대학교 세무회계학과 겸임교수
   인덕대학교 세무회계학과 겸임교수
   대구한의대학교 부동산융합산업학과 객원교수
   생산성본부 외래교수
   (재) 건설기술교육원 외래교수
   해커스 공인중개사 부동산세법 강사
   ebs공인중개사 부동산세법 강사

GUIDE
시험 가이드

시험개요

① 부동산 중개업을 건전하게 지도, 육성하고 공정하고 투명한 부동산 거래질서를 확립함으로써 국민경제에 이바지함을 목적으로 함(관계법령: 공인중개사법)
② 수행직무 : 중개업의 공신력을 높이기 위해 도입된 자격증으로 부동산 중개업무, 관리대행, 컨설팅, 중개업 경영정보 제공, 상가분양 대행, 경매 매수신청 대리 업무 등을 수행

시험정보

2026년 제37회 시험일정

구분		인터넷/모바일(App) 원서 접수기간	시험시행일
제1·2차시험 동시접수·시행	정기	2026년 8월 초~중순(약 5일간)	2026년 10월 31일(토)
	빈자리	2026년 9월 말(약 2일간)	

※ 시험 일정에 변동이 있을 수 있으니 반드시 큐넷(http://www.q-net.or.kr) 공인중개사 페이지를 확인하시기 바랍니다.
※ 인터넷/모바일(App) 원서접수방법 : 큐넷 홈페이지 및 모바일 큐넷 앱을 통해 접수

응시자격

제한 없음
※ 다만, 다음의 각호에 해당하는 경우에는 공인중개사 시험에 응시할 수 없음

① 공인중개사시험 부정행위자로 처분 받은 날로부터 시험시행일 전일까지 5년이 경과되지 않은 자(공인중개사법 제4조의3)
② 공인중개사 자격이 취소된 후 시험시행일 전일까지 3년이 경과하지 않은 자(공인중개사법 제6조)
③ 이미 공인중개사 자격을 취득한 자

GUIDE
시험 가이드

합격기준

구분	합격결정기준
제1차시험	매 과목 100점 만점으로 하여 매 과목 40점 이상, 전 과목 평균 60점 이상 득점한 자
제2차시험	매 과목 100점 만점으로 하여 매 과목 40점 이상, 전 과목 평균 60점 이상 득점한 자

※ 1·2차 시험 응시자 중 제1차 시험에 불합격한 자의 제2차 시험은 무효로 함(공인중개사법 시행령 제5조제3항)

시험시행 및 채점방법

- 제1차시험과 제2차시험을 구분하여 같은 날에 시행하되, 모두 객관식 5지 택일형으로 출제
- 답안작성은 OMR 카드에 작성하며, 전산자동 채점방식으로 채점함
- 부정행위자의 처리 : 부정행위를 한 응시자에 대하여는 그 시험을 무효로 하고, 공인중개사법 제4조의3항에 따라 그 처분이 있는 날로부터 5년간 시험응시자격을 정지함(1차 시험 중 적발 시 2차 시험 응시불가)

수험현황

구분		2024	2023	2022	2021	2020
1차	대상자(명)	132,824	179,727	238,694	247,880	213,936
	응시자(명)	98,483	134,354	176,016	186,278	151,674
	합격자(명)	14,850	27,459	34,746	39,776	32,368
	합격률(%)	15.1	20.4	19.7	21.4	21.3
2차	대상자(명)	80,533	108,020	149,016	152,041	129,075
	응시자(명)	49,521	65,705	88,378	92,569	75,214
	합격자(명)	15,301	15,157	27,916	26,915	16,555
	합격률(%)	30.9	23.1	31.6	29.1	22.0

GUIDE
시험 가이드

시험범위 및 출제비율

구분	과목명	시험범위	문항수 (시험시간)	출제비율
제1차시험 1교시 (2과목)	① 부동산학개론	1. 부동산학개론	과목당 40문항 (100분)	85% 내외
		2. 부동산감정평가론		15% 내외
	② 민법 및 민사특별법 중 부동산 중개에 관련되는 규정	1. 민법의 범위 1) 총칙 중 법률행위 2) 질권을 제외한 물권법 3) 계약법 중 총칙·매매·교환·임대차		85% 내외
		2. 민사특별법의 범위 1) 주택임대차보호법 2) 집합건물의 소유 및 관리에 관한 법률 3) 가등기담보 등에 관한 법률 4) 부동산 실권리자명의 등기에 관한 법률 5) 상가건물 임대차보호법		15% 내외
제2차시험 1교시 (2과목)	① 공인중개사의 업무 및 부동산 거래신고에 관한 법령 및 중개실무	1. 공인중개사법 2. 부동산 거래신고 등에 관한 법률	과목당 40문항 (100분)	70% 내외
		3. 중개실무		30% 내외
	② 부동산공법 중 부동산 중개에 관련되는 규정	1. 국토의 계획 및 이용에 관한 법률		30% 내외
		2. 도시개발법 3. 도시 및 주거환경정비법		30% 내외
		4. 주택법 5. 건축법 6. 농지법		40% 내외
제2차시험 2교시 (1과목)	① 부동산공시에 관한 법령(부동산등기법, 공간정보의 구축 및 관리 등에 관한 법률) 및 부동산 관련 세법	1. 부동산등기법	40문항 (50분)	30% 내외
		2. 공간정보의 구축 및 관리 등에 관한 법률 제2장 제4절 및 제3장		30% 내외
		3. 부동산 관련 세법(상속세, 증여세, 법인세, 부가가치세 제외)		40% 내외

CONTENTS
목차

제1과목 부동산학개론

PART 01 부동산학 총론
CHAPTER 01 부동산학의 기초 / 12
CHAPTER 02 부동산의 개념과 분류 / 15
CHAPTER 03 부동산의 특성과 속성 / 24

PART 02 부동산경제론
CHAPTER 01 부동산 수요·공급이론 / 30
CHAPTER 02 부동산경기변동 / 54

PART 03 부동산시장론
CHAPTER 01 부동산시장론 / 60
CHAPTER 02 입지 및 공간구조론 / 68

PART 04 부동산정책론
CHAPTER 01 부동산문제(최근 다년간 출제되지 않음)
CHAPTER 02 부동산정책 / 86

PART 05 부동산투자론
CHAPTER 01 부동산투자의 의의 / 102
CHAPTER 02 부동산투자의 위험과 수익 / 105
CHAPTER 03 부동산투자분석 / 116

PART 06 부동산금융론
CHAPTER 01 부동산금융 / 138
CHAPTER 02 부동산증권 / 151

PART 07 부동산개발 및 관리론, 마케팅
CHAPTER 01 부동산개발 / 160
CHAPTER 02 부동산관리 / 166
CHAPTER 03 부동산마케팅 / 169

PART 08 부동산 감정평가론
CHAPTER 01 감정평가의 기초이론 / 174
CHAPTER 02 감정평가의 3방식 / 185
CHAPTER 03 부동산 가격공시제도 / 210

CONTENTS
목차

| 제2과목 민법 및 민사특별법

PART 01 민법총칙
CHAPTER 01 법률관계 / 220

PART 02 물권법
CHAPTER 01 총설 / 298
CHAPTER 02 기본물권 / 320
CHAPTER 03 용익물권 / 365
CHAPTER 04 담보물권 / 392

PART 03 채권법
CHAPTER 01 계약총론 / 418
CHAPTER 02 계약각론 / 448

PART 04 민법 및 민사특별법
CHAPTER 01 주택임대차보호법 / 488
CHAPTER 02 상가건물임대차보호법 / 508
CHAPTER 03 부동산실명법 / 522
CHAPTER 04 가등기담보법 / 532
CHAPTER 05 집합건물법 / 541

제1과목
부동산학개론

- **PART 01** 부동산학 총론
- **PART 02** 부동산경제론
- **PART 03** 부동산시장론
- **PART 04** 부동산정책론
- **PART 05** 부동산투자론
- **PART 06** 부동산금융론
- **PART 07** 부동산개발 및 관리론, 마케팅
- **PART 08** 부동산 감정평가론

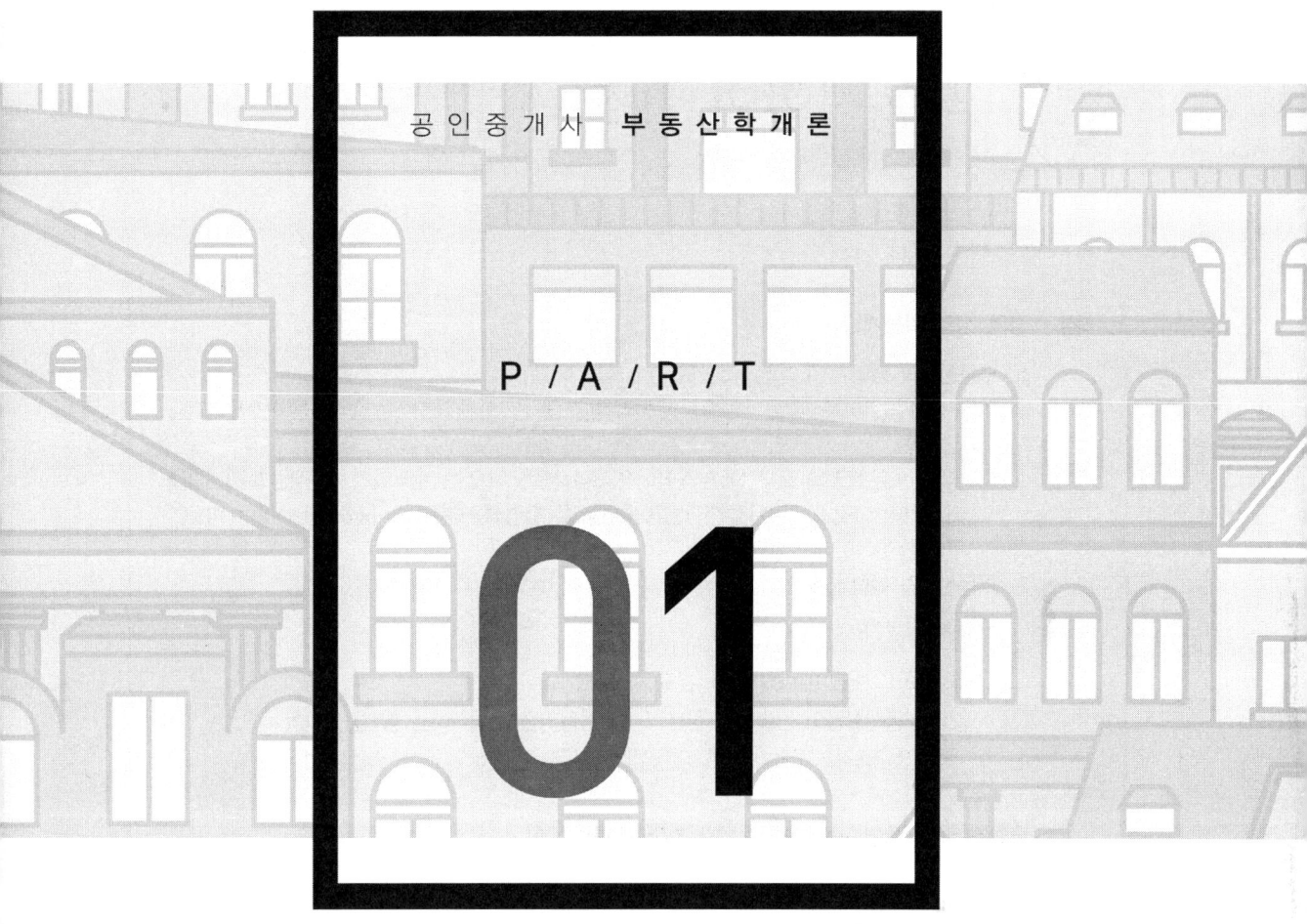

부동산학 총론

- **Chapter 1** 부동산학의 기초
- **Chapter 2** 부동산의 개념과 분류
- **Chapter 3** 부동산의 특성과 속성

CHAPTER 01 부동산학의 기초

> **핵심** 정의, 성격, 복합개념(23회, 30회, 33회)
>
> 1. 부동산학의 정의
>   ① 부동산학은 부동산활동의 능률화의 원리 및 그 응용기술을 개척하는 **종합응용과학**이다(김영진 교수).
>   ② 부동산학은 **토지**와 토지상에 부착되어 있거나 연결되어 있는 여러 가지 항구적인 **토지개량물**에 대하여, 그것과 관련된 물적·법적·금융적·직업적 제측면을 기술하고 분석하는 학문연구의 한 분야이다(안정근 교수).
> 2. 부동산학의 복합개념
>
>   부동산 : real estate
>
>   부동산학 : Real Estate(1970. 건국대. 김영진교수)
>   ↳ <u>부동산활동</u>의 능률화의 <u>원리</u> 및 그 응용<u>기술</u>을 개척하는 **종합응용과학**
>   (연구목적)   (이론, 과학성) (실무, 기술성)   (복합개념)
>
>   복합개념(3대 측면 – 법·경·기, 2대 측면 – 무형·유형)
>
>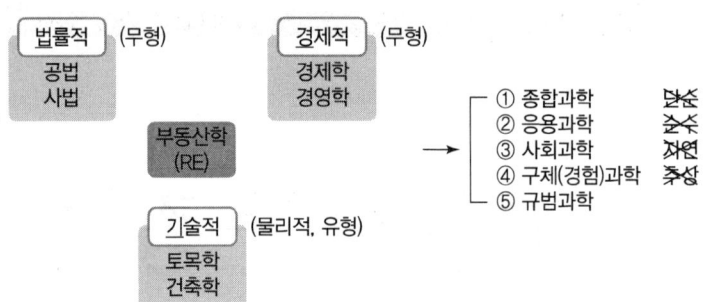

1. 부동산학의 학문적 성격

① 종합과학 ② 응용과학 ③ 사회과학 ④ 구체(경험)과학 ⑤ 규범과학		
비교정리	○	×
	종합 ○, 응용 ○, 사회 ○, 구체경험 ○	단순 ×, 기초 ×, 순수 ×, 자연 ×, 추상 ×

2. 복합개념(3대 측면, 2대 측면)

① 법률적 측면(무형) : 공법, 사법 등
② 경제적 측면(무형) : 경제학, 경영학, 회계학 등
③ 기술적(물리적) 측면(유형) : 건축학, 토목학 등
✎ 내용·기능적 측면에서는 **경제적 측면**의 부동산이 **광의**로 부동산을 해석하고 있고 법률적 판단과 기술적 판단을 한 후에 **경제적 판단**을 하는 경우가 일반적이다.

3. 부동산학의 접근방법

① 분산식 접근방법 : 개별적, 부분적으로 접근
② 중점식 접근방법 : 특정 측면에 중점을 두어 접근
③ 종합식 접근방법 : **복합개념**으로 접근, **시스템**적 사고방식, 부동산이론 **단기 정착에 기여**
④ 의사결정 접근방법 : **인간은 합리적인 존재**이며, **자기이윤의 극대화**를 목표로 행동한다는 기본가정
⑤ 법·제도적 접근방법 : 공공부문의 공적개입을 전제로 접근
⑥ 행태과학적 접근방법 : 인간적 요인에 착안, 부동산 **행태** 중심 접근(중개, 마케팅, 경영)

4. 부동산학의 지도이념 – 인간과 부동산의 관계 개선

① 효율성 : **이용**측면, **민간**부문, 지역지구제
② 형평성 : **분배**측면, **공공**부문, 개발권양도제(TDR)
③ 합법성 : 부동산활동의 **범위**

비교 정리	○	×
	민간 효율성 ○, 공공 형평성 ○, 지역지구제 효율성 ○, TDR 형평성 ○	민간 형평성 ×, 공공 효율성 ×, 지역지구제 형평성 ×, TDR 효율성 ×

5. 부동산학의 연구대상과 연구분야

(1) 부동산학의 연구대상

① 부동산 현상 : **부동산**으로부터 야기되는 여러 가지 법칙성
② 부동산활동 : **인간**(주체, 대인활동)이 **부동산**(객체, 대물활동)을 대상으로 전개하는 관리적 측면에서의 여러 가지 행위

(2) 부동산학의 연구분야

① 부동산 결정분야(**실무분야 – 기술성**) : 부동산 **투자**, 금융, 개발, 정책
② 부동산 결정의 **지원분야**(**실무분야 – 기술성**) : 부동산 투자 **상담**, 평가, 관리, 마케팅
③ 부동산학의 **기초분야**(**이론분야 – 과학성**) : 부동산 특성, 법, 세금, 시장, 도시지역

6. 부동산학의 일반원칙(능안경공)

① **능률성** 원칙 : 소유활동 능률화(**최유효이용 원칙**), 거래활동 능률화(**거래질서 확립 원칙**)
   ⇨ 이전 · 보족 · 분담 · 연결 · 표준 · 분발의 원리
② **안전성** 원칙 : 능률성과 안전성은 상호 견제 관계, 복합개념의 안전성
③ **경제성** 원칙 : 최소비용으로 최대효과
④ **공정성** 원칙

비교 정리	○	×
	능률성은 소유활동에 있어서 최유효이용 ○	안전성은 소유활동에 있어서 최유효이용 ×

7. 부동산활동의 속성

① 과학성(이론) 및 기술성(실무)
② 전문성 : 1차 수준(비전문가), 2차 수준(업무 관련), 3차 수준(전문가)
③ 윤리성 : 고용윤리(종업원), 조직윤리(업자 간), 서비스윤리(의뢰인), 공중윤리(대중)
④ 대인활동, 대물활동 : 부동산활동의 주체는 인간, 부동산활동의 객체는 부동산
⑤ 정보활동, 임장활동 : **부동성**, **대물활동**, 통제불가능한 요인이 많기 때문
⑥ 공간활동(3차원 공간) : 수평공간, 공중공간, 지하공간

> **암기** 부동산학
> 1. 부동산학의 학문적 성격 : 종합, 응용, 사회, 구체 · 경험, 규범과학
> 2. 부동산학의 접근방법 : 종합식, 의사결정
> 3. 부동산학의 지도이념 : 효율성, 형평성
> 4. 능률성의 원칙 : 소유활동의 능률화를 위해서는 최유효이용의 원칙, 거래활동의 능률화를 위해서는 거래질서 확립의 원칙을 지켜져야 한다(안전성의 원칙 ×).

CHAPTER 02 부동산의 개념과 분류

제1절 부동산의 개념제(27회, 30회)

1. 복합개념의 부동산

법률적, 경제적, 기술적 측면의 부동산을 **복합개념의 부동산**이라고 한다.

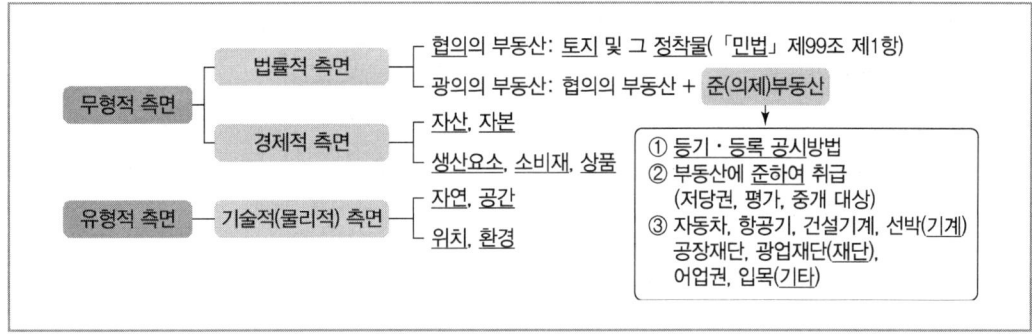

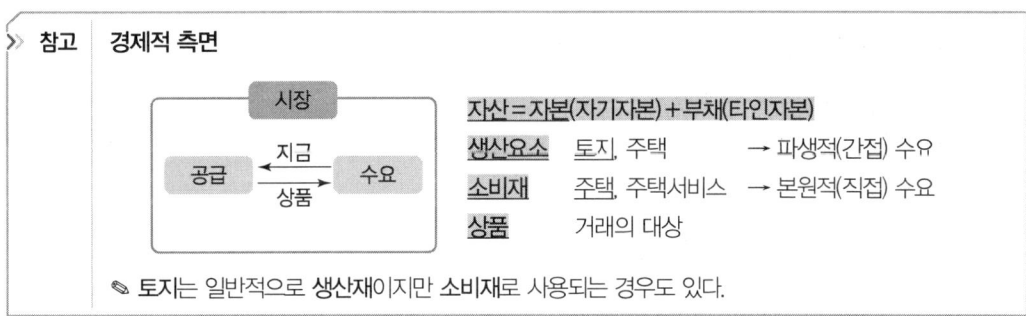

● 토지는 일반적으로 **생산재**이지만 **소비재**로 사용되는 경우도 있다.

(1) 복합개념의 부동산

무형적 측면		유형적 측면
법률적 개념	경제적 개념	기술적(물리적) 개념

① 협의의 부동산(「민법」) : 토지 및 그 정착물
② 광의의 부동산
  ㉠ 협의의 부동산 : 토지 및 그 정착물
  ㉡ 준(의제)부동산 : 자동차, 선박, 항공기, 건설기계, 공장재단, 광업재단, 입목, 어업권 등
	① 자산
	② 자본
	③ 생산요소(생산재)
	④ 소비재
	⑤ 상품
		① 환경
		② 자연
		③ 위치
		④ 공간

✎ 「입목에 관한 법률」에 따른 **입목**, 「공장 및 광업재단 저당법」에 따른 **공장재단 및 공업재단**은 부동산 **중개대상물**이 될 수 있다.

비교정리	법	경	기
	협의, 광의	자산, 자본, 생산요소, 소비재, 상품	자연, 공간, 위치, 환경

(2) 복합부동산(부동산활동 관점)

토지와 **건물**, **일체**의 **결합된 상태**(**일괄**평가 − **거래사례비교법**)

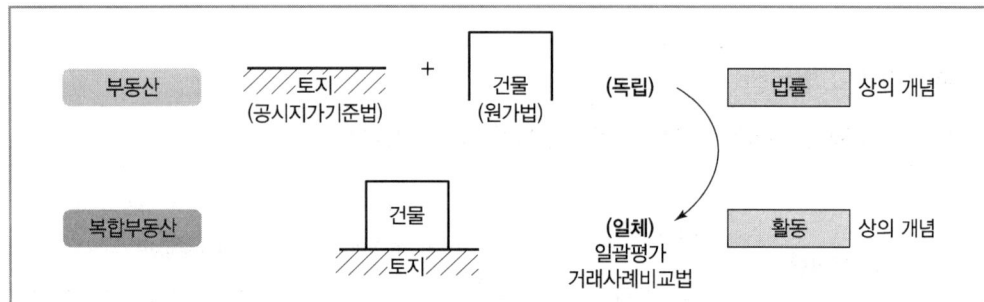

① 토지와 그 토지 위의 건물 등의 정착물이 법률적으로는 각각 독립된 거래의 객체이면서도 마치 하나의 결합된 상태로 다루어져 부동산활동의 대상으로 삼는 경우를 말한다.
② 복합부동산은 감정평가시 일괄평가하는 것이 일반적이다. 「집합건물의 소유 및 관리에 관한 법률」에 따른 구분소유권의 대상이 되는 건물부분과 그 대지사용권을 일괄하여 감정평가하는 경우 등 토지와 건물을 일괄하여 감정평가할 때에는 거래사례비교법을 적용하여야 한다.

(3) 복합개념의 부동산, 복합부동산, 복합건물

① **복합개념의 부동산**(부동산학 관점) : **법률적**, **경제적**(무형), **기술적**(유형) 측면의 부동산
② **복합부동산**(부동산활동 관점) : **토지와 건물을 일체 · 결합된 상태로 취급하는 부동산**, **일괄**평가
③ **복합건물** : 주상복합건물, 구분평가

비교정리	복합개념부동산	복합부동산	복합건물
	법률, 경제, 기술	토지, 건물, 일체	주상복합

> **암기** **복합개념의 부동산과 복합부동산**
>
> 1. 복합개념의 부동산(**법 · 경 · 기**) vs 복합부동산(**토지 · 건물 · 일체**)
> 2. **법률적**(협의 · 광의) vs **경제적**(산 · 본 · 생 · 소 · 상) vs **기술적 · 물리적**(공 · 자 · 위 · 한)
> 3. 복합부동산 : 활동상 개념(법률상 개념 ×), 일괄평가(거래사례비교법)

2. 정착물(29회)

(1) 토지정착물(「민법」)

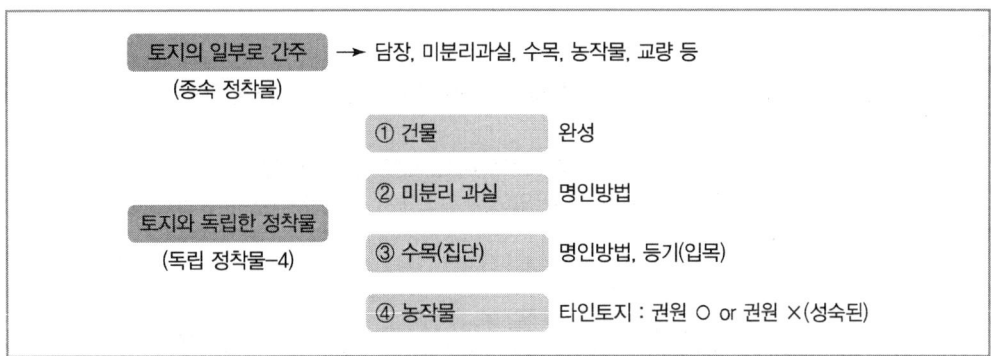

비교 정리	종속	독립
	그 외	건물, 명인 미분리과실, 명인 수목 · 등기입목, 타인토지 농작물

(2) 부동산정착물(부동산학)

정착물 — 부동산의 일부 — 매수인에게 소유권 이전 O ← 불분명, 정착물 간주

동산 — 부동산으로부터 독립 — 매수인에게 소유권 이전 ×

구분 기준	정착물 취급	동산 취급
부착방법	제거곤란, 효용지장	제거용이
물건성격	위치나 용도에 맞도록 제작, 설치 O	위치나 용도에 맞도록 제작, 설치 ×
설치의도	영구적 설치(가치 ↑)	일시적 설치(필요)
당사자 관계	임대인 정착물	임차인 정착물 (거래, 농업, 가사정착물)

비교 정리	정착물	동산
	임대인 정착물, 불분명	임차인 정착물, 경작 수확물, 가식 수목

> **암기** **토지정착물과 부동산정착물**
> 1. **토지정착물**: 종속 vs 독립(건물, 명인 미분리과실, 명인 수목 · 등기 입목, 농작물)
> 2. **부동산정착물**: 정착물 vs 동산(임차인 정착물, 경작 수확물, 가식 중의 수목)

제2절 부동산의 종류(27회, 28회, 29회, 30회, 31회, 32회)

1. 토지의 용어

(1) 지목에 따른 분류(「공간정보의 구축 및 관리 등에 관한 법률」상의 28개 지목)

전, 답, 과수원, 목장용지, 임야, 광천지, 염전, 대(垈), 공장용지, 학교용지, 주차장, 주유소용지, 창고용지, 도로, 철도용지, 하천, 제방, 구거, 유지, 양어장, 수도용지, 공원, 체육용지, 유원지, 종교용지, 사적지, 묘지, 잡종지

구거	유지
용·배수 위하여, 수로·둑	물 고이거나 저장, 댐·저수지·호수

(2) 대, 택지, 부지

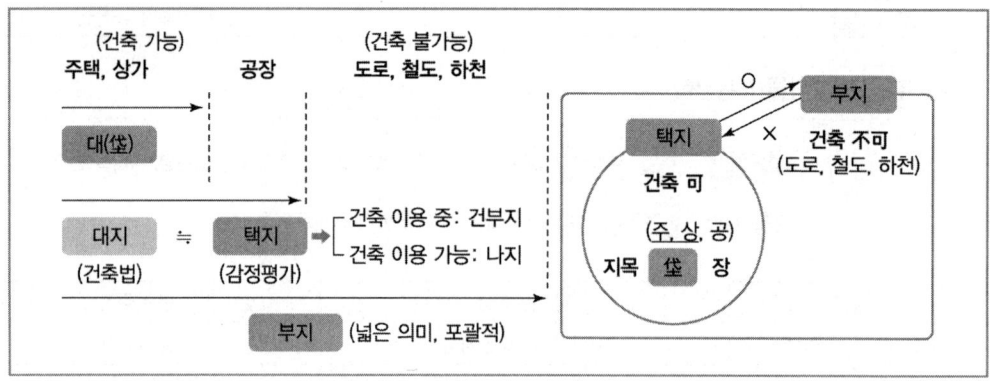

비교정리	택지	부지
	건축 가능, 주·상·공	주·상·공 + 건축 불가 토지(도로, 철도, 하천)

(3) 후보지, 이행지

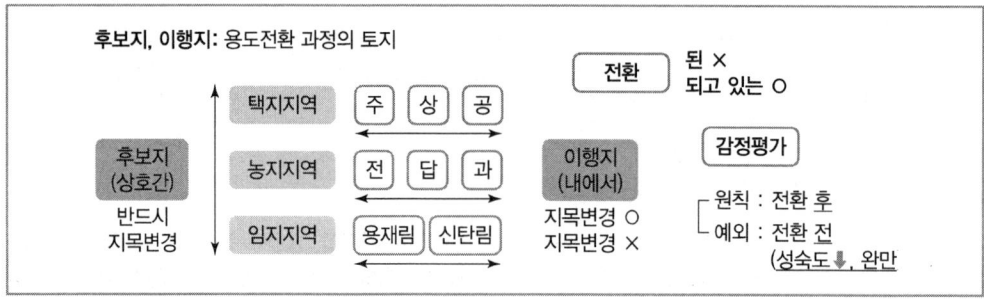

비교정리	후보지	이행지
	상호간, 전환되고 있는	내에서, 전환되고 있는

(4) 법지, 빈지

① **법지(法地)** : 법적 소유권은 **인정**이 되나, 활용실익이 없는 토지
② **빈지(濱地)** : 법적 소유권은 인정되지 않으나, **활용실익이 있는** 토지, 바다와 육지사이의 해변 토지로 **해안선~토지등록**지점

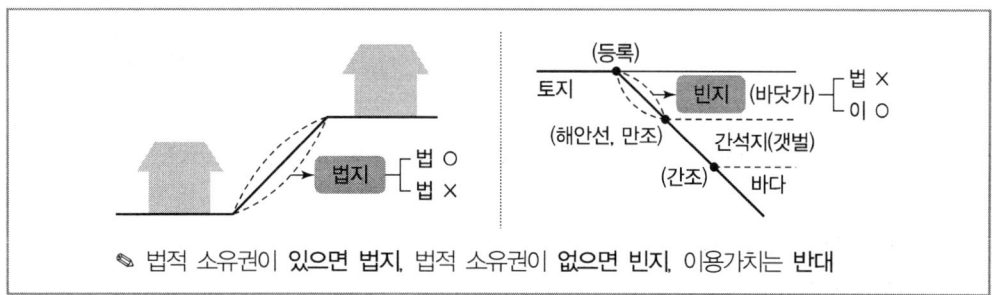

비교 정리	법지	빈지
	법적 소유권 ○, 이용가치 ×	법적 소유권 ×, 이용가치 ○, 해안선~등록

(5) 필지, 획지, 대지, 맹지

① **필지(筆地)** : 하나의 **지번**이 붙는 토지의 **등록(등기)** 단위, 지적법, 등기법상 용어, 토지 소유자의 권리를 구분, **법적** 개념
② **획지(劃地)** : **가격수준**이 비슷한 일단의 토지, 감정평가상 용어, **경제적** 개념
③ **대지(袋地)** : **좁은** 통로에 의해 도로에 접속면을 갖는 **자루형의 모양**을 띠게 되는 토지로, 맹지와는 달리 **건축이 가능**하다.
④ **맹지(盲地)** : 도로에 **어떤 접속면도 가지지 못하는** 토지로 「건축법」상 **건축 불가능**한 토지이다.

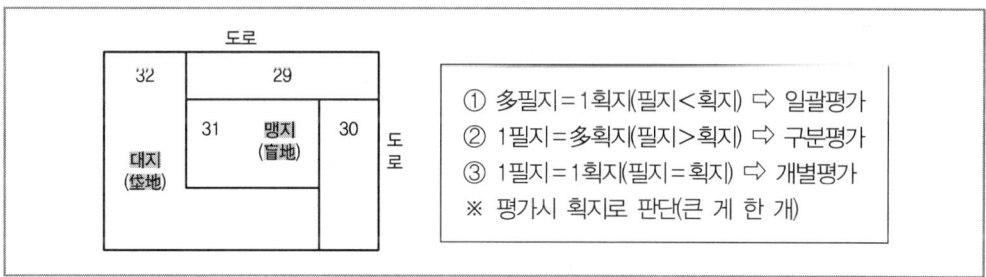

비교 정리	필지	지번, 등기·등록, 법적	획지	가격수준 비슷, 경제적
	대지	좁은 접속면, 허가 ○	맹지	도로 접속면 ×, 허가 ×

(6) 나지, 건부지

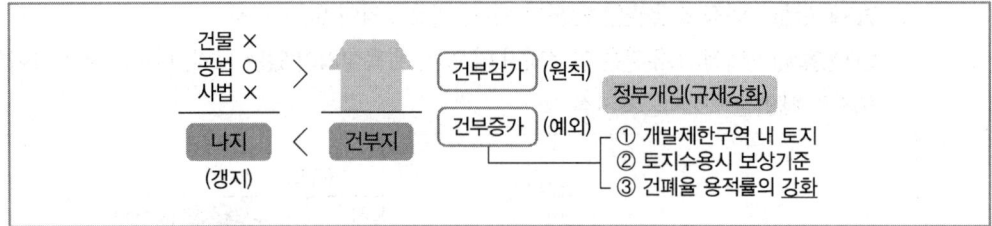

① **나지(裸地)** : 건축물 ×, 공법 ○, 사법 ×, 지목이 반드시 '垈'일 필요는 없음
② **건부지(建附地)** : 건축물이 이미 **들어서 있는** 토지
③ **건부지감가와 건부증가**
　㉠ **건부감가(원칙)** : 나지가치 > 건부지가치
　㉡ **건부증가(예외)** : 나지가치 < 건부지가치 ➪ 규제**강화**

비교 정리	나지	건물 ×, 사법 ×, 공법 ○	건부지	건물이 들어선 토지
	건부감가	나지 > 건부지	원칙	건부증가	나지 < 건부지	예외

(5) 공지와 공한지

① **공지(空地)** : 필지 내 건폐율 등의 **공적제한**으로 인해 꽉 메워서 건축하지 않고 **남겨둔** 토지
② **공한지(空閑地)** : **도시토지**로서 지가상승만을 기대하고 **투기목적**으로 **방치**하는 토지

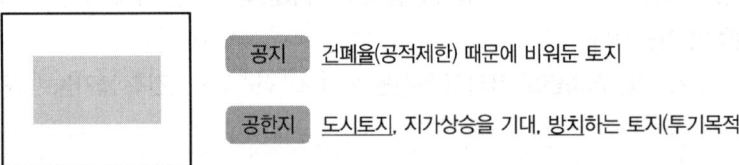

비교 정리	나지	건부지	공지
	건물 ×	건물 ○	건물 짓고 남은

(8) 유휴지, 휴한지

① **유휴지(遊休地)** : 바람직스럽지 못하게 놀리는 토지
② **휴한지(休閑地)** : 농지 등의 지력회복을 위해 정상적으로 쉬게 하는 토지

정상적	비정상적
㉠ 공지 : 건폐율, 공적제한	㉠ 공한지 : 도시토지, 방치(투기목적)
㉡ 휴한지 : 지력회복, 쉬게 하는	㉡ 유휴지 : 바람직 ×, 놀리는

비교 정리	공지	공적제한, 남겨둔 토지	공한지	도시토지, 방치, 투기
	휴한지	정상적, 쉬게 하는 지력회복	유휴지	바람직 ×, 놀리는

(9) 기타 토지 용어 정리

① **포락지(浦落地)** : 지적공부에 등록된 **토지가 물에 침식되어 수면 밑으로 잠긴** 토지, 전·답 등이 **하천으로 변한** 토지, 지반이 절토되어 무너져 내린 토지

② **선하지(線下地)** : **고압선 아래**의 토지로 보통은 선하지 감가를 행한다.

③ **소지(素地)** : 택지 등으로 개발되기 이전의 **자연적 상태 그대로**의 토지(원지)

④ **한계지(限界地)** : 택지이용의 **최원방권**상의 토지, 택지와 농지의 경계지역의 토지, **농지와는 단절지가** 현상

⑤ **일단지** : **용도상 불가분**의 관계에 있는 **2필지 이상**의 일단의 토지

⑥ **표준지** : **지가의 공시**를 위해 가치형성요인이 같거나 유사하다고 인정되는 일단의 토지 중에서 **선정**한 토지

⑦ **표본지** : 지가변동률 조사·산정대상 지역에서 행정구역별·용도지역별·이용상황별로 **지가 변동을 측정**하기 위하여 **선정**한 대표적인 필지

비교 정리	포락지	등록토지, 수면아래 잠긴	선하지	고압전선 아래
	소지(원지)	개발 이전, 자연상태	한계지	택지이용 최원방권

> **암기 토지용어**
> 1. 대(주·상) vs 택지(건축 가능한 토지, 주·상·공) vs 부지(택지+건축 불가 토지)
> 2. 택지는 반드시 부지가 **되지만(포함)**, 부지가 반드시 택지가 되는 것은 **아니다**.
> 3. 후보지 : 상호간 전환이 되고 있는 토지 vs 이행지 : 내에서 전환이 되고 있는 토지
> 4. 후보지·이행지는 용도전환 과정을 토지(용도전환이 된 토지 ×)
> 5. 필지와 획지는 면적단위 아님. 감정평가시 획지로 판단, 1획지 일괄평가, 多획지 구분평가
> 6. 나지는 공법상의 제한만 있고 나머지는 **없음**(건물 없음, 사법 없음)
> 7. 건부지는 감가되는 것이 원칙, 예외적으로 건부지 증가되는 경우 있음(정부개입, 규제강화)
> 8. 공지(공적제한으로 비워있는) vs 공한지(도시토지, 방치하는)
> 9. 유휴지(놀리고 있는) vs 휴한지(쉬게 하는)
> 10. 한계지 : 택지이용의 최원방권상의 토지

2. 주택의 분류(건축법 시행령)

(1) 단독주택

① 단독주택	1건물에 1세대가 거주하는 주택을 말한다(가정보육시설포함).
② 다중주택	학생 또는 직장인 등의 다수인이 장기간 거주할 수 있는 구조, 독립된 주거 형태가 아니고, 바닥면적의 합계가 660㎡ 이하이고 3개 층 이하인 것을 말하며, 구분소유권등기가 불가능
③ 다가구주택	주택으로 쓰이는 층수(지하층 제외)가 3개 층 이하이고, 1개 동으로 쓰이는 바닥면적(지하주차장 면적 제외)의 합계가 660㎡ 이하이며 19세대 이하가 거주할 수 있는 주택으로서 공동주택에 해당하지 아니한 것을 말하며 구분소유권등기가 불가능
④ 공관	

(2) 공동주택

① 아파트
주택으로 쓰이는 층수가 5개 층 이상인 주택을 말하며 구분소유권등기가 가능

② 연립주택
주택으로 쓰이는 1개 동의 바닥면적의 합계가 660㎡를 초과하고, 4개 층 이하인 주택을 말하며 구분소유권등기가 가능

③ 다세대주택
주택으로 쓰이는 1개 동의 바닥면적의 합계가 660㎡ 이하이고, 4개 층 이하인 주택을 말하며 구분소유권등기가 가능

④ 기숙사
㉠ 일반기숙사 : 학교 또는 공장 등의 학생 또는 종업원 등을 위하여 쓰는 것으로서 1개 동의 공동취사시설 이용 세대 수가 전체의 50% 이상인 것

㉡ 임대형 기숙사 : 공공주택사업자 또는 임대사업자가 임대사업에 사용하는 것으로서 임대 목적으로 제공하는 실이 20실 이상이고 해당 기숙사의 공동취사시설 이용 세대 수가 전체 세대 수의 50% 이상인 것

비교정리	아파트	연립	다세대
	5개 층 이상	4개 층 이하, 660㎡ 초과	4개 층 이하, 660㎡ 이하

비교정리	다가구	다중
	3개 층 이하, 660㎡ 이하, 19세대 이하	3개 층 이하, 660㎡ 이하, 학생·직장인

> **용어** 「주택법」상 주택용어
>
> 1. 도시형 생활주택
>   ① 서민과 1~2인 가구의 주거안정을 위하여 국민주택 규모의 **300세대 미만**으로 구성
>   ② 종류(단지형 연립주택, 단지형 다세대주택, 원룸형), 분양가상한제(규제) 적용 ×
> 2. 준주택
>   ① 주택 외의 건축물과 그 부속토지로서 **주거시설로 이용** 가능한 시설
>   ② **기숙사, 오피스텔, 다중생활시설, 노인복지주택**
> 3. 세대구분형 공동주택
>   ① 공동주택의 주택 내부 공간의 일부를 세대별로 구분하여 생활이 **가능**한 구조
>   ② 그 구분된 공간의 일부를 구분소유할 수 **없는** 주택
> 4. 민영주택
>   ① 국민주택을 제외한 주택
> 5. 장수명 주택
>   ① 구조적으로 오랫동안 유지·관리될 수 있는 내구성을 갖추고, 입주자의 필요에 따라 내부구조를 쉽게 변경할 수 있는 가변성과 수리 용이성 등이 우수한 주택
> 6. 토지임대부 분양주택
>   ① 토지의 소유권은 사업계획의 승인을 받아 토지임대부 분양주택 건설사업을 시행하는 자가 가지고, 건축물 및 복리시설 등에 대한 소유권은 주택을 분양받은 자가 가지는 주택

> **암기** | **주택의 분류**
> 1. 단독주택(단독, 다중, 다가구, 공관) vs 공동주택(아파트, 연립, 다세대, 기숙사)
> 2. 4개 층 이하(연립, 다세대), 3개 층 이하(다가구, 다중), 660㎡(연립, 다세대, 다가구, 다중)
> 3. 5개 층 이상은 아파트만, 660㎡ 초과는 연립주택만에만 해당
> 4. 도시형 생활주택 : 300세대 미만, 분양가상한제 적용받지 않음, 아파트형 주택

3. 표준산업분류에 따른 부동산업의 분류

대(중)분류	소분류	세분류	세세분류
부동산업 (68)	부동산임대 및 공급업 (681)	부동산임대업 (6811)	◎ 주거용 건물임대업 ◎ 비주거용 건물임대업 ◎ 기타 부동산임대업
		부동산개발 및 공급업 (6812)	◎ 주거용 건물개발 및 공급업 ◎ 비주거용 건물개발 및 공급업 ◎ 기타 부동산개발 및 공급업
	부동산 관련 서비스업 (682)	부동산관리업 (6821)	◎ 주거용 부동산관리업 ◎ 비주거용 부동산관리업
		부동산중개, 자문 및 감정평가업 (6822)	◎ 부동산중개 및 대리업 ◎ 부동산 투자자문업 ◎ 부동산 감정평가업 ◎ 부동산 분양 대행업

비교 정리	○	×
	중개 및 대리업 ○, 감정평가업 ○ 주거 또는 비주거용 부동산관리업 ○	투자업 ×, 금융업 × 기타 부동산 관리업 ×

CHAPTER 03 부동산의 특성과 속성

> **핵심** 토지의 특성

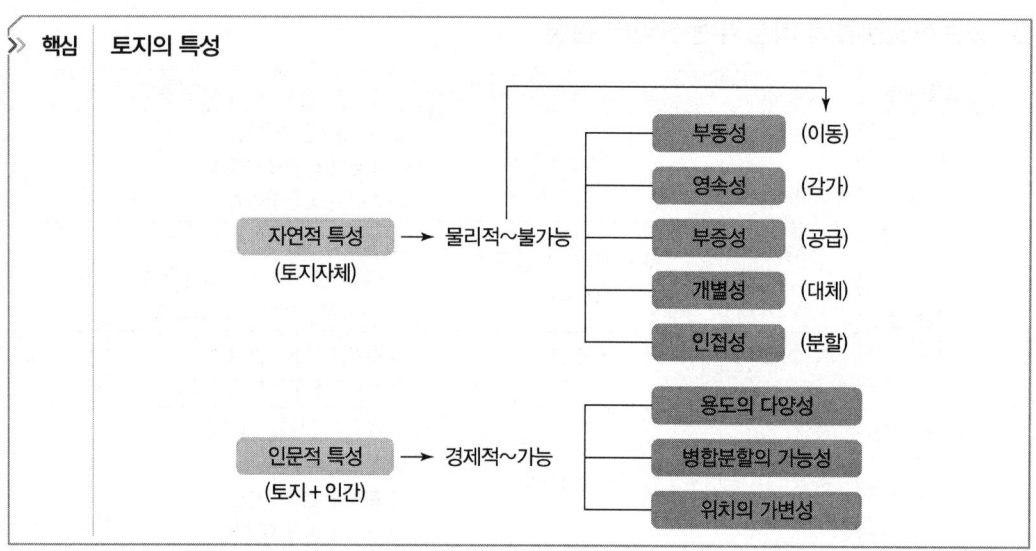

> **암기** 토지의 특성
> 토지의 자연적 특성(부동성, 영속성, 개별성, 부증성) vs 인문적 특성(용도의 다양성)

제1절 | 토지의 자연적 특성 (27회, 28회, 29회, 30회, 31회, 32회)

1. 부동성(지리적 위치의 고정성, 비이동성)

① **국지화** : 시장세분화, 부분시장, **지역** 간 수급조절 곤란, 지역시장
② **임장활동**, 정보활동, 중개활동
③ **외부효과**, **지역분석**(부동성·인접성)
④ **정부규제, 조세수입**의 근거
⑤ **부동산과 동산의 구별** : 공시방법의 차이

2. 영속성(내구성, 불괴성, 비소멸성)

① 물리적 **감가상각** 적용 **불가**, 소모 안 됨, 소모를 전제로 하는 **재생산이론** 적용 배제
② **소유와 이용의 분리** : **임대차**시장 발달, **재고**시장 발달(저량분석)
③ **가치보존력 우수** : **투자재**로서 선호, 공급**감소** 비탄력적
④ **장기적** 배려, **장래**, **예측**의 원칙 ⇨ **가치**(Value), 운영 시 소득이득, 처분 시 자본이득
⑤ **부동산관리**, **직접**(수익)**환원법**(장래순영업소득/환원이율)의 근거

비교정리	재생산이론 불가	생산비법칙 불가
	영속성	부증성

3. 부증성(비생산성, 면적의 유한성)

(1) 공급

① 물리적 공급	불가능, 부증성, 예외 없음, 수직(완전비탄력적)
② 경제적(용도적) 공급	가능, 용도의 다양성, 우상향(보다 탄력)

(2) 파생되는 특징

① 생산비법칙 적용불가, 물리적 공급곡선 **수직**(완전비탄력적)
② **희소성**(부족문제) 야기 : **집약적** 이용, **수요자**(입지) **경쟁**, **지가상승**, **지가 · 지대** 발생
③ 수급(공급)조절 · 균형가격형성 **곤란**, 사회적 · 공공성, 토지공개념(정부개입 명분 강화)
④ **최유효이용**(용도의 다양성 · 부증성), **독점소유욕**

비교정리	○	×
	경제적(용도적) 공급 증가 ○, 용도전환 ○	물리적 공급 증가 ×, 부증성 예외 ×

4. 개별성(비대체성, 비동질성, 이질성)

① **일물일가의 법칙** 배제, 대체관계 제약, 불완전경쟁시장
② 표준지 선정 곤란, 정보수집 곤란, 가치추계 곤란
③ **개별화**, 구체화, 독점화, 개별분석
④ 원리, 이론도출, **비교 곤란**
⑤ **부동산시장의 특성** : 거래의 **비공개성**, 상품의 **비표준화성**, 시장의 **비조직성** – 3비

비교정리	부동성	개별성
	지역, 국지화, 지역화, 지역분석	물건, 개별화, 독점화, 개별분석

비교정리	개별성	영속성
	불완전경쟁시장	임대차시장, 재고시장

5. **인접성**(연결성, 연속성)
   ① **협동**적 이용, **경계문제**, **외부효과**, **지역분석**(부동성)
   ② **개발이익 사회적 환수**, **용도면에서의 대체** : 인근지역

제2절 | 토지의 인문적 특성

(1) **용도의 다양성**(다용도성, 변용성)
   ① **최유효이용**의 성립 근거
   ② **경제적(용도적) 공급** 가능, 용도전환, 창조적 이용, **우상향** 곡선
   ③ **적지론(광의의 입지론)** : 부지 ⇨ 용도, 가격다원설의 근거(1가격=多가치)

비교정리	외부효과, 지역분석	최유효이용
	부동성, 인접성	용도의 다양성, 부증성

(2) **병합분할의 가능성**(분합성)
   ① 용도의 다양성을 지원하는 기능, 규모의 경제와 플롯테이지 현상 발생
   ② 합병 증·감가를 발생, 한정가격 존재(부동성)

(3) **위치의 가변성**(위치성)
   ① **사회적 위치의 가변성** : 인구상태, 가구구조, 도시형성, 공공시설, 주거환경, 공장의 전입·공원의 폐지, 학교의 이전, 부동산거래 및 사용수익의 관행
   ② **경제적 위치의 가변성** : 교통체계의 신설과 확장, 기술혁신 및 산업구조, 경제성장·소득증대·경기순환, 물가·임금·고용·세부담의 상태
   ③ **행정적 위치의 가변성** : 토지거래 허가제, 그린벨트, 주택정책, 도시계획의 변경, 가격 및 임대료에 관한 통제, 세제의 상태

(4) **기타특성**
   ① **투자의 고정성(투자의 내구성)** : 대지와 건물에 투자한 비용의 회수기간의 장기간 소요
   ② **고가성** : 소수의 판매자와 구매자, 시장에 진출입 곤란, 부채의 필요성, 매매기간 장기성

제3절 | 부동산의 속성(본질, 존재가치)

> **핵심** 부동산의 속성(~으로서의 부동산)

1. 공간	영속성	3차원 공간, 부동산소유권의 범위, 개발권양도제도(TDR)
2. 자연	부증성	개발보다는 잘 보전, 사회성·공공성, 토지공개념 강조
3. 위치	부동성, 인접성	마샬(위치 – 절대적 위치, 상대적 위치), 허드(접근성)
4. 환경	인접성	부동산(부분)과 환경(전체)의 관계, 경계작용에 의한 차단
5. 자산	영속성, 부증성	이윤추구의 수단, 개발, 사익 강조

1. 공간으로서의 부동산(29회)

(1) 부동산소유권의 범위

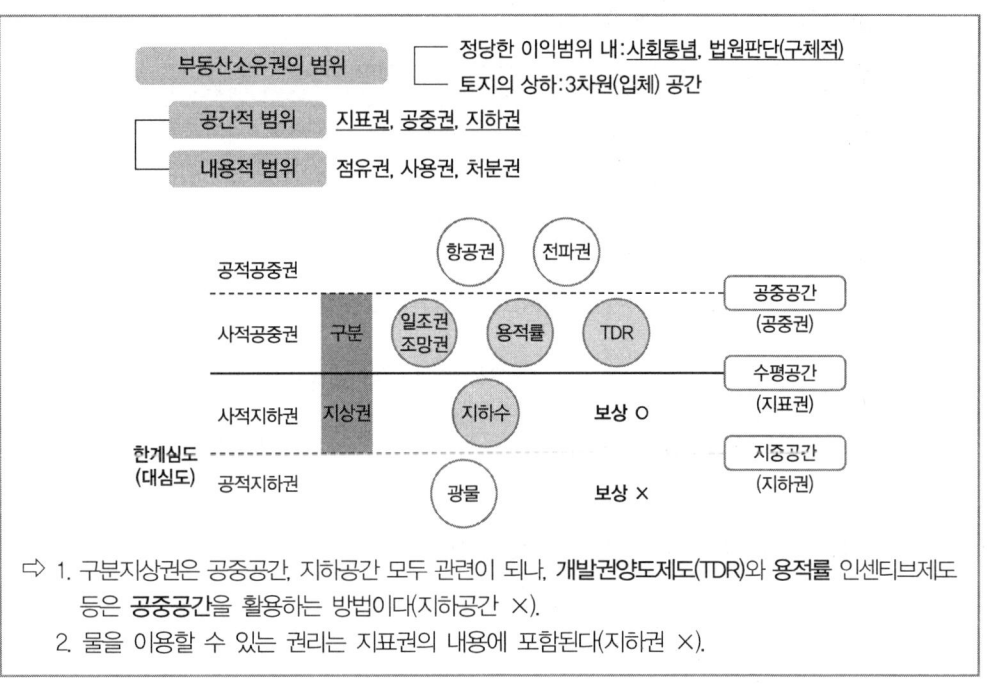

⇨ 1. 구분지상권은 공중공간, 지하공간 모두 관련이 되나, **개발권양도제도(TDR)**와 **용적률** 인센티브제도 등은 **공중공간**을 활용하는 방법이다(지하공간 ×).
   2. 물을 이용할 수 있는 권리는 지표권의 내용에 포함된다(지하권 ×).

> **보충** 부동산소유권의 범위

소유권이 미치는 범위	소유권이 미치지 않는 범위
① 토지에 독립성이 없는 부착물(종속정착물)	① 토지에 독립성이 있는 부착물(독립정착물 4개)
② 사적공중권(일조·조망권, 용적률, TDR)	② 공적공중권(항공권, 전파권)
③ 사적지하권(지하수)	③ 공적지하권(미채굴 광물)
④ 한계심도 이내(보상 ○)	④ 한계심도 아래(보상 ×)

(2) 개발권양도제도(TDR)(28회, 29회)

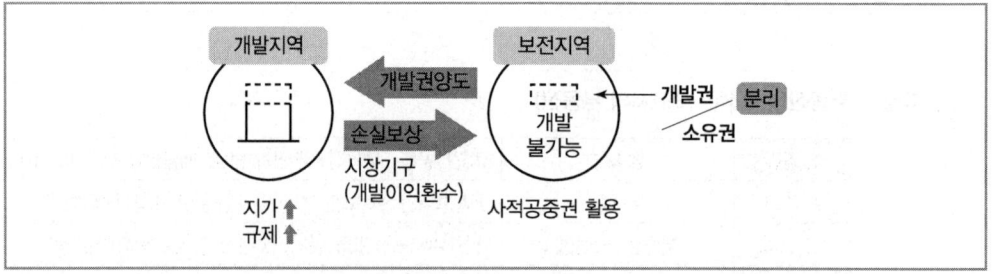

① **목적** : 개발이익 환수와 손실보상, **우리나라 실시 ×(미국 ○)**
② 토지이용규제, 소유권과 개발권의 분리, **개발권양도**(소유권양도 ×)
③ **시장기구(사적자금)**를 통한 보상
④ **사적공중권** 활용방안
⑤ **개발지역** : 지가⇧, 규제⇧
⑥ **형평성 추구**(장점), **효율성문제**(단점)

비교 정리	옳은 지문	틀린 지문
	미국 ○, 개발권양도 ○, 시장기구 보상 ○, 사적 공중권 ○, 형평성 추구 ○	우리나라 ×, 소유권양도 ×, 공적자금 보상 ×, 공적공중권 ×, 지하권 ×, 효율성 추구 ×

> **암기** 개발권양도제도(TDR)
>
> 1. 미국실시(우리나라 ×), 개발권만 양도(소유권양도 ×), 시장기구(사적자금) 통하여 보상(공적자금 ×)
> 2. 사적 공중권 활용(지하권 ×, 공적공중권 ×), 개박지역(지가⇧, 규제⇧), 형평성 추구, 효율성문제
> 3. 현재 우리나라에서 시행되고 있지 않은 제도
>   ① 개발권양도제(TDR), ② 택지소유상한제, ③ 토지초과이득세, ④ 종합토지세, ⑤ 공한지세

> **암기** 소유권을 공시하는 방법(등기 및 등록)
>
> | 등기를 통해 소유권을 공시 | 등록을 통해 소유권 공시 |
> |---|---|
> | • 20톤 이상의 기선 혹은 범선
• 100톤 이상의 부선
• 공장재단 및 광업재단
• 토지에 부착된 수목의 집단(입목) | • 건설기계
• 어업권
• 자동차
• 항공기 |

공인중개사 부동산학개론

P/A/R/T

02

부동산경제론

Chapter 1 부동산 수요·공급이론 | Chapter 2 부동산경기변동

CHAPTER 01 부동산 수요·공급이론

제1절 수요와 공급의 의의

1. 수요와 공급의 정의

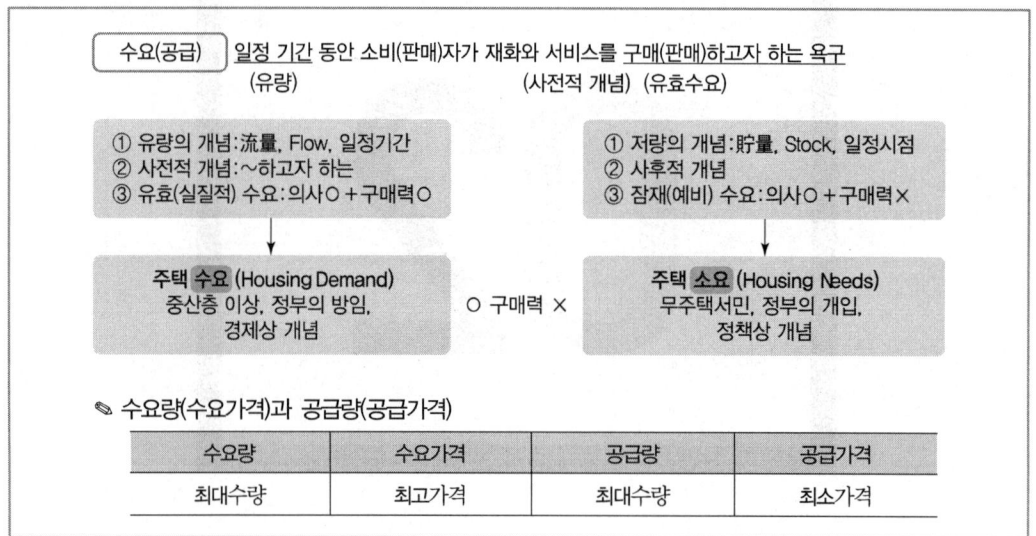

비교 정리	수요(Demand)	수요(Needs)
	구매의사 ○ + 구매력 ○, 유효(실질적)수요	구매의사 ○ + 구매력 ×, 예비(잠재)수요

2. 유량과 저량

유량(기간, Flow, 流量)	저량(시점, Stock, 貯量)
① 임대료, 지대	① 주택재고량, 자산(자본, 부채)
② 수익(매출액), 소득(순영업소득, 급여, 소비)	② 가치(가격, 지가), 주택보급률, 통화량
③ 주택거래량, 국민총생산	③ 단기, 인구
④ 신규주택공급량(생산량), 장기	④ 재조달원가, 기준시점, 감정평가액
⑤ 영업현금흐름	⑤ 매각현금흐름

✎ 저량의 **변동분**은 곧 유량이 된다.

>> 핵심 | 주택유량과 주택저량

주택유량 공급량	주택유량 수요량	주택저량 공급량	주택저량 소유량
일정 기간, 공급되는 량(신규)	일정 기간, 보유하고자 하는 량	일정 시점, 존재하는 량(재고)	일정 시점, 보유하고자 하는 량

비교 정리

유량	저량
임대료 · 지대, 소득 · 수익, 주택거래량, 국민총생산, 신규생산, 저량변동분	재고, 자산, 가치, 보급률, 통화량, 단기, 인구

비교 정리

유량 공급	저량 공급
일정 기간, 공급되는	일정 시점, 존재하는

>> 암기 | 수요의 개념

1. 수요와 공급의 개념 : 유량의 개념, 사전적 개념, 유효수요
2. 수요(Demand)는 반드시 구매력(소득 · 대출금 · 보조금 포함)을 수반한 유효수요여야 한다.
3. 유량(기간, Flow)과 저량(시점, Stock)과 관계되는 경제변수를 구분
4. 저량 : 재고, 자산(재산, 자본, 부채), 가치(가격, 지가), 보급률, 통화량, 단기, 인구
5. 유량 공급량 : 일정 기간에 공급되는 량 vs 저량의 공급량 : 일정 시점에 존재하는 량

주택재고	저량	임대료수입	유량	단기 공급	저량	근로자의 임금	유량
자산가치	저량	순영업소득	유량	장기 공급	유량	도시인구규모	저량
주택거래량	유량	당기순이익	유량	월 급여	유량	재산변동(분)	유량
실물 자산	저량	순자산가치	저량	지대수입	유량	아파트생산량	유량
가계 소득	유량	연간이자비용	유량	가계 소비	유량	자본 총량	저량
가계 자산	저량	신규주택공급량	유량	노동자 소득	유량	통화량	저량
유량 공급	기간, 공급	유량 수요	기간, 보유	저량 공급	시점, 존재	저량 수요	시점, 보유

대표유형문제

지난 1년 동안 A지역에 1,000채의 주택이 신규로 건설되었다. 이 중 50채가 미분양되었다. 현재 우리나라에 1,500만채의 주택이 존재한다. 이 중 100만채는 공가로 남아있다. 이 경우 유량의 공급량과 수요량, 저량의 공급량과 수요량은 각각 몇 채인가? (22회)

해설 | • 일정 기간 신규건설된 양이 유량 공급, 그중 미분양 물량을 제외한 양이 유량 수요
• 일정 시점에 존재하고 있는 양이 저량 공급, 그중 공가를 제외한 양이 저량 수요

정답 | • 유량의 공급량 1,000채, 유량의 수요량 950채
• 저량의 공급량 1,500만채, 저량의 수요량 1,400만채

3. 수요법칙과 공급법칙

(1) 수요법칙과 공급법칙(P-Q)

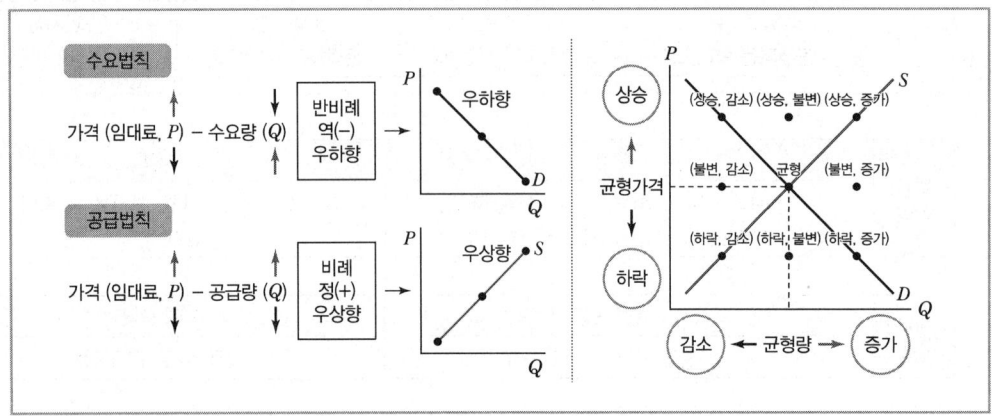

수요법칙(P-QD)	공급법칙(P-QS)
① 가격과 수요량은 반비례(역, -) 관계	① 가격과 공급량은 비례(정, +) 관계
② 가격 상승 - 수요량 감소 [비싸면 안 사고]	② 가격 상승 - 공급량 증가 [비싸면 팔고]
③ 가격 하락 - 수요량 증가 [싸면 사고]	③ 가격 하락 - 공급량 감소 [싸면 안 팔고]
④ 수요곡선은 우하향하는 모양	④ 공급곡선은 우상향하는 모양

비교정리	수요법칙	공급법칙
	반비례, 역, (-), 우하향	비례, 정, (+), 우상향

(2) 수요법칙이 성립하는 이유(수요곡선이 우하향하는 이유)

가격효과	소득효과	한 재화의 가격 하락, 실질소득 증가, 그 재화의 수요 증가
	대체효과	한 재화의 가격 하락, 다른 재화의 가격 상승, 그 재화 수요 증가

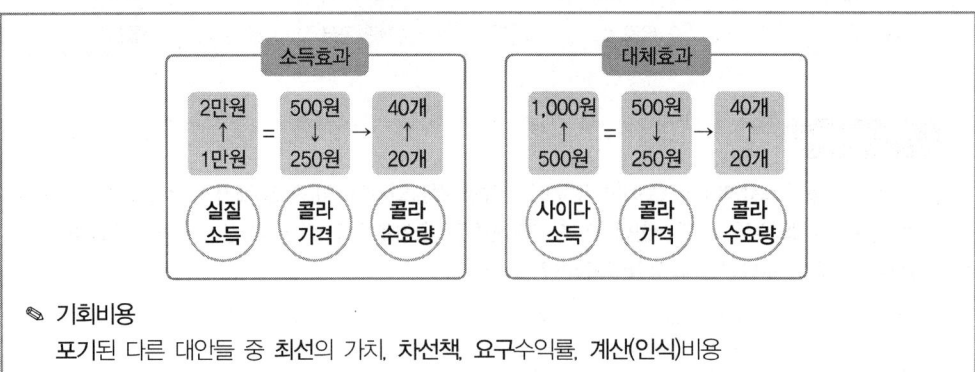

✎ 기회비용
포기된 다른 대안들 중 최선의 가치, 차선책, 요구수익률, 계산(인식)비용

비교정리	소득효과	대체효과
	한 재화, 실질소득	한 재화, 다른 재화

> **암기** | **수요법칙과 공급법칙**
>
> 법칙은 P(가격 또는 임대료)와 Q(량)의 관계
> ① 수요법칙 : 'P−Q' ⇨ 반비례, 역, (−), 우하향
> ② 공급법칙 : 'P−Q' ⇨ 비례, 정, (+), 우상향

제2절 | 수요와 공급의 변화

1. 수요량의 변화와 수요의 변화 (29회, 30회)

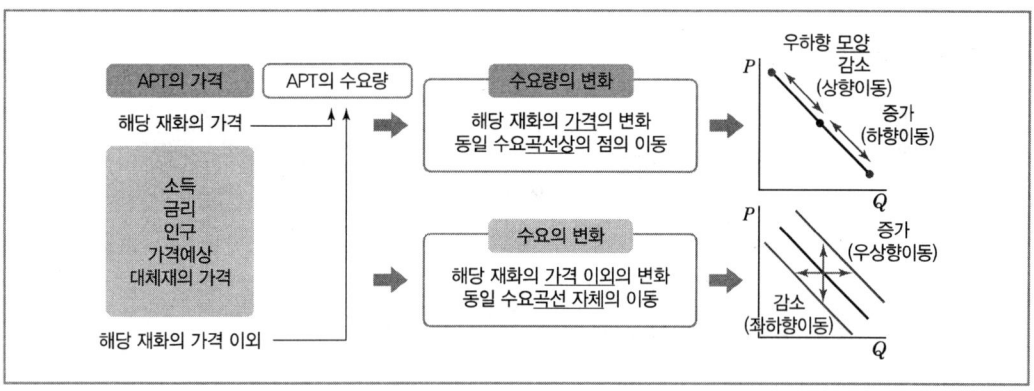

구분	수요량의 변화	수요의 변화
그래프	(P(가격)-Q(수량) 그래프, A(30, 500), B(40, 400), 곡선 D)	(P(가격)-Q(수량) 그래프, C(20), A(30), B(40), 500 수준, 곡선 D_1, D_0, D_2)
변화요인	해당 재화의 가격(임대료) 곡선 : 1개 / 원인 : 1개	해당 재화의 가격(임대료) 이외, (소득, 선호도, 인구, 가격예상, 대체재가격, 보완재가격, 금리, 거래세) 곡선 : 3개 / 원인 : 여러 개
이동	동일 곡선상 점의 이동 (증가 : 하향 이동, 감소 : 상향 이동)	곡선 자체의 이동 (증가 : 우상향 이동, 감소 : 좌하향 이동)

구분	공급량의 변화	공급의 변화
그래프	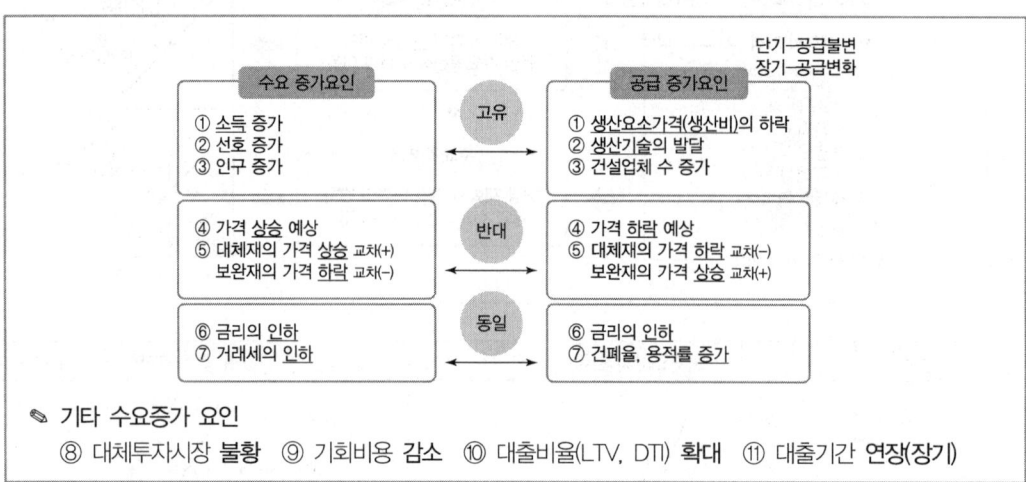	
변화요인	해당 재화의 가격(임대료) 곡선 : 1개 / 원인 : 1개	해당 재화의 가격(임대료) 이외 곡선 : 3개 / 원인 : 여러 개
이동	동일 곡선상 점의 이동 (증가 : 상향 이동, 감소 : 하향 이동)	곡선 자체의 이동 (증가 : 우하향 이동, 감소 : 좌상향 이동)

2. 수요와 공급의 변화요인

단기–공급불변
장기–공급변화

수요 증가요인
① 소득 증가
② 선호 증가
③ 인구 증가

고유 ↔

공급 증가요인
① 생산요소가격(생산비)의 하락
② 생산기술의 발달
③ 건설업체 수 증가

④ 가격 상승 예상
⑤ 대체재의 가격 상승 교차(+)
　보완재의 가격 하락 교차(-)

반대 ↔

④ 가격 하락 예상
⑤ 대체재의 가격 하락 교차(-)
　보완재의 가격 상승 교차(+)

⑥ 금리의 인하
⑦ 거래세의 인하

동일 ↔

⑥ 금리의 인하
⑦ 건폐율, 용적률 증가

◈ 기타 수요증가 요인
　⑧ 대체투자시장 불황　⑨ 기회비용 감소　⑩ 대출비율(LTV, DTI) 확대　⑪ 대출기간 연장(장기)

비교 정리	수요 증가요인	수요 감소요인
	소득 증가, 선호 증가, 인구 증가, 대체재가격 상승, 보완재가격 하락, 가격 상승예상, 금리 인하, 거래세 인하, 대체투자시장 불황, 기회비용 감소, 대출기간 장기, 대출비율 확대	소득 감소, 선호 감소, 인구 감소, 대체재가격 하락, 보완재가격 상승, 가격 하락예상, 금리 인상, 거래세 인상, 대체투자시장 호황, 기회비용 증가, 대출기간 단기, 대출비율 축소

> **암기** | **수요와 공급의 변화**
>
> 1. 고유요인
>   ① 수요만 – 소득, 선호, 인구
>   ② 공급만 – 생산요소가격(생산비, 임금, 토지가격, 건축자재가격), 생산기술, 건설업체 수
> 2. 가격예상과 대체재·보완재의 가격변화는 수요 쪽만 기억, 공급은 반대
> 3. 수요는 단기에도 즉각 변동하나, 공급은 단기에는 불변하고 장기에 변화한다.

(1) 소득(정상재, 열등재, 중간재)

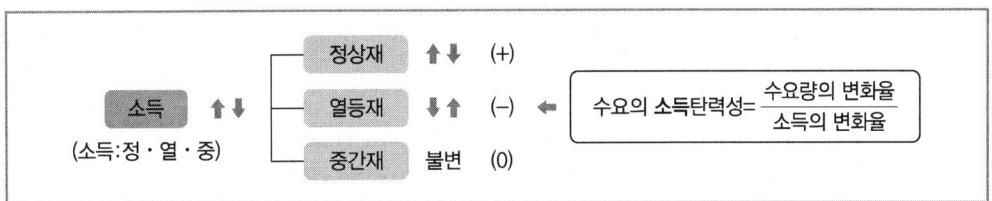

정상재	소득 증가-수요 증가	소득 감소-수요 감소
열등재	소득 증가-수요 감소	소득 감소-수요 증가
중간재	소득 증가-수요 불변	소득 감소-수요 불변

(2) 관련 재화의 가격변동(대체재, 보완재, 독립재)

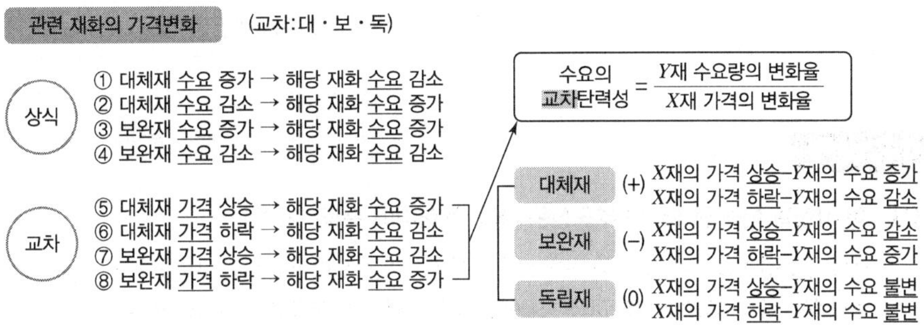

```
관련 재화의 가격변화    (교차:대·보·독)

상식   ① 대체재 수요 증가 → 해당 재화 수요 감소        수요의      Y재 수요량의 변화율
       ② 대체재 수요 감소 → 해당 재화 수요 증가      교차탄력성 = ─────────────────
       ③ 보완재 수요 증가 → 해당 재화 수요 증가                  X재 가격의 변화율
       ④ 보완재 수요 감소 → 해당 재화 수요 감소
                                                    대체재 (+) X재의 가격 상승-Y재의 수요 증가
                                                              X재의 가격 하락-Y재의 수요 감소
교차   ⑤ 대체재 가격 상승 → 해당 재화 수요 증가
       ⑥ 대체재 가격 하락 → 해당 재화 수요 감소     보완재 (−) X재의 가격 상승-Y재의 수요 감소
       ⑦ 보완재 가격 상승 → 해당 재화 수요 감소              X재의 가격 하락-Y재의 수요 증가
       ⑧ 보완재 가격 하락 → 해당 재화 수요 증가
                                                  독립재 (0) X재의 가격 상승-Y재의 수요 불변
                                                            X재의 가격 하락-Y재의 수요 불변
```

대체재	X재 가격 상승-Y재 수요 증가	X재 가격 하락-Y재 수요 감소
보완재	X재 가격 상승-Y재 수요 감소	X재 가격 하락-Y재 수요 증가
독립재	X재 가격 상승-Y재 수요 불변	X재 가격 하락-Y재 수요 불변

대체재	보완재
① X재 수요 증가-Y재 수요 감소	① X재 수요 증가-Y재 수요 증가
② X재 수요 감소-Y재 수요 증가	② X재 수요 감소-Y재 수요 감소
③ X재 가격 상승-Y재 수요 증가	③ X재 가격 상승-Y재 수요 감소
④ X재 가격 하락-Y재 수요 감소	④ X재 가격 하락-Y재 수요 증가
⑤ X재 가격 상승-Y재 가격 상승	⑤ X재 가격 상승-Y재 가격 하락
⑥ X재 가격 하락-Y재 가격 하락	⑥ X재 가격 하락-Y재 가격 상승

X재 수요-Y재 수요	X재 가격-Y재 수요	X재 가격-Y재 가격
① 대체재 수요 증가-수요 감소	① 대체재 가격 상승-수요 증가	① 대체재 가격 상승-가격 상승
② 대체재 수요 감소-수요 증가	② 대체재 가격 하락-수요 감소	② 대체재 가격 하락-가격 하락
③ 대체재 수요 증가-수요 증가	③ 대체재 가격 상승-수요 감소	③ 대체재 가격 상승-가격 하락
④ 대체재 수요 감소-수요 감소	④ 대체재 가격 하락-수요 증가	④ 대체재 가격 하락-가격 상승

(3) 수요의 소득탄력성, 수요의 교차탄력성

수요의 소득탄력성 = $\dfrac{\text{수요량의 변화율}}{\text{소득의 변화율}}$	수요의 교차탄력성 = $\dfrac{\text{Y재의 수요량 변화율}}{\text{X재의 가격 변화율}}$
① 수요의 소득탄력성>0 (+) ⇨ 정상재	① 수요의 교차탄력성>0 (+) ⇨ 대체재
② 수요의 소득탄력성<0 (−) ⇨ 열등재	② 수요의 교차탄력성<0 (−) ⇨ 보완재
③ 수요의 소득탄력성=0 (O) ⇨ 중간재	③ 수요의 교차탄력성=0 (O) ⇨ 독립재

> **암기** 수요와 소득탄력성과 수요의 교차탄력성
> 1. 소득에 정·열·중 ⇨ '소득−수요'
>   (+) 정상재, (−) 열등재, (0) 중간재(방향 중요)
> 2. 교차에 대·보·독 ⇨ 'X재 가격−Y재 수요'
>   (+) 대체재, (−) 보완재, (0) 독립재(방향 중요)
>   ⇨ 'X재 가격−Y재 가격'
>   (+) 대체재, (−) 보완재, (0) 독립재(방향 중요)

대표유형문제

01 이 사실을 통해 볼 때, 위 부동산은 다음 중 어디에 속하는가? (19회)

① A부동산 : 소득이 10% 증가하자 어떤 부동산의 수요량이 8% 증가하였다.
② B부동산 : 소득이 10% 감소하자 어떤 부동산의 수요량이 20% 감소하였다.
③ C부동산 : 소득이 10% 증가하자 어떤 부동산의 수요량이 8% 감소하였다.
④ D부동산 : 소득이 10% 감소하자 어떤 부동산의 수요량이 20% 증가하였다.

해설 | 소득과 수요가 같은 방향으로 움직이면 정상재, 반대 방향으로 움직이면 열등재
정답 | ① A부동산−정상재, ② B부동산−정상재, ③ C부동산−열등재, ④ D부동산−열등재

02 이 사실을 통해 볼 때, 위 두 재화는 어떤 관계인가? (24회)

① A가격이 5% 상승하자 B수요량이 10% 증가하였다.
② A가격이 10% 하락하자 B수요량이 20% 감소하였다.
③ A가격이 15% 상승하자 C수요량이 5% 감소하였다.
④ A가격이 10% 하락하자 C수요량이 20% 증가하였다.

해설 | 'X재 가격−Y재 수요'가 같은 방향으로 움직이면 대체재, 반대 방향으로 움직이면 보완재
정답 | ① 대체재, ② 대체재, ③ 보완재, ④ 보완재

03 X지역의 오피스텔 임대료가 10% 상승하고 오피스텔 임차수요가 15% 감소하자, 이 지역의 소형아파트 임차수요가 5% 증가하였다. 오피스텔 수요의 가격탄력성(A), 수요의 가격탄력성의 크기판단(B), 소형아파트 임차수요의 교차탄력성(C) 및 소형아파트와 오피스텔의 관계(D)는? (26회)

해설 | • 수요의 가격탄력성 = $\left|\dfrac{\text{수요량의 변화율}}{\text{가격의 변화율}}\right| = \left|\dfrac{15\% \text{ 감소}}{10\% \text{ 상승}}\right| = 1.5$, 탄력적

- 수요의 교차탄력성 = 소형아파트 수요량의 변화(5% 증가) / 오피스텔 가격의 변화(10% 상승)

정답 | A : 1.5, B : 탄력적, C : 0.5, D : 대체재

04 최근 부동산시장에서 소형아파트의 임대료가 10% 상승함에 따라 소형아파트의 임대수요량은 5% 감소한 반면 오피스텔의 임대수요는 7% 증가했다. (   )에 들어갈 내용은? (22회)

- 소형아파트 수요의 가격탄력성 : (㉠)
- 소형아파트와 오피스텔의 관계 : (㉡)

해설 |
- 수요의 가격탄력성 = |수요량의 변화율 / 가격의 변화율| = |5% 감소 / 10% 상승| = 0.5, 비탄력적
- 아파트의 임대료가 10%가 상승하면서, 오피스텔의 수요가 7% 증가한다면, 수요의 교차탄력성이 0.7이며, 수요의 교차탄력성이 0보다 크다면 두 재화는 대체재 관계가 된다.

정답 | ㉠ 0.5, 비탄력적, ㉡ 대체재

05 아파트 매매가격이 16% 상승함에 따라 다세대주택의 매매수요량이 8% 증가하고 아파트 매매수요량이 4% 감소한 경우에 아파트 매매수요의 가격탄력성(A), 다세대주택 매매수요의 교차탄력성(B), 아파트에 대한 다세대주택의 관계(C)는? (27회)

해설 |
- A : 아파트 매매수요의 가격탄력성 = |아파트 수요량(4% 감소) / 아파트 가격(16% 상승)| = 0.25, 비탄력적
- B : 다세대주택 매매수요의 교차탄력성 = 다세대주택 수요량(8% 증가) / 아파트 가격(16% 상승) = 0.5
- C : 수요의 교차탄력성이 +(0.5)이므로, 아파트에 대한 다세대주택의 관계는 대체재 관계이다.

정답 | A : 0.25, 비탄력적, B : 0.5, C : 대체재

3. 부동산 수요의 분류

(1) 개별수요와 시장수요

① **개별수요(Q_D)** : 한 사람 한 사람의 수요, 가파름, 비탄력적
② **시장수요(Q_M)** : 개별수요의 수평적 합계, **완만, 탄력적**

(2) 주택수요와 주택소요

주택수요	주택소요
유효(실질적)수요, 중산층 이상(구매력 ○), 정부방임, 시장경제상	잠재(예비)수요, 무주택서민(구매력 ×), 정부 개입, 사회정책상

(3) 본원적 수요와 파생적 수요

본원적 수요(직접수요)	파생적 수요(간접수요)
소비재 주택 주택서비스 **토지**(소비재-관광지)	생산요소(생산재) **토지** 주택

✎ **토지**는 일반적으로 **생산재**이지만, **소비재**로 사용될 수도 있다.

대표유형문제

어떤 부동산에 대한 시장수요함수는 $P = 100 - 4Q_D$이며, 이 시장의 수요자는 모두 동일한 개별수요함수를 갖는다. 이 시장의 수요자 수가 2배로 된다면 새로운 시장수요함수는? (단, 새로운 시장수요량은 Q_M으로 표기함) (19회)

해설 | $P = 100 - 4Q_D \Rightarrow 4Q_D = 100 - P \Rightarrow Q_D = 25 - \frac{1}{4}P$

새로운 시장수요함수는 수요자 수가 2배로 늘어났으므로 $2 \times \left(Q_D = 25 - \frac{1}{4}P\right)$

$Q_M = 50 - \frac{1}{2}P \Rightarrow \frac{1}{2}P = 50 - Q_M \Rightarrow P = 100 - 2Q_M$

[별해] ① 'P = 100 -'까지는 똑같이, ② 4를 2배로 나누고, ③ Q_D를 Q_M으로 수정

정답 | $P = 100 - 2Q_M$

---

4. 부동산 공급

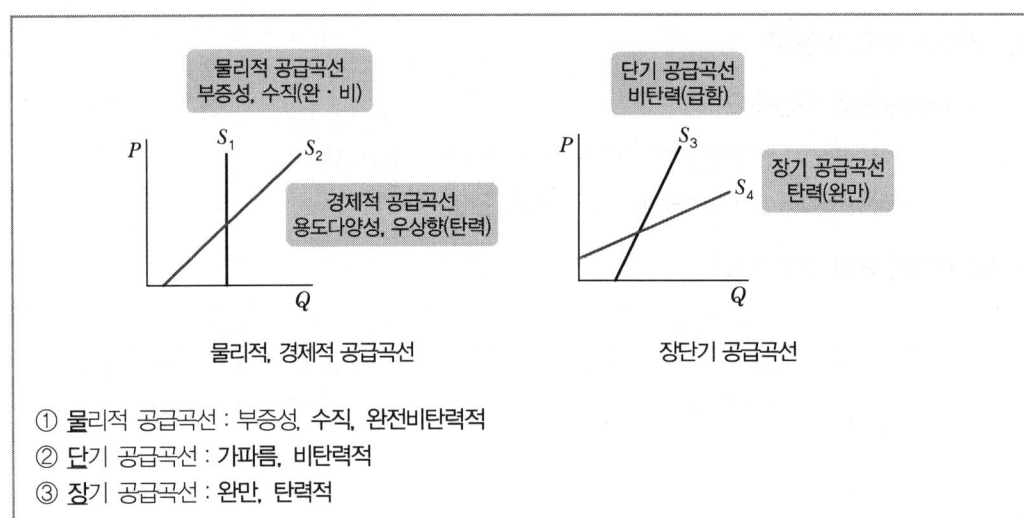

물리적, 경제적 공급곡선 장단기 공급곡선

① 물리적 공급곡선 : 부증성, 수직, 완전비탄력적
② 단기 공급곡선 : 가파름, 비탄력적
③ 장기 공급곡선 : 완만, 탄력적

비교 정리	물리적	단기	장기
	완전비탄력, 수직	비탄력, 가파름	탄력, 완만함

> 암기 | 공급곡선

1. 물리적 공급 : 부증성, 불가능(예외 없음), 완전비탄력적, 수직
2. 경제적 공급 : 용도의 다양성, 가능, 보다 탄력적, 우상향
3. ① 장기 공급 : 탄력적(완만), ② 단기 공급 : 비탄력적(가파름)
4. ① 물리적 공급(완·비, 수직), ② 단기 공급(비탄력, 가파름), ③ 장기 공급(탄력, 완만)

제3절 │ 균형의 결정과 균형의 이동

1. 균형의 결정

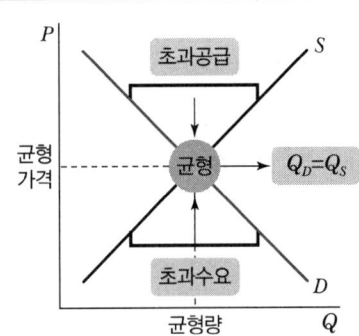

$Q_D = 1,400 - 2P$
$Q_S = 200 + 4P$

$$1,400 - 2P = 200 + 4P$$
$$1,200 = 6P$$
$$200 = P \quad | \quad 1,000 = Q$$

1. 균형가격 = 200
2. 균형량 = 1,000
- 수요곡선 기울기 (□Q/□P = 1/2 = 0.5)
- 공급곡선 기울기 (□Q/□P = 1/4 = 0.25)

- 초과수요와 초과공급
  1. 초과수요 : 수요 증가 또는 공급 감소 ⇨ 가격 상승
  2. 초과공급 : 수요 감소 또는 공급 증가 ⇨ 가격 하락

- 완전탄력, 완전비탄력
  1. P = 200 ① 탄력성 : 무한대, 완전탄력적, ② 기울기 : 수평, ③ 균형가격 불변
  2. Q = 200 ① 탄력성 : 0, 완전비탄력적, ② 기울기 : 수직, ③ 균형수급량 불변

비교 정리	초과수요	초과공급
	수요 증가, 공급 감소 ⇨ 가격 상승	수요 감소, 공급 증가 ⇨ 가격 하락

> 암기 | 균형의 결정

1. 균형($Q_D = Q_S$)상태에서 결정되는 가격(P)을 **균형가격**, 결정되는 량(Q)을 **균형량**이라 한다.
2. ① 초과수요(수요 증가, 공급 감소) : 가격 상승
   ② 초과공급(수요 감소, 공급 증가) : 가격 하락
3. 수요와 공급이 반대로 움직이면 가격은 한 방향이 된다.
   ① 수요증가, 공급감소 : 가격 상승
   ② 수요감소, 공급증가 : 가격 하락

> 대표유형문제

01 어떤 부동산에 대한 수요 및 공급함수가 각각 $Q_{D1}=900-P$, $Q_S=2P$이다. 소득증가로 수요함수가 $Q_{D2}=1,200-P$로 변한다면 균형가격과 균형거래량은 어떻게 변하는가? (19회)

해설 | • 원래 균형 : $Q_{D1}=900-P$, $Q_S=2P$ ⇨ $900-P=2P$ ⇨ $3P=900$ ⇨ $P=300$, $Q=600$
• 변동된 균형 : $Q_{D2}=1,200-P$, $Q_S=2P$ ⇨ $1,200-P=2P$ ⇨ $3P=1,200$ ⇨ $P=400$, $Q=800$

정답 | 균형가격은 300에서 400으로 상승, 균형거래량은 600에서 800로 증가

02 A지역 아파트시장이 t시점에서 (t+1)시점으로 변화될 때, 균형가격과 균형량의 변화는? (28회)

해설 | • 원래 균형 : $Q_{d1}=Q_S$, $900-P=2P$ ⇨ $900=3P$ ⇨ $P=300$, $Q=600$
• 변동된 균형 : $Q_{d2}=Q_S$, $1,500-P=2P$ ⇨ $1,500=3P$ ⇨ $P=500$, $Q=1,000$

정답 | 균형가격은 300에서 500으로 변화, 200 상승 / 균형량은 600에서 1,000으로 변화, 400 증가

03 A지역 아파트시장에서 수요함수는 일정한데, 공급함수는 다음 조건과 같이 변화하였다. 이 경우 균형가격 (㉠)과 공급곡선의 기울기(㉡)는 어떻게 변화하였는가? (단, 가격과 수량의 단위는 무시하며, 주어진 조건에 한함) (31회)

• 공급함수 : $Q_{s1}=30+P$(이전) ⇨ $Q_{s2}=30+2P$(이후)
• 수요함수 : $Q_d=150-2P$
• P는 가격, Q_s는 공급량, Q_d는 수요량, X축은 수량, Y축은 가격을 나타냄

① ㉠ 10 감소, ㉡ 1/2 감소 ② ㉠ 10 감소, ㉡ 1 감소
③ ㉠ 10 증가, ㉡ 1 증가 ④ ㉠ 20 감소, ㉡ 1/2 감소
⑤ ㉠ 20 증가, ㉡ 1/2 증가

해설 |

최초의 균형($Q_d=Q_{s1}$)	변화된 균형($Q_d=Q_{s2}$)
$150-2P=30+P$	$150-2P=30+2P$
$120=3P$	$120=4P$
$40=P$(균형가격)	$30=P$(균형가격)
기울기 $\left(\dfrac{\Delta Q}{\Delta P}\right)=\dfrac{Q(1)}{P(1)}=1$	기울기 $\left(\dfrac{\Delta Q}{\Delta P}\right)=\dfrac{Q(1)}{P(2)}=\dfrac{1}{2}$

정답 | ①

04 다음의 ( )에 들어갈 내용으로 옳은 것은? (단, P는 가격, Q_d는 수요량이며, 다른 조건은 동일함) (30회)

어떤 도시의 이동식 임대주택 시장의 수요함수는 $Q_d=800-2P$, 공급함수는 $P_1=200$이다. 공급함수가 $P_2=300$으로 변할 경우 균형거래량의 변화량은 (㉠)이고, 공급곡선은 가격에 대하여 (㉡)이다.

해설 | • 최초의 균형 : $Q_d=800-2P$에 $P_1=200$을 대입하면 $Q=400$이 된다.
• 변동된 균형 : $Q_d=800-2P$에 $P_2=300$을 대입하면 $Q=200$이 된다.
• 따라서, 균형량은 200 감소, 공급곡선은 수평이므로 공급은 완전탄력적이다.

정답 | ㉠ 200 감소, ㉡ 완전탄력적

05 A부동산에 대한 기존 시장의 균형상태에서 수요함수는 P=200-2Q_d, 공급함수는 2P=40+Q_s이다. 시장의 수요자 수가 2배로 증가되는 경우, 새로운 시장의 균형가격과 기존 시장의 균형가격간의 차액은? [단, P는 가격(단위 : 만원), Q_d는 수요량(단위 : m^2), Q_s는 공급량(단위 : m^2)이며, A부동산은 민간재(private goods)로 시장의 수요자는 모두 동일한 개별수요함수를 가지며, 다른 조건은 동일함]

(32회)

해설 | 균형가격 80만원과 56만원의 차액은 24만원이 된다.

기존 균형($Q_d=Q_s$)	새로운 균형($Q_d=Q_s$)
100-0.5P=2P-40	200-P=2P-40
140=2.5P	240=3P
56=P	80=P

기존시장의 균형 : Q_d=100-0.5P, Q_s=2P-40
  P=200-2Q_d ⇨ 2Q_d=200-P ⇨ Q_d=100-1/2P ⇨ Q_d=100-0.5P
  2P=40+Q_s ⇨ Q_s=2P-40
새로운 시장의 균형 : Q_d=200-P, Q_s=2P-40
  Q_d=(100-0.5P)×2 ⇨ Q_d=200-P

정답 | 24만원

---

2. 균형의 이동

(1) 수요와 공급 중 한쪽만 변화하는 경우 균형의 이동(다른 한쪽은 불변)

균형의 이동

구분	가격	수급량	
1. 수요 증가, 공급불변	상승	증가	⇧⇧
2. 수요 감소, 공급불변	하락	감소	⇩⇩
3. 공급 증가, 수요불변	하락	증가	⇩⇧
4. 공급 감소, 수요불변	상승	감소	⇧⇩

✎ 초과수요와 초과공급
  1. 초과수요 : 수요 증가 또는 공급 감소 ⇨ 가격 상승
  2. 초과공급 : 수요 감소 또는 공급 증가 ⇨ 가격 하락

> **암기** | 수요와 공급 중 한쪽만 이동한 경우(나머지 한쪽은 불변)
> 1. ① 수요 증가, 공급불변(⇧⇧), ② 수요 감소, 공급불변(⇩⇩) ⇨ 불변은 무시
> 2. ① 공급 증가, 수요불변(⇩⇧), ② 공급 감소, 수요불변(⇧⇩) ⇨ 불변은 무시

(2) 수요와 공급이 모두 변화하는 경우 균형의 이동

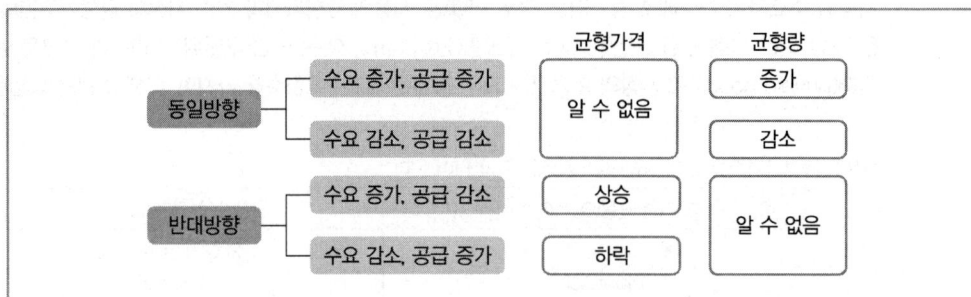

구분	균형가격	균형수급량
① 수요 증가, 공급 증가	알 수 없음	증가
㉠ 수요 증가＞공급 증가	상승	증가
㉡ 수요 증가＜공급 증가	하락	증가
㉢ 수요 증가＝공급 증가	불변	증가
② 수요 감소, 공급 감소	알 수 없음	감소
㉠ 수요 감소＞공급 감소	하락	감소
㉡ 수요 감소＜공급 감소	상승	감소
㉢ 수요 감소＝공급 감소	불변	감소
③ 수요 증가, 공급 감소	상승	알 수 없음
㉠ 수요 증가＞공급 감소	상승	증가
㉡ 수요 증가＜공급 감소	상승	감소
㉢ 수요 증가＝공급 감소	상승	불변
④ 수요 감소, 공급 증가	하락	알 수 없음
㉠ 수요 감소＞공급 증가	하락	감소
㉡ 수요 감소＜공급 증가	하락	증가
㉢ 수요 감소＝공급 증가	하락	불변

비교 정리	수요 증가, 공급 증가	가격 ?	량 ⇧	수요 증가, 공급 감소	가격 ⇧	량 ?
	수요 감소, 공급 감소		량 ⇩	수요 감소, 공급 증가	가격 ⇩	

> **암기** 수요와 공급 둘 다 이동한 경우
> 1. 수요와 공급이 **동일** 방향으로 움직이는 경우 **가격**은 **알 수 없고**, 량만 알 수 있다.
> 2. 수요와 공급이 **반대** 방향으로 움직이는 경우 가격만 알 수 있고, **량은 알 수 없다**.
> 3. '**크다면**'이 나오면 **큰 것만 본다**(작은 것 무시).
> 4. '**같다면**'이 나오면 **몰랐던 게 불변**이다.

수요 증가 공급 증가	수요 증가>공급 증가 P 상승, Q 증가	수요 증가<공급 증가 P 하락, Q 증가	수요 증가=공급 증가 P 불변, Q 증가
수요 증가 공급 감소	수요 증가>공급 감소 P 상승, Q 증가	수요 증가<공급 감소 P 상승, Q 감소	수요 증가=공급 감소 P 상승, Q 불변

(3) 수요와 공급 중 하나가 완전탄력적(수평)이거나 완전비탄력적(수직)인 경우

구분	균형가격	균형수급량
① 수요 완전탄력, 공급 증가	불변	증가
② 수요 완전비탄력, 공급 증가	하락	불변
③ 공급 완전탄력, 수요 증가	불변	증가
④ 공급 완전비탄력, 수요 증가	상승	불변

완전 탄력적 (수평)			완전 비탄력적 (수직)		
가격 불변	공급 완전탄력적 P 불변, Q 변화	수요 완전탄력적 P 불변, Q 변화	량 불변	공급 완전탄력적 P 변화, Q 불변	수요 완전탄력적 P 변화, Q 불변

비교 정리	완전탄력(수평)	완전비탄력(수직)
	가격 불변, 량 변화	가격변화, 량 불변

> **암기** 한쪽이 완전탄력적(수평)인 경우와 완전비탄력적(수직)인 경우
>
> 1. 수요와 공급 어느 한쪽이 완전탄력적(수평)인 경우 : 무조건 가격 불변
> 2. 수요와 공급 어느 한쪽이 완전비탄력적(수직)인 경우 : 무조건 량 불변

(4) 균형상황에서 수요와 공급의 탄력성에 따라 가격과 량이 '더' 또는 '덜' 변화하는 경우

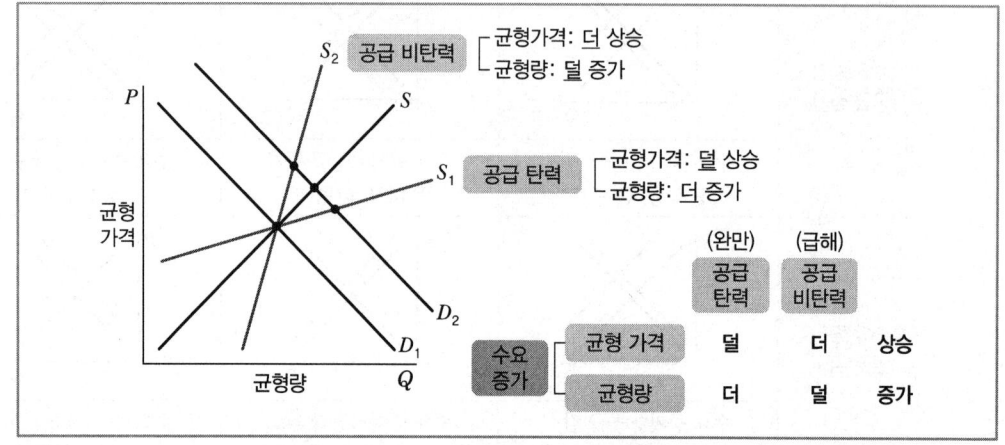

비교 정리	탄력적(완만)	비탄력적(가파름)
	가격 덜, 량 더	가격 더, 량 덜
	가격 더 작게, 량 더 크게	가격 더 크게, 량 더 작게
	가격 변동폭 작음, 량 변동폭 큼	가격 변동폭 큼, 량 변동폭 작음

> **암기** 가격과 량이 더 또는 덜 변화하는 경우
> 1. 한놈이 변화할 때 다른 한놈이 탄력적이거나 비탄력적일 때 '더'와 '덜'이 나온다.
> 2. '탄력적'인 경우 기울기가 '완만'하므로 가격은 '덜' 변화하고, 량은 '더' 변화한다.
>   ⇨ 탄력적인 경우 가격의 변화폭은 작고(더 작게), 량의 변화폭은 크다(더 크게).
> 3. '비탄력적'인 경우 기울기가 '가파르'므로 가격은 '더' 변화하고, 량은 '덜' 변화한다.
>   ⇨ 비탄력적인 경우 가격의 변화폭은 크고(더 크게), 량의 변화폭은 작다(더 작게).

구분	균형가격	균형수급량
① 수요 증가, 공급 탄력	덜 상승	더 증가
수요 증가, 공급 비탄력	더 상승	덜 증가
② 수요 감소, 공급 탄력	덜 하락	더 감소
수요 감소, 공급 비탄력	더 하락	덜 감소
③ 공급 증가, 수요 탄력	덜 하락	더 증가
공급 증가, 수요 비탄력	더 하락	덜 증가
④ 공급 감소, 수요 탄력	덜 상승	더 감소
공급 감소, 수요 비탄력	더 상승	덜 감소

> **정리** 　**균형의 이동 총정리**

1. 수요와 공급 중 한쪽만 변화

구분	균형가격	균형량
① 수요 증가, 공급 불변	상승	증가
② 수요 감소, 공급 불변	하락	감소
③ 공급 증가, 수요 불변	하락	증가
④ 공급 감소, 수요 불변	상승	감소

2. 수요와 공급이 모두 변화(변동폭을 모를 때)

구분	균형가격	균형량
① 수요 증가, 공급 증가	알 수 없음	증가
② 수요 감소, 공급 감소	알 수 없음	감소
③ 수요 증가, 공급 감소	상승	알 수 없음
④ 수요 감소, 공급 증가	하락	알 수 없음

3. 수요와 공급이 모두 변화(변동폭을 알 때)

구분	균형가격	균형량
① 수요 증가, 공급 증가	알 수 없음	증가
㉠ 수요 증가＞공급 증가	상승	증가
㉡ 수요 증가＜공급 증가	하락	증가
㉢ 수요 증가＝공급 증가	불변	증가
② 수요 감소, 공급 감소	알 수 없음	감소
㉠ 수요 감소＞공급 감소	하락	감소
㉡ 수요 감소＜공급 감소	상승	감소
㉢ 수요 감소＝공급 감소	불변	감소
③ 수요 증가, 공급 감소	상승	알 수 없음
㉠ 수요 증가＞공급 감소	상승	증가
㉡ 수요 증가＜공급 감소	상승	감소
㉢ 수요 증가＝공급 감소	상승	불변
④ 수요 감소, 공급 증가	하락	알 수 없음
㉠ 수요 감소＞공급 증가	하락	감소
㉡ 수요 감소＜공급 증가	하락	증가
㉢ 수요 감소＝공급 증가	하락	불변

4. 탄력성에 따른 균형가격과 균형량의 변화

구분	균형가격	균형량
수요 완전탄력, 공급 증가	불변	증가
수요 완전비탄력, 공급 증가	하락	불변
공급 완전탄력, 수요 증가	불변	증가
공급 완전비탄력, 수요 증가	상승	불변

구분	균형가격	균형량
수요 증가, 공급 탄력	덜(더 작게) 상승	더(더 많이) 증가
수요 증가, 공급 비탄력	더(더 크게) 상승	덜(더 작게) 증가
수요 감소, 공급 탄력	덜(더 작게) 하락	더(더 많이) 감소
수요 감소, 공급 비탄력	더(더 크게) 하락	덜(더 작게) 감소
공급 증가, 수요 탄력	덜(더 작게) 하락	더(더 많이) 증가
공급 증가, 수요 비탄력	더(더 크게) 하락	덜(더 작게) 증가
공급 감소, 수요 탄력	덜(더 작게) 상승	더(더 많이) 감소
공급 감소, 수요 비탄력	더(더 크게) 상승	덜(더 작게) 감소

제4절 수요와 공급의 탄력성 (27회, 28회, 29회, 30회, 31회, 32회)

1. 탄력성

(1) 탄력성의 의의

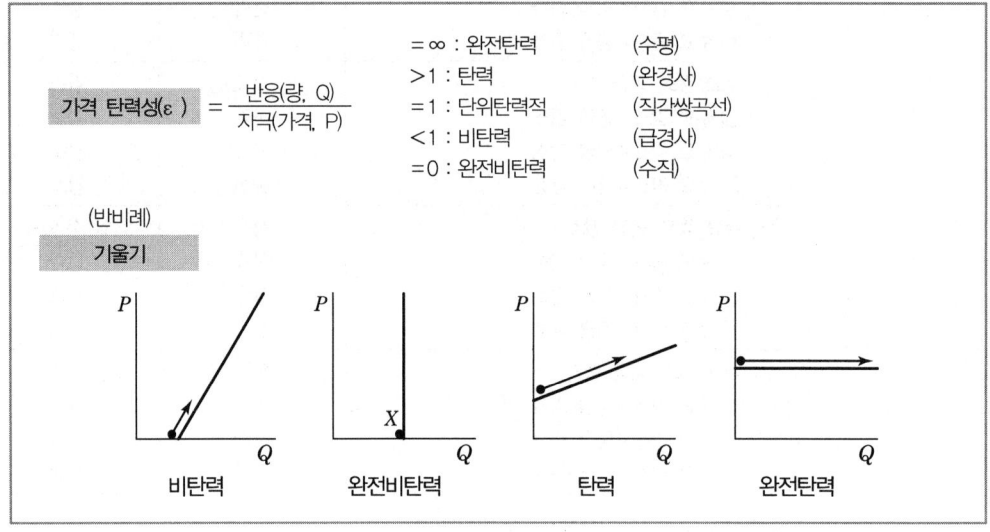

(2) 탄력성 종류

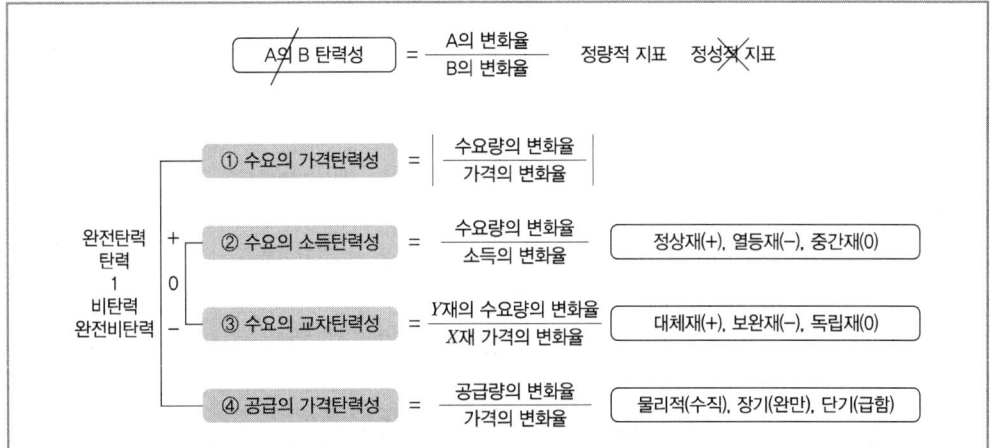

비교 정리	수요의 가격탄력성(5가지) 공급의 가격탄력성(5가지)		수요의 교차탄력성(양수+, 음수−) 수요의 소득탄력성(양수+, 음수−)	
	'1'과 비교	완전탄력적, 탄력적, 단위탄력적, 비탄력적, 완전비탄력	'0'과 비교	+, 0, −

> **암기** 가격탄력성
> 1. 가격(P, 자극)이 변화 ⇨ 량(Q, 반응)의 변화 측정 ⇨ 정량적 지표(정성적 지표×)
> 2. 1(단위탄력), 1보다 크면(탄력), 1보다 작으면(비탄력), 0(완전비탄력), 무한대(완전탄력)
> 3. 직각쌍곡선(단위탄력), 완만(탄력), 가파름(비탄력), 수직(완전비탄력), 수평(완전탄력)
> 4. ① 수요의 가격탄력성, ② 공급의 가격탄력성 : 기준값이 1(가·1), 종류(5개 구분)
>   ⇨ 1보다 크면 탄력, 1보다 작으면 비탄력 : 크기 중요
> 5. ① 수요의 교차탄력성, ② 수요의 소득탄력성 : 기준값이 0(교·소·0), 종류(3개 구분)
>   ⇨ 0보다 크면 (+), 0보다 작으면 (−) : 방향 중요

2. 수요의 가격탄력성

$$\text{수요의 가격탄력성} = \left| \frac{\text{수요량의 변화율}}{\text{가격의 변화율}} \right| = \left| \frac{\frac{\text{수요량 변동분}}{\text{원래 수요량}}}{\frac{\text{가격 변동분}}{\text{원래 가격}}} \right| = \left| \frac{\frac{\text{수요량 변동분}}{\text{원래 수요량+변동된 수요량}}}{\frac{\text{가격 변동분}}{\text{원래 가격+변동된 가격}}} \right|$$

최초점 기준 / 중간점 기준

구분	탄력성 크기	변화율 크기 비교	특징
① 완전탄력적	탄력성=무한대(∞)	수요량변화율=∞	수요곡선 수평 (가격 불변)
② 탄력적	탄력성>1	가격변화율<수요량변화율	수요곡선 완만 (가격 덜 변화)
③ 단위탄력적	탄력성=1	가격변화율=수요량변화율	수요곡선 직각쌍곡선 (수입 불변)
④ 비탄력적	탄력성<1	가격변화율>수요량변화율	수요곡선 가파름 (가격 더 변화)
⑤ 완전비탄력적	탄력성=0	수요량변화율=0	수요곡선 수직 (량 불변)

비교 정리	최초점	중간점
	원래, 변동분, 원래, 변동분	더해서, 변동분, 더해서, 변동분

> 암기 수요의 가격탄력성
> 1. 수요의 가격탄력성은 탄력성 구하는 공식 중 유일하게 절댓값을 사용
> 2. 탄력성 계산문제 기본유형
>   ① 가격과 수요량을 주고, 수요의 가격탄력성을 묻는 문제 ⇨ 수요량 나누기 가격
>   ② 가격과 수요의 가격탄력성을 주고, 수요량의 변화를 묻는 문제 ⇨ 수요법칙을 적용 후, 몇 배해서 수요량의 크기를 구한다.
>   ③ ㉠ 최초점 : 원래 · 변동분 · 원래 · 변동분
>   ㉡ 중간점 : 더해서 · 변동분 · 더해서 · 변동분

대표유형문제

01 부동산 가격이 5% 하락하였는데 수요량이 7% 증가했다면, 수요의 가격탄력성은 얼마인가? (21회)

해설 | 수요의 가격탄력성 = $\left| \dfrac{\text{수요량의 변화율}}{\text{가격의 변화율}} \right|$ = $\left| \dfrac{7\% \text{ 증가}}{5\% \text{ 인하}} \right|$ = 1.4

정답 | 1.4

02 어느 지역의 오피스텔 가격이 4% 인상되었다. 오피스텔 수요의 가격탄력성이 2.0이라면, 오피스텔 수요량은 얼마나 변화하는가? (25회)

해설 | 수요의 가격 탄력성 = $\left| \dfrac{\text{수요량의 변화율}}{\text{가격의 변화율}} \right|$ = $\left| \dfrac{8\% \text{ 증가}}{4\% \text{ 인하}} \right|$ = 2.0, 수요량은 8%가 감소

정답 | 8% 감소

03 월 임대료가 9만원에서 11만원으로 상승할 때 수요량이 108m²에서 92m²로 감소한다면, 수요의 가격탄력성은 얼마이며, 수요는 탄력적인가, 비탄력적인가? (중간점을 기준) (20회)

해설 | 수요의 가격탄력성(중간점 기준) = $\left|\dfrac{\frac{수요량의 변동분}{원래의 수요량 + 변동된 수요량}}{\frac{가격의 변동분}{원래의 가격 + 변동된 가격}}\right| = \left|\dfrac{\frac{-16}{200}}{\frac{2만원}{20만원}}\right| = \left|\dfrac{\frac{-4}{50}}{\frac{1}{10}}\right| = 0.8$

정답 | 수요의 가격탄력성 : 0.8, 수요 : 비탄력적

(1) 수요의 가격탄력성 결정요인

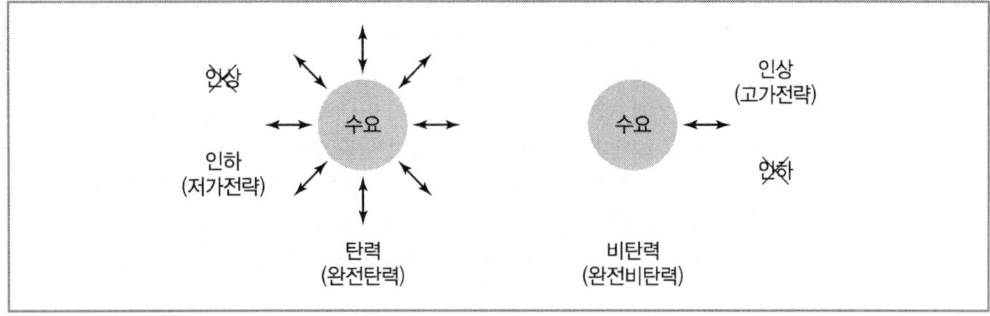

수요 탄력적	수요 비탄력적
① 대체재의 수 많다, 장기(측정, 관찰)	① 대체재의 수 적다, 단기(측정, 관찰)
② 용도 다양, 용도전환 용이	② 용도 특수, 용도전환 곤란
③ 주거용 부동산	③ 상업용 · 공업용 부동산
④ 부분시장으로 세분(동질성)	④ 전체시장(이질성)
⑤ 시장수요	⑤ 개별수요

(2) 수요의 가격탄력성과 총수입

기업의 총수익 = 가격(P) × 수요량(Q)
(100%) = (100%) × (100%)

수요의 탄력성	가격 상승	가격 하락
1. 탄력($\varepsilon > 1$)	총수입 감소	총수입 증가
2. 비탄력($\varepsilon < 1$)	총수입 증가	총수입 감소
3. 단위탄력($\varepsilon = 1$)	총수입 불변 (수요량은 감소)	총수입 불변 (수요량은 증가)
4. 완전탄력($\varepsilon = \infty$)	총수입 감소	총수입 증가
5. 완전비탄력($\varepsilon = 0$)	총수입 증가 (수요량은 불변)	총수입 감소 (수요량은 불변)

⇨ 가격(P) × 수요량(Q) = 총수입
10%↑ 10%↓ = 불변
10%↓ 10%↑ = 불변

⇨ 가격(P) × 수요량(Q) = 총수입
10%↑ 불변 = 증가
10%↓ 불변 = 감소

① 탄력 : 가격 상승 ⇨ 총수입 감소, **가격 하락 ⇨ 총수입 증가**
② 비탄력 : 가격 상승 ⇨ **총수입 증가**, 가격 하락 ⇨ 총수입 감소
③ 단위탄력적 : 가격 변화에 **총수입이 불변**(수요량은 변화)

비교정리	탄력	비탄력	단위탄력
	저가(인하) 전략	고가(인상) 전략	총수입 불변

> **암기** 수요의 가격탄력성 결정요인, 수요의 탄력성과 총수입
>
> 1. 가격 상승시 ① 양 변화율이 크면 탄력
>   ② 양 변화율이 작으면 비탄력
> 2. 수요 탄력 : 대체재 多, 장기, 전환 용이, 주거용
>   가격 인하 ⇨ 총수입 증가, 가격 인상 ⇨ 총수입 감소(저가 전략 유리)
> 3. 수요 비탄력 : 대체재 少, 단기, 전환 곤란, 상·공업용
>   가격 인상 ⇨ 총수입 증가, 가격 인하 ⇨ 총수입 감소(고가 전략 유리)
> 4. 가격 변화, 수요량변화, 총수입 불변 ⇨ 총수입이 불변, 수요량은 변화
> 5. 완전비탄력 : 가격 변화, 수요량불변, 총수입 변화 ⇨ 수요량이 불변, 총수입은 변화

대표유형문제

오피스텔의 분양수요함수가 $Q_d = 600 - \frac{3}{2}P$로 주어져 있다. 이 경우 사업시행자가 분양수입을 극대화하기 위한 오피스텔 분양가격은? (단, P는 분양가격이고 단위는 만원/m², Q_d는 수요량이고 단위는 m², X축은 수량, Y축은 가격이며, 주어진 조건에 한함) (31회)

① 180만원/m² ② 190만원/m² ③ 200만원/m²
④ 210만원/m² ⑤ 220만원/m²

해설 | ③ 가격(P)×수량(Q) = 총수입

가격(200만원)×수량$\left(300m^2, 600 - \frac{3}{2} \cdot 200\right)$ = 총수입(6억원)

① 가격(180만원)×수량$\left(330m^2, 600 - \frac{3}{2} \cdot 180\right)$ = 총수입(5억 9,400만원)

② 가격(190만원)×수량$\left(315m^2, 600 - \frac{3}{2} \cdot 190\right)$ = 총수입(5억 9,850만원)

④ 가격(210만원)×수량$\left(285m^2, 600 - \frac{3}{2} \cdot 210\right)$ = 총수입(5억 9,850만원)

⑤ 가격(220만원)×수량$\left(370m^2, 600 - \frac{3}{2} \cdot 220\right)$ = 총수입(5억 9,400만원)

따라서, 총수입이 가장 극대화(6억원)되는 분양가격은 200만원이 된다.

정답 | ③

3. 수요의 소득탄력성(정·열·중)

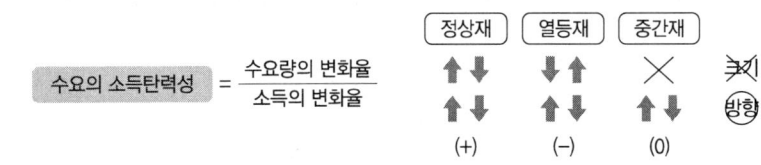

소득 증가-수요 증가, 소득 감소-수요 감소 ⇨ 정상재(수요의 소득탄력성 : 비례, +)
소득 증가-수요 감소, 소득 감소-수요 증가 ⇨ 열등재(수요의 소득탄력성 : 반비례, -)
소득 증가-수요 불변, 소득 감소-수요 불변 ⇨ 중간재(수요의 소득탄력성 :   0   )

4. 수요의 교차탄력성(대·보·독)

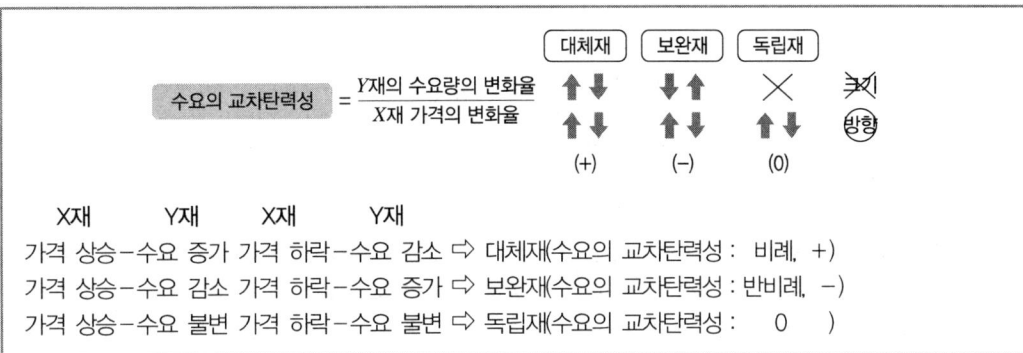

| X재 | Y재 | X재 | Y재 |
가격 상승-수요 증가 가격 하락-수요 감소 ⇨ 대체재(수요의 교차탄력성 : 비례, +)
가격 상승-수요 감소 가격 하락-수요 증가 ⇨ 보완재(수요의 교차탄력성 : 반비례, -)
가격 상승-수요 불변 가격 하락-수요 불변 ⇨ 독립재(수요의 교차탄력성 :   0   )

> **암기** 수요의 소득탄력성과 수요의 교차탄력성
> 1. 소득에 정·열 ⇨ '소득-수요' (+) 정상재, (-) 열등재, (0) 중간재(방향 중요)
> 2. 교차에 대·보 ⇨ 'X재 가격-Y재 수요' (+) 대체재, (-) 보완재, (0) 독립재(방향 중요)
>   ⇨ 'X재 가격-Y재 가격' (+) 대체재, (-) 보완재, (0) 독립재(방향 중요)

대표유형문제

01 아파트 매매가격이 10% 상승할 때, 아파트 매매수요량이 5% 감소하고 오피스텔 매매수요량이 8% 증가하였다. 이때 아파트 매매수요의 가격탄력성의 정도(A), 오피스텔 매매수요의 교차탄력성(B), 아파트에 대한 오피스텔의 관계(C)는? (단, 수요의 가격탄력성은 절댓값이며, 다른 조건은 동일함)

(32회)

해설
- 수요의 가격탄력성 = $\left|\dfrac{\text{아파트 수요량의 변화율}}{\text{아파트 가격의 변화율}}\right| = \left|\dfrac{5\% \text{ 감소}}{10\% \text{ 상승}}\right|$ = 0.5, 비탄력적

- 수요의 교차탄력성 = $\left|\dfrac{\text{오피스텔 수요량의 변화율}}{\text{아파트 가격의 변화율}}\right| = \left|\dfrac{8\% \text{ 증가}}{10\% \text{ 상승}}\right|$ = 0.8, 대체재, 아파트의 임대료가 10% 상승하면서, 오피스텔의 수요가 8% 증가한다면, 수요의 교차탄력성이 0.80이며, 수요의 교차탄력성이 0보다 크다면 두 재화는 대체재 관계가 된다.

정답 A : 0.5, 비탄력적, B : 0.8, C : 대체재

02 A부동산에 대한 수요의 가격탄력성과 소득탄력성이 각각 0.9와 0.5이다. A부동산 가격이 2% 상승하고 소득이 4% 증가할 경우, A부동산 수요량의 전체 변화율(%)은 얼마나 변화하는가? (24회)

해설 | • 수요의 가격탄력성 = $\left|\dfrac{\text{수요량의 변화율(1.8\% 감소)}}{\text{가격의 변화율(2\% 상승)}}\right|$ = 0.9

• 수요의 소득탄력성 = $\left|\dfrac{\text{수요량의 변화율(2\% 증가)}}{\text{소득의 변화율(4\% 상승)}}\right|$ = 0.5

• 수요량은 (−1.8% + 2.0%) = 0.2% 증가

정답 | 0.2% 증가

03 오피스텔에 대한 수요의 가격탄력성은 0.6이고 소득탄력성은 0.5이다. 오피스텔 가격이 5% 상승함과 동시에 소득이 변하여 전체 수요량이 1% 감소하였다면, 이때 소득의 변화율은? (29회)

해설 | 수요의 가격탄력성 = $\left|\dfrac{\text{수요량의 변화율(3\% 감소)}}{\text{가격의 변화율(5\% 상승)}}\right|$ = 0.6, 가격이 5% 상승하면 수요량은 3% 감소

수요량이 1% 감소했다는 것은 소득증가에 따른 수요량 증가가 2%

수요의 소득탄력성 = $\dfrac{\text{수요량변화율(2\% 증가)}}{\text{소득변화율(X)}}$ = 0.5이므로 소득의 증가율(X) = 4%

즉, 수요량이 1% 감소하기 위해서는 소득이 4% 증가해야 한다.

정답 | 4% 증가

04 아파트에 대한 수요의 가격탄력성은 0.6, 소득탄력성은 0.4이고, 오피스텔 가격에 대한 아파트 수요량의 교차탄력성은 0.2이다. 아파트 가격, 아파트 수요자의 소득, 오피스텔 가격이 각각 3%씩 상승할 때, 아파트 전체 수요량의 변화율은? (단, 두 부동산은 모두 정상재이고 서로 대체재이며, 아파트에 대한 수요의 가격탄력성은 절댓값으로 나타내며, 다른 조건은 동일함) (30회)

① 1.2% 감소   ② 1.8% 증가   ③ 2.4% 감소
④ 3.6% 증가   ⑤ 변화 없음

해설 | ⑤ 전체 수요량변화율은 −1.8% + 1.2% + 0.6% = 0이 되므로 '변화 없음'이 정답이 된다.

• 수요의 가격탄력성 = $\left|\dfrac{\text{수요량의 변화율(1.8\% 감소)}}{\text{가격의 변화율(3\% 상승)}}\right|$ = 0.6

• 수요의 소득탄력성 = $\dfrac{\text{수요량의 변화율(1.2\% 증가)}}{\text{소득의 변화율(3\% 상승)}}$ = 0.4

• 수요의 교차탄력성 = $\dfrac{\text{Y재의 수요량변화율(0.6\% 증가)}}{\text{X재의 가격변화율(3\% 상승)}}$ = 0.2

정답 | ⑤

05 다음 아파트에 대한 다세대주택 수요의 교차탄력성은? (단, 주어진 조건에 한함) (18회)

• 가구소득이 10% 상승하고 아파트 가격은 5% 상승했을 때, 다세대주택 수요는 8% 증가
• 다세대주택 수요의 소득탄력성은 0.6이며, 다세대주택과 아파트는 대체관계임

해설 | 수요의 소득탄력성 = $\dfrac{\text{수요량의 변화율(6\% 증가)}}{\text{소득의 변화율(10\% 상승)}}$ = 0.6

다세대주택의 수요는 총 8%가 증가하나, 소득의 증가로 다세대주택의 수요가 6% 증가하므로 아파트 가격이 5% 상승하여 증가되는 수요의 변화율은 2%(8% − 6%)가 된다.

따라서, 수요의 교차탄력성 = $\dfrac{\text{다세대주택 수요량의 변화율(2\% 증가)}}{\text{아파트 가격의 변화율(5\% 상승)}}$ = 0.4

정답 | 0.4

5. 공급의 가격탄력성(물단장)

(1) 공급의 가격탄력성 = $\dfrac{\text{공급량의 변화율}}{\text{가격의 변화율}}$

(2) 공급의 가격탄력성 결정요인

공급 탄력적	공급 비탄력적
① 장기(측정기간)	① 단기(측정기간)
② 생산에 소요되는 기간이 단기(중고주택) ⇨ 건축하여 공급하는 기간 : 단기	② 생산에 소요되는 기간이 장기(신축주택) ⇨ 건축하여 공급하는 기간 : 장기
③ 용도전환 용이	③ 용도전환 곤란
④ 공급 증가시 생산요소가격이 하락	④ 공급 증가시 생산요소가격이 상승
⑤ 법규제가 적거나, 인허가가 용이	⑤ 법규제가 많거나, 인허가가 곤란

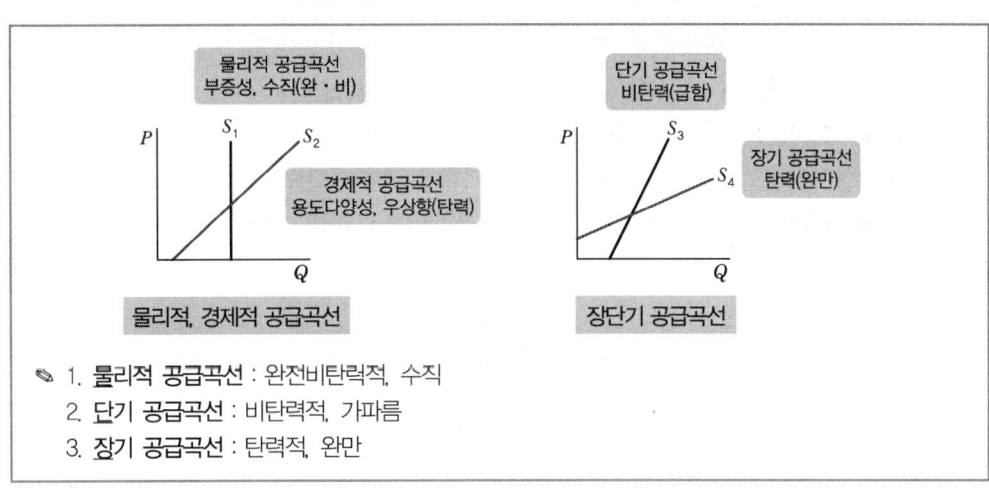

1. 물리적 공급곡선 : 완전비탄력적, 수직
2. 단기 공급곡선 : 비탄력적, 가파름
3. 장기 공급곡선 : 탄력적, 완만

> **암기** 공급의 가격탄력성
>
> 1. 장기 · 단기 vs 생산에 소요되는(건축하여 공급하는) 기간의 장기 · 단기
> 2. ① 장기 공급 : 탄력적(완만), ② 단기 공급 : 비탄력적(가파름)
>   ⇨ '장 · 탄'에 '단 · 비'가 내리네~
> 3. ① 생산에 소요되는(건축하여 공급하는) 기간이 장기(신규주택) : 공급 비탄력
>   ② 생산에 소요되는(건축하여 공급하는) 기간이 단기(중고주택) 공급 탄력
> 4. ① 물리적 공급(완전비탄력, 수직), ② 단기 공급(비탄력, 가파름), ③ 장기 공급(탄력, 완만)
>   ⇨ 물 · 단 · 장

비교 정리	장기	단기	소요 장기	소요 단기
	공급 탄력	공급 비탄력	공급 비탄력(신규)	공급 탄력(중고)

CHAPTER 02 부동산경기변동

1. 부동산 경기의 의의

(1) 부동산 경기 변동의 유형

순환적 변동	① 경기순환(C)	회복, 상향, 후퇴, 하향이 상당히 규칙성을 보이며 반복
비순환적 변동	② 계절적 변동(S)	1년 중, 매년 이맘때쯤 반복하여 발생
	③ 추세적 변동(T)	50년 이상, 신개발 또는 재개발, 장기적 변동, 지속적 변동
	④ 무작위적 변동(R)	예기치 못한 사태, 일시적, 우발적 변동, 자연재해, 정부정책

(2) 부동산경기변동의 특성

① 부동산경기는 일반경기에 비해 **주기는 길고, 진폭은 크다.**
② 경기의 국면이 **불분명, 불명확, 불규칙**적(일반경기에 선행, 동행, 후행, 역행, 독립 **가능**)
③ **지역적 · 개별적 · 국지적**으로 시작하여 전국적 · 광역적으로 확대
④ 회복은 **서서히**, 후퇴는 **빠르게** 진행(우경사 비대칭형)
⑤ **타성기간** 존재 ⇨ 뒤지는 시간차 ⇨ 민감하게 작용×(건축기간 장기, 가중평균)
⑥ **일반경기와의 시차** : 주식(전순환), **상 · 공업용(동시순환)**, 부동산(후순환), **주거용(역 순환)**

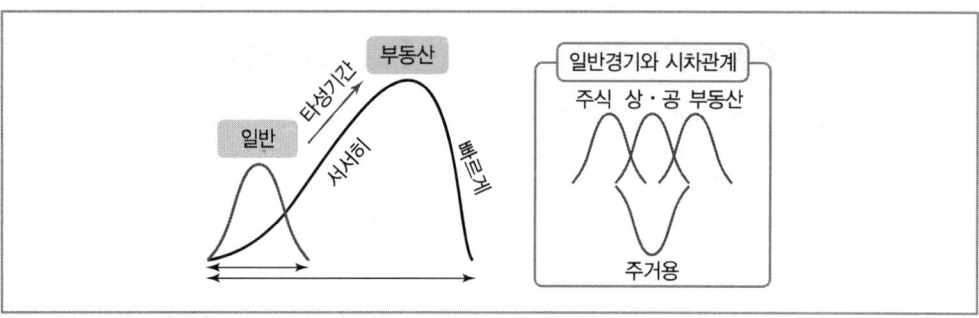

> **암기** | **부동산경기변동의 유형과 특성**
>
> 1. ① **경기순환** : 건축허가량이 5월을 정점, 후퇴
>   ② **계절적 변동** : 매년 12월에 건축허가량이 반복적 감소
> 2. 부동산경기의 순환국면은 제멋대로 움직일 수 있다.
> 3. 부동산경기측정 지표 : ① 건축량(공급), ② 거래량(수요), ③ 가격변동(보조), ④ 택지분양실적 (선행)
> 4. 부동산경기측정 지표 : ① 선행지표(건축허가량, 택지분양실적, 공실 · 공가율, 자재 · 인력 수급), ② 동행지표(건축착공량, 거래량), ③ 후행지표(건축완공량)

2. 부동산시장의 국면별 특징(29회, 31회)

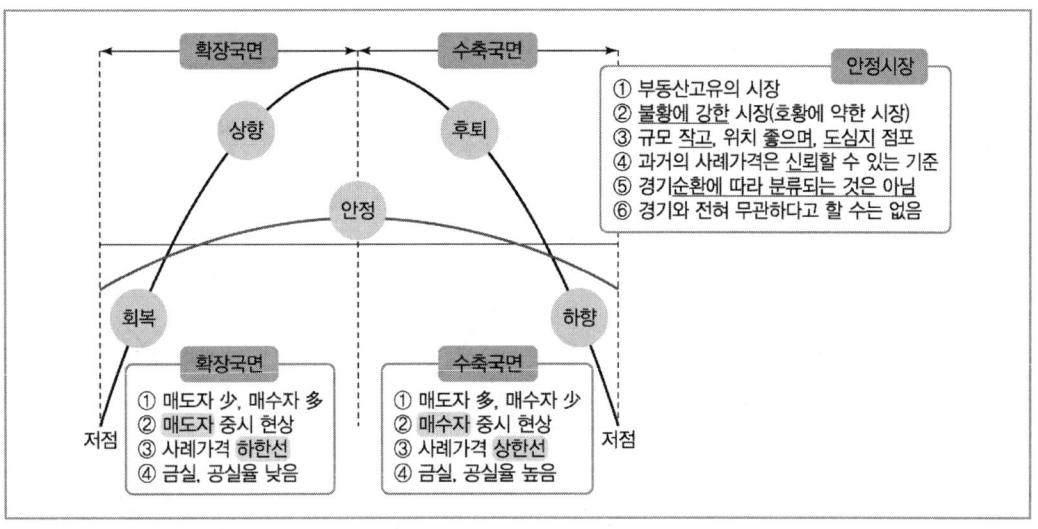

국면	특징
회복시장	① 매수인 중시화 태도에서 매도인 중시화 태도로 변화 ② 금리·공가율은 낮아짐, 과거의 사례가격은 새로운 거래의 기준이 되거나 하한선
상향시장	① 매도인 중시 현상 ② 금리·공가율 낮음, 과거의 사례가격은 새로운 거래의 하한선
후퇴시장	① 매도인 중시화 태도에서 매수인 중시화 태도로 변화 ② 금리는 높아짐, 과거의 사례가격은 새로운 거래의 기준이 되거나 상한선
하향시장	① 매수인 중시 현상 ② 금리·공가율 높음, 과거의 사례가격은 새로운 거래의 상한선
안정시장	① 부동산 고유의 시장, 불황에 강한 시장, 위치가 좋고·규모가 작은 주택·도심지 점포 ② 가격은 가벼운 상승이나 안정, 과거의 사례가격은 신뢰할 수 있는 수준 ③ 경기순환에 의해 분류되는 것은 아니지만, 경기와 전혀 무관하다고 할 수 없다.

비교 정리	회복, 상향시장	후퇴, 하향시장
	매도인 중시, 하한선	매수인 중시, 상한선

> 암기 | **부동산경기의 각국면별 특징**
>
> 1. 부동산경기 : 4국면(순환) + 안정시장 ⇨ 5국면으로 순환 ✕
> 2. ① 상향시장 : 매도자 중시, 하한선 ② 하향시장 : 매수자 중시, 상한선
> 3. ① 회복시장 : 매수자 중시 ⇨ 매도자 중시 전환(변화), 기준가격 또는 하한선
>   ② 후퇴시장 : 매도자 중시 ⇨ 매수자 중시 전환(변화), 기준가격 또는 상한선
> 4. 안정 시장
>   ① 고유, 불황에 강한(호황에 약한), 위치 좋고, 규모 작고, 도심지, 신뢰할 수 있는 기준
>   ② 경기순환에 따른 분류✕ (모든 경기국면에 걸쳐서 존재 가능), 경기와 전혀 무관✕

3. 거미집 이론(27회, 29회, 31회, 32회)

거미집이론
1. 가격변동 : 수요는 즉각 반응, 공급은 시차 존재
2. 주거용 부동산보다 상·공업용에 더 잘 적용
3. 수요가 탄력적이면 수렴형(수/탄/수), 공급이 탄력적이면 발산형(공/탄/발)
4. 수요곡선 기울기 작으면 수렴형, 공급곡선 기울기 작으면 발산형

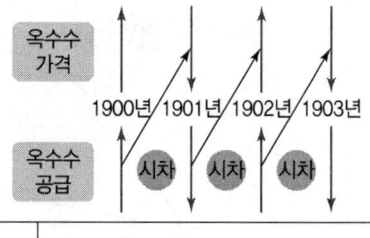

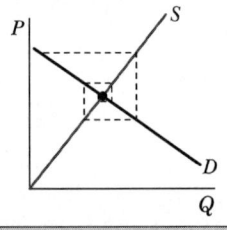 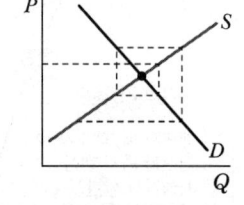 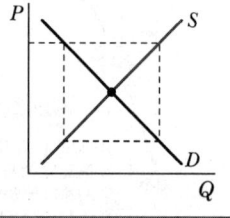

수렴형	발산형	순환형
수요의 탄력성 > 공급의 탄력성	수요의 탄력성 < 공급의 탄력성	수요의 탄력성 = 공급의 탄력성
수요곡선 기울기 < 공급곡선 기울기	수요곡선 기울기 > 공급곡선 기울기	수요곡선 기울기 = 공급곡선 기울기

(1) 수렴형(안정형) : 시간의 경과에 의해 가격이 점차로 균형에 접근하는 경우

① **수요의 가격탄력성** > 공급의 가격탄력성

② **수요곡선의 기울기 절댓값** < 공급곡선의 기울기 절댓값

(2) 발산형(불안정형) : 시간의 경과에 의해 가격이 점차로 균형에서 이탈하는 경우

① 수요의 가격탄력성 < **공급의 가격탄력성**

② 수요곡선의 기울기 절댓값 > **공급곡선의 기울기 절댓값**

(3) 순환형(중립형) : 시간의 경과에 의해 가격이 순환만 계속하는 경우

① 수요의 가격탄력성 = 공급의 가격탄력성

② 수요곡선의 기울기 절댓값 = 공급곡선의 기울기 절댓값

✎ 1. 기울기 $=\dfrac{\triangle Q}{\triangle P}$, 2. 탄력성 $=\dfrac{\triangle P}{\triangle Q}$

비교 정리	수렴형	발산형
	수요 탄력성 ⇧, 수요곡선 기울기 ⇩	공급 탄력성 ⇧, 공급곡선 기울기 ⇩

비교 정리	P=a+bQ	Q=a+bP
	b는 '기울기' ⇨ 기울기 $=\dfrac{\triangle Q}{\triangle P}$	b는 '탄력성' ⇨ 탄력성 $=\dfrac{\triangle P}{\triangle Q}$

> **암기** 거미집 이론

1. 수렴형 : 수요의 탄력성 ⇑(수·탄·수), 수요곡선 기울기 값 ⇓(완만, 수요 탄력적)
2. 발산형 : 공급의 탄력성 ⇑(공·탄·발), 공급곡선 기울기 값 ⇓(완만, 공급 탄력적)
3. P=100−2Q_D, P=200+3Q_S ⇨ 수요의 탄력성 $\frac{1}{2}$ > 공급의 탄력성 $\frac{1}{3}$ ⇨ 수렴형
4. Q_D=100−2P, Q_S=200+3P ⇨ 수요의 탄력성 $\frac{2}{1}$ > 공급의 탄력성 $\frac{3}{1}$ ⇨ 발산형
5. 탄력성, 기울기, 함수에 따른 거미집 모형의 형태

구분		A시장	B시장	C시장
탄력성	수요 가격탄력성	0.8	0.3	0.6
	공급 가격탄력성	0.6	0.3	1.2
거미집 모형		수렴형	순환형	발산형
기울기	수요곡선 기울기	−0.8	−0.3	−0.6
	공급곡선 기울기	0.6	0.3	1.2
거미집 모형		발산형	순환형	수렴형
함수	수요함수	P=100−2Q_D	P=100−2Q_D	P=100−3Q_D
	공급함수	P=200+3Q_S	P=200+2Q_S	P=200+2Q_S
거미집 모형		수렴형	순환형	발산형
함수	수요함수	Q_D=100−2P	Q_D=100−2P	Q_D=100−3P
	공급함수	Q_S=200+3P	Q_S=200+2P	Q_S=200+2P
거미집 모형		발산형	순환형	수렴형

수렴형	수요의 탄력성 > 공급의 탄력성	발산형	|수요곡선 기울기| > |공급곡선 기울기|
발산형	수요의 탄력성 0.5, 공급의 탄력성 0.7	수렴형	수요곡선 기울기 −0.5, 공급곡선 기울기 0.7
발산형	수요곡선 기울기 −0.8, 공급곡선 기울기 0.6	순환형	수요곡선 기울기 −0.3, 공급곡선 기울기 0.3
수렴형	수요곡선 기울기 −0.6, 공급곡선 기울기 1.2	순환형	$Q_d=500−2P$, $3Q_S=−20+6P$
수렴형	$Q_d=100−P$, $2Q_S=−10+P$	수렴형	$2P=500−Q_d$, $3P=300+4Q_S$
발산형	$3P=300−9Q_d$, $2P=200+4Q_S$	순환형	$P=400−2Q_d$, $2P=100+4Q_S$
발산형	$Q_d=200−P$, $Q_S=100+4P$	수렴형	$Q_d=500−2P$, $Q_S=200+1/2P$

MEMO

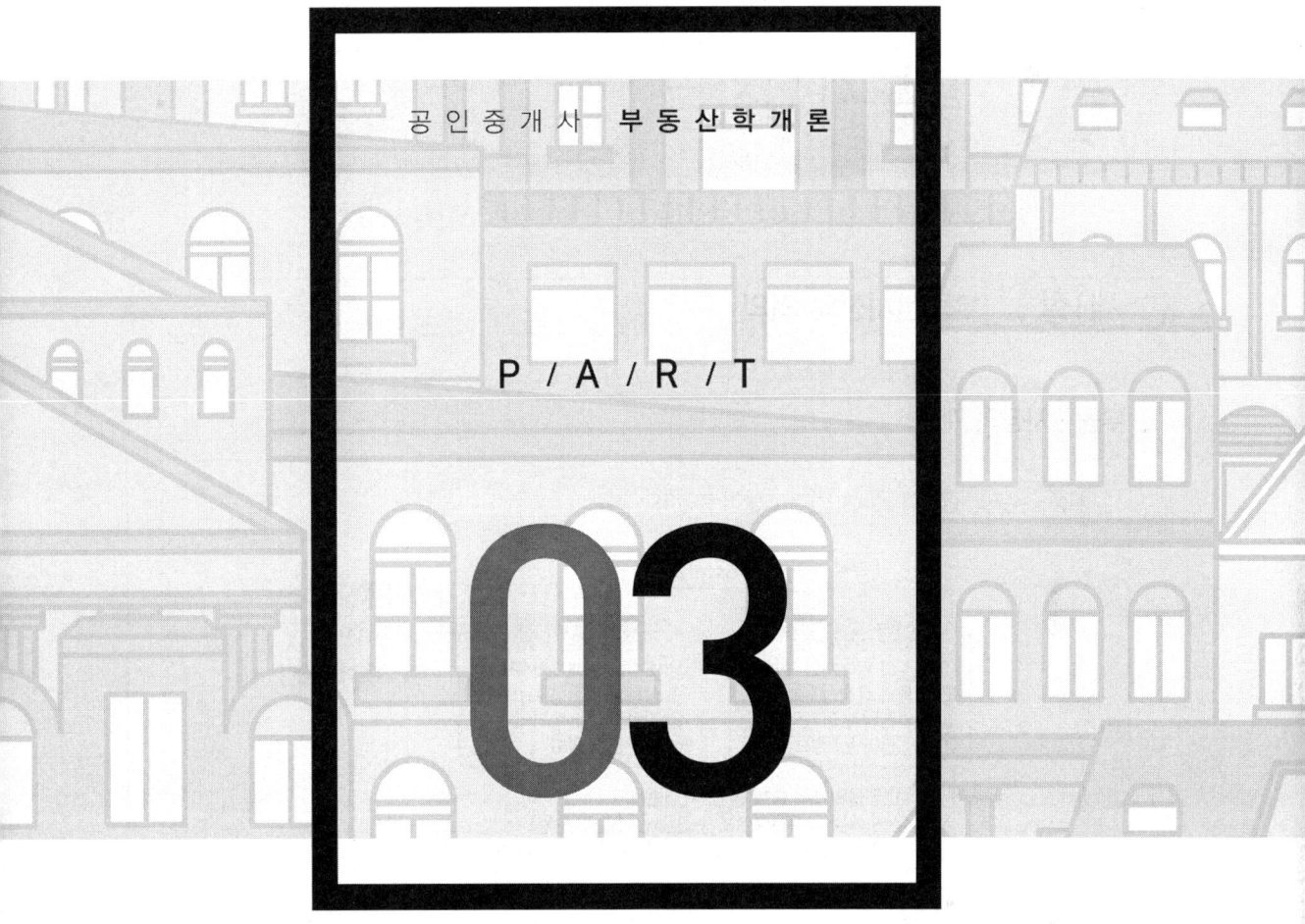

부동산시장론

Chapter 1 부동산시장론 | Chapter 2 입지 및 공간구조론

CHAPTER 01 부동산시장론

제1절 부동산시장의 의의

1. 부동산시장의 개념

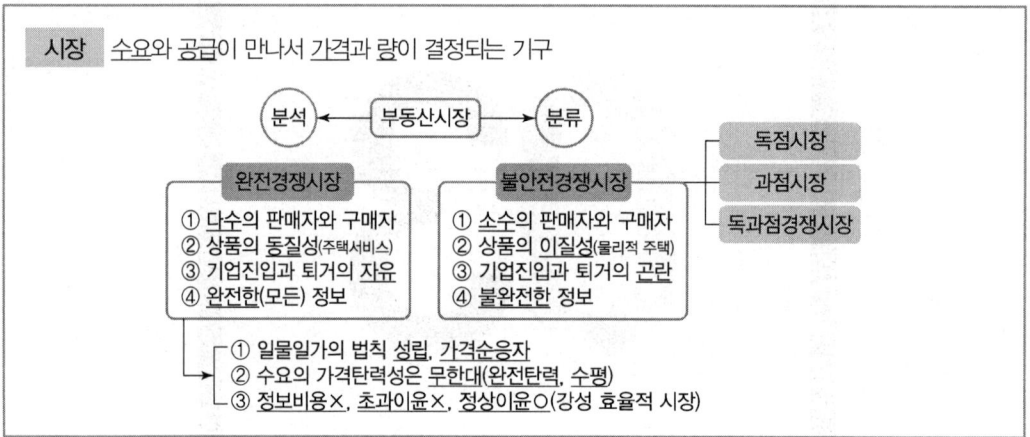

비교 정리	완전경쟁시장	불완전경쟁시장
	다수, 동질, 자유, 완전한	소수, 이질, 곤란, 불완전한

> **암기** 시장의 구분
>
> 1. 부동산시장 : 불완전경쟁시장, 준강성 효율적 시장
> 2. 부동산시장 : 불완전경쟁시장으로 분류, 완전경쟁시장으로 분석하는 것이 합리적
> 3. 완전경쟁시장
>   ① 다수, 동질, 자유, 완전한(모든), 일물일가 ○, 가격순응, 수요 완전탄력(무한대)
>   ② 강성 효율적 시장(정보비용 ×, 초과이윤 ×, 정상이윤 ○)

2. 부동산시장의 유형

■ **시장범위에 따른 분류**

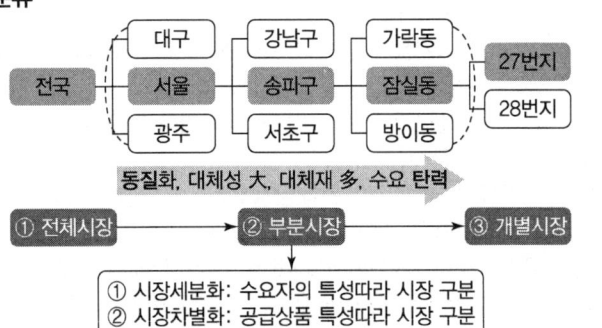

동질화, 대체성 大, 대체재 多, 수요 탄력 →

① 전체시장 → ② 부분시장 → ③ 개별시장

① 시장세분화: 수요자의 특성따라 시장 구분
② 시장차별화: 공급상품 특성따라 시장 구분

✎ 시장세분화란 일정한 기준에 의해 주택수요자를 보다 동질적인 소집단으로 구분하는 것이며, 시장을 세분화할수록 동질화, 대체성 大, 대체재 多, 수요는 보다 탄력적

> **암기** 부동산시장의 유형
> 1. **용도**에 따른 분류(5) : 주거용, 상업용, 공업용, 농업용, 특수용 부동산시장
> 2. **시장범위**에 따른 분류(3) : 전체시장, 부분시장, 개별시장
>   ① 시장**세**분화 : **수**요자 특성에 따라 시장을 구분하는 것 ⇨ 세·수
>   ② 시장**차**별화 : **공**급제품의 특성에 따라 시장을 구분하는 것 ⇨ 공·차
>   ✎ 부동산시장은 부동성으로 인해 **국지화**되고, **부분시장**으로 존재한다.
> 3. 부분시장을 세분화할수록 부동산상품의 **동질성·대체성** ⇧ 수요는 **탄력적**이 된다.

3. 부동산시장의 특성과 기능 (31회)

부동산시장의 특성 (불완전경쟁 4, 준강성 효율적, 추상적·구제적 시장)	부동산시장의 기능
① 국지성(지역성) : 부동성, 지역 간 수급조절 곤란 ② 거래의 비공개성 : 개별성 ③ 상품의 비표준화성 : 개별성 ④ 시장의 비조직성(집중통제의 곤란) : 개별성 ⑤ 수급조절의 곤란성 : 부증성, 영속성, 부동성, 개별성 ⑥ 매매기간의 장기성 : 환금성 ⇩, 단기에 가격 왜곡 ⑦ 법적규제의 과다 : 부증성, 부동성, 단기에 가격 왜곡 ⑧ 자금의 유용성 관련 : 금융조건 완화 ⇨ 수요공급 증가	① 자원배분의 기능 : 효율적× - 시장실패 ② 교환의 기능 ③ 가격창조의 기능 ④ 정보제공의 기능 ⑤ 양과 질의 조정기능

비교 정리	부동산시장의 특성	부동산시장의 기능
	국지성, 3비, 곤란성, 장기성, 과다	자원, 교환, 가격, 정보, 양과 질

> **암기** 부동산시장의 특성과 부동산시장의 기능
>
> 1. 부동산시장의 특성 : 불완전(소수, 이질, 곤란, 불완전), 준강성 효율적, 구체적, 추상적 시장
>   ① 국지성 : 지역 간 수급조절 곤란 ⇨ **부동성**
>   ② 3비 – 거래의 비공개성, 상품의 비표준화성, 시장의 비조직성 ⇨ **개별성**
>   ③ 수급조절의 곤란성 : 부증성(증가×), 영속성(감소×), 부동성(이동×), 개별성(대체×)
>   ④ 매매기간의 장기성 : 환금성 ⇩, 단기적으로 가격 왜곡(장기적으로 가격 왜곡 ×)
>   ⑤ 법적 규제의 과다
>   ⑥ 자금의 유용성 : 금융조건의 완화(금리 인하, 기간 장기, 비율 확대) ⇨ 수요, 공급 증가
>   ✎ 1. 단기 : 괴리, 불일치, 왜곡, 2. 장기 : 일치
> 2. 부동산시장의 기능 : ① 자원배분, ② 교환, ③ 가격창조, ④ 정보제공, ⑤ 양과 질의 조절
> 3. **시장실패** : 시장이 **자원배분**을 효율적으로 달성하지 **못하는** 상황

제2절 효율적 시장이론(27회, 28회, 29회, 31회, 32회)

1. 효율적 시장

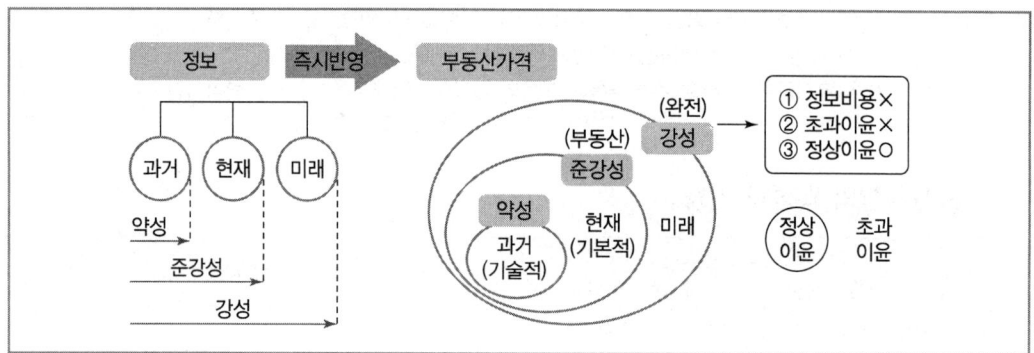

유형	반영되는 정보	정보분석방법	정상이윤	초과이윤(정상이상의 이윤) 획득 여부		
				과거정보분석	현재정보분석	미래정보분석
약성	과거의 정보	기술적 분석	○	×	○	○
준강성	과거 + 현재(공표)	기본적 분석	○	×	×	○
강성	모든 정보	분석이 불필요	○	×	×	×

비교 정리	약성	준강성	강성
	현재 · 미래 초과이윤	미래 초과이윤	초과이윤 불가

> **암기** 효율적 시장
>
> 1. 약성 효율적 시장 : 과거분석(정상이윤), 현재 또는 미래분석(초과이윤)
> 2. 준강성 효율적 시장 : 과거·현재분석(정상이윤), 미래분석(초과이윤)
> 3. 강성 효율적 시장 : 모든 정보 분석(정상이윤), 획득불가(초과이윤), 정보비용 ×, 초과이윤 ×, 정상이윤 ○ ⇨ 초과이윤(정상이상의 이윤) ×, 정상이윤 ○
> 4. 부동산시장은 준강성, 완전경쟁시장은 강성 효율적 시장의 성질과 유사
> 5. 현재정보(기본적)분석을 통해 **정상이윤**을 얻을 수 있는 시장은 **준강성** 효율적 시장
> 6. 현재정보(기본적)분석을 통해 **초과이윤**을 얻을 수 있는 시장은 **약성** 효율적 시장

2. 할당 효율적 시장

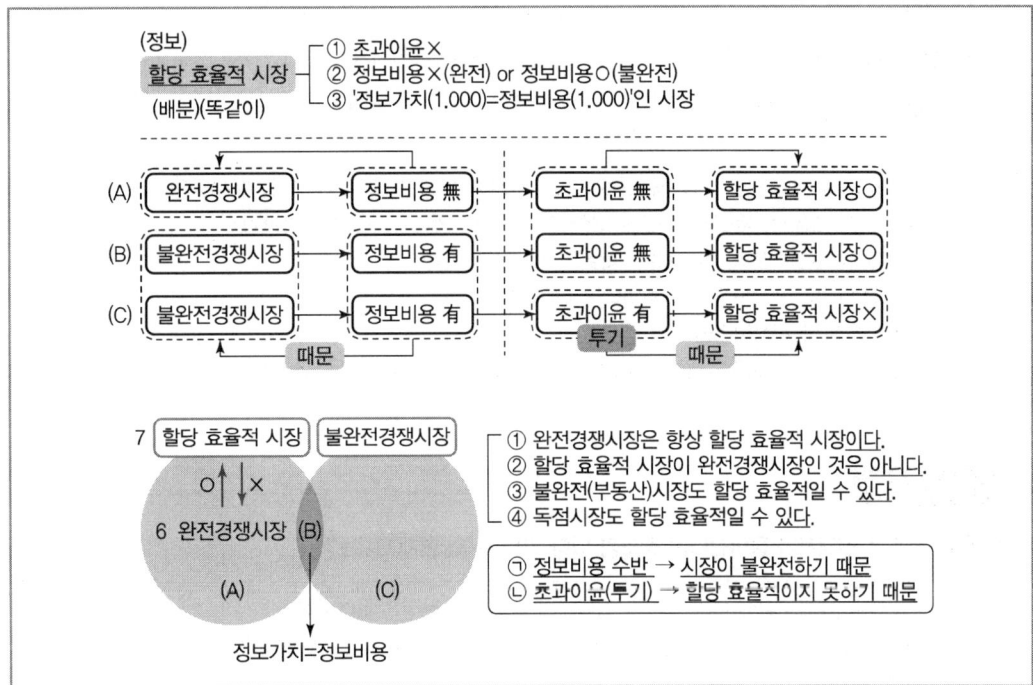

> **암기** 할당 효율적 시장
>
> 1. 할당 효율적 시장 : 초과이윤이 존재 ×, 정보가치(1,000) = 정보비용(1,000), 정보비용 존재 가능
> 2. ① 완전경쟁시장(6)은 언제나 할당 효율적 시장(7) ○
>   ② 할당 효율적 시장(7)이 반드시 완전경쟁시장(6) ×
> 3. 불완전(독점, 부동산)시장도 초과이윤이 존재하지 않는 경우 할당 효율적 시장이 될 수 있다.
> 4. **정보비용**이 수반되는 이유는 시장이 **불완전**하기 때문이다.
> 5. **초과이윤**(투기)이 존재하는 이유는 시장이 **할당 효율적**이지 못하기 때문이다.

3. 정보의 현재가치(정보가치) 계산

$$쉬운\ 계산 = \frac{(큰\ 돈 - 작은\ 돈) \times 안\ 될\ 확률}{(1+r)} = \frac{(실현\ 시 - 미실현\ 시) \times 안\ 될\ 확률}{(1+r)}$$

어느 지역에 1년 후에 신도시가 들어선다는 정보가 있다. 이 지역에 1년 후에 신도시가 들어선다면 8,800만원이 되고, 신도시가 들어서지 않으면 6,600만원의 가치가 있다고 분석되었다. 단, 투자자의 요구수익률은 10%이고, 신도시가 들어설 확률은 50%라 가정한다.

1. **불확실성하의 현재가치(거래가격)** = $\dfrac{(8,800만원 \times 50\%) + (6,600만원 \times 50\%)}{(1+0.1)^1}$ = 7,000만원

2. **확실성하의 현재가치** = $\dfrac{(8,800만원 \times 100\%) + (6,600만원 \times 0\%)}{(1+0.1)^1}$ = 8,000만원

3. **정보가치**(1,000만원) = 확실 현재가치(8,000만원) − 불확실 현재가치(7,000만원)

   [별해] 정보가치 = $\dfrac{(실현가치 - 미실현가치) \times 미실현확률}{(1+r)^n}$ = $\dfrac{(8,800만원 - 6,600만원) \times 50\%}{(1+0.1)^1}$ = 1,000만원

- ① 이 토지는 현재 매도자와 매수자에 의해 얼마에 거래가 될 것인가? (7,000)만원
- ② 신도시가 확실히 들어서는 것에 대한 정보가치는 얼마인가? (1,000)만원
- ③ 300만원으로 신도시 들어서는 정보를 획득하였다면?
   ㉠ 정보비용 (300)만원 ㉡ 초과이윤 (700)만원
- ④ 할당 효율적 시장이라면
   ㉠ 정보가치 (1,000)만원 ㉡ 정보비용 (1,000)만원 ㉢ 초과이윤 (zero)

대표유형문제

01 1년 후 신역사가 들어선다는 정보가 있다. 이 정보의 현재가치는? (25회)

- 역세권개발계획에 따라 1년 후 신역사가 들어설 가능성은 40%이다.
- 1년 후 신역사가 들어서면 8억 8천만원, 들어서지 않으면 6억 6천만원이다.
- 투자자의 요구수익률은 연 10%다.

해설 | • 확실성하의 토지가치 = $\dfrac{(8억\ 8천만원 \times 100\%) + (6억\ 6천만원 \times 0\%)}{(1+0.1)^1}$ = 8억원

• 불확실성하의 토지가치 = $\dfrac{(8억\ 8천만원 \times 40\%) + (6억\ 6천만원 \times 60\%)}{(1+0.1)^1}$ = 6억 8천만원

[계산기] 880,000,000 × 40% 660,000,000 × 60% GT ÷ 1.1 = 120,000,000

• 정보가치(1억 2천만원) = 확실 현재가치(8억원) − 불확실 현재가치(6억 8천만원)

[별해] 정보가치 = $\dfrac{(실현\ 시 - 미실현\ 시) \times 안\ 될\ 확률}{(1+r)^n}$

= $\dfrac{(8억\ 8천만원 - 6억\ 6천만원) \times 60\%}{(1+0.1)^1}$ = 1억 2천만원

정답 | 1억 2천만원

02 복합쇼핑몰 개발사업이 진행된다는 정보가 있다. 다음과 같이 주어진 조건하에서 합리적인 투자자가 최대한 지불할 수 있는 이 정보의 현재가치는? (단, 주어진 조건에 한함) (29회)

- 복합쇼핑몰 개발예정지 인근에 일단의 A토지가 있다.
- 2년 후 도심에 복합쇼핑몰이 개발될 가능성은 50%로 알려져 있다.
- 2년 후 도심에 복합쇼핑몰이 개발되면 A토지의 가격은 6억 500만원, 개발되지 않으면 3억 250만원으로 예상된다.
- 투자자의 요구수익률(할인율)은 연 10%이다.

해설 |
- 확실성하의 토지가치 = $\dfrac{(6억\ 500만원 \times 100\%) + (3억\ 250만원 \times 0\%)}{(1 + 0.1)^2}$ = 5억원

- 불확실성하의 토지가치 = $\dfrac{(6억\ 500만원 \times 50\%) + (3억\ 250만원 \times 50\%)}{(1 + 0.1)^2}$ = 3억 7,500만원

- 정보가치(1억 2,500만원) = 확실 현재가치(5억원) − 불확실 현재가치(3억 7,500만원)

  [별해] 정보가치 = $\dfrac{(6억\ 500만원 - 3억\ 250만원) \times 50\%}{(1 + 0.1)^2}$ = 1억 2,500만원

  [계산기] 605,000,000 − 302,500,000 × 50% ÷ 1.1 = 125,000,000

정답 | 1억 2,500만원

제3절 | 주택시장

1. 주택서비스(주택시장 분석)

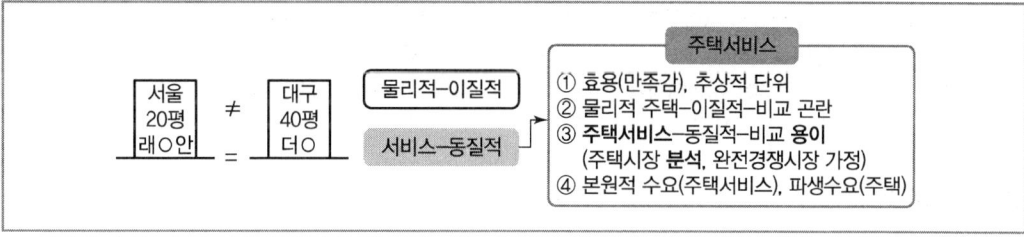

> **암기** 주택시장 분석과 주택서비스
>
> 1. **주택서비스** : 주택소비자가 주택을 사용함으로서 얻을 수 있는 **효용(만족감), 추상적** 단위
>   ① 물리적 주택 : 이질적, 비교 곤란, ② 주택서비스 : 동질적, 비교 용이
> 2. **주택시장분석** : 주택서비스로 분석(물리적 주택×), 동질화 가능, 완전경쟁시장으로 분석
>   ① 토지(파생)와 주택(본원), ② 주택(파생)과 주택서비스(본원), ③ 관광지로서의 토지(본원)

2. 여과 현상 (27회, 30회, 31회)

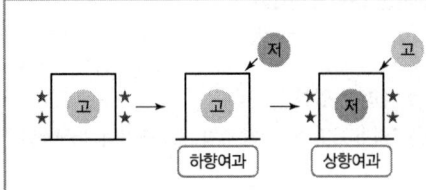

1. **하향여과**(filtering – down) : 고소득층이 사용하던 주택이 **저소득층의 사용으로 전환**되는 현상
2. **상향여과**(filtering – up) : 저소득층이 사용하던 주택이 수선되거나 재개발되어 **고소득층의 사용으로 전환**되는 현상

비교정리	하향여과	상향여과
	저소득층 사용으로 전환	고소득층 사용으로 전환

> **보충** 저가주택신축금지, 저가주택 수요 증가 ⇨ 하향여과

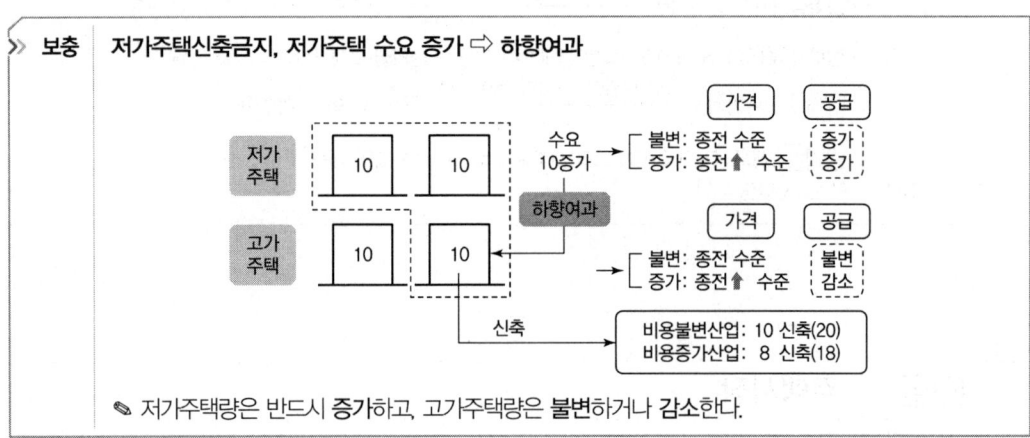

◈ 저가주택량은 반드시 **증가**하고, 고가주택량은 **불변**하거나 **감소**한다.

> **암기** 여과 현상
> 1. ① **하향여과** : **저소득층**의 사용으로 전환, ② **상향여과** : **고소득층**의 사용으로 전환
> 2. **하향여과** : **저가주택의 수요가 증가**(① 저가, ② 증가, ③ 하향)
> 3. **저가주택량**은 하향여과를 통해 비용불변, 비용증가 관계없이 반드시 **증가**(20 ⇨ 30)

3. 주거분리 (27회, 30회)

> **보충** 주거분리와 여과작용, 불량주택

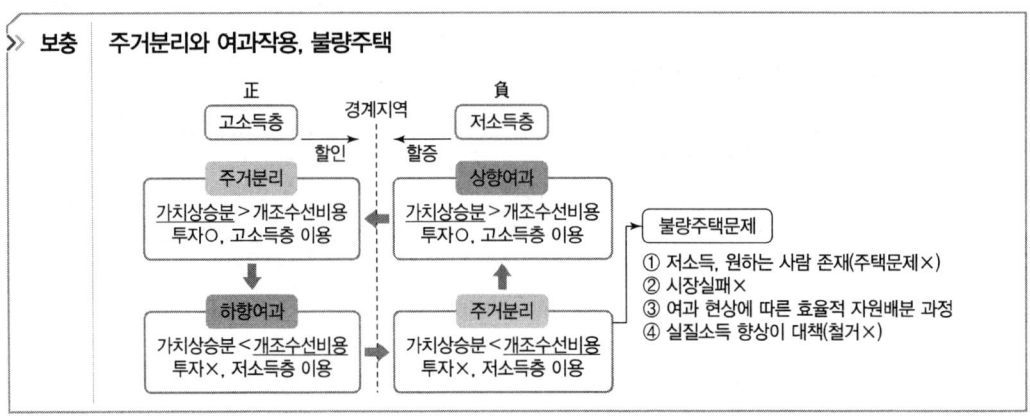

① 주거분리란 고소득층의 주거지역과 저소득층의 주거지역이 서로 **분리**되고 있는 현상으로서 지리적으로 인접한 **인근지역**뿐만 아니라 **도시 전체에서도 발생**한다.
② 이러한 주거분리 현상은 주택소비자가 부(−)의 외부효과의 피해는 피하고, 정(+)의 외부효과의 편익은 추구하려는 과정에서 발생한다.

> **암기** | **주거분리와 불량주택**
>
> 1. 고소득층 주거지역 : 개조수선비용 > 가치상승분, 하향여과
> 2. 저소득층 주거지역 : 개조수선비용 < 가치상승분, 상향여과
> 3. 경계지역 ① 저소득층 주택은 할증되어 거래되고, ② 고소득층 주택은 할인되어 거래
> 4. 불량주택 : 소득문제, 효율적 자원배분의 과정, 대책(실질소득의 향상)

비교 정리	○	×
	소득 ○, 저소득 ○, 원하기 때문 ○, 효율적 자원배분과정 ○, 실질소득 향상 ○	주택문제 ×, 시장실패 ×, 철거 ×

CHAPTER 02 입지 및 공간구조론

제1절 지대론 (27회, 28회, 29회, 30회, 31회, 32회)

1. 지대의 의의

(1) **지가**(교환대가) : 일정 시점, 토지의 매매가격, 저량의 개념

(2) **지대**(사용대가) : 일정 기간, 토지의 임대료, 유량의 개념

(3) 지가 = $\dfrac{지대}{이자율}$, 지가와 지대는 비례관계, 지가와 이자율은 반비례관계

2. 경제지대(준지대)

1. 경제지(파레토)	파레토, 토지, 영구적으로 발생하는 초과이윤, 총수입과 전용수입의 차액 ⇨ 공급이 비탄력적일수록 ↑ 경제지대 = 총수입 − 전용수입 ◈ 전용수입 어떤 생산요소가 다른 용도로 전용되지 않고 현재의 용도에 그대로 사용되도록 지급하는 최소한의 지급액 ① 공급이 완전비탄력적(수직) : 총수입 모두 경제지대, 전용수입 = 0(zero) ② 공급이 완전탄력적(수평) : 총수입 모두 전용수입, 경제지대 = 0(zero)
2. 준지대(마샬)	마샬, 인간의 기계 등에서 일시적으로 발생하는 초과이윤 ⇨ 단기 − 발생, 장기 − 소멸

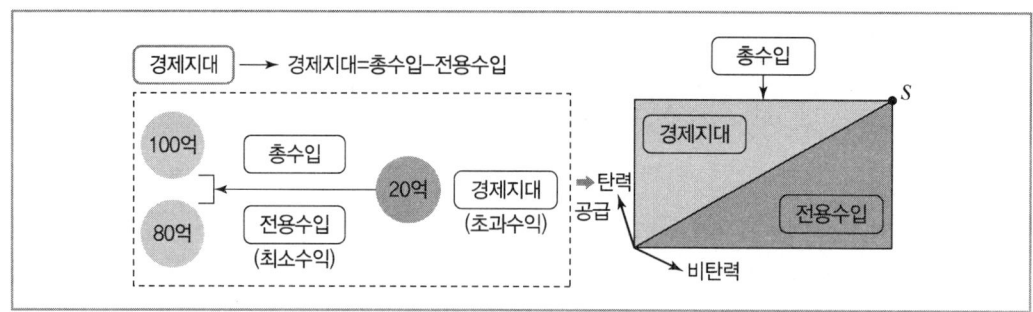

비교 정리	경제지대	준지대
	파레토, 토지, 영구·장기적	마샬, 인간, 일시·단기적

> **암기** 경제지대와 준지대
> 1. 경제지대(파레토, 토지, 영구적·장기적) vs (마샬, 인간, 일시·단기적)
> 2. **경제지대(준지대)** : 총수입 − 전용수입, 공급자의 **초과이윤**
>   ⇨ 총수입 = 전용수입 + 경제지대
>   ① 경제지대(준지대)는 공급이 **비탄력적**일수록 **커지고**, 공급이 탄력적일수록 작아진다.
>   ② 공급 **완전비탄력적(수직)** : 총수입 모두 경제지대(전용수입 zero)
>   ③ 공급 **완전탄력적(수평)** : 총수입 모두 전용수입(경제지대 zero)

3. 지대결정이론 (27회, 28회, 29회, 30회, 31회, 32회)

(1) 리카도의 차액지대설과 마르크스의 절대지대설

차액지대설(리카도)	절대지대설(마르크스)
① 토지의 비옥도(질적 차이, 생산성)	① 토지 소유권(요구), 소유자체
② 수확체감법칙을 전제	② 사유화와 희소성의 법칙
③ 한계지에서 지대는 zero	③ 한계지에서도 지대 존재
④ 곡물가격(비옥도) ⇨ 지대 결정	④ 지대 ⇨ 곡물가격 결정
⑤ 지대는 불로소득(잉여)로 파악	⑤ 지대는 생산비(비용)로 파악

✎ 리카도의 차액지대설

질적 차이(비옥도)	우등지	열등지	한계지(최열등지)
곡물가격(매상고)	500만원	300만원	200만원
생산비	200만원	200만원	200만원
지대(잉여, 불로소득)	300만원	100만원	0(zero)

비교 정리	차액지대설(리카도)	절대지대설(마르크스)
	비옥도, 수확체감, 한계지 무 지대	소유자체, 요구, 한계지 유 지대
	비옥도가 결정, 불로소득(잉여)	지대가 결정, 생산비(비용)

(2) 튀넨의 위치지대설 (입지교차지대설, 고립국이론, 농업입지론)

지대 = 매상고 − 생산비 − 수송비

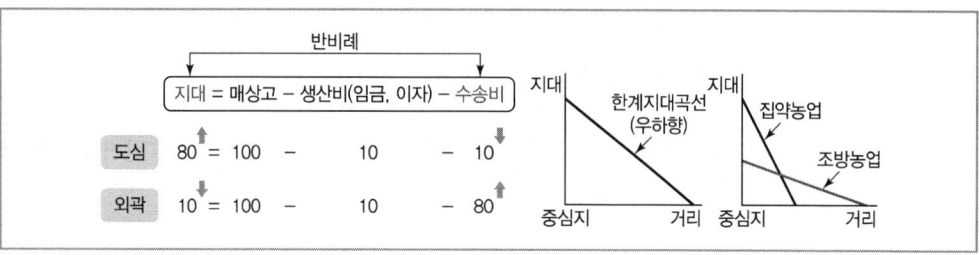

① 동심원 지대 모델을 제시하고, 버제스 도시공간구조이론인 동심원이론에 영향을 주었다.
② 토지이용의 양태는 경작농산물의 **수송비**에 의하여 결정되며, **수송비** 절약분이 지대이고 **지대와 수송비**는 **반비례**한다.
③ **한계지대곡선**은 **우하향**하는 형태로 조방한계점에 이르면 지대는 0이 된다.
④ 집약농업일수록 기울기는 **급경사**이고, 조방농업일수록 기울기가 **완경사**이다.

(3) 알론소의 입찰지대설

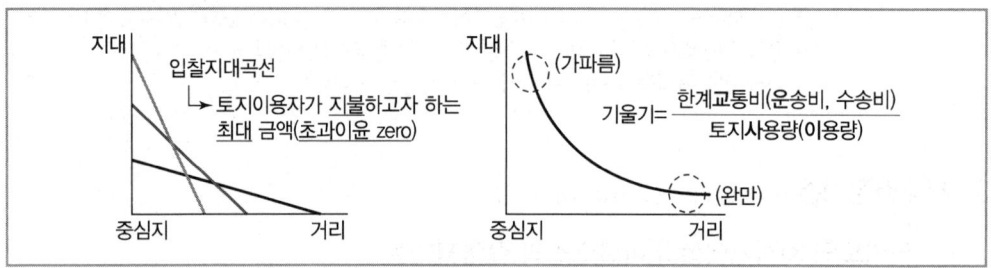

① 토지에 대해 토지이용자가 **지불**하고자 하는 **최대금액**, **초과이윤**이 0이 되는 수준의 지대
② 지대지불능력이 가장 최대 입지주체가 중심지와 가깝게 입지하고, 여러 지대곡선 중 **가장 높은 부분**을 연결한 포락선(**아래로 볼록한** 곡선)을 나타낸다.
③ 토지에서 입지경쟁이 일어난다면 최대의 순현재가치(수익)를 얻을 수 있는 이용에 할당되는데, 이때 최대의 순현재가치를 올릴 수 있는 원인이 무엇이든 상관이 없다.
④ 입찰지대곡선의 기울기가 **가파른** 업종일수록 **중심지에 가까이** 입지하는 경향
⑤ 입찰지대곡선의 **기울기** = $\dfrac{\text{기업의 한계교통비(운송비, 수송비)}}{\text{기업의 토지사용량(이용량)}}$ ⇨ 교·사 ∣ 운·이

(4) 헤이그의 마찰비용이론

중심지로부터 멀어질수록 **교통비는 증가**하고 **지대는 감소**한다고 보고 **교통비의 중요성**을 강조하는 이론이다.

> **암기** 지대이론
> 1. **차액지대설** : 리카도, 비옥도, 수확체감, 한계지 지대 없음, 비옥도가 지대결정, 불로소득(잉여)
> 2. **절대지대설** : 마르크스, 소유자체, 요구, 한계지 지대 존재, 지대가 곡가결정, 생산비(비용)
> 3. **위치지대설** : 튀넨, 지대와 수송비 반비례, 한계지대곡선 우하향, 집약(가파름), 조방(완만)
> 4. **입찰지대설** : 알론소, 지대지불능력 최대, 초과이윤 zero, 원점 향해 볼록, 우하향
>   ⇨ 입찰지대곡선의 **기울기** = $\dfrac{\text{교통비(운송비)}}{\text{사용량(이용량)}}$ = 교통비(운송비)를 사용량(이용량)으로 나눈 값
> 5. **헤이그의 마찰비용이론**에서는 **교통비**와 지대를 마찰비용으로 본다.
>   ✎ 옳은 지문으로 자주 출제
> 6. 수송비(운송비, 교통비) 강조 : 튀넨 위치지대설, 헤이그 마찰비용이론, 베버 최소비용이론

(5) 생산요소의 대체성과 도시지대

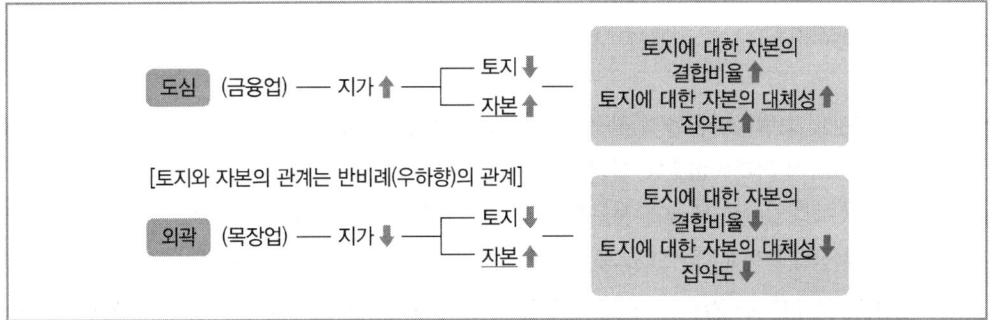

대표유형문제

다음 표는 쌀, 우유, 사과 세 가지 상품의 1,000m²당 연간 산출물의 시장가격, 생산비용, 교통비용을 나타낸다. 상품의 생산지와 소비되는 도시까지의 거리가 19km인 지점에서도 이윤을 얻을 수 있는 상품은?

(21회)

제품	시장가격	생산비용	교통비용(1km당)
쌀	150	70	5
우유	200	100	4
사과	250	130	6

해설 | • 쌀 : 이윤(−15) = 시장가격(150) − 생산비(70) − 수송비(95 = 5×19km)
• 우유 : 이윤(+24) = 시장가격(200) − 생산비(100) − 수송비(76 = 4×19km)
• 사과 : 이윤(+6) = 시장가격(250) − 생산비(130) − 수송비(114 = 6×19km)

정답 | 우유, 사과

제2절 도시공간구조이론, 도시경제기반이론

1. 도시공간구조이론(도시내부구조이론) (28회, 29회, 30회, 31회, 32회)

단핵도시	① 전통도시, 소도시, 중심업무지구(도심) ② 동심원이론, 선형이론
다핵도시	① 현대도시, 대도시, 중심업무지구(도심) + 외부업무지구(부도심) ② 다핵심이론

(1) **버제스의 동심원이론**(1925년) : 도시생태학적 관점, 침입 · 경쟁 · 천이 과정

> 중심업무지구(CBD) ⇨ 전이(점이)지대 ⇨ 저소득(근로자)주택지역 ⇨ 고소득(중산층)주택지역 ⇨ 통근자지역

① **튀넨**을 고립국이론을 도시공간구조이론에 **응용**한 이론
② 중심지에 **가까워질수록** 범죄 · 빈곤 · 질병이 **많아진다.**
③ **저소득층**일수록 **도심과 접근성이 양호한 지역**에 주거지를 선정한다.
④ **도시생태학적** 관점, 도시 공간구조 형성을 **침입 · 경쟁 · 천이**의 과정으로 설명

(2) **호이트의 선형이론**(1939년) : 교통축을 따라 부채꼴모양(쐐기형)으로 확대, **교통축**(교통망, 교통노선), 주거분리

① 주택지불능력이 **높을수록(고소득층) 도심지역과 접근성이 양호한 지역**에 주거지를 선정한다.
② **고급주택은 교통축에 가까이**, 중급주택은 고급주택의 인근에, 저급주택은 반대편에 입지

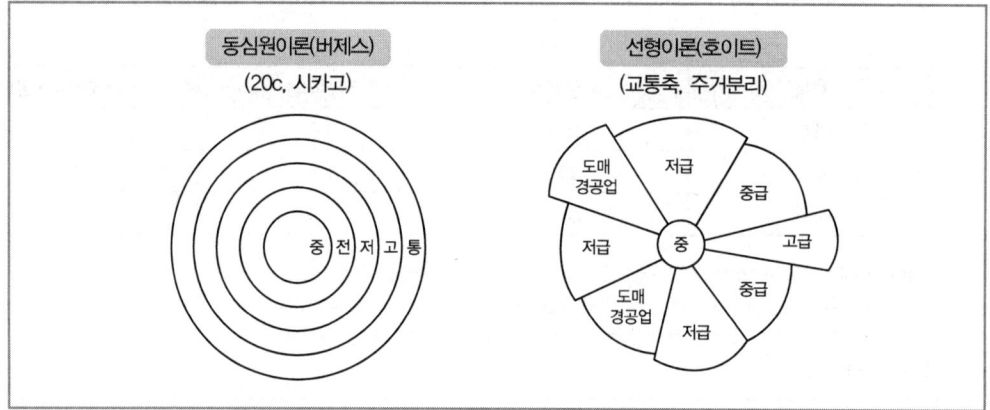

비교 정리	동심원이론(버제스)	선형이론(호이트)
	도시생태학, 침입 · 경쟁 · 천이	교통축, 부채꼴(쐐기형)
	접근성 양호 저소득 입지	접근성 양호 고소득 입지

(3) **해리스와 울만의 다핵심이론**(1945년)

① 도시는 **도심과 부도심**으로 구성되며 **현대도시**나 **대도시** 패턴에 적합한 이론
② **핵의 성립요인**
  ㉠ **동종(유사)활동** : 집적이익 추구(**모여** 입지, **집중, 양립성**) 예 소매업지구, 금융지구, 도매업지구
  ㉡ **이종(이해상반)활동** : 분산입지(**흩어져** 입지, **분리, 비양립성**) 예 고급주택지구와 공업지구
  ㉢ 특정 **위치**나 **시설**의 필요성 예 공업지구는 지역 간 교통과 수자원확보가 용이한 곳
  ㉣ 지대**지불능력**의 차이 예 교외공업지구, 창고업

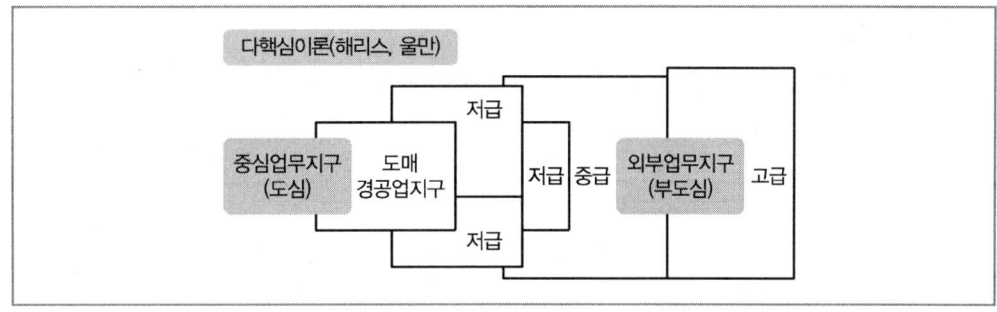

비교 정리	동종(유사)	이종(이질)
	모여, 집적, 양립성	흩어져, 분산, 비양립성

(4) **다차원이론**(시몬스) : 동심원, 선형, 다핵심이론을 **종합**하여 3가지 차원에서 접근

(5) **유상도시이론**(베리) : 도시는 **간선도로**를 따라 **리본모양**으로 확산, 입지한다는 이론

> **암기** 도시공간구조론
>
> 1. 동심원이론 : 버제스, '중, 전, 저, 고, 통', 접근성이 양호한 곳에 **저소득층** 입지, 도시생태학적 관점, 침입·경쟁·천이
> 2. 선형이론 : 호이트, 교통축의 접근성이 양호한 곳에 **고소득층** 입지, 저소득층은 반대편 입지
> 3. 다핵심이론 : 해리스와 울만, 중심업무지구(도심)+외부업무지구(부도심), 현대도시, 대도시
> 4. 다핵의 성립요인 : 동종-집적, 이종-분산, 특정 시설이나 위치의 필요성, 지대지불능력

2. 입지계수(LQ)(27회, 30회, 32회)

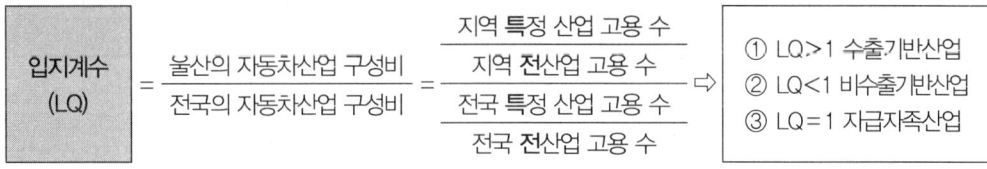

(1) **기반산업**

   도시의 **주된** 산업, 도시 외부로 재화를 **수출**하여 외부로부터 화폐의 **유입**을 가져오는 산업

(2) **비기반산업**

   도시 **내부**에서 소비되는 재화를 생산 판매하는 산업, **지역서비스** 산업

(3) **기반산업의 성장**이 비기반산업의 성장을 유도하며 도시전체의 성장을 주도한다.

대표유형문제

01 A지역 부동산산업과 B지역의 전자산업의 입지계수를 각각 구하시오. (16회)

산업/지역	A	B	전국
부동산	100	400	500
전자	200	200	400
전체	300	600	900

해설 | • A지역 부동산산업 입지계수(LQ) = $\dfrac{\dfrac{\text{A지역 부동산산업 고용 수}}{\text{A지역 전산업 고용 수}}}{\dfrac{\text{전국의 부동산산업 고용 수}}{\text{전국의 전산업 고용 수}}} = \dfrac{\dfrac{100}{300}}{\dfrac{500}{900}} = \dfrac{9}{15} = 0.6$

• B지역 전자산업 입지계수(LQ) = $\dfrac{\dfrac{\text{B지역 전자산업 고용 수}}{\text{B지역 전산업 고용 수}}}{\dfrac{\text{전국의 전자산업 고용 수}}{\text{전국의 전산업 고용 수}}} = \dfrac{\dfrac{200}{600}}{\dfrac{400}{900}} = \dfrac{18}{24} = 0.75$

정답 | A지역 부동산산업 : 0.6, B지역의 전자산업 : 0.75

02 각 지역과 산업별 고용자 수가 다음과 같을 때 A지역 X산업과 B지역 Y산업의 입지계수(LQ)를 올바르게 계산한 것은? (단, 주어진 조건에 한하여, 결괏값은 소수점 셋째 자리에서 반올림함) (30회)

구분		A지역	B지역	전지역 고용자 수
X산업	고용자 수	100	140	240
	입지계수	(㉠)	1.17	
Y산업	고용자 수	100	60	160
	입지계수	1.25	(㉡)	
고용자 수 합계		200	200	400

      ㉠   ㉡   ㉠   ㉡
① 0.75 0.83   ② 0.75 1.33
③ 0.83 0.75   ④ 0.83 1.20
⑤ 0.83 1.33

해설 | • A지역 X산업 입지계수 = $\dfrac{\dfrac{100}{200}}{\dfrac{240}{400}} = \dfrac{\dfrac{1}{2}}{\dfrac{6}{10}} = \dfrac{10}{12} = 0.83$

• B지역 Y산업 입지계수 = $\dfrac{\dfrac{60}{200}}{\dfrac{160}{400}} = \dfrac{\dfrac{3}{10}}{\dfrac{4}{10}} = \dfrac{30}{40} = 0.75$

정답 | ③

03 각 지역과 산업별 고용자 수가 다음과 같을 때, A지역과 B지역에서 입지계수(LQ)에 따른 기반산업의 개수는? (단, 주어진 조건에 한하며, 결괏값은 소수점 셋째 자리에서 반올림함) (32회)

구분		A지역	B지역	전지역 고용자 수
X산업	고용자 수	30	50	80
	입지계수	0.79	?	
Y산업	고용자 수	30	30	60
	입지계수	?	?	
Z산업	고용자 수	30	20	50
	입지계수	?	0.76	190
고용자 수 합계		90	100	400

① A지역 : 0개, B지역 : 1개　　② A지역 : 1개, B지역 : 0개
③ A지역 : 1개, B지역 : 1개　　④ A지역 : 1개, B지역 : 2개
⑤ A지역 : 2개, B지역 : 1개

해설 | ⑤ A지역은 Y산업, Z산업이 기반산업(2개)이고, B지역은 X산업만 기반산업(1개)이 된다.

- A지역 Y산업 입지계수 $= \dfrac{\frac{30}{90}}{\frac{60}{190}} = 30 \times 190 \div 90 \div 60 ≒ 1.0555(1.06)$, 기반산업

- A지역 Z산업 입지계수 $= \dfrac{\frac{30}{90}}{\frac{50}{190}} = 30 \times 190 \div 90 \div 50 ≒ 1.2666(1.27)$, 기반산업

- B지역 X산업 입지계수 $= \dfrac{\frac{50}{100}}{\frac{80}{190}} = 50 \times 190 \div 100 \div 80 ≒ 1.1875(1.19)$, 기반산업

- B지역 Y산업 입지계수 $= \dfrac{\frac{30}{100}}{\frac{60}{190}} = 30 \times 190 \div 100 \div 60 ≒ 0.95$, 비기반산업

정답 | ⑤

제3절 입지이론

1. **서비스업의 입지론**(27회, 28회, 29회, 30회, 31회, 32회)

   (1) **상권**

   ① **중심지와 배후지**
      ⊙ **중심지** : 점포가 존재하는 곳
      ⊙ **배후지(상권)** : 고객이 존재하는 곳
         ◈ 일반적으로 상품이나 서비스의 구입 빈도가 낮을수록 상권의 규모는 크고, 구입 빈도가 높을수록 상권의 규모는 작다.

   ② **상권확정기법**
      ⊙ **시장침투법** : 상권이 **중첩**되어 **경쟁**이 심한 업종 예 **백화점**, 할인점, 슈퍼마켓
      ⊙ **공간독점법** : 거리제한을 두거나 **면허**가 필요한 업종 예 **주류판매점**, 우체국
      ⊙ **분산시장접근법** : 특정 **수요계층**을 대상으로 하는 업종 예 **고급가구점**, 외제승용차점

비교 정리	시장침투법	공간독점법	분산시장접근법
	백화점	우체국	고급가구점

   (2) **크리스탈러의 중심지이론** : 소비자 <u>분포</u>, <u>거시적 분석</u>(중심지 형성)

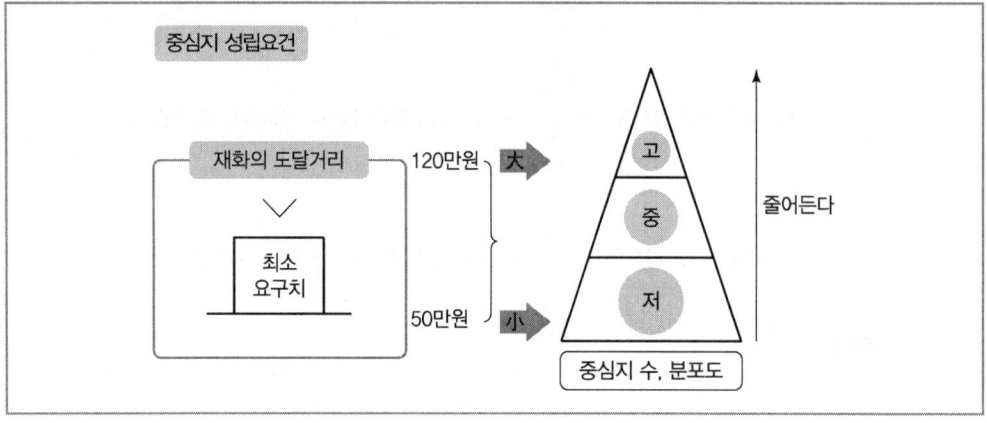

   ① **재화의 도달범위** : 중심지가 **재화나 서비스를 제공하는 최대한의 범위**로서 판매량이 '0'이 되는 범위
   ② **최소요구치** : 중심지 기능이 유지되기 위한 최소한의 수요 요구 규모
   ③ **최소요구범위** : 판매자가 **정상이윤**을 얻는 만큼의 충분한 소비자를 포함하는 경계까지의 거리
   ④ 재화와 서비스에 따라 **중심지**가 계층화되며 서로 다른 크기의 **도달범위와 최소요구범위**를 가짐
   ⑤ 공간적 **중심지 규모**의 크기에 따라 **상권의 규모**가 달라진다는 것을 실증

(3) 레일리의 소매인력법칙, 컨버스의 분기점모형 : 중심지 상호작용

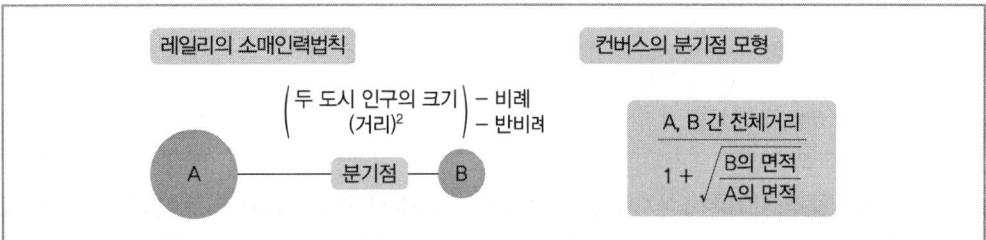

① 레일리의 소매인력(중력)법칙
  ㉠ **상거래 영향력의 크기** : 도시크기(인구)에 **비례**, 거리의 제곱에 **반비례**하여 형성
  ㉡ **상권의 경계** : A도시가 B도시보다 크다면 **B(작은) 도시 쪽에 가깝게** 경계가 형성된다.

② 컨버스의 분기점(경계지점) 모형

$$\text{A도시에서 분기점까지의 거리} = \frac{\text{A와 B간의 거리}}{1 + \sqrt{\dfrac{\text{B의 면적(인구)}}{\text{A의 면적(인구)}}}}$$

  1. 4배 큰 경우 : 작은 도시 쪽으로부터 **3**으로 나누어 계산
  2. 9배 큰 경우 : 작은 도시 쪽으로부터 **4**로 나누어 계산

대표유형문제

01 어떤 도시에 쇼핑센터 A, B가 있다. 두 쇼핑센터간 거리는 24km이다. A의 면적은 1,000m²이고, B의 면적은 4,000m²이다. 컨버스(P. D. Converse)의 분기점모형에 따른 두 쇼핑센터의 상권 경계선은 어디인가? (18회)

해설 | 쇼핑센터 A로부터의 분기점 = $\dfrac{24km}{1 + \sqrt{\dfrac{4,000}{1,000}}}$ = 8km이다.

정답 | A로부터 8km 지점, B로부터 16km 지점

02 컨버스(P. D. Converse)의 분기점모형에 기초할 때, A시와 B시의 상권 경계지점은 A시로부터 얼마만큼 떨어진 지점인가? (단, 주어진 조건에 한함) (32회)

- A시와 B시는 동일 직선상에 위치하고 있다.
- A시 인구 : 64만명
- B시 인구 : 16만명
- A시와 B시 사이의 직선거리 : 30km

① 5km   ② 10km   ③ 15km
④ 20km   ⑤ 25km

해설 | ④ B시로부터의 분기점이 10km이므로 A시로부터의 분기점은 20km가 된다. 계산의 편의를 위해 B시로부터의 분기점을 먼저 구하면, 컨버스(P. D. Converse)의 분기점모형에서 B시로부터의 분기점은

$$= \frac{\text{A와 B간의 거리}}{1+\sqrt{\frac{\text{A의 면적}}{\text{B의 면적}}}} = \frac{30\text{km}}{1+\sqrt{\frac{64만명}{16만명}}} = \frac{30\text{km}}{1+\sqrt{4}} = 10\text{km}$$

정답 | ④

---

(4) 허프의 중심지이론(소매지역이론, 확률모형) : 소비자 개성, 미시적 분석(중심지 상호작용)

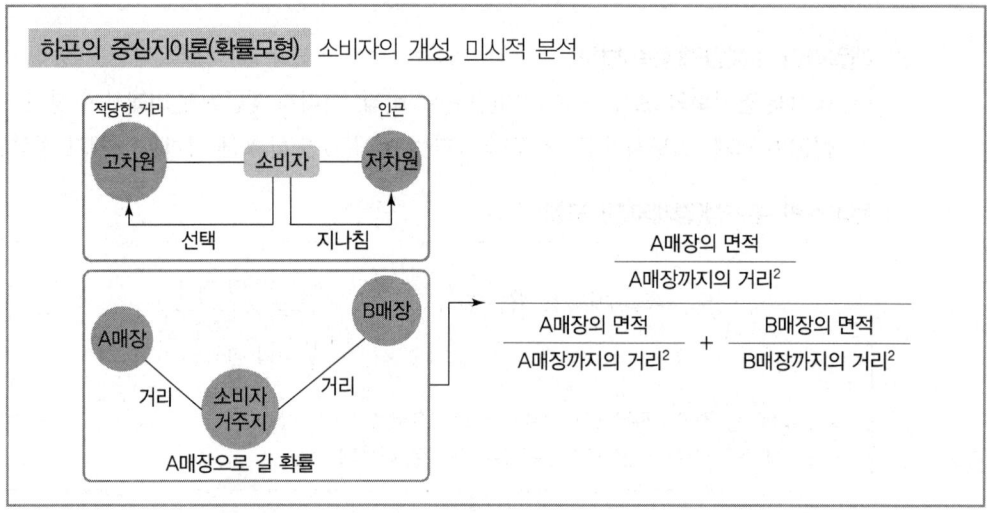

① 소비자는 가장 **가까운 곳**에서 상품을 선택하려는 경향이 있지만, 적당한 거리에 고차중심지가 있으면 인근의 저차중심지를 **지나칠 가능성**이 커진다.

② 고밀도시가지(**대도시**) 내부의 구매중심점은 소비자의 기호와 소비자의 형태를 고려하여 **선택된 상품(전문점)** 등을 판매하여야 상권이 형성된다는 경험적인 **확률이론**을 제시

③ 허프의 상권분석모형에 따르면, 소비자가 특정 점포를 이용할 확률은 경쟁점포의 **수**, 점포와의 **거리**, 점포의 **면적**에 의해 결정된다.

$$\text{A매장 점유율} = \frac{\dfrac{\text{A매장의 면적}}{\text{A매장까지의 거리}^2}}{\dfrac{\text{A매장의 면적}}{\text{A매장까지의 거리}^2} + \dfrac{\text{B매장의 면적}}{\text{B매장까지의 거리}^2}}$$

단, 공간마찰계수는 2를 가정한다.

④ 레일리 도시 단위를 **매장단위**로 전환하였다. 상점의 소비자에 대한 유인력은 **매장면적**에 비례하고 **거리**에 반비례한다(단, 거리는 공간마찰계수에 따른다).

레일리의 소매인력법칙	허프의 확률모형
㉠ 거시적 분석, 물리적 거리, 결정론적 관점	㉠ 미시적 분석, 시간적 거리, 확률적 관점
㉡ 두 도시 비교, 거리^{2}에 반비례	㉡ 두 매장 이상 비교, 거리공간^{마찰계수}에 반비례

⑤ 공간(거리)마찰계수 : 저항값
  ㉠ 교통조건 양호, 교통 발달(교통비용 감소), 전문품점 : 마찰계수값 ⇩(멀어도 go)
  ㉡ 교통조건 불량, 교통 체증(교통비용 증가), 편의품점 : 마찰계수값 ⇧(가까워야 go)

(5) 넬슨의 소매입지론(점포입지의 8가지 원칙)
  ① **양립성** : 인접점포가 고객을 주고받는 현상 – **보완**관계 점포(대체관계 ×)
  ② **경합의 최소화**
  ③ **고객의 중간유인**
  ④ 현재지역후보의 적합지점
  ⑤ 잠재적 발전성
  ⑥ 집중흡인력
  ⑦ 용지경제학
  ⑧ 상거래 지역에 대한 적합지점

대표유형문제

01 A지역의 인구가 1,000명일 때 허프(Huff)모형에 의한다면, A에서 쇼핑센터 1의 이용객 수는? (단, 공간마찰계수는 2이다) (23회)

구분	쇼핑센터 1	쇼핑센터 2
쇼핑센터의 면적	1,000㎡	1,000㎡
거주지 A로부터의 시간거리	5분	10분

해설 | • 쇼핑센터 1의 시장점유율 = $\dfrac{\frac{1,000}{5^2}}{\frac{1,000}{5^2}+\frac{1,000}{10^2}} = \dfrac{\frac{1}{1^2}}{\frac{1}{1^2}+\frac{1}{2^2}} = 80\%$

• 이용객 수 = 1,000명 × 80% = 800명
정답 | 800명

02 인구 10만명인 도시 인근에 대형할인점이 2개 있다. 다음 자료에 허프(Huff)의 상권분석모형을 적용할 경우, 대형할인점 A의 시장점유율 및 이용객 수는? (단, 공간마찰계수는 2이며, 도시 인구의 70%가 대형할인점을 이용한다고 가정함) (20회)

구분	대형할인점 A	대형할인점 B
거주지에서 거리	1km	2km
대형할인점 면적	5,000㎡	20,000㎡

해설 | • A의 시장점유율 = $\dfrac{\frac{5,000}{1^2}}{\frac{5,000}{1^2}+\frac{20,000}{2^2}} = \dfrac{\frac{1}{1^2}}{\frac{1}{1^2}+\frac{4}{2^2}} = 50\%$

• 인구 10만명 중 70%(7만명)가 할인매장을 이용, 이용객 수 = 7만명 × 50% = 35,000명
정답 | 50%, 35,000명

03 허프(D. Huff)모형을 활용하여, X지역의 주민이 할인점 A를 방문할 확률과 할인점 A의 월 추정 매출액을 순서대로 나열한 것은? (단, 주어진 조건에 한함) (28회)

- X지역의 현재 주민 : 4,000명
- 1인당 월 할인점 소비액 : 35만원
- 공간마찰계수 : 2
- X지역의 주민은 모두 구매자이고, A, B, C할인점에서만 구매한다고 가정

구분	할인점 A	할인점 B	할인점 C
면적	500m²	300m²	450m²
X지역 거주지로부터의 거리	5km	10km	15km

해설 |
- 전체매출액(14억원) = 1인당 할인점 소비액(35만원) × 주민(4,000명)
- A할인점 매출액(11억 2,000만원) = 전체매출액(14억원) × A할인점 방문확률(80%)
- A시장 점유율 A의 시장점유율 = $\dfrac{\dfrac{500}{5^2}}{\dfrac{500}{5^2}+\dfrac{300}{10^2}+\dfrac{450}{15^2}} = \dfrac{\dfrac{10}{1^2}}{\dfrac{10}{1^2}+\dfrac{6}{2^2}+\dfrac{9}{3^2}} = 80\%$

정답 | 80%, 11억 2,000만원

04 A도시와 B도시 사이에 위치하고 있는 C도시는 A도시로부터 5km, B도시로부터 10km 떨어져있다. A도시의 인구는 5만명, B도시의 인구는 10만명, C도시의 인구는 3만명이다. 레일리의 소매인력법칙을 적용할 경우, C도시에서 A도시와 B도시로 구매활동에 유인되는 인구규모는? (24회)

해설 |
- A도시 구매활동 유인 인구 = 3만명 × 66.6% = 2만명
- B도시 구매활동 유인 인구 = 3만명 × 33.3% = 1만명
- A도시 점유율 = $\dfrac{\dfrac{5만명}{5^2}}{\dfrac{5만명}{5^2}+\dfrac{10만명}{10^2}} = \dfrac{\dfrac{1}{1^2}}{\dfrac{1}{1^2}+\dfrac{2}{2^2}} = 66.6\%$
- B도시 점유율 = $\dfrac{\dfrac{10만명}{10^2}}{\dfrac{5만명}{5^2}+\dfrac{10만명}{10^2}} = \dfrac{\dfrac{2}{2^2}}{\dfrac{1}{1^2}+\dfrac{2}{2^2}} = 33.3\%$

정답 | A도시 : 20,000명, B도시 : 10,000명

05 레일리의 소매인력법칙을 적용할 경우, 다음과 같은 상황에서 ( )에 들어갈 숫자로 옳은 것은? (26회)

- 인구가 1만명인 A시와 5천명인 B시가 있다. A시와 B시 사이에 인구 9천명의 신도시 C가 들어섰다. 신도시 C로부터 A시, B시까지의 직선거리는 각각 1km, 2km이다.
- 신도시 C의 인구 중 비구매자는 없고 A시, B시에서만 구매활동을 한다고 가정할 때, 신도시 C의 인구 중 A시로의 유인 규모는 (㉠)명이고, B시로의 유인 규모는 (㉡)명이다.

해설 | • C도시 인구 9,000명×A할인점 이용 인구(88.8%) = 8,000명
　　　　• C도시 인구 9,000명×B할인점 이용 인구(11.1%) = 1,000명

• A도시 점유율 = $\dfrac{\dfrac{10,000}{1^2}}{\dfrac{10,000}{1^2}+\dfrac{5,000}{10^2}} = \dfrac{\dfrac{2}{1^2}}{\dfrac{2}{1^2}+\dfrac{1}{2^2}} = 88.8\%$

• B도시 점유율 = $\dfrac{\dfrac{5,000}{2^2}}{\dfrac{10,000}{1^2}+\dfrac{5,000}{2^2}} = \dfrac{\dfrac{2}{1^2}}{\dfrac{2}{1^2}+\dfrac{1}{2^2}} = 11.1\%$

정답 | ㉠ 8,000, ㉡ 1,000

2. 점포의 입지

(1) 점포의 종류

소재위치에 따른 분류

집심성 점포	배후지의 중심지에 입지(백화점, 도매점, 귀금속점, 영화관, 대형서점)
집재성 점포	동일업종 모여 입지(금융기관, 관공서, 사무실, 기계점, 가구점, 공구점)
산재성 점포	동일업종 분산 입지(일용품, 목욕탕, 세탁소, 이발소, 잡화점)
국부적 집중성 점포	동일업종 국부적 중심지에 모여 입지(농기구, 비료, 종묘, 석재, 철공소)

구매관습에 따른 분류

편의품점	① 생활필수품 ② 가정용 상품, 주부고객
선매품점	① 가구, 부인용 의상, 보석류 ② 비교 후 구매 ③ 상품의 표준화가 어렵다. (비표준화성)
전문품점	고급양복, 고급시계, 고급자동차 구매를 위한 노력을 아끼지 않는다.

> **암기** | **점포의 분류**
> 1. **소재위치** : 집심성, 집재성, 산재성, 국부적 집중성 ⇨ **집심성 점포와 집재성 점포** 구분
> 2. **구매관습** : 편의품점, 선매품점, 전문품점 ⇨ **선매품점과 전문품점** 구분
> ✎ 각 점포에 입지하는 점포의 예시 기억할 것

(2) 매장용 부동산의 부지선정

① **부지선정의 5단계**

> ㉠ 기존**부지**분석 ⇨ ㉡ **도시**분석 ⇨ ㉢ 근린분석 ⇨ ㉣ 대상근린지역 선정 ⇨ ㉤ 대상**부지** 선정

② **도시분석단계**에서는 할인현금수지분석을 통해 **점포의 추가 입지여력을 판단**한다.
③ **순현가가 (+)**인 경우에는 점포의 추가입지 여력이 **있는** 것으로 판단하며, **순현가가 (−)**인 경우에는 기존시장이 **포화상태**에 있는 것으로 추가입지 여력이 **없는** 것으로 판단한다.

(3) 가능매상고 추계방법(비유중회)

① **비유법** : **주관성**이 가장 많이 개입되는 방법

> ㉠ 거래가능지역 확정 ⇨ ㉡ 거래지역의 지출가능액을 추계 ⇨ ㉢ 일인당 주민소득 추계 ⇨ ㉣ 가구당 가처분소득에서 지출가능액이 차지하는 비율 측정 ⇨ ㉤ 상권 분할하여 매상고 선정

② **유추법** : **다른 지역의 유사점포**를 대상으로 하여 거래지역과 고객에 대한 분석을 하고, 이를 토대로 **대상점포**의 가능매상고를 추계하는 방법
③ **중력모형** : 두 물체 간의 인력은 **거리의 제곱에 반비례**하고 **질량의 크기에 비례**한다는 만유인력의 법칙을 원용하여 대상점포의 가능매상고를 추계하는 방법
④ **회귀모형** : 매상고에 영향을 주는 여러 가지 변수들을 설정하고, 이 변수들로 대상점포의 예상 매상고를 추계하는 방법(**매상고는 종속**변수, **매상고에 영향을 주는 변수들은 독립**변수) ⇨ 실제 매상고와 이론적 매상고 간의 차이는 수정이미지 계수를 통해 조정 가능

3. 공업입지론(29회, 30회, 32회)

(1) 공업입지이론

① **베버의 최소비용이론**(29회, 32회)
  ㉠ 수송비 **최소**, 임금 **최소**, 집적력 **최대** 지점(**수송비가 가장 중요**)
  ㉡ 수송비 = 원료와 제품의 무게 × 원료와 제품이 수송되는 거리(무게와 거리에 비례)

② **뢰쉬의 최대수요이론**(30회)
  ㉠ 시장확대가능성이 풍부한 곳에 입지
  ㉡ 이윤극대화가 가능한 곳에 입지

비교 정리	베버 최소비용이론	뢰쉬 최대수요이론
	수송비(비용)	이윤극대화(수요)

(2) 공업입지의 입지선정

원료지향형 산업	시장지향형 산업
① 원료중량 > 제품중량(중량감소산업)	① 원료중량 < 제품중량(중량증가산업)
② 원료 부패, 국지(편재)원료	② 제품 부패, 보편원료
③ 원료지수 > 1, 입지중량 > 2	③ 원료지수 < 1, 입지중량 < 2

원료지수	$\dfrac{국지원료중량}{제품중량}$	입지중량	원료지수 + 1

> 암기 | **공업입지**
> 1. 수송비(운송비, 교통비) 강조 : 튀넨 위치지대설, 헤이그 마찰비용이론, 베버 최소비용이론
> 2. **중간지향형** 산업 : **수송수단이 변화**, 수송비가 급격히 변화, **이적지점(적환지점)**에 입지
> 3. **집적지향형** 산업 : 수송비 비중이 적고, **기술연관성이 큰** 산업
> 4. **노동지향형** 산업 : **저임금 노동력**이 풍부한 곳에 입지(섬유, 신발)

MEMO

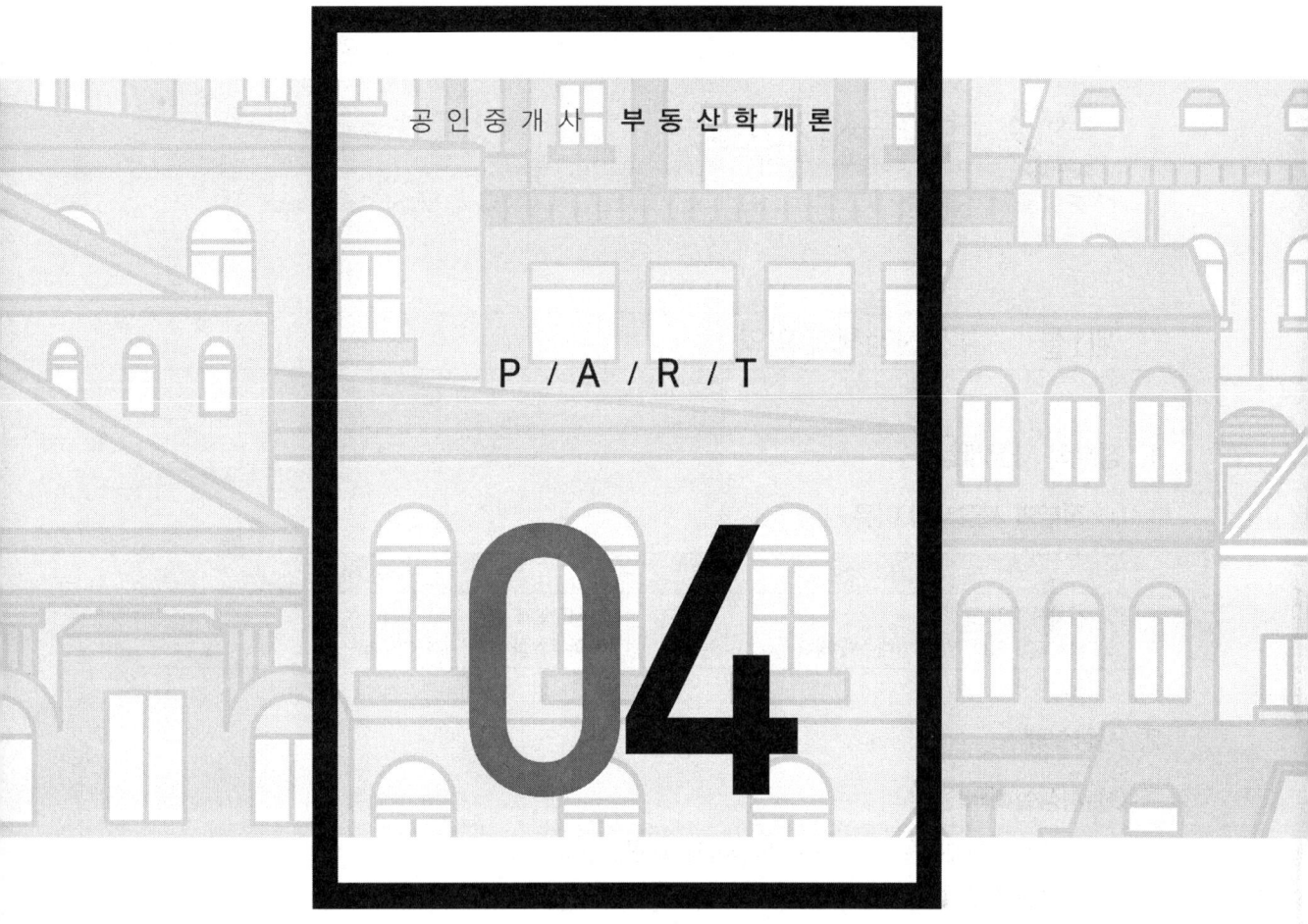

부동산정책론

Chapter 1 부동산문제(최근 다년간 출제되지 않음) | Chapter 2 부동산정책

CHAPTER 02 부동산정책

제1절 부동산정책의 의의

1. 정부의 시장개입

(1) 정부의 시장개입 이유

정치적 기능	경제적 기능
① 사회적 목표 달성	① 시장실패 수정
② 저소득층 위한 정책, 임대주택 정책	② 외부효과 제거, 지역지구제

2. 시장실패 (27회, 28회, 29회, 30회)

(1) 시장실패의 원인

시장이 **자원배분**을 **효율적으로 달성하지 못하는** 상황

① **불완전경쟁, 독과점기업,** 규모의 경제, 비용체감
② **외부효과**(외부경제, 외부불경제 **모두**)
③ **공공재**의 존재, **무임승차자** 문제
④ **정보의 비대칭성, 불확실성** : 도덕적 해이, 역선택

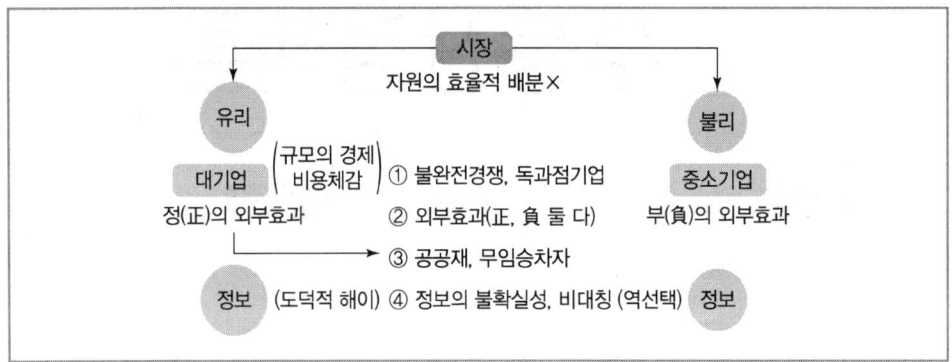

◈ 정부실패

정부의 개입이 오히려 **자원배분을 더 비효율**으로 만드는 상황

(2) **공공재**(내구재 또는 비내구재 – 공원, 도로, 국방, 치안, 가로수 등)
   ① **비경합성**(공동소비), **비배제성**(무임승차)
      ㉠ **비경합성** : 추가로 사용하여도 다른 사람들의 소비와 경합되지 않는 성질(공동소비)
      ㉡ **비배제성** : 가격을 지불하지 않더라도 소비로부터 배제되지 않는 성질(무임승차)
   ② 소비에 있어서 **규모의 경제, 과소생산, 정부**가 세금이나 공공의 기금으로 공급

비교 정리	시장실패 원인 ○	시장실패 원인 ×
	불완전경쟁 ○, 정의 외부효과 ○, 부의 외부효과 ○, 공공재 ○, 정보비대칭 ○	완전경쟁 ×, 재화의 동질성 ×, 인간재 ×, 정보의 대칭 ×

> 암기 시장실패
> 1. **시장실패의 원인** : ① 불완전경쟁, ② 외부효과 둘 다, ③ 공공재, ④ 정보의 비대칭성
> 2. ① **공공재**와 **정의 외부효과**는 **과소생산**(2), ② **부의 외부효과**만 **과대생산**(1)
> 3. **공공재** : 공원, 비경합성(**공동소비**), 비배제성(**무임승차**), 과소생산, 정부공급

3. 토지정책수단 (이 직 간) (27회, 28회, 29회, 30회, 31회, 32회)

토지 이용규제	직접적 개입 (수요자 공급자, 적극적)	간접적 개입 (시장의 틀 유지, 간접적)
① 지역지구제 ② 개발권양도제(TDR) ③ 규제, 계획, 인허가제도	① 토지은행제도, 공영개발 ② 수용, 선매, 초과매수, 공공주택 ③ 도시개발, 재개발, 임대료(분양가) 규제	① 세금부과(보조금, 부담금) ② 각종 금융정책(LTV, DTI) ③ 행정지원과 규제

✎ 현재 우리나라에서 시행되고 있지 않은 제도
   1. 개발권양도제(TDR), 2. 택지소유상한제, 3. 토지초과이득세, 4. 종합토지세, 5. 공한지세

비교 정리	이	직	간
	지역지구제, TDR	그 외	조세, 보조금, 부담금, 금융, 행정

(1) **토지은행제도**(토지비축제도) : 공공개발비용 + 수급조절용, **한국토지주택공사(LH)**가 담당
   ① **의의** : LH가 토지를 **매입**(협의매수), 공공자유·공공임대보유 **비축**, 개발 또는 분양·임대
   ② **장점** : 효과적 도시**계획**, 개발이익의 **환수, 값싸게** 공급(비축지역), 사적권리 침해 적음
   ③ **단점** : **매입비, 관리, 지가상승·투기(주변지역)**

(2) **공영개발**
   ① **의의** : 정부가 토지를 **매입**(협의+**수용**), **택지개발, 분양·임대**
   ② **장점** : 효과적 도시**계획**, 개발이익의 **환수, 값싸게** 공급(비축지역)
   ③ **단점** : **매입비, 민원, 지가상승·투기(주변지역)**

> 암기 토지정책수단, 토지은행과 공영개발
> 1. **이용규제**(지역지구제, TDR), **직접개입**(나머지), **간접개입**(조세, 보조금, 부담금, 금융, 행정)
> 2. 토지은행제도는 **비축**으로 인해 관리의 문제 발생(계획, 환수, 값싸게 | **매입비, 관리**, 투기)
> 3. 공영개발은 **수용**으로 인해 민원의 문제 발생(계획, 환수, 값싸게 | **매입비, 민원**, 투기)

4. 외부효과(28회)

(1) 의의

제3자(타인), 의도하지 않은 이익이나 손해, 시장기구를 **통하지 않고**(부동성, 인접성)

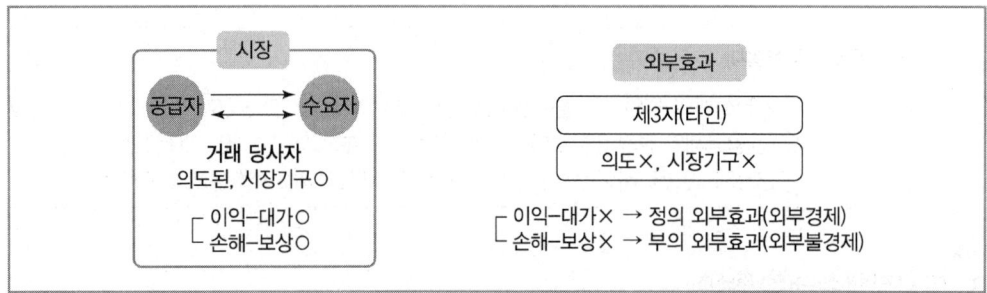

비교 정리	○	×
	제3자 ○, 타인 ○, 의도하지 않은 ○, 시장기구를 통하지 않고 ○	거래당사자 ×, 수요·공급자 ×, 의도한 ×, 시장기구를 통하여 ×

(2) 종류

정의 외부효과(외부경제)	부의 외부효과(외부불경제)
① 생산측면 : 사적 비용 > 사회적 비용	① 생산측면 : 사적 비용 < 사회적 비용
② 소비측면 : 사적 편익 < 사회적 편익	② 소비측면 : 사적 편익 > 사회적 편익
③ 과소생산(사적 비용 초과발생), 규제완화	③ 과대생산(사회적 비용 초과발생), 규제완화
④ PIMFY(Please In My Front Yard) 현상	④ NIMBY(Not In My Back Yard) 현상
⑤ 존재 : 수요 증가, 균형가격 상승, 균형량 증가	⑤ 규제 : 공급 감소, 균형가격 상승, 균형량 감소

(3) 외부효과의 해결책

① **사적인 해결방안** : 정부의 시장개입 없이 시장기구 스스로 외부효과문제를 해결할 수 있도록 하는 방법(코즈정리)과 협상 또는 합병의 방법

  ✎ **코즈정리(Coase Theorem)**
  미국의 경제학자 코즈(Ronald H. Coase)는 환경재산권을 분명하게 해 준다면 정부의 개입 없이 시장기구 **스스로** 외부효과문제를 효율적으로 해결할 수 있다는 것을 보여 주었다.

② **간접적 규제** : 조세부과와 보조금 지급 등

③ **직접적 규제** : 배출금지, 의무화, 허용기준의 설정, **용도지정**(지역지구제)

> 암기 | 외부효과(부동성, 인접성)
> 1. 외부효과 : 제3자(타인), 의도하지 않은, 시장기구 **통하지 않고**(의도적×, 시장을 통하여×)
> 2. 정(외부경제) : 사적 비용, 사회적 편익, 과소생산, PIMFY, <u>수요 증가</u>, <u>가격 상승</u>, 량 증가
> 3. 부(외부불경제) : 사회적 비용, 사적 편익, 과대생산, NIMBY, <u>공급 감소</u>, <u>가격 상승</u>, 량 감소
> 4. 해결책 : ① 사적, ② 간접, ③ 직접(용도지정 – 지역지구제)

5. 지역지구제(27회, 28회, 30회)

(1) 지역지구제의 의의

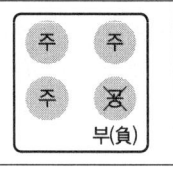

전용주거지역으로 지정

⇨ 1. 의의 : ① 어울리는 이용, ② <u>토지이용 규제</u>, ③ **負**의 외부효과 제거
2. 장점 : ① 토지이용의 **효율성 높음**, ② 세대 간 형평성 유지
3. 단점 : ① <u>지역 간 형평성</u> 문제, ② 토지이용의 **경직성** 문제

(2) 「국토의 계획 및 이용에 관한 법률」상 지역지구제

「국토의 계획 및 이용에 관한 법률」 제2조 【정의】
15. **용도지역** : 토지의 이용 및 건물의 용도, 건폐율, 용적률, 높이 등을 제한함으로써 토지를 경제적 · 효율적으로 이용하고 공공복리의 증진을 도모하기 위하여 서로 **중복되지 아니하게** 도시 · 군관리계획으로 결정하는 지역
⇨ ① 도시지역, ② 관리지역, ③ 농림지역, ④ 자연환경보전지역

> 넓혀보기 📖
> 1. 도시지역
>   ① 주거지역
>   > ㉠ 전용주거[양호한] ⇨ 1종 – 단독, 2종 – 공동
>   > ㉡ 일반주거[편리한] ⇨ 1종 – **저층**, 2종 – **중층**, 3종 – 중고층
>   > ㉢ 준주거 ⇨ 주거 + 상업, 업무기능 보완
>   ② 상업지역 : ㉠ 중심상업, ㉡ 일반상업, ㉢ 유통상업, ㉣ 근린상업
>   ③ 공업지역 : ㉠ 전용공업, ㉡ 일반공업, ㉢ 준공업
>   ④ 녹지지역 : ㉠ 보전녹지, ㉡ 생산녹지, ㉢ 자연녹지
> 2. 관리지역 : 보전관리지역, 생산관리지역, 계획관리지역
> 3. 농림지역 : 도시지역 외의 지역, 농업진흥지역 및 보전산지로 지정된 지역의 농림업진흥, 산림의 보전을 위하여 필요한 지역
> 4. 자연환경보전지역 : 자연환경, 수자원, 해양생태계, 상수원, 문화재 보전, 수산자원 보호 육성을 위한 지역
> ✎ **중복지정** : 1. 지역 + 지역 : 불가능, 2. 지구 + 지구 : 가능, 3. 지역 + 지구 : 가능

16. **용도지구** : 토지의 이용 및 건축물의 용도 · 건폐율 · 용적률 · 높이 등에 대한 **용도지역의 제한을 강화하거나 완화**하여 적용함으로써 용도지역의 기능을 증진시키고 경관 · 안전 등을 도모하기 위하여 도시 · 군관리계획으로 결정하는 지역 ⇨ ① 경관지구, ② 고도지구, ③ 방화지구, ④ 방재지구, ⑤ 보호지구, ⑥ 취락지구, ⑦ 개발진흥지구, ⑧ 특정용도제한지구, ⑨ 복합용도지구

> 17. **용도구역** : 토지의 이용 및 건축물의 용도·건폐율·용적률·높이 등에 대한 **용도지역 및 용도지구의 제한을 강화하거나 완화**하여 따로 정함으로써 시가지의 무질서한 확산방지, 계획적이고 단계적인 토지이용의 도모, 토지이용의 종합적 조정·관리 등을 위한 도시·군관리계획으로 결정하는 지역
>   ⇨ ① 개발제한구역, ② 도시자연공원구역, ③ 시가화조정구역, ④ 수산자원보호구역, ⑤ 입지규제최소구역
> 3. **도시·군기본계획** : 특별시·광역시·특별자치시·특별자치도·시 또는 군의 관할 구역에 대하여 기본적인 공간구조와 **장기발전방향**을 제시하는 **종합계획**으로서 도시·군관리계획 수립의 지침이 되는 계획
> 4. **도시·군관리계획** : 특별시·광역시·특별자치시·특별자치도·시 또는 군의 **개발·정비 및 보전**을 위하여 수립하는 **토지이용, 교통, 환경, 경관, 안전, 산업, 정보통신, 보건, 복지, 안보, 문화** 등에 관한 다음 각 목의 계획
> 5. **지구단위계획** : 도시·군계획 수립 대상지역의 일부에 대하여 **토지이용을 합리화**하고 그 기능을 증진시키며 미관을 개선하고 **양호한 환경을 확보**하며, 그 지역을 체계적·계획적으로 관리하기 위하여 수립하는 도시·군관리계획

6. 토지공개념

(1) 토지공개념

① **부증성**, 토지의 **사회성·공공성** 강조
② 「민법」상 보장된 소유권은 인정하지만, 국가가 **법적 범위 내에서 공공복리**를 위해 개인의 **토지소유권에 제한**을 가할 수 있는 가능성을 인식하려는 사고이다.
③ 토지소유권은 당연히 사회성을 내포하는 **상대적 권리**로 이해
④ 토지거래허가제, 종합부동산세, 개발제한구역 등 지역지구 지정을 통한 토지이용규제, 개발이익환수제
   ✎ 현재 **개발권양도제, 택지소유상한제, 토지초과이득세, 종합토지세, 공한지세**는 시행되고 있지 않다.

(2) 개발이익환수(개발부담금)제도(30회)

> 「개발이익 환수에 관한 법률」 제2조 【정의】
> 1. "개발이익"이란 개발사업의 시행이나 토지이용계획의 변경, 그 밖에 사회적·경제적 요인에 따라 **정상지가상승분을 초과하여 개발사업을 시행하는 자나 토지 소유자에게 귀속되는 토지 가액의 증가분**을 말한다.
> 4. "개발부담금"이란 개발이익 중 이 법에 따라 특별자치시장·특별자치도지사·시장·군수 또는 구청장이 부과·징수하는 금액을 말한다.

(3) 토지적성평가제도

① 토지의 **개발과 보전이 경합**할 때 이를 **합리적으로 조정하기 위한 수단**으로 도시계획의 기초조사단계에서 수행하는 평가제도로 토지의 **토양, 입지, 활용가능성** 등 토지의 적성에 대한 내용이 **포함**된다.

② **보전할 토지와 개발가능한 토지**를 체계적으로 판단할 수 있도록 계획을 입안하는 단계에서 실시하는 기초조사이다.

(4) **부동산거래신고제도** : 「부동산 거래신고 등에 관한 법률」 제3조
① 부동산 매매계약이 있을 때 거래당사자는 그 실제 거래가격 등을 **거래계약체결일로부터 30일 이내 시장·군수 또는 구청장**에게 **공동**으로 **신고하여야 한다.**
② 거래당사자는 신고한 후 해당 거래계약이 해제, 무효 또는 취소한 경우 해제 등이 **확정된 날부터 30일 이내**에 해당 신고관청에 공동으로 신고하여야 한다.

(5) **토지거래허가구역**

① 지정권자	국토교통부장관 또는 시·도지사
② 지역	㉠ 토지의 투기적인 거래가 성행 ㉡ 지가가 급격히 상승하는 지역과 그러한 우려가 있는 지역
③ 기간	5년 이내의 기간을 정하여 토지거래계약에 관한 허가구역으로 지정
④ 허가권자	시장·군수·구청장

(6) **개발제한구역** : 「개발제한구역의 지정 및 관리에 관한 특별조치법」 제3조

국토교통부장관은 도시의 **무질서한 확산을 방지**하고 도시 주변의 **자연환경을 보전**하여 도시민의 **건전한 생활환경을 확보**하기 위하여 도시의 개발을 제한할 필요가 있거나 국방부장관의 요청으로 보안상 도시의 개발을 제한할 필요가 있다고 인정되면 **개발제한구역의 지정** 및 해제를 도시·군관리계획으로 결정할 수 있다.

(7) **토지선매제도** : 「부동산 거래신고 등에 관한 법률」 제15조
① **시장·군수 또는 구청장**은 토지거래계약에 관한 허가신청이 있는 경우
② **공익사업용 토지** 또는 토지거래계약허가를 받아 취득한 토지를 그 **이용목적대로 이용하고 있지 아니한 토지**에 대해
③ **국가, 지방자치단체, 한국토지주택공사** 등이 그 매수를 원하는 경우에는
④ 이들 중에서 선매자를 지정하여 그 토지를 **협의 매수**하게 할 수 있다.

(8) **환지방식**
① 택지가 개발되기 전 토지의 위치·지목·면적·등급·이용도 및 기타 사항을 고려하여, 택지가 개발된 후 개발된 토지 중 사업에 소요된 비용과 공공용지를 제외한 토지를 당초의 토지소유자에게 **재분배**하는 방식
② 미개발 토지를 토지이용계획에 따라 **구획정리**하고 **기반시설을 갖춤**으로써 **이용가치가 높은 토지로 전환시키는** 제도

(9) 기타 용어정리

① **지정지역(투기지역)** : 「소득세법」 제104조의 2
   기획재정부장관은 해당 지역의 부동산 가격 상승률이 전국 소비자물가 상승률보다 높은 지역으로서 전국 부동산 가격 상승률 등을 고려할 때 그 지역의 부동산 가격이 급등하였거나 급등할 우려가 있는 경우에는 대통령령으로 정하는 기준 및 방법에 따라 그 지역을 지정지역으로 지정할 수 있다.

② **투기과열지구** : 「주택법」 제63조
   국토교통부장관 또는 시·도지사는 주택가격의 안정을 위하여 필요한 경우에는 주거정책심의위원회의 심의를 거쳐 일정한 지역을 **투기과열지구로 지정**하거나 이를 해제할 수 있다.

③ **조정대상지역** : 「주택법」 제63조의 2
   국토교통부장관은 다음 각 호의 어느 하나에 해당하는 지역으로서 대통령령으로 정하는 기준을 충족하는 지역을 주거정책심의위원회의 심의를 거쳐 **조정대상지역으로 지정**할 수 있다.
   ㉠ 주택가격, 청약경쟁률, 분양권 전매량 및 주택보급률 등을 고려하였을 때 주택분양 등이 과열되어 있거나 과열될 우려가 있는 지역
   ㉡ 주택가격, 주택거래량, 미분양주택의 수 및 주택보급률 등을 고려하여 주택의 분양·매매 등 거래가 위축되어 있거나 위축될 우려가 있는 지역

④ **재건축부담금** : 「재건축초과이익 환수에 관한 법률」
   정비사업 중 **재건축사업**에서 발생되는 초과이익을 환수하기 위한 제도

⑤ **주택조합** : 「주택법」 제2조
   주택마련 또는 리모델링하기 위해 결성하는 **주택조합**에는 주택법령상 **지역주택조합, 직장주택조합, 리모델링주택조합**이 있다.

[추가 정리 – 부동산 정책의 순서와 근거 법률]

부동산 정책의 도입 순서
① 공인중개사제도(1983년)
② 개발부담금제(1990년)
③ 부동산실명제(1995년)
④ 자산유동화제도(1998년)
⑤ 재건축부담금제, 부동산거래신고제(2006년)
부동산 정책의 근거 법률
① 「주택법」 – 주택조합, 투기과열지구, 조정대상지역, 분양가상한제
② 「부동산 거래신고 등에 관한 법률」 – 부동산 거래신고, 토지거래허가제, 선매
③ 「개발이익 환수에 관한 법률」 – 개발부담금
④ 「재건축초과이익 환수에 관한 법률」 – 재건축부담금
⑤ 「부동산등기 특별조치법」 – 검인계약서제
⑥ 「소득세법」 – 지정지역(투기지역)
⑦ 「공공토지의 비축에 관한 법률」 – 토지은행(비축)제
⑧ 「부동산 가격공시에 관한 법률」 – 표준지공시지가의 공시, 표준주택공시지가의 공시
⑨ 「부동산 실권리자명의 등기에 관한 법률」 – 부동산 실명제

제2절 임대주택정책(28회, 29회, 31회, 32회)

1. 임대료 규제정책

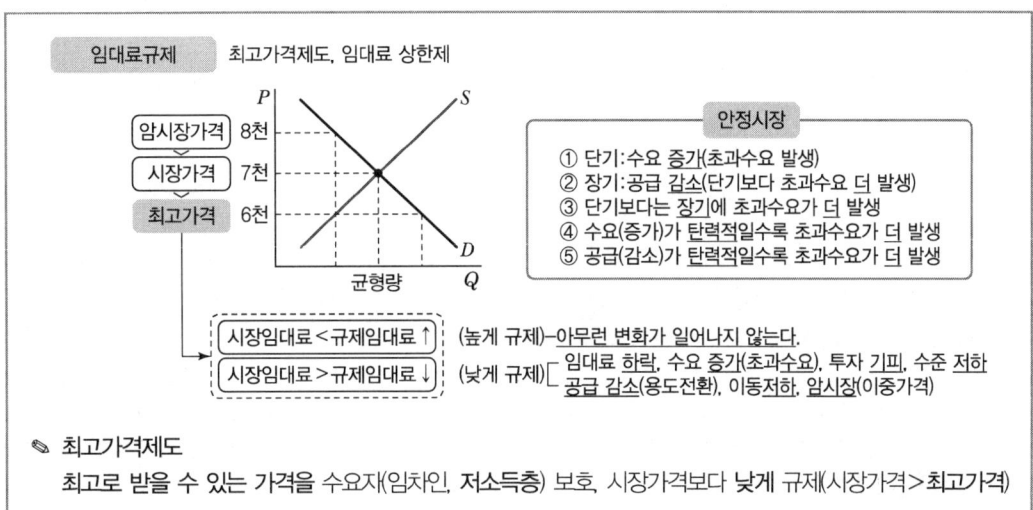

> **암기** 임대료 규제
>
> 1. 임대료 규제(분양가 규제) : 저소득층을 보호, 시장임대료보다 낮게 규제(높게 규제시 – 아무 변화 ×)
> 2. 임대료 규제는 단기만 효과가 있고, 장기에는 부작용이 더 많다(임대주택 구하기 더 어려워짐).
> 3. 임대료 규제의 효과 : 수요 증가↑ 투자 기피, 질적 수준 저하, 공급 감소, 이동 저하, 암시장(이중가격)
> 4. 초과수요 더 발생하는 경우 : ① 장기, ② 수요탄력적, ③ 공급탄력적 ⇨ 장기에는 공급까지 감소, 수요가 많이 증가할수록, 공급이 많이 감소할수록
>   ◈ 장, 탄, 탄

> **참고** 분양가 규제, 자율화
>
> | 분양가 규제(상한제) | 분양가 자율화 |
> |---|---|
> | ① 분양가 인하 | ① 분양가 인상(신규주택가격 상승) |
> | ② 투기수요 증가(가수요) | ② 투기수요 감소(실수요) |
> | ③ 분양주택의 질적 수준 저하 | ③ 품질향상(고급주택) |
> | ④ 신규공급 감소, (중고)주택가격 상승 | ④ 신규공급 증가, 대형주택 위주 공급 |
> | ⑤ 저소득층의 주택난 심화 | ⑤ 저소득층의 주택난 심화 |
>
> ◈ 분양가 규제
>   분양가 인하, 투기수요 증가(가수요), 질적 수준 저하, 공급 감소, 주택난 심화

> 「주택법」 제57조 【주택의 분양가격 제한 등】
> ① 사업주체가 일반인에게 공급하는 **공동주택** 중 다음 각 호의 어느 하나에 해당하는 지역에서 공급하는 주택의 경우에는 이 조에서 정하는 기준에 따라 산정되는 분양가격 이하로 공급하여야 한다.
>   1. 공공택지
>   2. 공공택지 외의 택지에서 주택가격 상승 우려가 있어 국토교통부장관이 주거정책심의위원회 심의를 거쳐 지정하는 지역
> ② 제1항에도 불구하고 다음 각 호의 어느 하나에 해당하는 경우에는 제1항을 **적용하지 아니한다**.
>   1. 도시형 생활주택
>   2. 경제자유구역에서 건설·공급하는 공동주택
>   3. 관광특구에서 건설·공급하는 공동주택으로서 해당 건축물의 층수가 50층 이상이거나 높이가 150미터 이상인 경우
> ③ 제1항의 분양가격은 택지비와 건축비로 구성(토지임대부 분양주택의 경우에는 건축비만 해당한다)되며, 구체적인 명세, 산정방식, 감정평가기관 선정방법 등은 국토교통부령으로 정한다.
>
> 제58조 【분양가상한제 적용 지역의 지정 및 해제】
> ① 국토교통부장관은 주택가격상승률이 물가상승률보다 현저히 높은 지역으로서 그 지역의 주택가격·주택거래 등과 지역 주택시장 여건 등을 고려하였을 때 주택가격이 급등하거나 급등할 우려가 있는 지역 중 대통령령으로 정하는 기준을 충족하는 지역은 주거정책심의위원회 심의를 거쳐 **분양가상한제 적용 지역**으로 지정할 수 있다.
>
> 제64조 【주택의 전매행위 제한 등】
> ① 사업주체가 건설·공급하는 주택 또는 주택의 입주자로 선정된 지위로서 다음 각 호의 어느 하나에 해당하는 경우에는 **10년 이내의 범위**에서 대통령령으로 정하는 기간이 지나기 전에는 그 주택 또는 지위를 전매하거나 이의 전매를 알선할 수 없다.
>   1. **투기과열지구**에서 건설·공급되는 주택의 입주자로 선정된 지위
>   2. **조정대상지역**에서 건설·공급되는 주택의 입주자로 선정된 지위
>   3. **분양가상한제 적용주택**
>   4. 공공택지 외의 택지에서 건설·공급되는 주택

2. 임대료 보조정책(간접)

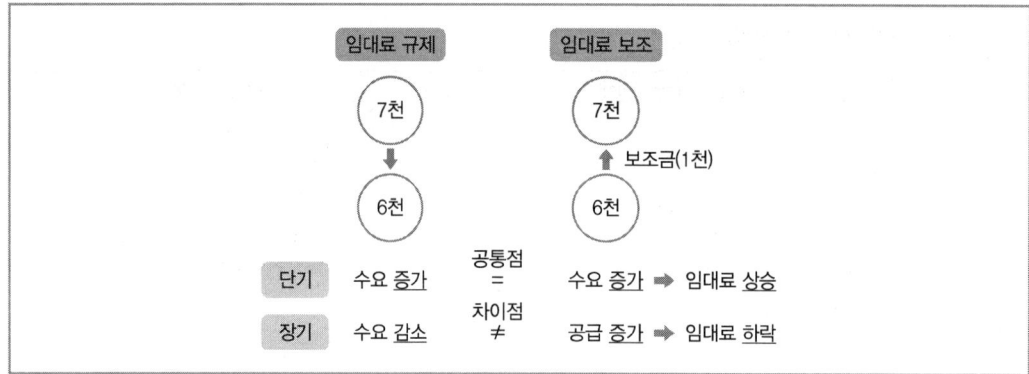

(1) **단기적 효과** : 수요 증가, 임대료 상승, 임대인 초과이윤(임대인 혜택)

(2) **장기적 효과** : 공급 증가, 임대료 하락, 임대인 정상이윤(임차인 혜택)

수요측 보조금	공급측 보조금
① 가격(집세)보조 : 수요 증가측면 효과 大 ② 소득(현금)보조 : 효용 증가측면 효과 大	① 단기 : 효과 없음 ② 장기 : 생산비 절감, 공급 증가, 임대료 하락

비교 정리	임대료 규제		임대료 보조	
	수요 증가(공통점)	공급 감소(차이점)	수요 증가(공통점)	공급 증가(차이점)

> **암기** 임대료 보조
>
> 1. 임대료 보조(간접개입) : 수요, 공급, 실질소득, 주택수요, 비주택수요 모두 '**증가**'시킨다.
> 2. 주택바우처제도는 임대료 보조의 일종이다.
>   ✎ 옳은 지문으로 자주 출제
> 3. 수요측 보조금이 공급측 보조금보다 임차인 주거선택의 폭을 **넓혀**준다.
> 4. 임대료 보조의 효과
>   ① 단기 : 수요 증가, 임대료 상승, 임대인 혜택
>   ② 장기 : 공급 증가, 임대료 하락, 임차인 혜택

3. 공공주택정책(직접)

공공주택이란 공공주택사업자가 **국가 또는 지방자치단체의 재정**이나 **주택도시기금을 지원**받아 이 법 또는 다른 법률에 따라 **건설, 매입** 또는 **임차**하여 공급주택

(1) 공공임대주택

① **임대 또는 임대한 후 분양전환을 할 목적**으로 공급하는 주택
② **공공건설임대주택** : 공공주택사업자가 **직접 건설**하여 공급
③ **공공매입임대주택** : 공공주택사업자가 직접 건설하지 아니하고 **매매 등으로 취득**하여 공급하는 공공임대주택

(2) 공공분양주택

분양을 목적으로 공급하는 주택으로서 국민주택규모 이하의 주택

> **참고** 공공임대주택
>
> 1. 영구임대주택 : 국가나 지방자치단체의 재정을 지원받아 최저소득 계층의 주거안정을 위하여 50년 이상 또는 영구적인 임대를 목적으로 공급
> 2. 국민임대주택 : 국가나 지방자치단체의 재정이나 주택도시기금의 자금을 지원받아 저소득 서민의 주거안정을 위하여 30년 이상 장기간 임대를 목적으로 공급
> 3. 행복주택 : 국가나 지방자치단체의 재정이나 주택도시기금의 자금을 지원받아 대학생, 사회초년생, 신혼부부 등 젊은 층의 주거안정을 목적으로 공급하는 공공임대주택
> 4. 통합공공임대주택 : 국가나 지방자치단체의 재정이나 주택도시기금의 자금을 지원받아 최저소득 계층, 저소득 서민, 젊은 층 및 장애인·국가유공자 등 사회 취약계층 등의 주거안정을 목적으로 공급하는 공공임대주택

5. **장기전세주택**: 국가나 지방자치단체의 재정이나 주택도시기금의 자금을 지원받아 전세계약의 방식으로 공급
6. **분양전환공공임대주택**: 임대 기간 임대 후 분양전환할 목적으로 공급하는 공공임대주택
7. **기존주택매입임대주택**: 국가나 지방자치단체의 재정이나 주택도시기금의 자금을 지원받아 기존주택을 매입하여 수급자 등 저소득층과 청년 및 신혼부부 등에게 공급
8. **기존주택전세임대주택**: 국가나 지방자치단체의 재정이나 주택도시기금의 자금을 지원받아 기존주택을 임차하여 수급자 등 저소득층과 청년 및 신혼부부 등에게 전대

> **정리** 「민간임대주택에 관한 특별법」상 용어정리
>
> 1. **민간임대주택**: 임대 목적으로 제공하는 주택으로서 임대사업자가 등록한 주택을 말하며, 민간건설임대주택과 민간매입임대주택으로 구분한다.
>   ① **민간건설임대주택**
>   ㉠ 임대사업자가 임대를 목적으로 건설하여 임대하는 주택
>   ㉡ 주택건설사업자가 사업계획승인을 받아 건설한 주택 중 사용검사 때까지 분양되지 아니하여 임대하는 주택
>   ② **민간매입임대주택**: 임대사업자가 매매 등으로 소유권을 취득하여 임대하는 민간임대주택
> 2. **공공지원민간임대주택**: 임대사업자가 다음의 어느 하나에 해당하는 민간임대주택을 10년 이상 임대할 목적으로 취득하여 이 법에 따른 임대료 및 임차인의 자격 제한 등을 받아 임대하는 민간임대주택을 말한다.
>   ① 주택도시기금의 출자를 받아 건설 또는 매입하는 민간임대주택
>   ② 공공택지 또는 수의계약 등으로 공급되는 토지 및 종전부동산을 매입 또는 임차하여 건설하는 민간임대주택
>   ③ 용적률을 완화 받거나 용도지역 변경을 통하여 용적률을 완화 받아 건설하는 민간임대주택
>   ④ 공공지원민간임대주택 공급촉진지구에서 건설하는 민간임대주택
> 3. **장기일반민간임대주택**: 임대사업자가 공공지원민간임대주택이 아닌 주택을 10년 이상 임대할 목적으로 취득하여 임대하는 민간임대주택(아파트를 매입하는 민간매입임대주택은 제외)을 말한다.

4. 선분양제도와 후분양제도 (27회, 30회)

선분양제도	후분양제도
① 공급자 중심, 견본주택 필요	① 수요자 중심, 견본주택 불필요
② 투기 발생, 소비자 이자 부담, 품질 저하	② 투기 억제, 공급자 이자 부담, 품질향상
③ 소비자 목돈 부담 없음, 공급 증가, 독과점 견제	③ 소비자 목돈 부담 있음, 공급 감소, 독과점 발생

> **정리** 소득 대비 주택가격비율(PIR)과 소득 대비 임대료비율(RIR)

1. 소득 대비 주택가격비율(PIR) = $\dfrac{\text{주택가격(P)}}{\text{연소득(I)}}$

   소득 대비 주택가격비율(PIR)은 주택가격이 가구의 연소득의 몇 배가 되는가를 나타내는 비율을 의미한다. 예컨데, PIR값이 10이면 연수입으로 주택을 구매하는데 10년이 소요된다는 의미이다.

2. 소득 대비 임대료비율(RIR) = $\dfrac{\text{월임대료}}{\text{월소득}}$

   소득 대비 임대료비율(RIR)은 소득에 대한 임대료의 비율을 의미한다.

3. 소득 대비 주택가격비율(PIR)과 소득 대비 임대료비율(RIR)은 **주택시장에서 가구의 지불능력을 측정하는 지표**로 PIR 또는 RIR값이 작을수록 주택가격에 대한 부담이 작으므로 주택지불능력 또는 주택부담능력은 높아진다.

제3절 | 조세정책 (28회, 30회, 31회, 32회)

1. 부동산조세의 의의와 기능

(1) 국세와 지방세

국세	지방세
국가인 중앙정부가 부과·징수하는 조세 (양도)소득세, 종합부동산세, 부가가치세, 농어촌특별세, 상속세, 증여세	지방자치단체가 부과·징수하는 조세 재산세, 취득세, 등록면허세, 지방소득세, 지방교육세, 지역자원시설세

(2) 단계별 조세 (28회, 30회, 31회, 32회)

구분	취득단계	보유단계	처분단계
국세	인지세, 상속세, 증여세	종합부동산세	양도소득세
지방세	취득세, 등록면허세	재산세	지방소득세

✎ 보유세(종합부동산세, 재산세)의 과세기준일 : 6월 1일

(3) 부동산조세의 기능

① 부동산자원 배분
② 소득재분배
③ 재원조달
④ 주택문제 해결에 기여, 지가안정, 투기억제

2. 조세의 전가와 귀착

조세전가	
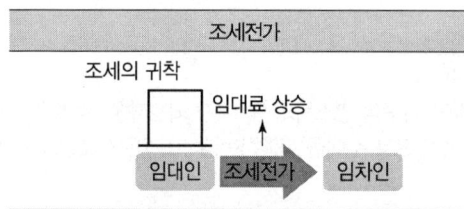	① 수요 탄력, 공급 비탄력 : 공급자 부담 大 ② 수요 비탄력, 공급 탄력 : 수요자 부담 大 ③ 수요 완전탄력, 공급 완전 비탄력 : 공급자 전부 부담 ④ 수요 완전비탄력, 공급 완전탄력 : 수요자 전부 부담
경제적 효과	
① 세금의 부과(규제강화) : 수요 감소, 공급 감소 ② 고소득층이 상대적 혜택(동일비율 과세) : 고소득층 적게 부담, 저소득층 많이 부담 ③ 같은 비율로 적용 재산세는 역진세적 성격 ④ 재산세를 누진세로 부과하는 것이 효과적(수직적 형평 달성을 위해)	⇨ <table>구분|신규 주택|기존 주택 공급자|건설업자(많이 부담)|고소득층(적게 부담) 소비자|고소득층(적게 부담)|저소득층(많이 부담) 공급의 탄력성|비탄력적|탄력적 수요의 탄력성|탄력|비탄력</table>

수요 탄력적	공급자 많이	수요 비탄력적	수요자 많이
수요 완전탄력적	공급자 전부	수요 완전비탄력적	수요자 전부
공급 탄력적	수요자 많이	공급 비탄력적	공급자 많이
공급 완전탄력적	수요자 전부	공급 완전비탄력적	공급자 전부

> **암기 조세의 전가와 귀착**
>
> 1. 임대인은 임차인에게 조세를 전가시키므로 조세**전가분만큼 임대료가 상승한다**(부과액만큼 ×).
> 2. 비탄력적인 쪽 세금을 **많이** 부담, 탄력적인 쪽이 세금을 적게 부담
>   ⇨ 비탄력 : ~자, 탄력 : 바꾸고 ~자
>   ① 수요 탄력 : 공급자 많이(전가 小), 수요 비탄력 : 수요자 많이(전가 多)
>   ② 공급 탄력 : 수요자 많이(전가 多), 공급 비탄력 : 공급자 많이(전가 小)
> 3. 수요 완전탄력적, 공급 완전비탄력적 : **공급자 전부 부담, 조세전가 없음, 임대료 불변**
> 4. 수요 완전비탄력적, 공급 완전탄력적 : **수요자 전부 부담, 전부 전가, 부과액만큼 임대료 상승**
> 5. 공공임대주택의 공급확대 : 임대주택의 재산세가 임차인에게 전가되는 현상을 **완화**
> 6. 동일비율의 세금 : 고소득층 혜택, 저소득층 손해, **역진세적 효과**
> 7. 차등비율의 세금(누진세) : **수직적 형평**을 달성하기 위해서 효과적

3. 양도소득세와 토지보유세의 경제적 효과

(1) 양도세 중과

공급 **감소**, 주택가격 **상승**(주택**공급 동결 효과**)

(2) 보유세 중과

① 공급 증가, 가격안정, **이용촉진**, 투기 방지, **효율적 세금**
② 용도에 따라 **차등** 과세, 공급이 완전 비탄력적일 때 **자원배분 왜곡 초래** ×

(3) 거래세 인상

① **소비자 지불 가격 상승** : 소비자 잉여 **감소**
② **공급자 받는 가격 하락** : 생산자 잉여 **감소**
③ 거래세 인상에 의한 세수입 증가분은 정부에 귀속되지만, 전체거래량이 감소되면 **경제적 순손실이 발생**한다.
④ 수요곡선이 변하지 않을 때, 세금부과에 의한 경제적 순손실은 **공급이 탄력적**일수록 **커지고**, **공급이 비탄력적**일수록 **작아진다**.
⑤ 공급곡선이 변하지 않을 때, 세금부과에 의한 경제적 순손실은 **수요가 탄력적**일수록 **커지고**, **수요가 비탄력적**일수록 **작아진다**.
✎ 수요 또는 공급이 완전비탄력적인 ⇨ 경우 경제적 순손실 0(zero)

> **TIP** 경제적 순손실
> 편익이 비용보다 더 큰 거래가 이루어지지 않아 발생하는 총잉여의 감소, 경제 주체들이 시장을 떠났을 때 발생하는 손해액

> **참고** | **헨리 조지(H. George)의 토지단일세론**
> 1. 지대는 자연적 기회를 이용하는 반대급부로 토지소유자에게 지불하는 대가로 보았다.
> 2. 토지지대는 토지이용으로부터 얻는 순소득을 의미하며, 이 순소득을 잉여라고 하였다.
> 3. 토지의 몰수가 아닌 지대의 몰수라고 주장하면서 토지에서 나오는 지대수입을 100% 징세할 경우, 토지세 수입만으로 재정을 충당할 수 있기 때문에 토지가치에 대한 조세 이외의 모든 조세를 철폐하자고 하였다.

> **암기** | **양도소득세와 보유세의 경제적 효과**
> 1. **양도세 중과** : 주택공급동결효과로 인해 주택공급 **감소**, 주택가격 **상승**
> 2. **보유세 중과** : 투기방지, 이용촉진, **효율적**(공급 비탄력 or 공급 완전비탄력)
> 3. 공급이 완전비탄력적인 경우 보유세가 부과시 자원배분의 왜곡이 **초래되지 않는다**(공급 완전탄력 ✕).
> 4. **헨리조지**는 토지단일세론을 주장하였다.
>   ✎ 옳은 지문으로 자주 출제

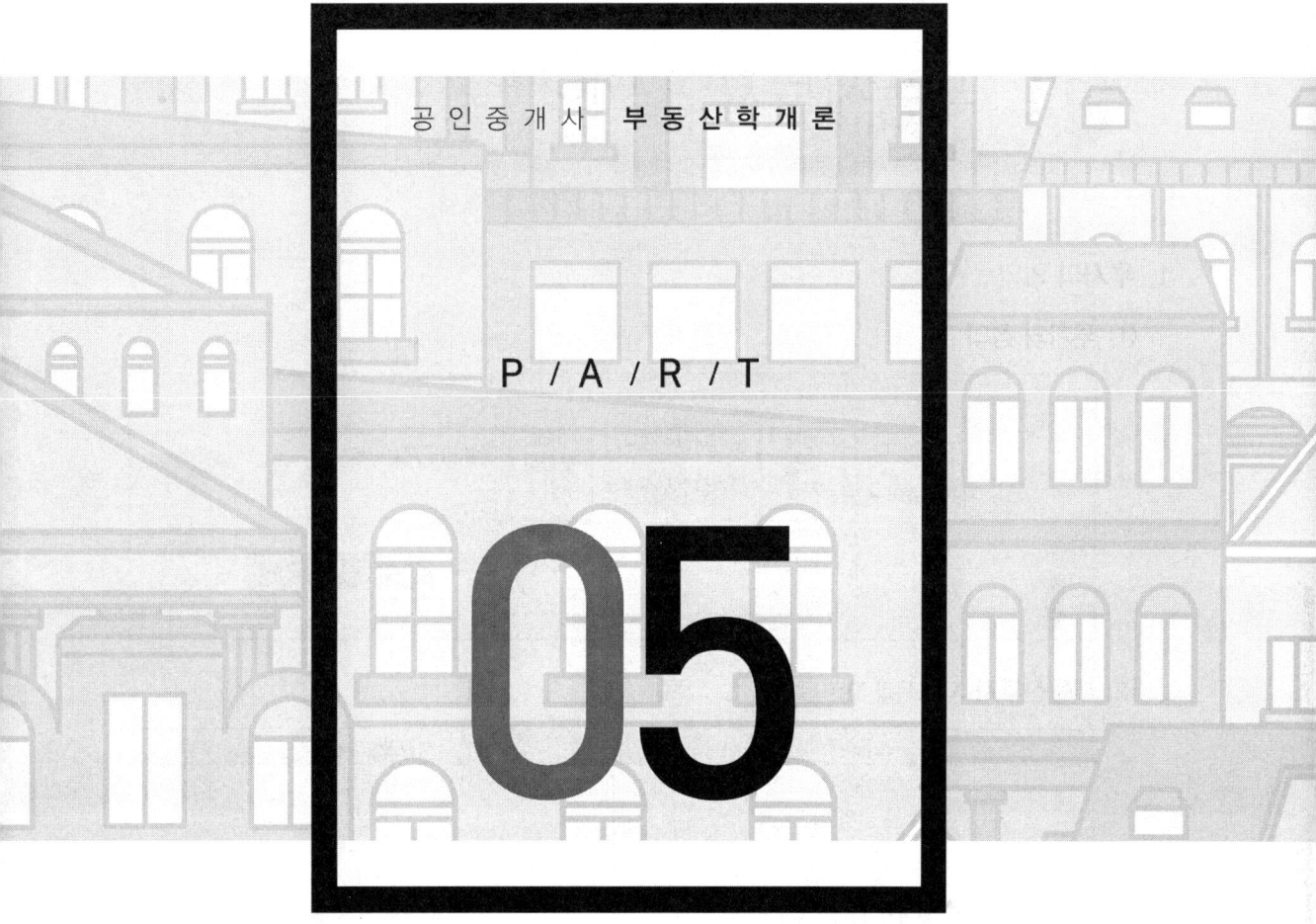

부동산투자론

- Chapter 1 부동산투자의 의의
- Chapter 2 부동산투자의 위험과 수익
- Chapter 3 부동산투자분석

CHAPTER 01 부동산투자의 의의

1. 투자의 의의

(1) 투자의 정의

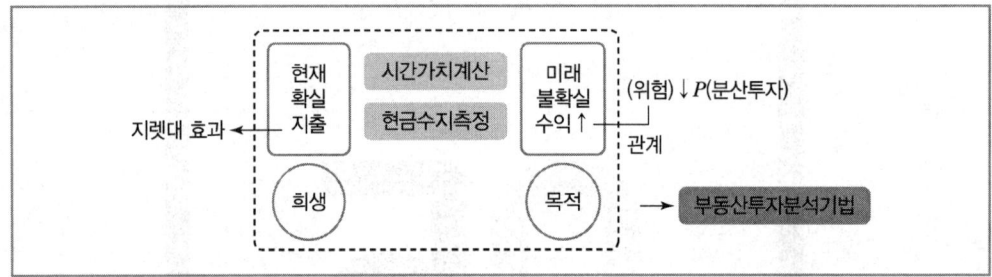

(2) 부동산투자 시(소득과 자본이득)

소득이득	자본이득
보유기간	기간 말
운영(영업)	처분
매 기간	한 번만
지대, 임대료	매매, 양도차익
영업현금흐름 계산	매각현금흐름 계산

(3) 부동산투자의 장점과 단점(27회)

부동산투자의 장점	부동산투자의 단점
① 지렛대 효과 ② 구매력 보호(인플레이션 헷지) ③ 절세효과(세액공제 - 감가상각비, 이자지급분) ④ 소득이득과 자본이득의 향유 ⑤ 안전성, 수익성 유리	① 낮은 환금성(유동성위험) ② 금융적 위험

2. 지렛대 효과(leverage effect)(27회, 29회, 31회)

- ① 정(正)의 지렛대 : **지**분수익률>**총**자본수익률>**저**당수익률(지분수익률 **상승**)
- ② 부(負)의 지렛대 : **지**분수익률<**총**자본수익률<**저**당수익률(지분수익률 **하락**)
- ③ 중립적(0)의 지렛대 : **지**분수익률=**총**자본수익률=**저**당수익률(지분수익률 **불변**)

⇩ ⇩ ⇩

$\dfrac{\text{순영업소득}-\text{이자지급액}}{\text{지분투자액}}$ $\dfrac{\text{순영업소득}}{\text{총투자액}}$ 금리, 이자율

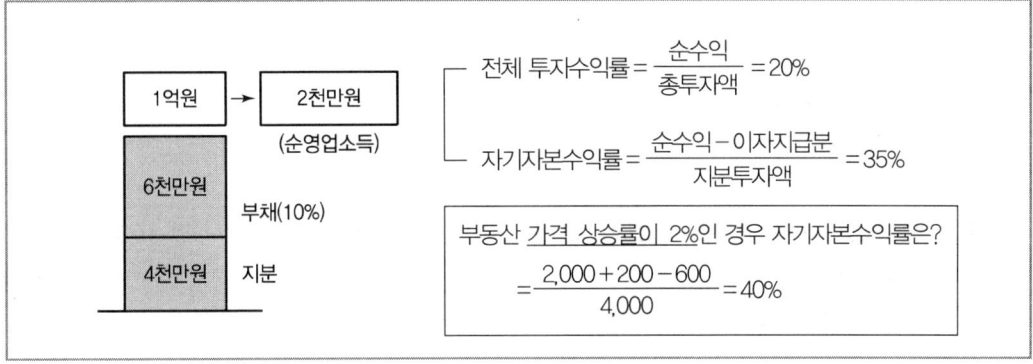

비교 정리	정	부	중립
	지>총>저	지<총<저	지=총=저

> **암기** 지렛대 효과
>
> 1. '**지**분, **총**자본, **저**당'수익률의 순서로 셋팅 후 **부등호의 방향**으로 지렛대 효과를 구분한다.
> 2. 정(+)의 레버리지 효과를 예상하고 투자했을 경우에도, 부채비율이 커질수록 투자위험은 **증가**한다.
> 3. 부채비율이 커질수록 ① 정(+)의 레버리지는 **자기자본수익률이 상승**, ② 부(-)의 레버리지는 **자기자본수익률이 하락**, ③ 중립적 레버리지에서는 **자기자본수익률이 불변**한다.
>   즉, 중립적 레버리지에서는 부채비율의 변화는 자기자본수익률에 영향을 미치지 못한다.
> 4. ① **지분수익률** = $\dfrac{\text{수익}(+\text{상승분})-\text{이자}}{\text{내돈}}$, ② **지분수익률**=총+(총−저)×부채비율
> 5. 부의 레버리지 효과가 발생할 경우에는 **부채비율**을 낮추어도 정의 레버리지 효과로 전환 **불가능**
> 6. 부의 레버리지 효과가 발생할 경우에는 **이자율**을 낮추면 정의 레버리지 효과로 전환 **가능**

대표유형문제

01 부동산투자 시 (㉠)타인자본을 활용하지 않는 경우와 (㉡)타인자본을 50% 활용하는 경우, 각각의 1년간 자기자본수익률은? (단, 주어진 조건에 한함) (29회)

- 기간 초 부동산가격 : 10억원
- 1년간 순영업소득(NOI) : 연 3천만원(기간 말 발생)
- 1년간 부동산가격 상승률 : 연 2%
- 1년 후 부동산을 처분함
- 대출조건 : 이자율 연 4%, 대출기간 1년, 원리금은 만기시 일시 상환함

해설 | ㉠ 자기자본수익률 = $\dfrac{3천만원 + 2천만원}{10억원}$ = 5%

㉡ 자기자본수익률 = $\dfrac{3천만원 + 2천만원 - 2천만원}{5억원}$ = 6%

정답 | ㉠ 5%, ㉡ 6%

02 부채비율이 50%, 총자본수익률(또는 종합수익률)이 10%, 저당수익률이 8%라면 자기자본수익률은 몇%인가? (27회)

해설 | 자기자본수익률 = 총자본수익률 + (총자본수익률 − 저당수익률) × 부채비율
　　　　(11%)　　　 = 　10%　 + 　(10% − 8%)　 × 50%

정답 | 11%

CHAPTER 02 부동산투자의 위험과 수익

제1절 부동산투자의 위험

1. 위험의 의의

(1) 위험과 수익의 측정(30회)

① **수익의 측정** : 기대수익률, 평균(확률)

② **위험의 측정** : 분산, 표준편차, 변이계수$\left(\dfrac{위험}{수익}\right)$ ⇩

(2) 위험의 의의

① **불확실성**

② **예상** 수익 ≠ **실현** 수익(벗어나는 정도)

비교정리	수익의 측정	위험의 측정
	기대수익률, 평균	분산, 표준편차
	위험 단위당 수익$\left(\dfrac{수익}{위험}\right)$	수익 단위당 위험$\left(변이계수=\dfrac{위험}{수익}\right)$

> **암기** | 위험과 수익의 측정
>
> 1. ① 수익의 측정 : 기대수익률, 평균(확률),
>
>   ② 위험의 측정 : 분산, 표준편차, 변이계수$\left(\dfrac{위험}{수익}\right)$
>
> 2. 기대수익률의 계산은 각 상황이 발생할 확률에 각 상황별 수익률을 곱해서 더한다.
> 3. 위험의 측정 : 분산, 표준편차, 변이계수(수익을 고려한 상대적 위험도를 측정)
> 4. ① 분산·표준편차 ⇩ : 절대적 위험도 ⇩, ② 변이계수 ⇩ : 상대적 위험도 ⇩

대표유형문제

01 가상적인 아파트 투자사업에 대해 미래의 경제환경조건에 따라 추정된 수익률의 예상치가 아래와 같다고 가정할 때 기대수익률은? (19회)

경제환경변수	발생확률(%)	수익률(%)
비관적	20	4.0
정상적	50	8.0
낙관적	30	13.0

해설 | 기대수익률 = (20% × 4%) + (50% × 8%) + (30% × 13%)
             = 0.8% + 4.0% + 3.9% = 8.7%

정답 | 8.7%

02 상가 경제상황별 예측된 확률이 다음과 같을 때 상가의 기대수익률이 8%라고 한다. 정상적 경제상황의 경우 ( )에 들어갈 예상수익률은? (단, 주어진 조건에 한함) (30회)

상가의 경제상황		경제상황별 예상수익률(%)	상가의 기대수익률(%)
상황별	확률(%)		
비관적	20	4	
정상적	40	( )	8
낙관적	40	10	

① 4 ② 6 ③ 8
④ 10 ⑤ 12

해설 | ③ 기대수익률 = (20% × 4%) + (40% × x%) + (40% × 10%) = 8%, x = 8%
따라서, 정상적인 경제상황에서 예상수익률은 8%가 된다.

정답 | ③

03 A, B, C 3개의 부동산자산으로 이루어진 포트폴리오가 있다. 이 포트폴리오의 자산비중 및 경제상황별 예상수익률 분포가 다음 표와 같을 때 전체 포트폴리오의 기대수익률은? (단, 호황과 불황의 확률은 각각 50%임) (21회)

구분	포트폴리오 비중(%)	경제상황별 수익률(%)	
		호황	불황
A부동산	20	6	4
B부동산	30	8	4
C부동산	50	10	2

해설 | 포트폴리오 기대수익률 = (20% × 5%) + (30% × 6%) + (50% × 6%)
                          = 1% + 1.8% + 3% = 5.8%
[계산기] 20 × 5% 30 × 6% 50 × 6% GT = 5.8%

정답 | 5.8%

2. 위험의 유형(27회, 29회)

(1) 부동산투자의 위험(사금법인유)

① 사업상의 위험 (경영 위험)	부동산 사업자체에서 연유하는 수익성에 관한 위험 ㉠ 시장위험 : 시장의 수요·공급상황의 변화 ㉡ 운영위험 : 근로자 파업, 영업경비의 변동 ㉢ 위치적 위험 : 부동성 ⇨ 입지선정의 실패
② 금융적 위험	부채의 사용으로 채무불이행, 파산의 위험이 커지는 것
③ 법적 위험	정부의 정책이나 규제의 변화, 이자율 변화
④ 인플레 위험 (구매력 위험)	화폐가치의 하락, 대출자-변동이자율 선호 투자자의 요구수익률 상승(피셔 효과)
⑤ 유동성 위험	부동산의 낮은 환금성으로 인해 야기되는 위험

비교 정리	사	금	법	인	유
	시·운·위치	부채	정책	대출자-변동	환금성 ⇩

(2) 총위험 : 체계적 위험 + 비체계적 위험

체계적 위험	비체계적 위험
① 모든 부동산 ② 피할 수 없는 위험 ③ 포트폴리오를 통해 제거 불가능 위험 ④ 인플레, 이자율 변화, 경기변동 등	① 개별 부동산만 ② 피할 수 있는 위험 ③ 포트폴리오를 통해 제거 가능 위험 ④ 파업, 법적문제, 영업경비변동 등

비교 정리	체계적	비체계적
	모든, 피 ×, 이자율·인플레	개별, 피 ○, 파업·경비

> **암기** 부동산투자의 위험
>
> 1. 부동산투자의 위험의 유형(사·금·법·인·유)과 그 내용의 연결을 숙지할 것
>   ① 사업(시·운·위치), ② 금융(부채), ③ 법적(정책), ④ 인플레(더), ⑤ 유동성(낮은 환금성)
> 2. **인플레이션**이 예상 : ① 대출자-변동이자율 선호, ② 투자자-요구수익률 상승 ⇨ 더 요구
> 3. **체계적 위험** : 피할 수 없는, 모든, 포트폴리오 통해 제거 불가능, 이자율, 인플레, 경기변동
> 4. **비체계적 위험** : 피할 수 있는, 개별, 포트폴리오 통해 제거 가능, 파업, 법적문제, 경기변동
> 5. **포트폴리오 구성** : 비체계적 위험만 제거, 체계적 위험은 제거 ×
>   ⇨ 포트폴리오에서는 비체계적 위험 사용
>   ① **상관계수가 (-1)**인 경우에는 **비체계적 위험**을 완전히 제거(zero)할 수 있다(모든 위험, 체계적 위험 ×).
>   ② 포트폴리오에 편입되는 투자자산 수를 늘림으로써 **비체계적 위험**을 줄여나갈 수 있으며, 그 결과로 **총위험**은 줄어들게 된다.

3. 위험과 수익의 관계

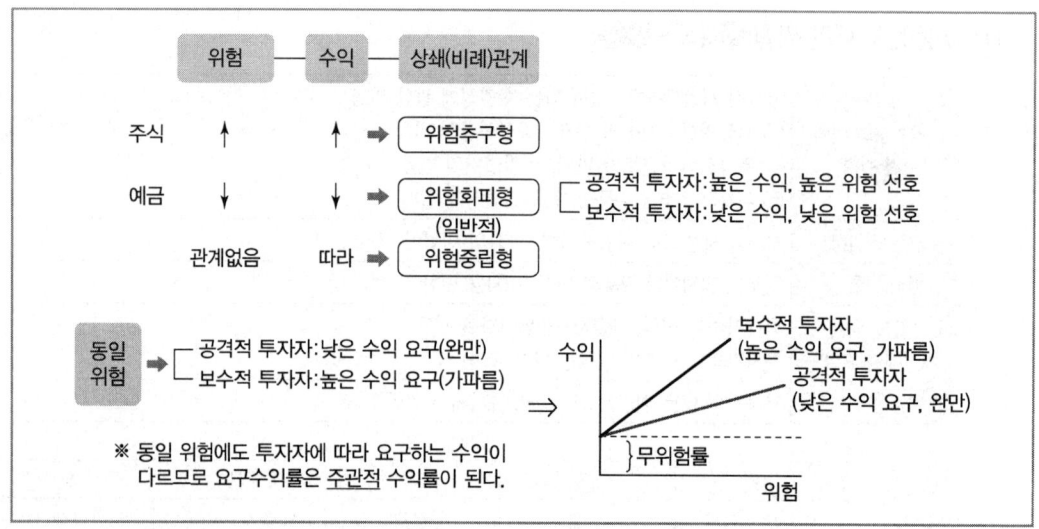

(1) **위험과 수익의 관계** : 상쇄(비례)관계, 부담하는 **위험**이 크면, 요구하는 **수익**도 커진다.
(2) 위험혐오적인 투자자라 할지라도 **대가가 주어지는 위험**이거나 **피할 수 없는(체계적) 위험**일 경우에는 투자자는 기꺼이 이를 감수한다.
(3) **동일한 위험**증가에 대해 **보수적 투자자**는 공격적 투자자보다 **더 높은 수익률을 요구**하게 된다.

비교 정리	보수적	공격적
	높은 수익 요구, 가파름	낮은 수익 요구, 완만함

> **암기** 위험과 수익의 관계
>
> 1. 위험과 수익의 **상쇄관계**
>   ① 투자자의 요구수익률은 체계적 위험이 증대됨에 따라 상승한다.
>   ② 부동산투자에서 일반적으로 위험과 수익은 **비례관계**를 가지고 있다.
>   ③ 투자 위험(표준편차)과 기대수익률은 **정(+)의 상관관계**를 가진다(부의 상관관계 ×).
> 2. 동일한 위험 : 보수적 투자자는 더 **높은** 수익률을 **요구**하게 되며 요구수익률선의 기울기는 **가파르다**.
> 3. 동일한 위험 : 공격적 투자자는 더 **낮은** 수익률을 **요구**하게 되며 요구수익률선의 기울기는 **완만하다**.

제2절 부동산투자의 수익

1. 수익률 ($\frac{순수익}{투자액}$) (27회, 29회, 30회, 32회)

① 기대수익률	투자로 인해 기대되는 예상수익률(내부, 예상, 사전적, 객관적 수익률)
② 요구수익률	부동산에 자금을 투자하기 위한 최소한의 수익률(외부, 필수, 기회비용, 주관적 수익률)
③ 실현수익률	투자가 이루어지고 난 후 달성된 수익률, 투자의 준거로 사용하지 않음

비교정리	기대	요구
	예상, 내부, 확률 · 수익률 × +	최소, 기회비용, 무위험률+위험할증률

(1) 투자균형

```
                              점차
           >          ⇨ 투자 증가 ⇨ 가격상승 ⇨ 기대수익률 하락 ⇨ 기대=요구(균형)
기대수익률  =  요구수익률  ⇨ 투자 균형           점차
(내부수익률) <  (기회비용)  ⇨ 투자 감소 ⇨ 가격하락 ⇨ 기대수익률 상승 ⇨ 기대=요구(균형)
```

비교정리	기대>요구	기대<요구
	기대수익률 점차 하락	기대수익률 점차 상승

2. 요구수익률 (27회, 28회, 29회, 32회)

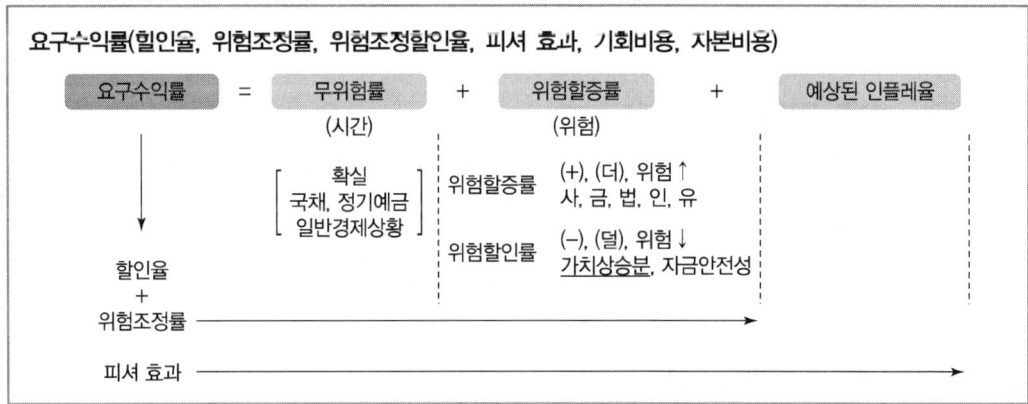

비교정리	무위험률 상승	위험할증률 상승
	요구수익률 상승	요구수익률 상승

> 암기   **수익률**
> 1. **기대수익률** : 예상·내부수익률, 확률과 수익률을 곱해서 더한다.
> 2. **요구수익률** : 최소, 기회비용, 할인율, 위험조정률, 주관적(투자주체에 따라 달라질 수 있다)
>   ① 요구수익률(위험조정률) = 무위험률(시간 대가) + 위험할증률(위험 대가)
>   ② 요구수익률(피셔효과) = 무위험률(시간 대가) + 위험할증률(위험 대가) + 예상인플레이션율
>   ㉠ 위험할증률 : 위험 ⇧, (+)요인, '사·금·법·인·유' 위험, 체계적 위험
>   ㉡ 위험할인율 : 위험 ⇩, (−)요인, 가치상승분
>   ③ 무위험률 : 확실, 시간대가, 국채·정기예금, 무위험률 상승시 요구수익률 상승

3. 투자가치와 시장가치

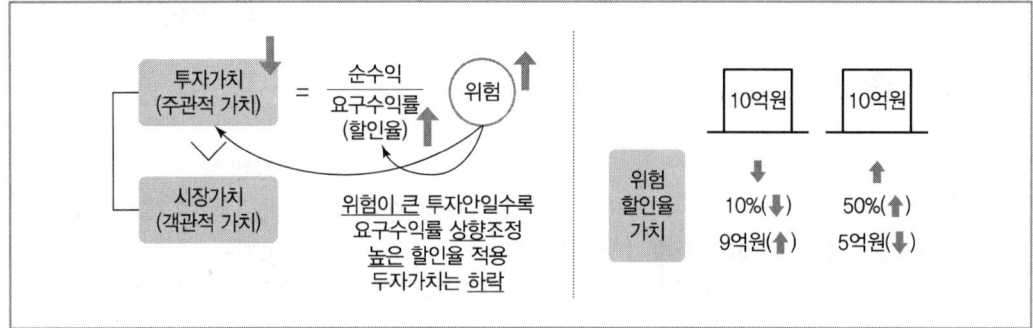

비교 정리	위험 ⇧	위험 ⇩
	높은 할인율, 요구수익률 상향 투자가치 하락	낮은 할인율, 요구수익률 하향 투자가치 상승

비교 정리	기대 > 요구	투자가치 > 시장가치	투자 ○
	기대 < 요구	투자가치 < 시장가치	투자 ×

> 암기   **수익률, 투자가치와 시장가치**
> 1. 투자자의 기대수익률이 요구수익률보다 큰 경우 **기대수익률은 점차 하락**하게 된다(점차 상승 ×).
> 2. 투자자의 요구수익률이 기대수익률보다 큰 경우 **기대수익률은 점차 상승**하게 된다(점차 하락 ×).
> 3. **투자채택** : ① 기대수익률 > 요구수익률, ② 투자가치 > 시장가치
> 4. **위험한 투자안** : 요구수익률 상향조정, 높은 할인율 적용, 투자가치 하락

4. 위험의 처리방법과 관리방법(28회, 31회)

(1) 위험의 처리방법

① **위험한 투자 제외** : 무위험자산(국채·정기예금)에 투자(**위험회피**), 진정한 투자 ×
② **보수적 예측방법** : 수익 낮게, 비용 높게 추계, 부의 극대화 가능성 감소
③ **위험조정할인율** : 위험할수록 **높은 할인율** 적용, 요구수익률 **상향**조정

비교 정리	제외	보수적	할인율
	회피	수익 낮게 예측	위험 ⇧ 높은 할인율

(2) 위험의 관리방법

① **위험 회피** : 위험한 투자를 **제외**시키는 방법
② **위험 보유** : **준비금**이나 **충당금**을 설정
③ **위험 전가**(제3자) : **임대료인상, 보험, 이자율스왑**, 하청, 리스, 선분양, 변동금리
④ **위험 통제** : **민감도분석**(감응도분석)

✎ **민감도분석(감응도분석)**

영업경비, 공실, 보유기간, 세금 등 **투입요소**가 변동할 때 그 투자안의 **결과치**(순현가, 내부수익률)가 어떠한 영향을 받는가를 파악하는 방법, 민감도가 큰 투자안일수록 더 위험한 투자안으로 평가된다.

민감도분석	투자효과를 분석하는 모형의 투입요소가 변화함에 따라, 그 결과치에 어떠한 영향을 주는가를 분석하는 기법이다.
흡수율분석	시장에 공급된 부동산이 시장에서 일정한 기간 동안 소비되는 비율을 조사하여 해당 부동산시장의 추세를 파악하는 것이다.

비교 정리	회피	제외	전가	제3자, 임대료인상, 보험
	보유	준비금, 충당금	통제	민감도분석

> **암기** **위험의 처리방법과 위험의 관리방법**
>
> 1. 위험의 처리방법
>   ① 위험한 투자를 제외시키는 방법(위험 회피) : 진정한 의미에서의 투자는 아니다.
>   ② 보수적 예측방법 : 부정적(수익 ⇩, 비용 ⇧)으로 예측하고도 좋아 보이면 투자하는 방법으로 부의 극대화 가능성이 감소한다.
>   ③ 위험조정할인율법 : 위험한 투자안일수록 요구수익률을 상향조정하고, 높은 할인율을 적용
> 2. 위험의 관리방법 : ① 회피(제외), ② 보유(준비금, 충당금), ③ 전가(제3자), ④ 통제(민감도분석)
>   ✎ 1. 위험전가 : 제3자에게 위험 전가 ⇨ **임대료인상, 보험, 이자율스왑**
>   2. 위험의 관리방법 중 **민감도분석**과 부동산개발의 위험감소 방법 중 **흡수율분석**을 구분하여 정리

제3절 | 포트폴리오 이론(27회, 30회, 32회)

1. 포트폴리오의 의의

(1) 포트폴리오의 의의

① 분산투자, ② 비체계적 위험 제거, ③ 안정된 결합편익의 획득

(2) 포트폴리오 효과 大

① 구성 항목 수 **多**
② **다른(반대)** 방향
③ 상관계수 ⇩, (−1)
   ㉠ **상관계수 (+1)**: 비체계적 위험이 **전혀 제거되지 않는다.**
   ㉡ **상관계수 (−1)**: 비체계적 위험이 **완전히 제거(zero)**된다.
   ✎ **부동성, 용도의 다양성**으로 인해 **지역별, 유형별**로 다양한 포트폴리오를 구성할 수 **있다.**

비교 정리	+1	위험 전혀 제거 ×	+	유사 방향, P 효과 ⇩
	−1	비·위험 완전히 제거	−	다른 방향, P 효과 ⇧

> **보충** 상관계수
>
> | +1 | 위험 전혀 제거되지 않음 | 포트폴리오 효과 없음 |
> |---|---|---|
> | + | 유사(동일) 방향 | 포트폴리오 효과 ⇩ |
> | − | 다른(반대) 방향 | 포트폴리오 효과 ⇧ |
> | −1 | 비체계적 위험 완전히 제거 | 포트폴리오 효과 최대 |

> **암기** 포트폴리오 이론
>
> 1. 포트폴리오: 분산투자, 비체계적 위험 제거, 안정된 수익
> 2. 포트폴리오 효과 大: 자산 수 多, 다른(반대) 방향, 상관계수 ⇩(−1에 가깝게)
>   ① 상관계수(+1): 포트폴리오 구성을 통한 위험절감 효과가 **나타나지 않는다**(포트폴리오 효과 없음).
>   ② 상관계수(+): 수익률이 유사한 방향으로 움직일 경우, 위험분산 효과가 작아진다.
>   ③ 상관계수(−): 수익률이 다른 방향으로 움직일 경우, 위험분산 효과가 커진다.
>   ④ 상관계수(−1): 비체계적인 위험을 0까지 줄일 수 있다(포트폴리오 효과 최대).
> 3. 부동성과 용도의 다양성으로 인해 **지역별·유형별** 분산투자로 다양한 포트폴리오 구성 가능

2. 포트폴리오의 기대수익률(투자비중, 수익률 - 곱해서 더한다)

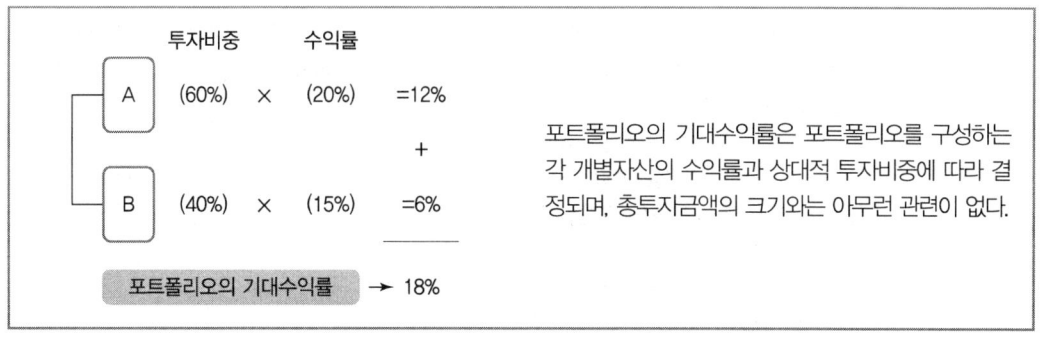

포트폴리오의 기대수익률은 포트폴리오를 구성하는 각 개별자산의 수익률과 상대적 투자비중에 따라 결정되며, 총투자금액의 크기와는 아무런 관련이 없다.

비교 정리	기대수익률	P기대수익률
	'확률', '수익률' × +	'비중', '수익률' × +

3. 평균분산 지배원리(같은 값이면~)

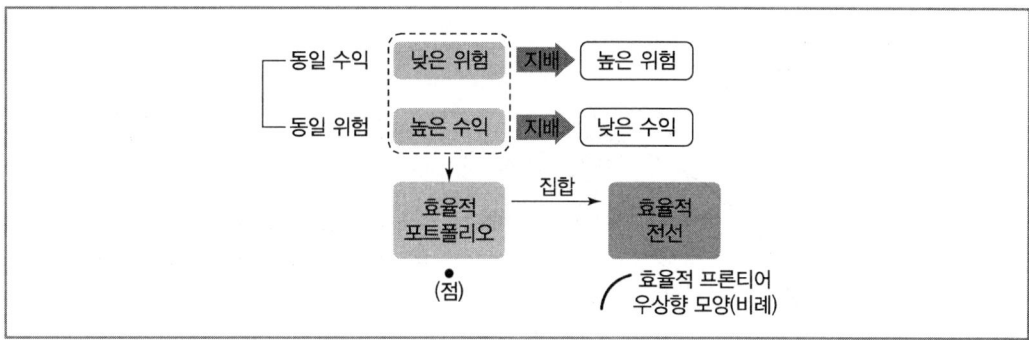

효율적 프론티어(efficient frOntier)
1. 효율저 포트폴리오의 **집합**
2. **동일한 위험**에서 **최고의 기대수익률**을 나타내는 포트폴리오를 선택하여 연결한 선
3. **우상향**의 모양 : 위험과 수익의 **비례관계**

비교 정리	동일수익	동일위험
	낮은 위험 ⇨ 높은 위험 지배	높은 수익 ⇨ 낮은 수익 지배

> **암기** 평균분산의 지배원리
>
> 1. 효율적 포트폴리오(점) : 같은 값일 때 **낮은** 위험의 자산, 같은 값일 때 **높은** 수익의 자산
> 2. 효율적 전선·효율적 프론티어(선) : 효율적 포트폴리오의 **집합**, **우상향**, 위험과 수익 비례
> 3. 평균분산 지배원리
>   ① A와 B의 기대수익률 동일 : A보다 B의 기대수익률의 표준편차가 더 크다면 **A가 더 선호**
>   ② A와 B의 기대수익률 동일 : B보다 A의 기대수익률의 표준편차가 더 크다면 **B가 더 선호**
>   ③ A와 B의 기대수익률의 표준편차가 동일 : A보다 B의 기대수익률의 표준편차가 더 크다면 B가 더 선호
>   ④ A와 B의 기대수익률의 표준편차가 동일 : B보다 A의 기대수익률의 표준편차가 더 크다면 A가 더 선호

4. 최적의 포트폴리오

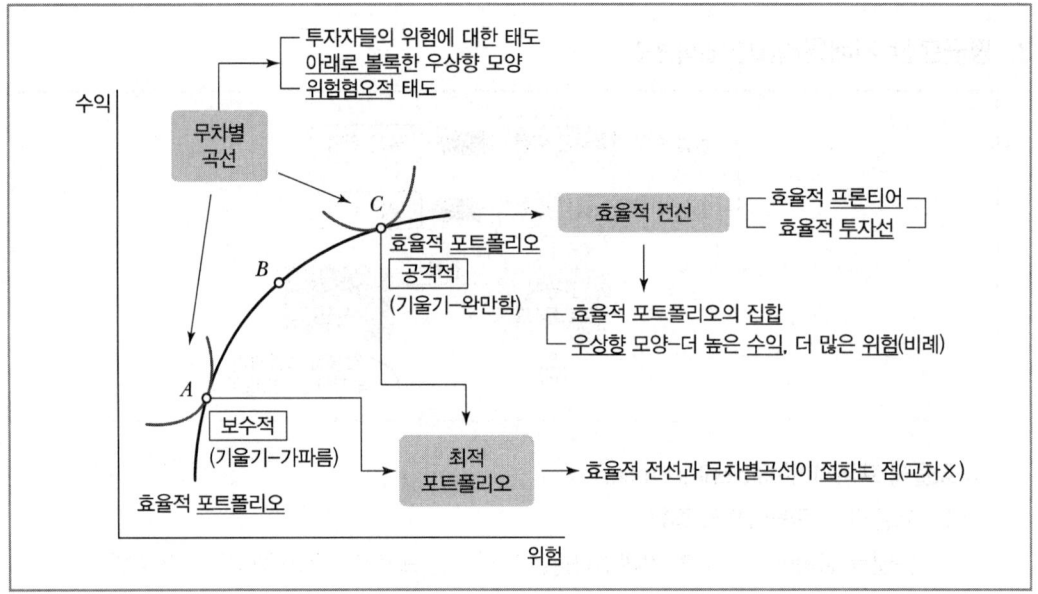

(1) 효율적 포트폴리오(efficient portfolio)

평균분산 지배원리에 의해 선택된 포트폴리오(동일수익 – 낮은 위험, 동일위험 – 높은 수익)

(2) 효율적 전선(효율적 프론티어, efficient frontier)

① **의의 : 효율적 포트폴리오의 집합, 동일한 위험에서 최고의 수익**을 나타내는 포트폴리오를 연결한 곡선
② **모양 : 우상향**(위로 볼록한 우상향의 형태)
③ **의미 : 더 높은 수익률**을 얻기 위해서는 **더 많은 위험**을 감수해야 한다는 것을 의미

(3) 무차별곡선

   ① **의의** : **투자자들의 위험에 대한 태도**

   ② **모양** : **아래로 볼록한 우상향**의 형태

   ③ **의미** : 투자자가 **위험혐오적**이라는 것을 의미

   ✎ **무차별곡선의 기울기**

      1. 투자자가 **위험을 회피**할수록(보수적 투자자) 투자자의 무차별곡선의 **기울기는 가파르게** 된다.

      2. 투자자가 **위험을 선호**할수록(공격적 투자자) 투자자의 무차별곡선의 **기울기는 완만하게** 된다.

(4) **최적의 포트폴리오**

효율적 전선과 투자자의 무차별곡선이 **접하는 점**에서 결정(교차점 ×)

비교 정리	효율적 전선	무차별곡선
	효율적 포트폴리오 집합 우상향, 위험과 수익 비례(상쇄)	투자자의 위험에 대한 태도 아래로 볼록 우상향, 위험혐오적

> **암기** | **평균분산의 지배원리**
>
> 1. **효율적 포트폴리오** : 평균분산지배원리에 의해 선택된 포트폴리오, 낮은 위험, 높은 수익(점 상태)
> 2. **효율적 전선(프론티어)** : 효율적 포트폴리오의 **집합**, **우상향**, 위험과 수익의 **상쇄관계**
> 3. **무차별곡선** : 투자자들의 위험에 대한 태도, 아래로 볼록한 우상향, 투자자들은 위험혐오적
>   ① 보수적 투자자(위험회피도 ⇧) : 무차별곡선 기울기 가파름
>   ② 공격적 투자자(위험회피도 ⇩) : 무차별곡선 기울기 완만함
> 4. **최적의 포트폴리오** : 효율적 전선과 무차별곡선이 **접하는** 점(교차점×)
> 5. **보수적 투자자** : 낮은 수익 · 낮은 위험, 동일위험증가 **높은 수익요구**, 무차별곡선 **가파름**
> 6. **공격적 투자자** : 높은 수익 · 높은 위험, 동일위험증가 **낮은 수익요구**, 무차별곡선 **완만함**
> 7. **보수적 예측방법** : 수익은 낮게, 비용은 높게 예측하여 투자결정

CHAPTER 03 부동산투자분석

제1절 화폐의 시간가치 계산

1. 화폐의 시간가치계수 (27회, 28회, 29회, 30회, 31회, 32회)

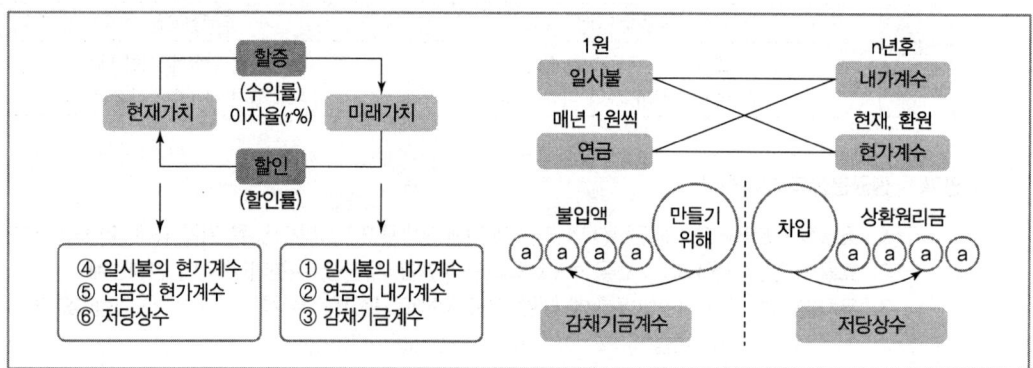

2. 역수 관계

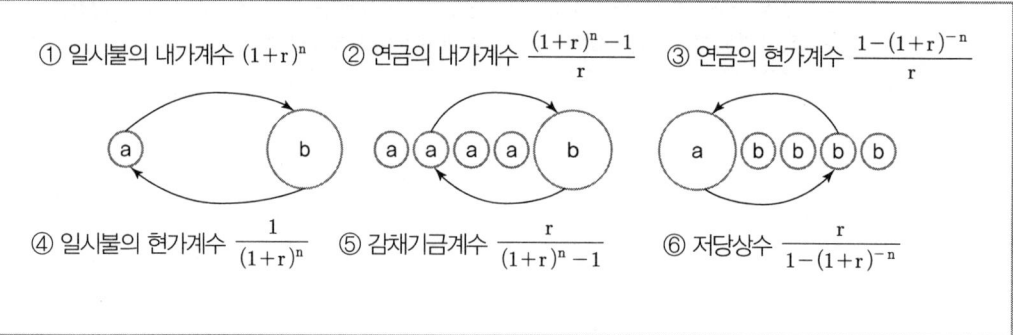

① 일시불의 내가계수 ⇔ ④ 일시불의 현가계수
② 연금의 내가계수 ⇔ ⑤ 감채기금계수
③ 연금의 현가계수 ⇔ ⑥ 저당상수

비교 정리	일·내	연·내	연·현
	⇕	⇕	⇕
	일·현	감·기	저·상

(1) 화폐의 시간가치계수 정리

미래가치			현재가치		
① 일시불의 내가계수 (복리 종가율)	개념	현재의 1원이 n년 후에 얼마인가?	④ 일시불의 현가계수 (복리 현가율)	개념	n년 후에 1원은 현재가치로 얼마인가?
	공식	$(1+r)^n$		공식	$\dfrac{1}{(1+r)^n} = (1+r)^{-n}$
	활용	일시불의 미래가치 계산 =일시불×일시불의 내가계수		활용	일시불의 현재가치 계산 =일시불×일시불의 현가계수
② 연금의 내가계수 (복리연금 종가율)	개념	매년 1원씩 적금을 계속 불입하면 n년 후에 얼마가 되는가?	⑤ 연금의 현가계수 (복리연금 현가율)	개념	n년 동안 매년 1원씩 받게 될 연금을 현재가치로 환원?
	공식	$\dfrac{(1+r)^n - 1}{r}$		공식	$\dfrac{1-(1+r)^{-n}}{r}$
	활용	연금의 미래가치 계산 =연금×연금의 내가계수		활용	연금의 현재가치 계산 =연금×연금의 현가계수
③ 감채기금 계수 (상환 기금율)	개념	n년 후에 1원을 만들기 위해서는 매년 얼마씩 적금을 불입(적립)해야 하는가?	⑥ 저당상수 (연부 상환율)	개념	1원을 차입했을 때 상환해야할 원리금(부채서비스액, 저당지불액)?
	공식	$\dfrac{r}{(1+r)^n - 1}$		공식	$\dfrac{r}{1-(1+r)^{-n}}$
	활용	미래가치를 알 때 매 기의 연금액 계산(적금액) =미래가치×감채기금계수		활용	일정액을 빌린 경우 상환액 계산(원리금 상환액) =융자원금×저당상수

비교 정리	일·내	1원, n년 후	일·현	1원, 현재
	연·내	매년 1원씩, n년 후	연·현	매년 1원씩, 환원
	감·기	만들기 위해, 불입	저·상	차입, 상환원리금

> **암기** 화폐의 시간가치 계산
>
> 1. **미래가치 계산** : 일·내(1원, n년 후), 연·내(매년 1원씩, n년 후), 감·기(만들기 위해서 불입)
> 2. **현재가치 계산** : 일·현(1원, 현재), 연·현(매년 1원씩, 환원), 저·상(차입, 상환원리금)
> 3. **역수관계** : 일·내 ↔ 일·현, 연·내 ↔ 감·기, 연·현 ↔ 저·상(×원래공식 = ÷역수)
> 4. **공식**
>
>   ① 일·내 $(1+r)^n$ ↔ 일·현 $\dfrac{1}{(1+r)^n} = (1+r)^{-n}$
>
>   ② 연·내 $\dfrac{(1+r)^n - 1}{r}$ ↔ 감·기 $\dfrac{r}{(1+r)^n - 1}$
>
>   ③ 연·현 $\dfrac{1-(1+r)^{-n}}{r}$ ↔ 저·상 $\dfrac{r}{1-(1+r)^{-n}}$

3. 부채와 부채서비스액, 잔금과 잔금비율

① 부채, 부채서비스액, 저당상수의 관계

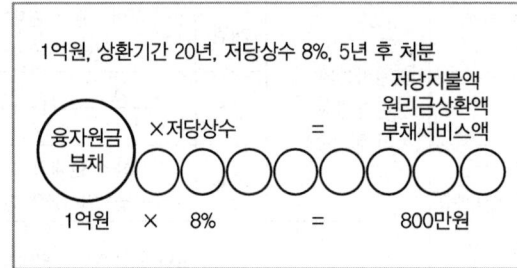

① 부채(1억원)×저당상수(8%)=부채서비스액(800만원)

② 부채 = $\dfrac{\text{부채서비스액}(800만원)}{\text{저당상수}(8\%)}$

③ 저당상수 = $\dfrac{\text{부채서비스액}(800만원)}{\text{부채}(1억원)}$

② 잔금과 잔금비율

연금의 현가계수를 사용한다.

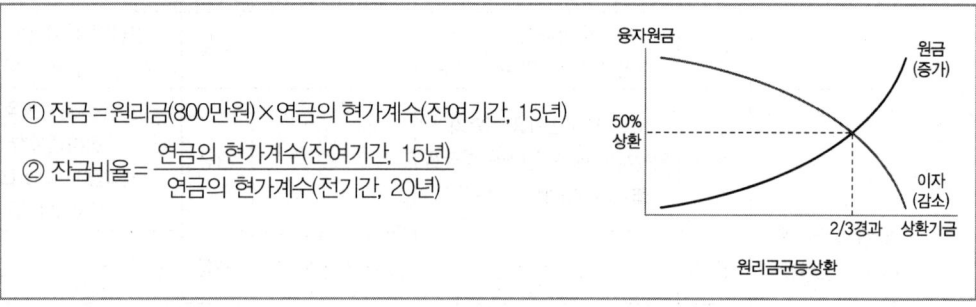

① 잔금 = 원리금(800만원)×연금의 현가계수(잔여기간, 15년)

② 잔금비율 = $\dfrac{\text{연금의 현가계수(잔여기간, 15년)}}{\text{연금의 현가계수(전기간, 20년)}}$

> **참고** 잔금비율과 상환비율의 관계
> 1. 잔금비율＋상환비율＝1(100%)
> 2. 상환비율＝1－잔금비율
> 3. 잔금비율＝1－상환비율

비교 정리	대·지	잔·상
	대부비율＋지분비율＝1	잔금비율＋상환비율＝1

> **암기** 화폐의 시간가치 계산
> 1. **부채**(융자원금, 목돈, 차입, 1억)와 **부채서비스액**(원리금상환액, 푼돈, 상환, 800)을 구분
> 2. ① 부채×저당상수＝부채서비스액
>   ② 부채 = $\dfrac{\text{부채서비스액}}{\text{저당상수}}$
> 3. 다른 대출상환액이 없는 경우, DTI를 통해 대출가능금액을 산정할 때에는 DTI를 통해 산정된 금액을 저당상수로 나누어 산정한다.
> 4. 다른 대출상환액이 있는 경우, DTI를 통해 대출가능금액을 산정할 때에는 DTI를 통해 산정된 금액에 다른 대출 이자상환액을 차감하고 나머지금액을 저당상수로 나누어 산정한다.
> 5. 잔금과 잔금비율(연금의 현가계수를 통해 계산)
>   ⇨ 1억 차입, 20년 상환, 저당상수 8%, 5년 후 처분

① 잔금 = 원리금(800만원) × 연금의 현가계수(잔여기간, 15년)

② 잔금비율 = $\dfrac{\text{연금의 현가계수(잔여기간, 10년)}}{\text{연금의 현가계수(전기간, 15년)}}$

대표유형문제

01 투자자 甲은 부동산 구입자금을 마련하기 위하여 3년 동안 매년 연말 3,000만원씩을 불입하는 정기적금에 가입하였다. 이 적금의 이자율이 복리로 연 10%라면, 3년 후 이 적금의 미래가치는 얼마인가?

(24회)

해설 | 연금의 내가계수를 적용하는 문제이다. $\dfrac{(1+0.1)^3 - 1}{0.1} = \dfrac{1.331 - 1}{0.1} = \dfrac{0.331}{0.1} = 3.31$

3,000만원 × $\dfrac{(1+0.1)^3 - 1}{0.1}$ = 9,930만원

계산기 1.1 × 1.1 = = −1 ÷ 0.1 × 30,000,000 = 99,300,000

정답 | 9,930만원

02 5년 후 1억원의 현재가치는? (단, 주어진 조건에 한함)

(28회)

- 할인율 : 연 7%(복리계산)
- 최종 현재가치 금액은 십만원 자리 반올림함

해설 | 5년 후의 1억원의 현재가치를 구하는 문제는 일시불의 현가계수 $\left[\dfrac{1}{(1+r)^n}\right]$를 적용하는 문제

1억원 × $\dfrac{1}{(1+0.07)^5}$, $(1.07)^5 = 1.4025517307$, $\dfrac{1억원}{1.4025517307} = 71,298,617$원

10만원 자리에서 반올림하면 약 7,100만원이 된다.

계산기 100,000,000 ÷ 1.07 = 71,000,000

정답 | 7,100만원

03 A는 매월 말에 50만원씩 5년 동안 적립하는 적금에 가입하였다. 이 적금의 명목금리는 연 3%이며, 월복리 조건이다. 이 적금의 미래가치를 계산하기 위한 식으로 옳은 것은? (단, 주어진 조건에 한함)

(31회)

① $500,000 \times \left\{\dfrac{(1+0.03)^5 - 1}{0.03}\right\}$

② $500,000 \times \left\{\dfrac{\left(1+\dfrac{0.03}{12}\right)^{5 \times 12} - 1}{\dfrac{0.03}{12}}\right\}$

③ $500,000 \times \left\{1 + \dfrac{0.03}{12}\right\}^{5 \times 12}$

④ $500,000 \times \left\{\dfrac{0.03}{1-(1+0.03)^{-5}}\right\}$

⑤ $500,000 \times \left\{\dfrac{\dfrac{0.03}{12}}{1-\left(1+\dfrac{0.03}{12}\right)^{-5 \times 12}}\right\}$

해설 | ② 연금의 내가계수에 관한 문제이다. 연금의 내가계수는 $\frac{(1+r)^n - 1}{r}$ 이다.

단, 매월 상환금액이 50만원이고 금리는 연 3%이므로 월로 환산하면 기간은 60개월(5×12)가 되고,

금리는 $\frac{0.03}{12}$ 이 되므로 $500,000 \times \left\{ \frac{\left(1 + \frac{0.03}{12}\right)^{5 \times 12} - 1}{\frac{0.03}{12}} \right\}$ 이 정답이 된다.

정답 | ②

04 임대인 A와 임차인 B는 임대차계약을 체결하려고 한다. 향후 3년간 순영업소득의 현재가치 합계는? (단, 주어진 조건에 한하며, 모든 현금유출입은 매 기간 말에 발생함) (30회)

- 연간 임대료는 1년 차 5,000만원에서 매년 200만원씩 증가
- 연간 영업경비는 1년 차 2,000만원에서 매년 100만원씩 증가
- 1년 후 일시불의 현가계수 : 0.95
- 2년 후 일시불의 현가계수 : 0.90
- 3년 후 일시불의 현가계수 : 0.85

① 8,100만원 ② 8,360만원 ③ 8,620만원
④ 9,000만원 ⑤ 9,300만원

해설 | ② 순영업소득의 현재가치 합계(8,360만원) = 2,850만원 + 2,790만원 + 2,720만원

구분	1	2	3	합계
임대료	5,000만원	5,200만원	5,400만원	
−영업경비	2,000만원	2,100만원	2,200만원	
순영업소득	3,000만원	3,100만원	3,200만원	
순영업소득 현가	2,850만원 (3,000×0.95)	2,790만원 (3,100×0.90)	2,720만원 (3,200×0.85)	8,360만원

정답 | ②

제2절 | 현금흐름측정(부동산 운영 시 : 영업현금흐름), (부동산 매각 시 : 매각현금흐름)

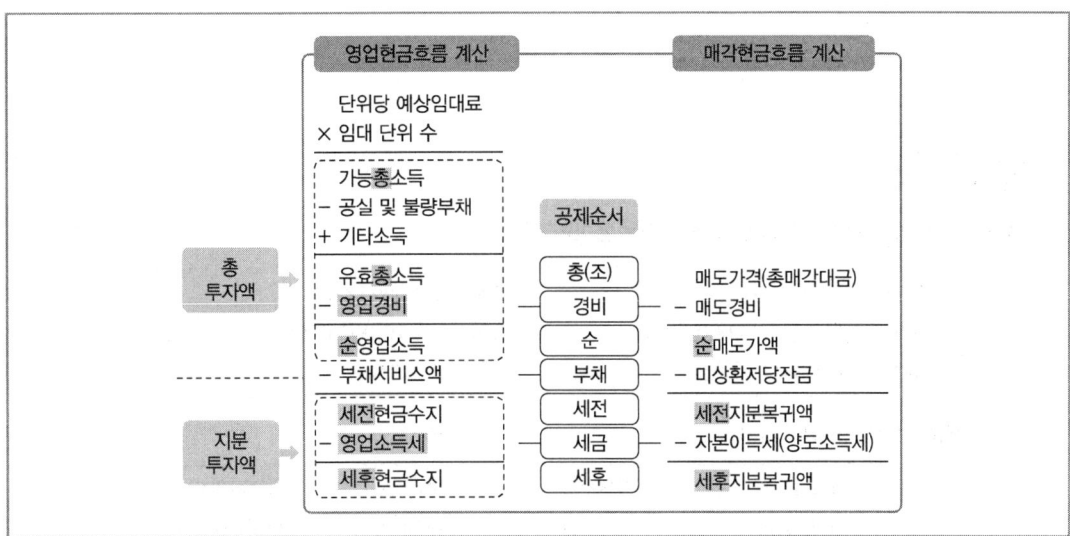

영업소득세		영업경비	
순영업소득	세전현금수지	포함 항목	불포함 항목
+ 대체충당금 − 이자지급분 − 감가상각비	+ 대체충당금 + 원금상환분 − 감가상각비	① 유지관리비 ② 재산세, 수익자부담금 ③ 화재보험료 등 ④ 수수료, 광고비, 전기료, 전화료, 수도료 등	① 공실 및 대손충당금 ② 부채서비스액 ③ 감가상각비 ④ 소득세 · 법인세 ⑤ 자본적 지출, 개인업무비
과세대상소득 × 세율 영업소득세			

소득이득	자본이득
① 보유기간, 운영(영업)을 통해 발생 ② 매 기간 발생 ③ 지대, 임대료 ④ 영업현금흐름(영업의 현금수지)을 통해 계산(유량−기간)	① 기간 말, 처분시 발생 ② 한번만 발생 ③ 매매차익, 양도차익, 시세차익 ④ 매각현금흐름(지분복귀액)을 통해 계산(저량−시점)

> **암기** | **현금수지의 측정**
>
> 1. ① **영업수지계산** : 가 · 공 · 기 · 유 · 영 · 순 · 부 · 세 · 영 · 세(10가지)
>   ② **지분복귀액계산** : 매 · 매 · 순 · 미 · 세 · 자 · 세(7가지)
> 2. 유효총소득은 순영업소득에 비해서 **큰** 편이다(반드시).
> 3. 원칙적으로 순영업소득은 세전현금수지보다 **큰** 편, 예외적으로 동일 가능(대출금이 없다면)
> 4. 원칙적으로 세전현금수지는 세후현금수지보다 **큰** 편, 예외적으로 동일 가능(적자 · 비과세)
> 5. 유효총소득에서 순영업소득을 차감하면 영업경비가 되며, 순영업소득에서 영업경비를 더하면 유효총소득이 된다('㉠−㉡=㉢', '㉠−㉢=㉡', '㉢+㉡=㉠').
> 6. **영업경비**에 유지수선비, 화재보험료, 재산세, 수수료 · 전기료 · 수도료 · 광고비 등은 **포함**

7. **영업경비**에 공실 및 불량부채, **부채서비스액**, 감가상각비, 소득세·법인세, **자본**적 지출 등은 불포함
8. 영업소득세 계산시 **감가상각비**와 **이자지급분**은 **공제**(−), 나머지는 +
   ⇨ ① 순+대 ② −이−감 ③ ×세율
   ⇨ ① 세+대+원 ② −감 ③ ×세율

대표유형문제

01 다음 임대주택사업의 세후현금수지는 얼마인가? (19회)

- 순운영소득 : 140,000,000원
- 연간 융자월부금 : 90,000,000원
- 감가상각 : 10,000,000원
- 재산세 : 5,000,000원
- 융자이자 : 70,000,000원
- 소득세율 : 30%

해설 | 1. 영업소득세의 산정

	순영업소득	140,000,000원
+	대체충당금	0원
−	이자지급분	70,000,000원
−	감가상각액	10,000,000원
	과세대상소득	600,000,000원
×	세율	0.3
	영업소득세	18,000,000원

2. 세후현금수지의 산정

	순영업소득	140,000,000원
−	부채서비스액	90,000,000원
	세전현금수지	50,000,000원
−	영업소득세	18,000,000원
	세후현금수지	32,000,000원

정답 | 3,200만원

02 A부동산의 순영업소득을 구하면? (16회)

- 유효조소득 : 100,000,000원
- 화재보험료 : 2,000,000원
- 수도료 : 2,000,000원
- 재산세 : 20,000,000원
- 유지관리비 : 20,000,000원
- 소득세 : 10,000,000원
- 전기료 : 3,000,000원
- 부채서비스액 : 10,000,000원

해설 | 소득세와 부채서비스액은 영업경비에 포함되지 않으므로 나머지를 합하면 4,800만원이 된다. 따라서 순영업소득은 유효조소득(1억원) − 영업경비(4,800만원) = 5,200만원이다.

정답 | 52,000,000원

03 어느 회사의 1년 동안의 운영수지다. 세후현금수지는? (25회)

- 가능총소득(4,800만원)
- 영업소득세율(20%)
- 이자비용(800만원)
- 감가상각비(200만원)
- 공실(가능총소득의 5%)
- 원금상환액(200만원)
- 영업경비(240만원)

해설 | 1. 영업소득세의 산정

	순영업소득	(43,200,000원)
+	대체충당금	(0원)
-	이자지급분	(8,000,000원)
-	감가상각액	(2,000,000원)
	과세대상소득	(33,200,000원)
×	세율	(20%)
	영업소득세	(6,640,000원)

2. 세후현금수지의 산정

	가능총소득	(48,000,000원)
-	공실 및 불량부채	(2,400,000원)
	유효총소득	(45,600,000원)
-	영업경비	(2,400,000원)
	순영업소득	(43,200,000원)
-	부채서비스액	(10,000,000원)
	세전현금수지	(33,200,000원)
-	영업소득세	(6,640,000원)
=	세후현금수지	(26,560,000원)

정답 | 26,560,000원

04 어느 회사의 1년 동안의 운영자료다. 세후현금수지는? (23회)

- 호당 임대료 : 6,000,000원
- 공실률 : 10%
- 원리금상환액 : 90,000,000원
- 감가상각액 : 10,000,000원
- 임대가능호수 : 40호
- 운영비용 : 16,000,000원
- 융자이자 : 20,000,000원
- 소득세율 : 30%

해설 |

	가능총소득	240,000,000원
-	공실 및 불량부채	24,000,000원
	유효총소득	216,000,000원
-	영업경비	16,000,000원
	순영업소득	200,000,000원
-	부채서비스액	90,000,000원
	세전현금수지	110,000,000원
-	영업소득세	51,000,000원
=	세후현금수지	59,000,000원

	순영업소득	200,000,000원
+	대체충당금	0원
-	이자지급분	20,000,000원
-	감가상각액	10,000,000원
	과세대상소득	170,000,000원
×	세율	0.3
	영업소득세	51,000,000원

정답 | 59,000,000원

제3절 부동산투자분석기법(27회, 28회, 29회, 30회, 31회, 32회)

1. DCF법
① 순현가법
② 내부수익률법
③ 수익성지수법

- ㉠ 화폐의 시간가치 고려 O(수익구조가 복잡한 대규모 부동산)
- ㉡ 매 기간(여러 해) 소득, 단기간 보유(처분)
- ㉢ 소득이득(운영) + 자본이득(처분) 고려
- ㉣ 세후 소득(매 기간 세후현금수지의 현가합 + 세후지분복귀액의 현가)
- ㉤ 사용지표 동일

2. 어림셈법
① 승수법 ↓
② 수익률법 ↑
⇨ 역수관계

- ㉠ 화폐의 시간가치 고려 X(수익이 안정적인 소규모 부동산)
- ㉡ 한 해(첫해) 소득, 전기간 보유(내용연수 동안 보유, 처분 X)
- ㉢ 소득이득만 고려
- ㉣ 조, 순, 세전, 세후 소득
- ㉤ 사용지표 차이, 결과치만 직접 비교 곤란

1. DCF법
① 대부비율   ② 부채비율   ③ 부채감당률   ④ 채무불이행률
⑤ 총자산회전률   ⑥ 영업경비비율

✎ 화폐 시간가치 고려하는 투자분석기법(3 + 1)
순현가법, 내부수익률법, 수익성지수법/현가회수기간법

비교정리	DCF	어림	비율
	순, 내부, 지수	승수, 수익률	대부, 부채, 부채감당, 채무, 총자산, 영업

> **암기** 부동산투자분석기법
>
> 1. 부동산투자분석기법
>   ① DCF법(3) : 순현가법, 내부수익률법, 수익성지수법
>   ② 어림셈법(2) : 승수법(4), 수익률법(3) ⇨ 역수관계
>   ③ 비율분석법(6) : 대부비율, 부채비율, 부채감당률, 채무불이행률, 총자산회전율, 영업경비비율
> 2. **시간가치를 고려하는 방법(3 + 1가지)** : 순현가법, 내부수익률법, 수익성지수법, 현가회수기간법
>   ⇨ 회수기간법이나 단순회수기간법은 시간가치를 불고려하며, **현가회수기간법**만 시간가치 **고려**

1. 할인현금수지분석법(DCF법)(27회, 28회, 29회, 30회, 31회, 32회)

(1) 할인현금수지분석법(DCF)의 사용지표

① **현금유입의 현가** : 매 기간 세후현금수지의 현가합 + 세후지분복귀액의 현가
② **현금유출의 현가** : 지분투자액(현가)

(2) 순현가법, 내부수익률법, 수익성지수법

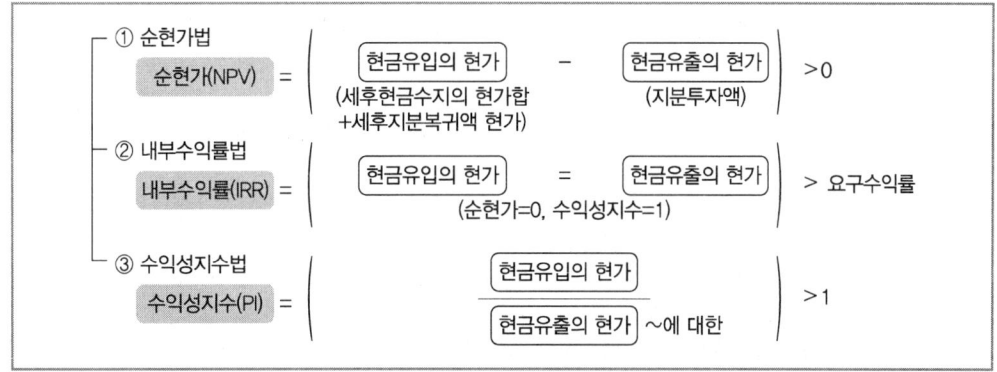

비교 정리	순현재가치법	내부수익률법	수익성지수법
	유입 − 유출	유입 = 유출	유입 ÷ 유출
	공제, 뺀다, 차감한다.	같게	나눈다.

>> 참고 순현가법, 내부수익률법 비교

구분	순현가법	내부수익률법
시간가치	고려 ○	고려 ○
할인율 (재투자율)	요구수익률(주관적) 사전에 요구결정 ○	내부수익률(객관적) 사전에 요구결정 ×
부의 극대화	달성 ○	달성 ×
합의원칙	준수 ○	준수 ×
투자판단	언제나 가능	투자판단 불가능(복수의 내부수익률)

1. 독립적 투자안
(하나의 투자안, 투자 ○ or ×)
순현가법 결과치 = 내부수익률법 결과치   결과치 동일

2. 배타적 투자안
(여러 투자안, 최적 투자안 1선택)
순현가법 결과치 = 내부수익률법 결과치   결과치 동일
or
순현가법 결과치 ≠ 내부수익률법 결과치   결과치 상반
(합리적)

비교 정리	순현가법	내부수익률
	요구, 사전요구 ○, 합 ○, 부 ○, 가능	내부, 사전요구 ×, 합 ×, 부 ×, 불가능(복수)

> 암기 **할인현금수지분석법(DCF법)**

1. **할인현금수지분석법(DCF법)** : 시간가치고려 ○, 매 기간, 소득이득＋자본이득 고려, 세후소득
2. **현금유입** 현가, **현금유출** 현가(내가×), 순현가(−, 0), 내부수익률(＝, 요구), 수익성지수(/, 1)
3. **순현가법**
   ① 보유기간 동안 기대되는 세후소득의 현재가치 합과 투자비용으로 지출한 지분의 현재가치 합을 비교하는 방법
   ② 장래 기대되는 소득의 현재가치 합계와 투자비용으로 지출된 금액의 현재가치 합계를 서로 비교하여 투자결정을 하는 방법
   ③ 장래 기대되는 세후소득의 현가합과 투자비용의 현가합을 서로 비교하여 투자의사를 결정
   ④ 순현가는 장래에 발생할 수입의 현가 총액에서 비용의 현가 총액을 차감한 금액
   [계산] 현금유입을 요구수익률로 할인한 값에서 초기 현금지출을 차감하여 계산
4. **내부수익률** : 현금유입현가와 현금유출현가를 같게, 순현가 0으로, 수익성지수 1로 만드는 할인율
   [계산] 할인하지 말고 액면가 그대로 $\dfrac{\text{차이값}}{\text{투자액}}$ 으로 계산, 내부수익률＝$\dfrac{\text{차이값}}{\text{투자액}}$
5. **수익성지수** : 현금유입의 현가를 현금유출의 현가로 나눈 값, 현금유출의 현가에 대한 현금유입
   [계산] 현금유입을 요구수익률로 할인한 값에서 초기 현금지출을 나누어하여 계산
6. **순현가법** : 할인율(요구수익률), 사전 요구 결정 ○, 합 ○, 부의 극대화 ○, 투자판단 ○
   ⇨ 순현가법을 이용한 투자타당성분석에서 선택되는 **할인율(요구수익률)**은 투자주체에 따라 달라진대(주관적).
7. **내부수익률법** : 할인율(내부수익률), 사전 요구 결정 ×, 합 ×, 부의 극대화 ×, 투자판단 ×
   ① 내부수익률법은 **사전적으로 요구수익률을 결정하지 않아도 된다**는 장점이 있다.
   ② 동일한 투자안의 경우 **복수의 내부수익률**이 존재하는 경우 **투자판단 불가능**(내부수익률 큰 쪽 사용 ×)
8. **독립**된 단일 투자안의 경우 순현가법과 내부수익률법의 결과치 반드시 동일
9. **배타적 여러** 투자안의 경우 순현가법과 내부수익률법의 결과치는 다를 수도 있음
   ⇨ 순현가법 합리적
   ⇨ 여러 투자안의 투자 우선순위를 결정할 때, 순현재가치법과 내부수익률법 중 어느 방법을 적용하느냐에 따라 투자 우선순위는 달라질 수 있다.
10. **연평균순현가(ANPV)**
    ① 사업기간 동안의 **연평균 순수익**, 순현가법의 일종이므로 **시간가치를 고려** ○
    ② 연평균순현가＝전체 순현가×저당상수(÷연금의 현가계수)

대표유형문제

01 요구수익률이 20%인 경우, 투자안 A의 순현가와 내부수익률을 구하면 각각 얼마인가? (24회)

투자안	초기 현금지출	말기 현금유입
A	5,000원	6,000원

해설 | 순현가＝현금유입의 현가$\left(\dfrac{6{,}000원}{(1+0.2)^1}=5{,}000원\right)$－현금유출의 현가(5,000원)＝0

내부수익률 ⇨ 현금유입의 현가$\left(\dfrac{6,000원}{(1+r)^1}\right)$ = 현금유출의 현가(5,000원), r = 20%

[별해] 내부수익률 = $\dfrac{차이값(1,000원)}{투자액(5,000원)}$ = 20%(이 경우, 할인하지 말고 액면가 그대로 계산)

정답 | 순현가(NPV) : 0, 내부수익률(IRR) : 20%

02 다음 표와 같은 투자사업(A~C)이 있다. 모두 사업기간이 1년이며, 사업 초기(1월 1일)에 현금지출이 발생하고 사업 말기(12월 31일)에는 현금유입만 발생한다고 한다. 할인율이 연 5%라고 할 때 순현가와 수익성지수를 각각 구하시오. (32회)

사업	초기 현금지출	말기 현금유입
A	3,800만원	6,825만원
B	1,250만원	2,940만원
C	1,800만원	4,725만원

해설 |

사업	금년현금지출	내년현금유입	현금유입현가	순현가	수익성지수
A	3,800만원	6,825만원	6,500만원	2,700만원	1.71
B	1,250만원	2,940만원	2,800만원	1,550만원	2.24
C	1,800만원	4,725만원	4,500만원	2,700만원	2.5

[계산기] 6,825 ÷ 1.05 = 6,500 2,940 = 2,800 4,725 = 4,500

정답 |
- 순현가 : A(2,700만원), B(1,550만원), C(2,700만원)
- 수익성지수 : A(1.71), B(2.24), C(2.5)

03 향후 2년간 현금흐름을 이용한 다음 사업의 수익성지수(PI)는? (단, 연간 기준이며, 주어진 조건에 한함) (31회)

- 모든 현금의 유입과 유출은 매년 말에만 발생
- 현금유입은 1년 차 1,000만원, 2년 차 1,200만원
- 현금유출은 현금유입의 80%
- 1년 후 일시불의 현가계수 0.95
- 2년 후 일시불의 현가계수 0.90

① 1.15 ② 1.20 ③ 1.25
④ 1.30 ⑤ 1.35

해설 | ③ 수익성지수 = $\dfrac{현금수입의\ 현가}{현금지출의\ 현가}$ = $\dfrac{2,030만원}{1,624만원}$ = 1.25

- 현금수입의 현가(2,030만원) = (1,000만원 × 0.95) + (1,200만원 × 0.90) = 950만원 + 1,080만원
- 현금지출의 현가(1,624만원) = 2,030만원 × 80%

[별해] 현금유출이 현금유입의 80%이므로 $\dfrac{현금수입의\ 현가}{현금지출의\ 현가}$ = $\dfrac{100}{80}$ = 1.25

정답 | ③

04 다음은 투자부동산의 매입, 운영 및 매각에 따른 현금흐름이다. 이에 기초한 순현재가치는? (단, 0년차 현금흐름은 초기투자액, 1년차부터 7년차까지 현금흐름은 현금유입과 유출을 감안한 순현금흐름이며, 기간이 7년인 연금의 현가계수는 3.50, 7년 일시불의 현가계수는 0.60이고, 주어진 조건에 한함) (단위: 만원) (32회)

기간(년)	0	1	2	3	4	5	6	7
현금흐름	−1,100	120	120	120	120	120	120	1,420

① 100만원 ② 120만원
③ 140만원 ④ 160만원
⑤ 180만원

해설 | ① 순현가 = 현금유입의 현가(1,200만원) − 현금유출의 현가(1,100만원) = 100만원
7년차 현금흐름(1,420)을 120만원과 1,300만원으로 나누어 계산하면
현금유입의 현가 = {120만원 × 연금의 현가계수(7년, 3.50)} + {1,300만원 × 일시불의 현가계수(7년, 0.60)}
= 420만원 + 780만원 = 1,200만원

정답 | ①

2. 어림셈법 (27회, 29회, 32회)

승수법 (투자액/수익)		역수 관계	수익률법 (순수익/투자액)	
총소득승수	= 총투자액/총수익	⇔	(비율분석법) 총자산회전율	= 총소득/총투자액
순소득승수 (자본회수기간)	= 총투자액/순영업소득	⇔	종합자본환원율 (총투자수익률)	= 순영업소득/총투자액
세전현금수지승수	= 지분투자액/세전현금수지	⇔	지분배당률 (지분투자수익률)	= 세전현금수지/지분투자액
세후현금수지승수	= 지분투자액/세후현금수지	⇔	세후수익률	= 세후현금수지/지분투자액

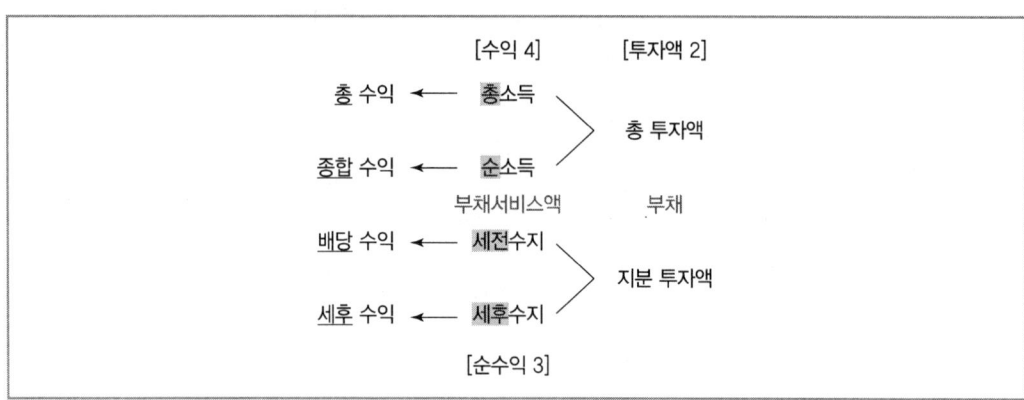

비교 정리	총	순	세전	세후
	⇕	⇕	⇕	⇕
	총	종합	배당	세후

비교 정리	총소득승수	<	순소득승수	총자산회전율	>	종합자본환원율
	세전현금수지승수		세후현금수지승수	지분배당률		세후수익률

> **암기** 어림셈법
> 1. 순소득승수를 **자본**회수기간이라고 하며, 자본회수기간은 **작을수록 좋다**(순·자·작을수록 좋다).
> 2. 승수 크기비교 : 총소득승수<**순소득승수**, 세전현금수지승수<**세후현금수지승수**
> 3. 수익률 크기비교 : **총자산회전율**>종합자본환원율, **지분배당률**>세후수익률

3. 비율분석법(27회, 28회, 29회, 30회)

> **핵심** 비율분석법
>
> 1. 대부비율 = $\dfrac{\text{부채}}{\text{부동산의 가치}}$, 부채비율 = $\dfrac{\text{부채}}{\text{지분(자본)}}$, 지분비율 = $\dfrac{\text{지분}}{\text{부동산의 가치}}$
>
> 2. 부채감당률 = $\dfrac{\text{순영업소득}}{\text{부채서비스액}}$, 1보다 **클수록** 부채서비스액을 감당하고도 잔여액이 있음
>
> 3. 채무불이행률 = $\dfrac{\text{영업경비}+\text{부채서비스액}}{\text{유효총소득}}$, 손익분기점을 의미
>
> 4. 총자산회전율 = $\dfrac{\text{총소득(조소득)}}{\text{부동산의 가치(총투자액)}}$, 어림셈법의 **총소득승수**와 역수
>
> 5. 영업경비비율 = $\dfrac{\text{영업경비}}{\text{총소득}}$

(1) 대부비율과 부채비율

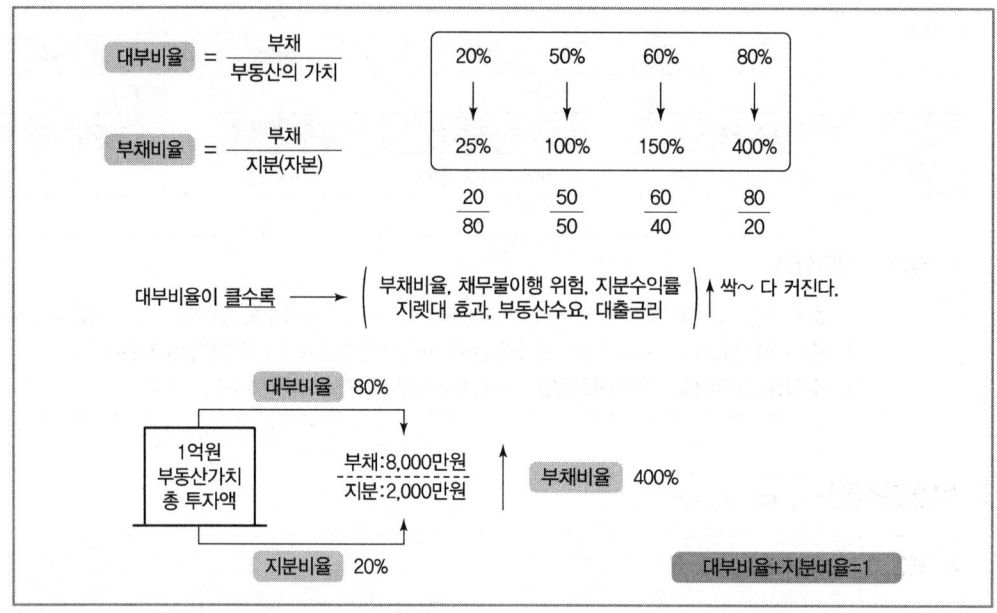

비교 정리	대부비율	부채비율
	$\dfrac{부채}{부동산의 가치}$	$\dfrac{부채}{지분(자본)}$
	가 · 대	지 · 부

비교 정리	대부비율	부채비율
	20%, 50%, 60%, 80%	25%, 100%, 150%, 400%

(2) 부채감당률과 채무불이행률

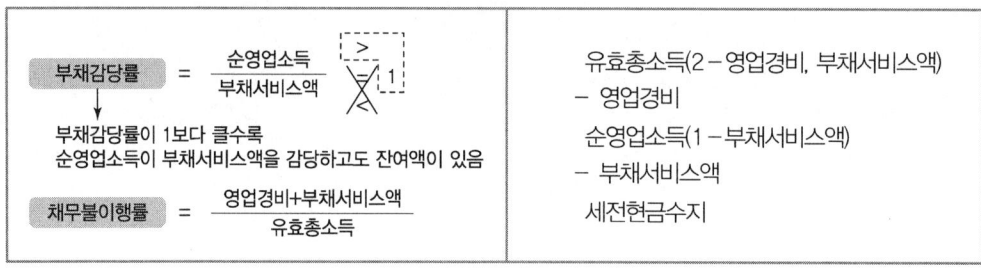

> **암기** | **비율분석법**

1. 대부비율 = $\dfrac{\text{부채}}{\text{부동산의 가치}}$, 대부비율(20, 50, 60, 80) ⇨ 부채비율(25, 100, 150, 400)

2. 부채비율 = $\dfrac{\text{부채}}{\text{지분}}$, ① 부채총계를 자본총계로 나눈 비율, ② 지분에 대한 부채

3. **대부비율**이 커지면, '부채비율, 지렛대 효과, 지분수익률, 위험, 금리, 수요'가 **싹~다 커진다**.

4. **부채감당률** $\left(\dfrac{\text{순영업소득}}{\text{부채서비스액}}\right)$ 은 1에 가까워지거나 작을수록 위험하고 1보다 **클수록 좋다**.

5. 부채감당률은 **순영업소득**(1, 부채서비스액만 감당)을 사용
6. 채무불이행률은 유일하게 **유효총소득**(2, 영업경비와 부채서비스액을 감당)을 사용

대표유형문제

01 다음 자료를 활용하여 산정한 순소득승수, 채무불이행률, 세후현금흐름승수를 순서대로 나열한 것은? (단, 주어진 조건에 한함) (29회)

- 총투자액 : 15억원
- 유효총소득승수 : 6
- 부채서비스액 : 6천만원/년
- 지분투자액 : 4억원
- 영업경비비율(유효총소득 기준) : 40%
- 영업소득세 : 1천만원/년

해설 | • 순소득승수 = $\dfrac{\text{총투자액(15억원)}}{\text{순영업소득(1억 5천만원)}} = 10$

• 채무불이행률 = $\dfrac{\text{영업경비(1억원) + 부채서비스액(6천만원)}}{\text{유효총소득(2억 5천만원)}} = 64\%$

• 세후현금흐름승수 = $\dfrac{\text{지분투자액(4억원)}}{\text{세후현금수지(8천만원)}} = 5$

유효총소득	(250,000,000원)	⇦ 총소득승수(6) = $\dfrac{\text{총투자액(15억원)}}{\text{유효총소득(2억 5천만원)}}$
− 영업경비	(100,000,000원)	⇦ 2억 5천만원 × 영업경비비율(40%)
순영업소득	(150,000,000원)	
− 부채서비스액	(60,000,000원)	
세전현금수지	(90,000,000원)	
− 영업소득세	(10,000,000원)	
= 세후현금수지	(80,000,000원)	

정답 | 10, 64%, 5

02 비율분석법을 이용하여 산출한 것으로 틀린 것은? (단, 주어진 조건에 한하며 연간 기준임) (30회)

- 주택담보대출액 : 1억원
- 주택담보대출의 연간 원리금상환액 : 500만원
- 부동산가치 : 2억원
- 차입자의 연소득 : 1,250만원
- 가능총소득 : 2,000만원
- 공실손실상당액 및 대손충당금 : 가능총소득의 25%
- 영업경비 : 가능총소득의 50%

① 담보인정비율(LTV) = 0.5　　② 부채감당률(DCR) = 1.0
③ 총부채상환비율(DTI) = 0.4　　④ 채무불이행률(DR) = 1.0
⑤ 영업경비비율(OER, 유효총소득 기준) = 0.8

해설 | ⑤ 영업경비비율 0.8 ⇨ 0.67

$$\text{영업경비비율(OER, 유효총소득 기준)} = \frac{\text{영업경비(1,000만원)}}{\text{유효총소득(1,500만원)}} = 0.67$$

① 담보인정비율(LTV) = $\frac{\text{부채(1억원)}}{\text{부동산가치(2억원)}}$ = 0.5

② 부채감당률(DCR) = $\frac{\text{순영업소득(500만원)}}{\text{부채서비스액(500만원)}}$ = 1.0

③ 총부채상환비율(DTI) = $\frac{\text{연간 부채서비스액(500만원)}}{\text{연간 소득(1,250만원)}}$ = 0.4

④ 채무불이행률(DR) = $\frac{\text{영업경비(1,000만원) + 부채서비스액(500만원)}}{\text{유효총소득(1,500만원)}}$ = 1.0

가능총소득	(20,000,000원)
− 공실 및 불량부채	(5,000,000원)
유효총소득	(15,000,000원)
− 영업경비	(10,000,000원)
순영업소득	(5,000,000원)
− 부채서비스액	(5,000,000원)
= 세전현금수지	(0원)

정답 | ⑤

03 자료를 보고 다음을 각각 계산하시오. (23회)

① 자기자본 800,000,000원 이외에 은행에서 400,000,000원을 대출받았을 경우 부채비율은?
② 순영업소득이 21,000,000원이고, 총투자액이 300,000,000원일 때 종합자본환원율은?
③ 아파트 가격은 400,000,000원이고, 100,000,000원을 대출받았을 경우 자기자본비율은?
④ 지분투자액이 60,000,000원이고, 세전현금지수가 3,000,000원일 때 지분배당률은?
⑤ 부채감당비율 0.5, 순영업소득이 10,000,000원, 부채서비스액은 얼마인가?

해설 | ① 부채비율 = $\frac{\text{부채(400,000,000원)}}{\text{지분(800,000,000원)}}$ = 50%

② 자본환원율 = $\frac{\text{순영업소득(21,000,000원)}}{\text{총투자액(300,000,000원)}}$ = 7%

③ 자기자본비율 = $\dfrac{\text{지분(3억원)}}{\text{부동산가치(4억원)}}$ = 75%

④ 지분배당률 = $\dfrac{\text{세전현금수지(3,000,000원)}}{\text{지분투자액(60,000,000원)}}$ = 5%

⑤ 부채감당률 = $\dfrac{\text{순영업소득(10,000,000원)}}{\text{부채서비스액(20,000,000원)}}$ = 0.5

정답 | ① 50%, ② 7%, ③ 75%, ④ 5%, ⑤ 20,000,000원

04 다음은 부동산회사의 부채비율에 관한 내용이다. ( )에 들어갈 내용으로 옳은 것은? (22회)

구분	A회사	B회사
자본총계	160,000원	200,000원
부채총계	40,000원	200,000원
자산총계	(㉠)	(㉢)
부채비율	(㉡)	(㉣)

해설 | • A회사: 자산(200,000원) = 자본(160,000원) + 부채(40,000원),

부채비율 = $\dfrac{\text{부채(40,000원)}}{\text{자본(160,000원)}}$ = 25%

• B회사: 자산(400,000원) = 자본(200,000원) + 부채(200,000원),

부채비율 = $\dfrac{\text{부채(200,000원)}}{\text{자본(200,000원)}}$ = 100%

정답 | ㉠ (200,000)원, ㉡ (25)%, ㉢ (400,000)원, ㉣ (100)%

05 다음은 임대주택의 1년간 운영실적 자료이다. 가능총소득에 대한 영업경비비율은? (27회)

- 호당 임대료: 연 5백만원
- 공실률: 10%
- 임대가능호수: 60호
- 순영업소득: 연 2억 1천만원

해설 | 영업경비비율 = $\dfrac{\text{영업경비(60,000,000원)}}{\text{가능총소득(300,000,000원)}}$ = 20%

가능총소득	300,000,000원	: (5,000,000원 × 60호)
− 공실 및 불량부채	30,000,000원	: (300,000,000원 × 0.1)
유효총소득	270,000,000원	
− 영업경비	60,000,000원	(×)
순영업소득	210,000,000원	

정답 | 20%

4. 회수기간법

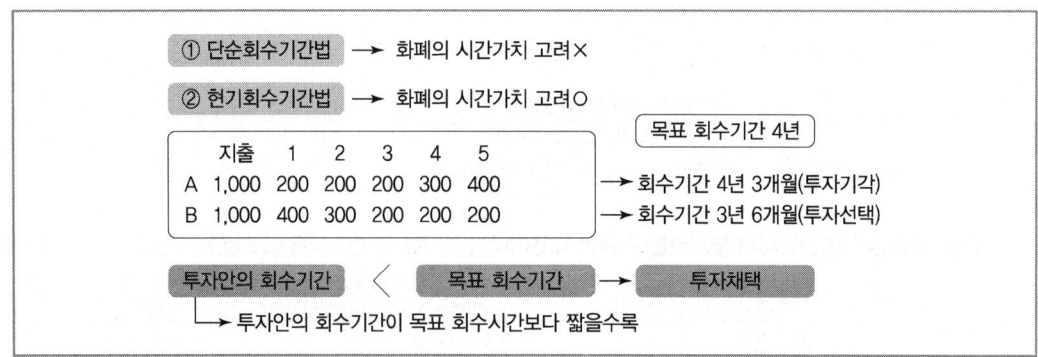

(1) **투자채택** : 투자안의 회수기간<목표 회수기간

(2) 2개 투자대안의 투자금액과 회계적 수익률이 각각 동일한 경우, 사업기간 **초기에 현금유입이 많은 대안**이, 후기에 현금유입이 많은 대안보다 **내부수익률이 높다.**

대표유형문제

01 다음 부동산투자안에 관한 단순회수기간법의 회수기간은? (28회)

기간	1기	2기	3기	4기	5기
초기 투자액 1억원(유출)					
순현금흐름	3,000만원	2,000만원	2,000만원	6,000만원	1,000만원

해설 | 1기 3,000만원, 2기 5,000만원, 3기 7,000만원, 4기에는 3,000만원이 더 필요하므로 6개월만 충족하면 된다. 따라서, 단순회수기간법의 회수기간은 3년 6개월이 된다.
정답 | 3년 6개월

02 단순회수기간법으로 다음 부동산투자안들의 타당성을 분석한 결과 가장 타당한 것은? (단, 현금흐름은 기간 중에 균등하게 발생한다고 가정) (16회)

기간	투자안별 현금흐름(단위: 만원)				
	A	B	C	D	E
현재	-500	-700	-600	-800	-900
1년	100	200	200	200	100
2년	300	300	100	100	200
3년	200	100	300	300	200
4년	100	100	200	400	300
5년	400	300	200	300	100

해설 | 회수기간 A : 2.5년, B : 4년, C : 3년, D : 3.5년, E : 5년
정답 | A

5. 투자결정

① 순현가(NPV)>0
② 기대(내부)수익률>요구수익률
③ 수익성지수(편익비용률, PI)>1
④ 투자가치>시장가치
⑤ 부채감당률>1
⑥ 투자안의 회계이익률>목표 회계이익률
⑦ 투자안의 회수기간<목표 회수기간

> **암기** | **비율분석법**
> 1. 수익성지수와 부채감당률은 모두 1보다 클수록 좋다
> 2. 투자안의 회수기간은 목표 회수기간보다 **작을수록 좋다.** ⇨ **목표가 커야** 한다.

부동산투자분석기법 총정리하기(손이 가요~ 손이 가~)

부동산 투자분석기법	할인현금수지분석법 (DCF법) (화폐의 시간가치를 고려 – 계산문제)	순현가법
		내부수익률법
		수익성지수법
	어림셈법 (화폐의 시간가치를 고려하지 않음 – 공식만)	승수법
		수익률법
	비율분석법 (화폐의 시간가치를 고려하지 않음 – 공식만)	대부비율
		부채비율
		부채감당률
		채무불이행률
		총자산회전율
		영업경비비율

부동산금융론

Chapter 1 부동산금융
Chapter 2 부동산증권

CHAPTER 01 부동산금융

제1절 금융의 의의

1. 부동산금융의 의의

(1) 부동산금융(장기저리, 특수금융)

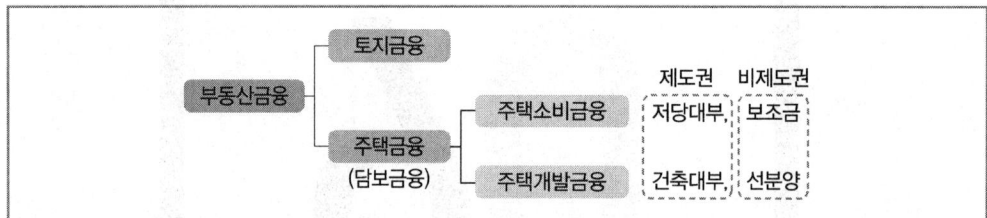

(2) 기능과 원칙

부동산금융의 기능	부동산금융의 원칙
① 주택거래의 활성화	① 자금 확보
② 자가주택의 공급확대	② 금리 책정
③ 주거의 안정	③ 채권 보전
④ 경기의 조절	④ 저당 유동화
⑤ 저축유도, 주택자금조성	

(3) 부동산금융의 분류 (29회, 30회, 31회, 32회)

지분금융	부채금융	메자닌금융
① 신디케이트(Syndicate)	① 저당금융	① 신주인수권부사채(BW)
② 조인트벤처(Joint Venture)	② 신탁금융(담보신탁)	② 전환사채(CB)
③ 부동산투자회사(리츠, REITs)	③ 주택상환사채·회사채발행	③ 후순위대출
④ 공모에 의한 증자	④ 주택저당증권(MBS)	④ 우선주, 교환사채
⑤ 부동산 간접투자 펀드	⑤ 자산유동화증권(ABS)	⑤ 자산매입조건부대출

비교정리	지분	부채	메자닌
	신·조·리·증·펀	저·신·회·M·A	신주, 전환, 후순위, 우선주

비교정리	토지신탁	신탁(증서)금융
	이전, 수익증권, 개발, 수익교부	이전, 수익증권, 담보, 대출

> 암기 | 부동산금융

1. **지분금융**(5) : 신디케이트, 조인트벤처, 리츠, 증자, 펀드 ⇨ (신·조·리·증·펀)
2. **부채금융**(5) : 저당금융, 신탁금융, 주택상환사채(회사채발행), MBS(4), ABS
3. **메자닌금융**(4) : 신주인수권부사채(BW), 전환사채(CB), 후순위대출, 우선주

제2절 고정이자율과 변동이자율 (29회, 30회, 31회, 32회)

1. 융자원금과 융자잔고

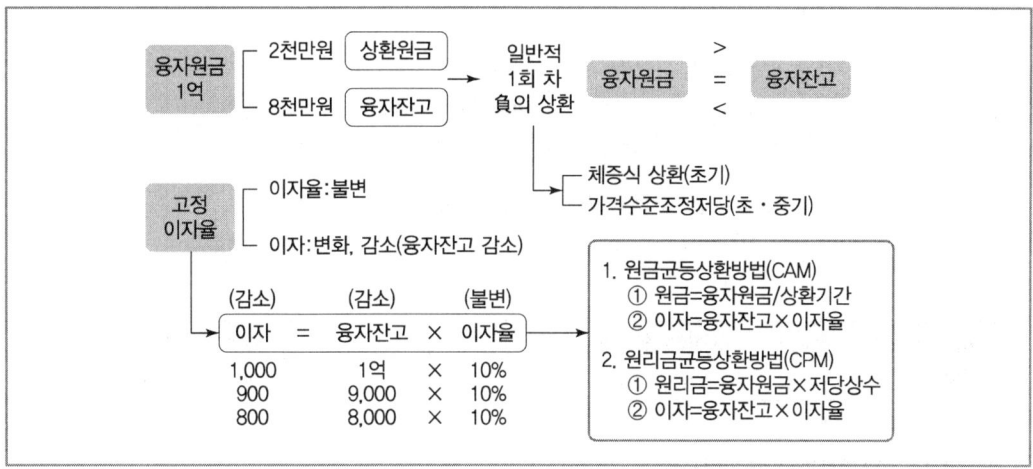

> 암기 | 융자원금과 융자잔고

1. ① 일반적 : 융자원금 > 융자잔고, ② 1회 차 : 융자원금 = 융자잔고, ③ 부의 상환 : 융자원금 < 융자잔고
2. 이자 = 융자잔고 × 이자율
3. 고정이자율의 경우에는 이자율은 불변하나, 이자는 감소한다. ⇨ 융자잔고가 감소하기 때문

2. 고정금리와 변동금리

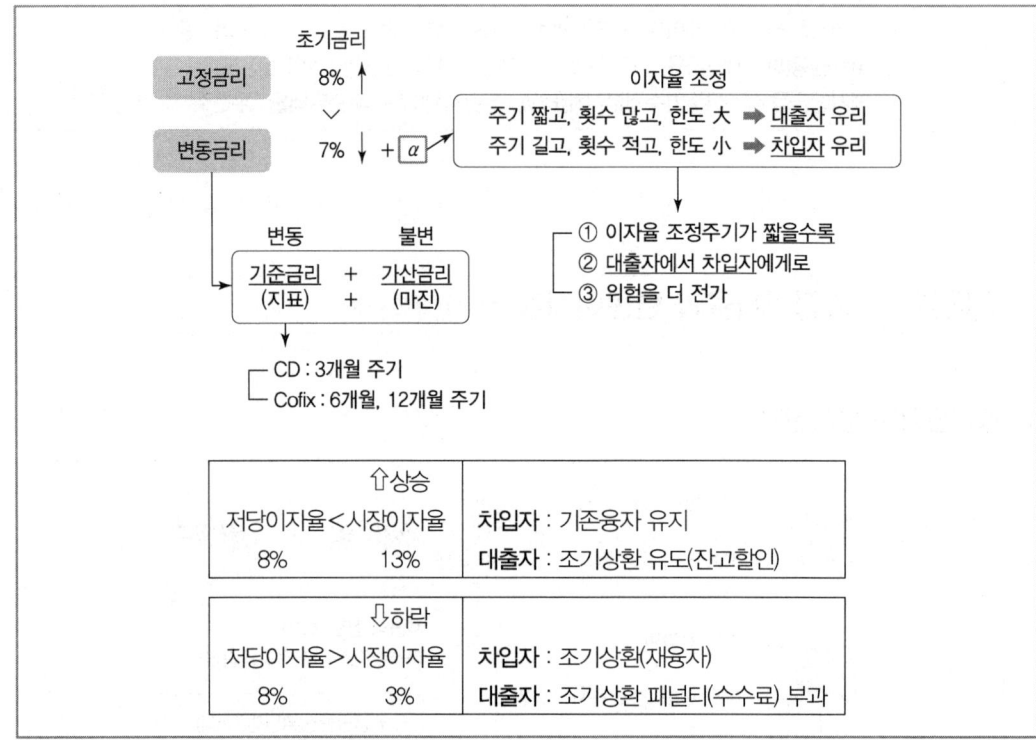

비교 정리	시장이자율 상승	시장이자율 하락
	조기상환 불리	조기상환 유리

> **암기** | **고정이자율과 변동이자율**
>
> 1. 고정금리는 대출시점에서 초기금리가 **높고**, 변동금리는 초기금리가 **낮다**.
> 2. **시장이자율이 상승**(저당이자율<시장이자율) : 차입자 – 기존융자를 **유지**하는 것이 유리
> 3. **시장이자율이 하락**(저당이자율>시장이자율) : 차입자 – 기존융자 **조기상환, 재융자** 유리
> 4. 변동금리 : 기준금리(지표, CD · Cofix, 변동) + 가산금리(마진, 고정)
>   기준금리가 변동해서 금리가 변동하며, 가산금리는 만기까지 고정된다.
>   이자율조정주기가 ① **짧을수록**, ② 대출자에서 **차입자에게로**, 위험이 ③ **더** 전가된다.

3. 담보인정비율과 총부채상환비율(27회, 28회, 30회, 31회, 32회)

> **핵심** | **비율분석법**
>
> 1. 대부비율(LTV) = $\dfrac{\text{부채}}{\text{부동산의 가치}}$
>
> 2. 총부채상환비율(DTI) = $\dfrac{\text{연간 원리금상환액(부채서비스액)}}{\text{연간 소득}}$

$$① \text{ DTI(총부채상환비율)} = \frac{\text{신규주담대원리금} + \text{기타대출이자}}{\text{연간 소득}}$$

$$② \text{ DSR(총부채원리금상환비율)} = \frac{\text{모든 대출 원리금}}{\text{연간 소득}}$$

- 부채 = 연간 소득 × DTI 비율 ÷ 저당상수
- 담보인정비율(LTV)이나 총부채상환비율(DTI)에 대한 구체적인 기준은 금융위원회가 정하는 기준에 의한다.

3. 부채감당률 = $\dfrac{\text{순영업소득}}{\text{부채서비스액}}$

- 부채 = 순영업소득 ÷ 부채감당률 ÷ 저당상수

4. 부채 = $\dfrac{\text{부채서비스액}}{\text{저당상수}}$

비교정리

대부비율(LTV)	총부채상환비율(DTI)
$\dfrac{\text{부채}}{\text{부동산의 가치}}$	$\dfrac{\text{연간 원리금상환액(부채서비스액)}}{\text{연간 소득}}$

대표유형문제

01 주택 시장가치가 3억원, 연소득이 5,000만원, 다른 부채가 없다면, 최대 대출가능금액은? (26회)

- 연간 저당상수 : 0.1
- 담보인정비율(LTV) : 시장가치기준 60%
- 총부채상환비율(DTI) : 40%

해설 | 담보인정비율(LTV) = $\dfrac{\text{부채(X)}}{\text{부동산가치(3억원)}}$ = 60%, 1억 8천만원

총부채상환비율(DTI) = $\dfrac{\text{연간 원리금상환액(X)}}{\text{연간 소득(5,000만원)}}$ = 40%, 부채서비스액은 2,000만원

부채 = $\dfrac{\text{부채서비스액(2,000만원)}}{\text{저당상수(0.1)}}$ = 2억원

정답 | 1억 8천만원

02 A는 연소득이 5,000만원이고 시장가치가 3억원인 주택을 소유하고 있다. 현재 A가 이 주택을 담보로 5,000만원을 대출받고 있을 때, 추가로 대출가능한 최대금액은? (단, 주어진 조건에 한함) (31회)

- 연간 저당상수 : 0.1
- 대출승인기준
  - 담보인정비율(LTV) : 시장가치기준 50% 이하
  - 총부채상환비율(DTI) : 40% 이하
  ※ 두 가지 대출승인기준을 모두 충족하여야 함

① 5,000만원   ② 7,500만원   ③ 1억원
④ 1억 5,000만원   ⑤ 2억원

해설 | 대출가능금액은 1억 5천만원이 되지만, 기존 담보대출이 5천만원이 있으므로, 추가로 1억원의 대출이 가능하다.

담보인정비율(LTV)	총부채상환비율(DTI)
$\dfrac{\text{부채(□)}}{\text{부동산가치(3억원)}} = 50\%$ 대출가능금액(부채) = 1억 5천만원	$\dfrac{\text{연간 원리금상환액(□)}}{\text{연간 소득(5,000만원)}} = 40\%$ 부채서비스액 = 2,000만원 $\dfrac{\text{부채서비스액(2,000만원)}}{\text{저당상수(0.1)}} = 2억원$ 대출가능금액(부채) = 2억원

두 가지 대출승인 기준을 모두 충족하여야 하므로 대출가능금액은 1억 5천만원이 된다.
주의할 점 : 기존 담보대출이 5천만원이 있으므로, 추가로 1억원의 대출이 가능하다.

정답 | ③

03 A가 주택을 담보로 대출을 받고자 할 때 A가 받을 수 있는 최대 대출가능금액은? (19회)

- 대출승인 기준 : 담보인정비율(LTV) 60%, 소득 대비 부채비율(DTI) 40%
- A의 주택의 담보평가가격 : 500,000,000원
- A의 연간 소득 : 60,000,000원
- 사업자금대출 : 연간 12,000,000원 이자상환
- 연간 저당상수 : 0.12

해설 |
- 담보인정비율(LTV) = $\dfrac{\text{부채(X)}}{\text{부동산가치(5억원)}} = 60\%$, 대출가능금액은 3억원

- 총부채상환비율(DTI) = $\dfrac{\text{연간 원리금상환액(X)}}{\text{연간 소득(6,000만원)}} = 40\%$, 부채서비스액은 2,400만원

  전체한도(2,400만원)에서 사업자금대출 상환액(1,200만원)을 차감, 1,200만원

- 부채 = $\dfrac{\text{부채서비스액(1,200만원)}}{\text{저당상수(0.12)}} = 1억원$

정답 | 100,000,000원

04 대출기관에서 부동산의 담보평가시 자산가치와 현금수지를 기준으로 최대 담보대출가능금액을 산정하는 경우, 다음 조건이 명시된 대상부동산의 최대 담보대출가능금액은 각각 얼마인가? (22회)

> ㉠ A는 총부채상환비율(debt to income)이 적용되지 않는 지역에 소재하는 주택매입을 위해 담보인정비율(loan to value) 50%를 적용하여 주택담보대출 2억원을 받으려 할 때, A가 매입하고자 하는 주택의 담보평가가격은 얼마 이상이어야 하나?
> ㉡ 담보인정비율은 적용되지 않으나 총부채상환비율이 40%인 지역에서 연소득 4천만원인 B가 매월 원리금균등분할 상환액 150만원인 주택담보대출을 받으려 할 때, B의 대출가능여부는?

해설 | ㉠ 담보인정비율(LTV) = $\frac{\text{부채(2억원)}}{\text{부동산의 가치}(X)}$ = 50%, 따라서 주택가격은 4억원 이상

㉡ 총부채상환비율(DTI) = $\frac{\text{연간 원리금상환액(1,600만원)}}{\text{연간 소득(4,000만원)}}$ = 40%

매월 원리금상환액은(1,600만원÷12 = 133만원) 133만원을 넘을 수 없으므로, 매월 원리금균등분할상환액 150만원인 주택담보대출은 받을 수 없다.

정답 | ㉠ 4억원, ㉡ 대출 불가능

05 80,000,000원의 기존 주택담보대출이 있는 甲은 A은행에서 추가로 주택담보대출을 받고자 한다. A은행의 대출승인기준이 다음과 같을 때, 甲이 추가로 대출가능한 최대금액은? (23회)

> - 주택의 담보평가가격 : 400,000,000원
> - 연간 저당상수 : 0.1
> - 소득 대비 부채비율(DTI) : 50%
> - 연간 소득 : 40,000,000원
> - 담보인정비율(LTV) : 70%

해설 | · 담보인정비율(LTV) = $\frac{\text{부채(2억 8천만원)}}{\text{부동산의 가치(4억원)}}$ = 70%, 대출가능금액은 2억 8,000만원

· 총부채상환비율(DTI) = $\frac{\text{연간 원리금상환액(2,000만원)}}{\text{연간 소득(4,000만원)}}$ = 50%이므로

대출가능금액은 $\frac{\text{연간 원리금상환액(2,000만원)}}{\text{저당상수(0.1)}}$ = 2억원

· 기존 80,000,000원이 있으므로 추가로 120,000,000원의 대출이 가능하다.

정답 | 120,000,000원

06 A씨는 이미 은행에서 부동산을 담보로 7,000만원을 대출받은 상태이다. A씨가 은행으로부터 추가로 받을 수 있는 최대 담보대출금액은? (단, 주어진 조건에 한함) (28회)

> - 담보 부동산의 시장가치 : 5억원
> - 연소득 : 6,000만원
> - 연간 저당상수 : 0.1
> - 담보인정비율(LTV) : 50%, 총부채상환비율(DTI) : 40%

해설 | · 담보인정비율(LTV) $\frac{\text{부채(?)}}{\text{부동산가치(5억원)}}$ = 50%, 따라서, 대출가능금액 2억 5천만원

· 총부채상환율(DTI) = $\frac{\text{연간 원리금상환액(?)}}{\text{연간 소득(60,000,000)}}$ = 40%, 부채서비스액은 2천 4백만원

- 부채 = $\dfrac{\text{부채서비스액(2,400만원)}}{\text{저당상수(0.1)}}$ = 2억 4천만원

담보인정비율(LTV)과 총부채상환율(DTI) 중 적은 금액은 2억 4천만원이 된다.
기존 대출이 7,000만원이 있으므로 추가로 1억 7,000만원이 가능하다.

정답 | 1억 7,000만원

07 대출기관에서 부동산의 담보평가시 자산가치와 현금수지를 기준으로 최대 담보대출가능금액을 산정하는 경우, 다음 조건이 명시된 대상부동산의 최대 담보대출가능금액은 각각 얼마인가? (21회)

- 대상부동산의 자산가치 : 20억원
- 대부비율 : 60%
- 부채감당률 : 1.5
- 순영업소득 : 1.2억원
- 저당상수 : 0.1

해설 |
- 자산가치 기준 = $\dfrac{\text{부채(12억원)}}{\text{부동산의 가치(20억원)}}$ = 60%, 부채 = 12억원

- 현금수지 기준(부채감당률) = $\dfrac{\text{순영업소득(1.2억원)}}{\text{부채서비스액(8,000만원)}}$ = 1.5

부채서비스액은 8천만원, 융자액은 8억원이 된다.

정답 | 자산가치 기준 = (12억)원, 현금수지 기준 = (8억)원

08 시장가격이 5억원이고 순영업소득이 연 1억원인 상가를 보유하고 있는 A가 추가적으로 받을 수 있는 최대 대출가능금액은? (단, 주어진 조건에 한함) (27회)

- 연간 저당상수 : 0.2
- 상가의 기존 저당대출금 : 1억원
- 담보인정비율(LTV) : 시장가격기준 60% 이하, 부채감당률(DCR) : 2 이상

해설 |
- 담보인정비율(LTV) = $\dfrac{\text{부채(X)}}{\text{부동산의 가치(5억원)}}$ = 60%, 3억원이 된다.

- 부채감당률 = $\dfrac{\text{순영업소득(1억원)}}{\text{부채서비스액(X)}}$ = 2, 부채서비스액 = 5,000만원

- 부채 = $\dfrac{\text{부채서비스액(5,000만원)}}{\text{저당상수(0.2)}}$ = 2억 5천만원, 대출가능액은 2억 5천만원

- 기존대출이 1억원이 있으므로 추가대출이 가능한 금액은 1억 5천만원이 된다.

정답 | 1억 5천만원

제3절 저당의 상환방법 (27회, 28회, 29회, 31회, 32회)

1. 원금균등상환

① **원금 = 융자원금 ÷ 상환기간**
② **이자 = 융자잔고 × 이자율**
③ **원리금 = 원금 + 이자**

✎ 이자 = {융자원금 − (상환원금 × n − 1)} × 이자율

2. 원리금균등상환

① **원리금 = 융자원금 × 저당상수**
② **이자 = 융자잔고 × 이자율**
③ **원금 = 원리금 − 이자**

✎ 1회 차 원금 = 융자원금 × (저당상수 − 이자율)
  2회 차 원금 = 1회 차 원금 × (1 + 이자율)
  3회 차 원금 = 2회 차 원금 × (1 + 이자율)

비교정리	원금균등	원리금균등
	원금 = 융자원금/상환기간	원리금 = 융자원금 × 저당상수
	이자 = 융자잔고 × 이자율	이자 = 융자잔고 × 이자율

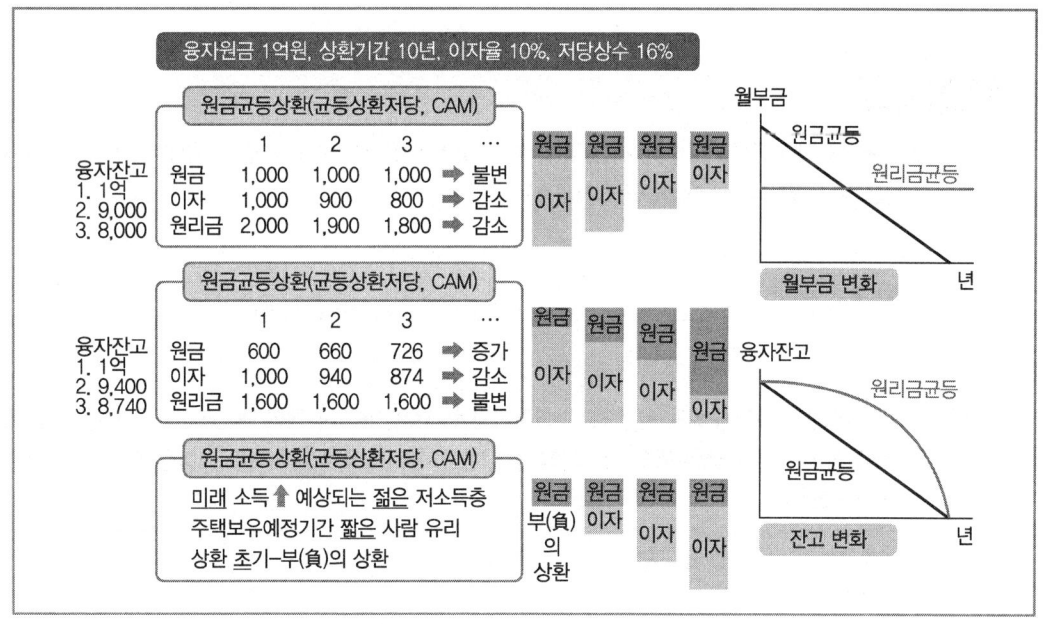

원금균등(CAM)	원리금균등(CPM)	체증식(점증)상환(GPM)
① 원금 불변, 이자 감소, 원리금 감소 ② 초기회수 빠름, 잔금비율 낮음 ③ 기간의 $\frac{1}{2}$ 경과, 원금의 $\frac{1}{2}$ 상환	① 원금 증가, 이자 감소, 원리금 불변 ② 기간의 $\frac{2}{3}$ 경과, 원금의 $\frac{1}{2}$ 상환	① 미래, 젊은, 짧은 유리 ② 초기회수 느림, 잔금비율 높음 ③ 상환초기 ⇨ 부(−)의 상환

비교 정리	원금균등	체증식(점증)
	회수 빠름, 잔금 적음 초기대출비율 ⇧, 중·장년층 유리	회수 느림, 잔금 많음 초기대출비율 ⇩, 젊은 층 유리

(1) 대출 **초기의 상환액** 많은 순서(초기의 **총부채상환비율** 큰 순서)

　　① **원금**균등분할상환방법 > ② **원리금**균등분할상환방법 > ③ **체증식** 분할상환방법

(2) 대출기간 중 중도상환시 **융자잔금** 많은 순서(**총이자납부액, 누적원리금상환액** 큰 순서)

　　① **체증식** 분할상환방법 > ② **원리금**균등분할상환방법 > ③ **원금**균등분할상환방법

> **암기** | **상환방법**
>
> 1. 원금균등 : 현재소득이 많고 미래 소득이 감소할 것으로 예측되는 **중장년층**에게 유리
> 2. 체증식 상환 : 미래 소득이 증가될 것으로 예측되는 **젊은** 층, 주택보유예정기간은 **짧은** 사람에 유리
> 3. 융자잔액(조기상환시 상환액) : 원금균등상환 ⇩, 체증식 상환 ⇧
> 4. 원금균등은 기간의 $\frac{1}{2}$ 경과, 원금의 $\frac{1}{2}$ 상환, 원리금균등은 기간의 $\frac{2}{3}$ 경과, 원금의 $\frac{1}{2}$ 상환
> 5. 원금균등과 원리금균등은 둘 다 만기로 갈수록 이자가 감소(공통점)

대표유형문제

01 주택구입을 위해 은행으로부터 2억원을 대출 받았다. 대출금리(5%), 대출기간(20년), 원금균등상환 조건일 경우 2회차에 상환해야 할 원리금은? (26회)

　해설 | 2회차 원리금 = 원금(1,000만원) + 이자(950만원) = 1,950만원
　　　　　• 2회차 원금 = 융자원금(2억원)/상환기간(20년) = 1,000만원
　　　　　• 2회차 이자 = 융자잔고{2억원 − (1,000만원 × 1년)} × 이자율(5%) = 950만원
　정답 | 1,950만원

02 A씨는 주택을 구입하기 위해 은행으로부터 5억원을 대출받았다. 은행의 대출조건이 다음과 같을 때, 9회차에 상환할 원리금상환액과 13회차에 납부하는 이자납부액을 순서대로 나열한 것은? (단, 주어진 조건에 한함) (28회)

　• 대출금리 : 고정금리, 연 5%
　• 대출기간 : 20년
　• 원리금상환 조건 : 원금균등상환이고, 연단위 매 기말 상환

해설 | 1. 9회차 원리금 = 원금(2,500만원) + 이자(1,500만원) = 4,000만원
- 원금 = 융자원금(5억원)/상환기간(20년) = 2,500만원
- 이자 = {5억원 – (2,500만원×12년)}×이자율(5%) = 1,000만원
2. 13회차 이자 = {5억원 – (2,500만원×12년)}×이자율(5%) = 1,000만원

정답 | 9회차에 상환할 원리금상환액은 4,000만원, 13회차에 납부하는 이자납부액은 1,000만원이 된다.

03 A씨는 8억원의 아파트를 구입하기 위해 은행으로부터 4억원을 대출받았다. 은행의 대출조건이 다음과 같을 때, A씨가 2회차에 상환할 원금과 3회차에 납부할 이자액을 순서대로 나열한 것은? (29회)

- 대출금리 : 고정금리, 연 6%
- 대출기간 : 20년
- 저당상수 : 0.087
- 원리금상환 조건 : 원리금균등상환방식, 연단위 매 기간 말 상환

해설 |

구분	1회차	2회차	3회차
원금	10,800,000원 4억원×0.027(0.087–0.06)	11,448,000원 10,800,000원×1.06	12,134,880원 10,800,000원×1.06×1.06
이자	24,000,000원 4억원×0.06	23,352,000원 24,800,000원 – 11,448,000원	22,665,120원 24,800,000원 – 12,134,880원
원리금	34,800,000원 4억원×0.087	34,800,000원 4억원×0.087	34,800,000원 4억원×0.087

정답 | 11,448,000원, 22,665,120원

04 A는 아파트를 구입하기 위해 은행으로부터 연초에 4억원을 대출받았다. A가 받은 대출의 조건이 다음과 같을 때, 대출금리(㉠)와 2회차에 상환할 원금(㉡)은? (단, 주어진 조건에 한함) (31회)

- 대출금리 : 고정금리
- 대출기간 : 20년
- 연간 저당상수 : 0.09
- 1회차 원금 상환액 : 1,000만원
- 원리금상환 조건 : 원리금균등상환방식, 매년 말 연단위 상환

해설 | ㉠ 1회차 이자(26,000,000원) = 융자잔고(4억원)×대출금리(㉠). 따라서, 대출금리는 6.5%가 된다.
㉡ 2회차 원금(1,065만원) = 1회차 원금(1,000만원)×1.065(1 + 0.065)

구분	1회차	2회차
원금	10,000,000원	10,650,000원
이자	26,000,000원	25,350,000원
원리금	36,000,000원	36,000,000원

공식 원리금균등상환 2회차 원금상환액 = 1회차 상환원금×(1 + r)

정답 | ㉠ 대출금리는 6.5%, ㉡ 2회차 상환할 원금 1,065만원

05 A는 주택구입을 위해 연초에 6억원을 대출받았다. A가 받은 대출조건이 다음과 같을 때, (㉠) 대출금리와 3회차에 상환할 (㉡) 원리금은? (단, 주어진 조건에 한함) (32회)

- 대출금리 : 고정금리
- 대출기간 : 30년
- 원리금상환 조건 : 원금균등상환방식, 매년 말 연단위로 상환
- 1회차 원리금상환액 : 4,400만원

해설 | ㉠ 1회차 융자잔고(6억원)×이자율(□) = 1회차 이자(2,400만원) ⇨ □ = 4%
㉡ 3회차 상환할 원리금 : 원금(2,000만원) + 이자(2,240만원) = 4,240만원
  • 원금 = 융자원금(6억원)÷상환기간(30년) = 2,000만원
  • 이자 = 융자잔고{6억원 − (2,000만원×2)}×이자율(4%) = 2,240만원

구분	1회차	2회차	3회차
원금	20,000,000원	20,000,000원	20,000,000원
이자	24,000,000원	23,200,000원	22,400,000원
원리금	44,000,000원	43,200,000원	42,400,000원

정답 | ㉠ 대출금리 4% ㉡ 3회차 상환할 원리금 4,240만원

제4절 | 한국주택금융공사(32회)

1. 한국주택금융공사(HF)

(1) 한국주택금융공사의 업무

① **유동화증권(MBS, MBB) 발행** : 금융기관으로부터 주택저당채권을 양도받아 이를 기초로 유동화증권(MBS, MBB) 발행, 투자자들에게 판매함으로써 채권시장으로부터 장기저리의 자금을 안정적으로 조달하여 대출재원을 획기적으로 확충

② **보금자리론과 적격대출 공급** : 무주택자가 금리변동 위험 없이 안정적인 대출금 상환이 가능한 10년 이상 장기고정금리 원리금 분할상환 방식의 모기지론인 보금자리론과 적격대출 공급

③ **주택연금 보증** : 만 55세 이상의 노인층을 대상으로 보유하고 있는 주택을 담보로 금융기관으로부터의 종신연금 수령을 보장하는 주택연금 업무를 수행함으로써 노후복지향상에 기여

④ **주택보증공급** : 국민들의 주거안정을 위해 금융기관으로부터의 전세자금대출 및 아파트중도금 대출에 대한 보증서를 발급해 오고 있으며, 주택건설사업자를 대상으로 하는 아파트 건설자금 대출에 대한 주택보증 지원

(2) 저당(Mortgage)과 역저당(Reverse Mortgage)

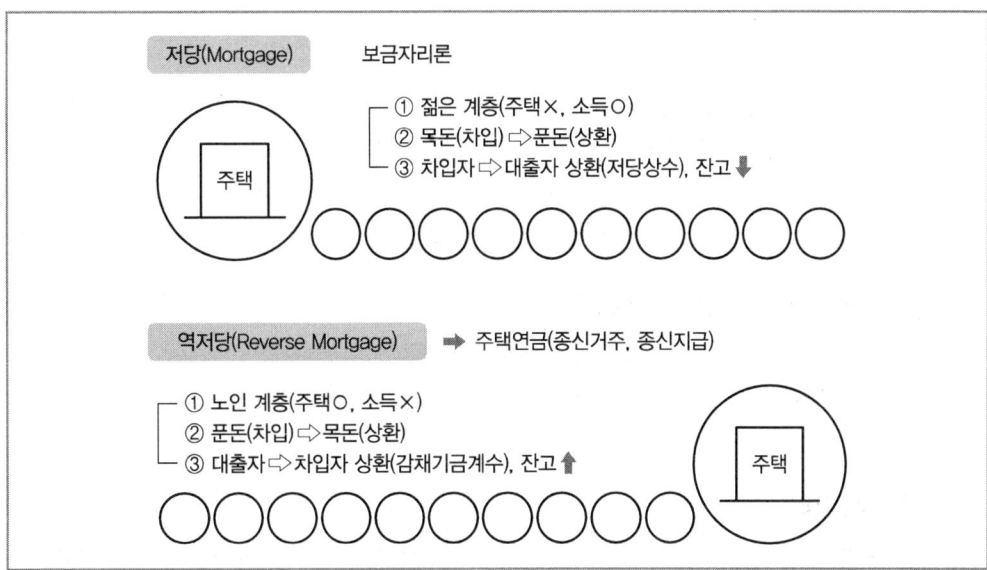

2. 주택연금(역모기지론, 주택담보노후연금)(28회, 31회)

(1) 주택연금(종신방식)

① **자격**

주택소유자 또는 배우자가 만55세 이상, 부부 기준 **1주택자** 또는 **다주택자(12억원** 이하)

㉠ 의사능력 및 행위능력이 있어야 주택연금 가입 가능(단, 보호자는 성년후견제도를 이용할 수 있음)

㉡ 상기 외 2주택자는 3년 이내 1주택 처분조건으로 가입 가능

② **대상주택**

공시가격 12억원 이하의 주택 및 지방자치단체에 신고된 **노인복지주택, 주거용 오피스텔**

✎ 상가 등 복합용도주택은 전체 면적 중 **주택이 차지하는 면적이 1/2 이상**인 경우 가입 가능

③ **거주요건**

주택연금 가입주택을 가입자 또는 배우자가 실제 거주지로 이용하고 있어야 함

✎ 해당 주택을 전세 또는 월세로 주고 있는 경우 가입 불가(단, 부부 중 한 명이 거주하며 보증금 없이 주택의 일부만을 월세로 주고 있는 경우 가입 가능)

④ **지급방식**

㉠ **종신지급방식 : 인출한도 설정 없이** 월지급금을 종신토록 지급받는 방식

㉡ **종신혼합방식 : 인출한도(50% 이내) 설정 후** 나머지 부분을 월지급금으로 종신토록 지급받는 방식

⑤ 지급정지사유
  ㉠ **부부 모두 사망하는 경우** : 가입자만 사망하는 경우에는 배우자가 채무인수 후 계속 이용 가능
  ㉡ **주택 소유권을 상실하는 경우** : 매각, 양도로 소유권 이전, 화재 등으로 주택 소실 등
  ㉢ **장기 미거주의 경우** : 부부 모두 **1년 이상** 미거주하는 경우
  ㉣ 처분조건약정 미이행 및 주택의 용도 외 사용(일시적 2주택자로 3년 내 주택 미처분 등)
  ✎ 이용 도중에 이혼 또는 재혼을 한 경우 이혼 또는 재혼한 배우자는 주택연금을 받을 수 없음

⑥ 가입비(초기보증료) 및 연보증료
  ㉠ 초기보증료(1.5%), 최초 연금지급일에 납부
  ㉡ 연보증료(잔액 0.75%), 매월 납부, 금융기관이 가입자 부담으로 공사에 납부, 대출 잔액에 가산

⑦ 적용금리
  변동금리(기준금리+가산금리), 이자는 매월 대출잔액에 가산(**조기상환 수수료 無**)

⑧ 상환
  ㉠ 잉여금 발생(주택가격＞대출금) : 상속인에게 **배당**교부
  ㉡ 부족분 발생(주택가격＜대출금) : 상속인 및 다른 재산에 **청구 불가**

3. 주택연금(확정기간방식)

(1) 의의

고객이 선택한 **일정 기간**(10년, 15년, 20년, 25년, 30년) 동안만 월지급금을 지급받는 방식, 반드시 대출한도의 5%에 해당하는 금액은 인출한도로 설정

(2) 신청자격

주택 소유자가 또는 배우자 만 55세 이상인 자 중 **연소자가 만 55세~74세**

(3) 대상주택

공시가격 9억원 이하의 주택(확정기간방식은 **노인복지주택 제외**)

CHAPTER 02 부동산증권

제1절 │ 저당의 유동화 (27회, 30회, 32회)

1. 저당의 유동화

(1) 의의

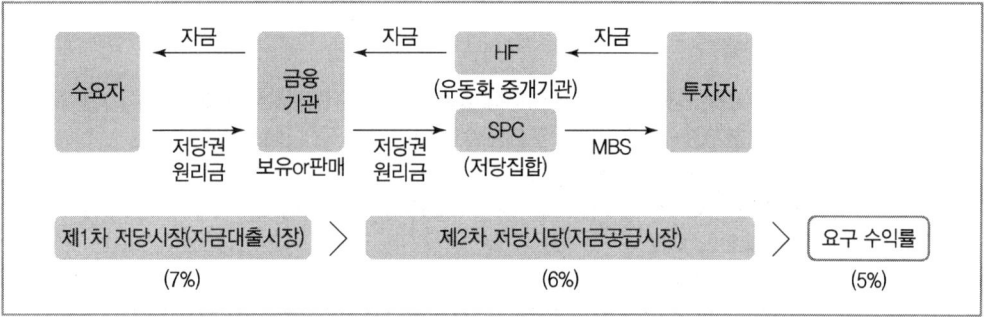

1차 저당시장[주택자금 대출시장]	2차 저당시장[주택자금 공급시장]
① 수요자-금융기관(저당권 형성, 설정)	① 대출기관-투자자(저당의 유동화 결정적 역할)
② 1차 대출기관의 저당채권 보유 or 유동화	② 2차 저당시장은 차입자와 아무런 관계가 없다.

비교 정리	1차	2차
	수요자-금융기관, 저당 형성	대출기관-투자자, 저당 유동화

> **참고** │ 저당유동화의 전제조건
> 1. 1차 시장(주택시장) 금리 > 2차 시장(자본시장) 금리
> 2. 저당수익률 > 요구수익률

(2) 기능 및 효과

저당유동화의 기능
① 부동산금융 활성화에 간접적, 장기적 기여
② 대출자 한정된 재원으로 많은 차입자에 자금공급
③ 자본시장 침체시 자본흐름 왜곡을 방지
④ 단기자금을 장기자금으로 대체하는 효과
⑤ 투자자에게 자산포트폴리오 선택 대안 제공

주체	기대효과
수요자	차입기회 확대, 소자본으로 주택구입 가능, 자가주택공급 확대
금융기관	대출여력 확대, 자기자본비율 상승, 유동성 증가, 유동성위험 감소
투자자	안정적 수입(지급보증), 포트폴리오 선택 폭 확대
국가정책	주택보급률 확대, 주택 사고의 전환(소유 ⇨ 이용)

> **암기 저당의 유동화**
> 1. 1차 : 수요자 - 금융기관, 저당권 형성(설정), 대출자의 유동화는 임의적(필수적 ×)
> 2. 2차 : 대출기관 - 투자자, 저당권 유동화(매매), 1차와 직접 관련 없음
>   ⇨ 저당의 유동화에 결정적 역할
> 3. 유동화의 전제조건 ⇨ 1차(7%)>2차=저당(6%)>요구(5%)
> 4. 저당유동화의 효과
>   ① 간접적, 장기적 효과(직접적 ×, 단기적 ×)
>   ② 한정된 재원으로 많은 차입자에게 자금 공급(많은 재원 ×, 한정된 차입자 ×)
>   ③ 다른 자본시장 침체시 자금흐름의 왜곡을 방지(다른 자본시장 활황 ×)
>   ④ 금융기관입장 : 대출여력 확대, 자기자본비율 상승, 유동성 증가, 유동성위험 감소 ⇨ 좋다.

2. 저당담보증권(MBS) (27회, 28회, 32회)

(1) 부동산 증권

구분		저당권	원리금수취권	위험부담	콜방어	초과담보	수명	수익
지분형 MBS	⇨ MPTS	투자자	투자자	투자자	불가능	불필요(×)	단기	높음
채권형 MBS	⇨ MBB	발행자	발행자	발행자	가능	필요(○)	장기	낮음
혼합형 MBS	⇨ MPTS	발행자	투자자	투자자	불가능	필요(△)	중기	중간
	⇨ CMO	발행자	투자자	투자자	가능 (장기)	필요(△)	중기	중간

(2) 지분투자와 채권투자

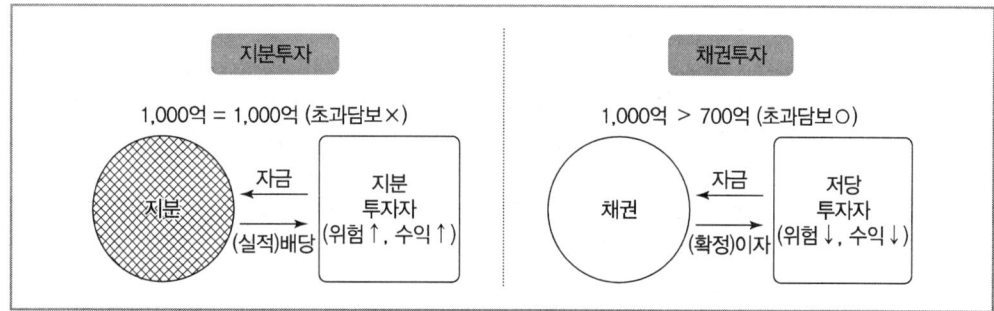

(3) MPTS와 MBB

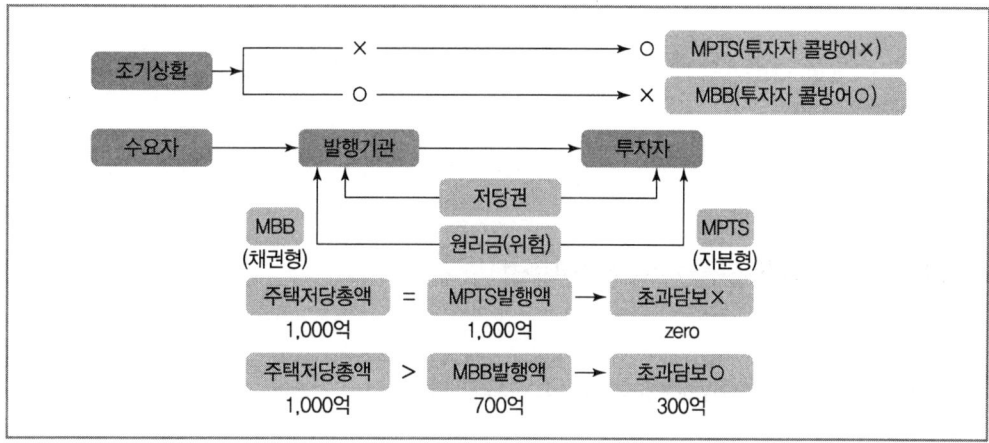

(4) MPTB와 CMO

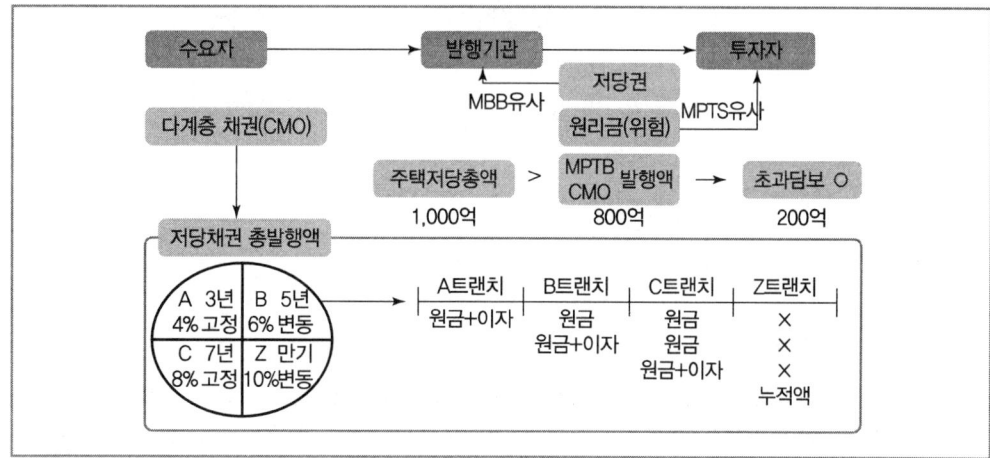

비교 정리	MPTS	MBB	MPTB, CMO
	투·투·투·×·×	발·발·발·○·○	발·투·투·×·△

> **암기** 주택저당증권(MBS)의 종류
>
> 1. 이체증권(MPTS) : 지분형 MBS ⇨ 투·투·투·×·×, 위험수익 ⇧, 수명 ⇩
>   ① 저당권, 원리금수취권, 위험부담 **투자자**에게 이전, 투자자 **콜방어 불가능**
>   ② 초과담보 **없음**(주택저당채권총액=MPTS발행액), 위험과 수익 **높음**, 수명 단기, **매월** 단위 이체
> 2. 주택저당채권 담보부채권(MBB) : 채권형 MBS ⇨ 발·발·발·○·○, 위험수익 ⇩, 수명 ⇧
>   ① 저당권, 원리금수취권, 위험부담 **발행자** 보유, 투자자 **콜방어 가능**
>   ② 초과담보 **있음**(주택저당채권총액>MBB발행액), 위험과 수익 **낮음**, 수명 장기, **6월** 단위 이체
> 3. 저당대출자동이체채권(MPTB), 다계층저당증권(CMO) : 혼합형 MBS ⇨ 발·투·투·×·△, 위험 수익 중간, 수명 중간
>   ① 저당권 **발행자** 보유, 원리금수취권과 위험부담 **투자자**에게 이전, 투자자 **콜방어 곤란**
>   ② 초과담보 **있음**(주택저당채권총액>MPTB발행액), 위험과 수익 **중간**, 수명 **중간**, **3월** 단위 이체
>   ③ CMO는 트랜치별로 **상이한** 만기와 이자율 적용, 트랜치별 고정 또는 변동이자율 **선택적**으로 적용
>   ④ CMO의 경우에는 **장기투자자들이 원하는 콜방어를 실현**시킬 수 있다.

제2절 부동산금융의 동원방법(27회, 28회, 29회, 30회)

1. 부동산 신디케이트(Syndicate)와 조인트벤처(28회)

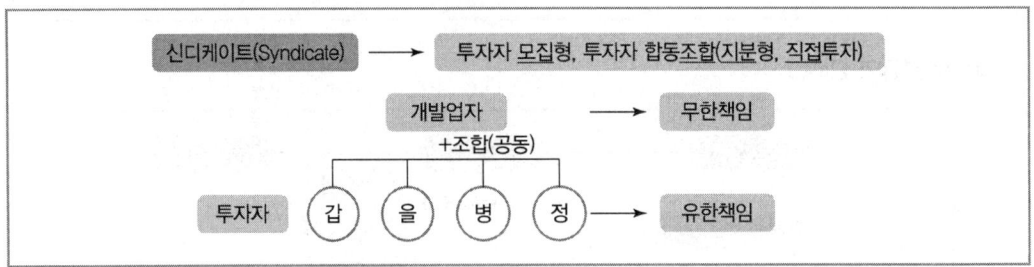

비교 정리	신디	조인트	REITs
	지분, 직접, 다수	지분, 직접, 소수	지분, 간접, 다수

> **암기** 지분투자방식
>
> 1. 신디케이트 : **지분**투자, **직접**투자, 개발업자+**다수**의 소액투자자(일반투자자)
> 2. 조인트벤처 : **지분**투자, **직접**투자, 개발업자+**다수**의 고액투자자(금융기관, 기관투자자)
> 3. 리츠(REITs) : **지분**투자, **간접**투자

2. 프로젝트 파이낸싱(PF ; Project Financing)(27회, 29회, 30회)

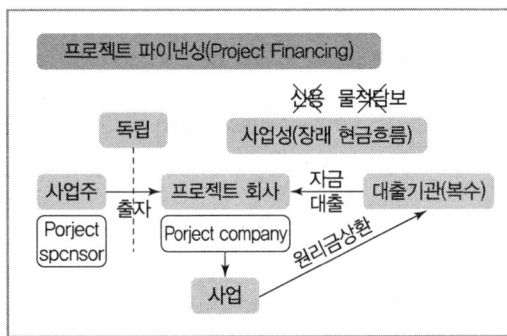

① 사업성, 장래현금흐름 근거 차입(부동산 담보 ×, 신용 ×)
② 비(제한)소구 금융 : 모기업 상환청구 ×
③ 부외금융 : 차입자(사업주) 입장 채무수용 능력 제고
④ 수익 ⇧, 위험 ⇧(금융부실의 원인)
⑤ 대규모 사업, 여러 주체 참여, 보증(보험) 통한 위험 감소
⑥ 정보 비대칭성문제 감소(정보의 대칭성)

> 암기 프로젝트 금융
> 1. 사업성, 미래 발생할 현금흐름 · 사업자체의 자산에 근거하여 자금 조달(부동산담보 ×, 신용 ×)
> 2. 비소구 금융 또는 제한소구금융(소구금융 ×, 모기업에 상환청구할 수 있다 ×) ⇨ 금융기관 부실, 채권회수 곤란
> 3. 프로젝트 금융의 자금은 건설회사로부터 별도 독립된(위탁, 에스크로우) 계정으로 관리(자체계좌 직접 ×)
> 4. 부외금융효과 : 재무상태표 부채표시 ×, 차입자(사업자) 입장 장점(금융기관 · 대출자 장점 ×)
> 5. 위험 大, 수익 大, 위험 감소방안(보증 · 보험, 다양한 주체 참여)
> 6. 정보의 대칭성 : 정보의 비대칭성문제 감소(정보의 비대칭성 ×, 정보의 비대칭성문제 증가 ×)

3. 부동산투자회사(리츠, REITs)(27회, 29회, 30회)

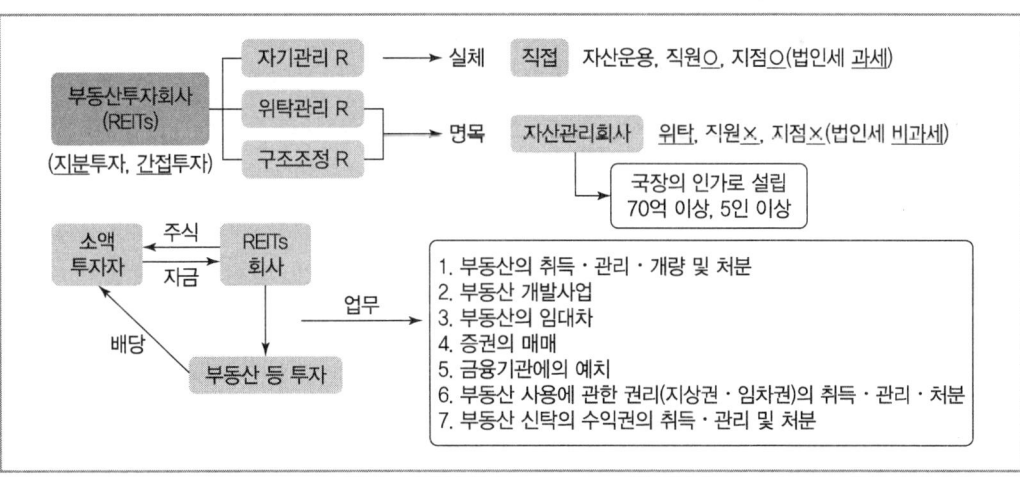

① **자본금** : 발기성립 5억(3억), 국장 영업인가 또는 등록 후 6개월 내 70억(50억)
② **현물출자** : 국장 영업인가 또는 등록 후 가능
③ **배당** : 자기(50%), 위탁(90%), 구조조정(90%)
④ **자산구성** : 부동산 · 증권 · 현금(80%), 부동산(70%)

⑤ **차입·사채발행** : 2배(특별결의시 10배)
⑥ **주식공모** : 국장 **영업인가 또는 등록 후 2년 내** 자기(30%), 위탁(30%), 구조조정(제한 없음)
⑦ **1인당 소유한도** : 자기(50%), 위탁(50%), 구조조정(제한 없음)

비교 정리	자기	위탁·구조
	실체, 직원·지점 ○, 5억, 70억	명목, 직원·지점 ×, 3억, 50억

>> 암기 「부동산투자회사(REITs)법」

1. 자기관리 부동산투자회사는 그 설립등기일부터 **10일 이내**에 대통령령으로 정하는 바에 따라 설립 보고서를 작성하여 국토교통부장관에게 제출하여야 한다.
2. 감정평가사 또는 공인중개사로서 해당 분야에 **5년 이상** 종사한 사람은 자기관리 부동산투자회사의 상근 자산운용 전문인력이 될 수 있다.
3. 자기관리 부동산투자회사 및 자산관리회사는 법령을 준수하고 자산운용을 건전하게 하며 주주를 보호하기 위하여 임직원이 따라야 할 기본적인 절차와 기준인 **내부통제기준**을 제정하여 시행하여야 한다.
4. 부동산투자회사는 부동산 등 자산의 운용에 관하여 회계처리를 할 때에는 **금융위원회**가 정하는 회계처리기준에 따라야 한다.
5. 부동산투자회사는 다른 회사의 의결권 있는 발행주식의 **100분의 10**을 초과하여 취득하여서는 아니 된다.
6. 자산관리회사를 설립하려는 자는 자본금 **70억원** 이상, 자산운용 전문인력 **5인**을 상근으로 두고 국토교통부장관의 **인가**를 받아야 한다.
7. 부동산투자자문회사는 자본금 **10억원** 이상, 자산운용 전문인력 **3인**을 상근으로 두고 국토교통부장관에게 **등록**하여야 한다.

[부동산투자회사의 종류]

구분	자기관리리츠(실체상회사)	위탁관리리츠(명목)	기업구조조정리츠(명목)
운용기관	내부조직(상근 임직원)	자산관리회사에 업무를 위탁(비상근)	
전문인력	영업인가시 3인 영업인가 후 6개월 후 5인	없음 **자산관리회사**: 5인, 자본금 70억원, 국장인가 설립	
투자부동산	모든 부동산	모든 부동산	기업구조조정 관련 부동산
설립자본금 최저자본금	발기설립시 5억 영업인가·등록 후 6개월 내 70억	발기설립시 3억 영업인가·등록 후 6개월 내 50억	
현물출자	설립시 불가능 영업인가·등록 후 가능	좌동	
차입과 사채	자기자본 2배, 특별결의 10배까지 可	좌동	
배당	50% 이상 (이익준비금 적립 가능)	90% 이상(초과배당 가능)	
주식공모	영업인가 후 2년 내 100분의 30을 일반인에게 청약	등록 후 2년 내 100분의 30을 일반인에게 청약	의무사항 아님
1인소유한도	100분의 50을 초과하지 못함	100분의 50을 초과 못함	제한 없음
처분제한	비주택(1년), 주택(1년)	좌동	제한 없음
자산구성	부동산, 증권, 현금 100분의 80 이상 부동산 100분의 70 이상	좌동	제한 없음 (부동산 70%)
취득세	50% 감면	50% 감면	50% 감면
법인세	공제혜택 없음(실체회사)	90% 이상 배당할 때 **공제 혜택**(명목회사)	

MEMO

부동산개발 및 관리론, 마케팅

Chapter 1 부동산개발
Chapter 2 부동산관리
Chapter 3 부동산마케팅

CHAPTER 01 부동산개발

제1절 | 부동산개발의 의의

1. 부동산개발의 의의

> 「부동산개발업의 관리 및 육성에 관한 법률」 제2조 【정의】
> 1. 부동산개발이란 다음 각 목의 어느 하나에 해당하는 행위를 말한다. 다만, 시공을 담당하는 행위를 제외한다.
>   가. 토지를 건설공사의 수행 또는 형질변경의 방법으로 조성하는 행위
>   나. 건축물을 건축·대수선·리모델링 또는 용도변경하거나 공작물을 설치하는 행위
> 2. 부동산개발업이란 타인에게 공급할 목적으로 부동산개발을 수행하는 업을 말한다.

(1) 의의
인간에게 생활·작업·쇼핑·레저 등의 공간을 제공함을 목적으로 토지를 개량하는 활동

(2) 주체
공적주체(1섹터, 국가·지자체·공사), **사적주체**(2섹터, 개인·기업·조합), **제3섹터**(공동주체, 민관 합동개발사업)

2. 부동산개발의 과정

개발의 5단계	개발의 7단계
① 계획단계 ② 협의단계 ③ 계획인가단계 ④ 시행단계 ⑤ 처분단계	① 구상단계(아이디어단계) ② 예비적타당성 분석단계 – 개략적 ③ 부지매입단계 ④ 실행가능성 분석단계(타당성분석단계) – 구체적 ⑤ 금융단계 ⑥ 건설단계 ⑦ 마케팅단계(매도, 임대 – 초기)

비교 정리	5단계	7단계
	계·협·인·시·처	아·예·부·타·금·건·마

> 암기 | 부동산개발의 과정

1. 개발의 5단계 : 계획(협의, 인가), 시행, 처분
2. 개발의 7단계는 구상(아이디어)으로 시작해서 금융, 건설, 마케팅으로 끝남
3. 중간의 3단계는 부지매입을 기점으로 하여 부지매입 전에는 전실행(예비적 타당성 – 개략적), 부지매입 이후에는 실행(타당성 – 구체적)분석
4. 마케팅의 임대활동은 개발의 초기단계부터 실시하여 중요(정박)임차인을 사전확보(중반단계 ×)

3. 부동산개발의 위험(법·시·비) (27회, 28회, 31회, 32회)

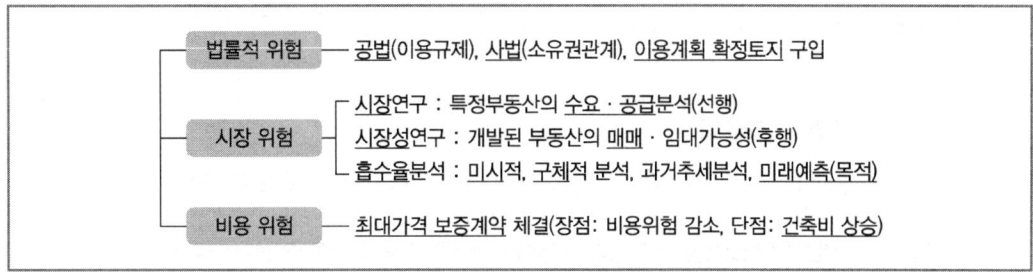

비교정리	법	시	비
	이용계획 확정	시장, 시장성, 흡수율	최대가격보증계약

🖎 시행사(시공사)의 위험

1. 스스로 관리할 수 있는 위험 : 부실공사 하자에 따른 책임 위험
2. 스스로 관리할 수 없는 위험 : 매장문화재 출토로 인한 사업 위험, 거시적 시장환경의 변화위험, 사업지 주변 사회간접자본시설 확충의 지연 위험, 행정의 변화에 의한 사업 인·허가 지연 위험

> 암기 | 부동산개발의 위험(법·시·비)

1. 부동산개발의 위험 : ① 법률적 위험, ② 시장 위험, ③ 비용위험
2. 법률적 위험 : 공법적 위험 vs 사법적 위험, 최소화 위해 이용계획이 확정된 토지 구입
3. 수요와 공급을 분석하는 시장연구를 선행하고, 매매가능성을 분석하는 시장성연구를 후행함
4. 흡수율분석의 목적은 미래 예측(과거, 현재 추세파악 ×)

4. 부동산개발의 타당성분석(27회)

① 지역경제분석	대상지역 모든 부동산, 거시적 분석	선행/시장분석	① 정보제공, 시장에서의 채택가능성, 제약조건분석
② 시장분석	특정 부동산, 수요와 공급곡선		② 용도·부지결정, 투자자 위해, 해로운 or 기존개발사업
③ 시장성분석	개발부동산, 매매 가능성 조사		③ 지역분석, 근린분석, 부지분석, 수요분석, 공급분석
⇩		⇩	
④ 타당성분석	수익성	후행/경제성분석	① 수익성 평가, 최종적인 투자 결정
⑤ 투자분석	최종의사결정		② 세전·세후현금수지, 부지분석, 수요분석, 공급분석

> **암기** **부동산개발의 타당성분석**
>
> 1. ① 지역경제, ② 시장, ③ 시장성분석은 시장분석에 포함, ④ 타당성, ⑤ 투자분석은 **경제성분석**에 포함
> 2. 시장분석 : 정보제공, 제약조건, 시장에서의 채택가능성분석(수익성 ×, 투자결정 ×)
> 3. 경제성분석 : 수익성, 최종투자결정에 관한 분석(정보 ×, 제약조건 ×, 시장채택가능성 ×)

제2절 | 부동산개발의 유형과 개발방식의 유형

1. 부동산개발의 유형 – 재개발(30회)

(1) 재개발 분류

	1. 시행방법에 따른 분류	2. 법상 분류
소극적 ↓ 적극적	① 보전재개발 : 사전, 방지 ② 수복재개발 : 노후 요인만 제거 　(현재 대부분 시설 보전) ③ 개량재개발 : 확장, 개선, 첨가 ④ 철거재개발 : 완전제거, 대체	① 주거환경개선사업 : 극히 열악, 과도밀집, 단독·다세대 ② 재개발사업 : 열악, 밀집, 상업·공업지역 ③ 재건축사업 : 양호, 공동주택

비교 정리	보전	수복
	사전 방지	보전, 노후요인제거
	제거대상 ×	제거대상 O

> 「도시 및 주거환경정비법」 제2조【정의】
> 2. "정비사업"이라 함은 도시기능을 회복하기 위하여 정비구역에서 정비기반시설을 정비하거나 주택 등 건축물을 개량하거나 건설하는 사업을 말한다.
>   가. **주거환경개선사업** : 도시저소득 주민이 집단거주하는 지역으로서 정비기반시설이 극히 열악하고 노후·불량건축물이 과도하게 밀집한 지역의 주거환경을 개선하거나 **단독주택 및 다세대주택이 밀집한 지역**에서 **정비기반시설과 공동이용시설** 확충을 통하여 **주거환경을 보전·정비·개량**하기 위한 사업
>   나. **재개발사업** : 정비기반시설이 열악하고 노후·불량건축물이 **밀집한 지역**에서 주거환경을 개선하거나 상업지역·공업지역 등에서 **도시기능의 회복 및 상권활성화** 등을 위하여 **도시환경을 개선**하기 위한 사업
>   다. **재건축사업** : 정비기반시설은 양호하나 노후·불량건축물에 해당하는 **공동주택이 밀집한 지역**에서 **주거환경을 개선**하기 위한 사업

> » 암기 | 재개발의 분류
> 1. 보전재개발 vs 수복재개발
> 2. 「도시 및 주거환경정비법」상 주거환경개선사업 vs 재개발사업 vs 재건축사업

2. 부동산개발방식의 유형(용지취득방식)(27회, 30회, 31회, 32회)

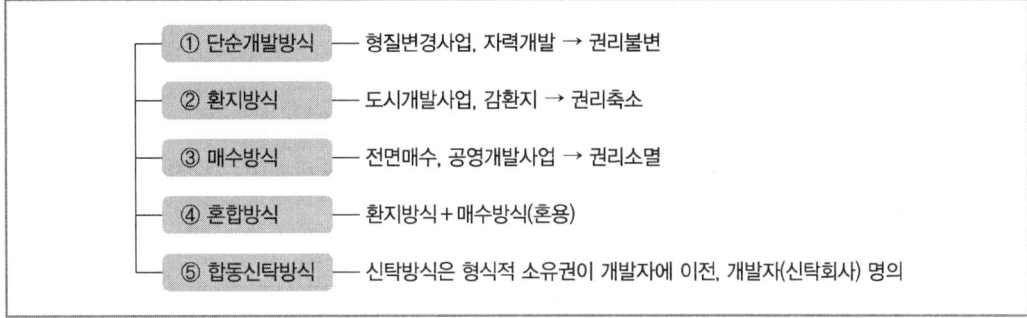

> 「도시개발법」 제2조【정의】
> 2. "도시개발사업"이란 도시개발구역에서 주거, 상업, 산업, 유통, 정보통신, 생태, 문화, 보건 및 복지 등의 기능이 있는 단지 또는 시가지를 조성하기 위하여 시행하는 사업을 말한다.
>
> 제21조【도시개발사업의 시행 방식】 ① 도시개발사업은 시행자가 도시개발구역의 토지 등을 수용 또는 사용하는 방식이나 환지 방식 또는 이를 혼용하는 방식으로 시행할 수 있다.

구분	환지방식(신개발방식)	매수방식(공영개발)
의의	택지개발 전 토지의 위치·지목·면적·등급·이용도를 고려하여, 택지가 개발된 후 개발된 토지를 체비지와 보류지를 제외하고 토지소유자에게 재분배	공공개발주체에 의한 '전면매수 – 전면개발 – 전면분양'으로 시행자가 직접 재원 조달 후 개발사업을 진행하여 실수요자에게 매각·임대
장점	초기자금부담 ⇩, 재산권 침해 ⇩	속도 ⇧, 개발이익환수 용이
단점	절차 복잡, 개발이익의 사유화 우려	초기자금부담 ⇧, 피수용자와 갈등(민원)

📎 **혼용방식(혼합방식)**
일부지역 환지방식 + 일부지역 수용방식을 혼합해서 사용

비교 정리	환지방식	매수방식
	매입 ×, 택지개발 후 재분배 자금부담 ⇩, 복잡, 개발이익사유화	매입 ○, 택지개발 후 매각 자금부담 ⇧, 신속, 개발이익환수

> **암기** 부동산개발방식의 유형
> 1. ① 단순(권리 불변), ② 환지(권리 축소), ③ 매수(권리 소멸), ④ 혼합(환지+매수), ⑤ 합동·신탁
> 2. 환지방식과 매수방식 구분
> 3. **환지방식**은 사업 후 개발 토지 중 사업에 소요된 비용과 공공용지를 제외한 토지를 당초의 토지소유자에게 **재분배**하는 방식(매입 ×, 매각 ×)

3. 택지개발

(1) 공공택지개발(공영개발)(32회)

의의	① 시장실패의 수정과 효율성과 형평성의 조화 추구 ② 공적주체에 의한 개발 ③ 매수방식(협의매수가 원칙이나 수용이 가능)
장점	① 계획적인 이용, ② 개발이익의 사회적 환수, ③ 값싸게 공급
단점	① 매입비 부담, ② 소유자의 민원, ③ 주변지역 투기 발생

(2) 민간개발

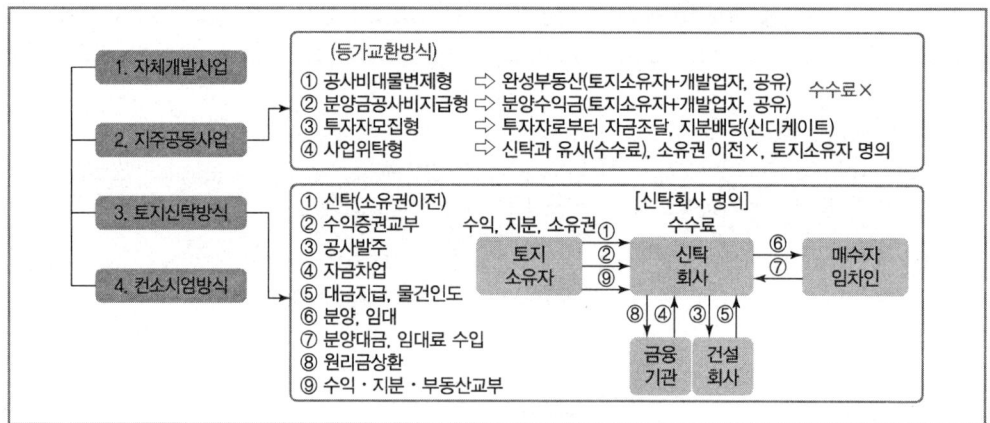

비교 정리	대물변제 (등가교환)	토지소유자+개발자(공유), 수수료 ×	토지신탁	토지소유자(공유 ×), 수수료 ○, 이전 ○, 신탁회사 명의·자금조달
	분양금 공사비지급형	토지소유자+개발자(공유), 수수료 ×	사업수탁	토지소유자(공유 ×), 수수료 ○, 이전 ×, 토지소유자 명의·자금조달

비교 정리	토지신탁	신탁금융(담보신탁)
	이전, 수익증권, 개발, 수익교부	이전, 수익증권, 담보, 대출

> **암기** 택지개발
> 1. 대물변제방식과 분양금공공사비지급형 : 이익 공유(토지소유자+개발업자), 수수료 ×
> 2. 토지신탁과 사업수탁 : 이익(토지소유자), 수수료(개발업자), 공유 ×
> 3. 토지신탁(소유권이전 ○, 신탁회사 명의), 사업수탁(소유권이전 ×, 토지소유자 명의)

4. 민간투자사업(SOC시설)(27회, 28회, 31회, 32회)

방식	의의
1. BTO 방식	민간이 공공시설을 짓고 시설 완공시점에서 소유권을 정부에 이전하며, 민간인 사업 시행자는 일정 기간의 시설 관리의 운영권을 받아서 시설투자비를 회수한다. 예 교통시설 : 도로, 터널, 철도, 항만 등
2. BTL 방식	민간이 공공시설의 짓고 시설 완공시점에서 소유권을 정부에 이전하며, 민간인 사업 시행자는 일정기간의 시설 관리의 운영권을 가지며, 공공은 그 시설을 임차하여 시설 투자비를 회수한다. 예 교육·문화·복지시설 : 학교건물, 기숙사, 도서관, 군인아파트 등
3. BOT 방식	민간이 공공시설을 짓고 일정 기간 동안 사업시행자에게 당해 시설의 소유권(운영권)이 인정되며, 그 기간의 만료시 시설의 소유권(운영권)이 정부에게 귀속하는 방식이다.
4. BLT 방식	민간이 공공시설을 짓고 일정 기간 동안 운영권을 정부에 임대하여 투자비를 회수하며, 약정 임대기간 종료 후 시설물을 정부에게 이전하는 방식이다.
5. BOO 방식	민간이 공공시설을 짓고 시설 완공시점에서 사업시행자에게 시설의 소유권 및 운영권을 인정하는 방식이다.

BTO 방식(수익형)	BTL 방식(임대형)
① 사용자에게 직접회수(민간운영)	① 정부의 임대료로 회수(정부운영)
② 민간 위험 大, 수익 大	② 민간 위험 小, 수익 小
③ 민간제안, 정부채택	③ 정부제안, 민간채택
④ 사후 수익보장	④ 사전 수익보장
⑤ 교통시설 : 도로, 터널, 철도, 항만 등	⑤ 교육·문화·복지시설 : 학교건물, 기숙사, 도서관, 군인아파트 등

비교 정리	BTO	BTL
	짓고, 이전, 운영권(교통시설)	짓고, 이전, 운영권·임차(건물)

> **암기** 민간투자사업
> 1. BTO 방식(수익형) vs BTL 방식(임대형)의 구분 ⇨ 끝날 때까지 끝난 게 아니다.
> 2. BTL 방식은 민간이 개발한 시설의 소유권을 준공과 동시에 공공에 귀속시키고 민간은 시설관리의 운영권을 가지며, 공공은 그 시설을 임차하여 사용하는 민간투자 사업방식이다(BTO 방식 아님).

CHAPTER 02 부동산관리

1. 부동산관리의 영역(30회)

부동산관리의 세 가지 영역은 다음과 같다.

시설관리 (FM, 유지관리)	건물 및 임대차관리 (PM, 재산관리)	자산관리 (AM, 투자관리)
설비의 운전 · 보수, 에너지관리, 청소관리, 방범 · 방재(보안관리), 외주관리	수입목표수립, 지출계획수립, 비용통제, 임대차 유치 및 유지	부동산의 매입과 매각, 재투자 · 재개발, 리모델링 결정, 투자 리스크 관리, 포트폴리오 관리, 프로젝트 파이낸싱

비교 정리	재산	자산
	수입, 지출, 비용, 임대차	매입(각), 재투자(개발), Risk, Potfolio, P · F

> **암기** 부동산관리의 영역
> 1. 시설관리(FM) vs 재산관리(PM) vs 자산관리(AM)
> 2. **자산관리** : 부의 극대화, 적극적 관리
> 3. **시설관리** : 시설 사용자의 요구, 소극적 관리

2. 복합적 관리(광의의 관리)

구분	기술적 관리(유지관리, 협의)	경제적 관리(경영관리)	법률적 관리(보존관리)
토지	① 경계 확정 ② 사도, 경사지 대책	① 순수익, 나지활용방안 ② 주차공간, 자재하치장	① 권리관계 조정 ② 토지도난방지대책
건물	① 위생, 설비, 보안, 보전관리 ② 물리적 · 기능적 하자유무 판단+필요한 조치 ③ 건물과 부지의 부적응 개선	① 손익분기점 평가 ② 회계관리 ③ 인력관리	① 계약관리 ② 권리의 보존관리 ③ 공법상 규제

> **암기** 복합적 관리
> 1. **기술적 관리** : 물리적 · 기능적 하자의 유무를 판단+필요한 조치, 건물과 부지의 부적응을 개선
> 2. **경제적 관리**(인력관리), **법률적 관리**(도난방지, 계약관리)

3. 부동산관리의 방식(27회)

구분	장점	단점
자가관리 (직접관리) (직영관리)	① 기밀유지, 보안관리 유리 ② 친절서비스, 애호정신 높음 ③ 종합적 관리 용이, 신속, 신뢰도 높음	① 소유자 본업에 전념하기 곤란 ② 업무의 타성화(매너리즘화) ③ 전문성 결여, 관리비 상승
위탁관리 (간접관리) (외주관리)	① 소유자 본업에 전념 가능 ② 업무의 타성화(매너리즘) 방지 ③ 전문성 높음, 효율적 관리	① 기밀유지 곤란, 보안관리 불리 ② 서비스, 애호정신 낮음 ③ 종합적 관리 곤란, 신속 ×, 신뢰도 문제
혼합관리 (과도기)	① 일부 자기가 관리하고 필요부분만 위탁관리 ② 자가관리와 위탁관리의 장점 채택	① 책임감 한계 애매, 책임 소재가 불명확 ② 잘못 운영되면 두 방식 단점만 노출

비교 정리	자가	기밀 ○, 친절 ⇧, 종합 ○, 신속 ○, 신뢰 ⇧ 본업 ×, 타성화, 전문성 ⇩	위탁	본업 ○, 타성화 방지, 전문성 ⇧ 기밀 ×, 친절 ⇩, 종합 ×, 신속 ×, 신뢰 ⇩

> **암기** 부동산관리의 방식
> 1. 자가관리의 장단점 vs 위탁관리의 장단점
> 2. 혼합관리방식은 관리의 **책임소재가 불분명**해지는 단점이 있다(책임소재 분명 ×).
> 3. 건물의 관리에 있어서 재무·회계관리, 시설이용·임대차 계약, 인력관리는 위탁하고, 청소를 포함한 그 외 나머지는 소유자가 직접 관리할 경우, 이는 **혼합관리**방식에 해당한다(위탁관리 ×).

4. 임차인의 선정과 임대차의 유형(30회, 31회)

구분	임차자 선정	임대차 유형	특징
주거용	유대성	조(총)임대차	모든 임대료 + 추가 없음
매장용	가능매상고	비율임대차	기본임대료 + 수익일정비율
공업용	적합성	(3차)순임대차	순수임대료 + 협상

◈ 순임대차
 1. **1차** : 순수 + 편익시설비용 + **세금**, 2. **2차** : 1차 + **보험료**, 3. **3차** : 2차 + **유지수선비**

비교 정리	주거용	매장용
	유대성	매상고
	총	비율

> **암기** 임차인의 선정과 임대차 유형
> 1. 임차 부동산에서 발생하는 총수입(매상고)의 일정 비율을 임대료로 지불한다면, 이는 임대차의 유형 중 **비율임대차**에 해당한다(순임대차 ×).
> 2. 순임대차는 순수임대료에 **협상**을 통해 임대료를 결정하는 방법인데 통상적으로 **유지수선비**까지 지불하는 3차 순임대차가 가장 일반적이다.

> **대표유형문제**

A회사는 분양면적 500m²의 매장을 손익분기점 매출액 이하이면 기본임대료만 부담하고, 손익분기점 매출액을 초과하는 매출액에 대하여 일정 임대료율을 적용한 추가임대료를 가산하는 비율임대차(percentage lease)방식으로 임차하고자 한다. 향후 1년 동안 A회사가 지급할 것으로 예상되는 연 임대료는? (30회)

- 예상매출액: 분양면적 m²당 20만원
- 기본임대료: 분양면적 m²당 6만원
- 손익분기점 매출액: 5,000만원
- 손익분기점 매출액 초과 매출액에 대한 임대료율: 10%

해설 | 비율임대차 임대료(3,500만원) = 기본임대료(3,000만원) + 추가임대료(500만원)
- 예상매출액(1억원) = 20만원 × 500m²
- 기본임대료(3,000만원) = 6만원 × 500m²
- 추가임대료(500만원) = 5,000만원 × 10% ⇨ 1억 중 5,000만원 초과부분이 5,000만원이므로 그에 10%를 적용

정답 | 3,500만원

5. 빌딩의 연수사이클(건물의 수명단계)

1. 전개발단계(용지단계)	① 장차 빌딩이 건축될 용지의 상태 ② 공법상 규제 고려, 시장분석
2. 신축단계	① 빌딩이 완성된 단계 ② 물리적·기능적 유용성 최고(경제적 ×)
3. 안정단계(중년단계)	① 존속기간이 가장 장기 ② 빌딩의 수명 결정(관리상태가 중요한 단계) ③ 자본적 지출(개조나 수선)이 적절한 시기, 경제적 관리가 특히 중요
4. 노후단계	① 빌딩이 물리적·기능적 상태가 급격히 악화 ② 지출을 억제하고 빌딩교체를 계획하는 단계
5. 완전폐물단계	① 빌딩이 물리적·경제적으로 쓸모가 없어지는 단계 ② 건물교체를 전제하는 단계

> **암기** 건물의 수명단계(전·신·안·노·폐)
>
> 1. 물리적·기능적 유용성이 가장 높은 단계는 신축단계이다(안정단계 ×).
>   ⇨ 유용성 - 신축
> 2. 안정단계(장기, 수명결정, 지출), 노후단계(악화, 지출억제, 교체계획), 폐물단계(쓸모 ×, 교체전제)
> 3. 내용연수
>   ① 물리적 내용연수: 마멸, 파손, 노후화, 우발적 사고 등으로 사용이 불가능한 때까지의 버팀시간
>   ② 기능적 내용연수: 설계·설비의 불량, 형식의 구식화, 디자인의 불량 등으로 기능적으로 유효한 기간
>   ③ 경제적 내용연수: 인근지역·인근환경과 건물의 부적합, 시장성 감퇴로 인해 경제적으로 유효한 기간

CHAPTER 03 부동산마케팅

1. 부동산마케팅의 의의

(1) 의의
소비자들의 행동이나 태도를 형성·유지·변경하는 것, 물적 부동산·부동산서비스·부동산증권 세 가지 유형의 부동산제품을 사고, 팔고, 임대차하는 것이다.

(2) 주체

① 거시적 환경	자연환경, 인문환경(정치, 경제, 사회, 문화적 환경)
② 미시적 환경	경쟁업자, 공중(일반대중), 정부

2. 부동산마케팅의 세 가지 차원(27회, 28회, 31회, 32회)

(1) 시장점유 마케팅 전략(공급자 전략차원)
시장점유 마케팅은 공급자 중심의 마케팅 전략으로서 **표적시장을 선점하거나 틈새시장을 점유하는 전략**이다. 여기에는 STP 전략과 4P Mix 전략이 있다.

(2) 고객점유 마케팅 전략(수요자행동차원이론)
소비자의 구매의사결정과정의 각 단계에서 소비자와의 심리적 접점을 마련하고, 전달되는 메시지의 톤과 강도를 조절하여 마케팅 효과를 극대화하는 것, **AIDA의 각 단계**: 주의(Attention), 관심(Interest), 욕망(Desire), 행동(Action)

(3) 관계마케팅 전략(공급자와 수요자의 관계)
이는 **공급자와 소비자** 간의 일회성 거래가 아니고 양자 간의 장기적·지속적 관계를 유지하려는 전략, **브랜드(Brand)** 문제와 연관된다.

비교 정리	시장점유(공급자)	고객점유(수요자)	관계(수요·공급자)
	표적시장 선점, 틈새시정 점유 STP 전략, 4P Mix 전략	소비자구매의사결정과정단계 AIDA 전략	장기·지속 관계 유지 브랜드(Brand)

> **암기** 부동산마케팅의 세 가지 차원
>
> 1. 시장점유 마케팅 : 공급자, 표적시장 선점, 틈새시장 점유, STP 전략, 4P Mix 전략
> 2. 고객점유 마케팅 : 수요자, 소비자의 구매의사결정 과정의 각 단계에서 소비자와의 심리적인 접점을 마련하고 전달하려는 메시지의 취지와 강약을 조절하는 전략, AIDA 전략
> 3. 관계마케팅 : 수요자와 공급자, 브랜드(Brand)

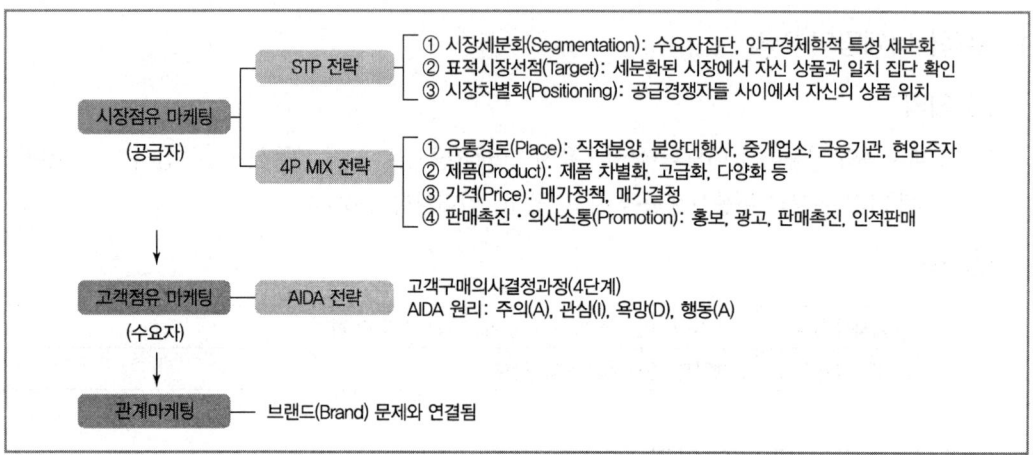

3. STP 전략과 4P Mix 전략

(1) 4P Mix 전략

① **유통경로 전략(Place)** : 현입주자, 직접분양, 분양대행사, 금융기관, 중개업자(중개업소)
② **제품 전략(Product)** : **지상 주차장의 지하화, 자연친화적 설비의 설치, 라이프 스타일 반영한 평면설계, 보안설비 디지털화**, 녹지공간의 조성, 방음벽 설치, 커뮤니티 시설에 헬스장 또는 골프 연습장 설치 등
③ **가격 전략(Price)** : 시장분석을 통한 적정 분양가 책정
  ㉠ **시가정책** : 다른 경쟁업자의 가격과 동일한 시장가격 정책
  ㉡ **저가정책** : 다수의 고객을 확보하려는 경우에 행하는 낮은 가격 정책
  ㉢ **고가정책** : 제품의 차별성이 높은 경우에 행하는 높은 가격 정책
  ㉣ **신축가격정책** : 같은 자재로 시공한 경우라도 위치, 방위, 층, 지역 등에 따라 다른 가격으로 판매하는 정책
④ **판매촉진(Promotion)** : 표적시장의 반응을 빠르고 강하게 **자극, 유인**하기 위한 전략
  예 경품제공, 홍보, 광고, 인적판매 등
  ◈ 바이럴 마케팅(viral marketing) 전략 : SNS, 블로그 등 다양한 매체를 통해 해당 브랜드나 제품에 대해 입소문을 내게 하여 마케팅효과를 극대화시키는 것

비교정리	경로	현입, 직접, 분양, 금융, 중개	가격	시가, 저가, 고가, 신축가격
	제품	주차장, 설비, 설계, 설비, 공간	판촉	추첨 통한 경품 제공

(2) STP 전략

① **시장세분화**(Segmentation) : **수요자** 집단을 인구, 경제학적 특성상 세분하여 상품의 판매지향점을 분명히 하는 전략 ⇨ 수요자층별로 시장을 분할하는 것(성인층, 노년층, 여성층 등으로 세분)

② **표적시장 선점**(Target) : 세분화된 수요자 집단에서 경쟁상황과 자신의 능력을 고려하여 **가장 자신 있는 수요자 집단을 찾아내는 것**을 말한다.

③ **차별화 전략**(Positioning) : 동일한 표적시장을 갖는 다양한 **공급경쟁자** 사이에서 자신의 상품을 어디에 위치시킬 것인가 하는 전략(시장차별화)이다. ⇨ 분양성공을 위해 아파트 브랜드를 고급스러운 이미지로 고객의 인식에 각인시키도록 하는 노력

비교 정리	세(S)	표(T)	차(P)
	수요자, 세분	세분, 확인	표적, 공급, 위치

> **암기** | **4P Mix 전략과 STP 전략**
>
> 1. 4P Mix 전략(Product, Price, Place, Promotion)과 STP 전략(Segmentation, Target, Positioning) 구분
> 2. 4P Mix 전략 중 **제품** 전략(5가지), **유통경로** 전략(5가지), **판매촉진** 전략 세부사항 암기
> 3. STP 전략 중 **세분화** 전략(S), **표적시장의 선정**(T), **차별화** 전략(P)의 세부사항 암기

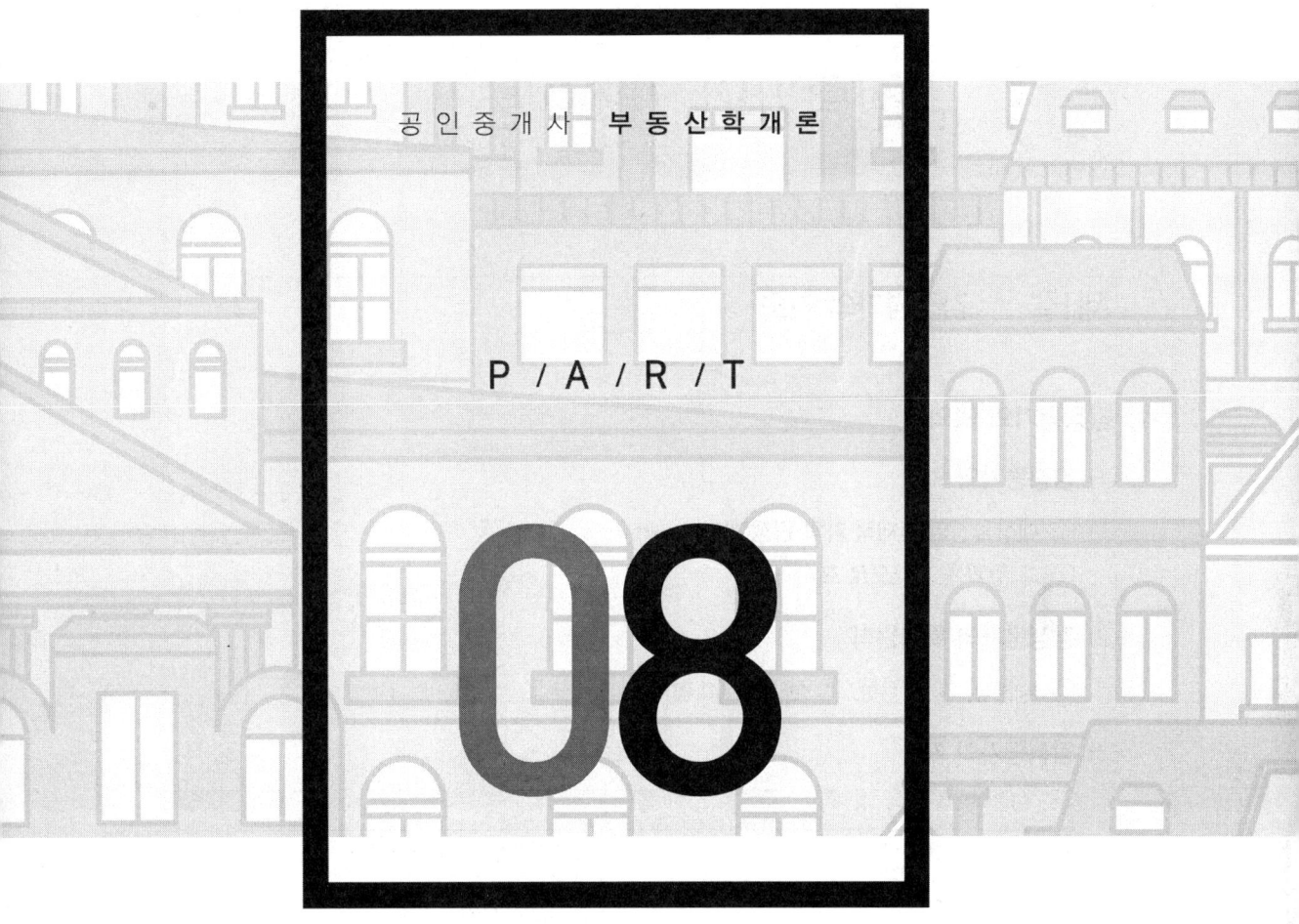

부동산 감정평가론

- Chapter 1 감정평가의 기초이론
- Chapter 2 감정평가의 3방식
- Chapter 3 부동산 가격공시제도

CHAPTER 01 감정평가의 기초이론

제1절 감정평가의 기초

1. 감정평가의 의의

(1) **감정평가의 의의**
① 대상물건의 **경제적 가치 판정**(가격, 임대료)
② 그 결과를 **가액으로 표시**

(2) **감정평가의 특별원칙**
① **능률성**, ② **안전성**, ③ **전달성**, ④ **합리성**

(3) **감정평가의 기능**

정책적 기능	경제적 기능
① 부동산의 효율적 이용관리	① 의사결정의 판단기준 제시
② 적정한 가격의 유도	② 자원의 효율적 배분
③ 합리적 손실보상	③ 거래질서 확립 및 유지
④ 과세의 합리화	

2. 시장가치기준 원칙(27회, 28회, 30회)

「감정평가에 관한 규칙」 제5조 【시장가치기준 원칙】
① 대상물건에 대한 감정평가액은 시장가치를 기준으로 결정한다.

◈ 용어
시장가치란 대상물건이 **통상적인** 시장에서 **충분한** 기간 거래를 위하여 공개된 후 그 대상물건의 내용에 **정통**한 당사자 사이에 신중하고 자발적인 거래가 있을 경우 **성립될 가능성**이 가장 높다고 인정되는 대상물건의 가액(價額)을 말한다.

② 감정평가업자는 제1항에도 불구하고 다음 각 호의 어느 하나에 해당하는 경우에는 대상물건의 감정평가액을 시장가치 외의 가치를 기준으로 결정할 수 있다.
 1. 법령에 다른 규정이 있는 경우
 2. 의뢰인이 요청하는 경우
 3. 사회통념상 필요하다고 인정되는 경우

> 용어　**기준가치, 적정가치**
> 1. 기준가치 : 감정평가의 기준이 되는 가치
> 2. 적정가격 : 당해 토지 및 주택에 대하여 **통상적인** 시장에서 **정상적인** 거래가 이루어지는 경우 성립될 가능성이 가장 높다고 인정되는 가격

비교 정리	시장가치	외의 가치
	통상, 충분, 정통, 신중·자발, 성립可	다른 규정, 요청, 사회통념

> 암기　**시장가치기준의 원칙**
> 1. 시장가치 vs 시장가치 외의 가치
> 2. ① 감정평가의 기준이 되는 가치 : 기준가치, ② 감정평가의 기준이 되는 시점 : **기준시점**
> 3. 거래사례비교법 : ① **사정보정** : 시장가치화 하는 작업, ② **시점수정** : 기준시점화 하는 작업
> 4. 적정가격 : ① 통상적인 시장, ② 정상적인 거래, ③ 성립될 가능성이 가장 높다고 인정되는 가격

3. 현황기준 원칙(「감정평가에 관한 규칙」 제6조)

① 현황평가 : 기준시점, 있는 그대로 평가
② 조건부평가 : 장래 불확실(if)
③ 기한부평가 : 장래 확실
④ 소급평가 : 과거 일정 시점

	AIDA 전략	독립평가
	○ 복합부동산	× 복합부동산
	건부지평가 현황평가 건부증·감가 고려	나지평가 조건부평가 건부증·감가 불고려

> 「감정평가에 관한 규칙」 제6조 【현황기준 원칙】
> ① 감정평가는 기준시점에서의 대상물건의 이용상황(불법적이거나 일시적인 이용은 제외) 및 공법상 제한을 받는 상태를 기준으로 한다.
> ② 감정평가업자는 다음에 해당하는 경우에는 기준시점의 가치형성요인 등을 실제와 다르게 가정하거나 특수한 경우로 한정하는 감정평가조건을 붙여 감정평가할 수 있다.
> 1. 법령에 다른 규정이 있는 경우
> 2. 의뢰인이 요청하는 경우
> 3. 사회통념상 필요하다고 인정되는 경우

비교 정리	현황	조건
	기준시점, 받는 상태	다른 규정, 요청, 사회통념
	원칙	예외

> **암기** 감정평가의 분류
>
> 1. 현황평가가 원칙, 현황평가를 「감정평가에 관한 규칙」 조문 그대로 기억할 것
> 2. 현황평가 : 감정평가는 기준시점에서의 대상물건의 이용상황(불법적이거나 일시적인 이용은 제외) 및 공법상 제한을 받는 상태를 기준으로 한다.
> 3. ① 원칙 : 현황평가, ② 예외 : 조건평가(다른 규정, 의뢰인 요청, 사회통념)
> 4. ① 부분평가 : 건부지, 현황, 건물 고려, ② 독립평가 : 나지, 조건, 건물 불고려

4. 개별물건기준 원칙(27회, 30회)

> 「감정평가에 관한 규칙」 제7조 【개별물건기준 원칙 등】
> ① 감정평가는 대상물건마다 개별로 하여야한다(원칙).
> ② 둘 이상의 대상물건이 일체로 거래되거나 대상물건 상호간에 용도상 불가분의 관계가 있는 경우에는 일괄하여 감정평가할 수 있다.
> ③ 하나의 대상물건이라도 가치를 달리하는 부분은 이를 구분하여 감정평가할 수 있다.
> ④ 일체로 이용되고 있는 대상물건의 일부분에 대하여 감정평가하여야 할 특수한 목적이나 합리적인 이유가 있는 경우에는 그 부분에 대하여 감정평가할 수 있다.

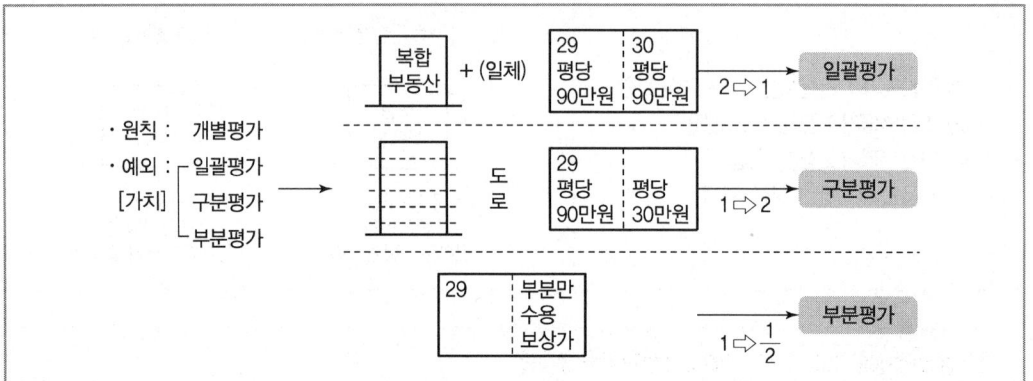

비교 정리	일괄	구분	부분
	일체, 불가분	가치 달리하는 부분	일부분

> **암기** 감정평가의 분류
>
> 1. ① (가치)구분평가 : 가치를 달리하는 부분, ② 부분평가 : 일부분
> 2. ① 1획지 : 일괄평가, ② 多획지 : 구분평가 ⇨ 획지를 보고 평가(필지는 무시)
> 3. ① 복합부동산 : 일괄평가, ② 복합건물 : 구분평가

> **참고** | 감정평가의 기타 분류

1. 독립평가와 부분평가
   ① **독립평가** : 토지 위에 건물이 **없는** 상태를 상정하여 평가, **나지상정평가**, 조건부 평가
   ② **부분평가** : 토지 위에 건물이 **있는** 상태대로 평가, **건부지평가**, **현황** 평가
2. 공적평가와 공인평가
   ① **공적평가** : **공기관**이 평가주체가 되는 경우를 평가
   ② **공인평가** : 국가로부터 자격을 부여받은 **개인**이 평가주체가 되는 경우, 우리나라
3. 필수적 평가와 임의적 평가
   ① **필수적 평가** : 법원경매개시 결정, 토지수용, 조세부과, 공시지가의 공시
   ② **임의적 평가** : 일반 매매나 상속재산 등의 평가
4. 평가 결과에 따른 분류
   ① **공익평가** : 법원 경매개시결정, 표준지공시지가, 보상평가, 과세평가 등 필수적 평가
   ② **사익평가** : 담보평가, 일반적 거래 위한 평가
   ③ **법정평가** : 법규에서 **정한대로** 행하는 평가, 수용·과세·표준지공시지가 평가
5. 전문성에 따른 분류
   ① **1차 수준** : 스스로 평가
   ② **2차 수준** : 중개사에 의한 평가
   ③ **3차 수준** : 평가사에 의한 평가
6. 소속여부에 따른 분류
   ① **참모평가** : 고용주나 고용기관의 업무를 위하여 행하는 평가(소속 O)
   ② **수시적 평가** : 전문가로 구성되는 일시적인 감정평가(소속 ×)

5. 감정평가의 절차

「감정평가에 관한 규칙」 제8조 【감정평가의 절차】
감정평가업자는 다음 각 호의 순서에 따라 감정평가를 하여야 한다. 다만, 합리적이고 능률적인 감정평가를 위하여 필요할 때에는 순서를 조정할 수 있다.
1. 기본적 사항의 확정
2. 처리계획 수립
3. 대상물건 확인
4. 자료수집 및 정리
5. 자료검토 및 가치형성요인의 분석
6. 감정평가방법의 선정 및 적용
7. 감정평가액의 결정 및 표시

6. 기본사항의 확정

「감정평가에 관한 규칙」 제9조 【기본적 사항의 확정】
① 감정평가업자는 감정평가를 의뢰받았을 때에는 의뢰인과 협의하여 다음 각 호의 사항을 확정하여야 한다.
  1. 의뢰인
  2. 대상물건
  3. 감정평가 목적
  4. 기준시점
  5. 감정평가조건
  6. 기준가치
  7. 관련 전문가에 대한 자문 등에 관한 사항
  8. 수수료 및 실비에 관한 사항
② 기준시점은 대상물건의 가격조사를 완료한 날짜로 한다. 다만, 기준시점을 미리 정하였을 때에는 그 날짜에 **가격조사가 가능한 경우에만** 기준시점으로 할 수 있다.
③ 감정평가업자는 필요한 경우 관련 전문가에 대한 자문 등을 거쳐 감정평가할 수 있다.

(「감정평가에 관한 규칙」 제8조) 감정평가의 절차	(「감정평가에 관한 규칙」 제9조) 기본적 사항의 확정
1. 기본적 사항의 확정	1. 의뢰인
2. 처리계획 수립	2. 대상물건
3. 대상물건 확인	3. 감정평가 목적
4. 자료수집 및 정리	4. 기준시점
5. 자료검토 및 가치형성요인의 분석	5. 감정평가조건
6. 감정평가방법의 선정 및 적용	6. 기준가치
7. 감정평가액의 결정 및 표시	7. 전문가에 대한 자문·용역에 관한 사항
	8. 수수료 및 실비에 관한 사항

(「감정평가에 관한 규칙」 제10조) – 대상물건의 확인

① 감정평가법인등이 감정평가를 할 때에는 실지조사를 하여 대상물건을 확인해야 한다.
② 감정평가법인등은 제1항에도 불구하고 다음 각 호의 어느 하나에 해당하는 경우로서 실지조사를 하지 않고도 객관적이고 신뢰할 수 있는 자료를 충분히 확보할 수 있는 경우에는 실지조사를 하지 않을 수 있다.
  1. 천재지변, 전시·사변, 법령에 따른 제한 및 물리적인 접근 곤란 등으로 실지조사가 불가능하거나 매우 곤란한 경우
  2. 유가증권 등 대상물건의 특성상 실지조사가 불가능하거나 불필요한 경우

제2절 | 부동산 가격이론

1. 부동산가치와 가격

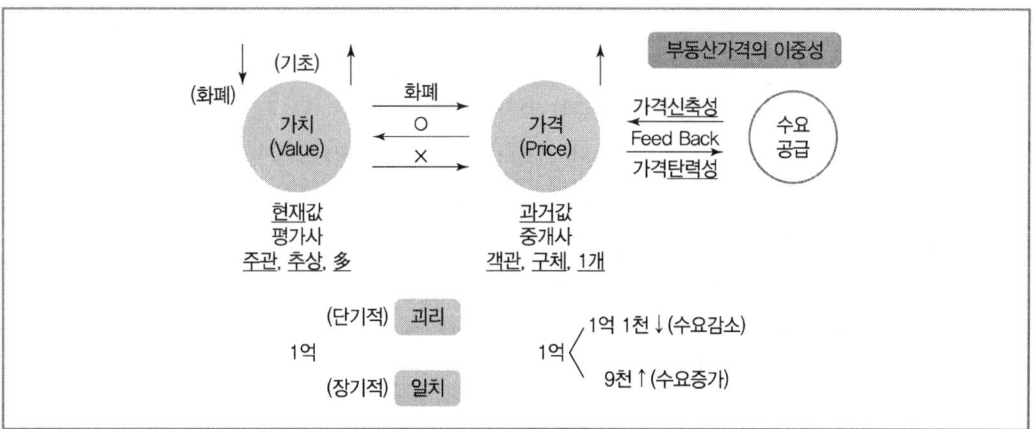

가치(Value)	가격(Price)
1. 장래 기대되는 편익을 현재가치로 환원한 값	1. 교환의 대가로서 실제 지불된 금액
2. 대상부동산의 현재값	2. 시장에서 실제 지불된 금액으로 과거값
3. 평가사가 전문가	3. 중개사가 전문가
4. 가치는 무수히 많다(주관적, 추상적 개념).	4. 주어진 시점에서 하나(객관적, 구체적 개념)
5. 가치=가격±오차(단기)	5. 수요공급 ⇨ 가격, 가격 ⇨ 수요공급(이중성)

비교 정리	가치	가격
	장래이익 현재값, 주관·추상, 多	지불된 과거값, 객관, 구체, 하나

> **암기** | **가치와 가격**
> 1. ① 가치 : 현재값, 주관적, 추상적, 무수히 많음, ② 가격 : 과거값, 객관적, 구체적, 하나
> 2. 가치와 가격은 비례관계, 화폐가치와 가격은 반비례관계
> 3. 부동산가격의 이중성 : 수요와 공급과 가격은 상호작용의 관계(수요공급의 원칙과 관련)
> 4. 가치와 가격은 단기적으로는 괴리될 수 있으나 장기적으로는 일치한다.
> 5. ① 단기 : 괴리, 불일치, 왜곡, ② 장기 : 일치

2. 부동산 가격의 특징

① 부동산의 가격은 교환의 대가인 **가격(원본)**과 용익의 대가인 **임대료(과실)**로 구분된다.
② 부동산의 가격은 물리적 실체의 가격이 아니라 **소유권·권리·이익**의 가격이며, 하나의 부동산에는 여러 개의 권리가 존재할 수 **있으며**, 각각의 권리에 각각의 가격이 형성될 수 **있다.**
③ 부동산의 가격은 **항상 변동**하며, **장기적 배려**하에 형성이 된다. 이것은 **기준시점**의 확정과 **시점수정**의 이유가 된다.

④ 부동산시장은 불완전시장이므로 당사자의 **특수한 사정**이나 **개별적 동기**가 개입되어 가격이 형성되기 쉽다. 이것은 **사정보정**의 이유가 된다.

3. 기준시점(대상물건의 감정평가액을 결정하는 기준이 되는 날짜)(28회, 30회)

기준시점은 대상물건의 가격조사를 완료한 날짜로 한다. 다만, 기준시점을 미리 정하였을 때에는 그 날짜에 가격조사가 가능한 경우에만 기준시점으로 할 수 있다.

① **원칙** : 대상부동산의 **가격조사를 완료한** 일자
② **예외** : 과거나 미래의 특정일(가격 시점이 **미리 정한** 경우, **가격조사가 가능**한 경우에만)
③ 평가시점과 기준시점은 반드시 일치하는 것은 아니다.
④ **임대료의 기준시점** : 임대차의 **개시점**

  1. **기준시점**이란 대상물건의 감정평가액을 결정하는 **기준이 되는 날짜**를 말한다.
  2. **기준가치**란 감정평가의 **기준이 되는 가치**를 말한다.

비교 정리	원칙	예외
	가격조사 완료 일자	미리 정한 날짜, 가격조사 가능한 경우에만

> **암기** | **가치와 가격**
> 1. **하나의 부동산** : 여러 개의 권리 존재할 수 있음, 여러 개의 가격이 형성될 수 있음
> 2. 가격이 변동 – **시점수정**, 사정이 개입 – **사정보정**
> 3. 기준시점은 원칙적으로 **가격조사를 완료한** 날짜, **가격조사가** 중요(의뢰일 ×, 현장조사완료 ×, 평가서 작성완료 ×, 평가서 제출완료 ×)
> 4. 미리 정한 경우가 기준시점에 되려면 **가격조사가 가능**해야 함(가격조사가 불가능하더라도 ×)
> 5. 기준시점, 시점수정 : 변동의 원칙과 관련

4. 부동산 가격의 형성과정(27회, 29회, 31회, 32회)

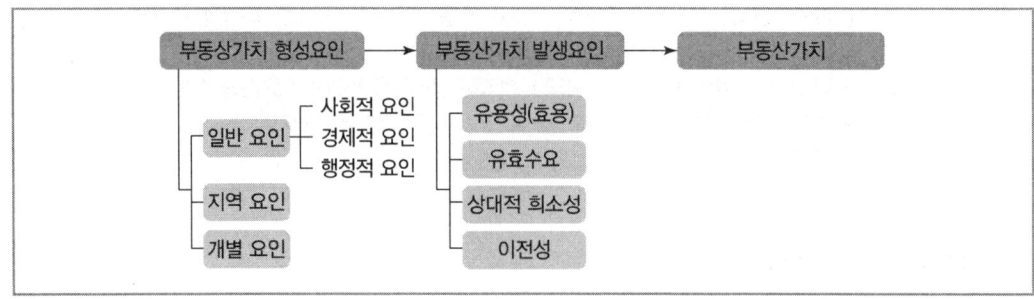

> 「**감정평가에 관한 규칙**」 제2조 【**정의**】
> 4. "**가치형성요인**"이란 대상물건의 경제적 가치에 영향을 미치는 **일반요인, 지역요인** 및 **개별요인** 등을 말한다.

비교 정리	형성	발생
	경제적 가치 영향, 일반·지역·개별	유용성(효용), 유효수요, 희소성, 이전성

> **암기** 부동산가치의 형성과정
> 1. 가치형성요인(일·지·개) ⇨ 가치발생요인(유·유·희·이) ⇨ 가치
> 2. 가치발생요인인 유용성, 유효수요, 상대적 희소성이 동시 충족될 때 가치가 발생한다.

5. 부동산 가격의 제원칙(28회)

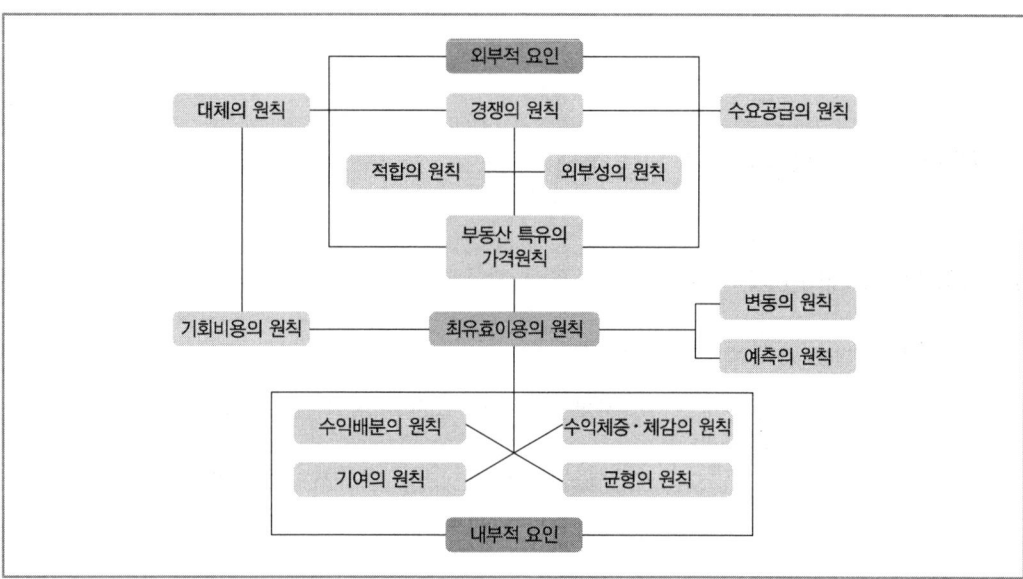

가격원칙	감정평가활동에의 적용
① (내부)균형의 원칙	**내부**, 구성요소, 기능적 감가, 개별분석의 기준
② (외부)적합의 원칙 - 고유	**외부**, 환경, 경제적 감가, 지역분석의 기준
③ (시점)변동의 원칙	기준시점, 시점수정 관련, 물리적 감가
④ (장래)예측의 원칙(예상의 원칙)	가치는 장래이익의 현재가치, 영속성, 수익환원법
⑤ 기여의 원칙(공헌의 원칙)	**기여도의 합**(생산비의 합 ×), 추가투자의 적부판정
⑥ 수익체증·체감의 원칙	**입체적 토지이용**, 건물의 고층화, 추가투자와 관련
⑦ 수익배분의 원칙(잉여생산성의 원칙)	토지잔여법, 수익분석법 관련, 부동성(수동적 생산요소)
⑧ 대체의 원칙	비슷한 두 재화 비교, 평가 3방식 모두 관련, 용도·기능·가격측면 대체
⑨ 최유효이용의 원칙 - 고유	중추적인 기능, 감정평가의 전제, 감정평가 규칙에 규정은 없음
⑩ 기회비용의 원칙	포기된 최선의 가치, 요구수익률, 계산된(인식된) 비용
⑪ 수요공급의 원칙	부동산 가격의 이중성 관련
⑫ 경쟁의 원칙	초과이윤은 경쟁을 야기시키고, 경쟁은 초과이윤을 소멸
⑬ 외부성의 원칙 - 고유	외부효과, 경제적 감가 관련

> **암기** 부동산가치의 제원칙

1. 부동산에만 적용되는 고유의 원칙 : **최유효이용, 적합, 외부성**
2. **내부** 균형의 원칙, **외부** 적합의 원칙, **시점** 변동의 원칙, **장래** 예측의 원칙으로 기억
3. **추가투자** 관련(기여, 수익체증체감), 토지잔여법(수익배분의 원칙)
4. 부동산의 가격은 **기여도의 합**(생산비의 합 ×)
5. 균형의 원칙은 **외부적** 관계의 원칙인 적합의 원칙과는 대조적인 의미로, 부동산 구성요소의 결합에 따른 최유효이용을 강조하는 것이다(내부적 ×).
6. 도심지역의 공업용지가 동일한 효용을 가지고 있는 외곽지역의 공업용지보다 시장가격이 더 높은 현상은 **기회비용의 원칙**에 의해서 설명 가능하다.

제3절 지역분석 및 개별분석 (27회, 29회, 30회, 31회, 32회)

1. 지역분석과 개별분석

지역분석, 개별분석(선·지·표/후·개·최)

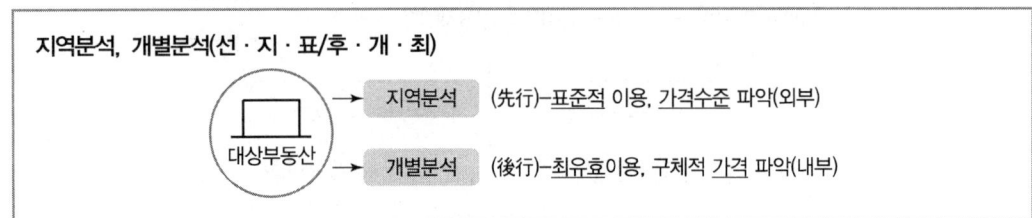

- 지역분석 (先行) – **표준적** 이용, **가격수준** 파악(외부)
- 개별분석 (後行) – **최유효**이용, 구체적 **가격** 파악(내부)

> **참고** 지역분석과 개별분석의 비교

구분	지역분석	개별분석
분석 순서	선행분석	후행분석
분석 내용	지역적 요인을 분석, 부동성, 인접성	개별적 요인을 분석, 개별성
분석 범위	대상지역, 전체적·**거시적** 분석	대상부동산, 부분적·구체적·**미시적** 분석
분석 기준	**표준적 이용** 판정 (최유효이용의 방향, 기준제시)	**최유효이용** 판정
가격 관련	**가격수준** 파악	**구체적 가격** 파악
가격 원칙	적합의 원칙, 경제적 감가(외부)	균형의 원칙, 기능적 감가(내부)
대상	인근지역, 유사지역, 동일수급권	대상부동산 또는 개별부동산

비교 정리	지역분석	개별분석
	先, 표준적, 수준, 거시, 적합	後, 최유효, 가격, 미시, 균형

2. 지역분석의 대상

> 「감정평가에 관한 규칙」 제2조 【정의】
> 13. "인근지역"이란 대상부동산이 **속한 지역**으로서 부동산의 **이용이 동질적**이고 가치형성요인 중 지역요인을 공유하는 지역을 말한다.
> 14. "유사지역"이란 대상부동산이 **속하지 아니하는** 지역으로서 인근지역과 유사한 특성을 갖는 지역을 말한다.
> 15. "동일수급권"이란 대상부동산과 **대체·경쟁** 관계가 성립하고 가치형성에 서로 영향을 미치는 관계에 있는 다른 부동산이 존재하는 권역을 말하며, 인근지역과 유사지역을 포함한다.

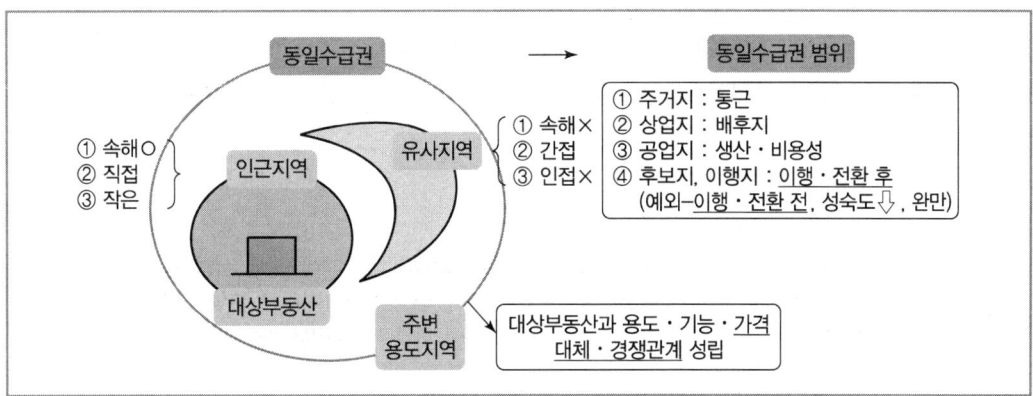

(1) 동일수급권의 범위

① **주거지** : **통근** 가능한 거리
② **상업지** : **배후지**를 기초로 수익을 올릴 수 있는 지역
③ **공업지** : **비용성**, **생산성**의 대체성이 있는 지역범위
④ **후보지·이행지**
   ㉠ **원칙** : 용도전환 **후(後)** 기준
   ㉡ **예외(성숙도가 낮거나 전환이 완만한 경우)** : 용도전환 **전(前)** 기준

비교 정리	인근	유사	동일
	속한, 지역요인	속하지 ×, 인근유사	대체, 경쟁

(2) 인근지역의 사이클패턴

단계	특징	
성장기	① 지가상승률 최고 ③ 신규부동산(상향여과)	② 입지경쟁, 유동이 많음 ④ 투자·투기 현상
성숙기	① 지가수준·지역기능 최고 ③ 유동이 적음	② 지가 안정·가벼운 상승 ④ 여과 현상 ×
쇠퇴기	① 경제적 내용연수 만료 ③ 재개발 시작	② 가장 장기 ④ 하향여과 시작
천이기	① 재개발·하향여과 활발 ② 지가의 가벼운 상승, 일시적 상승, 이전단계 수준 ×	
악화기	① 슬럼화 단계 혹은 그 전 단계	② 지가 최저, 재개발 마지막

> **암기** | **지역분석과 개별분석**
>
> 1. 선·지·표/후·개·최
>   ① 지역분석 : 선행, 표준적 이용, 가격수준, 대상지역 거시적 분석, 적합의 원칙
>   ② 개별분석 : 후행, 최유효이용, 구체적 가격, 대상부동산 미시적 분석, 균형의 원칙
> 2. 인근지역 : 속한, 이용이 동질, 가치형성요인 중 지역요인을 공유(개별요인을 공유 ×)
> 3. 유사지역 : 속하지 아니하는, 인근지역과 유사
>   동일수급권 : 대체·경쟁관계, 인근지역·유사지역 포함

CHAPTER 02 감정평가의 3방식

제1절 감정평가 3방식의 기본원리 (27회, 31회, 32회)

1. 감정평가의 3방식과 7방법 (27회, 29회, 31회, 32회)

> 「감정평가에 관한 규칙」 제11조 【감정평가방식】
> 감정평가법인 등은 다음 각 호의 감정평가방식에 따라 감정평가를 한다.
> 1. **원가방식** : 원가법 및 적산법 등 비용성의 원리에 기한 감정평가방식
> 2. **비교방식** : 거래사례비교법, 임대사례비교법 등 시장성의 원리에 기한 감정평가방식 및 공시지가기준법
> 3. **수익방식** : 수익환원법 및 수익분석법 등 수익성의 원리에 기한 감정평가방식

비교정리	원가방식(비용성)	비교방식(시장성)	수익방식(수익성)
	원가, 적산	거래사례비교, 임대사례비교, 공시지가기준	수익환원, 수익분석

(1) 감정평가 3방식 7방법

3방식 (가격 3면성)	조건	7방법	시산가액 (임대료)	적용대상
원가방식 (비용성)	가액	원가법	적산가액	건물, 건설기계(기계 · 기구류), 항공기, 선박, 소경목림
	임대료	적산법	적산임료	
비교방식 (시장성)	가액	거래사례비교법	비준가액	일괄(토지와 건물, 산지와 입목, 건물부분과 대지사용권-3가지), 산림, 과수원, 자동차, 동산
	임대료	임대사례비교법	비준임료	임대료
	가액	공시지가기준법	토지가액	토지
수익방식 (수익성)	가액	수익환원법	수익가액	영업권, 광업재단, 공장재단(일괄), 어업권, 영업권, 특허권, 실용신안권, 디자인권, 상표권, 저작권, 전용측선이용권, 그 밖의 무형자산
	임대료	수익분석법	수익임료	

> 암기 감정평가의 3방식
>
> 1. 원가방식(비용성)
>   ① 가액 : 원가법, 적산가액 = 재조달원가 − 감가누계액(감가수정)
>   ② 임대료 : 적산법, 적산임료 = 기초가액 × 기대이율 + 필요제경비
>   ③ 적용대상 : 건물, 건설기계, 항공기, 선박, 소경목림, 비시장성 · 비수익성 물건, 조성지 · 매립지
> 2. 비교방식(시장성)
>   ① 가액 : 거래사례비교법, 비준가액 = 거래사례 × 사정보정 × 시점수정 × 가치형성요인비교
>   ② 임대료 : 임대사례비교법, 비준임료 = 임대사례 × 사정보정 × 시점수정 × 가치형성요인비교
>   ③ 가액 : 공시지가기준법, 토지가액 = 비교표준지공시지가 × 시점수정 × 지역 · 개별요인 × 그 밖
>   ④ 적용대상 : 일괄평가(3), 산림, 과수원, 자동차, 동산
> 3. 수익방식(수익성)
>   ① 가액 : 수익환원법, 수익가액 = $\dfrac{순이익(순영업소득)}{환원이율}$
>   ② 임대료 : 수익분석법, 수익임료 = 순수익 + 필요제경비
>   ③ 적용대상 : 영업권(~권), 광업재단, 공장재단(일괄)

2. 시산가액(30회)

> 「감정평가에 관한 규칙」 제12조 【감정평가방법의 적용 및 시산가액 조정】
> ① 감정평가업자는 대상물건별로 정한 감정평가방법을 **적용**하여 감정평가하여야 한다. 다만, 주된 방법을 적용하는 것이 곤란하거나 부적절한 경우에는 다른 감정평가방법을 적용할 수 있다.
> ② 감정평가업자는 대상물건의 감정평가액을 결정하기 위하여 어느 하나의 감정평가방법을 적용하여 산정한 시산가액을 다른 감정평가방식에 속하는 하나 이상의 감정평가방법으로 산출한 시산가액과 비교하여 합리성을 **검토**하여야 한다. 다만, 대상물건의 특성 등으로 인하여 다른 감정평가방법을 적용하는 것이 곤란하거나 불필요한 경우에는 그러하지 아니하다(이 경우 **공시지가기준법**과 그 밖의 **비교방식**에 속한 감정평가방법은 서로 **다른 감정평가방식**에 속한 것으로 본다).
> ③ 감정평가업자는 제2항에 따른 검토 결과 제1항에 따라 산출한 시산가액의 합리성이 없다고 판단되는 경우에는 주된 방법 및 다른 감정평가방법으로 산출한 시산가액을 조정하여 감정평가액을 결정할 수 있다.

비교정리	시산가액	최종평가액
	적산 · 비준 · 수익가액, 전, 중간과정	시산가액조정 ⇨ 가중평균

(1) 시산가액의 의의

① 시산가액은 원가법, 거래사례비교법, 수익환원법에 의해 산출된 **적산가액, 비준가액, 수익가액**을 의미한다.
② 시산가액은 최종평가액이 아니라 최종평가액이 되기 **전(前) 중간과정**으로서의 가격이다.
✎ **조성비용은 원가방식, 거래사례가격은 비교방식, 임대료**는 수익방식의 가중치를 적용한다.

(2) 시산가액의 조정

① 부동산시장은 불완전경쟁시장이므로 평가 3방식에 의한 부동산의 시산가액은 각각 다르게 된다.
② 대상부동산의 최종평가액을 결정하기 위해서는 **시산가액의 조정이 필요**하다.
③ 시산가액의 조정은 주된 방식과 부수방식의 **가중평균**치로 계산한다.
④ 시산가액의 조정에 사용되는 자료에는 **확인자료, 요인자료, 사례자료** 등이 있다.

대표유형문제

다음 자료를 활용하여 시산가액 조정을 통해 구한 감정평가액은? (27회)

- 거래사례를 통해 구한 시산가액(가치) : 1.2억원
- 조성비용을 통해 구한 시산가액(가치) : 1.1억원
- 임대료를 통해 구한 시산가액(가치) : 1.0억원
- 가중치 : 원가방식 20%, 비교방식 50%, 수익방식 30%를 적용함

해설 | 비교(1.2억원×50%) + 원가(1.1억원×20%) + 수익(1.0억원×30%) = 112,000,000원
정답 | 112,000,000원

> **암기** | **시산가액의 조정**
> 1. 시산가액 : 적산가액(조성비용), 비준가액(거래사례), 수익가액(임대료) ⇨ 최종평가액이 되기 전의 중간과정의 가액
> 2. 시산가액을 조정하여 최종평가액 산정, 시산가액 조정시 **가중평균**(산술평균 ×)

(3) 「감정평가에 관한 규칙」 제2조 – 정의 및 중요조문

① **시장가치**란 감정평가의 대상이 되는 대상물건이 **통상적인 시장**에서 **충분한 기간** 거래를 위하여 공개된 후 그 대상물건의 내용에 **정통한 당사자** 사이에 **신중하고 자발적인 거래**가 있을 경우 **성립될 가능성**이 가장 높다고 인정되는 대상물건의 **가액**을 말한다.
② **원가법**이란 대상물건의 **재조달원가에 감가수정**을 하여 대상물건의 **가액**을 산정하는 방법을 말한다.
③ **적산법**이란 대상물건의 **기초가액에 기대이율**을 곱하여 산정된 기대수익에 대상물건을 계속하여 임대하는 데에 **필요한 경비**를 더하여 대상물건의 **임대료**를 산정하는 감정평가방법을 말한다.
④ **거래사례비교법**이란 대상물건과 가치형성요인이 같거나 비슷한 물건의 **거래사례와 비교**하여 대상물건의 현황에 맞게 **사정보정, 시점수정, 가치형성요인 비교** 등의 과정을 거쳐 대상물건의 **가액**을 산정하는 감정평가방법을 말한다.
⑤ **임대사례비교법**이란 대상물건과 가치형성요인이 같거나 비슷한 물건의 **임대사례와 비교**하여 대상물건의 현황에 맞게 **사정보정, 시점수정, 가치형성요인 비교** 등의 과정을 거쳐 대상물건의 **임대료**를 산정하는 감정평가방법을 말한다.

⑥ **공시지가기준법**이란 대상토지와 가치형성요인이 같거나 비슷하여 유사한 이용가치를 지닌다고 인정되는 **비교표준지의 공시지가를 기준**으로 대상토지의 현황에 맞게 **시점수정, 지역요인 및 개별요인 비교, 그 밖의 요인의 보정**을 거쳐 대상토지의 **가액**을 산정하는 감정평가방법을 말한다.

⑦ **수익환원법**이란 대상물건이 **장래** 산출한 것으로 기대되는 **순수익이나 미래의 현금흐름**을 환원하거나 **할인**하여 대상물건의 **가액**을 산정하는 감정평가방법을 말한다.

⑧ **수익분석법**이란 일반기업 경영에 의하여 산출된 총수익을 분석하여 대상물건이 일정한 기간에 산출할 것으로 기대되는 **순수익**에 대상물건을 계속하여 임대하는 데에 **필요한 경비를 더하여** 대상물건의 **임대료**를 산정하는 감정평가방법을 말한다.

⑨ **감가수정**이란 대상물건에 대한 재조달원가를 감액하여야 할 요인이 있는 경우에 **물리적 감가, 기능적 감가 또는 경제적 감가** 등을 고려하여 그에 해당하는 금액을 **재조달원가에서 공제**하여 기준시점에 있어서의 대상물건의 가액을 적정화하는 작업을 말한다.

⑩ **적정한 실거래가**란 「부동산 거래신고 등에 관한 법률」에 따라 신고된 실제 거래가격으로서 거래 시점이 도시지역은 **3년 이내**, 그 밖의 지역은 **5년 이내**인 거래가격 중에서 감정평가업자가 인근지역의 지가수준 등을 고려하여 감정평가의 기준으로 적용하기에 적정하다고 판단하는 거래가격을 말한다.

⑪ **인근지역**이란 대상부동산이 **속한 지역**으로서 부동산의 **이용이 동질적**이고 가치형성요인 중 **지역요인**을 공유하는 지역을 말한다.

⑫ **유사지역**이란 대상부동산이 **속하지 아니하는 지역**으로 **인근지역과 유사한** 특성을 갖는 지역을 말한다.

⑬ **동일수급권**이란 **대상부동산과 대체·경쟁 관계가 성립**하고 가치형성에 서로 영향을 미치는 관계에 있는 다른 부동산이 존재하는 권역을 말하며, **인근지역과 유사지역을 포함**한다.

⑭ **가치형성요인**이란 대상물건의 **경제적 가치**에 영향을 미치는 **일반**요인, **지역**요인 및 **개별**요인 등을 말한다.

⑮ **기준가치**란 감정평가의 **기준**이 되는 **가치**를 말한다.

⑯ **기준시점**이란 대상물건의 감정평가액을 결정하는 **기준**이 되는 **날짜**를 말한다. 기준시점은 대상물건의 **가격조사를 완료한 날짜**로 한다. 다만, 기준시점을 **미리 정하였을 때**에는 그 날짜에 **가격조사가 가능한 경우에만** 기준시점으로 할 수 있다.

⑰ 감정평가업자는 **소음·진동·일조침해 또는 환경오염** 등으로 대상물건에 직접적 또는 간접적인 피해가 발생하여 대상물건의 가치가 하락한 경우 그 가치하락분을 감정평가할 때에 **소음 등이 발생하기 전의 대상물건의 가액 및 원상회복비용 등을 고려**하여야 한다.

⑱ 감정평가업자가 감정평가를 할 때에는 실지조사를 하여 대상물건을 확인하여야 한다. 다만, 실지조사를 하지 아니하고도 **객관적이고 신뢰할 수 있는 자료를 충분히 확보**할 수 있는 경우에는 **실지조사를 하지 아니할 수 있다.**

3. 감정평가에 관한 규칙(물건별 감정평가)(30회, 31회)

대상	원칙	예외
토지	공시지가기준법	적정한 실거래가(거래사례비교법) 임대료, 조성비용 고려
건물	원가법	
토지와 건물, 집합건물 일괄평가	거래사례비교법	토지와 건물가액 구분표시 가능
건설기계, 항공기, 선박	원가법	효용가치 × : 해체처분가액
자동차, 동산	거래사례비교법	효용가치 × : 해체처분가액
산림	산지, 입목을 구분평가 입목(거래사례비교법)	소경목림 : 원가법 일괄평가 : 거래사례비교법
영업권, 광업재단·공업재단	수익환원법	
임대료	임대사례비교법	
상장주식, 상장채권	거래사례비교법	비상장채권은 수익환원법

① **토지**를 감정평가할 때에는 **공시지가기준법**을 적용하여야 한다. 즉, 감정평가업자가 토지를 감정평가하는 경우에는 그 토지와 이용가치가 비슷하다고 인정되는 「부동산 가격공시에 관한 법률」에 따른 표준지공시지가를 기준으로 하여야 한다. 다만, **적정한 실거래가**가 있는 경우에는 이를 기준으로 할 수 있다. 감정평가업자는 적정한 실거래가를 기준으로 토지를 감정평가할 때에는 **거래사례비교법**을 적용하여야 한다. 단, 해당 토지의 **임대료, 조성비용 등을 고려**하여 감정평가할 수 있다.
② **건물**을 감정평가할 때에 **원가법**을 적용하여야 한다.
③ 「집합건물의 소유 및 관리에 관한 법률」에 따른 구분소유권의 대상이 되는 건물부분과 그 대지사용권을 **일괄**하여 감정평가하는 경우 등 토지와 건물의 **일괄**하여 감정평가할 때에는 **거래사례비교법**을 적용하여야 한다. 이 경우 감정평가액은 합리적인 기준에 따라 토지가액과 건물가액으로 구분하여 표시할 수 있다.
④ **산림**을 감정평가할 때에 **산지와 입목을 구분**하여 감정평가하여야 한다. 이 경우 **입목**은 **거래사례비교법**을 적용하되, **소경목림**(지름이 작은 나무·숲)인 경우에는 **원가법**을 적용할 수 있다. **산지와 입목을 일괄**하여 감정평가할 때에 **거래사례비교법**을 적용하여야 한다.
⑤ **과수원**은 감정평가할 때에 **거래사례비교법**을 적용하여야 한다.
⑥ **자동차** 또는 **동산**을 감정평가할 때에 **거래사례비교법**을 적용하여야 하나, 본래 용도의 효용가치가 없는 물건은 **해체처분가액**으로 감정평가할 수 있다.
⑦ **건설기계, 항공기, 선박**을 감정평가할 때에 **원가법**을 적용하여야 하나, 본래 용도의 효용가치가 없는 물건은 **해체처분가액**으로 감정평가할 수 있다. 선박을 감정평가할 때에 선체·기관·의장별로 구분하여 감정평가하되, 각각 원가법을 적용하여야 한다.

⑧ **임대료**를 감정평가할 때에 **임대사례비교법**을 적용하여야 한다.
⑨ **영업권**, 특허권, 실용신안권, 디자인권, 상표권, 저작권, 전용측선이용권, 그 밖의 무형자산을 감정평가할 때에 **수익환원법**을 적용하여야 한다.
⑩ **공장재단**을 감정평가할 때에 공장재단을 구성하는 **개별 물건의 감정평가액을 합산**하여 감정평가하여야 한다. 다만, **계속적인 수익이 예상**되는 경우 등 **일괄**하여 감정평가하는 경우에는 **수익환원법**을 적용할 수 있다. **광업재단**을 감정평가할 때에 **수익환원법**을 적용하여야 한다.
⑪ 광업권을 감정평가할 때에 광업재단의 감정평가액에서 해당 광산의 현존시설 가액을 빼고 감정평가하여야 한다. 이 경우 광산의 현존시설 가액은 적정 생산규모와 가행조건 등을 고려하여 산정하되 과잉유휴시설을 포함하여 산정하지 아니한다.
⑫ 어업권을 감정평가할 때에 어장 전체를 수익환원법에 따라 감정평가한 가액에서 해당 어장의 현존시설 가액을 빼고 감정평가하여야 한다. 이 경우 어장의 현존시설 가액은 적정생산규모와 어업권 존속기간 등을 고려하여 산정하되 과잉유휴시설을 포함하여 산정하지 아니한다.

제2절 원가방식

> 「감정평가에 관한 규칙」 제2조 【정의】
> 5. "원가법"이란 대상물건의 재조달원가에 감가수정을 하여 대상물건의 가액을 산정하는 감정평가방법을 말한다.
> 6. "적산법"이란 대상물건의 **기초가액**에 **기대이율을** 곱하여 산정된 **기대수익**에 대상물건을 계속하여 임대하는 데에 **필요한 경비를** 더하여 대상물건의 임대료를 산정하는 감정평가방법을 말한다.

1. 원가법 (28회, 29회, 31회, 32회)

(1) 적산(복성)가액 공식

2. 재조달원가

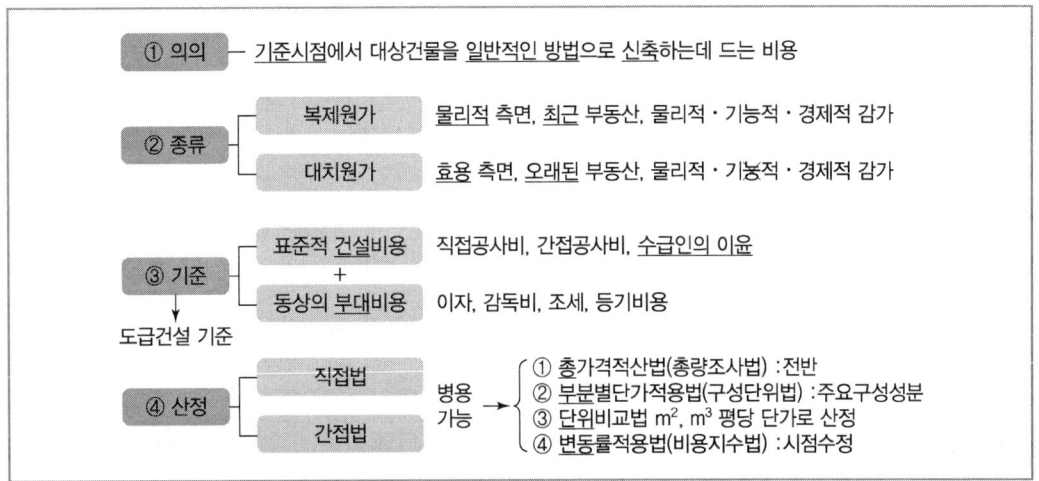

> **핵심** 재조달원가 산정방법

1. **지수법** : 신축공사비 × $\dfrac{\text{기준시점지수}}{\text{건축시점지수}}$

   - 사용승인일의 신축공사비 : 6천만원(신축공사비는 적용함)
   - 사용승인일 : 2018.9.1.
   - 기준시점 : 2020.9.1.
   - 건축비지수
     – 2018.9.1. = 100
     – 2020.9.1. = 110

   ⇨ 재조달원가 = 6천만원 × $\dfrac{\text{기준시점지수}(110)}{\text{건축시점지수}(100)}$ = 6천 6백만원

2. **변동률적용법** : 신축공사비 × $(1+r)^n$ ⇨ (r : 변동률, n : 기간)

   - 신축에 의한 사용승인시점 : 2016.9.20.
   - 기준시점 : 2018.9.20.
   - 사용승인시점의 신축공사비 : 3억원(신축공사비는 적정함)
   - 공사비 상승률 : 매년 전년 대비 5%씩 상승

   ⇨ 재조달원가 = 3억원 × $(1.05)^2$ = 330,750,000원

3. **m²당 재조달원가 산정**
   ① **신축공사비 산정** : 직접공사비 + 간접공사비 + 수급인의 적정이윤 + 통상의 부대비용
   ② **재조달원가의 산정** : 신축공사비의 시점수정 ⇨ 지수법 또는 변동률적용법 적용

③ m²당 재조달원가 산정 : 재조달원가÷연면적

- A건물은 10년 전에 준공된 4층 건물이다.
  (대지면적 400m², 연면적 1,250m²)
- A건물의 준공 당시 공사비 내역(단위 : 천원)
  직접공사비 : 270,000   간접공사비 : 30,000
  공사비 계 : 300,000   개발업자의 이윤 : 60,000
  총계 : 360,000
- 10년 전 건축비지수 100, 기준시점 현재 135

⇨ m²당 재조달원가 = 360,000,000원 × $\frac{135}{100}$ ÷ 1,250m² = 388,800원/m²

비교정리	복제원가	대치원가
	물리적 측면, (물·기·경)감가	효용 측면, (물·경)감가

비교정리	건설비용	부대비용
	직·공, 간·공, 수급인 이윤	이자, 감독비, 조세, 등기비

> 암기 | 재조달원가
>
> 1. 재조달원가는 **기준시점**에서 **신축**하는데 드는 비용을 말한다(건축시점 ×, 신축시점 ×, 취득시점 ×).
> 2. 재조달원가의 종류는 **물리적 측면**의 복제원가와 **효용 측면**의 대치원가로 나누어진다.
> 3. 대치원가의 경우에는 **기능적 감가를 행하지 않는다**('대·기·없다'로 암기).
> 4. 재조달원가는 자가건설과 도급건설에 관계없이 언제나 **도급건설을 기준**으로 한다.
> 5. 재조달원가 = 표준적 **건설비용** + 통상의 **부대비용**
> 6. **표준적 건설비용**(3) : 직접공사비, 간접공사비, 수급인의 적정이윤
> 7. 수급인의 적정이윤은 통상의 부대비용이 아니라 **표준적 건설비용에 포함**된다는 것에 유의

대표유형문제

다음 건물의 m²당 재조달원가는? (25회)

- 20년 전 준공된 5층 건물(대지면적 500m², 연면적 1,450m²)
- 준공 당시의 공사비내역
  - 직접공사비 : 300,000,000원
  - 간접공사비 : 30,000,000원
  - 개발업자의 이윤 : 70,000,000원
- 20년 전 건축비지수 : 100, 기준시점 건축비지수 : 145

해설 | • 재조달원가: 400,000,000원 × $\frac{145}{100}$ = 580,000,000원

- m²당 재조달원가 = $\frac{580,000,000원(재조달원가)}{1,450m^2(연면적)}$ = 400,000원/m²

정답 | 400,000원

3. 감가요인

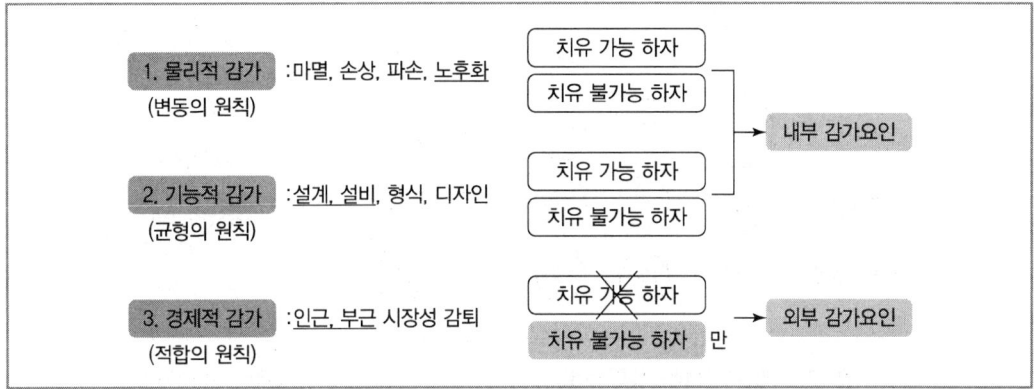

비교 정리	물	기	경
	마멸, 손상, 파손, 노후화	설계, 설비, 형식, 디자인	인근, 부근, 시장성 ⇩

> 암기 | 감가요인
> 1. ① 물리적 감가(변동의 원칙) : 마멸, 손상, 파손, 노후화
>   ② 기능적 감가(균형의 원칙) : 설계, 설비, 형식, 디자인
>   ③ 경제적 감가(적합의 원칙) : 인근, 부근, 시장성 감퇴
> 2. 물리적 감가와 기능적 감가는 내부감가로서 치유 가능 하자와 치유 불가능 하자 모두 존재한다.
> 3. 경제적 감가는 외부감가로서 치유가능한 하자는 없고, 치유 불가능한 하자만 존재한다.

4. 감가수정의 방법(29회, 31회, 32회)

감가수정이란 대상물건에 대한 재조달원가를 감액하여야 할 요인이 있는 경우에 **물리적 감가, 기능적 감가 또는 경제적 감가** 등을 고려하여 그에 해당하는 금액을 **재조달원가에서 공제**하여 기준시점에 있어서의 대상물건의 가액을 적정화하는 작업을 말한다.

(1) 내용연수에 의한 방법

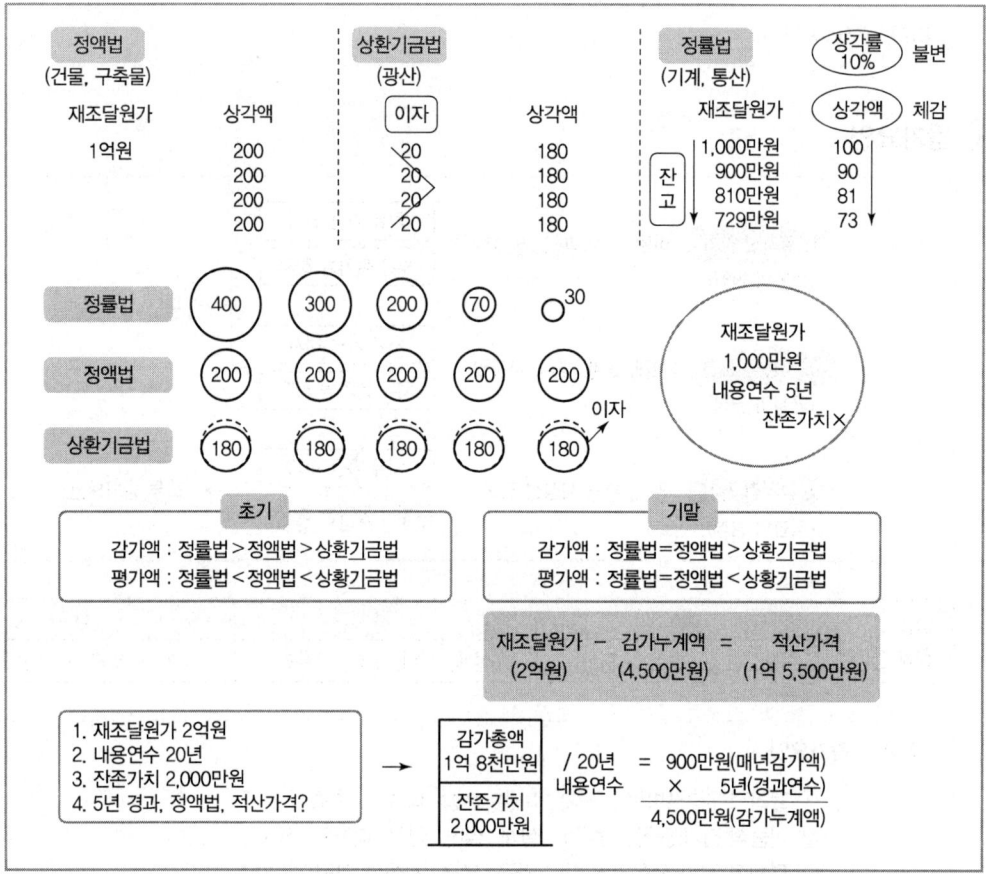

비교 정리	률	액	기
	상각액 감소	상각액 불변	이자
	400	200	180

> **암기** 감가수정방법

1. 내용연수 = **경과연수** + **잔존연수**
2. 물리적 내용연수(버팀, 장기) > **경제적** 내용연수(수익, 중시)
3. **유효내용연수** : 부동산의 관리상태에 따라 **조정된** 내용연수
4. **부동산의 관리상태 양호** : 실제경과연수가 유효경과연수보다 **길다**(실제경과연수 > 유효경과연수).
5. **감가수정방법** : 내용연수법(**률·액·기**), 관찰감가법, 분해법, 시장추출법, 임대료손실환원법
6. 정률법(400·300·200·70·30), 정액법(200×5), 상환기금법(180×5)
7. 상환기금법은 정액법보다 **감가액**은 이자만큼 적어지고, **평가액**은 이자만큼 커진다.
8. 정률법은 **상각률**은 **불변**(10%)이고 상각액이 **체감**(400·300·200·70·30)한다.
9. 관찰감가법은 실무적인 방법으로 평가사에 따라 **주관적**이다(객관적 ×).
10. **기초**의 감가액의 크기나 평가액의 크기나 '**률·액·기**'순으로 셋팅 후 부등호로 구분
11. **기말**의 감가액의 크기와 평가액의 크기는 위의 셋팅값에서 **정률법과 정액법이 같아짐**

(2) 감가수정과 감가상각

감가수정	감가상각
감정평가 – 가치산정	기업회계 – 재정상태파악
재조달원가	취득원가(장부가격)
경제적(잔존) 연수	법정(경과)연수
물리적 · 기능적 · 경제적 감가	물리적 · 기능적 감가
관찰감가법 인정	관찰감가법 불인정
실제와 일치, 시장성 고려	실제와 불일치, 시장성 ×
현존 물건만을 대상으로 함	멸실 후 상각은 계속됨
상각자산(비상각 인정)	상각자산에만 인정

⇨

취득원가 1,000만원 법정연수 5년 물리적, 기능적 관찰×		
1년	200	
2년	200	멸실
3년	200	
4년	200	상각
5년	200	계속

비교정리	감가수정	감가상각
	평가 · 가액, 재조달원가, 경제적 연수, 물 · 기 · 경 감가, 관찰 ○	회계 · 비용배분, 취득원가, 법정연수 물 · 기 감가, 관찰 ×

> **암기** 감가수정과 감가상각
> 1. **감가수정** : **평가**, **가치산정**, **재조달원가**, **경제적 연수**, 물 · 기 · 경 감가, 관찰감가 ○
> 2. **감가상각** : **회계**, **비용**배분, **취득원가**, **법정연수**, 물 · 기 · × 감가, 관찰감가 ×

대표유형문제

01 원가법에 의한 대상물건 기준시점의 감가수정액과 적산가액은? (25회)

- 준공시점 : 2009년 6월 30일
- 기준시점 : 2014년 6월 30일
- 기준시점 재조달원가 : 200,000,000원
- 경제적 내용연수 : 50년
- 감가수정은 정액법에 의하고, 내용연수 만료시 잔존가치율은 10%

해설 | 매년감가액 : $\frac{2억원 - 2천만원}{50년}$ = 360만원

- 감가누계액(감가수정액): 매년감가액(360만원) × 경과연수(5년) = 18,000,000원
- 적산가액: 재조달원가(200,000,000원) − 감가누계액(18,000,000원) = 182,000,000원

정답 | 감가수정액: 18,000,000원, 적산가액: 182,000,000원

02 원가법에 의한 대상물건의 적산가액은? (단, 주어진 조건에 한함) (29회)

- 신축에 의한 사용승인시점 : 2016.9.20.
- 기준시점 : 2018.9.20.
- 사용승인시점의 신축공사비 : 3억원(신축공사비는 적정함)
- 공사비 상승률 : 매년 전년 대비 5%씩 상승

- 경제적 내용연수 : 50년
- 감가수정방법 : 정액법, 내용연수 만료시 잔존가치 없음

해설 | 적산가액 = 재조달원가(330,750,000원) − 감가누계액(13,230,000원) = 317,520,000원
- 재조달원가(330,750,000원) = 3억원 × $(1.05)^2$
- 매년감가액(6,615,000원) = $\dfrac{감가총액(330,750,000원)}{내용연수(50년)}$
- 감가누계액(13,230,000원) = 매년감가액(6,615,000원) × 경과연수(2년)

정답 | 317,520,000

03 원가법으로 산정한 대상물건의 적산가액은? (단, 주어진 조건에 한함) (31회)

- 사용승인일의 신축공사비 : 6천만원(신축공사비는 적용함)
- 사용승인일 : 2018. 9. 1.
- 기준시점 : 2020. 9. 1.
- 건축비지수
  − 2018. 9. 1. = 100
  − 2020. 9. 1. = 110
- 경제적 내용연수 : 40년
- 감가수정방법 : 정액법
- 내용연수 만료시 잔가율 : 10%

① 57,300,000원 ② 59,300,000원 ③ 62,700,000원
④ 63,030,000원 ⑤ 72,600,000원

해설 | 적산가액(63,030,000원) = 재조달원가(66,000,000원) − 감가누계액(2,970,000원)
- 재조달원가(6천 6백만원) = 6천만원 × $\dfrac{기준시점\ 지수(110)}{신축시점\ 지수(100)}$
- 매년감가액(1,485,000원) = $\dfrac{감가총액(6천\ 6백만원\ -\ 6백\ 6십만원)}{내용연수(40년)}$
- 감가누계액(2,970,000원) = 매년감가액(1,485,000원) × 경과연수(2년)
[계산기] 60,000,000 × 1.1 = 66,000,000 − 10% ÷ 40 × 2 − 660,000,000 = −63,030,000원

정답 | ④

04 원가법에 의한 공장건물의 적산가액은? (단, 주어진 조건에 한함) (28회)

- 신축공사비 : 8,000만원
- 준공시점 : 2015년 9월 30일
- 기준시점 : 2017년 9월 30일
- 건축비지수 : 2015년 9월 ⇨ 100, 2017년 9월 ⇨ 125
- 전년 대비 잔가율 : 70%
- 신축공사비는 준공 당시 재조달원가로 적정하며, 감가수정방법은 공장건물이 설비에 가까운 점을 고려하여 정률법을 적용함

해설 | 재조달원가(1억원) = 신축공사비(8,000만원) × $\frac{\text{기준시점지수 125}}{\text{준공시점지수 100}}$

- 적산가액 = 재조달원가 × (전년 대비 잔가율)^n
- 적산가액(4,900만원) = 재조달원가(1억원) × $(0.7)^2$

계산기 100,000,000 × 0.7 × 0.7 = 49,000,000

정답 | 4,900만원

5. 적산법(27회)

적산법이란 대상물건의 **기초가액**에 **기대이율**을 곱하여 산정된 기대수익에 대상물건을 계속하여 **임대하는 데에 필요한 경비를 더하여** 대상물건의 임대료를 산정하는 감정평가방법을 말한다.

| 적산임료 | = | 기초가액 | × | 기대이율 | + | 필요제경비 |

비교정리	원가	적산가액	적산	적산임료
	재조달 − 감가		기초 × 기대 + 필요	

(1) **기초가액** : 임대료 산정시 임대해당 부분의 기초가 되는 가액
(2) **기대이율** : 임대차에서 임대기간 동안의 기대수익률
(3) **필요제경비** : 감 유 조 손 대 공 정

구분	포함되는 것	포함되지 않는 것
① 감가상각비	감가상각비	대수선비, 공익비, 부가사용료(별도처리) 교체비용, 자본적 지출(가치증가)
② 유지관리비	수선비, 유지비(수익적 지출)	
③ 조세공과금	재산세, 도시계획세, 수익자 부담금	법인세, 소득세, 취·등록세, 상속·증여세
④ 손해보험	소멸성 보험료	비소멸성 보험료
⑤ 대손준비금	대손준비금(결손준비비)	임차보증금이 수된 경우
⑥ 공실손실 상당액	공실 등에 의한 손실 상당액	언제나 만실일 경우
⑦ 정상운영자금 이자	고정자산세의 일시납입 일시상여금지급에 사용되는 금액	임대인의 자기자금의 이자, 건설자금의 이자, 1년 이상의 장기 차입금 이자

> 암기 적산법
> 1. **적산임료 = 기초가액 × 기대이율 + 필요제경비** ⇨ 기·기·필
> 2. 기초가액에 기대이율을 곱한 값은 **순임대료** ⇨ 기·기
> 3. 기초가액에 기대이율을 곱하고 필요제경비를 더한 값은 **총(적산)임대료** ⇨ 기·기·필
> 4. 필요제경비에 포함되는 항목과 불포함되는 항목을 구분할 것
> 5. 공실, 감가상각비, 대손충당금은 필요제경비에는 포함되나 영업경비에는 불포함 ⇨ 나머지 항목은 유사

> **대표유형문제**
>
> 시장가치 10억원, 기초가액 5억원, 기대이율 10%, 환원이율 12%, 영업경비 500만원, 필요제경비 300만원일 경우 적산임료는? (25회)
>
> **해설 |** 적산임료(5,300만원) = 기초가액(5억원) × 기대이율(10%) + 필요제경비(300만원)
> **정답 |** 53,000,000원

제3절 비교방식

> **「감정평가에 관한 규칙」 제2조 【정의】**
> 7. "거래사례비교법"이란 대상물건과 가치형성요인이 같거나 비슷한 물건의 거래사례와 비교하여 대상물건의 현황에 맞게 사정보정, 시점수정, 가치형성요인 비교 등의 과정을 거쳐 대상물건의 가액을 산정하는 감정평가방법을 말한다.
> 8. "임대사례비교법"이란 대상물건과 가치형성요인이 같거나 비슷한 물건의 임대사례와 비교하여 대상물건의 현황에 맞게 사정보정, 시점수정, 가치형성요인 비교 등의 과정을 거쳐 대상물건의 임대료를 산정하는 감정평가방법을 말한다.
> 9. "공시지가기준법"이란 「감정평가 및 감정평가사에 관한 법률」 제3조 제1항 본문에 따라 대상토지와 가치형성요인이 같거나 비슷하여 유사한 이용가치를 지닌다고 인정되는 비교표준지의 공시지가를 기준으로 대상토지의 현황에 맞게 시점수정, 지역요인 및 개별요인 비교, 그 밖의 요인의 보정을 거쳐 대상토지의 가액을 산정하는 감정평가방법을 말한다.

1. 거래사례비교법(28회, 29회, 30회, 31회, 32회)

비준가액	= 거래사례 × 사정보정 × 시점수정 × 가치형성요인비교
토지가격	= 비교표준지 × 시점수정 × 지역요인 비교 × 개별요인 비교 × 그 밖의 보정
비준임료	= 임대사례 × 사정보정 × 시점수정 × 가치형성요인비교

✎ **거래사례비교법의 장단점**
  1. 장점 : 가장 **널리** 이용, 이해**쉽고**, **설득력** 높음
  2. 단점 : **주관적** 과거가격, **신뢰도문제**(호황, 불황)

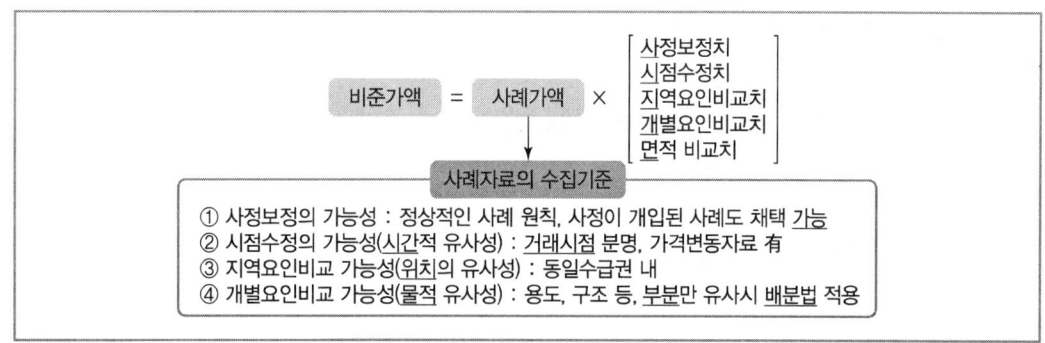

비교정리	특수사정개입	거래시점불분명	부분일치
	채택 가능	채택 불가능	채택 가능

> **암기** 거래사례비교법
> 1. 특수한 **사정**이 개입된 사례도 사례자료로 **채택 가능**(사정보정 가능시)
> 2. **거래시점**을 알 수 없으면 사례자료로 **채택 불가능**
> 3. 나지와 건부지도 토지라는 부분적 유사성이 있어 사례자료로 **채택이 가능**(배분법 적용)
> 4. 배분법 : 부분만 일치하는 경우 적용(배·공·비)
>   ① 공제방식 : 다른 유형 공제, ② 비율방식 : 같은 유형 곱함

2. 거래사례의 정상화

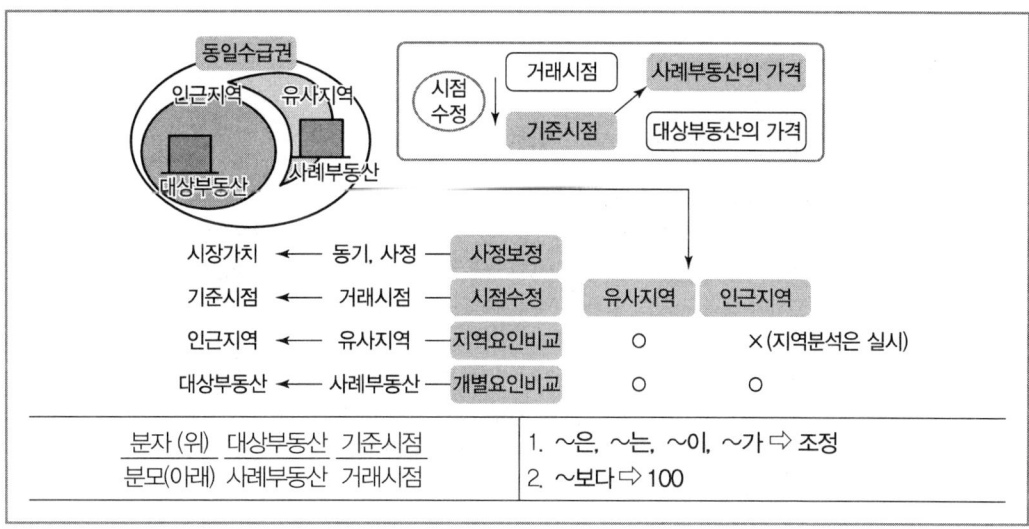

(1) **사정보정**(매매상황 및 조건에 대한 수정)

① 사정, 동기개입 ⇨ **시장가치**
② 고가거래는 **감액**하여 보정, 저가거래는 **증액**보정(**표준지 – 사정보정 ×**)

(2) 시점수정(시장상황에 대한 수정)

① 거래시점 ⇨ **기준시점**
② 시점수정된 가격은 **기준시점**의 **사례부동산**의 가격이 된다.
③ **시점수정 방법**(시 지 변)

　　㉠ 지수법 = $\dfrac{\text{기준시점지수}}{\text{거래시점지수}}$

　　㉡ 변동률적용법 = $(1+r)^n$

비교 정리	사정보정	시점수정
	사정개입, 고가·저가 ⇨ 시장가치	거래시점 ⇨ 기준시점

(3) 지역요인 및 개별요인비교

① **사례부동산이 유사지역에 존재** : 지역요인비교 후 개별요인비교
② **사례부동산이 인근지역에 존재** : 지역요인비교 생략, 개별요인만 비교
③ **지역요인 및 개별요인 비교방법**(지 개 종 평)

　　㉠ **종합적 비교법** : 종합적 비교, 부정확
　　㉡ **평점법** : 항목별 비교, 정확

비교 정리	유사지역	인근지역
	지역요인비교 후 개별요인비교	지역요인비교 생략, 개별요인만 비교

> **암기** | **사례자료의 정상화**
>
> 1. $\dfrac{\text{대상부동산}}{\text{사례부동산}}$, 대상부동산은 **분자**, 사례부동산은 **분모**
> 2. **사정보정**(매매상황 및 조건에 대한 수정)
>   ① 정상적인 거래나 표준지공시지가를 기준으로 토지가격 산정시 **사정보정 생략**
>   ② 매수자가 낡은 건물의 철거를 전제로 부동산을 매입한 경우 : **철거비를 더한** 가격으로 보정
>   ③ 매도자가 낡은 건물의 철거를 전제로 부동산을 매입한 경우 : 정상적인 거래, 사정보정 ×
> 3. **시점수정**(시장상황에 대한 수정) : 거래시점을 **기준시점**으로 수정하는 작업(현재시점 ×)
>   ① 거래시점과 기준시점이 일치하거나 시장상황의 변동이 없으면 시점수정 생략 가능
>   ② 시점수정된 가격은 **기준시점**에서 **사례부동산의** 가격(기준시점에서 대상부동산가격 ×)
>   ③ 시점수정 시 **변동률이** 10%인 경우 1.1, 변동률이 5%인 경우 1.05를 적용
> 4. **지역요인비교 및 개별요인비교**
>   ① 유사지역에서 사례자료를 구한 경우 : **지역요인비교 후, 개별요인비교**
>   ② 인근지역에서 사례자료를 구한 경우 : **지역요인비교(지역분석×) 생략, 개별요인만 비교**
>   　　⇨ 사례자료를 인근지역에서 구한 경우에도 **지역요인비교만 생략** 가능(지역분석 실시, 개별분석 실시, 개별요인비교 실시)

3. 토지가액의 산정

> **핵심** | **토지가격의 산정**
>
> 1. 감정평가업자와 토지를 감정평가하는 경우에는 그 토지와 이용가치가 비슷하다고 인정되는 「부동산 가격공시에 관한 법률」에 따른 **표준지공시지가를 기준**으로 하여야 한다. 다만, **적정한 실거래가**가 있는 경우에는 이를 기준으로 할 수 있다.
> 2. 적정한 실거래가를 기준으로 토지를 감정평가할 때에는 거래사례비교법을 적용하여야 한다.
> 3. 해당 토지의 임대료, 조성비용 등을 고려하여 감정평가할 수 있다.
>
> ✎ **적정한 실거래가**란 「부동산 거래신고에 관한 법률」에 따라 신고된 실제 거래가격으로서 거래 시점이 도시지역은 **3년 이내**, 그 밖의 지역은 **5년 이내**인 거래가격 중에서 감정평가업자가 인근지역의 지가수준 등을 고려하여 감정평가의 기준으로 적용하기에 적정하다고 판단하는 거래가격을 말한다.

(1) 토지가액산정의 과정

비교표준지 선정 ⇨ 시점수정 ⇨ 지역요인 비교 ⇨ 개별요인 비교 ⇨ 그 밖의 요인 보정

① **공시지가기준법** 적용 : 표준지공시지가 기준
② **거래사례비교법** 적용 : 적정한 실거래가 기준
③ **임대료, 조성비용** 기준

(2) 토지가액의 산정

토지가액 = 표준지공시지가 × 시점수정치 × 지역요인비교치 × 개별요인비교치 × 면적비교치

① **비교표준지 선정**
  ㉠ 인근지역에 있는 표준지 선정(예외적으로 유사지역에 있는 표준지를 선정 가능)
  ㉡ 표준지공시지가를 기준으로 토지가격 산정시 사정보정을 하지 않는다.
② **시점수정** : 국토교통부장관이 조사·발표하는 비교표준지가 있는 시·군·구의 같은 용도지역 지가변동률을 적용할 것
  ㉠ 공법상 제한이 같거나 비슷한 용도지역의 지가변동률, 이용상황별 지가변동률 또는 해당 시·군·구의 평균지가변동률을 적용할 것
  ㉡ 지가변동률을 적용하는 것이 불가능하거나 적절하지 아니한 경우에는 한국은행이 조사·발표하는 생산자물가지수에 따라 산정된 **생산자물가상승률**을 적용할 것

비교 정리	표준지	인근지역
	사정보정 생략 (시점수정은 해야)	지역요인비교 생략 (개별요인비교는 해야)

대표유형문제

01 「감정평가에 관한 규칙」에서 정한 공시지가기준법으로 평가한 토지평가액(원/m²)은? (26회)

- 기준시점 : 2015. 10. 24.
- 소재지 등 : A시 B구 C동 177, 제2종 일반주거지역, 면적 200m²
- 비교표준지 : A시 B구 C동 123, 제2종 일반주거지역, 2015. 1. 1. 공시지가 2,000,000원/m²
- 지가변동률(2015. 1. 1.~2015. 10. 24.) : A시 B구 주거지역 5% 상승
- 지역요인 : 대상토지가 비교표준지의 인근지역에 위치하여 동일
- 개별요인 : 대상토지가 비교표준지에 비해 가로조건은 5% 열세, 환경조건은 20% 우세

해설 | 2,000,000원×지가변동률(1.05)×가로조건$\left(\frac{95}{100}\right)$×환경조건$\left(\frac{120}{100}\right)$=2,394,000원

계산기 2,000,000×1.05×0.95×1.2=2,394,000

정답 | 2,394,000원

---

02 다음 자료를 활용하여 거래사례비교법으로 산정한 대상토지의 감정평가액은? (29회)

- 대상토지 : A시 B동 150번지, 토지 120m² 제3종 일반주거지역
- 기준시점 : 2018. 9. 1.
- 거래사례의 내역
  - 소재지 및 면적 : A시 B동 123번지, 토지 100m²
  - 용도지역 : 제3종 일반주거지역
  - 거래사례가액 : 3억원
  - 거래사례의 사정보정 요인은 없음
- 지가변동률(2018. 3. 1.~9. 1.) : A시 주거지역 4% 상승함
- 지역요인 : 대상토지는 거래사례의 인근지역에 위치함
- 개별요인 : 대상토지는 거래사례에 비해 5% 열세함
- 상승식으로 계산할 것

해설 | 비준가액(355,680,000원)=3억원×1.2×1.04×0.95
   1. 면적비교치(1.2), 2. 시점수정치(1.04), 3. 개별요인비교치(0.95)
   계산기 300,000,000×1.2×1.04×0.95=355,680,000

정답 | 355,680,000원

---

03 다음 자료를 활용하여 공시지가기준법으로 평가한 대상토지의 가액(원/m²)은? (단, 주어진 조건에 한함) (30회)

- 소재지 등: A시 B구 C동 100, 일반상업지역, 상업용
- 기준시점: 2019. 10. 26.
- 표준지공시지가(A시 B구 C동, 2019. 01. 01. 기준)

기호	소재지	용도지역	이용상황	공시지가(원/m²)
1	C동 90	일반공업지역	상업용	1,000,000
2	C동 110	일반상업지역	상업용	2,000,000

- 지가변동률(A시 B구, 2019.01.01.~2019.10.26.)
  - 공업지역 : 4% 상승
  - 상업지역 : 5% 상승
- 지역요인 : 표준지와 대상토지는 인근지역에 위치하여 지역요인은 동일함
- 개별요인 : 대상토지는 표준지 기호 1, 2에 비해 각각 가로조건에서 10% 우세하고, 다른 조건은 동일함(상승식으로 계산할 것)
- 그 밖의 요인으로 보정할 사항 없음

① 1,144,000원 ② 1,155,000원 ③ 2,100,000원
④ 2,288,000원 ⑤ 2,310,000원

해설 | 토지가액(2,310,000) = 2,000,000 × 1.05 × 1.1
소재지 토지가 일반상업지역, 상업용이므로 기호 2의 표준지 사례를 채택한다.
상업지역의 지가상승률 5%이다. ⇨ 1.05
대상토지의 가로조건이 10% 우세하다. ⇨ 1.1
[계산기] 2,000,000 × 1.05 × 1.1 = 2,310,000

정답 | ⑤

04 다음 자료를 활용하여 거래사례비교법으로 산정한 대상토지의 비준가액은? (단, 주어진 조건에 한함)
(31회)

- 평가대상토지 : X시 Y동 210번지, 대, 110m², 일반상업지역
- 기준시점: 2020.9.1.
- 거래사례
  - 소재지 : X시 Y동 250번지
  - 지목 및 면적 : 대, 120m²
  - 용도지역 : 일반상업지역
  - 거래가격 : 2억 4천만원
  - 거래시점 : 2020.2.1.
  - 거래사례는 정상적인 매매임
- 지가변동률(2020.2.1.~9.1.) : X시 상업지역 5% 상승
- 지역요인 : 대상토지는 거래사례의 인근지역에 위치함
- 개별요인 : 대상토지는 거래사례에 비해 3% 우세함
- 상승식으로 계산할 것

해설 | 비준가액(237,930,000원) = 2억 4천만원 × $\frac{110}{120}$ × 1.05 × 1.03

1. 면적비교치($\frac{110}{120}$), 2. 시점수정치(1.05), 3. 개별요인비교치(1.03)

[계산기] 240,000,000 × 110 ÷ 120 × 1.05 × 1.03 = 237,930,000

정답 | 237,930,000원

05 다음 자료를 활용하여 공시지가기준법으로 산정한 대상토지의 가액(원/m²)은? (단, 주어진 조건에 한함)
(32회)

- 대상토지 : A시 B구 C동 320번지, 일반상업지역
- 기준시점 : 2021.10.30.
- 비교표준지 : A시 B구 C동 300번지, 일반상업지역, 2021.01.01. 기준 공시지가 10,000,000원/m²
- 지가변동률(A시 B구, 2021.01.01.~2021.10.30.) : 상업지역 5% 상승
- 지역요인 : 대상토지와 비교표준지의 지역요인은 동일함
- 개별요인 : 대상토지는 비교표준지에 비해 가로조건 10% 우세, 환경조건 20% 열세하고, 다른 조건은 동일함(상승식으로 계산할 것)
- 그 밖의 요인 보정치 : 1.50

해설 | 10,000,000원 × 지가변동률(1.05) × 가로조건 $\left(\frac{110}{100}\right)$ × 환경조건 $\left(\frac{80}{100}\right)$ × 그 밖의 보정(1.50)

= 13,860,000원

계산기 10,000,000 × 1.05 × 1.1 × 0.8 × 1.5 = 13,860,000원

정답 | 13,860,000원

06 감정평가의 대상이 되는 부동산(이하 대상부동산이라 함)과 거래사례부동산의 개별요인 항목별 비교내용이 다음과 같은 경우 상승식으로 산정한 개별요인비교치는? (단, 주어진 조건에 한하며, 결괏값은 소수점 넷째 자리에서 반올림함)
(29회)

- 가로의 폭·구조 등의 상태에서 대상부동산이 5% 우세함
- 고객의 유동성과의 적합성에서 대상부동산이 3% 열세함
- 형상 및 고저는 동일함
- 행정상의 규제정도에서 대상부동산이 4% 우세함

해설 | 1.05 × 0.97 × 1.04 = 1.05924, 소수점 넷째 자리에서 반올림하면 1.059가 된다.
정답 | 1.059

07 다음 (   )에 들어갈 숫자를 순서대로 나열한 것은? (단, 주어진 조건에 한함)
(28회)

㉠ 원가법 적용시, 경제적 내용연수 30년, 최종잔가율 10%, 정액법으로 감가수정 할 경우, 재조달원가 대비 매년 감가액의 비율은 (   )%다.
㉡ 거래사례비교법 적용시, 거래사례가 인근 정상 거래가격 대비 20% 저가에 매도된 것을 확인하고 사정보정치에 (   )를(을) 적용했다.

해설 | ㉠ 재조달원가에서 최종 잔가율 10%를 제외한 90%가 경제적 내용연수 30년 동안 정액법으로 상각이 되면, 재조달원가 대비 감가액의 비율은 3%$\left(\frac{90\%}{30년}\right)$이다.

㉡ 정상가 1억원이 20% 저가에 거래가 된다면 8,000만원에 거래가 된 것이다. 이것을 다 정상가 1억원으로 사정보정하려면 8,000만원에 1.25의 사정보정치를 적용하여야 한다.

정답 | ㉠ 3%, ㉡ 1.25

4. 임대사례비교법

임대사례비교법이란 대상물건과 가치형성요인이 같거나 비슷한 물건의 **임대사례와 비교**하여 대상물건의 현황에 맞게 **사정보정, 시점수정, 가치형성요인 비교 등의 과정**을 거쳐 대상물건의 **임대료**를 산정하는 감정평가방법을 말한다.

> 비준임료 = 사례임료 × (사정보정치 × 시점수정치 × 지역요인비교치 × 개별요인비교치 × 면적 × 계약조건비교)

제4절 │ 수익방식

> 「감정평가에 관한 규칙」 제2조 【정의】
> 10. "수익환원법"이란 대상물건이 장래 산출할 것으로 기대되는 순수익이나 미래의 현금흐름을 환원하거나 할인하여 대상물건의 가액을 산정하는 감정평가방법을 말한다.
> 11. "수익분석법"이란 일반기업 경영에 의하여 산출된 총수익을 분석하여 대상물건이 일정한 기간에 산출할 것으로 기대되는 순수익에 대상물건을 계속하여 임대하는 데에 **필요한 경비**를 더하여 대상물건의 임대료를 산정하는 감정평가방법을 말한다.

1. 수익환원법 (28회, 30회, 31회, 32회)

> 1. 수익가액 = $\dfrac{\text{순수익(순영업소득)}}{\text{환원이율}}$
> 2. 환원이율 = 자본수익률(할인율) + 자본회수율(상각률)

2. 환원이율 (31회)

> 1. 환원이율 = 자본수익률(할인율) + 자본회수율(상각률)
> 2. 환원이율 = $\dfrac{\text{순수익(순영업소득)}}{\text{가격}}$
> 3. 환원이율 = 저당상수 × 부채감당률 × 대부비율 ⇨ 부채감당법
> 4. 환원이율 = 순수이율 + 위험률 ⇨ 조성법
> 5. 환원이율 = (지분비율 × **지분배당률**) + (저당비율 × 저당상수)
>   = (토지비율 × **토지환원이율**) + (건물비율 × 건물환원이율)

비교 정리	+	÷	×
	자·수(할, 순수)+자·회(상, 위험)	$\dfrac{순영업소득}{가격}$	저×부×대

> **암기** 환원이율의 구성
>
> 1. 환원이율 = 자본수익률(할인율) + 자본회수율(상각률)
>   ⇨ 상각률 = $\dfrac{1}{n}$ (20년 = 5%, 50년 = 2%)
>   ① 토지의 개별 환원이율 = 자본수익률(할인율)
>   ② 건물의 개별 환원이율 = 자본수익률(할인율) + 자본회수율(상각률)
> 2. 환원이율 = $\dfrac{순수익(순영업소득)}{가격}$
> 3. 환원이율(부채감당법) = 저당상수 × 부채감당률 × 대부비율 ⇨ 부채감당률 = $\dfrac{순영업소득}{부채서비스액}$
> 4. 환원이율(조성법) = 순수이율 + 위험률
> 5. 환원이율 = (지분비율 × 지분배당률) + (저당비율 × 저당상수)
>   = (토지비율 × 토지환원이율) + (건물비율 × 건물환원이율)

3. 환원이율의 산정방법 – 시·조·투·엘·부

1. 시장추출법	거래(매매)사례로부터 환원이율을 산정
2. 조성법 (요소구성법)	환원이율 = 순수이율 + 위험률, 요구수익률 산정과 유사, 주관개입 저당·세금 불고려
3. 투자결합법	① 물리적 투자결합법 : 순수익을 발생하는 능력은 토지와 건물이 서로 다르며, 분리될 수 있다는 가정 하에 근거하여 성립
	② 금융적 투자결합법 : 저당투자자의 요구수익률과 지분투자자의 요구수익률이 서로 다르며, 분리할 수 있다는 가정하에 근거하여 성립
4. 엘우드법 (저당지분환원법)	지분투자자(차입자) 입장, 매 기간의 현금수지, 가치변화분, 지분형성분 세전현금수지 기준(저당 고려, 세금 불고려)
5. 부채감당법	저당투자자(대출자) 입장, 환원이율 = 저당상수 × 부채감당률 × 대부비율

> **암기** 환원이율의 산정방법
>
> 1. **시장추출법**은 거래사례(매매사례)로부터 환원이율을 산정(대상부동산 ×)
> 2. **조성법(요소구성법)**은 요구수익률의 산정방법과 유사하게 환원이율 산정, 주관적(객관적 ×)
> 3. **투자결합법**은 다르며, 분리될 수 있다(동일하며 ×, 분리될 수 없다 ×).
> 4. **엘우드법**은 **지분투자자** 입장, **부채감당법**은 **저당투자자** 입장 ⇨ 엘·지 / 부·저
> 5. 엘우드법(3 – 매 기간, 가치변화분, 지분형성분), 부채감당법(3 – 저당상수, 부채감당률, 대부비율)

대표유형문제

01 다음 자료를 이용해 환원이율(capitalization rate)을 바르게 계산한 것은? (18회)

- 총투자액 : 200,000천원
- 연간 가능총소득 : 19,500천원
- 연간 공실에 따른 손실 : 500천원
- 연간 기타 소득 : 1,000천원
- 연간 영업경비 : 연간 유효총소득의 40%

해설 | 환원이율 = $\dfrac{\text{순영업소득}}{\text{가격}}$ = $\dfrac{1,200만원}{2억원}$ = 6%

- 가능(19,500,000원) − 공실(500,000원) + 기타(1,000,000원) = 유효총소득(20,000,000원)
- 유효총소득(20,000,000원) − 영업경비(8,000,000원) = 순영업소득(12,000,000원)

[계산기] 19,500,000 − 500,000 + 1,000,000 − 40% ÷ 200,000,000 = 0.06

정답 | 6%

02 다음 조건에서 대상부동산의 수익가치 산정시 적용할 환원이율은? (24회)

- 순영업소득 : 연 30,000,000원
- 부채서비스액 : 연 15,000,000원
- 지분비율 : 대부비율 = 60% : 40%
- 저당상수 : 0.177
- 대출조건 : 이자율 연 12%로 10년간 매년 원리금균등상환

해설 | 환원이율 = 저당상수(0.177) × 부채감당률(2) × 대부비율(40%) = 14.16%

부채감당률(2) = $\dfrac{\text{순영업소득}(30,000,000원)}{\text{부채서비스액}(15,000,000원)}$

[계산기] 0.177 × 2 × 40% = 0.1416

정답 | 14.16%

03 다음 자료를 활용하여 직접환원법으로 산정한 대상부동산의 수익가액은? (단, 연간 기준이며, 주어진 조건에 한함) (32회)

- 가능총소득(PGI) : 70,000,000원
- 공실상당액 및 대손충당금 : 가능총소득의 5%
- 영업경비(OE) : 유효총소득(EGI)의 40%
- 환원율 : 10%

해설 | $\dfrac{\text{순수익(순영업소득)}}{\text{환원이율}}$ = $\dfrac{39,900,000원}{10\%}$ = 399,000,000원

	가능총소득	(70,000,000원)
−	공실 및 불량부채(5%)	(3,500,000원)
	유효총소득	(66,500,000원)
−	영업경비(40%)	(26,600,000원)
=	순영업소득	(39,900,000원)

정답 | 399,000,000원

04 다음 자료를 활용하여 수익환원법을 적용한 평가대상 근린생활시설의 수익가액은? (28회)

- 가능총소득 : 5,000만원
- 공실손실상당액 : 가능총소득의 5%
- 유지관리비 : 가능총소득의 3%
- 부채서비스액 : 1,000만원
- 화재보험료 : 100만원
- 개인업무비 : 가능총소득의 10%
- 기대이율 : 4%, 환원율 : 5%

해설 | $\dfrac{\text{순수익(순영업소득)}}{\text{환원이율}} = \dfrac{45,000,000원}{5\%} = 9억원$

- 유효총소득(4,750만원) = 가능총소득(5,000만원) − 공실손실상당액(250만원)
- 순영업소득(4,500만원) = 유효총소득(4,750만원) − 영업경비(250만원, 유지관리비와 화재보험료)

정답 | 9억원

05 다음 자료를 활용하여 직접환원법으로 평가한 대상부동산의 수익가액은? (단, 주어진 조건에 한하며, 연간 기준임) (30회)

- 가능총소득 : 8,000만원
- 공실손실상당액 및 대손충당금 : 가능총소득의 10%
- 수선유지비 : 400만원
- 화재보험료 : 100만원
- 재산세 : 200만원
- 영업소득세 : 300만원
- 부채서비스액 : 500만원
- 환원율 : 10%

해설 | $\dfrac{\text{순수익(순영업소득)}}{\text{환원이율}} = \dfrac{65,000,000원}{10\%} = 6억 5천만원$

수선유지비, 화재보험료, 재산세는 영업경비에 포함되지만, 영업소득세, 부채서비스액은 영업경비에 포함되지 않는다.

	가능총소득	(8,000만원)	
−	공실 및 불량부채	(800만원)	
	유효총소득	(7,200만원)	
−	영업경비	(700만원)	⇨ 수선유지비, 화재보험료, 재산세
=	순영업소득	(6,500만원)	

정답 | 6억 5천만원

06 다음과 같은 조건에서 수익환원법에 의해 평가한 대상부동산의 가치는? (24회)

- 유효총소득(EGI) : 38,000,000원
- 영업경비(OE) : 8,000,000원
- 토지가액 : 건물가액 = 40% : 60%
- 토지환원이율 : 5%
- 건물환원이율 : 10%

해설 | 수익가액 = $\dfrac{순영업소득(30,000,000원)}{환원이율(8\%)}$ = 375,000,000원

- 순영업소득(30,000,000원) = 유효총소득(38,000,000원) − 영업경비(8,000,000원)
- 종합환원이율(8%) = (5% × 40%) + (10% × 60%) = 8%

정답 | 375,000,000원

CHAPTER 03 부동산 가격공시제도

구분		공시주체	공시일자(가격 기준일은 1월 1일)
토지	1. 표준지공시지가	국토교통부장관	2월 말일까지
	2. 개별공시지가	시·군·구청장	5월 31일까지
주택	단독	3. 표준주택가격	국토교통부장관	1월 31일까지
		4. 개별주택가격	시·군·구청장	4월 30일까지
	공동	5. 공동주택가격	국토교통부장관	4월 30일까지
비주거용	일반	6. 표준부동산 가격	국토교통부장관	1월 31일까지
		7. 개별부동산 가격	시·군·구청장	4월 30일까지
	집합	8. 집합부동산 가격	국토교통부장관	4월 30일까지

TIP 토지와 주택의 가격공시(1~5)는 필수적 평가로 반드시 공시하여야 하지만, 비주거용 부동산의 가격공시(6~8)는 임의적 평가로 반드시 공시하여야 하는 것은 아니고 공시할 수 있다.

1. 표준지공시지가

(1) 표준지공시지가의 조사·평가 및 공시

① **국토교통부장관**이 조사·평가, **중앙부동산가격공시위원회**의 심의
② **표준지 선정기준** : ㉠ **대표성**(지가), ㉡ **중용성**(이용), ㉢ **확정성**(구분), ㉣ **안정성**(계속)
③ **둘 이상의 감정평가법인 등**에게 의뢰(다만, 지가 변동이 작은 경우에는 **하나의 감정 평가업법인 등**에 의뢰할 수 있다)
④ 국토교통부장관은 개별공시지가의 산정을 위하여 필요하다고 인정하는 경우에는 **토지가격비준표를 작성**하여 시장·군수 또는 구청장에게 제공하여야 한다.
⑤ **표준지의 평가기준**
  ㉠ **적정가격**으로 평가
  ㉡ **공시기준일** 현재 **실제용도** 기준
  ㉢ **나지 상정**하여 평가
  ㉣ 공법상의 제한 **받는 상태**를 기준으로 평가
  ㉤ 개발이익 **반영하여** 평가

(2) 표준지공시지가의 공시사항(「부동산 가격공시에 관한 법률」 제5조)

① 표준지의 지번
② 표준지의 **단위면적당 가격**
③ 표준지의 면적 및 형상
④ 표준지 및 주변토지의 이용상황
⑤ **대통령이 정하는 사항**
　㉠ 지목, ㉡ 용도지역, ㉢ 도로상황

(3) 표준지공시지가의 효력 및 적용 (29회)

① 토지시장에 **지가정보를 제공**
② 일반적인 **토지거래의 지표**
③ 국가 · 지방자치단체 등이 그 업무와 관련하여 **지가를 산정**하는 경우에 기준(공공용지의 매수 및 토지의 수용 · 사용에 대한 **보상**, 국유지 · 공유지의 취득 또는 처분)
④ 감정평가법인 등이 **개별적으로 토지를 감정평가**하는 경우에 기준
⑤ **개별공시지가의 산정**의 기준
⑥ **토지가격비준표 작성**의 기준

(4) 표준지공시지가에 대한 이의신청

표준지공시지가에 **이의가 있는 자**는 그 공시일부터 **30일 이내**에 서면으로 **국토교통부장관**에게 이의를 신청할 수 있다.

2. 개별공시지가

(1) 개별공시지가의 결정 · 공시

① **시장 · 군수 또는 구청장**은 **시 · 군 · 구 부동산가격공시위원회**의 심의를 거쳐 매년 개별공시지가를 결정 · 공시하고, 이를 관계 행정기관 등에 제공
② 표준지로 선정된 토지, 조세 또는 부담금 등의 부과대상이 아닌 토지 등에 대하여는 개별공시지가를 결정 · 공시하지 아니할 수 있다.
③ **표준지로 선정된 토지에 대하여는 해당 토지의 표준지공시지가를 개별공시지가로 본다.**
④ 해당 토지와 유사한 이용가치를 지닌다고 인정되는 하나 또는 둘 이상의 표준지의 공시지가를 기준으로 토지가격비준표를 사용하여 개별공시지가를 산정
⑤ **시장 · 군수 또는 구청장**은 공시기준일 이후에 **분할 · 합병** 등이 발생한 토지에 대하여는 **대통령령으로 정하는 날**을 기준으로 하여 **개별공시지가를 결정 · 공시**하여야 한다.

> 「부동산 가격공시에 관한 법률 시행령」 제15조 【개별공시지가를 공시하지 아니할 수 있는 토지】
> ① 시장·군수 또는 구청장은 다음 각 호의 어느 하나에 해당하는 토지에 대해서는 개별공시지가를 결정·공시하지 아니할 수 있다.
>   1. 표준지로 선정된 토지
>   2. 농지보전부담금 또는 개발부담금 등의 부과대상이 아닌 토지
>   3. 국세 또는 지방세 부과대상이 아닌 토지(국공유지의 경우에는 공공용 토지만 해당한다)

비교 정리	표준지공시지가	개별공시지가
	국장, 중앙 심의, 2월 말일까지	시장, 시·군·구 심의, 5월 31일까지

(2) 개별공시지가의 적용

① **과세 기준** : 국세·지방세 등 각종 세금의 부과
② **부담금** 부과기준
③ **사용료** 및 **대부료** 산정의 기준

비교 정리	표준지공시지가 활용(개·거·지·국)	개별공시지가 활용(과·부·사·대)
	지가정보 제공, 토지거래 지표, 국가 등 업무 관련 지가 산정기준(공공용지의 매수·보상·취득·처분), 개별 토지 평가기준	과세기준(국세·지방세 등 각종 세금의 부과), 부담금 부과기준, 사용료 및 대부료 산정기준

(3) 개별공시지가에 대한 이의신청

개별공시지가에 **이의가 있는 자**는 그 결정·공시일부터 **30일 이내**에 서면으로 **시장·군수 또는 구청장**에게 이의를 신청할 수 있다.

3. 표준주택가격

단독주택은 표준주택과 개별주택으로 **구분하여 공시**하고, **공동주택**(아파트, 연립, 다세대 등)은 표준주택과 개별주택으로 **구분하지 않는다**.

(1) 표준지주택가격의 조사·평가 및 공시

① **국토교통부장관**은 용도지역, 건물구조 등이 일반적으로 유사하다고 인정되는 일단의 단독주택 중에서 선정한 표준주택에 대하여 매년 공시기준일 현재의 적정가격을 조사·산정하고, **중앙부동산가격공시위원회**의 심의를 거쳐 이를 공시하여야 한다.
② 국토교통부장관은 표준주택가격을 조사·산정하고자 할 때에는 **한국부동산원에 의뢰**한다.
③ 국토교통부장관은 개별주택가격의 산정을 위하여 필요하다고 인정하는 경우에는 **주택가격비준표를 작성**하여 시장·군수 또는 구청장에게 제공하여야 한다.

(2) 표준주택가격의 공시사항(「부동산 가격공시에 관한 법률」 제16조)

① 표준주택의 지번
② 표준주택**가격**
③ 표준주택의 대지면적 및 형상
④ 표준주택의 **용도, 연면적, 구조 및 사용승인일**(임시사용승인일을 포함)
⑤ 그 밖에 대통령령으로 정하는 사항(지목, 용도지역, 도로상황 등)

표준지공시지가의 공시사항	표준주택가격의 공시사항
㉠ 표준지의 지번 ㉡ 표준지의 단위면적당 가격 ㉢ 표준지의 면적 및 형상 ㉣ 표준지 및 주변 토지의 이용상황 ㉤ 대통령령 : 지목, 용도지역, 도로상황	㉠ 표준주택의 지번 ㉡ 표준주택가격 ㉢ 표준주택의 대지면적 및 형상 ㉣ 표준주택의 용도, 연면적, 구조 및 사용승인일(임시사용승인일 포함) ㉤ 대통령령 : 지목, 용도지역, 도로상황

(3) 표준주택가격의 적용

표준주택가격은 국가·지방자치단체 등이 그 업무와 관련하여 **개별주택가격을 산정하는 경우에 그 기준**이 된다.

(4) 표준주택가격에 대한 이의신청

표준주택가격에 **이의가 있는 자**는 그 공시일부터 **30일 이내**에 서면으로 **국토교통부장관**에게 이의를 신청할 수 있다.

4. 개별주택가격

(1) 개별주택가격의 결정·공시

① **시장·군수 또는 구청장**은 **시·군·구 부동산가격공시위원회**의 심의를 거쳐 내년 표준주택가격의 공시기준일 현재 관할 구역 안의 개별주택의 가격을 결정·공시하고, 이를 관계 행정기관 등에 제공하여야 한다.
② 표준주택으로 선정된 단독주택, 그 밖에 대통령령으로 정하는 단독주택에 대하여는 개별주택가격을 결정·공시하지 아니할 수 있다.
③ 이 경우 **표준주택으로 선정된 주택에 대하여는 해당 주택의 표준주택가격을 개별주택가격으로 본다.**
 ✎ **옳은 지문**으로 자주 출제
④ **개별주택가격 공시사항** : 개별주택의 지번, 개별주택가격, 개별주택의 용도 및 면적 등
⑤ **시장·군수 또는 구청장**은 공시기준일 이후에 토지의 **분할·합병**이나 건축물의 **신축** 등이 발생한 경우에는 **대통령령으로 정하는 날**을 기준으로 하여 **개별주택가격을 결정·공시**하여야 한다.

(2) 개별주택가격의 적용

① 주택시장의 **가격정보를 제공**
② 국가·지방자치단체 등이 **과세 등의 업무와 관련하여 주택의 가격을 산정하는 경우에 그 기준**

비교 정리	표준주택가격	개별주택가격
	국장, 중앙 심의, 1월 31일까지	시장, 시·군·구 심의, 4월 30일까지

5. 공동주택가격

(1) 공동주택가격의 조사·평가 및 공시

① **국토교통부장관**은 공동주택가격을 조사·산정하여 **중앙부동산가격공시위원회**의 심의를 거쳐 공시하고, 이를 관계 행정기관 등에 제공하여야 한다. 다만, 대통령령으로 정하는 바에 따라 국세청이 국토교통부장관과 협의하여 공동주택가격을 별도로 결정·고시하는 경우를 제외한다.
② 국토교통부장관은 공동주택가격을 조사·산정하고자 할 때에는 **한국부동산원에 의뢰**한다.
③ 국토교통부장관은 개별주택가격의 산정을 위하여 필요하다고 인정하는 경우에는 주택가격비준표를 작성하여 시장·군수 또는 구청장에게 제공하여야 한다.
④ **국토교통부장관**은 공시기준일 이후에 토지의 **분할·합병**이나 건축물의 **신축** 등이 발생한 경우에는 **대통령령으로 정하는 날**을 기준으로 하여 **공동주택가격을 결정·공시**하여야 한다.

비교 정리	단독주택	공동주택
	표준, 개별주택 구분 ○ 공시	표준, 개별주택 구분 × 공시

(2) 공동주택가격의 적용

① 주택시장의 **가격정보를 제공**
② 국가·지방자치단체 등이 **과세 등의 업무와 관련하여 주택의 가격을 산정하는 경우에 그 기준**

비교 정리	표준주택가격 활용	개별주택가격 활용	공동주택가격 활용
	국가 등이 업무 관련 개별 주택가격 산정하는 경우 기준	주택시장 가격정보 제공 국가 등이 과세 등 업무 관련 주택가격 산정기준	주택시장 가격정보 제공 국가 등이 과세 등 업무 관련 주택가격 산정기준

표준지공시지가	㉠ 일반적인 토지거래의 지표 ㉡ 감정평가법인 등이 개별적으로 토지를 감정평가하는 경우에 그 기준 ㉢ 토지시장에 지가정보를 제공 ㉣ 국가·지방자치단체 등 그 업무 관련 지가를 산정
개별공시지가	㉠ 과세 ㉡ 부담금 ㉢ 사용료·대부료
표준주택가격	국가·지방자치단체 등이 그 업무와 관련하여 개별주택가격을 산정하는 경우에 그 기준

개별주택가격	㉠ 주택시장의 가격정보를 제공
공동주택가격	㉡ 국가·지방자치단체 등이 과세 등의 업무와 관련하여 주택의 가격을 산정하는 경우에 그 기준

> **참고** 공시기준일을 다르게 할 수 있는 개별공시지가, 개별주택가격, 공동주택가격
> 1. 시장·군수 또는 구청장은 공시기준일 이후 분할·합병이 발생한 토지에 대하여는 대통령령으로 정하는 날을 기준으로 하여 **개별공시지가**를 결정·공시
>   ① 1월 1일부터 6월 30일까지의 사이에 발생한 토지 : 그해 **7월 1일**
>   ② 7월 1일부터 12월 31일까지의 사이에 발생한 토지 : 다음 해 **1월 1일**
> 2. 시장·군수 또는 구청장은 공시기준일 이후 분할·합병이나 신축이 발생한 경우 대통령령으로 정하는 날을 기준으로 하여 **개별주택가격**을 결정·공시
>   ① 1월 1일부터 5월 31일까지의 사이에 발생한 개별주택 : 그해 **6월 1일**
>   ② 6월 1일부터 12월 31일까지의 사이에 발생한 개별주택 : 다음 해 **1월 1일**
> 3. 국토교통부장관은 공시기준일 이후 분할·합병이나 신축이 발생한 경우에 대통령령으로 정하는 날을 기준으로 하여 **공동주택가격**을 결정·공시
>   ① 1월 1일부터 5월 31일까지의 사이에 발생한 개별주택 : 그해 **6월 1일**
>   ② 6월 1일부터 12월 31일까지의 사이에 발생한 개별주택 : 다음 해 **1월 1일**

(3) 공동주택가격에 대한 이의신청

공동주택가격에 **이의가 있는 자**는 그 공시일부터 **30일 이내**에 서면으로 **국토교통부장관**에게 이의를 신청할 수 있다.

> **암기** 부동산 가격공시제도
> 1. ① **개별공시지가** ⇨ 사용료·대부료·과세·부담금
>   ② **표준지공시지가** ⇨ 그 외
> 2. ① **표준주택가격** ⇨ **개별주택 산정기준**
>   ② **개별주택가격·공동주택가격** ⇨ 가격정보 제공, 과세기준
> 3. ① 단독주택 : **표준주택과 개별주택으로 구분**하여 공시
>   ② 공동주택 : 표준주택과 개별주택의 **구분 없음**
> 4. 표준지로 선정된 토지에 대해서는 당해 토지의 공시지가를 개별공시지가로 **본다**.
> 5. 표준주택으로 선정된 주택에 대하여는 당해 표준주택가격을 개별주택가격으로 **본다**.
> 6. 이의신청 : ① 이의가 있는 자, ② 공시권자에게, ③ 공시일로부터 30일 이내, ④ 서면으로

> **정리** 부동산 가격공시제도 총정리

구분	표준지공시지가	개별공시지가
공시	1. 국토교통부장관이 공시 2. 심의 : 중앙부동산가격공시위원회 3. 공시기준일 : 1월 1일, 공시일 : 2월 말까지	1. 시·군·구청장이 공시 2. 심의 : 시·군·구 부동산가격공시위원회 3. 공시기준일 : 1월 1일, 공시일 : 5월 31일 까지
평가 기준	1. 적정가격 기준(정상적 거래) 2. 실제 지목 및 실제 용도 기준(공시기준일 현재) 3. 나지상정 기준(조건부, 독립평가) 4. 공법상 제한받는 상태 기준 5. 개발이익으로 인한 지가상승분 등 고려	1. 표준지공시지가를 기준으로 한 비교방식 적용 2. 개별공시지가 산정 = 표준지공시지가 × 토지가격 비준표상의 가격배율
공시 내용	표준지의 지번, 단위면적당 가격, 면적 및 형상, 주변토지의 이용상황, 지목·용도지역·도로상황	1. 개별토지의 지번 2. 개별토지의 단위면적당 가격
효력	1. 토지시장의 정보제공 2. 일반 토지거래의 지표 3. 국가업무, 토지수용시 보상금 산정기준 4. 개별토지가격의 산정기준 5. 개별공시지가 산정, 토지가격비준표 기준	✎ 징수(3) 1. 국세, 지방세 등 과세가격 산정기준(재산세, 종합부동산세) 2. 각종 부담금 부과기준 3. 사용료, 대부료 산정을 위한 기준

단독주택가격의 공시	공동주택가격의 공시
1. **표준주택가격공시** 　① 공시주체 : 국토교통부장관 　② 심의 : 중앙부동산가격공시위원회 　③ 공시기준일 : 1월 1일, 공시일 : 1월 31일까지 　④ 효력 : 개별주택가격 산정기준(약 22만호) 　⑤ 공시내용 : 지번, 가격, 대지면적 및 형상, 용도·연면적·구조·사용승인일(임시사용승인일), 지목·용도지역·도로상황 2. **개별주택 가격공시** 　① 공시주체 : 시·군·구청장 　② 심의 : 시·군·구 부동산가격공시위원회 　③ 공시기준일 : 1월 1일, 공시일 : 4월 30일 　④ 효력 : 주택시장의 가격정보 제공 및 과세기준 　⑤ 공시내용 : 개별주택의 지번, 가격	1. 공시주체 : 국토교통부장관 2. 심의 : 중앙부동산가격공시위원회 3. 공시기준일 : 1월 1일, 공시일 : 4월 30일까지 4. 효력 : 주택시장가격정보제공 및 과세기준 5. 대상 : 한국부동산원 전수조사(약 900만 호) 6. 공동주택의 공시사항 　㉠ 지번, ㉡ 가격, ㉢ 면적, ㉣ 명칭, ㉤ 동, 호수 ✎ 공동주택가격공시는 표준주택과 개별주택으로 구분하지 않고 국토교통부장관이 공시한다(한국부동산원에서 전수조사함).

제2과목
민법 및 민사특별법

- **PART 01** 민법총칙
- **PART 02** 물권법
- **PART 03** 채권법
- **PART 04** 민법 및 민사특별법

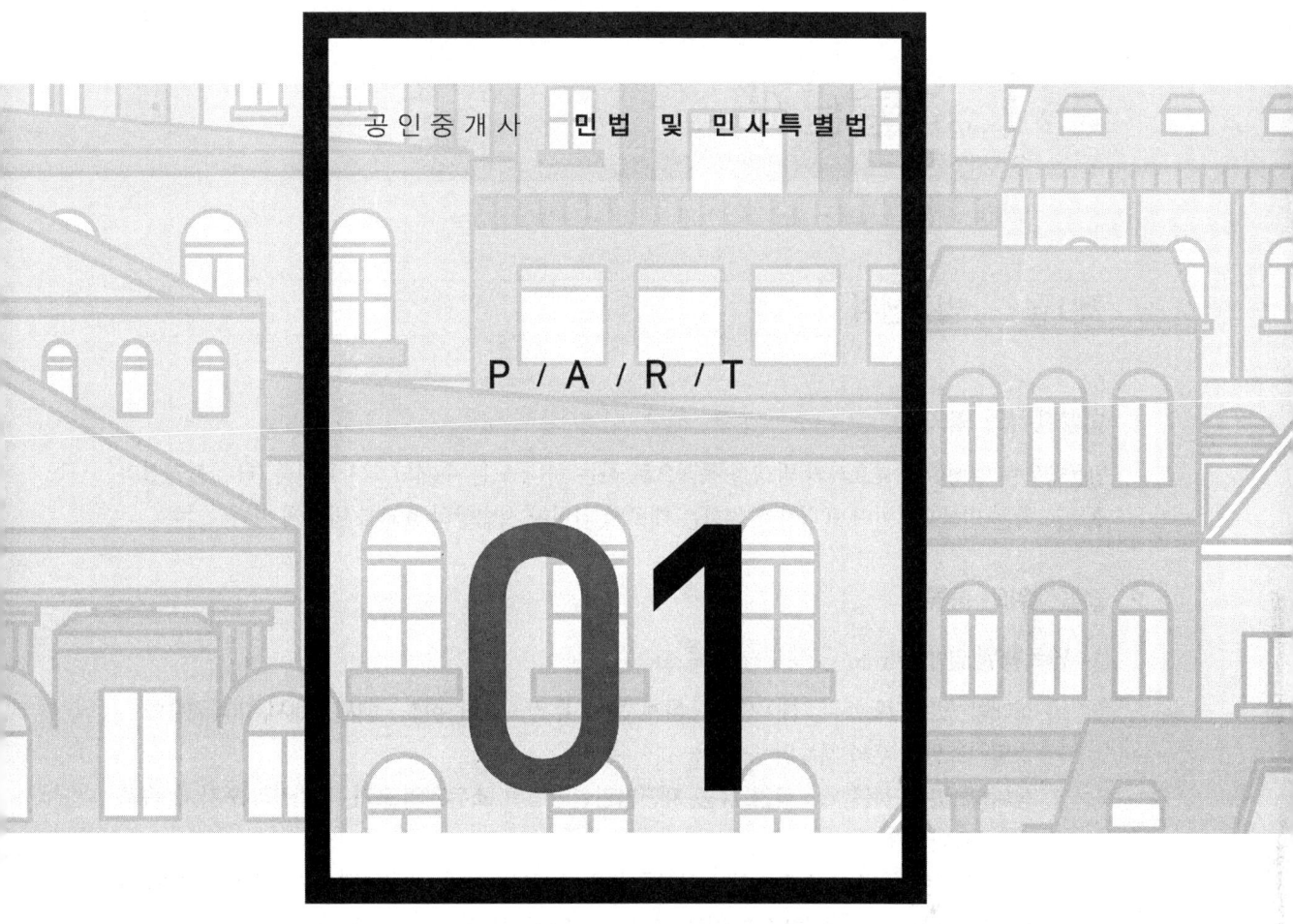

민법총칙

Chapter 1 법률관계

CHAPTER 01 법률관계

제1절 　법률행위

1. 법률행위의 의의

법률행위는 일정한 법률효과의 발생을 목적으로 하는 하나 또는 수개의 의사표시를 (필수)불가결의 요소로 하는 법률요건이며 표의자가 원하는 대로의 일정한 사법상의 효과를 발생케 한다.

2. 법률행위의 종류

(1) 단독행위(일방행위)(19회, 20회, 22회, 24회, 26회, 33회, 34회)

① 상대방 있는 단독행위 : 채무**면제 · 상계, 동의, 추인 · 철회, 취소 · 해제 · 해지**, 대리권수여 · 소멸시효완성 후의 채무의 승인 등.
② 상대방 없는 단독행위 : **유언, 유증**, **재단법인**설립행위, **소유권의 포기**, 점유권의 포기, 상속포기, 공탁의 승인 등.
③ 단독행위는 원칙적으로 **조건이나 기한을 붙일 수 없다**. 다만, 채무**면제**, 유언, **유증**, **상대방의 동의**가 있으면 조건을 **붙일 수 있고** 계약의 정지조건부 해제도 인정된다.
④ **채권자취소권**은 반드시 **재판상**으로만 **행사**해야 하는 형성권이다.

(2) 형성권(20회, 32회, 34회)

① 의의 : 형성권이란 권리자의 **일방적인 의사표시**나 행위로써 법률관계를 형성(발생·변경·소멸)시킬 수 있는 권리를 말한다.
② 일방적 의사표시 : 법률행위의 동의권(제5조), 철회권(제134조) · 추인권(제143조), 해제권 · 해지권(제543조 이하) · 취소권(제140조), 상계권(제492조), 채무면제 등을 말한다.
③ 법원의 판결 : **채권자취소권**(제406조), 입양취소권(제884조), 친생부인권(제846조), 재판상 이혼권(제840조) 등이 있다.
④ 청구권으로 불리지만 실질은 형성권인 경우 : 지상물**매수**청구권(제283조 제2항, 제285조 제2항), 지료**증감**청구권(제286조), 공유물**분할**청구권(제268조), 지상권**소멸**청구권(제287조) 등은 형식은 청구권이나 실질은 형성권이다. 그러나 부동산공사 수급인의 저당권설정청구권, 임차인의 갱신청구권, 유익비상환청구권등은 청구권으로 본다.

⑤ **제척기간** : 제척기간에는 기간의 **중단**이나 **정지**가 **인정되지 않**는다. 제척기간은 그 **포기**가 **인정되지 않**는다. **소급효가 없고, 법원이 직권으로 조사**하며, **목적물을 인도받아 점유**하고 있더라도 **제척기간은 진행**한다. 행사기간을 약정하지 아니한 경우 그 예약이 성립한 때로부터 **10년 내** 행사해야 한다.

(2) 의무부담행위와 처분행위

① **의무부담행위**(부담행위, 채권행위) : 무권리자도 부담행위를 할 수 있다. 따라서 **타인의 물건을 매매**한 경우에 그 매매계약은 **유효**하다. 또한 **공유자 중 1인**이 공유물 전부에 대해 체결한 **매매계약도 유효**하다.(23회, 24회)

② **처분행위**(법률적 처분행위) : **물권행위**(소유권이전행위, 제한물권 설정행위 등)(24회), **준물권행위**(채권양도, 채무면제, 지식재산권의 양도, 면책적 채무인수, 시효이익의 포기 등)와 형성권의 행사(해제, 취소, 해지, 상계 등).(23회, 34회) **처분권 없는 자**가 한 처분행위는 **무효**이다.

(3) 출연행위(出捐行爲)

① 출연행위는 **자기의 재산을 감소**시키고서 **타인의 재산을 증가**시키는 법률행위를 말하는데 매매, 교환, 임대차와 같은 유상행위(급부와 반대급부 간에 대가적 출연이 있는 경우)와 증여, 사용대차와 같은 무상행위(24회), 무인행위와 유인행위 등이 있고, 비출연행위란 그렇지 않은 행위(신분행위, 대리권의 수여, 소유권의 포기 등)를 말한다.

② 특히 대리권수여행위는 **의사표시, 비출연행위, 불요식행위**이다.

(4) 법률행위의 요건(20회, 24회)

	성립요건	효력요건
일반적 요건	당사자(권리의 주체)	당사자는 권리능력 · 의사능력 · 행위능력이 있을 것
	법률행위의 목적(내용, 법률효과)	법률행위의 내용이 확정성 · 가능성 · 적법성 · 사회적 타당성이 있을 것
	의사표시(또는 합치)	의사와 표시는 일치하고 하자가 없을 것
특별 요건	법인설립(정관작성+등기), 혼인(신고), 유언(법정방식), 요물계약(인도 즉 질권, 대물변제, 현상광고 등), 어음발행(기재사항을 기재하고 서명날인) ⇨ 대부분 요식행위	대리행위에서 대리권의 존재, 토지거래허가, 조건의 성취, 기한의 도래, 제한능력자의 경우 법정대리인의 동의, 유언자의 사망 등
입증 책임	법률행위의 효력(유효)을 주장하는 자	법률행위의 효력을 부정하는 자

농지취득자격증명은 농지를 취득하는 자가 그 소유권에 관한 등기를 신청할 때에 첨부하여야 할 서류로서, 농지취득의 원인이 되는 **법률행위**(매매 등)의 **효력**을 발생시키는 요건은 아니다.(19회, 24회, 28회)

① 법률행위는 의사표시를 필수불가결의 요소로 하지만, **의사표시가 곧 법률행위인 것은 아니다.** (당사자, 목적도 법률행위의 성립요건이다)

② 법률행위가 불성립하면 착오의 문제가 발생하지 아니한다.

③ 무효는 법률행위는 성립했으나, 효력요건을 갖추지 못해 효력이 발생하지 않은 것이다. 따라서 일부무효, 무효행위전환, 무효행위의 추인은 법률행위의 성립을 전제로 한다.
④ 조건이 불법조건이면 조건만 무효인 것이 아니라 법률행위 전부가 무효이다.
⑤ 방식을 갖추지 않은 요식행위는 원시적 불능으로 무효로 되는 것이 아니라 법률행위가 불성립한다.

제2절 법률사실과 권리변동

1. 법률사실

(1) 용태(容態) – 사람의 정신작용에 기하는 법률사실

① 외부적 용태(행위)
　㉠ 적법행위 : 법률이 가치 있는 것으로 평가하여 허용하는 행위이다.
　　ⓐ **법률행위**(의사표시)
　　　• **단독행위** : 상대방 **있는** 단독행위(면제·상계·동의·철회·추인·취소·해제·해지·대리권수여·시효완성 후 시효이익포기·청약에 대한 승낙 등)와 상대방 **없는** 단독행위(유언·유증·재단법인설립행위·소유권의 포기·점유권의 포기·상속포기·공탁의 승인 등)가 있다.
　　　• **계약** : 채권계약(매매계약)·물권계약(물권적 합의)·신분계약 등이 있다.

단독행위	계약
일방행위	일방예약, 재매매예약
계약해제	합의해제, 해제계약
유증	증여, 사인증여
채무면제	채무인수

　　　• **합동행위** : 사단법인 설립행위 등이 있다.
　　ⓑ **준법률행위**(법률적 행위) : 법이 행위 또는 행위결과에 대해 일정한 법률효과를 부여한다.
　　　• **표현행위** : 성질이 허용하는 한 법률행위(의사표시) 규정을 유추적용할 수 있으므로 **대리가 적용**된다.

의사의 통지	각종의 **최고**(제15조 제한능력자의 상대방의 확답을 촉구할 권리, 제131조 무권대리에서 상대방의 최고권(28회, 34회), 제540조 채무자의 수익자에 대한 최고권, 제552조 해제권행사여부의 최고권(18회) 기한의 정함이 없는 채무에 대한 이행의 최고), 각종의 **거절**(제16조 제2항 제한능력자의 상대방의 거절권, 제132조 무권대리에서 본인의 추인거절권)과 같이 자기의 의사를 타인에게 알리는 행위가 있다. 이행의 **청구**(독촉)(26회)는 채무이행의 최고에 해당한다.

관념의 통지	사원총회소집의 통지, 소멸시효 중단사유로서의 채무승인(제168조), 청약자가하는 승낙연착의 통지,(26회) 채권양도의 통지·승낙(제450조), 대리권수여의 표시(통지를 의미 ⇨ 대리권수여는 의사표시), 등과 같이 어떤 사실 또는 그에 대한 관념을 타인에게 알리는 행위이다.
감정의 표시	내적 감정을 외부로 표현하는 용서가 이에 해당한다.(대리 X)

- 비표현행위(사실행위, 대리×)

순수사실 행위	매장물발견, 주소설정, 가공, 특허법상의 발명 등과 같이 일정한 행위결과에 대해 법률이 일정한 효과를 부여하는 경우이다.
혼합사실 행위	사무관리, 부부의 동거, 무주물선점, 유실물습득, 변제, 물건인도 등과 같이 일정한 사실적 의사가 있는 행위결과에 대해 법률이 일정한 효과를 부여하는 경우이다.

  ⓒ 위법행위 : 불법행위·채무불이행처럼 법률이 가치 없는 것으로 평가하여 허용하지 않는 행위이다.

 ② 내부적 용태(마음속의 의식)

  ㉠ 의사적 용태(내부적 의사) : 소유의 의사 등

  ㉡ 관념적 용태(내부적 관념) : **악의**(~알고 있다), 정당한 대리인이라는 신뢰, **선의**(~모른다) 등(17회)

(2) **사건**(事件)

 사람의 **정신작용에 의거하지 않는** 법률사실을 의미한다. 사람의 출생·사망·실종, **시간의 경과**(17회)·시효기간·제척기간의 경과, 물건의 멸실, 부합, 혼화, 혼동, 부당이득 등

2. 권리변동의 태양

(1) 권리의 발생

 ① **원시취득**(절대적 발생) : **시효취득**(34회), **선의취득**, **무주물선점**(28회), 유실물습득, 매장물발견, 첨부(부합, 혼화, 가공) 등에 의한 소유권취득, 건물의 **신축**(18회) (이상은 소유권 부분), **환지처분**, **공용징수**, 매매계약에 의한 청구권(채권)취득 등이 원시취득에 해당한다.

 ② 승계취득(상대적 발생)

  ㉠ 이전적 승계

   ⓐ **특정승계** : **매매**(34회), 교환, 증여, 사인증여, 경락(매매 ⇨ 특정승계<이전적승계<승계취득)

   ⓑ **포괄승계** : **상속**(18회), 포괄유증, 회사합병(상속 ⇨ 포괄승계<이전적승계<승계취득)

  ㉡ 설정적 승계 : **소유권에 대해 지상권, 전세권, 저당권** 등의 제한물권을 설정하는 경우(18회, 28회, 34회)

(2) **권리의 변경**
① 주체의 변경 : 권리의 이전적 승계가 있으면 권리주체가 변경된다.
② 내용의 변경
ⓛ 질적 변경(성질적 변경) : 물건인도청구권이 손해배상청구권으로 변경되는 경우, 선택채권에서 선택이 행해지는 경우, 물상대위나 대물변제 등
ⓒ 양적 변경(수량적 변경) : 소유권의 객체에 제한물권(전세권)이 설정되는 경우, 이미 설정되어 있는 제한물권이 소멸하여 소유권이 무제한의 상태로 회복되는 경우, 첨부(부합)로 인해 주된 물건의 양이 증가하는 경우 등
③ 작용(효력)의 변경 : 2번 저당권이 1번 저당권으로 **순위**가 **승진**하는 경우(18회), **임차권**이 등기에 의해 **대항력을 취득**하는 경우

(3) **권리의 소멸**
① 절대적 소멸(객관적 소멸) : 권리 자체가 객관적으로 소멸하는 것으로서 목적물멸실·소멸시효·포기·변제·혼동·공용징수·몰수(형법)로 인한 권리의 소멸 등
② 상대적 소멸(주관적 소멸, 이전적 승계, 주체의 변경) : 甲이 소유하는 가옥을 乙에게 매각하여 **甲의 소유권이 상실**하는 경우처럼 권리주체만 변경되는 것(18회)

제3절 | 법률행위의 목적

1. 의의
법률행위의 목적(내용)은 **법률효과**를 말한다. 고용계약에서는 법률행위의 목적(노무제공과 보수지급)만 존재할 뿐 법률행위의 목적물은 존재하지 않는다.

2. 목적의 확정성
법률행위의 내용(대금, 등기)을 **실현할 당시까지**(이행기) **확정**될 수 있으면 된다. **매매계약 체결 당시**에 반드시 **매매목적물과 대금을 구체적으로 특정할 필요는 없지만**, 적어도 매매계약의 **당사자인 매도인과 매수인**이 누구인지는 구체적으로 **특정**되어 있어야만 매매계약이 성립할 수 있다.

3. 목적의 가능성

① 법률행위의 성립 당시 그 목적이 물리적으로 가능하더라도 **사회통념상 실현할 수 없**으면 그 법률행위는 **무효**이다.

② 불능은 **확정적**이어야 하고(일시적 불능은 불능이 아님), 법률행위를 무효로 하는 불능은 **객관적 불능**이어야 한다.

③ 타인소유의 부동산도 매매의 목적물이 될 수 있다.(20회)

④ 원시적 불능(~ 이미 멸실, 수용)
 ㉠ 계약목적이 원시적·객관적 전부불능인 경우, 악의의 매도인은 매수인이 **그 계약의 유효를 믿었음으로 인하여 받은 손해를 배상**(신뢰이익 배상)하여야 한다.
 ㉡ 계약목적이 원시적·주관적 전부불능인 경우(제570조 전부 타인의 권리 담보책임), 선의의 매수인은 매도인에게 계약상 급부의 이행을 청구할 수 있다.
 ㉢ 토지에 대한 매매계약**체결 전**에 **이미** 그 토지 전부가 **공용 수용**된 경우는 **원시적 불능**에 해당하여 **무효**이다.(23회)
 ㉣ **이미** 화재로 **멸실**된 주택에 대해 체결된 매매계약은 **무효**이다.
 ㉤ 수량을 지정한 토지매매계약(APT분양)에서 **실제면적이 계약면적에 미달**(일부불능)하는 경우에는 제574조 수량부족의 담보책임의 문제가 발생할 수는 있으나, **계약체결상의 과실 책임**(원시적, 객관적, 전부불능)**이 인정될 수는 없다.**(23회)

⑤ 후발적불능(~ 계약체결 후)
 ㉠ 법률행위의 목적이 **성립 당시에는 가능**하였지만 그 이행 전에 불가능하게 된 경우, 그 법률행위는 후발적불능이나 **유효**가 된다.
 ㉡ 유명화가의 그림에 대해 **임대차계약을 체결한 후 임대인**(채무자)의 **과실**(귀책사유)로 그 그림이 **파손**(이행불능 ⇨ 최고 없이 해제)된 경우(23회)는 후발적 불능이나 원칙적으로 **유효**하고 **채무불이행의 문제**가 발생한다. 매도인의 귀책사유로 그의 채무가 후발적·객관적 전부불능된 경우, 매수인은 매도인에게 전보배상을 청구할 수 있다.
 ㉢ 가옥 매매**계약 체결 후 제3자의 방화**(정부의 수입금지조치)로 그 가옥이 전소한 경우(20회, 23회) 계약은 **유효**이나 **위험부담의 문제**로서 매도인(채무자)은 매수인(채권자)에게 대금을 청구할 수 없다.(채무자 위험부담주의)
 ㉣ 매매계약 **체결 후 매수인의 책임 있는 사유**로 목적물이 **멸실**된 경우 계약은 **유효**이나 **위험부담의 문제**로서 매도인(채무자)은 자신의 의무를 면하고 매수인(채권자)에 대해 매매대금을 청구할 수 있다.(채권자 위험부담주의)
 ㉤ 저당권이 설정된 토지를 매수하여 이전등기를 마쳤으나 후에 저당권이 실행되어 소유권을 잃게 된 경우, 유효인 법률행위가 된다.(23회)

4. 목적의 적법성

> **제105조(임의규정)** 법률행위의 당사자가 법령중의 선량한ㅊ 풍속 기타 사회질서에 관계 □□ 규정(임의규정)과 다른 의사를 표시한 때에는 그 □□에 의한다.
>
> 📝 없는, 의사

① 법규는 강행법규와 임의법규로 나누고, 강행법규는 다시 효력규정과 단속규정으로 구분하여 **효력규정을 위반**하면 그 사법상의 효력은 **무효**이나 **단속규정을 위반**하면 그 사법상의 효력은 **유효**하다.

② 효력규정의 예
    ㉠ 부동산**중개수수료의 약정** 중 부동산중개업법 소정의 **한도액을 초과**하는 부분(32회, 35회)은 무효이므로 무효인 부분의 반환을 청구할 수 있다.
    ㉡ **변호사 아닌 자**(법무사 아닌 자)가 승소를 조건으로 그 대가로 소송당사자로부터 소송물 일부를 양도받기로 한 「변호사법」 위반행위(20회)
    ㉢ 자본시장과 금융투자업에 관한 법률상 손실보전약정 금지규정에 위반되는 주식거래에 관한 **투자수익보장약정**
    ㉣ 금전소비대차계약에서 **현저하게 고율인 이자의 약정**이 이루어진 경우 사회질서에 **위반되는 부분의 이자의 반환을 청구**할 수 있다.
    ㉤ 「공익법인의설립·운영에관한법률」에 위반하여 공익법인(학교법인)의 기본재산 처분에 관하여 **주무관청의 허가**를 받지 않는 경우(21회, 26회)
    ㉥ 「부동산 실권리자 명의등기에 관한 법률」상 **명의신탁약정**(21회)
    ㉦ 「부동산 거래신고 등에 관한 법률」상 **토지거래허가**를 요하는 경우에 있어서 허가를 받지 못한 경우(21회)
    ㉧ **농지의 임대**를 금지한 구 농지법 제23조의 규정
    ㉨ **윤락행위**를 하는 술집에 종업원으로 취직하면서 업주로부터 받은 **선불금**은 불법원인급여에 해당하여 그 반환을 청구할 수 없다.

③ 강행규정(효력규정) 위반의 효과
    ㉠ **강행법규에 위반한 자**가 스스로 그 약정의 **무효를 주장**하는 것은 특별한 사정이 없는 한 **신의칙에 반하지 아니**한다.
    ㉡ **강행법규에 위반한 계약**은 **법률행위 전부가 무효**이므로 그 경우에 계약상대방이 선의·무과실이더라도 민법 제107조의 **비진의표시의 법리** 또는 **표현대리** 법리가 **적용될 여지는 없다.**
    ㉢ 무등록중개업의 경우는 강행법규에 위반되어 무효이지만, 공인중개사 자격이 없는 자가 우연한 기회에 단 1회 타인 간의 거래행위를 중개한 경우 강행법규 위반이 아니다.(33회)
    ㉣ 강행규정을 위반한 법률행위는 당사자의 주장이 없더라도 법원이 직권으로 판단할 수 있다.
    ㉤ 국유재산사무에 종사하는 공무원이 법령의 규정에 위반하여 국유재산인 A토지에 대하여 타인인 乙의 명의를 빌려 국가(甲)와 체결한 매매계약은 탈법행위로서 무효이다.(14회)

④ 단속규정의 예
  ㉠ 부동산등기특별조치법상 **중간생략등기 금지규정**(14회, 16회, 19회, 21회, 24회, 32회)
  ㉡ **허가 없이 음식점·숙박업**을 경영하는 사람과 체결한 음식물매매계약·숙박계약은 단속규정으로서 사법상으로는 유효하다.(23회)
  ㉢ 개업공인중개사 등이 중개의뢰인과 **직접 거래**를 하는 행위를 **금지**하는 공인중개사법은 단속규정이다.(32회, 33회)
  ㉣ **「주택법」**의 전매행위제한을 위반하여 한 전매약정은 단속규정이다.(28회)

5. 목적의 사회적 타당성

제103조(반사회질서의 법률행위) 선량한 풍속 기타 사회질서에 위반한 사항을 내용으로 하는 법률행위는 □□로 한다.

제746조(불법원인급여) 불법의 원인(반사회질서행위)으로 인하여 재산을 급여하거나 노무를 제공한 때에는 그 이익의 반환을 청구할 수 □□.

📝 무효, 없다

(1) 제103조 위반의 유형

민법 제103조의 반사회질서행위는 ㉠ 법률행위의 목적인 권리·의무의 내용이 선량한 풍속 기타 사회질서에 위반되는 경우(도박자금을 대여하기로 하는 계약)뿐만 아니라 ㉡ 그 내용 자체는 반사회질서적인 것이 아니라고 하여도 ⓐ 법률적으로 이를 강제하거나(평생 이혼하지 않을 것을 약정하고, 이를 위반 시 손해배상하기로 약정한 경우) ⓑ **반사회질서적인 조건**(불법조건) 또는 ⓒ **금전적 대가가 결부**됨으로써 반사회질서적 성질을 띠게 되는 경우(공무원에게 청탁을 하고 대가로 돈을 주기로 한 경우) 및 ㉢ **표시**되거나 상대방에게 **알려진** 법률행위의 **동기가 반사회질서적**인 경우(동기의 불법은 무효)를 포함한다.(19회, 31회) 결국 법률행위가 사회질서에 반한다는 판단은 부단히 변천하는 가치관념을 반영한다.(30회)

(2) 첩계약

① **본처의 사전승인**이 있었다 하더라도 본처에 대해 **불법행위**가 성립한다.(20회)
② **처가 사망**하거나 처와 이혼하게 될 경우에 첩과 **혼인신고**를 하여 입적시키기로 하는 **부수적 약정**은 제103조에 **위반**된다.
③ **부부생활의 종료를 해제조건으로 하는 증여계약**은 조건만이 무효인 것이 아니라(조건 없는 법률행위가 아니라) 증여계약(법률행위) 자체가 **무효**이다.(20회·24회)
④ **첩 계약의 대가로 아파트 소유권을 이전하여 주었다면**(소유권이 첩에게 귀속하므로) **부당이득**을 이유로 그 반환을 청구할 수 없다.(15회 추가)

(3) 제103조에 위반되는 경우

① 평생동안/일정기간
- ㉠ **어떤 일이 있어도**(평생동안~, 일생동안~) 이혼하지 않기로 한 약정은 반사회적 법률행위에 해당한다. (21회, 24회)
- ㉡ 해외 파견된 근로자가 귀국일로부터 **일정기간** 소속회사에 근무해야 한다는 사규나 약정, **일정기간** 근무하지 않으면 해외파견 소요경비를 배상한다는 사규나 약정은 반사회적 법률행위에 해당하지 아니한다.
- ㉢ 부정행위를 용서받는 대가로 처에게 부동산을 양도하되 **부부관계가 유지되는 동안**에는 처가 임의로 처분할 수 없다는 제한을 붙인 약정은 선량한 풍속 기타 사회질서에 위반되는 것이라고 볼 수 없다. (21회)

② 강박의 경우
- ㉠ 단지 법률행위의 성립 과정에서 **강박이라는 불법적 방법이 사용된 데 불과**한 때에는(불법적 해악을 고지하고 공포심을 유발), 그 의사표시의 하자(강박)를 이유로 그 효력(취소)을 논의할 수는 있을지언정, 반사회질서의 법률행위로서 무효라고 할 수는 없다. (23회, 27회)
- ㉡ **강박**으로 인한 의사표시가 **무효**로 되기 위하여서는 그 강박의 정도가 **극심**하여 의사표시자의 의사결정의 자유가 완전히 **박탈**되는 정도에 이른 것임을 요한다. (17회)
- ㉢ 표의자가 **강박**(협박)에 **의해서나마 증여를 하기로 하고**(진의) 그에 따른 증여의 의사표시를 한 이상 증여의 **내심의 효과의사가 결여된 것**(비진의표시)이라고 할 수는 없다. (진의 있는 의사표시이다) (23회)

③ 변호사의 경우
- ㉠ **변호사**가 **민사소송**의 승소 대가로 **성공보수**를 받기로 한 약정은 반사회적 법률행위에 **해당되지 않는다**. (26회, 33회)
- ㉡ **형사사건**에 관한 **변호사 성공보수 약정**은 재판의 결과를 금전적 대가와 결부시키는 것으로서 **사회질서에 위배**되는 것으로 평가할 수 있다. (34회)
- ㉢ **변호사 아닌 자**가 승소 조건의 대가로 소송당사자로부터 소송목적물 일부를 양도받기로 한 약정은 민법 제103조 소정의 반사회질서의 법률행위에 해당하여 **무효**이다. (20회)

④ 금전적 대가가 결부된 경우
- ㉠ 수사기관에서 **허위진술**을 해 주는 **대가**로 작성된 각서에 기한 급부의 약정은 반사회질서 행위이다. (21회, 26회)
- ㉡ 보험계약자가 처음부터 보험사고를 가장하거나 다수의 보험계약을 통하여 **보험금을 부정 취득할 목적**으로 보험계약을 체결한 경우 선량한 풍속 기타 사회질서에 위반하여 무효이다. (26회, 30회, 33회, 35회)
- ㉢ **공무원의 직무에 관하여 특별한 청탁**을 하고 이에 대하여 **보수를 지급**할 것을 내용으로 하는 계약은 반사회질서의 법률행위로서 무효이다. (20회, 24회, 25회, 28회)
- ㉣ **행정기관에 진정서를 제출**하여 상대방을 궁지에 빠뜨린 다음 이를 **취하하는 조건**으로 **거액의 급부**를 제공받기로 약정한 경우 선량한 풍속 기타 사회질서에 위반하여 무효이다.

ⓟ 불법밀수에 사용될 줄 알면서 금원을 대출해주기로 한 약정은 반사회적 법률행위에 해당한다.(21회)
　　　ⓑ **사찰의 존립에 필수불가결한 재산**인 임야를 **증여**하는 계약은 사회질서에 반한다.
　　　ⓢ **산모가 우연한 사고로 인한 태아의 상해에 대비하기 위해 자신을 보험수익자로, 태아를 피보험자로 하여 체결한 상해보험계약은 반사회적 법률행위에 해당하지 아니한다.**(34회)
　⑤ 금전적 대가가 있더라도 다툼이 있는 경우
　　　㉠ 의무의 강제에 의하여 얻어지는 채권자의 이익에 비하여 **과도하게 중한 위약벌의 약정**은 민법 제103조의 **반사회적 법률행위에** 해당한다.(위약벌 약정은 원칙적으로 유효이다)(22회, 34회)
　　　㉡ 전통사찰의 주지직을 거액(3억원)의 금품을 대가로 양도·양수하기로 하는 약정은 제103조에 위반되어 무효이나, 이를 알고도 한 종교법인의 **주지임명행위 자체**는 **반사회적 법률행위가 아니다.**
　　　㉢ 반사회적 행위에 의하여 조성된 재산인 이른바 **비자금**을 소극적으로 **은닉**하기 위하여 **임치한 경우**나 무허가건물의 임대행위는 **반사회적 법률행위가 아니다.**(35회)
　　　㉣ 타인의 소송에서 증인이 증언을 조건으로 일방당사자 등으로부터 **통상적으로 용인될 수 있는 수준**(제103조 위반 X)을 **넘어서는 대가**를 제공받기로 하는 약정(소송가액의 1/3을 지급받기로 한 약정)은 반사회적 법률행위에 해당하여 **무효**이다.(25회, 31회)
　　　㉤ 부첩관계(그 자체는 무효이나)를 **해소**하기로 하면서 첩과 두 딸에게 **금전의 지급을 약정**(생활비, 양육비 지급)하는 것은 공서양속에 **반한다고 할 수 없다.**
　⑥ 도박자금
　　　㉠ 도박자금에 제공할 목적으로 금전을 대여하는 행위는 반사회적 법률행위로서 무효이다.(25회)
　　　㉡ **도박**으로 **빚**을 졌다는 사실을 알면서 그 채무의 **변제로 토지를 양도하는 계약**을 체결한 경우나(28회) **대물변제예약을 한 경우**(14회, 21회)는 반사회질서의 법률행위이다.
　　　㉢ 도박채무가 선량한 풍속에 반하여 무효라면 **도박채무**에 대하여 양도담보 명목으로 **이전해 준 소유권 이전등기의 말소를 청구할 수 없다.**
　　　㉣ 도박에 쓸 것을 알면서 빌려준 금전을 담보하기 위하여 저당권을 설정한 사람은 **저당권설정등기의 말소를 청구**할 수 있다.
　　　㉤ 도박채무의 변제를 위하여 채무자가 그 소유의 부동산 처분에 관하여 **도박채권자에게 대리권을 수여한** 행위는 제103조에 **위반되지 아니한다.**
　　　㉥ 도박채무의 변제를 위하여 채무자로부터 부동산의 처분을 위임받은 **도박채권자가 이를 모르는 제3자와 체결한 매매계약**은 제103조에 **위반되지 아니한다.**(선의의 제3자는 소유권을 취득한다)
　⑦ 이중양도
　　　㉠ 부동산을 매도인이 이미 제3자에게 매각한 사실을 매수인이 **단순히 알고 있었던 경우**에 매도인의 요청으로 그 부동산을 매수하기로 한 계약은 반사회질서행위에 **해당하지 아니한다.**(32회)

ⓒ 제2매수인이 매도인의 배임행위에 **적극 가담**하여 체결한 부동산 이중매매계약은 제103조에 위반되는 법률행위로서 **무효**이다.
⑧ **살인을 포기할 것을 조건**으로 한 증여는 **반사회적** 법률행위이다.

(4) 제103조에 위반되지 않는 경우

① 사익(私益)과 관련된 경우
  ⊙ 부동산매매계약을 체결하면서 매도인의 **양도소득세를 면탈**하기 위하여 소유권이전**등기를 일정 기간 이후에 하기로 특약**을 맺거나, 실제로 거래한 가액을 매매대금으로 기재하지 아니하고 그보다 **낮은 금액을 매매대금으로 기재**한 경우 그 특약 자체가 사회질서에 위반한 것이라고는 볼 수 없다. (22회, 27회, 35회)
  ⓒ **강제집행을 면할 목적**으로 부동산에 **허위의 근저당설정등기**를 하는 행위는 민법 제103조의 선량한 풍속 기타 사회질서에 위반한 사항을 내용으로 하는 법률행위로 볼 수 없다. (15회 추가, 17회, 19회, 22회, 25회, 27회, 31회, 35회)
  ⓒ 상속인 甲은 **상속세를 면탈**할 목적으로 **명의신탁**한 경우 반사회질서의 법률행위로서 무효라고 할 수 없다.
  ⓔ 다수의 세입자입주권을 투기의 목적으로 매수하는 행위를 반사회질서의 법률행위로서 무효로 된다고 할 수 없다.
  ⓜ 매도인에게 부과될 **공과금(양도소득세)을 매수인이 책임진다는 취지의 특약**은 사회질서에 반하지 않으므로 무효가 아니다.
② 무허가건물의 임대행위는 반사회적 법률행위가 아니다. (20회, 26회)

(5) 위반행위의 효과

① 공서양속 위반의 법률행위는 **절대적 무효**이므로 **선의의 제3자에 대해서도 무효를 주장할 수 있고** (15회 추가, 20회) 당사자가 무효임을 알고 **추인**하여도 원칙적으로 **유효가 될 수 없다.** (15회 추가)
② 어느 법률행위가 선량한 풍속 기타 사회질서에 위반하는지는 특별한 사정이 없는 한 **그 법률행위 당시를 기준**으로 판단한다. (30회) 따라서 매매계약체결 후 그 목적물이 범죄행위로 취득된 것을 알게 되었더라도 이행청구 자체를 반사회질서의 법률행위로 볼 수 없다.
③ **제103조에 위반**하여 이행된 급부(첩 계약의 대가로 아파트 소유권을 이전)는 **제746조의 불법원인급여에 해당**하므로 그 급부의 반환을 청구할 수 없고, (15회 추가) 소유권에 기한 **반환청구도 할 수 없다.** (29회)
④ 부첩관계를 맺은 대가로 부동산을 **증여받은 첩**(소유권 취득)으로부터 그 부동산을 **전득한 자**가 그 사실을 알았더라도(악의) **소유권을 취득**한다. (16회)
⑤ 법률행위의 목적이 **사회적 타당성을 결여**하였다면 개별적인 **강행법규에 위반하지 않았더라도** 그 법률행위는 **무효**이다. (목적의 확적성, 가능성, 적법성, 사회적타당성 순으로 판단한다)

⑥ 무효인 명의신탁약정에 따라 명의수탁자 명의로 등기를 하였다는 이유만으로 그것이 당연히 불법원인급여에 해당한다고 단정할 수는 없으므로, 농지법에 따른 제한을 회피하고자 명의신탁을 한 경우에도 불법원인급여에 해당하지 아니한다.
⑦ 반사회질서의 법률행위의 무효는 이를 주장할 이익이 있는 자는 누구든지 주장할 수 있다.(30회)

6. 부동산 이중양도

(1) 이중매매가 유효인 경우
① 매도인이 이중매매를 하여 제2매수인에게 등기·인도를 경료해 주었다면 그 이중매매는 **원칙적으로 유효하다.**{따라서 먼저 공시방법(등기)을 갖춘 자가 소유권을 취득한다.}(32회)
② 제2매수인에게 등기가 경료된 경우
  ㉠ **제1매수인**은 매도인에게 채무불이행으로 인한 **전보배상청구권**을 행사할 수 있고(이행불능 당시를 시가를 기준), 최고 없이 계약을 **해제**할 수도 있다.
  ㉡ 또한 매매대금에 대해 제1매수인은 **대상청구권**(代償請求權)을 행사할 수 있다.

(2) 이중매매가 무효인 경우
① 제2매수인이 매도인의 배임행위에 **적극 가담**하여 체결한 부동산 이중매매계약은 **제103조에 위반**되는 법률행위로서 **무효**이다. 따라서 추인하여 유효로 할수도 없다.(28회)
② 이중매매를 사회질서에 반하는 법률행위로서 무효라고 하기 위해서는 양수인이 양도인의 배임행위는 아는 것만으로는 부족하고, 나아가 배임행위를 유인, 교사하거나 이에 협력하는 등 적극가담하는 것이 필요하다.
③ 제1매수인의 법적지위
  ㉠ 매도인은 제1매수인에 대해 불법행위 책임을 진다. 만약 제2매수인에게도 위법성이 인정되는 경우 **제1매수인은 제2매수인에게 직접 손해배상을 청구**할 수 있다.(16회, 28회)
  ㉡ 제1매수인(현재 미등기 상태이므로 소유자 아님)은 직접 **제2매수인을 상대로 진정명의회복**을 원인으로 하여 자신 명의의 소유권이전등기를 **청구할 수 없다.**
  ㉢ 제1매수인은 **매도인을 대위**하여 제2매수인에게 **등기말소를 청구**할 수 있을 뿐, **직접** 이전등기를 청구하거나 **직접 말소등기**를 청구할 수는 없다.(16회, 28회, 32회)
  ㉣ 제1매수인은 자신의 소유권이전등기청구권(특정채권)보전을 위해 **채권자취소권을 행사할 수 없다.**(통정허위표시에서 채권자취소권 행사가능, 채권자취소권 행사로 관습법상 법정지상권 성립 X)
  ㉤ 제2매수인이 매도인의 배임행위에 적극 가담한 경우 당해 부동산을 **제2매수인**(절대적 무효)**으로부터 다시 취득한 제3자**는 제2매매계약이 **유효하다고 주장할 수 없다.**(28회, 32회) (즉, 제3자는 선의 무과실일지라도 소유권을 취득할 수 없다)
④ **대리인**이 매매계약을 체결함에 있어서 **배임행위에 적극가담**하였다면, 설사 본인이 반사회성을 야기한 것이 아니라고 할지라도 **무효**가 된다. (대리행위의 하자는 대리인을 기준으로 판단)(30회)

⑤ 제1매수인은 매도인의 채무불이행에 기한 전보배상청구권(이행불능당시 시가를 기준)과 계약해제권(최고 없이 해제권 행사)·대상청구권을 행사할 수 있다.(만약 제1매수인이 매도인을 대위하여 제2매수인 명의의 등기를 말소하고 자신 앞으로 이전등기를 경료하여 소유권을 취득한 경우에는 해제권 등이 인정되지 아니한다)

(3) 확대적용

이중양도행위는 제1의 법률행위와 제2의 법률행위가 매매에 국한하지 않으므로 ㉠ 명의수탁자로부터 신탁재산을 매수한 제3자가 명의수탁자의 명의신탁자에 대한 배신행위에 적극 가담한 경우(15회 추가), ㉡ 점유취득시효가 완성된 후 그 취득자가 부동산소유자의 불법행위에 적극 가담한 경우, ㉢ 목적부동산을 매도한 사실을 알고서 수증자가 적극 가담하여 매도인으로부터 증여받은 경우(24회)나 저당권을 설정받은 경우,(27회, 29회) ㉣ 피상속인이 제3자에게 토지를 매각한 사실을 알고 있는 자가 그 사정을 모르는 상속인을 적극적으로 기망하여 그 토지를 자신이 매수한 경우,(22회) ㉤ 이중으로 부동산 임대차계약이 체결되는 경우(32회)에도 반사회질서의 행위로서 **무효**이다.

7. 불공정한 법률행위

> **제104조(불공정한 법률행위)** 당사자의 궁박, 경솔 또는 무경험으로 인하여 현저하게 공정을 잃은 법률행위는 무효로 한다.
>
> **제746조(불법원인급여)** 그러나 그 불법원인(반사회질서행위)이 수익자(폭리자)에게만 있는 때에는 반환 청구할 수 □□.
>
> 📝 없다

(1) 의의

① 민법 제104조의 폭리행위(주관적 요건 + 객관적 요건)는 민법 제103조(객관적 요건)의 사회질서 위반의 법률행위의 **예시**로 본다. 즉, **불공정한 법률행위의 요건을 갖추지 못한 법률행위라도 반사회질서행위가 될 수 있다.**
② 불공정한 법률행위는 약자적 지위에 있는 자의 궁박, 경솔 또는 무경험을 이용한 폭리행위를 규제하려는 데에 그 목적이 있다.(24회)
③ 경매의 경우
  ㉠ 당사자의 의사에 의하지 않은 경매에는 불공정한 법률행위에 관한 규정이 적용되지 않는다.(31회)
  ㉡ 경매절차에서 매각대금이 시가보다 현저히 저렴하더라도 불공정한 법률행위를 이유로 그 무효를 주장할 수 없다.(18회, 25회, 28회)
  ㉢ 경락대금과 목적물의 시가에 현저한 차이가 있는 경우에도 불공정한 법률행위가 성립할 수 없다.(34회)

(2) 객관적 요건 ⇨ 현저한 불공정(3~4배)

① '현저한 불균형'은 단순히 시가와의 차액 또는 시가와의 배율로 판단할 수 있는 것은 아니고 **구체적·개별적 사안**에 있어서 일반인의 **사회통념**에 따라 결정하여야 하고, 그 판단에 있어서는 피해 당사자의 궁박·경솔·무경험의 정도가 아울러 고려되어야 하고, 당사자의 주관적 가치가 아닌 거래상의 객관적 가치에 의하여야 한다.(29회)

② 불공정한 법률행위에 해당하는지는 **법률행위가 이루어진 시점을 기준**으로 약속된 급부와 반대급부사이의 객관적 가치를 비교 평가하여 판단해야 한다.

③ 무상행위
　㉠ 대가적 출연이 없는 무상행위에는 불공정한 법률행위가 될 수 없다.(18회, 28회)
　㉡ 증여와 같이 **아무런 대가관계 없이** 당사자 일방이 상대방에게 **일방적인 급부를 하는 행위**는 불공정한 법률행위가 될 수 없다.(13회, 16회, 25회)

④ 구속된 남편을 석방하기 위해 남편의 물품외상대금**채권을 포기**(채무면제 ⇨ 단독행위)하는 포기서를 작성해 주었고, 채무자(폭리자)가 이를 **이용**하였다면 불공정한 법률행위에 해당한다.

⑤ 어업권 소멸로 인한 손실보상금의 분배에 관하여 **어촌계 총회(비법인사단)의 결의**가 현저하게 불공정한 경우, **폭리행위**가 될 수 있다.

⑥ 매도인이 실수로 상가지역을 그보다 가격이 비싼 상업지역이라 칭하였고, 부동산 거래의 경험이 없는 매수인이 이를 믿고서 실제 가격보다 2배 높은 대금을 지급한 매매계약은 불공정한 법률행위에 해당하지 아니한다.(33회)

(3) 주관적 요건

① 민법 제104조에서의 **궁박**이란 급박한 곤궁을 의미하는 것으로 **경제적** 원인뿐만 아니라 **정신적, 심리적** 원인에 기인한 것도 **포함**한다.(13회, 15회 추가, 25회, 29회)

② 무경험은 특정영역에 있어서의 경험부족이 아니라 거래일반에 대한 경험부족을 뜻한다.(24회, 29회)

③ 불공정한 법률행위의 성립요건인 **궁박, 경솔, 무경험은 모두 구비될 필요는 없고**, 궁박, 경솔, 무경험은 **그 중 일부만 갖추어져도 충분하다.**(일부만 증명할 책임을 진다)(13회, 24회)

④ 민법 제104조의 불공정한 법률행위에 해당하는지 여부를 판단함에 있어서 **경솔과 무경험은 대리인**을 기준으로 하여 판단하고, **궁박**은 **본인**의 입장에서 판단하여야 한다.(15회 추가, 17회, 18회, 25회, 29회, 31회, 34회)

⑤ 급부와 반대급부간의 **현저한 불균형**(객관적 요건)**이 있다 하여 궁박·경솔 또는 무경험**(주관적 요건)**이 추정되지는 않는다.**(15회 추가, 18회, 25회)

⑥ 불공정한 법률행위가 인정되기 위해서는 폭리자가 피해자의 **궁박**이나 **경솔, 무경험을 알고서** 이를 **이용하려는 의사, 즉 폭리행위의 악의가 없었다면**(즉, 피해자에게 궁박상태가 존재한다는 사실에 대한 폭리자의 인식만으로는 불공정한 법률행위가 성립하지 아니한다) **불공정한 법률행위는 성립하지 않는다.**(13회, 15회 추가, 34회)

(4) 법률효과

① 불공정한 법률행위에 해당하여 무효인 경우 **피해자**는 제746조 단서에 의해 급부의 **반환을 청구할 수 있으나 폭리자**는 급부의 **반환을 청구할 수 없다.** {(강행법규에 위반된 경우 양당사자는 언제나 반환을 청구할 수 없다(틀림)}

② 대물변제계약이 불공정한 법률행위로서 **무효**인 경우, 목적부동산의 소유권을 이전받은 **선의의 제3자에 대하여도 무효를 주장**할 수 있다.(절대적 무효이므로)

③ 불공정한 법률행위로서 무효인 경우, 특별한 사정이 없는 한 **추인**에 의하여 무효인 법률행위가 **유효로 될 수 없고,**(13회, 20회) 그 토지를 전득한 제3자는 선의이더라도 소유권을 취득하지 못한다.(18회)

④ 불공정한 법률행위로 무효인 법률행위에는 **무효행위의 전환**에 관한 민법 제138조가 **적용**될 수 있다.(25회, 34회) 즉, 매매계약이 매매대금의 과다로 말미암아 불공정한 법률행위에 해당하지만 그 매매대금을 적정한 금액으로 감액하여 매매계약의 유효성을 인정할 수 있다.

⑤ 매매계약이 불공정한 법률행위에 해당하여 무효라고 하면 특별한 사정이 없는 한 그 계약에 관한 **부제소합의**까지 **무효**로 된다.(24회)

⑥ **계약체결시를 기준**으로 불공정한 행위가 아니라면 그 후 외부환경의 급격한 변화로 계약당사자 일방에게 큰 손실이 발생하고 상대방에게 그에 상응하는 큰 이익이 발생한다 하더라도 불공정한 법률행위가 되지 않는다.(28회, 29회)

⑦ 매도인이 불공정한 법률행위를 이유로 계약의 무효를 주장한 경우, **매도인은 매매가격의 현저한 불균형**(객관적 요건)을 증명하고, **매도인의 경솔 등**(주관적 요건)의 **여부도 매도인이 증명**하여야 한다.(무효를 주장하는 자가 증명 책임을 지는 경우로는 제107조 비진의표시, 제108조 통정허위표시, 제104조 불공정한 법률행위가 있다)

⑧ 급부와 반대급부 사이에 현저한 불균형이 있는 경우, 그 불균형 부분에 한하여 무효가 되는 것이 아니고 원칙적으로 법률행위 전부가 무효로 된다.(34회)

제4절 의사표시

1. 법률행위의 해석

(1) 의의

① 법률행위의 해석이란 **법률행위의 내용**(목적·법률효과)을 명확하게 확정하는 것을 말한다. 법률행위 해석의 중심은 **의사표시의 해석**이므로 의사표시의 해석은 **법률적 판단의 영역**에 속한다.

② **계약당사자가 누구인지**를 확정하는 것은 **법률행위의 해석**(의사해석의 문제)과 관련 있다.(21회)

③ 매매계약서의 계약사항에 대한 이의가 생겼을 때에는 매도인의 해석에 따른다는 조항은 **법원의 법률행위 해석권을 구속하는 조항이라 볼 수 없다.**

④ 타인(처)으로부터 명의사용에 대한 허락을 받은 출연자(남편)가 자신(남편)의 금원으로 금융기관과 **타인**(처)**의 명의로 예금계약을 체결**한 경우, 특별한 사정이 없는 한 그 예금계약은 **금융기관과 예금명의자**(처) **사이에 체결**된 것으로 보아야 한다.(甲이 배우자인 乙을 대리하여 금융기관과 乙의 실명확인 절차를 거쳐 乙 명의의 예금계약을 체결한 경우, 甲을 예금계약의 당사자라고 볼 수 없다.)(21회)

⑤ 乙이 부동산 경매절차에서 甲이 제공한 자금으로 乙명의로 낙찰 받은 경우, 부동산의 매수인은 乙이다.(21회) (계약명의신탁의 경우 매수인인 명의수탁자가 소유권을 취득한다)

⑥ **처분문서의 성립의 진정함이 인정**되고 그 기재 내용을 부인할 만한 반증이 없으면 법원은 처분문서에 **기재된 문언대로** 의사표시의 존재와 내용을 인정하여야 한다.

⑦ **하나의 법률관계**에 관해 서로 모순된 내용을 담은 **여러 개의 계약서가 순차로 작성**되었으나 그 우열관계가 정해지지 않았다면 원칙적으로 **나중에 작성된 계약서가 우선**한다. 즉 특별한 사정이 없는 한 **마지막에 작성된 문서**에 작성자의 **최종적인 의사가 담겨 있다**고 해석하여야 한다.

⑧ 토지의 경계

   ㉠ 어떤 토지가 지적법에 의하여 1필지의 토지로 지적공부에 등록되면 **그 토지는** 특별한 사정이 없는 한 **그 등록으로써 특정**되고 그 소유권의 범위는 현실의 경계와 관계없이 **공부상의 경계에 의하여 확정**되는 것이다.

   ㉡ 지적도상의 경계표시가 분할측량의 잘못 등으로 사실상의 경계와 다르게 표시되었다 하더라도 그 **토지에 대한 매매도 특별한 사정이 없는한 현실의 경계와 관계없이 지적공부상의 경계와 지적에 의하여 소유권의 범위가 확정된 토지를 매매 대상으로 하는** 것으로 보아야 한다.

   ㉢ 다만, 지적도를 작성함에 있어서 **그 기점을 잘못 선택하는 등 기술적인 착오로 말미암아 지적도상의 경계선이 진실한 경계선과 다르게 작성된 경우**와 같은 특별한 사정이 있는 경우에 한하여, 그 토지의 경계는 **실제의 경계에 의하여야** 한다.

(2) **법률행위의 해석기준**(목, 사, 임, 신)

> **제106조(사실인 관습)** 법령중의 선량한 풍속 기타 사회질서에 관계 □□ 규정과 다른 관습(사실인 관습)이 있는 경우에 당사자의 의사가 □□□□ □□한 때에는 그 관습에 의한다.(의사가 명확할 경우에는 그 의사에 따른다)
>
> 📝 없는, 명확하지 아니

① 민법상 법률행위 해석의 일반적 규정은 없다.

② 당사자가 기도하는 목적 : 표시와 다른 내심적 효과의사가 **당사자 쌍방 간에 일치**하는 경우에는 쌍방당사자의 진정한 의사가 무엇인가를 탐구해야 한다.

③ 사실인 관습
　㉠ 사적 자치가 인정되는 분야의 제정법이 임의규정인 경우, 사실인 관습은 법률행위의 해석 기준이 될 수 있다.
　㉡ 사실인 관습은 법률행위 당사자의 의사를 보충할 뿐, 법칙으로서의 효력을 갖는 것은 아니다.
　㉢ 법률행위의 해석기준으로서의 사실인 관습은 당사자가 주장, 입증하여야 할 사항이나, 관습이 경험칙에 해당할 경우 법원이 직권으로 판단하여야 할 것이다. (12회)
④ 임의규정 : 법률행위의 당사자가 법령중의 선량한 풍속 기타 사회질서에 관계 없는 규정(임의규정)과 다른 의사를 표시한 때에는 그 의사에 의한다.
⑤ 신의성실의 원칙(조리)

2. 자연적 해석(표의자+주관적+내심적 효과의사)

① 법률행위의 해석에 있어서 표현의 문자적·언어적 의미에 구속되지 않고 **표의자의 실제적인 의사**, 즉 **내심적 효과의사를 추구**하는 것을 말한다. 주로 유언, 유증, **재단법인 설립행위** 등 상대방 없는 단독행위에서 행한다.
② 문서의 기재내용과 다른 명시적, 묵시적 약정이 있는 사실이 인정될 경우(의사가 일치한 경우)에는 그 기재내용과 다른 사실을 인정할 수 있다.
③ **상대방과 표의자의 의사가 일치**(합의. 합치. 약정) ⇨ 일치한 의사대로 확정
　㉠ 타인의 이름을 임의로 사용하여 계약을 체결한 경우 행위자 또는 명의인 가운데 누구를 당사자로 할 것인지에 관해 **행위자와 상대방의 의사가 일치**한 경우에는 **그 일치하는 의사**(자연적 해석)대로 행위자 또는 명의인을 계약당사자로 확정해야 하지만, (13회, 15회) **일치하는 의사를 확정할 수 없는 경우**에는 **상대방**(규범적 해석)이 합리적인 인간이라면 행위자와 명의자 중 **누구를 계약당사자로 이해할 것인가**에 의해 당사자를 결정해야 한다. (17회)
　㉡ **甲과 乙 모두 丙이 계약당사자라고 이해**한 경우(일치한 경우)에는 甲의 대리권 존부 문제와는 무관하게 **丙이 계약당사자**가 된다.
　㉢ 일방 당사자가 대리인을 통하여 계약을 체결하는 경우에 있어서 계약의 **상대방이 대리인을 통하여 본인과 사이에 계약을 체결하려는데 의사가 일치**하였다면, 대리인의 대리권 존부 문제와는 무관하게 **상대방과 본인이 그 계약의 당사자**이다.(상대방이 있더라도 상대방과 표의자의 의사가 일치하면 일치한 의사대로, 상대방이 표의자의 의사를 알았거나, 알 수 있었을 경우에는 표의자의 입장에서 내심의효과의사(효과의사, 진의)를 가지고 주관적으로 해석한다) (21회)
　㉣ **당사자들이 공통적으로 의사표시를 명확하게 인식**하고 있다면(일치한 경우), 그것이 당사자가 표시한 문언과 다르더라도 당사자들의 **공통적인 인식에 따라 의사표시를 해석**하여야 한다.
　㉤ **문서의 기재내용과 다른 명시적, 묵시적 약정**이 있는 사실이 인정될 경우(일치한 경우)에는 그 **기재내용과 다른 사실을 인정**할 수 있다.
　㉥ 의사표시해석에 있어서 당사자의 진정한 의사를 상대방이 안 경우, 의사표시는 내심의 효과의사를 기준으로 하여 해석하여야 한다. (15회)

ⓐ 甲과 乙이 X토지를 매매하기로 합의하였으나(일치한 경우) Y토지로 매매계약서를 잘못 작성한 경우 X토지에 관하여 매매계약이 성립된 것으로 보아야 한다.(14회, 27회) 따라서 당사자가 합의한 매매목적물의 지번에 관하여 착오를 일으켜 계약서상 목적물의 지번을 잘못 표시한 경우에도 그 계약을 착오를 이유로 취소할 수 없다.(19회, 25회, 27회, 35회)

3. 규범적 해석

① 상대방＋표시행위＋객관적

  ㉠ 규범적 해석은 내심적 효과의사와 표시행위가 일치하지 않는 경우에 표의자의 진의가 아니라 **상대방의 시각**에서 표시행위에 따라 **표시행위의 객관적 의미를 탐구**하여 **법률행위의 성립을 인정**하는 해석을 말한다.(15회, 17회)

  ㉡ 법률행위의 해석은 당사자가 그 **표시행위에 부여한 객관적인 의미를 명백하게 확정**하는 것으로서, 어디까지나 당사자의 내심의 의사가 어떤지에 관계 없이 **그 문언의 내용에 의하여 당사자가 그 표시행위에 부여한 객관적 의미를 합리적으로 해석**하여야 하는 것이다.

  ㉢ 의사표시 해석에 있어서 당사자의 진정한 의사를 알 수 없다면, 의사표시의 요소가 되는 것은 표시행위로부터 추단되는 효과의사 즉, 표시상의 효과의사이고 당사자의 내심의 의사보다는 외부로 표시된 행위에 의하여 추단된 의사(표시상의 효과의사)를 가지고 **해석**함이 상당하다.

② 의사표시를 한 사람이 생각한 의미가 상대방이 생각한 의미와 다른 경우에는 의사표시를 수령한 **상대방이 합리적인 사람이라면 표시된 내용을 어떻게 이해하였다고 볼 수 있는지를 고려**하여 의사표시를 **객관적·규범적으로 해석**하여야 한다.

③ 계약당사자가 甲과 丙 중 누구인지에 관하여 甲과 乙의 의사가 일치하지 않고, **乙의 입장**에서 합리적으로 평가할 때 **甲이 계약당사자로 이해될 경우**에는 **甲이 계약당사자**가 된다. 만약 **甲이 계약당사자로 이해될 경우, 甲이 허무인인 경우에도 甲이 계약당사자**가 된다.

④ 甲이 자기 소유의 고화(古畵) 한 점을 乙에게 960만원에 매도할 의사로 청약하였는데 청약서에는 690만원으로 기재되어 매매계약이 체결되었는데 甲의 진의를 알 수 있는 다른 해석 자료가 없어서 690만원에 매매계약이 성립한 것으로 보는 법률행위의 해석 방법은 규범적 해석이다.(22회)

⑤ 임대차계약서에 권리금액의 기재 없이 단지 '**모든 권리금을 인정함**'이라고 기재되어 있는 경우, 임대인이 **임대차 종료시 임차인에게 권리금을 반환하겠다고 약정한 것으로 볼 수 없다.**(15회)

4. 보충적 해석(제3자＋틈, 간극＋가정적 의사)

① 자연적 해석 또는 규범적 해석에 의하여 **법률행위가 성립**된 후에 보충적 해석을 한다.

② 법률행위의 내용(목적)에 **간극**(틈, 공백)이 있는 경우에 해석에 의하여 당사자의 **가상적**(가정적) **의사**를 **제3자의 시각**에서 확정하여 공백을 보충하는 것을 말한다.(일부무효, 일부취소, 무효행위의 전환)

③ 여기서 보충되는 당사자의 의사는 당사자의 실제 의사 또는 주관적 의사가 아니라 계약의 목적, 거래관행, 적용법규, 신의칙 등에 비추어 **객관적으로 추인되는 정당한 이익조정 의사**를 말한다.

④ 보충적 해석은 특히 **계약**에서 큰 기능을 발휘한다.

2. 비진의 표시(진의 아닌 의사표시, 심리유보)

(1) 의의

① 〈진의〉란 특정한 내용의 의사표시를 하고자 하는 **표의자의 생각**을 말하는 것이지 **표의자가 진정으로 마음속에서 바라는 사항을 뜻하는 것은 아니다.** (15회, 17회, 27회)
② 의사와 표시의 **불일치**를 표의자가 **알고** 있다(단독허위표시)는 점에서 무의식적 흠결인 착오(불일치를 표의자가 모르고 있다)와 구별된다.(표의자가 진의와 표시가 일치하지 않음을 과실로 알지 못한 경우에는 성립할 수 없다.)(16회)
③ 임대인이 임차인을 내보낼 의도 없이 임대료를 올릴 목적만으로 '건물을 비워 달라'고 하는 **심리유보**도 비진의 표시에 해당한다.
④ 표의자가 의사표시를 하는 **이유나 동기는 묻지 않는**다.(희언표시도 포함)
⑤ 객관적으로 보아 **명백히 사교적인 농담**의 경우, 상대방이 그 표시를 믿었더라도 **의사표시의 효력이 발생하지 아니한**다.
⑥ 진의 아닌 의사표시는 상대방과 통정이 없다는 점에서 통정허위표시와 구별된다.(27회, 32회)

(2) 진의 있는 의사표시(상대방은 선·악을 불문하고 소유권 취득)

① 학교법인이 그 **학교의 교직원들의 명의**를 빌려서 은행으로부터 금원을 차용한 경우 위 교직원들의 의사는 **주채무자로서 채무를 부담하겠다**는 뜻이다.
② 표의자가 마음속에서 진정으로 원하지 않았으나 **당시의 상황에서는 그것이 최선이라고 판단**(진의)하여 그 의사표시를 하였을 경우에는 이를 내심의 효과의사가 결여된 **진의 아닌 의사표시라고 할 수 없다.**(16회)
③ 법률상 또는 사실상의 장애로 자기명의로 대출받을 수 없는 자(甲)를 위해 **대출금채무자로서의 명의를 빌려준 乙**은 위 대출금채무에 대한 **채무부담의 의사가 없는 것이라고 할 수 없다.**(25회) (은행대출한도를 넘은 甲을 위해 乙이 은행대출약정서에 주채무자로 서명날인한 경우, 은행이 이런 사정을 알았더라도 乙이 원칙적으로 대출금반환채무를 진다)(19회) 이것은 진의 있는 의사표시는 상대방의 선의, 악의를 불문하고 표의자의 의사표시대로 효력이 발생하기 때문이다.
④ 표의자가 **강박**(협박)에 의해서나마 증여를 하기로 하고(진의) 그에 따른 증여의 의사표시를 한 이상 증여의 **내심의 효과의사가 결여된 것이라고 할 수는 없다.** 즉, 재산을 강제로 뺏긴다는 인식을 하고 있는 자가 **고지된 해악이 두려워 어쩔 수 없이 증여의 의사표시**를 한 경우 이는 비진의표시라 할 수 없다.(15회, 21회)
⑤ 근로자가 자의(진의)로 **사직서를 제출**하여 중간 퇴직한 경우 위 퇴직의 의사표시를 진의 아닌 의사표시로서 무효라고 볼 수 없다.(19회) 또한 근로자가 희망퇴직의 권고를 받고 제반 사항 등을 종합적으로 고려하여 심사숙고한 결과 사직서를 제출한 경우라면 그 사직서 제출은 진의 있는 의사표시에 해당한다.
⑥ 제3자가 은행을 직접 방문하여 금전소비대차약정서에 **주채무자로서 서명·날인**하였다면 제3자의 진의와 표시에 불일치가 있다고 보기는 어렵다.

(3) 비진의표시(원칙) – 표시주의(상대방은 선의·무과실)

> **제107조(진의 아닌 의사표시)** ① 의사표시는 표의자가 진의 아님을 □□(모르고 한 경우는 착오)한 것이라도 그(표시대로) 효력이 있다.(단독허위표시, 심리유보)
>
> 📝 알고

① 비진의 표시는 **표시된 대로 효과가 발생**한다.(19회, 24회) 따라서 **선의 무과실의 상대방은 유효하게 권리를 취득**하므로 전득자는 선의·악의를 불문하고 보호된다.(엄폐물의 법칙)
② **진의 아닌** 의사표시는 표시행위에 상응하는 내심적효과의사(진의)가 없는 것이다.(15회)

(4) 비진의표시(예외)

> **제107조(진의 아닌 의사표시)** ① ~ 그러나 상대방이 표의자의 진의 아님을 □□□□(악의) 이를 □ □ □□□ □□(과실)에는 무효로 한다.
>
> 📝 알았거나, 알 수 있었을 경우

① 상대방이 표의자의 진의 아님을 **알**았거나(악의) **알 수** 있었을 경우(과실)에는 비진의표시를 **무효**로 한다.(27회) (취소할 수 있다고 하면 틀린 지문이 된다) 따라서 부동산매매에서 비진의표시는 상대방이 선의, 무과실일 경우 표시대로 유효이다.(16회, 23회, 25회)
② 증명책임
  ㉠ 상대방이 표의자의 진의 아님을 알았거나 알 수 있었다는 것은 의사표시의 **무효를 주장하는 자**(표의자)가 증명하여야 한다.(25회). 즉, 비진의표시가 **무효라고 주장하는 자가 상대방의 악의 또는 과실에 대한 증명책임**을 진다.
  ㉡ 상대방이 표의자의 진의 아님을 알았을 경우, 표의자는 진의 아닌 의사표시의 무효를 주장 할 수 있다.(27회)
  ㉢ 어떠한 의사표시가 비진의 의사표시로서 **무효라고 주장하는 경우**에 그 입증 책임은 **그 주장자(표의자)에게** 있다.
  ㉣ 상대방이 통상인의 주의만 기울였어도 표의자의 진의를 알 수 있었다면(과실), 비진의표시는 무효로 된다.(27회)
③ 근로자의 사직서
  ㉠ **근로자**(표의자)가 **회사**(상대방)의 **경영방침**(악의)에 따라 **사직원을 제출**한 경우 회사(상대방)는 그와 같은 진의 아님을 알고 있었다고 봄이 상당하므로 **퇴직의 효과는 생기지 않는다**.
  ㉡ **근로자가 사용자**(상대방)의 **지시**(악의)에 좇아 일괄하여 **사직서를 작성 제출**할 당시 그 사직서에 기하여 의원면직처리될지 모른다는 점을 인식하였더라도 내심에 **사직의 의사가 있는 것으로 볼 수 없다. 즉 비진의표시가 된다.**(15회, 25회).

④ 대리권 남용에 유추적용
  ㉠ 진의 아닌 의사표시가 대리인(은행지점장, 출장소장)에 의하여 이루어지고 그 대리인의 진의가 자기 또는 제3자의 이익을 위한 배임적인 것(대리권의 남용)임을 그 **상대방이 알았거나 알 수 있었을 경우**에는 **민법 제107조 제1항 단서의 유추해석상 본인**은 대리인의 행위에 대하여 아무런 **책임이 없다.**(19회)
  ㉡ 비진의표시에 관한 규정은 대리인이 대리권을 남용한 경우에 유추적용된다.(19회)

(5) 효과 및 적용범위

> **제107조(진의 아닌 의사표시)** ② 진의 아닌 의사표시의 무효는 선의의 제3자에게 대항하지 못한다.(상대적 무효)

① 진의 아닌 의사표시가 효력이 없는 경우, 법률행위의 당사자는 진의 아닌 의사표시를 기초로 새로운 이해관계를 맺은 선의의 제3자에게 대항하지 못한다.(27회)
  ㉠ **제3자가 선의이면 전득자는 그의 선의·악의를 불문**하고 보호된다.(엄폐물의 법칙)
  ㉡ **제3자의 선의는 추정**되므로 비진의표시의 **무효를 주장하는 측**에서 제3자가 악의라는 사실을 주장·입증해야 한다.
  ㉢ **제3자는 선의이기만 하면 되고 과실, 무과실 여부는 묻지 않는다.** 진의 아닌 의사표시의 무효에 대항할 수 있기 위해서 제3자는 선의이기만 하면 되고 무과실일 필요는 없다.
  ㉣ 선의의 **제3자가 스스로 무효를 주장**하는 것은 무방하다.
  ㉤ **제3자가 악의**이더라도 **전득자(제3자)가 선의**이면 소유권을 취득한다.
  ㉥ 표의자의 진의에 대한 상대방의 악의가 증명되어 무효가 되더라도 그로 인한 손해배상을 청구할 수 없다.(27회)
② 진의 아닌 의사표시의 규정은 **계약**(매매·교환 등)은 물론이고 **상대방 있는 단독행위**에도 **적용**된다.(21회, 25회, 27회) (상대방 없는 단독행위에서 비진의 의사표시를 한 경우 언제나 유효가 된다)
③ 공법상행위
  ㉠ **공무원이 사직의 의사표시**를 하여 의원면직처분을 하는 경우 민법 제107조는 **사인의 공법행위에는 준용되지 아니하**므로 그 의사는 **표시된 대로 효력을 발생**한다.(15회)
  ㉡ 공무원의 사직의 의사표시와 같은 **공법행위**에는 비진의표시에 관한 민법의 규정이 **적용되지 아니한다.**
  ㉢ 공무원이 사직할 의사없이 사직서를 제출한 경우라도 사직의 효력이 발생한다.
④ **소송행위**는 내심의 의사보다 **표시를 기준**으로 하므로 그 소의 취하가 내심의 의사에 반한 것이라도 무효라고 할 수 없다.(소의 취하라는 소송행위는 언제나 표시대로 효력이 발생하므로 제107조가 적용되지 아니한다)
⑤ 가족법상의 **신분행위**(혼인과 입양 등)에 대하여는 비진의 의사표시인 **민법 제107조가 적용되지 않는다.** 즉, 혼인할 의사 없이 혼인의 청약을 하였고 상대방이 청약을 믿고 승낙하였더라도 혼인의 합의는 무효이다.(의사대로 효력이 발생하므로 표시는 언제나 무효이다)

3. 통정허위표시

(1) 서설

① 통정
- ㉠ 허위표시는 비진의표시를 한 자가 스스로 그 사정을 인식하면서 **비진의표시를 하는 데 대한 상대방의 양해** 하에 한 의사표시는 효력을 발생할 수 없다.(30회, 12회)
- ㉡ 통정허위표시가 성립하기 위해서는 표의자의 **진의와 표시의 불일치에 관하여 상대방과의 사이에 합의가 있어야** 한다.(33회)
- ㉢ **따라서** 통정허위표시는 표의자가 의식적으로 진의와 다른 표시를 한다는 것을 상대방이 알았다고 해서 성립하는 것이 아니다.(33회)
- ㉣ 따라서 **통정이 결여**되면 **비진의표시의 법리에 따라 해결**해야 한다.

② 甲이 乙에게 증여사실을 감추기 위해 매매계약서를 작성한 경우
- ㉠ **가장행위**인 매매가 **무효**라고 해도 **은닉행위**인 증여가 증여로서의 요건을 갖추었다면 증여계약는 **유효**하다.(29회, 30회, 33회)
- ㉡ 등기를 경료 받은 **乙은 유효하게 소유권을 취득**하므로 전득자인 **丙도 선의·악의를 불문하고 소유권을 취득**한다.(12회, 15회 추가, 21회, 29회) 따라서 甲은 丙에게 X토지의 소유권이전등기 말소를 청구할 수 없다.(29회)

③ 신탁행위와 같은 추심을 위한 채권양도(12회)나 부동산 양도담보는 허위표시가 아니다.

④ 통정허위표시에 관한 민법 제108조는 계약이나 상대방 있는 단독행위에는 적용되나, 상대방 없는 단독행위에는 통정할 수가 없으므로 적용되지 아니한다.(12회)

⑤ 파산상태에 빠진 甲은 강제집행을 면하기 위해, 자신의 유일한 재산인 X토지를 乙에게 매도하기로 하는 허위의 매매계약을 乙과 통정하여 체결하였고, 이에 따라 X토지에 대한 소유권이전등기를 乙 명의로 등기를 해준 경우?
- ㉠ 甲과 乙사이의 위 X토지에 대한 매매계약은 언제나 무효이다.(35회) 따라서 甲과 乙은 매매계약에 따른 채무를 이행할 필요가 없다.(27회)
- ㉡ 甲은 나중에 乙명의로 경료된 소유권이전등기의 말소를 청구할 수 있다.
- ㉢ 乙 명의로 소유권이전등기가 되어 있는 동안 乙의 채권자인 A가 선의로 위 X토지를 압류한 경우, 甲은 위 압류의 무효를 주장할 수 없다.
- ㉣ 乙명의로 소유권이전등기가 되어 있는 동안 乙이 사망한 경우, 甲은 乙의 선의의 상속인에 대해서도 위 X토지의 소유권을 주장할 수 있다.(상속인은 제3자가 아니므로 선의 일지라도 보호받지 못한다)
- ㉤ 甲의 채권자 B가 채권자취소권을 행사하여 甲과 乙사이의 위 매매계약을 취소할 수 있다.(35회) (이중양도에서 적극가담으로 무효인 경우 채권자취소권 행사 X)
- ㉥ 만약 乙이 X토지를 다시 제3자 丙에게 매도한 경우, 丙이 악의라는 사실에 대한 입증책임은 무효를 주장하는 甲에게 있다.(27회, 35회)

ⓧ 丙이 선의인 경우, 선의에 대한 과실의 유무를 묻지 않고 丙이 X토지의 소유권을 취득한다. (27회, 35회)
ⓞ 만약 악의의 丙이 선의의 丁에게 X토지를 매도하고 소유권이전등기를 해 준 경우 丁은 소유권을 취득한다. (35회)
ⓩ 만약, 乙이 선의의 丙에게 저당권을 설정한 경우, 甲은 乙에게 소유권이전등기의 말소는 청구할 수 있으나, 丙의 저당권 말소는 청구할 수 없다.

(2) 법률요건

① 동일인에 대한 대출액 한도 제한을 회피하기 위하여 실질적인 주 채무자(의사)가 **제3자를 형식상의 주 채무자**(표시)로 내세웠고 **상호신용금고**(상대방)도 이를 **양해**(통정)한 경우 **제3자 명의의 대출약정**은 통정허위표시에 해당하여 **무효**이다. (21회)
② [비교] 동일인 여신한도의 제한을 회피하기 위하여 실질적 주 채무자가 아닌 **제3자가 은행에 알리지 않고 은행을 직접 방문하여 주 채무자로 서명·날인**하여 은행과 소비대차계약을 체결한 경우(진의 있는 의사표시로서 유효), 이 계약은 **통정허위표시로서 무효가 아니다**.
③ 임대차보증금반환채권을 담보할 목적으로 임대인과 임차인이 체결한 전세권설정계약은 특별한 사정이 없는 한 임대차계약의 내용과 양립할 수 없는 범위에서만 통정허위표시로 인정된다.
④ 통정허위표시여서 **무효라고 주장하는 표의자가 입증**해야 한다.

(3) 법률효과

> **제108조(통정한 허위의 의사표시)** ① 상대방과 통정(비진의표시+상대방의 양해)한 허위의 의사표시는 (그 표시를) 무효로 한다.

① 상대방과 통정하여 허위로 체결한 매매계약은 무효이므로 (12회, 28회) 계약에 따른 채무를 이행할 필요가 없다. (27회) 그러나 허위표시 자체가 **위법은 아니므로 불법원인급여에 해당하지 않고** 당사자는 부당이득반환청구권 또는 물권적 청구권을 행사할 수 있다. 따라서 가장매매를 철회할 수 있다.
② 허위표시가 **무효**임을 당사자가 알고 **추인**한 때에는 **그때부터 새로운 법률행위**를 한 것으로 본다.
③ **통정허위표시로 무효**인 법률행위는 **채권자취소권의 대상**이 될 수 있다. (30회) 채권자취소권의 대상으로 된 채무자의 법률행위라도 통정허위표시의 요건을 갖춘 경우에는 무효이다.
④ **통정허위표시**에 따른 법률효과를 침해하는 것처럼 보이는 위법행위가 있는 경우에도 그에 따른 **손해배상을 청구할 수 없다**. (무효는 계약성립 당시부터 효력이 없는 것이므로 이행기가 있을 수 없고, 당연히 채무불이행의 문제가 발생할 수 없어서 손해배상도 청구할 수 없다)

⑤ 제3자

> **제108조(통정한 허위의 의사표시)** ② 통정한 허위의 의사표시의 무효는 선의의 제3자에게 대항하지 못한다.

㉠ 허위표시 **무효는 선의의 제3자에 대해서는** 무효를 주장하지 **못**하고, 선의의 제3자가 무효를 주장하는 것은 무방하다. (무효는 이해관계 있는 자는 누구나 주장 가능)
㉡ 통정한 허위의 의사표시는 무효이나, **선의의 제3자(소유권 취득)에 대하여는** 허위표시의 당사자뿐만 아니라 **그 누구도 허위표시의 무효로 대항하지 못한다.**(33회)
㉢ **제3자는 선의이기만 하면 되고 과실 유무는 묻지 않**는다.(35회) 허위표시의 당사자는 **선의의 제3자에게 과실이 있더라도**(소유권을 취득하므로) 의사표시의 **무효를 그 제3자에게 주장할 수 없다.**(27회)
㉣ **제3자의 선의는 추정**되므로 허위표시의 **무효를 주장하는 측에서** 제3자가 악의라는 사실을 주장·**입증**해야 한다.(27회, 32회)
㉤ **선의의 제3자**(소유권 취득)**로부터** 권리를 승계취득한 **전득자는 선의·악의를 불문하고 소유권을 취득한다.** (엄폐물의 법칙)
㉥ 통정허위표시의 **제3자가 악의라도** 그 **전득자**(제3자에 해당)**가** 통정허위표시에 대하여 **선의**인 때에는 **전득자에게 허위표시의 무효를 주장할 수 없다.**(35회)

(4) 제3자에 해당하는지 여부

① 허위표시의 무효로 선의의 제3자에게 대항하지 못한다. 여기에서 제3자는 허위표시의 당사자(또는 계약상의 지위를 승계한 자)와 **포괄승계인**(상속인, 회사의 합병) **이외의 자**로서 그 허위표시에 의하여(가장행위, 무효를 기초로) 외형상 형성된 법률관계를 토대로 실질적으로 **새로운 법률상 이해관계를 맺은 자**를 말한다.(30회)
② 제3자에 해당하지 아니한 경우
  ㉠ 가장채권 양수인의 **포괄 승계인**(2012감정평가사) **또는 상속받은 자**(2013주택관리사)
  ㉡ 통정허위표시에 의해 체결된 **제3자를 위한 계약에서 제3자**(26회) **또는 수익자**(23회, 26회)
  ㉢ 가장 소비대차의 **계약상 지위를 이전받은 자**(2020세무사), 차주와 통정하여 금전소비대차를 체결한 금융기관으로부터 **계약을 인수한 자**(34회), 가장소비대차에 있어서 **대주의 지위를 이전받은 자**(2012주택관리사)
  ㉣ **채권의 가장양도**에서 가장양수인에게 채무를 변제하지 않고 있었던 **채무자**(2015행정사), 통정허위표시인 **채권양도계약**의 양도인에 대하여 **채무를 부담하고 있던 사람**(채무자)(2020행정사), **채권의 가장양도**에서 변제 전 **채무자**(31회)
  ㉤ 대리인의 통정허위표시에서 **본인**(26회)

③ 제3자에 해당하는 경우
  ㉠ **통정허위표시**에 의한 매매의 **매수인**으로부터 매수목적물에 대하여 저당권을 설정 받은 자(2016행정사), **가장양수인**으로부터 저당권을 설정받은 자(23회), **가장양수인**으로부터 매매계약에 기한 소유권이전등기청구권 보전을 위한 가등기를 경료받은 자(23회), **가장**매매의 **매수인**으로부터 목적부동산을 다시 매수하여 소유권이전등기를 마친 자(2015행정사) 또는 그 부동산을 양수한 사람(2020행정사)
  ㉡ **가장채권**을 가압류한 자(31회), **가장**행위에 기한 근저당권부**채권**을 가압류한 자(23회) **가장**전세권자의 전세권부**채권**을 가압류한 자(23회), **통정허위표시**에 대한 소비대차에서 발생한 가장채권을 가압류한 자(26회) **가장소비대차**에 기한 **채권**의 양수인(33회) **허위채무**를 보증하고 그 보증채무를 이행한 보증인(31회, 34회)
  ㉢ **가장저당권**의 실행으로 경락받은 자(2012감정평가사) **통정허위표시인 저당권** 설정 행위로 취득된 저당권의 실행으로 그 목적인 부동산을 경매에서 매수한 사람(2020행정사)
  ㉣ **통정허위표시**로 설정된 **전세권**에 대하여 저당권을 취득한 자(26회) 가장전세권에 저당권을 취득한 자(31회)
  ㉤ 파산관재인
    ⓐ 상대방과 허위표시로써 성립한 **가장채권**을 보유한 채권자에 대하여 파산이 선고된 경우 **파산관재인**(2019변호사), 파산선고를 받은 **가장채권**자의 파산관재인은 제3자에 해당한다.(31회, 34회)
    ⓑ 파산자가 상대방과 통정한 허위의 의사표시를 통하여 가장채권을 보유하고 있다가 파산이 선고된 경우 **총파산채권자를 기준**으로 하여 파산채권자 **모두가 악의로 되지 않는 한** 파산관재인은 **선의의 제3자**라고 할 수밖에 없다.(30회) 즉, **파산**관재인은 파산채권자 일부가 선의라면 선의로 다루어진다.(32회)
  ㉥ 甲 금융기관과 乙 사이의 통정한 허위표시에 따라 甲이 乙에 대하여 취득한 외형상의 채권을 한국자산관리공사가 인수한 경우, **한국자산관리공사는 제3자에 해당한다.**

4. 착오에 의한 의사표시
  (1) 의의

> **제109조(착오로 인한 의사표시)** ① 의사표시는 법률행위의 내용의 □□□□□ □□가 있는 때에는 취소할 수 있다. 그러나 그 착오가 표의자의 □□□ □□로 인한 때에는 취소하지 못한다.
>
> 📝 중요부분에 착오, 중대한 과실

① 착오가 법률행위 내용의 중요 부분에 있다고 하기 위해서는 표의자(주관적 요건)에 의하여 추구된 목적을 고려하여 합리적으로 판단하여 볼 때 **표시와 의사의 불일치가 객관적으로 현저**하여야 하고, 보통 **일반인**(객관적 요건)이 **표의자의 입장**에 섰더라면 경제적인 불이익을 입게 되는 결과 등을 가져오게 됨으로써 **그와 같은 의사표시를 하지 아니하였으리라**고 여겨져야 한다.

② 상대방이 표의자의 진의에 동의한 경우 표의자는 착오를 이유로 의사표시를 **취소할 수 없다.** (25회) (일치한 의사대로 효력이 발생한다)

③ 계약을 체결(법률행위가 성립)함에 있어 당해 계약으로 인한 **법률효과**(유효, 무효, 취소)에 관하여 제대로 **알지 못**하였다 하더라도 이는 당사자의 **의사의 불합치**에 해당하여 계약이 불성립하는 것이 **아니라** 계약체결에 관한 의사표시의 **착오의 문제**가 될 뿐이다.(법률효과는 법률행위의 성립 후의 문제이므로 착오의 문제가 발생할 수 있다)

④ 무의식적 **불합의**(숨은 불합의)의 경우에는 계약 자체가 성립하지 않으므로 **착오의 문제는 발생하지 않는다.**

⑤ 착오의 존재 여부는 **의사표시 당시를 기준**으로 판단한다.

⑥ 표시상의 착오
  ㉠ 신원보증서류에 서명날인한다(효과의사)는 착각에 빠진 상태로 연대보증의 서면에 서명날인한 경우(표시행위), 강학상 기명날인의 착오(또는 서명의 착오), 이른바 **표시상의 착오**에 해당하므로, 위와 같은 착오가 제3자의 기망행위(불일치를 모른 경우에 해당)에 의하여 일어난 것이라 하더라도 **착오**에 의한 의사표시에 관한 **법리만을 적용**하여 **취소권 행사**의 가부를 가려야 한다.(사기는 의사와 표시는 일치하나 하자가 있는 경우에 해당하므로)
  ㉡ 제3자의 기망행위로 신원보증서면에 서명한다는 착각에 빠져 연대보증서면에 서명한 경우, (표시상)착오를 이유로 의사표시를 취소할 수 있다. (19회)
  ㉢ **부동산거래계약서**에 서명·날인한다는 착각에 빠진 상태로 **연대보증의 서면**에 서명·날인한 경우에는 **표시상의 착오**에 해당한다. (28회)

⑦ 법률의 착오
  ㉠ 법률에 관한 착오는 대부분 **동기의 착오**에 해당하고, 그것이 법률행위 내용의 **중요 부분**에 관한 것인 때에는 표의자는 그 의사표시를 **취소할 수 있다.** (25회)
  ㉡ 매수한 토지가 계약체결 당시부터 **법령상의 제한**으로 인해 매수인이 의도한 목적대로 이용할 수 없게 된 경우, 매수인의 착오는 **동기의 착오**가 될 수 있다. (15회, 23회)

⑧ 오표시무해의 원칙 : 매매계약 당사자 모두 매매목적물인 X토지의 지번에 착오를 일으켜 계약서에 목적물을 Y토지로 표시한 경우, 착오를 이유로 의사표시를 취소할 수 없다. (19회, 35회) (X토지는 불일치가 없어서 착오가 아니고, Y토지는 계약 자체가 불성립했으므로 착오의 문제가 발생하지 아니한다)

(2) **동기의 착오**

① 동기의 착오가 법률행위의 내용의 중요부분의 착오에 해당함을 이유로 표의자가 법률행위를 취소하려면 그 **동기를 당해 의사표시의 내용으로 삼을 것을 상대방에게 표시하고**,(12회) **의사표시의 해석상 법률행위의 내용으로 되어 있다고 인정**되면 충분하고,(12회) 당사자들 사이에 별도로 그 **동기를 의사표시의 내용으로 삼기로 하는 합의까지 이루어질 필요는 없**지만,(12회, 17회) 그 법률행위의 내용의 착오는 보통 일반인(객관적 요건)이 표의자(주관적 요건)의 입장에 섰더라면 그와 같은 의사표시를 하지 아니하였으리라고 여겨질 정도로 그 착오가 중요한 부분에 관한 것이어야 한다.

② 동기의 착오를 이유로 계약을 취소하기 위해서는 그 **동기가 상대방에게 표시**되고 **의사표시의 내용의 중요부분으로 인정**될 수 있어야 한다.

③ 동기의 착오를 이유로 취소하려면 당사자 사이에 **동기를 의사표시의 내용으로 하는 합의까지는 필요 없다.**(12회, 17회)

④ 상대방으로부터 유발된 동기의 착오

㉠ **토지소유자**(표의자)가 **공무원**(상대방)**의 법령오해에 따른 설명**(유발된 동기의 착오)으로 착오에 빠져 토지를 국가에 증여한 경우, 동기가 표시된 여부를 불문하고 이를 취소할 수 있다.(25회).

㉡ 상대방에 의해 유발된 동기의 착오는 **동기가 표시되지 않았**더라도 중요부분의 **착오로서 취소할 수 있다.**(19회, 23회, 28회)

㉢ 동기가 표시되지 않았더라도 **상대방에 의하여 유발된 동기의 착오**는 **취소**할 수 있다.

(3) **중요부분의 착오인 경우**

① 법률행위의 중요부분의 착오는 착오가 없었더라면 **표의자**(주관적 요건)뿐만 아니라 **일반인**(객관적 요건)도 표의자의 처지에서 그러한 의사표시를 하지 않았을 것이라고 생각될 정도로 중요한 것이어야 한다.

② **보험회사의 설명의무 위반**으로 보험계약의 중요사항을 제대로 이해하지 못하고 착오에 빠져 계약을 체결한 고객은 그 계약을 **취소**할 수 있다.

③ 재건축조합이 재건축아파트 설계용역계약을 체결함에 있어서 상대방의 **건축사 자격 유무**에 관한 착오는 법률행위의 중요 부분의 착오에 해당한다.

④ **양도소득세 등의 세액에 관한 착오**가 미필적인 **장래의 불확실한 사실**에 관한 것이라도 민법 제109조 소정의 착오에서 제외되는 것은 아니다.

⑤ **부동산중개업자**가 다른 점포를 **매매 목적물로 잘못 소개**하여 매수인이 매매 목적물에 관하여 착오를 일으킨 경우, 법률행위 내용의 중요부분의 착오에 해당한다. (물건의 동일성에 관한 착오)

⑥ **토지의 현황**(답 1,389평을 전부 경작할 수 있는 농지인 줄 알고 매수하였으나 측량 결과 약 600평이 하천을 이루고 있는 경우, 농지의 상당 부분이 하천임을 사전에 알았더라면 농지매매계약을 체결하지 않았을 것이 명백한 경우)(15회, 25회)·**경계에 관한 착오**는 매매계약의 중요부분에 대한 착오이다.

⑦ 근저당권설정계약상 **채무자의 동일성에 관한 착오**는 특별한 사정이 없는 한 법률행위 내용의 중요부분에 관한 착오이다.
⑧ 착오를 이유로 의사표시를 **취소하는 자**는 법률행위의 내용에 **착오가 있었다는 사실**과 함께 만약 그 **착오가 없었더라면 의사표시를 하지 않았을 것이라는 점을 증명**하여야 한다.

(4) 중요부분의 착오 아닌 경우

① 매매계약서에 표시된 **지적**(地積)이 실제 면적보다 **작은 경우**, 부지(4평)에 관하여 0.211평에 해당하는 **지분이 근소하게 부족한 경우**는 중요부분에 대한 착오가 아니다. (15회, 28회)
② 부동산 매매에 있어서 **시가에 관한 착오**는 부동산을 매매 하려는 의사를 결정함에 있어 동기의 착오에 불과할 뿐 법률행위의 중요부분에 관한 착오라고 할 수 없다. (15회, 16회)
③ **타인소유의 부동산을 임대**한 것이 임대차계약을 해지할 사유는 될 수 없고, 목적물이 반드시 임대인의 소유일 것을 특히 계약의 내용으로 삼은 경우라야 착오를 이유로 취소할 수 있다.
④ 계약 당시를 기준으로 하여 **장래의 미필적 사실의 발생에 대한 기대나 예상이 빗나간 경우**, 착오 취소는 인정되지 않는다.
⑤ 경제적 불이익이 없는 경우
  ㉠ 매매계약에 따른 양도소득세 산정에 착오가 있었으나 **관계 법령이 개정되어 위 착오로 인한 불이익이 소멸**한 경우처럼 착오로 인해 표의자가 **경제적인 불이익을 입은 것이 아니라면** 이를 법률행위내용의 중요부분의 **착오라고 할 수 없다.** (26회)
  ㉡ 가압류등기가 없다고 믿고 보증하였더라도 그 **가압류가 원인무효**인 것으로 밝혀진 경우, 중요 부분의 착오가 아니다. (19회, 23회)
  ㉢ **주채무자의 차용금반환채무**(무상·편무)를 보증할 의사로 공정증서에 연대보증인으로 서명·날인하였으나 그 공정증서가 주채무자의 **기존의 구상금채무 등에 관한 준소비대차계약**(무상·편무)의 공정증서이었던 경우 착오가 아니다.

(5) 중대한 과실이 없을 것

① 중대한 과실은 표의자의 직업·행위의 종류·목적 등에 비추어 **보통 요구되는 주의를 현저히 결여**한 것을 의미한다. (12회)
② 중대한 과실을 인정하여 취소권 부정한 경우
  ㉠ 법률행위 내용의 중요부분에 착오가 있는 경우 표의자는 그 의사표시를 취소할 수 있으나, 그 착오가 표의자의 **중대한 과실**에 기한 경우에는 **취소가 허용되지 않**는다. (만약, 경과실만 있는 경우라면 취소할 수 있다)
  ㉡ 상대방이 악용한 경우
    ⓐ 표의자에게 **중대한 과실**이 있다 하더라도 그 상대방이 표의자의 착오를 **알고서 악용**한 경우에는 표의자의 의사표시 **취소가 허용**된다.
    ⓑ 상대방이 표의자의 **착오를 알고 이를 이용**한 경우에는 착오가 표의자의 **중대한 과실**로 인한 것이라도 표의자는 의사표시를 **취소**할 수 있다. (26회, 28회, 31회, 35회)

ⓒ 법령상 **공장건축이 불가능한 토지임을 쉽게 알 수 있었던 자**(중과실)가 공장을 설립할 목적으로 토지를 매수하면서 **공장건축의 가능성을 관할 관청에 알아보지 않은 것**도 매수인에게 중대한 과실이 있는 것이다. (17회)

ⓔ **공인중개사를 통하지 않고 토지거래**를 하는 경우, 토지대장 등을 확인하지 않은 매수인은 착오가 있더라도 (중대한 과실이 있으므로) 착오를 이유로 취소할 수 없다. (23회)

③ 중대한 과실이 없다고 하여 취소권을 인정한 경우

ⓐ 매매대상 토지 중 **20~30평 가량만 도로에 편입**될 것이라는 **중개인의 말을 믿고**(중과실 X) 주택 신축을 위하여 토지를 매수하였고 그와 같은 사정이 계약 체결 과정에서 현출(동기가 표시)되어 매도인도 이를 알고 있었는데, 실제로는 전체 면적의 **약 30%에 해당하는 197평이 도로에 편입**된 경우(면적이 너무 큰 경우에는 착오에 해당) 중요 부분에 착오가 있는 경우에 해당된다.

ⓑ **고려청자**로 알고 매수한 도자기가 진품이 아닌 것으로 밝혀진 경우(중요부분의 착오), 매수인이 매매계약 체결 시 요구되는 통상의 주의의무를 현저하게 결여하였다(중대한 과실)고 볼 수 없음으로(결국, 중대한 과실이 없으므로) 착오를 이유로 취소할 수 있다.

ⓒ 토지매매에 있어서 특별한 사정이 없는 한, **매수인이 측량을 통하여 매매목적물이 지적도 상의 그것과 정확히 일치하는지를 미리 확인하여야 할 주의의무가 있다고 볼 수 없다.**

④ 착오한 표의자의 중대한 과실 유무에 관한 증명책임은 의사표시를 **취소하게 하지 않으려는 상대방**에게 있다. 즉, 법률행위의 **유효를 주장하는 자**가 부담한다. (19회, 26회)

(6) 법률효과 및 적용범위

> **제109조(착오로 인한 의사표시)** ② 착오로 인한 의사표시의 취소는 선의의 제3자에게 대항하지 못한다. (35회)

① 착오로 의사표시가 **취소**되면 **소급적**으로 **무효**로 되고, 그 취소는 **선의의 제3자에게 대항하지 못**한다. (35회)

② 착오에 의한 취소의 의사표시는 반드시 명시적이어야 하는 것은 아니고, 취소자가 그 **착오를 이유로 자신의 법률행위의 효력을 처음부터 배제하려고 한다는 의사가 드러나면 충분**하다.

③ 매매계약 내용의 중요 부분에 착오가 있는 경우 매수인은 매도인의 **하자담보책임**이 성립하는지와 상관없이 **착오**를 이유로 매매계약을 **취소**할 수 있다. (31회)

④ 매도인이 매수인의 중도금지급 채무불이행을 이유로 매매계약을 적법하게 **해제**(선의·악의를 불문하고 전부 반환) 후라도 **착오**를 이유로 한 **취소권**(선의는 현존이익, 악의는 전부반환)을 행사하여 위 매매계약 전체를 무효로 돌리게 할 수 있다. (13회, 19회, 23회, 26회, 31회, 32회)

⑤ 임의규정

ⓐ 착오에 관한 규정은 **임의규정**이므로 표의자의 **취소권을 배제하는 약정**은 **유효**하다.

ⓑ 계약당사자들이 착오를 이유로 한 **취소권을 배제하기로 합의**한 경우에는 착오를 이유로 **취소할 수 없다.** (15회, 28회)

ⓒ **착오**로 인한 의사표시의 **취소**에 관한 민법 제109조 제1항은 **당사자의 합의로 그 적용을 배제**할 수 있다.

⑥ 경과실로 취소한 경우 불법행위책임여부
ⓐ 경과실로 인해 착오에 빠진 표의자가 착오를 이유로 의사표시가 **취소**되어 상대방이 손해를 입은 경우, 상대방은 **불법행위로 인한 손해배상을 청구할 수 없다.**(16회, 26회, 31회)
ⓑ **경과실**에 의한 **착오**를 이유로 의사표시를 **취소**한 자는 상대방이 그 의사표시의 유효를 믿었음으로 인하여 발생한 손해에 대해 **불법행위 책임(손해배상책임)을 지지 않는다.**

⑦ 화해계약
ⓐ **화해계약**을 체결한 경우 당사자는 **착오를 이유로 취소하지 못하고**(원칙), 다만 **화해 당사자의 자격** 또는 화해의 목적인 **분쟁 이외의 사항에 착오**가 있는 때에 한하여 이를 **취소**할 수 있다.
ⓑ 다만, **화해계약이 사기**로 인하여 이루어진 경우에는 **화해의 목적인 분쟁에 관한 사항**에 착오가 있는 때에도 민법 제110조에 따라 이를 **취소**할 수 있다.

⑧ 소 취하
ⓐ **사무원의 착오**로 원고 소송대리인의 의사에 반하여 **소를 취하**하였다고 하여도 이를 **무효**라고 볼 수는 없다.
ⓑ **소 취하** 합의의 의사표시는 법률행위의 내용의 중요부분에 착오가 있음을 이유로 **취소할 수 없다.**

5. 사기·강박에 의한 의사표시(하자 있는 의사표시)

(1) 사기에 의한 의사표시

> **제110조(사기, 강박에 의한 의사표시)** ① 사기(동기의 착오)나 강박에 의한 의사표시(또는 상대방 없는 의사표시에 있어서 제3자의 사기·강박)는 □□할 수 있다.
>
> 📝 취소

1) 의의
① 기망행위란 표의자로 하여금 사실과 다른 관념을 갖도록 하거나 이를(기존의 착오를) 유지·강화하도록 하는 행위를 말한다.(15회 추가)
② 사기에 의한 의사표시의 경우, **의사와 표시에 불일치가 존재하지 아니**한다.(착오는 의사와 표시가 불일치 하고 표의자가 이를 모른 경우에 성립)
③ **부작위**나 단순한 **침묵**도 **기망행위**가 될 수 있다.
④ 상품의 선전 광고에 있어서 거래의 중요한 사항에 관하여 구체적 사실을 **신의성실의 의무**에 비추어 **비난**받을 정도의 방법으로 허위로 고지한 경우에는 **기망행위**에 해당한다고 할 것이나, 상품의 선전, 광고 다소의 과장이나 허위가 수반되더라도 일반상거래의 관행과 **신의칙에 비추어 시인(용인)**될 수 있는 한 **기망성이 결여**된다.

⑤ 제110조는 **강행규정**이므로 표의자의 취소권을 배제하는 약정은 무효이다.
⑥ 피기망자의 의사결정의 자유를 보호하기 위한 것으로써 피기망자에게 **손해를 가할 의사는** 사기에 의한 의사표시의 **성립요건이 아니다.**(15회 추가)
⑦ 2단의 고의
   ⑦ 표의자를 기망하여 착오에 빠지도록 하려는 고의와 표의자로 하여금 그 착오(동기의 착오)에 기해 의사표시를 하도록 하려는 **2단의 고의**가 있어야 한다. 따라서 **과실만으로는 부족**하고 피기망자의 손해발생은 요건이 아니다.(15회 추가)
   ⓒ 타인의 과실 있는 기망행위로 인하여 착오에 빠져서 한 의사표시는 사기를 이유로 취소할 수 없다.(15회 추가)
   ⓒ 사기에 의한 의사표시에는 **의사와 표시의 불일치가 있을 수 없고** 의사표시의 **동기에 착오**(주관적 요건)가 있는 것에 불과하다.(동기의 착오가 표시되지 않더라도 사기가 성립할 수 있다) 따라서 사기에 의한 의사표시에서의 **착오는 표의자의 주관적인 것**(동기의 착오)에 불과하더라도 **무방**하다.(15회 추가) {(제109조 착오는 동기의 착오(주관적 요건)가 표시(객관적 요건)되어야 성립한다)}
   ⓒ 기망행위로 인하여 법률행위의 내용으로 **표시되지 않은 동기에 관하여 착오**를 일으킨 경우에도 그 법률행위를 **사기**에 의한 의사표시를 이유로 **취소**할 수 있다.

2) 기망행위에 해당하는 경우
① 신의칙에 반하여 정상가격을 높이 책정한 후 할인하여 원래 가격으로 판매하는 **백화점 변칙세일**은 기망행위에 해당한다.
② 고지의무위반
   ⑦ 계약당사자 사이에 **신의칙상 고지의무가 인정**되는 경우, 고지의무 위반(소극적으로 숨기는 것)은 **부작위에 의한 기망행위**가 될 수 있다.
   ⓒ **아파트분양자**는 아파트 단지 인근에 **공동묘지가 조성**되어 있다는 사실을 수분양자에게 **고지할 신의칙상 의무를 부담**한다고 할 것이다.(27회, 35회)
   ⓒ **아파트 단지 인근**에 이 사건 **쓰레기 매립장이 건설예정**인 사실이 신의칙상 분양계약자들에게 고지하여야 할 대상이다. 만약 이러한 **고지없이 분양계약**을 체결한 경우에는 **사기**에 해당한다.(부작위에 의한 기망에 속한다)
   ⓒ 사기에 의한 의사표시에서 상대방에 대한 **고지의무가 없다면** 침묵과 같은 **부작위는 기망행위가 아니다.**
③ 매수인이 매도인의 기망에 의하여 **타인의 물건을 매도인의 것으로 잘못 알고 매수**한 경우, 만일 타인의 물건인 줄 알았더라면 매수하지 아니하였을 사정이 있는 경우에는 매수인은 사기를 이유로 취소할 수 있다.

3) 기망행위에 해당하지 않는 경우
   ① **교환계약**을 체결하려는 당사자 일방이 자기가 소유하는 목적물의 **시가를 묵비**하여 상대방에게 고지하지 아니하거나(21회, 25회, 35회), 혹은 **허위로 시가보다 높은 가액을 시가**라고 고지하였다(19회) 하더라도 상대방의 의사결정에 **불법적인 간섭**(사기 또는 위법행위)을 한 것이라고 볼 수 **없다.**
   ② **상가를 분양**하면서 그 곳에 첨단 오락타운을 조성하고 전문경영인에 의한 위탁경영을 통하여 일정 수익을 보장한다는 취지의 **광고**(청약의 유인에 불과)를 하였다고 하여 이로써 상대방을 기망하여 분양계약을 체결하게 하였다고 볼 수 없다.(27회)
   ③ 상품의 선전 광고에 다소의 과장 허위가 수반되는 것은 그것이 일반 상거래의 관행과 **신의칙에 비추어 시인**될 수 있는 한 **기망성이 결여**된다.

(2) 강박에 의한 의사표시

1) 의의
   ① 2단의 고의(취소 요건)
      ㉠ 표의자로 하여금 외포심을 생기게 하고 이로 인하여 법률행위 의사를 결정하게 할 **2단의 고의**로써 **불법으로 장래의 해악을 통고**한 경우라야 한다.(강박을 이유로 취소하려면 불법적 해악을 고지하여 공포심을 생기게 해야 한다)
      ㉡ 강박에 의한 의사표시로서 취소하기 위해서는 **고의에 의한 강박행위**가 있어야 하고 **과실에 의한 경우에는 제외**된다.
   ② 강박행위가 위법하다고 하기 위해서는
      ㉠ 강박행위 당시의 거래관념과 제반 사정에 비추어 **해악의 고지로써 추구하는 이익이 정당하지 아니**하거나,(23회) ㉡ 강박의 수단으로 상대방에게 **고지하는 해악의 내용이 법질서에 위배**된 경우 ㉢ 또는 **어떤 해악의 고지**가 거래관념상 그 해악의 고지로써 추구하는 **이익의 달성을 위한 수단으로 부적당**한 경우 등에 해당하여야 한다.

2) 강박행위에 해당 여부
   ① 부정행위에 대한 **고소, 고발**은 정당한 권리행사가 되어 위법하다고 할 수 없으나, 부정한 이익의 취득을 목적으로 하는 경우(15회)나 **목적이 정당**하다 하더라도 행위나 **수단 등이 부당**한 때에는 **위법성**(강박)이 있는 경우가 있을 수 있다.
   ② 무효인 경우
      ㉠ 강박에 의한 법률행위가 **무효**로 되기 위해서는, 의사표시자로 하여금 **의사결정**을 스스로 할 수 있는 여지를 완전히 **박탈**(강박행위가 극심, 의사무능력)한 상태에서 의사표시가 이루어져야 한다.(23회, 25회)
      ㉡ **강박행위의 주체가 국가 공권력**이고 그 공권력 행사의 내용이 기본권을 침해하는 것이라도 그 강박에 의한 의사표시가 당연히 **무효가 되는 것은 아니다.**

③ 불법적 해악의 고지없이, 단지 각서에 서명 날인할 것을 강력히 요구한 것만으로는 **강박행위라 할 수 없다.**(28회) (강박이란 불법적 해악을 고지하여 상대방을 공포심에 빠뜨려야 한다)
④ 강박행위가 **위법하지 않으면** 강박에 의한 의사표시로서 **취소할 수 없다.**

(3) 제3자의 사기·강박(13회, 21회, 23회, 27회)

> **제110조(사기, 강박에 의한 의사표시)** ② 상대방 있는 의사표시에 관하여 제3자가 사기나 강박을 행한 경우에는 상대방이 그 사실을 □□□□(악의) □ □ 있었을 경우(과실)에 한하여 그 의사표시를 취소할 수 있다.
>
> 📝 알았거나, 알 수

① 표의자가 제3자의 사기로 의사표시를 한 경우, 상대방이 그 사실을 **과실 없이 알지 못한 때**(선의·무과실)에는 그 의사표시를 **취소할 수 없다.**(19회) (상대방이 소유권을 취득하므로 전득자도 선의, 악의를 불문하고 소유권을 취득한다)
② 제3자에 해당되는 자
  ㉠ 단순히 상대방의 **피용자**이거나 상대방이 사용자책임을 져야 할 관계에 있는 **피용자**에 지나지 않는 자는 제3자에 해당한다.
  ㉡ 상대방의 **피용자가 대리권이 없다**면 그 피용자의 사기는 **제3자**의 사기에 해당한다.
③ 제3자에 해당되지 않는 자
  ㉠ **상대방과 동일시할 수 있는 자**의 사기·강박은 제3자의 사기·강박에 해당하지 않는다. 즉 그 의사표시에 관한 **상대방의 대리인**(은행 지점장, 은행 출장소장)등 상대방과 동일시할 수 있는 자는 제3자에 해당하지 아니한다.(35회)
  ㉡ 대리인의 기망행위로 계약을 체결한 상대방은 본인이 대리인의 기망행위에 대해 선의·무과실이더라도 계약을 취소할 수 있다.(25회, 27회)
  ㉢ 사기에 의한 의사표시의 상대방의 포괄승계인은 사기를 이유로 한 법률행위의 취소로써 대항할 수 없는 선의의 제3자에 포함되지 아니한다.(19회)

(4) 법률효과

> **제110조(사기, 강박에 의한 의사표시)** ③ 사기나 강박에 의한 의사표시의 취소는 선의의 제3자에게 대항하지 못한다.

① 사기를 이유로 법률행위를 **취소**하면 그 법률행위는 **소급**하여 **무효**로 되고, 그 취소는 **선의의 제3자에게 대항하지 못**한다.
② **제3자**는 특별한 사정이 없는 한 **선의로 추정**되므로 **표의자가** 제3자에 대해 사기에 의한 의사표시의 취소를 주장하려면 **제3자의 악의를 입증**할 필요가 있다.

③ 사기·강박이 불법행위의 요건을 갖춘 때에는 표의자는 ㉠ 의사표시를 **취소**하고서 **부당이득반환청구권**이나 불법행위에 기한 **손해배상청구권**을 **선택적**으로 행사할 수 있고(중첩적 행사 ×) ㉡ 의사표시를 **취소하지 않고** 제3자에 대하여 불법행위로 인한 **손해배상청구**를 할 수 있다.
④ 아파트분양자에게 기망행위가 인정된다면, 분양계약자는 기망을 이유로 분양계약을 취소하거나 취소를 원하지 않을 경우 손해배상만을 청구할 수도 있다.(27회)
⑤ '제3자에 의한 사기'로 계약을 체결한 피기망자는 그 계약을 **취소하지 않은 상태에서** 그 제3자에 대하여 불법행위로 인한 **손해배상청구**를 할 수 있다.(25회) (다시 말하면, 기망을 원인으로 손해배상을 청구하기 위해서는 그 계약을 반드시 취소할 필요가 없다)

(5) 적용범위

① **토지거래허가**를 받지 않아 유동적 무효 상태에 있는 법률행위라도 **사기**(강박)에 의한 의사표시의 요건이 충족된 경우 **사기**(강박)**를 이유로 취소**할 수 있다.(사기를 이유로 취소하면 매매계약은 무효가 되므로 협력의무를 거절할 수 있다)
② **소송행위**가 사기나 **강박**에 의하여 이루어진 것임을 이유로 이를 **취소할 수는 없다.**(16회, 25회) (소송행위 등 공법행위에는 사기, 강박이 적용되지 아니하므로 취소하지 못한다)
③ **매매목적물에 하자**(하자담보책임)가 있음에도 이를 **속이고**(사기) 매도한 경우, **사기**를 이유로 한 의사표시의 취소와 **하자담보책임**은 **경합**할 수 있으므로 매수인은 하자담보책임을 묻거나 사기에 의한 취소권 행사를 **선택적**으로 할 수 있다.(15회, 15회 추가)
④ **화해계약**이 **사기**로 인해 체결된 경우, **화해의 목적인 분쟁 사항에 착오**가 있는 때에도 표의자는 사기를 이유로 계약을 **취소**할 수 있다.
⑤ 착오가 타인의 기망행위에 의하여 발생한 경우 표의자는 그 요건을 입증하여 착오 또는 사기를 이유로 의사표시를 취소할 수 있다.(15회)

6. 의사표시의 효력발생시기

(1) 도달주의 원칙

제111조(의사표시의 효력발생시기) ① 상대방이 있는 의사표시는 상대방에게 □□한 때에 그 효력이 생긴다.

📝 도달
---

① 계약의 해제와 같은 **상대방 있는 의사표시**는 그 통지가 상대방에 **도달**한 때로부터 그 효력이 생긴다.(24회)

② 도달의 의미
　㉠ 여기서 도달이라 함은 사회통념상 상대방이 **통지의 내용을 알 수 있는 객관적 상태에 놓여 있는 경우**를 가리키는 것으로서,(16회) 상대방이 통지를 현실적으로 수령하거나 통지의 내용을 알 것까지는 필요로 하지 않는 것이므로,(17회) 상대방이 **정당한 사유 없이 통지의 수령을 거절한 경우**에는 의사표시의 효력(도달)이 생기는 것으로 보아야 한다.
　㉡ 상대방이 현실적으로 통지를 수령하거나 그 내용을 안 때를 도달로 보는 것이 아니다.
　㉢ 의사표시가 상대방에게 도달하였다면 상대방이 **그 내용을 알기 전이라도 그 효력이 발생**한다.(30회, 35회)
　㉣ **도달주의의 원칙은 채권양도의 통지**와 같은 준법률행위에도 **유추적용**될 수 있다. 채권양도의 통지는 채무자가 사회통념상 그 **통지의 내용을 알 수 있는 객관적 상태에 놓여졌다고 인정**됨으로써 **족하다**.
　㉤ 의사표시가 상대방에게 **도달**되었다면 상대방이 요지하기 전(내용을 알기 전)이라도 **철회할 수 없다**.(22회·28회, 30회)
　㉥ 의사표시자는 의사표시가 상대방에게 **도달하기 전**에 그 의사표시를 **철회할 수 있다**.
③ 의사표시는 상대방에게 도달한 때에 그 효력이 생기므로 의사표시의 **불착** 또는 **연착**은 모두 **의사표시자의 불이익**에 돌아간다.(12회)
④ **당사자 간의 약정**(임의규정)에 의해 의사표시의 **효력발생시기를 달리 정할 수 있다**.
⑤ 도달로 인정되는 경우
　㉠ **동거하는 가족·고용인이 우편을 수령**한 때에는 본인에게 전달하지 않은 경우에도 그 의사표시는 효력을 발생한다.(도달한 것으로 본다)
　㉡ 우편물이 **등기취급의 방법**으로 발송된 경우나 **내용증명 우편물**이 발송되고 **반송되지 않았다면** 특단의 사정이 없는 한 그 무렵에 **송달되었다**고 볼 것이다.(22회, 27회, 30회, 35회)
　㉢ 상대방이 **정당한 사유 없이** 의사표시 통지의 **수령을 거절**한 경우, 상대방이 그 통지의 내용을 알 수 있는 객관적 상태에 놓여 있는 때에 의사표시의 효력이 생기는 것으로 보아야 한다.(12회, 27회, 35회)
⑥ 도달로 인정되지 않는 경우
　㉠ 우편물이 등기취급의 방법으로 발송된 경우, 수취인이나 그 가족이 **주민등록지에 실제로 거주하고 있지 아니하면서 전입신고만**을 해 둔 경우 우편물이 수취인에게 **도달하였다고 추정할 수는 없다**.
　㉡ **일간신문지상에 공고**한 경우, **보통우편**(16회, 24회) 의 방법으로 발송되었다는 사실만으로는 그 우편물이 상당기간 내에 **도달하였다고 추정할 수 없다**.
⑦ 도달주의의 예외(발신주의)
　㉠ 제한능력자 상대방의 촉구에 대한 **제한능력자 측의 확답**(제15조)
　㉡ **무권대리**에서 상대방의 최고에 대한 **본인의 확답**(제131조)
　㉢ **사원총회 소집통지**(제71조)
　㉣ **격지자**간 청약에 대한 **승낙** 통지(제531조)(20회). (대화자 간은 청약과 승낙 모두 도달주의가 적용)

ⓜ 채무인수 승낙여부의 최고에 대한 채권자의 확답(제455조 제2항)
ⓗ 연착한 승낙의 도달 전에 지연의 통지(제528조 제2항)는 발신주의에 따른다.
ⓢ 매매예약 완결권행사 여부의 최고에 대한 확답, 해제권 행사 여부의 최고에 대한 해제의 통지, 제3자를 위한 계약에 있어 계약이익 향수 여부의 최고에 대한 수익자의 확답은 도달주의가 적용된다.(20회)

(2) 발송 후 도달 전 사망이나 제한능력자가 된 경우

> **제111조(의사표시의 효력발생시기)** ② 의사표시자가 그 통지를 발송한 후 (도달 전) □□하거나 □□□□□가 되어도 의사표시의 효력에 영향을 미치지 아니한다.
>
> 📝 사망, 제한능력자

① 상대방이 있는 의사표시에서 의사표시자가 그 통지를 **발송한 후 사망**하거나 **제한능력자**가 되어도 의사표시의 효력에 **영향을 미치지 아니**한다.(16회, 22회, 24회, 30회, 35회) (사망한 후, 제한능력자가 된 후 의사표시가 도달하면 효력이 발생하고, 그 상속인이나, 법정대리인이 책임을 진다)
② 의사표시자가 그 통지를 발송한 후 제한능력자가 되었더라도 특별한 사정이 없는 한 그 의사표시는 취소할 수 없다.

(3) 의사표시의 수령능력

> **제112조(제한능력자에 대한 의사표시의 효력)** 의사표시의 상대방이 의사표시를 받은 때에 □□□□□(수령무능력자)인 경우에는 의사표시자는 그 의사표시로써 대항할 수 없다. 다만, 그 상대방의 법정대리인이 의사표시가 도달한 사실을 □ □에는 의사표시자는 그 의사표시로써 대항할 수 있다.
>
> 📝 제한능력자, 안 후

① 의사표시의 **상대방**이 의사표시를 **받은 때**에 **제한능력자**인 경우에는 의사표시자는 **그 의사표시로써 대항할 수 없다.**(35회) (표의자는 도달을 주장할 수 없다, 의사표시의 효력을 주장할 수 없다)
② **제한능력자**가 **도달을 주장**할 수는 있다.
③ **상대방의 법정대리인**이 의사표시가 **도달한 사실을 안 후**에는 의사표시자가 그 의사표시로써 **대항할 수 있다.**(17회)
④ 의사표시의 **상대방**이 의사표시를 받은 때에 **피특정후견인**인 경우(행위능력자)에는 의사표시자는 그 의사표시로써 **대항할 수 있다.**
⑤ 甲의 내용증명우편이 乙에게 도달한 후 乙이 성년후견개시의 심판을 받은 경우라도 甲의 해제의 의사표시는 효력이 생긴다.(30회)

(4) 공시송달 (22회, 16회, 24회, 28회)

> **제113조(의사표시의 공시송달)** 의사표시자가 □□ □□ 상대방을 알지 못하거나(상속인불명) 상대방의 소재를 알지 못하는 경우(행방불명)에는 의사표시는 민사소송법 공시송달의 규정(법원게시판 게시, 전자통신매체, 관보, 일간신문 등)에 의하여 송달할 수 있다.(과실로 알지 못한 경우에는 공시송달 ×)
>
> 📝 과실 없이

제5절 | 대리제도

1. 서설

(1) 대리의 의의

타인이 본인의 이름으로 법률행위를 하거나(능동대리) 의사표시를 수령하여(수동대리) 그 법률효과가 직접 본인에게 생기게 하는 제도로서 법률행위의 행위자와 그 효과의 귀속자가 분리되는 예외적인 제도의 하나이다. 우리 민법은 특유한 표현대리제도를 규정하고 있다.

(2) 대리제도의 기능

① 사적 자치의 확장 : 주로 임의대리에 해당한다.
② 사적 자치의 보충 : 주로 법정대리에 해당한다.

2. 대리가 인정되는 범위

① 재산상 법률행위에만 허용된다.(원칙)
② 본인의 의사결정을 절대적으로 필요로 하는 **신분상의 법률행위**를 **대리**하는 행위는 특별한 사정이 없는 한 **무효**이다.
③ 준법률행위
   ㉠ 원칙적으로 준법률행위에는 인정되지 않으나 **의사의 통지**(각종 최고, 거절)와 **관념의 통지**(각종 통지, 승낙, 승인)에는 **대리규정**을 유추적용할 수 있다.(그러나 감정의 표시인 용서는 대리 ×)
   ㉡ 채권양도의 **통지**와 같은 관념의 통지에 대해서도 **대리와 의사표시에 있어서 도달주의가 허용**된다.
   ㉢ **순수**사실행위(매장물발견·주소의 설정·가공·발명), **혼합**사실행위(사무관리·부부의 동거·무주물선점·물건의 인도·유실물습득)에는 **대리가 인정되지 아니**한다.
④ 불법행위, 부당이득·부합·혼동 등에는 대리가 인정되지 않는다.

3. 대리권 관계(본인 – 대리인간의 관계)

(1) 임의대리권의 발생원인(수권행위, 대리권수여행위)

① 본인의 수권행위
   ㉠ 수권행위는 상대방의 승낙을 요하지 않고 수령을 요하는 **본인**의 **단독행위**(일방적 의사표시)이고, **비출연행위**이다.
   ㉡ 대리권 수여행위는 위임장을 작성·교부하지 않더라도 성립하는 **불요식행위**이다.(17회) 따라서 구두에 의한 수권행위도 가능하다. 수권행위는 묵시적인 의사표시로 할 수 있다.(30회, 33회)
   ㉢ 대리인이 대리행위를 하기 전에 본인이 그 수권행위를 철회한 경우, 특별한 사정이 없는 한 대리인의 대리권은 소멸한다.(33회)
   ㉣ 어떤 사람이 **대리인인 것처럼 행위하는 것을 본인이** 이의없이 **방임**하였다는 사실로부터 대리권 수여를 추단할 수도 있다. 즉, **사실상의 용태**에 의하여 대리권의 수여가 추단될 수 있다.

② **미성년자인 대리인**은 제한능력자임을 이유로 본인과의 **위임계약**을 **취소**할 수 있다. 또한 본인은 특별한 사정이 없는 한 언제든지 수권행위를 철회할 수 있다.(30회)

③ **입증책임** : 대리행위에서 대리권이 있다는 점에 대한 입증책임은 대리행위의 효과를 주장하는 상대방에게 있다. 그러나 대리인을 통한 부동산거래에서 상대방 앞으로 소유권이전등기가 마쳐진 경우에는 등기의 추정력에 의해 등기의 무효를 주장하는 전등기명의인(본인)이 대리인에게 **대리권 없음을 입증해야 한다.**(31회, 33회)

(2) 임의대리권의 범위

① 원칙적으로 개별적인 **수권행위**의 내용이나 그 **해석**에 의하여 판단하여야 한다.
② 수권범위에 포함된 경우
   ㉠ 일반적으로 **임의대리권**에는 그 권한에 부수하여 필요한 한도에서 상대방의 의사표시를 수령하는 **수령대리권을 포함**한다.
   ㉡ 부동산 매매계약을 **체결**할 대리권에는 특별한 사정이 없는 한 **중도금**이나 **잔금**을 **수령**할 권한도 있다.(17회, 24회, 25회, 27회, 30회, 33회, 34회)
   ㉢ 부동산 매매계약의 **체결과 이행**에 관하여 포괄적으로 대리권을 수여받은 대리인은 특별한 다른 사정이 없는 한 약정된 **매매대금지급기일을 연기**하여 줄 권한도 가진다.(20회)
   ㉣ 대리인이 상대방으로부터 대금 전부를 지급받고 아직 본인에게 전달하지 않았더라도 특별한 사정이 없는 한 상대방의 대금지급의무는 변제로 소멸한다.(31회)

③ 수권범위에 포함되지 않는 경우
   ㉠ 대여금의 **영수**권한만을 위임받은 대리인이 그 대여금채무의 일부를 **면제**하려면 그에 관한 **특별수권**이 필요하다.

ⓒ **계약체결**에 관한 대리권을 수여받은 대리인은 특별한 사정이 없는 한 계약을 해제할 권한이 없고,(16회, 27회, 31회, 34회, 35회) 계약체결의 권한을 수여받은 대리인은 체결한 계약을 **처분할 권한이 없다.**

　　ⓒ **예금계약의 체결**을 위한 대리권에 당연히 그 **예금을 담보로 대출**을 받거나 이를 **처분**할 수 있는 대리권이 포함되어 있는 것은 아니다.

　　ⓔ **경매입찰**에 임하는 행위의 대리권(경매입찰대리권)의 범위에 본인을 대리하여 채권자의 **강제경매신청취하**에 동의할 권한에까지 미치는 것으로 볼 수는 없다.

　　ⓜ 부동산을 **매수**할 권한을 수여받은 자는 원칙적으로 그 부동산을 **처분**할 권한이 없다.

④ **수권행위로 대리권의 범위를 알 수 없을 때**(24회, 29회, 30회)

> **제118조(대리권의 범위)** 권한을 정하지 아니한 대리인은 다음 각 호의 행위만을 할 수 있다.
> 1. □□행위
> 2. 대리의 목적인 물건이나 권리의 성질을 변하지 아니하는 범위에서 그 □□ 또는 □□하는 행위
>
> 📝 보존, 이용, 개량

　　㉠ 보존행위 : 가옥의 수선, **미등기부동산의 보존등기**,(22회, 27회, 28회) 부패하기 쉬운 물건을 매각하는 행위,(22회) 소 제기로 채권의 **소멸시효를 중단**하는 행위,(22회) 기한 도래 채무의 변제 등은 본인의 동의나 특별수권이 없더라도 가능하다.(23회)

　　㉡ 이용행위 : 물건의 임대, 금전의 이자부 대여, 소송비용을 위한 자산임대 등

　　㉢ 개량행위 : 무이자채권을 이자부로 변경하는 행위,(22회) 노후화된 설비의 교환 등

　　㉣ **은행예금을 찾아 높은 금리로 개인에게 빌려주는 행위**(대여),(22회) 은행예금을 찾아 주식을 사는 것(주가가 폭등하여 많은 이익을 얻었다 해도 안 됨), 임야를 대지로 **형질변경** 등은 **허용되지 아니**한다.

(3) 대리권의 남용(대리권 범위 내의 배임적 대리행위)

> **제107조(진의 아닌 의사표시)** ① ~ 그러나(단서 규정) 상대방이 표의자의 진의 아님을 알았거나(악의) 이를 알 수 있었을 (과실) 경우에는 무효로 한다.

① 대리인이 외형적으로는 **대리권 범위 안**에서 한 대리행위이지만 실질적으로는 대리인 자신 또는 제3자의 이익을 꾀할 목적으로 대리행위를 하는 경우를 말한다.

② 원칙적으로 **본인**에게 대리효과가 **귀속**한다.

③ 대리인의 대리권남용 사실을 **상대방**이 **알**았거나 **알 수** 있었을 경우에는 비진의표시(민법 제107조 제1항 단서)의 **유추해석상 본인**은 대리인의 행위에 대해 아무런 **책임이 없다.**(12회, 16회, 25회, 28회, 34회)

④ 대리권남용은 **임의대리ㆍ법정대리**에도 적용된다.

(4) 대리권의 제한

1) **자기계약·쌍방대리의 금지**(17회, 25회, 30회)

> **제124조(자기계약, 쌍방대리)** 대리인은 □□□ □□□이 없으면 본인을 위하여 자기와 법률행위(자기계약)를 하거나 동일한 법률행위에 관하여 당사자 쌍방을 대리하지 못한다(무권대리행위). 그러나 □□□ □□□(본인의 허락이 없이도)은 할 수 있다.
>
> 📝 본인의 허락, 채무의 이행

① 자기계약 쌍방대리를 금지하는 이유는 본인의 이익을 해칠 우려가 있기 때문이다.
② **허용되는 경우**(본인의 허락 또는 채무이행)
  ㉠ 법무사의 등기권리자와 등기의무자 쌍방을 대리한 **등기신청행위**는 **유효**하다.(19회, 20회)
  ㉡ **친권자가 자신의 부동산을 미성년자인 자녀에게 증여**하고자 자녀를 대리하여 계약을 체결하는 것은 자기계약이지만 (본인인 미성년자 자녀에게 이익이 있으므로)유효하다.
  ㉢ **주식의 명의개서**에 있어서 매수인이 한편으로 매도인의 대리인이 되는 것으로서 자기계약이지만 허용된다.
  ㉣ **사채알선업자**가 대주와 차주 쌍방을 대리하여 소비대차계약을 유효하게 체결한 경우, 사채알선업자는 특별한 사정이 없는 한 차주가 한 변제를 수령할 권한이 있다.
  ㉤ **甲이 그 소유의 X건물을 매도하기 위하여 乙에게 대리권을 수여한 경우, 乙은 甲의 허락이 있으면 甲을 대리하여 자신을 X건물의 매수인으로 하는 계약을 체결할 수 있다.**(33회)
③ **채무이행**
  ㉠ 본인이 대리인에게 채무를 진 경우, 대리인은 본인의 허락이 없더라도 그 채무를 자신에게 변제할 수 있다.
  ㉡ 대리인은 본인의 허락이 없어도 쌍방을 대리하여 **다툼이 없는 채무의 이행**을 할 수 있다.
  ㉢ 대리인에 대한 본인의 금전채무가 기한이 도래한 경우 대리인은 본인의 허락이 없더라도 그 채무를 변제할 수 있다.(27회)
  ㉣ 채무의 이행의 경우 **본인의 허락이 없어도** 쌍방대리는 **유효**하다.
④ **본인의 허락 + 채무이행**
  ㉠ **대물변제**(代物辨濟), 선택채권의 선택, **경개**(更改),
  ㉡ **다툼이 있는** 채무의 변제, **기한이 도래하지 않은** 채무의 변제, **항변권이 붙은** 채무의 이행 등은 **본인의 허락**이 없으면 허용되지 아니한다.
⑤ 제124조는 임의대리·법정대리 모두에 적용된다.
⑥ 제119조에 위반되는 대리행위는 무권대리행위(유동적 무효)이다. 따라서 본인의 허락이 없는 자기계약이라도(무권대리행위) 본인이 추인하면 유효한 대리행위로 될 수 있다.(28회)
⑦ 부동산 **입찰절차**에서 **동일물건**에 관하여 이해관계가 다른 **2인 이상의 대리인**이 된 경우에는 그 대리인이 한 입찰은 **무효**(확정적 무효)이다.(20회)

2) 공동대리

> **제119조(각자대리)** 대리인이 수인인 때에는 □□가 본인을 대리한다. 그러나 법률(친권자) 또는 수권행위에 다른 정한 바가 있는 때에는 □□으로 대리한다.
>
> 📝 각자, 공동

① 능동대리의 경우 **대리인이 수인**인 때에는 **각자**가 본인을 **대리한다.**(25회, 29회, 30회, 31회, 33회) 그러나 법률(친권자) 또는 수권행위에 다른 정하는 바가 있는 때에는 공동으로 대리한다.
② 수동대리는 언제나 각자대리가 원칙이다.(16회, 24회, 27회) 따라서 수동대리에는 능동대리에 관한 법원칙이 부분적으로 적용된다.
③ 제124조에 **위반**되는 대리행위는 확정적 무효가 아니고 **무권대리행위**로서 유동적 무효이다.

(5) 대리권의 소멸

> **제127조(대리권의 소멸사유)** 대리권은 다음 각 호의 어느 하나에 해당하는 사유가 있으면 소멸된다.(임의대리, 법정대리 공통)
> 1. 본인의 □□
> 2. 대리인의 □□, □□후견의 개시(한정후견개시 X) 또는 □□
>
> 📝 사망, 사망, 성년, 파산

① 임의대리권과 법정대리권의 공통소멸사유
  ㉠ **본인**의 **사망**(16회)
  ㉡ **대리인의 사망,** 대리인의 **성년후견의 개시**(24회, 30회) (한정후견의 개시는 소멸사유 아님) 또는 대리인의 **파산**선고(25회)로 인하여 소멸한다.(본인은 사망뿐이다)
② 임의대리에 한정된 소멸 사유

> **제128조(임의대리의 종료)** □□□□에 의하여 수여된 대리권은 본인의 사망, 대리인의 사망·성년후견의 개시 또는 파산 외에 그 □□□ □□□□의 종료에 의하여 소멸한다. 법률관계의 종료 전에 본인이 □□□□를 철회한 경우에도 대리권이 소멸한다.
>
> 📝 법률행위, 원인된 법률관계, 수권행위

  ㉠ **법률행위에 의하여 수여된 대리권**(임의대리)은 공통의 소멸원인인 본인의 사망, 대리인의 사망, 대리인의 파산, 대리인의 성년후견개시심판 외(外)에도
  ㉡ **원인된 법률관계**(위임계약, 고용계약 등)의 **종료나**(19회, 31회) 본인이 **수권행위를 철회**한 경우에도 임의대리권은 소멸한다.(19회, 31회)
  ㉢ 대리권의 존속 중 원인된 법률관계가 종료하기 전이라도 본인이 수권행위를 철회하면 임의대리권은 소멸한다.
③ 미성년자가 성년이 된 경우 친권자의 법정대리권은 소멸한다.

④ 피성년후견인이 아닌 자가 임의대리인이 된 후에 그에게 성년후견이 개시되면 그 대리권은 소멸한다.(피성년후견인이라는 사실을 알면서 그를 대리인으로 선임한 경우에는 대리권이 소멸되지 아니한다)

4. 대리행위(대리인 - 상대방 간의 관계)

(1) 현명주의

> **제114조(대리행위의 효력)** ① 대리인이 그 권한 내에서 □□□ □□ □□□ □□한 의사표시는 직접 본인에게 대하여 효력이 생긴다.
> ② 전항의 규정은 대리인에 대한 제3자의 의사표시(수동대리)에 준용한다.
>
> 📝 본인을 위한 것임을 표시

① 대리인이 그 권한 내에서 **본인을 위한 것임을 표시**(현명주의, 대리관계의 표시, 대리행위의 표시)한 의사표시는 직접**본인에게** 대하여 **효력이 생긴다**. 이는 본인의 이익을 위한 것임을 뜻하지 않는다.(대리권이 남용된 경우에도 본인이 책임을 지는 것이 원칙이다)

② 대리인이 본인을 위하여 대리행위를 한다는 취지를 인식할 수 있을 정도의 표시만으로도 이를 대리관계의 표시(현명)로 볼 수 있다.(17회) 현명은 명시적, 묵시적으로 할 수 있다.

③ 대리인이 계약서 등의 서면에 본인의 이름만을 적고 본인의 인장을 찍는 방법으로 대리행위를 하였더라도 대리행위로서 유효하다.(12회, 24회) (본인의 이름 + 본인의 인장 날인 = 서명대리) 대리인은 반드시 대리인임을 표시하여야 하는 것은 아니고 **본인명의로도 할 수 있다.**

④ 현명하지 않은 경우

> **제115조(본인을 위한 것임을 표시하지 아니한 행위)** 대리인이 본인을 위한 것임을 표시하지 아니한 때(현명하지 아니한 때)에는 그 의사표시는 □□(대리인)를 위한 것으로 본다. 그러나 상대방이 대리인으로서 한 것임을 알았거나 알 수 있었을 때에는 직접 □□에게 대하여 효력이 생긴다.
>
> 📝 자기, 본인

㉠ 대리인이 본인을 위한 것임을 표시(대리행위의 표시, 대리관계의 표시, 현명)하지 않은 경우의 의사표시는 **대리인 자신을 위한 것으로 본다.**(24회) (의제한다, 간주한다 ⇨ 추정한다 ×)

㉡ 따라서 상대방은 대리인에 대해서만 계약의 이행을 청구할 수 있다. 이 경우에 **대리인은 착오를 주장하지 못한다.**

㉢ **매매위임장을 제시**하고 매매계약을 체결하는 경우처럼 상대방이 대리인으로서 한 것임을 알았거나 알 수 있었을 때에는 직접**본인에게 대하여 효력이 생긴다.**(35회)

㉣ 甲의 대리인 乙이 丙과 매매계약을 체결하면서 甲의 대리인임을 표시하지 않고 자신을 매수인으로 한 경우, 乙의 의사표시는 乙을 위한 것**으로 본다.**(16회)

⑤ 대리인 乙이 자신을 본인 甲이라고 하면서 계약을 체결한 경우 그것이 **대리권의 범위 내**라면 그 계약의 **효력은 甲에게 귀속**된다. (24회)
⑥ 상행위의 대리에 관하여서는 현명주의가 적용되지 아니한다. (12회)

(2) 대리행위의 하자(27회)

> **제116조(대리행위의 하자)** ① 의사표시의 효력이 의사의 흠결, 사기, 강박 또는 어느 사정을 알았거나 과실로 알지 못한 것으로 인하여 영향을 받을 경우에 그 사실의 유무는 □□□을 표준하여 결정한다.
> ② 특정한 법률행위를 위임한 경우에 대리인이 □□□ □□에 좇아 그 행위를 한 때에는 본인은 자기가 안 사정 또는 과실로 인하여 알지 못한 사정에 관하여 대리인의 부지를 주장하지 못한다.
>
> 📝 대리인, 본인의 지시

① 매수인의 **대리인**이 매도인의 배임행위에 **적극 가담**하였다면 본인이 반사회성을 야기한 것이 아니라고 할지라도 그 매매계약은 **사회질서에 반**한다. 따라서 본인은 선의일지라도 소유권을 취득할 수 없다. (15회)
② 불공정한 법률행위인가를 판단함에는 **경솔, 무경험**은 **대리인**을 기준으로, **궁박** 상태에 있었는지의 여부는 **본인**의 입장에서 판단되어야 한다. (15회 추가, 17회, 18회, 25회, 29회, 31회, 34회)
③ 대리행위에 있어서 진의 아닌 의사표시인지 여부는 대리인을 표준으로 결정한다. (27회)
④ **대리인**이 상대방과 **통정**한 허위의 의사표시는 본인이나 대리인에 대해서도 **무효**이다. (27회) 따라서 본인은 선의의 제3자로서 그 유효를 주장할 수 없다.
⑤ 착오가 있었는지 여부는 대리인을 기준으로 결정하므로, 본인은 계약내용을 잘 알지 못하고 대리권을 수여하였더라도 **대리인이 그 내용을 알면서 계약을 체결**하였다면, 본인은 그 내용에 관한 **착오**를 이유로 계약을 **취소할 수 없다**.
⑥ 사기 · 강박
 ㉠ 대리인이 상대방을 사기 · 강박한 경우, **상대방**은 대리인의 사기 · 강박에 대한 **본인의 선의, 악의**나 과실의 유무를 **묻지 않고** 그 의사표시를 **취소**할 수 있다. (15회 추가, 19회, 31회)
 ㉡ 상대방이 대리인을 사기 · 강박한 경우, **본인**은 그 사실을 **알든, 모르든** 의사표시를 **취소**할 수 있다. (24회) (취소권은 대리인이 아니라 본인에게 귀속한다).
 ㉢ 상대방이 본인을 사기 · 강박한 경우, 대리인이 사기나 강박을 당하지 않는 한, **본인**은 대리행위를 **취소할 수 없다**. (12회) (본인이 기망당했으나 대리행위의 당사자인 대리인은 사기 당하지 않았으므로 본인은 취소할 수 없다)
 ㉣ 본인이 상대방을 사기 · 강박한 경우 **상대방**은 그 의사표시를 **취소**할 수 있다.
⑦ 특정한 법률행위를 위임한 경우에 **대리인이 본인의 지시**에 좇아 그 행위를 한 때에는 **본인은 대리인의 부지(不知)를 주장하지 못**한다. (본인의 기준으로 하자 여부를 판단)

(3) 대리인의 능력

> **제117조(대리인의 행위능력)** (유권) 대리인은 □□□□□임을 요하지 아니한다.
>
> 📝 행위능력자

① 대리인은 **행위능력자임을 요하지 않는다.**(17회, 19회) 그러나 대리인은 **의사능력은 있어야** 하고, 의사무능력자일 경우 그 대리행위는 무효이다.(법률효과의 귀속자로서 본인은 권리능력이 있어야 한다)

② 대리인이 제한능력자인 경우
  ㉠ 본인은 대리인이 제한능력자임을 이유로 **대리행위를 취소할 수 없다.**(24회, 31회)
  ㉡ 대리인은 제한능력자임을 이유로 **위임계약**과 같은 기초적 법률관계를 **취소할** 수 있다.
  ㉢ 수권행위는 본인의 단독행위이므로 대리인은 제한능력자임을 이유로 **수권행위를 취소할 수 없다.**
  ㉣ 제한능력자인 대리인이 법정대리인의 동의 없이 대리행위를 하더라도 법정대리인은 그 대리행위를 취소할 수 없다.(29회)
  ㉤ **무권대리인이 제한능력자인 경우 무권대리행위에 대한 책임**이 **없다.**

(4) 복대리

1) 의의
  ① 복대리인은 대리인이 그 권한범위 내의 행위를 하게 하기 위해 **대리인 자신의 이름으로 선임**(복대리인은 항상 임의대리인)한 **본인의 대리인**(대리인의 대리인 X)을 말한다.(17회, 30회, 31회, 32회, 33회) 그러나 대리인의 감독을 받는다.
  ② 대리인의 **복임행위**(대리인의 이름으로)는 **대리행위**(본인의 이름으로)가 **아니다.**
  ③ 복대리인은 그 권한 내에서 본인의 이름으로 법률행위를 한다.(13회, 24회) 복대리인은 **본인을 위한 것임을 표시**하면 되고 대리인의 이름을 현명할 필요가 없다.
  ④ 복대리인이 본인을 위한 것임을 표시(현명)하지 아니한 때에는, 원칙적으로 **복대리인 자신을 위한 것**으로 본다.
  ⑤ 대리인은 그 권한 내에서 사자(使者)를 사용할 수 있으며, 이때에는 복대리에 관한 규정이 적용되지 않는다.(24회)
  ⑥ 대리인이 **복대리인을 선임한 후에도 대리인의 대리권은 소멸하지 아니**하고, 대리인이 대리권 소멸 후 선임한 복대리인과 상대방 사이의 법률행위에도 민법 제129조의 표현대리가 성립할 수 있다.(34회)
  ⑦ 복대리인의 대리권 범위는 **대리인의 대리권 범위를 넘지 못**하고, 만약 이를 **넘으면 무권대리행위**가 되므로 본인은 이를 추인할 수 있다.
  ⑧ 복대리인도 행위능력자임을 요하지 않는다.(34회)

2) 임의대리인의 복임권

> **제120조(임의대리인의 복임권)** 대리권이 법률행위에 의하여 부여된 경우(수권행위, 원인된 법률관계 ⇨ 임의대리)에는 대리인은 □□□ □□이 있거나 □□□□ □□ 있는 때가 아니면 복대리인을 선임하지 못한다.
>
> **제121조(임의대리인의 복대리인선임의 책임)** ① 임의대리인이 본인의 승낙이나 부득이한 사유에 의하여 복대리인을 선임한 때에는 본인에게 대하여 그 □□□□에 관한 책임이 있다.
> ② 대리인이 본인의 지명에 의하여 복대리인을 선임한 경우에는 그 부적임 또는 불성실함을 알고 본인에게 대한 □□나 그 해임을 □□한 때가 아니면 책임이 없다.
>
> 📝 본인의 승낙, 부득이한 사유, 선임감독, 통지, 태만

① 임의대리인은 **원칙**적으로 복대리인을 **선임할 수 없**으므로 그에 대한 책임도 없다. (29회, 35회)
② **대리권이 법률행위에 의하여 부여**된 경우(임의대리)에는 대리인은 **본인의 승낙**(21회)이 있거나 **부득이한 사유**(질병으로 인하여 대리행위를 할 수 없을 때)가 있는 때에는 복대리인을 **선임**할 수 있고, 이 경우 임의대리인은 본인에 대하여 그 **선임·감독의 과실 책임**을 진다. (13회, 23회, 30회, 31회) [㉠ 임의대리인은 본인의 승낙이 있는 경우에만 복대리인을 선임할 수 있다. (틀림)(21회) ㉡ 임의대리인이 본인의 명시적 승낙을 얻어 복대리인을 선임한 때에는 본인에 대하여 그 선임감독에 관한 책임이 없다. (틀림)(30회)]
③ 대리인이 **본인의 지명**에 의하여 복대리인을 **선임**한 경우에는 그 **부적임 또는 불성실함을 알고 본인에게 대한 통지**나 그 해임을 **태만**한 때가 아니면 **책임**이 없다.
④ 대리의 목적인 법률행위의 성질상 **대리인 자신에 의한 처리가 필요하지 않은 경우**에는 **본인이 복대리 금지의 의사를 명시하지 않는 한** 복대리인의 선임에 관해 **묵시적인 승낙**이 있는 것으로 보는 것이 타당하다. (17회, 32회) 그러나 **아파트 분양업무**는 그 성질상 분양 위임을 받은 **수임인의 능력**에 따라 그 분양사업의 **성공 여부가 결정**되는 사무로서, 본인의 **명시적인 승낙**이 있어야 선임할 수 있다. (34회)

3) 법정대리인의 복임권

> **제122조(법정대리인의 복임권과 그 책임)** □□대리인은 그 (법정무과실)책임으로 복대리인을 (언제든지) 선임할 수 있다. 그러나 □□□□ □□로 인한 때에는 선임감독에 관한 과실 책임만 진다.(책임이 경감한다)
>
> 📝 법정, 부득이한 사유

① **법정대리인**(친권자, 후견인)은 **그 책임으로**(언제든지 선임, 무과실책임) 복대리인을 **선임**(법정대리인이 선임한 복대리인도 항상 임의대리인)할 수 있다. (33회, 34회) 이 경우 법정대리인은 본인에 대해 **법정무과실 책임**을 진다. ⇨ 법정대리인이 복대리인을 선임한 경우에 그 선임 및 감독상 과실이 있는 때에 한하여 책임이 있다.(×)

② 법정대리인이 **부득이한 사유**로 복대리인을 선임한 경우에는 **선임 · 감독의 과실 책임**을 진다.(책임이 경감된다)(15회, 17회, 21회)
③ 복대리인을 선임할 수 있는 권한과 선임에 대한 책임범위가 임의대리인보다 법정대리인이 더 넓다.
④ 법정대리인이 선임한 복대리인은 **임의대리인**으로서 본인의 대리인이다.(20회)
⑤ **법정대리인은 부득이한 사유가 없더라도 복대리를 선임할 수 있다.**(30회)

4) 복대리인의 권한

> **제123조(복대리인의 권한)** ① 복대리인은 그 권한 내에서 □□을 대리한다.
> ② 복대리인은 본인이나 제3자에 대하여 □□□과 동일한 권리의무가 있다.
>
> 📝 본인, 대리인

① 복대리인은 그 권한 내에서 본인을 대리한다.(21회, 29회)
② 복대리인은 **본인**이나 **제3자**에 대하여 **대리인과 동일한 권리 · 의무**를 가지므로(19회, 21회, 34회) 복대리인도 본인에 대해 선량한 관리자의 주의의무, 수취물 인도의무 등을 부담하고 보수청구권, 비용상환청구권 등을 가진다.

5) 복대리인의 복임권 및 소멸
① 복대리인은 임의대리인에 해당하므로 본인의 승낙이 있거나 부득이한 사유가 있는 때가 아니면 다시 복대리인을 선임하지 못한다.
② 대리권의 소멸(본인의 사망, 대리인의 사망 · 성년후견의 개시의 심판 · 파산선고),(13회, 18회, 19회, 30회, 32회) 임의대리권의 소멸(수권행위의 철회, 원인된 법률관계의 종료),(18회) 복대리권의 소멸(복대리인의 사망 · 성년후견의 개시 · 파산선고) 등에 의해서도 소멸한다.
③ 대리인이 대리권 소멸 후 선임한 복대리인과 상대방 사이의 법률행위에도 민법 제129조의 표현대리가 성립할 수 있다.(32회, 34회)
④ 복대리권은 대리권의 존재와 범위에 영향을 받는다.(17회)
⑤ 복대리인의 한정후견개시는 복대리권 소멸사유가 아니다.(18회)

5. 대리효과

① **수인의 대리인**이 본인을 위하여 **각각 상충되는 내용의 계약을 체결**한 경우 **모든 계약은 유효**하나, **먼저 공시방법을 갖춘** 법률행위가 **본인에게 효력이 미친다.**
② 하나의 물건에 대해 **본인과 대리인이 각각 계약을 체결**한 경우, 계약자체는 **둘다 유효**하고, 먼저 **공시방법을 갖춘** 경우 **물권을 취득**한다.
③ 상대방이 매매계약을 해제한 경우, 상대방은 대리인에게 채무불이행으로 인한 손해배상을 청구할 수 없다.(34회)
④ 대리행위에 따른 법률효과가 본인에게 귀속하기 위해서는 **본인에게 권리능력**이 있어야 한다.

⑤ 상대방의 채무불이행이 있는 경우, 특별한 사정이 없는 한 대리인은 매매계약을 해제할 수 없다.(29회, 34회) (대리행위로 인한 대리효과는 본인에게 귀속하므로 본인이 해제할 수 있다)
⑥ 대리인에게 의사표시의 하자가 있는 때에는 그 효과로서 생기는 **취소권은 본인에게 귀속**한다.
⑦ 매매계약의 해제로 인하여 원상회복을 하여야 할 경우, 그 **원상회복의무는 본인과 상대방이 부담**한다.(29회, 34회)
⑧ 甲은 그 소유의 X건물을 매도하기 위하여 乙에게 대리권을 수여하였는데 乙이 사망한 경우, 특별한 사정이 없는 한 乙의 상속인에게 그 대리권이 승계되지 아니한다.(33회)

6. 협의의 무권대리

(1) 계약의 무권대리

1) 유동적(불확정적) 무효

> **제130조(무권대리)** 대리권 없는 자가 타인의 대리인으로 한 계약은 본인이 이를 □□하지 아니하면 본인에 대하여 효력이 없다.(유동적 무효)
>
> 📝 추인

협의의 무권대리에 의한 계약은 본인이 추인하면 본인에게 효력이 있고(27회, 31회) 본인이 추인을 거절하면 본인에게 효력이 없다. 본인의 추인을 아직 받지 않은 무권대리행위는 유동적 무효인 상태라고 할 수 있다.

2) 본인의 추인권

> **제132조(추인, 거절의 상대방)** 추인 또는 거절의 의사표시는 □□□에 대하여 하지 아니하면 그 상대방에 대항하지 못한다. 그러나 상대방이 그 사실을 □ □에는 추인의 효력을 주장할 수 있다.
>
> 📝 상대방, 안 때

① 무권대리행위가 있음을 알고 그 행위의 효과를 자기에게 귀속시키도록 하는 본인의 의사표시를 말한다. 무권대리행위는 그 효력이 불확정상태에 있다가 본인의 추인 유무에 따라 본인에 대한 효력발생 여부가 결정된다.(23회)
② 의사표시
  ㉠ 추인은 **상대방의 동의가 필요 없는 단독행위로서**(19회) 무권대리행위가 있음을 알고 **명시적, 묵시적**으로 할 수 있으나(28회) 추인은 의사표시의 **전부**에 대하여 행하여져야 하고, **일부에 대해 추인**하거나 그 내용을 **변경하여 추인**한 경우에는 **상대방의 동의**를 얻지 못하는 한 무효이다.(17회, 21회, 26회)
  ㉡ 추인은 본인이나 그 상속인 또는 본인으로부터 추인의 대리권을 수여받은 임의대리인도 할 수 있다.(34회)

ⓒ 추인은 사후의 대리권수여가 아니므로 추인했다고 하여 **무권대리가 유권대리로 되는 것은 아니다.**

③ 추인의 상대방
- ㉠ 추인의 의사표시는 **직접의 상대방**이나 그 무권대리행위로 인한 법률관계의 **승계인, 무권대리인**에게 할 수 있다. (12회, 15회 추가, 19회, 23회, 28회, 35회)
- ㉡ 상대방이 무권대리로 인하여 취득한 권리를 양도한 경우, **본인은 그 양수인에게 추인**할 수 있다.
- ㉢ 추인을 무권대리인에게 한 경우
  - ⓐ **상대방이 추인 있음을 알지 못한 동안**에는 본인은 상대방에게 **추인의 효과를 주장하지 못한다**.(28회) (본인의 이행청구에 대해 상대방은 거절할 수 있다). **그러나 상대방은 철회**를 할 수도 있고 무권대리인에의 추인이 있었음을 주장할 수도 있다. (16회, 33회) ⇨ 본인이 무권대리인에게 한 추인의 의사표시는 항상 효력이 없다. (틀림)
  - ⓑ 무권대리행위의 추인의 의사표시는 본인이 상대방에게 하지 않더라도(즉, 무권대리인에게 추인한 경우), 상대방이 그 사실을 알았다면 상대방에게 대항할 수 있다. (26회)
  - ⓒ 본인이 무권대리인에 대해서만 추인의 의사표시를 하였더라도 상대방은 본인의 무권대리인에 대한 추인이 있었음을 주장할 수 있다. (33회)

④ 소급유효
- ㉠ 무권대리행위의 추인은 다른 의사표시가 없는 때(언제나 소급 X)에는 **계약 시**(대리행위 시)에 **소급**하여 효력이 생기나, 제3자의 권리를 해하지 못한다. (17회, 23회, 26회, 27회, 28회, 33회, 35회)
- ㉡ 제133조 단서의 제3자라 함은 등기부상 권리를 주장할 수 있는 제3자를 지칭한다. (무권대리인이 상대방과 매매계약을 체결한 후 본인이 제3자에게 부동산을 매도하고 소유권이전등기를 마친 후, 본인이 무권대리행위를 추인해도 제3자가 유효하게 소유권을 취득한다)
- ㉢ 무권대리행위에 대하여 본인의 **추인**이 있으면 무권대리행위는 **처음부터 유권대리행위**(본인에게 법률효과 귀속)**이었던 것과 마찬가지로** 다루어진다. (26회)
- ㉣ 무권대리행위를 추인하면 본인은 상대방에게 급부청구권을 가지면서 동시에 반대급부를 이행할 의무를 진다.
- ㉤ 무권대리인이 본인의 X토지를 처분한 후에 본인이 X토지를 제3자에게 매도하고 소유권이전등기를 마쳤다면, 나중에 본인이 무권대리인의 대리행위를 추인하더라도 제3자가 유효하게 그 소유권을 취득한다. (34회)

⑤ 묵시적 추인을 인정한 경우
- ㉠ 본인이 매매계약을 체결한 **무권대리인으로부터 매매대금**의 전부 또는 일부를 **받은 경우**
- ㉡ 무권대리인이 차용한 금원의 변제기일에 채권자가 본인에게 그 변제를 독촉하자 그 **유예를 요청**한 경우
- ㉢ 종중의 대리권 없는 자가 종중의 임야를 처분한 돈으로 **종중**(본인)**이 다른 토지를 매수한 경우**에는 무권대리행위의 추인에 해당한다.

⑥ 묵시적 추인을 부정한 경우
  ㉠ 본인이 이의제기 없이 **무권대리행위를 장시간 방치**한 것을 추인으로 볼 수는 없다. (16회, 35회)
  ㉡ 범죄가 되는 무권대리행위에 대하여 **장기간 형사고소를 하지 아니**하였다는 사실만으로 묵시적인 추인이 있었다고 볼 수 없다.
  ㉢ 본인의 상속인이 부동산 매도에 관하여 본인의 승낙을 얻었다는 무권대리인의 말을 믿고(무권대리로서 무효임을 알지 못한 상태) 소유권이전에 필요한 인감증명서를 교부하였다면, 그 무권대리행위의 추인이 부정된다.
⑦ 무권리자의 처분행위[대법원 2017. 6. 8. 선고 2017다3499]
  ㉠ 법률행위에 따라 권리가 이전되려면 **권리자** 또는 **처분권한이 있는 자의 처분행위**가 있어야 하고 무권리자가 타인의 권리를 처분한 경우에는 특별한 사정이 없는 한 권리가 이전되지 않는다.
  ㉡ 그러나 이러한 경우에 **권리자가 무권리자의 처분을 추인하는 것**도 자신의 법률관계를 스스로의 의사에 따라 형성할 수 있다는 사적 자치의 원칙에 따라 **허용**된다.
  ㉢ 이러한 추인은 **무권리자의 처분이 있음을 알고** 해야 하고, **명시적으로 또는 묵시적으로** 할 수 있으며, 그 의사표시는 **무권리자나 그 상대방 어느 쪽에 해도 무방**하다.
  ㉣ 권리자가 무권리자의 처분을 **추인**하면 **무권대리의 추인에 관한 민법 제130조**(소급 유효), **제133조** 등을 무권리자의 추인에 **유추 적용**할 수 있다. 따라서 무권리자의 처분이 계약으로 이루어진 경우에 권리자가 이를 추인하면 원칙적으로 계약의 효과가 **계약을 체결했을 때에 소급하여 권리자에게 귀속**된다고 보아야 한다. (28회, 34회)
  ㉤ 소유자가 제3자에게 소유물의 처분권한을 수여한 경우, 제3자의 처분이 실제로 유효하게 행하여지지 아니하고 있는 동안에는 소유자가 소유물을 유효하게 처분하거나 소유권에 기한 물권적 청구권을 행사할 수 있다.
  ㉥ 무권리자에 의한 처분행위를 권리자가 추인한 경우에 권리자는 무권리자에 대하여 무권리자가 그 처분행위로 인하여 얻은 이득의 반환을 구할 수 있다.

3) 본인의 추인거절권
① 추인을 거절한 후(확정적 무효)에는 이를 번복하여 추인할 수 없다. 이는 의사의 통지로서 **준법률행위**에 속한다.
② **무권대리행위에 대해 본인이 추인을 거절하면**(확정적 무효가 되고 무권대리인이 책임을 진다) **상대방은 본인을 상대로 소유권이전등기를 청구할 수 없다.** (16회)
③ 무권대리인이 본인을 단독상속한 경우
  ㉠ 소유자의 지위에서 자신의 대리행위가 무권대리로 **무효임을 주장하여 소유권이전등기의 말소를 청구**하거나, **추인을 거절**하는 것은 금반언원칙이나 신의성실의 원칙상 **허용될 수 없다.** (14회, 15회 추가, 21회, 28회, 31회, 32회, 34회)
  ㉡ 특별한 사정이 없는 한 무권대리인 자신이 행한 무권대리행위의 **무효를 주장하는 것은 허용되지 않는다.** (14회) (결론적으로 상대방이 소유권을 취득한다)

ⓒ 따라서 **상대방은 소유권을 취득**하므로 무권대리인은 상대방에게 부당이득반환도 청구할 수 없고, 상대방으로부터 전득한 자는 선의·악의를 불문하고 소유권을 취득한다. (엄폐물의 법칙)

4) 상대방의 철회권

> **제134조(상대방의 철회권)** 대리권 없는 자가 한 계약은 본인의 □□이 있을 때까지 (선의)상대방은 본인이나 그 대리인에 대하여 이를 철회할 수 있다. 그러나 계약당시에 상대방이 대리권 없음을 □□(악의)에는 철회할 수 없다.
>
> 📝 추인, 안 때

① 무권대리인에게 대리권한이 없다는 것을 알지 못한(선의) 상대방은 본인에 대하여 최고할 수 있고, 철회할 수도 있다.(12회, 26회, 35회)
② **무권대리행위에 대해 본인이 상대방에게 추인한 후라면**(확정적 유효) **상대방은 매매계약을 철회할 수 없다.**(21회)
③ **철회권**을 행사하면 **확정적 무효**로 되어 본인은 **추인할 수 없고,**(32회) 상대방은 무권대리인에 대하여 계약의 이행 또는 손해배상을 청구하지 못한다.(16회, 32회)
④ **선의의 상대방**만 본인의 추인이 있을 때까지 **철회할 수 있다.**(32회) 상대방이 **계약당시**에 대리인에게 **대리권 없음을 안 때**(악의)에는 **철회할 수 없다.**(14회, 19회, 27회, 34회)
⑤ **상대방의 악의**에 대한 **입증**책임은 철회의 효과를 다투려는 **본인**에게 있다.
⑥ 즉 무권대리행위를 유효하게 철회하려면 본인은 상대방이 대리인에게 대리권이 없음을 알았다는 점에 대한 주장·입증책임을 진다.(32회)

5) 상대방의 최고권

> **제131조(상대방의 최고권)** 대리권 없는 자가 타인의 대리인으로 계약을 한 경우에 (선·악 불문)상대방은 상당한 기간을 정하여 □□에게 그 추인여부의 확답을 최고할 수 있다. 본인이 그 기간 내에 확답을 □(발신주의)하지 아니한 때에는 □□□ □□한 것으로 본다.
>
> 📝 본인, 발, 추인을 거절

① **상대방**이 상당한 기간을 정하여 **본인에게** 그 추인여부의 확답을 **최고할 수 있는** 권리로서 **의사의 통지**에 해당하는데 상대방이 계약 당시 **무권대리임을 안 경우**(악의)에도 본인에 대해 추인 여부의 확답을 **최고할 수 있다.**(But 악의인 경우 철회권 행사 ×)
② 상대방의 최고에 대하여 본인이 상당한 기간 내에 **확답을 발하지 아니한 때**(발신주의)에는 **추인을 거절**한 것으로 본다.(14회, 15회 추가, 21회, 27회, 31회, 33회, 35회) 따라서 상당한 기간이 지난 후(추인거절로 본다. 따라서 확정적 무효가 된 후)에 본인이 상대방에게 추인의 통보를 한 경우라도 상대방은 계약의 이행을 거절할 수 있다.

PART 01 민법총칙

③ 무권대리 행위에 대한 본인의 추인 또는 추인거절이 없는 경우(확정적이지 않은 경우), 상대방은 최고권을 행사할 수 있다. 따라서 본인이 상대방에게 추인거절의 의사를 적극적으로 표시한 경우, 상대방은 본인에 대해 추인 여부에 관한 확답의 최고권을 행사할 수 없다.(19회)
④ 선의 악의를 불문하고 상대방이 본인에게 최고권을 행사할 수 있고, 무권대리인은 최고권이 없다.(18회)

6) **무권대리인의 책임**

> **제135조(무권대리인의 상대방에 대한 책임)** ① 다른 자의 대리인으로서 계약을 맺은 자가 그 □□□을 증명하지 못하고 또 본인의 □□을 받지 못한 경우에는 그는 □□□의 선택에 따라 계약을 이행할 책임 또는 손해를 배상할 책임이 있다.
> ② 대리인으로서 계약을 맺은 자에게 대리권이 없다는 사실을 상대방이 □□거나 □ □ 있었을 때 또는 대리인으로서 계약을 맺은 사람이 □□□□□일 때에는 무권대리인은 책임을 지지 아니한다.
>
> 📝 대리권, 추인, 상대방, 알았, 알 수, 제한능력자

① 무권대리인의 상대방에 대한 책임은, 대리권의 흠결에 관하여 **무권대리인에게 과실 등의 귀책사유가 없어도 인정**된다.(무과실책임) 따라서 무권대리행위가 **제3자의 기망 등 위법행위로 야기**된 경우에도, 무권대리인의 상대방에 대한 **책임은 인정**된다.(26회) (자신에게 유효한 대리권이 있다고 과실 없이 믿은 행위능력 있는 선의의 무권대리인도 본인의 추인이 없는 경우라면 무권대리인 책임을 진다)

② 책임발생의 요건(제135조)
  ㉠ 타인의 대리인으로 계약을 한 자가 그 **대리권을 증명하지 못**하고 또 **본인의 추인을 얻지 못**한 때에는 **상대방의 선택에 좇아 계약의 이행** 또는 **손해배상의 책임**이 있다.(12회, 14회, 15회 추가, 21회) (무권대리인의 선택 ×)
  ㉡ 상대방이 계약의 이행을 선택한 경우 무권대리인은 계약이 본인에게 효력이 발생하였더라면 본인이 상대방에게 부담하였을 것과 같은 내용의 채무를 이행할 책임이 있다.
  ㉢ **상대방이 대리권이 없음을 알았다는 사실** 또는 알 수 있었음에도 불구하고 알지 못하였다는 사실에 관한 **입증책임은 무권대리인 자신**에게 있다.
  ㉣ 무권대리인은 대리권을 증명하지 못해야 하나 **제한능력자가 아니어야** 한다.
  ㉤ 따라서 **무권대리인이 제한능력자**(미성년자, 피한정후견인, 피성년후견인)일 경우 상대방이 그 사실을 알았는가의 여부를 불문하고 **무권대리인에게 이행 또는 손해배상을 청구할 수 없다.**(19회, 28회, 33회, 34회) (제한능력자는 무권대리인으로서 **계약을 이행할 책임을 부담하지 않는다**)

③ 상대방이 가지는 계약이행 또는 손해배상청구권의 소멸시효는 그 **선택권을 행사할 수 있는 때로부터 진행**한다.
④ 선택권을 행사할 수 있는 때라고 함은 **대리권의 증명 또는 본인의 추인을 얻지 못한 때**라고 할 것이다.

(2) 단독행위의 무권대리(재단법인 설립행위, 상속의 포기 등)

제136조(단독행위와 무권대리) 단독행위(임대차 계약의 해지)에는 그 행위당시에 상대방(임차인)이 대리인이라 칭하는 자(임대인의 처)의 대리권 없는 행위(해지 통고)에 □□하거나 그 대리권을 □□□ □□한 때에 한하여 계약의 있어서 무권대리에 관한 규정을 준용한다.(능동대리) 대리권 없는 자(임대인의 처)에 대하여 그(임대인 처) 동의를 얻어 단독행위(임차인이 해지통고)를 한 때에도 같다.(수동대리 ⇨ 소유권의 포기나 재단법인설립행위의 무권대리는 절대적 무효)

📝 동의, 다투지 아니

① 추인은 상대방 있는 의사표시이므로 **상대방 없는 단독행위**(재단법인 설립행위)의 무권대리는 **언제나 무효**이므로, 본인이 추인하더라도 아무런 효력이 발생하지 않는다.(28회) 따라서 **무권대리인도 이행책임을 지지 않는다.**
② 상대방이 무권대리인의 동의를 얻어 단독행위를 한 경우, 본인은 이를 추인할 수 있다.(23회)

7. 표현대리

(1) 의의

1) 성립요건(본인의 귀책사유+상대방의 신뢰보호+현명주의)

① 본인의 귀책사유 : **대리인이 본인의 인장과 등기서류를 위조**하여 본인의 대리인이라 칭하고 대리행위를 한 경우에는 **표현대리가 적용되지 아니한다.**(15회) (본인의 귀책사유가 없으므로. 표현대리의 법리는 일반적인 권리외관 이론에 그 기초를 두고 있다)
② 상대방의 신뢰보호 : **상대방이 무권대리인에게 그러한 권한이 있었다고 믿을 만한 정당한 이유**(선의+무과실)가 있다면 표현대리관계의 성립이 가능하다.(26회)
③ 현명주의 : 민법 제126조의 표현대리는 대리인이 **본인을 위한다는 의사**(대리행위의 표시, 대리관계의 표시, 현명)를 명시 혹은 묵시적으로 **표시**하거나 **대리의사를 가지고 권한**(기본대리권) 외(월권대리, 무권대리)의 행위를 하는 경우에 성립한다.(18회) **따라서 매매계약을 본인의 명의가 아니라 대리인 자신의 명의로 상대방과 체결한 경우, 상대방이 선의·무과실이더라도 표현대리가 성립할 여지는 없다.**(26회)

㉠ 대리인이 본인으로부터 **등기원인사실을 조작**하여 위 부동산소유권등기를 대리인 앞으로 **이전한 후**(대리관계의 표시 X, 대리행위의 표시 X) 상대방에게 매각하고 그 소유권이전등기를 하여 준 것이라면 표현대리 이론을 적용시킬 여지가 없다.(15회)
㉡ 속임수를 써서 위와 같은 **대리행위의 표시**(본인을 위한다는 표시, 현명)**를 하지 아니**하고 단지 본인의 성명을 모용하여 자기가 마치 본인인 것처럼 기망하여 본인명의로 직접 법률행위를 한 경우에는 특별한 사정이 없는 한 위 제126조 소정의 **표현대리는 성립될 수 없다.**(처가 제3자를 남편으로 가장시켜 관련 서류를 위조하여 남편 소유의 부동산을 담보로 금원을 대출받은 경우 남편에 대한 제126조 표현대리 부정)

④ **교회의 대표자**(비법인사단의 대표자, 종중의 대표자)가 **교인총회의 결의를 거치지 아니**하고 **교회 재산을 처분**한 행위(법률행위 자체가 무효)에 대하여 권한을 넘은 **표현대리에 관한 규정을 준용할 수 없다.**
⑤ **복대리인**의 대리행위에 대해서는 **표현대리가 성립**할 수 있다. (20회, 30회)
⑥ 민법상의 표현대리 규정은 **소송행위에 적용되지 않는다.**

2) 표현대리의 공통적 효과

① 표현대리가 성립하면 본인과 상대방 사이에 **처음부터 대리권이 있는 것과 같은 효과**가 발생한다. (본인에게 법률효과가 귀속)
② 표현대리행위가 성립하는 경우에 그 본인은 전적인 책임을 져야 하고, 상대방에게 과실이 있다고 하더라도 **과실상계의 법리**(과실상계는 채무불이행이나 불법행위로 인한 손해배상청구의 경우에만 적용)를 유추적용하여 **본인의 책임을 경감할 수 없다.** (20회, 29회, 32회)
③ 표현대리가 성립된다고 하여 **무권대리의 성질이 유권대리로 전환되는 것은 아니다.** 즉, 유권대리에 관한 주장 속에 무권대리에 속하는 **표현대리의 주장이 포함되어 있다고 볼 수 없다.** (32회, 30회, 26회, 31회)
④ 대리행위가 **강행법규에 위반되어 무효**인 경우, 표현대리의 법리가 준용될 수 없다. (33회, 32회, 28회) 즉, **투자수익보장약정이 강행법규에 위반되어 무효**(법률행위 전부가 무효)인 경우 **표현대리의 법리**(특별효력요건)가 적용될 여지가 없다. 또한 토지거래허가를 받지 못해 계약이 **확정적 무효**(법률행위 전부가 무효)가 되면 표현대리가 성립할 수 없다. (26회)
⑤ 표현대리에 관한 민법 제126조의 규정에서 제3자라 함은 당해 표현대리행위의 **직접 상대방이 된 자만**을 지칭하고, 상대방이 주장하지 않는 한 본인은 표현대리임을 주장하지는 못하며 먼저 추인하는 수밖에 없다. (무권대리행위의 추인은 상대방의 승계인에게도 할 수 있다)
⑥ 표현대리를 주장할 때에는 무권대리인과 **표현대리에 해당하는 무권대리 행위를 특정하여 주장**하여야 한다.

(2) **제125조의 표현대리**(대리권수여 표시의 표현대리)

1) 의의

> **제125조(대리권수여의 표시에 의한 표현대리)** 제3자(상대방)에 대하여 타인(표현대리인)에게 대리권을 수여(수권행위 ⇨ 임의대리인)함을 표시한 자(본인)는 그 □□□□ □□ 내에서 행한 그 □□(표견대리인)과 그 □□□ 간(직접상대방)의 법률행위에 대하여 책임이 있다. 그러나 제3자(직접상대방)가 대리권 없음을 알았거나 알 수 있었을 때에는 □□은 책임이 없다.
>
> 📝 대리권의 범위, 타인, 제3자, 본인

① 대리권 수여의 표시에 의한 표현대리는 본인과 대리행위를 한 사람 사이의 **기본적인 법률관계의 성질이나 그 효력의 유무와는 관계없이,**(23회) 어떤 자(표현대리인)가 본인을 대리하여 제3자(상대방)와 법률행위를 함에 있어 본인이 그 사람(표현대리인)에게 대리권을 수여하였다는 표시를 제3자(상대방)에게 한 경우에 성립한다.

② 표시는 관념(觀念)의 통지로서 상대방에 대하여 하여야 할 필요는 없고 **대리인이라는 문자를 사용한 경우에 한정되지 않는다.**

2) 대리권수여의 표시에 해당 여부

① 민법 제125조가 규정하는 대리권 수여의 표시에 의한 표현대리에서 본인에 의한 대리권 수여의 표시는 **반드시 대리권 또는 대리인이라는 말을 사용하여야 하는 것이 아니다.**(26회)

② 호텔 등의 시설이용 우대회원 모집계약을 체결하면서 **자신의 판매점, 총대리점 또는 연락사무소등의 명칭을 사용하여 회원모집 안내를** 하거나 입회계약을 체결 하는 것을 **승낙** 또는 **묵인**하였다면 민법 제125조 표현대리가 성립할 수도 있다.

③ 사회통념상 **대리권을 추단할 수 있는 직함이나 명칭 등의 사용을 승낙** 또는 **묵인**한 경우에는 대리권수여의 표시가 있는 것으로 볼 수 있다.(15회)

④ **어떤 사람이 대리인의 외양을 가지고 행위하는 것을 본인이 알면서도 이의를 하지 아니하고 방임**하는 등 **사실상의 용태**에 의하여 **대리권 수여가 추단**될 수 있다.

⑤ 타인 간의 거래에서 단지 세무회계상의 필요로 자기의 **납세번호증을 이용**하게 한 경우에도 대리권 수여의 표시가 있다고 **볼 수 없다.**

3) 상대방의 신뢰보호

① **통지를 받은 상대방**과의 사이에서 대리인으로 표시된 자가 **표시된 대리권의 범위 내**(제125조 표현대리)에서 대리행위를 해야 하고 그 범위를 넘으면 제126조의 표현대리가 성립할 수 있다. 즉, 본인이 타인에게 대리권을 수여하지 않았지만 수여하였다고 상대방에게 통보한 경우, 그 타인이 통보받은 상대방 외의 자와 본인을 대리하여 행위를 한 경우 민법 제125조의 표현대리가 적용되지 아니한다.(32회)

② 상대방의 선의 무과실

㉠ 민법 제125조의 표현대리에 해당하기 위해서는 **상대방**은 **선의·무과실**이어야 한다.(14회) 따라서 상대방의 악의 또는 과실에 대한 **입증책임**은 **본인**에게 있다.

㉡ 상대방에게 **과실**이 있다면 대리권 수여의 표시에 의한 **표현대리가 인정될 수 없다.**

㉢ 상대방의 과실을 판단할 때 **표현대리인의 주관적 사정은 고려하지 않는다.**

③ 임의대리에(복대리 포함) 한하여 적용되고 **법정대리에는 적용이 없다.**

(3) 제126조 권한을 넘는 표현대리(월권대리)

> **제126조(권한을 넘은 표현대리)** 대리인이 그 권한 외(넘은, 무권대리)의 법률행위(무권대리)를 한 경우에 제3자(상대방)가 그 권한이 있다고 믿을 만한 □□□ □□가 있는 때에는 □□은 그 행위에 대하여 책임이 있다.
>
> 📝 정당한 이유, 본인

1) 기본대리권의 존재
   ① 민법 제126조 권한을 넘은 표현대리는 **현재에 대리권을 가진 자가 그 권한을 넘은 경우에** 성립하는 것이지, **현재에 아무런 대리권도 가지지 아니한 자**가, 본인을 위하여 한 어떤 대리행위가 과거에 이미 가졌던 대리권을 넘은 경우에 까지 **성립하는 것은 아니다.**(33회)
   ② **대리권 소멸 후의 표현대리**가 성립된 경우에도 그 표현대리의 **권한을 넘는** 대리행위가 있을 때에는 **권한을 넘은 표현대리가 성립**할 수 있다.(32회)
   ③ 복대리
      ㉠ **복임권이 없는 대리인이 선임한 복대리인의 대리권도** 권한을 넘은 표현대리에서의 **기본대리권이 될 수 있다.**(26회, 33회)
      ㉡ **복대리인 선임권 없는 대리인**(임의대리인)**이 선임한 복대리인**이 대리인의 **권한 밖**(무권대리인)의 법률행위를 한 경우(상대방이 그 행위자를 대리권을 가진 대리인으로 믿었고 또한 그렇게 믿은 데 정당한 이유가 있는 때에는 그 법률행위는 본인에게 효력이 발생한다)에도 표현대리가 성립할 수 있다.(22회, 26회)
      ㉢ 대리인이 **복대리인을 통하여** 대리권의 **범위를 넘는 법률행위**를 한 경우에도 권한을 넘은 표현대리에 관한 민법 **제126조가 적용**된다.
   ④ 기본대리권과 월권행위의 동종성
      ㉠ **권한을 넘은 표현대리의 기본대리권은 대리행위와 같은 종류의 행위에 관한 것일 필요가 없다.**(26회)
      ㉡ 즉, 표현대리행위는 기본대리권과 동종·유사할 필요 없다. **이종 별개라도 무방**하다.(17회, 31회)
      ㉢ **기본대리권이 등기신청행위**(공법상 행위)라 할지라도 표현대리인이 그 권한을 유월하여 **대물변제**(사법상 행위)를 한 경우에는 표현대리의 법리가 **적용**된다.(22회)
      ㉣ **기본대리권의 내용과 대리행위가 동종이 아니더라도 상대방이 그 권한이 있다고 믿을만한 정당한 이유가 있으면 표현대리가 성립할 수 있다.**(22회)
   ⑤ 일상가사대리권
      ㉠ 부부간의 **일상가사대리권**(사실혼 관계도 포함)은 권한을 넘는 표현대리에 있어서 기본대리권이 될 수 있다.(14회, 17회, 20회) 또한 부부 일방의 행위가 일상가사에 속하지 않더라도 그 행위에 특별수권이 주어졌다고 믿을 만한 정당한 이유가 있는 경우 표현대리가 성립한다.(18회)

ⓛ 사실혼 관계에 있는 부부간에도 일상가사에 관한 대리권이 인정되므로, 이를 기본대리권으로 하는 권한을 넘은 표현대리가 성립할 수 있다.
⑥ 사실행위를 위한 **사자**(使者)라 하더라도 외견상 그에게 어떠한 권한이 있는 것의 표시 내지 행동이 있어 **상대방이 그를 믿었고 또 그를 믿음에 있어 정당한 사유**가 있다면 **표현대리**의 법리에 의하여 **본인에게 책임**이 있다. (17회)
⑦ 본인으로부터 아파트에 관한 임대 등 일체의 관리권한을 위임받아(임의대리인 ⇨ 기본대리권) 본인으로 가장하여 아파트를 임대한 바 있는 대리인이 다시 자신을 본인으로 가장하여 임차인에게 아파트를 매도하는 법률행위를 한 경우에는 권한을 넘은 표현대리의 법리를 유추적용하여 본인에 대하여 그 행위의 효력이 미친다고 볼 수 있다. (15회)
⑧ 乙로부터 담보설정의 대리권을 수여(임의대리인 ⇨ 기본대리권)받은 丙이 甲과 매매계약을 체결한 경우, 丙에게 매매계약 체결의 권한이 있다고 甲이 믿을 만한 정당한 이유가 있는 때에는 乙은 계약상 책임을 부담한다. (14회, 29회)
⑨ 표현대리가 성립하지 않은 경우
  ㉠ **인감증명서만의 교부**는 일반적으로 어떤 대리권을 부여하기 위한 행위라고 볼 수 없다. (15회) (인감증명서외 인감도장을 교부한 경우 제126조 표현대리가 성립할 수 있다)
  ㉡ 증권회사로부터 위임받은 고객의 유치, **투자 상담** 및 권유, 위탁매매약정 실적의 제고 등의 업무는 **사실행위**에 불과하므로 권한초과의 **표현대리가 성립할 수 없다.**
  ㉢ 사원총회의 결의를 거쳐야 처분할 수 있는 비법인사단의 총유재산을 대표자가 임의로 처분한 경우에는 권한을 넘은 표현대리에 관한 규정이 준용될 수 없다. (22회)

2) 법정대리에의 적용여부

민법 제126조 소정의 권한을 넘은 표현대리 규정은 거래의 안전을 도모하여 거래상대방의 이익을 보호하려는 데에 그 취지가 있으므로 **임의대리**(복대리)뿐만 아니라 **법정대리에도 적용**된다. (17회, 18회, 23회, 33회)

3) 제126조 소정의 제3자의 의미

민법 제126조의 규정에서 제3자라 함은 당해 표현대리행위의 **직접 상대방이 된 자**만을 지칭하는 것이다. 대리행위의 상대방으로부터 직접 전득한 자나 본인은 권한을 넘은 표현대리를 주장할 수 없다. (15회)

4) 정당한 이유(제126조 ⇨ 제125조, 제126조에서는 선의+무과실)
  ① 정당한 이유의 존부는 자칭 대리인의 **대리행위가 행해질 때에 존재하는 제반사정을 객관적으로 관찰하여 판단**해야 한다. (18회, 22회, 33회)
  ② 권한을 넘은 표현대리의 성립요건인 정당한 사유의 존재에 대해서는 그 **대리행위의 유효를 주장하는 상대방이 증명책임**을 부담한다.
  ③ 권한을 넘은 표현대리에 관한 규정에서의 **제3자**에는 당해 표현대리행위의 **직접상대방이 된 자**를 의미하고 **전득자는 포함되지 아니**한다.

(4) 제129조 대리권 소멸후의 표현대리(멸권대리)

> **제129조(대리권소멸후의 표현대리)** 대리권의 소멸은 □□□ □□□(상대방)에게 대항하지 못한다. 그러나 제3자(상대방)가 과실로 인하여 그 사실을 알지 못한 때에는 대항할 수 있다.
>
> 📝 선의의 제3자

① 존재하였던 대리권의 소멸
  ㉠ 이전에 존재하였던 대리권이 대리행위 당시에 소멸한 상태여야 한다.
  ㉡ 따라서 **처음부터 대리권이 전혀 없었던 경우**라면 제129조가 **적용되지 않는다**.
  ㉢ **기본적인 어떠한 대리권도 없었던 사람**에 대하여 대리권소멸 후의 표현대리는 **성립할 수 없다**.
  ㉣ **법정대리인인 모(母)가 자(子)가 성년이 된 이후**(법정 대리권 소멸)에도 母가 子를 대리하여 자(子)의 토지를 매도한 경우에도 제129조가 적용된다.
② **상대방**은 대리권의 소멸에 관해 **선의**이고 **무과실**이어야 하고 **본인**이 **상대방의 악의** 또는 **과실**을 **입증**해야 한다. (14회, 15회 추가)
③ **대리권 소멸 후 대리인이 직접 대리행위**를 했거나, 대리인이 **대리권 소멸 후 복대리인을 선임하여** 상대방과 사이에 **대리행위**를 하도록 하였는데 상대방이 복대리인에게 적법한 대리권이 있는 것으로 **믿었고**(선의) 그와 같이 **믿은 데 과실이 없다면**(무과실), 이 경우에 **표현대리가 성립**할 수 있다. (17회, 18회, 20회, 23회, 34회)
④ **임의대리, 법정대리**에 모두에 대리권 소멸 후의 표현대리가 성립할 수 있다.

제7절 | 법률행위의 무효

1. 무효의 의의
① 법률행위의 무효는 **법률행위의 성립을 전제**로 한다.
② **무효**인 법률행위에 따른 법률효과를 침해하는 것처럼 보이는 채무불이행이 있더라도 **채무불이행을 이유로 손해배상을 청구할 수 없다**. (24회)
③ **의사무능력**을 이유로 법률행위가 무효인 경우 의사무능력자는 **선의, 악의를 불문**하고 **이익이 현존하는 범위내에서 반환**하여야 한다.
④ 소급효가 인정되는 경우
  ㉠ 무권대리인이 체결한 계약에 대한 추인의 효과 (18회)
  ㉡ 토지거래 허가구역 내의 토지거래계약에 대한 허가의 효과
  ㉢ 소멸시효 완성·취득시효완성의 효과

- ㄹ 법률행위 취소(제한능력자, 착오)(18회)·계약 해제(18회)의 효과
- ㅁ 가등기에 기한 본등기시 순위

⑤ 소급효가 인정되지 아니한 경우
- ㄱ 기한부 법률행위에서의 기한도래의 효과(23회)
- ㄴ 계약의 해지 효과(23회)
- ㄷ 원칙적으로 조건성취의 효력
- ㄹ 가등기에 기한 본등기시 물권변동의 효력
- ㅁ 무효행위의 추인(23회)
- ㅂ 공유물분할의 효과

⑥ 선의의 제3자에게 대항할 수 있는 경우(절대적 무효)
- ㄱ 반사회질서행위·불법조건의 법률행위
- ㄴ 불공정한 법률행위
- ㄷ 강행법규위반
- ㄹ 원시적, 객관적, 전부불능의 경우
- ㅁ 의사무능력자의 행위
- ㅂ 제한능력자임을 이유로 취소된 경우
- ㅅ 반사회적 법률행위는 법률행위를 한 당사자 사이에서 뿐만 아니라 제3자에 대한 관계에서도 무효인 경우를 말한다.

⑦ 선의의 제3자에게 대항할 수 없는 경우(상대적 무효)
- ㄱ 비진의표시
- ㄴ 통정허위표시
- ㄷ 착오, 사기, 강박으로 취소된 경우

⑧ 법률행위가 불확정적(유동적)인 경우
- ㄱ 제한능력자,(21회) 착오, 사기, 강박(24회)
- ㄴ 정지조건부 법률행위
- ㄷ 소유권유보부매매(24회)
- ㄹ 토지거래허가
- ㅁ 무권대리행위(21회)

⑨ 법률행위가 확정적인 경우
- ㄱ 사회질서에 위반한 조건이 붙은 법률행위는 확정적 무효이다.(29회)
- ㄴ 불법조건이 붙은 증여계약은 증여계약 자체가 무효이다.(31회)
- ㄷ 불공정한 법률행위는 확정적으로 무효이다.(21회, 31회)
- ㄹ 상대방과 통정한 허위의 법률행위는 법률행위의 효력이 확정적으로 무효이다.(21회)
- ㅁ 강행법규에 위반한 매매계약은 확정적 무효이다.(31회)
- ㅂ 원시적·객관적·전부불능인 임대차계약은 확정적 무효이다.(31회)
- ㅅ 강박으로 인해 12년 전에 한 부동산의 증여는 법률행위의 효력이 확정적으로 유효이다.(21회)

2. 토지거래허가 – 유동적 무효(불확정적 무효)

(1) 채권적 효력 무효

① 거래허가를 받지 않은 토지거래계약은 물권적 효력은 물론 채권적 효력도 발생하지 않아 무효이나, 일단 허가를 받으면 소급하여 유효한 계약이 되므로 허가를 받기까지는 유동적 무효의 상태에 있다.(12회, 30회)

② 토지거래허가를 받기 전(유동적 무효)에는 그 계약 내용에 따른 어떠한 의무도 부담하지 아니하고(14회) (허가가 있기 전이라면 매도인에게는 소유권이전등기의무가 없다) 어떠한 이행청구도 할 수 없으므로(15회 추가) 그 계약 내용에 따른 상대방의 채무불이행을 이유로 계약을 해제할 수 없다.(30회) 그리고 상대방의 거래계약상 채무불이행을 이유로 손해배상을 청구할 수도 없다.(15회 추가, 18회, 26회)

③ 매수인은 허가가 있을 것을 조건으로 소유권이전등기절차의 이행을 청구할 수 없고 매도인은 매매대금의 지급을 청구할 수 없다.(26회) (계약체결 ⇨ 협력의무 ⇨ 허가 ⇨ 등기, 대금청구)

④ 거래 허가 전에 매도인이 소유권이전등기 소요서류의 이행제공을 하였다 하더라도 매수인이 이행지체에 빠지는 것이 아니다. 따라서 매매계약을 체결하고 계약금을 지급하면서 대금지급 의무를 위반하면 계약금은 몰수하기로 하였지만 아직 토지거래허가를 받지 않은 경우, 매수인이 중도금을 기일에 지급하지 않더라도 계약금을 몰수당하지 아니한다.(15회)

(2) 협력의무

① 「부동산거래신고등에관한법률」상의 토지거래규제구역 내의 토지에 관하여 매매계약의 쌍방 당사자는 공동으로 관할관청의 허가를 신청할 의무가 있고,(26회) 이러한 허가신청절차에 협력하지 않는 당사자에 대하여 상대방은 협력의무의 이행을 청구할 수 있다.

② 협력의무 불이행
  ㉠ 유동적 무효의 상태에 있는 거래계약의 당사자는 상대방이 그 거래계약의 효력이 완성되도록 협력할 의무를 이행하지 아니하였음을 들어 일방적으로 거래계약 자체를 해제할 수 없다.(12회, 20회)
  ㉡ 당사자 일방이 협력의무를 위반할 경우 상대방은 협력의무의 이행을 소송으로써 구할 이익이 있다.(33회)
  ㉢ 매수인이 협력의무를 이행하지 않고 매매계약을 일방적으로 철회함으로써 매도인이 손해를 입은 경우에 매수인은 협력의무 불이행과 인과관계가 있는 손해를 배상해야 한다.(18회)
  ㉣ 매도인의 허가신청절차 협력의무와 매수인의 대금지급의무는 동시이행관계에 있지 않다. 따라서 매도인은 매수인의 중도금이나 잔금이행이 없더라도 허가절차의 협력의무이행을 거절할 수 없고(15회, 15회 추가, 30회, 34회) 매수인은 매매대금의 제공 없이도 매도인에게 토지거래허가신청절차에 협력할 것을 청구할 수 있다.(18회)
  ㉤ 매도인은 관할 관청으로부터 종국적으로 허가를 받을 수 없을 것이라는 사유로 협력의무의 이행을 거절할 수 없다.

③ 토지거래가 계약당사자의 **의사와 표시의 불일치**(제107조~제108조) 또는 **하자있는 의사표시**(제110조의 사기·강박)에 의해 이루어진 경우 거래허가를 **신청하기 전** 단계에서 **이러한 사유를 주장**(사기를 이유로 취소권 행사)하여 그 계약을 **확정적으로 무효**화시키고, 자신의 거래허가절차 **협력의무를 면**하고 이미 지급된 **계약금 등의 반환을 구**할 수 있다. (16회)

(3) 계약금 계약

① 계약금을 교부한 당사자는 **미허가를 이유**(유동적 무효의 상태)로 계약의 무효를 주장하여 **부당이득을 이유로 계약금반환청구를 할 수 없다.** (12회, 15회, 18회, 26회)

② 매수인이 지급한 계약금은 유동적 무효상태가 **불허가처분**등으로 **확정적으로 무효**로 되었을 때 비로소 **부당이득**으로 그 **반환**을 구할 수 있다. (14회)

③ 허가구역으로 지정된 구역 안의 토지에 관하여 매매계약이 체결된 후 **계약금만 수수**한 상태에서(즉 중도금 지급전, 이행에 착수하기 전) 관할관청으로부터 허가를 받았든, 받지 못했든 상관없이 계약금의 **배액을 상환하여** 매매계약을 해제할 수 있다. (15회, 33회)

④ 허가가 있기 전에 계약금의 배액을 상환하고 계약해제를 요구한 경우(소급하여 확정적으로 무효), 상대방이 이를 거절하고 잔금을 제공하더라도 다른 약정이 없는 한 계약은 적법하게 해제된 것으로 본다. (14회)

(4) 확정적 유효

① 토지거래허가구역 내의 토지에 관해 허가 없이 거래계약을 체결한 후 **허가구역 지정을 해제**하거나 **기간 만료 후에 재지정을 하지 않은 경우** 확정적 유효로 된다. (12회, 14회, 16회, 20회, 30회, 33회)

② 토지거래허가구역 **지정의 해제**로 인해 토지거래계약이 일단 **유효**로 된 이상 그 **후** 그 토지가 토지거래**허가구역으로 재지정**되었다 하여 다시 토지거래허가를 받아야 되는 것은 아니다.

③ 허가를 받으면 위 매매계약은 소급해서 유효로 되므로 허가 후에 새로 매매계약을 체결할 필요는 없다.

(5) 확정적 무효

① 유동적 무효상태의 계약은 관할관청에 의한 **불허가처분**이 있는 경우,(15회 추가, 20회, 29회) 당사자 **쌍방이 허가신청협력의무 이행거절의사를 명백히 표시**한 경우(15회, 20회) 확정적 무효이다. (일방이 허가신청절차에 협력하지 않은 경우 소구할 수 있다)

② 처음부터 토지거래**허가를 배제**하거나 **잠탈**(매매계약임에도 불구하고 증여로 계약한 경우) 하는 내용의 계약은 확정적으로 무효이다. (14회, 16회, 20회)

③ **토지거래허가 없이**(효력규정 위반 시 무효, −) **중간생략등기의 합의**(단속규정 위반 시, +)에 기해 최초매도인과 최종매수인을 매매당사자로 하는 토지거래허가를 받아 경료된 소유권이전등기는 무효(−)이다. (16회, 30회)

④ 토지거래허가 전의 거래계약이 **정지조건부 계약**이었는데 정지조건(효력발생, +)이 토지거래허가를 받기 전에 **이미 불성취로 확정**(불능, −)된 경우에 확정적 무효(−)이다. (15회 추가, 20회)

⑤ 매도인의 채무가 이행불능임이 명백하고 매수인도 거래의 존속을 바라지 않는 경우, 위 매매계약은 확정적 무효로 된다.(33회)
⑥ 일정기간 내 허가를 받기로 약정한 경우, 특별한 사정이 없는 한 그 허가를 받지 못하고 약정기간이 경과하였다는 사정만으로도 매매계약이 확정적 무효가 된다고 할 수 없다.(34회)
⑦ 유동적 무효상태의 토지거래계약이 확정적으로 무효가 된 경우에, **확정적으로 무효가 되는 데 귀책사유가 있는 자**라 하더라도 그 계약의 **무효를 주장**할 수 있다.(29회) (무효는 이해관계 있는자라면 누구든지 주장할 수 있다)
⑧ 토지거래허가 신청 전에 매도인이 매수인에게 계약해제 통지를 하자 매수인이 계약금 상당액을 청구금액으로 하여 토지를 가압류한 경우, 그 매매계약은 확정적 무효로 될 수 있다.(18회)

3. 일부무효의 법리

> **제137조(법률행위의 일부무효)** 법률행위의 일부분이 무효인 때에는 그 □□를 무효로 한다. 그러나 그 무효부분이 없더라도 법률행위를 하였을 것이라고 인정될 때(가정적 의사 ⇨ 보충적 해석)에는 □□□□□은 무효가 되지 아니한다.
>
> 📝 전부, 나머지 부분

① 법률행위의 **일부분이 무효**(양적 일부무효)인 때에는 그 **전부를 무효**로 한다.(13회, 21회) 그러나 **그 무효부분이 없더라도 법률행위를 하였을 것이라고 인정될 때**(가정적 의사)에는 **나머지 부분은 무효가 되지 아니**한다.
② 법률행위의 일부무효에 관한 민법 제137조는 **임의규정**이다.
③ 토지거래 **허가구역 내의 토지**와 그 지상 **건물을 일괄하여 매매**한 경우, 매수인은 특별한 사정이 없는 한 토지에 대한 매매허가가 있기 전(일부무효)에 **건물만의 소유권이전등기를 청구할 수 없다**.(12회) (일부무효는 전부무효가 원칙이므로 건물에 대한 매매계약도 무효이기 때문이다)
④ **약관의 일부 조항이** 약관규제법의 규정에 의하여 **무효**인 경우 민법 제137조의 일부무효의 법리가 적용되지 않고(전부무효가 아니고) 계약은 **나머지 부분만으로 유효하게 존속**하는 것이 원칙이다. (일부만 무효로 되고, 나머지는 유효이다)
⑤ 법률행위의 내용이 **불가분인 경우**(분할 가능성이 없는 경우)에는 그 일부분이 무효일 때에도 그 전부를 무효로 **한다.**
⑥ **하나의 계약**이라 할지라도 **가분성**을 가지거나 그 목적물의 **일부가 특정**될 수 있다면 그 **일부만의 취소도 가능**하다.(일부무효의 원칙은 일부취소에 유추적용된다)
⑦ 법률행위의 일부분이 무효일 때, 그 나머지 부분의 유효성을 판단함에 있어 나머지 부분을 유효로 하려는 당사자의 가정적 의사(보충적해석)를 고려해야 한다.(32회)

4. 무효행위의 전환(21회) - 질적일부무효

제138조(무효행위의 전환) (법률행위가 성립 한 후)무효인 법률행위(친생자신고)가 다른 법률행위(입양신고)의 요건을 구비하고 당사자가 그(친생자신고) 무효를 알았더라면 다른 법률행위(입양신고)를 하는 것을 의욕(가정적 의사 ⇨ 보충적 해석)하였으리라고 인정될 때에는 다른 법률행위(입양신고)로서 효력을 가진다.

① 계약이 불성립하였다면 무효행위의 전환이나 무효행위의 추인 규정이 적용될 수 없다.(19회)
② **불공정한 법률행위**로서 무효인 경우 **무효행위의 전환**에 관한 민법 제138조가 **적용**될 수 있다.(24회, 29회, 31회)
③ 매매계약이 약정된 매매대금의 과다로 말미암아 민법 제104조에서 정하는 '불공정한 법률행위'에 해당하여 무효인 경우에도 무효행위의 전환에 관한 민법 제138조가 적용될 수 있다.
④ 입양신고에 갈음하여 적출자(친생자)로 신고(요식행위)한 경우에 출생신고는 무효이나 입양(요식행위)의 효력이 발생한다.
⑤ 혼인 외 출생자를 혼인중의 출생자로 신고(요식행위)한 경우에 인지(요식행위)로서의 효력은 있다.

5. 무효행위의 추인(追認)

제139조(무효행위의 추인) (확정적) □□인 법률행위는 추인하여도 그 효력이 생기지 아니한다. 그러나 당사자가 그 무효임을 □□ 추인한 때에는 (그때부터)□□□ 법률행위로 본다.

📝 무효, 알고, 새로운

(1) 의의

① **법률행위가 불성립**하는 경우 **무효행위의 추인을 통해 유효로 전환할 수 없다.**
② 무효행위의 추인은 그 **무효 원인이 소멸한 후**에 하여야 효력이 있다.(28회, 32회)
③ 묵시적추인
  ㉠ 무효인 법률행위의 **추인**은 명시적인 방법뿐만 아니라 **묵시적**인 방법으로 할 수도 있다.(22회, 32회)
  ㉡ **묵시적 추인**을 인정하기 위해서는 이전의 법률행위가 **무효임을 알거나** 적어도 무효임을 의심하면서도 **그 행위의 효과를 자기에게 귀속시키도록 하는 의사로 후속행위를 하였음이 인정**되어야 할 것이다.
  ㉢ 당사자가 이전의 법률행위가 존재함을 알고 그 유효함을 전제로 하여 이에 터 잡은 후속행위를 하였다고 해서 그것만으로 이전의 법률행위를 묵시적으로 추인하였다고 단정할 수는 없다.

(2) 추인 인정여부

① 제139조 무효행위의 추인은 법률행위의 효과가 확정적인 무효인 경우를 전제로 한다.
② **가장매매,**(29회, 31회) **통정허위표시로 무효인 임대차 계약**(25회) **또는 비진의표시가 무효인 경우,**(21회) **착오·사기·강박을 원인으로 취소되어 무효로 된 경우 당사자가 무효인 매매를 추인하면 새로운 매매계약을 체결한 것으로 본다.**
③ 취소할 수 있는 법률행위가 일단 **취소된 이상**(확정적 무효) 그 후에는 취소할 수 있는 행위의 추인에 의하여 다시 확정적으로 유효하게 할 수는 없고, 다만 **무효행위의 추인의 요건과 효력으로서 추인할 수는 있다.**(24회)
④ 강행규정 위반,(32회) 공서양속위반(반사회질서행위),(24회) 불공정한 법률행위(폭리행위),(25회) 물권법정주의 위반으로 무효인 경우 추인에 의해 유효로 할 수 없다.

(3) 효과

① 무효행위의 추인이라 함은 **무효인 행위를 사후에 유효로 하는 것이 아니라** 새로운 의사표시에 의하여 새로운 행위가 있는 것으로 **그때부터 유효케 되는 것**이므로 원칙적으로 **소급효가 인정되지 않는 것**이다.(18회, 24회, 28회)
② 그러나 **당사자 사이**(채권적 소급)에서만 **소급**하여 행위시부터 유효한 것으로 할 수도 있다.
③ 무효인 계약(술에 만취한 의사무능력자)은 계약 당사자가 **무효임을 알고**(술에서 깨어 난 후) **추인**한 경우 **추인시부터** 새로운 법률행위를 한 것으로 본다.(34회)
④ 무효행위의 추인이 있었다는 사실은 **새로운 법률행위의 성립을 주장하는 자가** 증명하여야 한다.
⑤ 구체적사례
　㉠ **무효인 가등기를 유효한 등기로 전용키로 한 약정은 그때부터 유효**하고 이로써 위 가등기가 소급하여 유효한 등기로 전환될 수 없다.(19회, 28회)
　㉡ **의사무능력**으로 인한 무효행위의 추인은 그 **무효원인이 소멸한 후**에 하여야 효력이 있다.
　㉢ **원인무효의 등기가 이루어진 사실을 알고도 장기간 이의를 한바 없다는 사실만으로 이를 추인한 것으로 볼 수 없다.**(무효는 언제까지나 효력 ×)
　㉣ 타인의 생명보험에서 **보험계약 체결시 피보험자가 서면으로 동의의 의사표시를 하지 아니**하였다면 그 보험계약은 **무효**이고, 피보험자가 그 보험계약을 **추인한 경우에도 유효로 될 수 없다.**
　㉤ **집합채권의 양도가 양도금지특약을 위반**하여 **무효**인 경우, 채무자는 집합채권의 **일부 개별 채권을 특정하여 추인할 수 있다.**
　㉥ 양도금지특약에 위반하여 무효인 채권양도에 대해 양도대상이 된 채권의 채무자가 승낙하면 다른 약정이 없는 한 양도의 효과는 승낙시부터 발생한다.(34회)
　㉦ 위증하기로 하는 계약(강행법규 위반)은 당사자가 무효임을 알고 추인하여도 유효로 될 수 없다.
　㉧ 처음부터 허가를 배제할 목적으로 체결된 토지거래허가구역 내의 토지거래계약은 강행규정에 위반되어 무효이므로 추인을 할 수 없다.(31회)

제8절 　법률행위의 취소

1. 취소의 의의

(1) 의의

① **일단 유효하게 성립**한 법률행위의 효력을 **성립상의 하자**(계약체결당시 제한능력자인 경우)를 이유로 **소급적으로 소멸**시키는 **일방적 의사표시**(형성권)를 말한다. (23회, 26회, 32회)

② 법률행위의 취소는 **취소의 원인이 종료한 후에 할 필요가 없다.** (미성년자도 미성년자인 상태에서 취소할 수 있고, 제한능력자임을 모르고 계약을 체결했더라도 취소할 수 있다)(26회)

③ 취소할 수 있는 법률행위는 **취소**하면 **소급**하여 효력을 잃으며 소급효는 **착오, 사기·강박**을 이유로 하는 취소의 효과는 **상대적**(선의의 제3자에게 대항 X)이나, **제한능력자**임을 이유로 하는 취소의 효과는 **절대적**(선의의 제3자에게 대항 가능)이다. 따라서 제한능력자와 계약을 체결한 상대방이 선의의 제3자에게 처분했더라도 제한능력자임을 이유로 취소하면 선의의 제3자에게도 대항할 수 있다. (26회)

④ 매매계약 체결시 **토지의 일정부분을 매매대상에서 제외시키는 특약**을 한 경우 **그 특약만을** 기망에 의한 법률행위로서 **취소할 수는 없다.** (16회) (취소는 모든 법률행위를 취소할 수 있는데, 매매대상에서 제외된 특약부분은 계약자체가 체결되지 않았으므로 취소할 수가 없다)

⑤ 어떤 법률행위를 한 당사자 쌍방이 각기 그 법률행위를 **취소하는 의사표시**를 하였으나 그 **취소사유가 없는 경우** 그 **효력이 상실되는 것은 아니다.**(법정취소로서 제한능력자, 착오, 사기, 강박의 경우에만 취소가능)

⑥ 취소의 의사표시
　㉠ **취소의 의사표시**란 반드시 명시적이어야 하는 것은 아니고, **취소자가 그 착오를 이유로 자신의 법률행위의 효력을 처음부터 배제하려고 한다는 의사가 드러나면 족한 것**이다.
　㉡ **취소원인의 진술 없이도** 취소의 의사표시는 **유효**한 것이다.(신원보증서류에 서명날인하는 것으로 잘못 알고 이행보증보험약정서를 읽어보지 않은 채 서명날인한 것일 뿐 연대보증약정을 한 사실이 없다는 주장은 위 연대보증약정을 착오를 이유로 취소한다는 취지로 볼 수 있다)
　㉢ 법률행위의 **취소를 당연한 전제로 한 소송상의 이행청구**나 이를 전제로 한 이행거절 가운데는 **취소의 의사표시가 포함**되어 있다.(22회) (포함적 의사표시)

⑦ 해제와의 구별
　㉠ 해제권은 법정해제권과 약정해제권 등이 있으나 취소권은 법률의 규정(제140조)에 의해서만 발생한다. (16회)
　㉡ 해제권과 취소권은 권리행사가 있어야 해제나 취소의 효과가 발생한다. (16회)
　㉢ 해제의 경우 선의 악의를 불문하고 원상회복의무가 있으나, 취소권은 권리행사로 인하여 발생하는 반환의무의 범위가 반환의무자의 선의·악의에 따라 달라진다. (16회) (선의는 현존이익반환, 악의는 손해전부 반환)

ⓔ 해제권과 취소권은 형성권으로서 권리의 행사를 포기할 수 있다. (16회)
ⓜ 취소권은 모든 법률행위(단독행위, 계약, 합동행위)에 인정되나 해제권은 계약에 한하여 인정된다. (16회)
⑧ **무효**의 경우에는 시간의 경과에 따라 효력에 변동이 없으나, 취소권은 일정시간(계약을 체결한 날로부터 10년, 취소의 원인이 종료한 날로부터 3년)이 경과하면 소멸하고, 취소하면 법률행위 당시에 소급하여 무효가 된다. (13회, 17회, 20회)

(2) 일부취소

① 하나의 법률행위의 **일부분에만 취소사유**가 있다고 하더라도 그 법률행위가 **가분적**이거나 그 목적물의 **일부가 특정**될 수 있다면 그 나머지 부분이라도 유지하려는 당사자의 **가정적 의사**(보충적 해석)가 인정되는 경우에 그 **일부만의 취소도 가능**하다. (17회, 20회)
② **임차권 양도계약과 권리금계약**이 결합하여 전체가 경제적·사실적으로 일체로서 행하여져 그 계약 전부가 **불가분의 관계**에 있는 경우, **하나의 계약에 대한 기망 취소의 의사표시**(일부취소)는 **전체 계약에 대한 취소의 효력**이 있다. (전부취소 원칙)

2. 취소권자

> 제140조(법률행위의 취소권자) 취소할 수 있는 법률행위는 □□□□□, □□로 인하거나 □□·□□에 의하여 의사표시를 한 자, 그의 □□□ 또는 □□□만이 취소할 수 있다.
> 📝 제한능력자, 착오, 사기, 강박, 대리인, 승계인

① 제한능력자
  ㉠ **제한능력자**(미성년자, 피성년후견인, 피한정후견인)는 법정대리인의 동의없이도 **단독**으로(능력자가 되기 전이라도, 취소원인이 소멸하기 전이라도) **취소할 수 있고**, (29회, 33회) **한번 취소**한 의사표시(확정적 무효)를 **다시 취소할 수는 없다.**
  ㉡ 그러나 **미성년자**가 법정대리인의 동의를 얻지 않고 체결한 계약은 미성년인 본인이 **법정대리인의 동의 없이도 취소**할 수도 있으나, **추인하기 위해서는 법정대리인의 동의가 있어야** 한다.
  ㉢ **법정대리인의 동의 없이 신용구매**계약을 체결한 미성년자가 그 후에 **법정대리인의 동의 없음**을 사유로 들어 이를 **취소**하는 것은 신의칙에 위배되지 않는다.
  ㉣ 법정대리인의 동의를 얻지 않고 계약을 체결한 **미성년자**가 성년이 되면 법정대리인은 취소권이나 추인권을 행사할 수 없다. (21회)
② 착오, 사기·강박을 당한 자(29회, 31회)는 사기·강박상태를 벗어나기 전에도 이를 취소할 수 있다. (35회)
③ 대리인
  ㉠ **법정대리인**은 제한능력자가 **능력자가 되기 전까지** 자신의 **취소권을 행사** 할 수 있다.
  ㉡ 계약체결에 관한 대리권을 수여 받은 대리인(**임의대리인**)이 **취소권을 행사하려면** 특별한 사정이 없는 한 취소권의 행사에 관한 **본인의 수권행위**가 있어야 한다.

④ 승계인
  ㉠ **포괄승계인**(상속인, 취소권 있는 회사를 합병한 회사, 포괄유증자)
  ㉡ 취소할 수 있는 행위에 의해 취득한 권리와 함께 취소권을 승계한 **특정승계인**(취소권만 승계 안 됨)을 말한다.
⑤ 당사자 쌍방이 각각 취소사유 없이 법률행위를 취소한 경우, 그 법률행위의 효력은 상실되지 아니한다.(22회) (취소의 원인은 민법 제140조에 규정되어 있다)

3. 취소의 상대방

> **제142조(취소의 상대방)** 취소할 수 있는 법률행위의 상대방이 확정한 경우에는 그 취소는 그(직접) □□□에 대한 의사표시로 하여야 한다.
>
> 📝 상대방

① 취소할 수 있는 법률행위의 상대방이 확정된 경우에 그 취소는 **그 상대방에 대한 의사표시**로 하여야 한다.(20회, 29회, 32회) 그러나 **상대방의 특정승계인**(전득자)은 이에 **해당하지 않는**다.(35회) (무권대리행위의 추인은 상대방의 승계인에게도 할 수 있다)
② 예를 들면 甲이 乙로부터 사기를 당하여 자기 소유 부동산을 乙에게 양도하고 乙은 그 부동산을 丙에게 양도한 후 甲이 사기를 이유로 의사표시를 취소하려면, 취소의 의사표시를 乙에게 하여야 하고, 丙에게는 할 수 없다.(15회, 19회) 甲이 위 토지를 戊에게 양도한 경우 甲 또는 戊(특정승계인)가 취소권을 가진다.

4. 취소의 효과

> **제141조(취소의 효과)** 취소된 법률행위는 □□□□ 무효인 것으로 본다. 다만, □□□□□는 그 행위로 인하여 받은 이익이 현존하는 한도에서 상환할 책임이 있다.
>
> 📝 처음부터, 제한능력자

① 취소한 법률행위는 **처음부터 소급하여 무효**인 것으로 본다.(33회, 32회, 29회) 따라서 이행된 채무는 원상회복되거나 부당이득으로 동시에 반환되어야 한다.(26회)
② 선의의 수익자는 그 받은 **이익이 현존하는** 한도에서 반환한다. 악의의 수익자는 그 받은 **이익**에 **이자**를 붙여 반환하고 **손해**가 있으면 이를 배상해야 한다.
③ **제한능력자**는 선의 · 악의를 불문하고 그 받은 **이익이 현존하는 한도**(생활비, 예금, 전세금, 대여금 등)에서 상환할 책임이 있다(제141조 단서).(19회, 26회, 27회, 33회) 따라서 제한능력자가 법률행위를 취소한 경우 원칙적으로 그가 받은 이익전부를 상환할 필요가 없다.

④ 제한능력자의 책임을 제한하는 민법 제141조 단서(선의, 악의를 불문하고 현존이익 배상)는 **의사능력의 흠결을 이유로 법률행위가 무효가 되는 경우에도 유추 적용**되나, 그 취득한 것이 **금전상의 이득**인 때에는 그 금전은 **현존**하는 것으로 **추정**되므로, 위 이익이 현존하지 아니함은 의사무능력자 측에 입증책임이 있다.

⑤ **근로계약**(고용계약)**이 취소**된 경우 이미 제공된 근로자의 노무를 기초로 형성된 취소 이전의 법률관계는 **소급하여 효력을 잃지 않는다.**(즉, 기존 근로에 대한 임금은 지급되어야 하므로 장래에 관하여만 실효된다)

⑥ 계약이 **해제**(선의인 경우에도 전부반환책임)**된 후에도** 해제의 상대방은 해제로 인한 불이익을 면하기 위하여 **취소권을 행사**(선의 경우 현존이익만 반환 책임)하여 계약 전체를 무효로 돌릴 수 있다.

5. 취소할 수 있는 법률행위의 추인

(1) 의의

> **제143조(추인의 방법, 효과)** ① 취소할 수 있는 법률행위는 제140조에 규정한 자(취소권자)가 추인할 수 있고 □□ 후에는 취소하지 못한다.
> ② 추인할 수 있는 법률행위의 상대방이 확정한 경우에는 그 추인은 그 상대방에 대한 의사표시로 하여야 한다.
>
> 📝 추인

① **추인**은 취소권자가 취소할 수 있는 법률행위(유동적 유효)를 취소하지 않고서 확정적으로 유효와 하겠다는 추인권자의 의사표시로서 **취소권의 포기**에 해당한다.

② 취소할 수 있는 법률행위에 대해 취소권자가 적법하게 추인하면 그의 취소권은 소멸한다. (33회)

(2) 추인의 요건

> **제144조(추인의 요건)** ① 추인은 취소의 원인이 □□된 후(추인할 수 있는 후)에 하여야만 효력이 있다.
> ② 제1항은 □□□□□ 또는 □□□이 추인하는 경우에는 취소의 원인이 소멸하기 전이라도 추인할 수 있다.
>
> 📝 소멸, 법정대리인, 후견인

① **강박에서 벗어나지 아니한 상태**에서 한 추인은 그 효력이 없다. 따라서 착오나 강박에 의한 의사표시를 한 자가 **착오나 강박상태**에서 의사표시를 **추인**한 경우, 추인의 효력이 발생하지 않으므로 **여전히** 그 의사표시를 **취소할 수 있다**.

② 강박에 의한 의사표시임을 이유로 취소된 법률행위를 추인하는 경우, 그 추인이 효력을 갖기 위해서는 **강박 상태에서 벗어난 후**에 **추인하여야 한다**.

③ 취소할 수 있는 법률행위의 추인은 추인권자가 취소할 수 있는 행위임을 **알고** 하여야 한다.(20회, 31회)

④ 기망상태에서 상대방이 매매대금을 지급한 경우는 법정추인사유에 해당하지 아니한다.(25회)

(3) 추인권자

① 취소할 수 있는 법률행위를 **추인할 수 있는 자**는 그 법률행위의 **취소권자**이다.

② 취소할 수 있는 법률행위는 **취소권자가 추인할 수 있고, 추인 후에는 취소할 수 없다.**(21회, 22회)

③ **피성년후견인**은 취소할 수 있는 법률행위를 단독으로 유효하게 **추인할 수 없다.**

④ 추인은 **취소의 원인이 소멸된 후**에 해야 하나, 제한능력자가 **능력자가 되기 전이라도 법정대리인은 추인**할 수 있다.(27회, 29회)

⑤ 그러나 제한능력자가 **능력자가 되면** 법정대리인의 동의없이도 추인할 수 있으나, **법정대리권은 소멸**하므로 법정대리인은 추인권자가 되지 못한다.(17회, 21회, 22회)

⑥ 취소할 수 있는 법률행위를 **후견인**(법정대리인)이 **추인**하는 경우, 추인은 **취소의 원인이 소멸하기 전**이라도 **효력이 있다.**

⑦ 제한능력자의 법률행위에 대한 법정대리인의 추인은 취소의 원인이 소멸되기 전에 하여야 그 효력이 있다.(27회, 29회)

(4) 추인의 효력

① **추인 후**에는 그 법률행위를 다시 취소하지 못하므로 그 법률행위(유동적 유효)는 **그때부터 확정적으로 유효**가 된다.

② 취소할 수 있는 법률행위가 **취소되면 무효**인 것으로 간주되므로(무효행위의 추인은 가능하지만) 그 후 **취소할 수 있는 법률행위의 추인**에 의하여는 당초의 의사표시를 다시 확정적으로 유효하게 **할 수 없다.**

6. 법정추인

(1) 요건

① **취소의 원인이 소멸**된 후(미성년자가 성년이 되기 전에 이행청구를 한 경우, 채무자가 사기를 당했음을 알지 못하고 채권자에게 계약상의 채무 전부를 이행한 경우는 추인이 아니다.)에 일정한 사유가 있으면 취소권자가 **취소할 수 있는 행위임을 알든 모르든**, 추인의 의사표시 여부를 묻지 않고, **이의를 보류하지 않으면** 법률의 규정에 의하여 당연히 추인한 것으로 본다.(27회)

② 법정추인이 되기 위해서는 취소권자가 자신에게 **취소권이 있음을 알 필요가 없다.**

③ **취소권자가 추인할 수 있은 후에 이의를 보류한 상태에서 취소할 수 있는 계약을 이행**한 때에는 **법정추인이 되지 않는다.**(법정추인이 되려면 이의를 보류하지 않아야 한다)

(2) 법정추인 사유(35회)

제145조(법정추인) 취소할 수 있는 법률행위에 관하여 전조의 규정에 의하여 추인할 수 있는 후(취소의 원인이 종료한 후)에 다음 각호의 사유가 있으면 추인한 것으로 본다. 그러나 □□□□□한 때에는 추인한 것으로 보지 아니한다.

1. □부나 일부의 이행(상대방이 이행한 경우 취소권자의 수령이 있어야 추인으로 본다)
2. □행의 청구(취소권자의 행위에 한함. 따라서 취소권자가 상대방으로부터 이행의 청구를 받은 경우에는 추인이 아니므로 취소할 수 있다.)
3. □개(취소할 수 있는 법률행위로 인하여 발생한 채무를 소멸시키고 그 대신 다른채무를 성립시키기로 계약한 경우)
4. □보의 제공
5. 취소할 수 있는 행위로 취득한 권리의 전부나 일부의 양□(취소권자의 행위에 한함)
6. □제집행

📝 이의를 보류, 전, 이, 경, 담, 양, 강

① 언제나 추인이 되어 취소할 수 없는 경우
  ㉠ **전부 또는 일부의 이행**(25회, 29회, 30회)(제한능력자로서 부동산을 매도한 자가 능력자가 된 후 소유권이전등기에 필요한 서류를 교부한 경우, 상대방이 매매대금을 지급하자 성년이 된 자가 이를 수령한 경우),
  ㉡ **경개**(30회)(취소할 수 있는 법률행위로 인하여 발생한 채무를 소멸시키고 그 대신 다른 채무를 성립시키기로 계약한 경우, 매매계약의 취소권자인 매도인이 대금채권을 소멸시키고 그에 갈음하여 금전소비대차계약을 체결한 경우),
  ㉢ **담보의 제공**(30회)(보증인을 세우는 것),
  ㉣ **강제집행**(처분금지 가처분, 건물을 압류 당함)은 취소권자 뿐만 아니라 상대방이 하는 경우에도 **추인**이 되므로 더 이상 **취소할 수 없다.**

② 추인여부가 문제되는 경우
  ㉠ **취소권자**가 취소할 수 있는 행위로 취득한 **권리의 전부나 일부의 양도**(25회, 30회)(취소권자가 취소할 수 있는 매매계약으로부터 취득한 토지에 지상권을 설정한 경우)나 **이행의 청구**는 추인으로 본다.
  ㉡ 취소권자의 **상대방이 이행청구하는 경우**(25회, 30회)(취소권자가 이행청구를 받은 경우)나 **상대방이** 취소할 수 있는 행위로 취득한 **권리의 전부나 일부를 양도**(25회)(제한능력자로부터 부동산을 매수한 자가 목적물의 인도청구권을 양도한 경우)**한 경우**에는 **추인이 아니**므로 여전히 **취소할 수가 있다.**

③ **채무자가 사기를 당했음을 알지 못하고** 채권자에게 계약상의 채무 **전부를 이행**한 경우에는 그 계약을 **추인한 것으로 볼 수 없다.**(여전히 취소할 수 있다)

7. 취소권의 소멸(17회, 27회, 28회, 29회, 33회, 35회)

> **제146조(취소권의 소멸)** 취소권은 추인할 수 있는 날(취소의 원인이 종료되어 취소 할수도 있고 추인 할 수도 있는 날)로부터 □□년 내에 법률행위(계약)를 한 날로부터 □□ 내에 행사하여야 한다.
>
> 📝 3년, 10년

① 미성년자가 법정대리인의 동의 없이 한 법률행위를 **법정대리인이 적법하게 추인한 이후**(확정적 유효)에는 그 **미성년자는** 자신의 법률행위를 **취소할 수 없다.**
② 추인할 수 있는 날이란 **취소의 원인이 소멸**되어 취소권자가 취소의 대상인 법률행위를 **추인할 수도 있고 취소할 수도 있는 상태**가 된 때를 가리킨다.

제9절 　법률행위의 부관

1. 조건부 법률행위

(1) 의의

① 조건은 **법률행위**(의사표시)의 **효력**(32회)(성립 ×)의 **발생**(정지조건, +) 또는 **소멸**(해제조건, −)을 **장래**(이미 성취, 기성조건, +)의 (객관적으로) **불확실한 사실**(이미 성취할 수 없는, 불능조건, −. But 확실하면 기한)의 성부에 의존케 하는 법률행위의 부관으로서 조건이 무효이면 조건만 무효인 것이 아니라 법률행위 전체가 무효로 된다. 조건은 법률행위의 내용을 이룬다.
② 부관에는 **조건 · 기한 · 부담**(부담부 증여, 부담부 유증)이 있다.(기간은 부관이 아니다)
③ **조건의사가 있더라도 그것이 외부에 표시되지 않으면** 법률행위의 **동기에 불과**할 뿐이고 **조건이 되는 것은 아니다.**(35회)
④ 조건을 붙이고자 하는 의사가 외부에 표시되었다고 인정하려면, 그 법률행위 효력의 발생 또는 소멸을 **장래의 불확실한 사실의 발생 여부에 따라 좌우되게 하려는 의사가 인정되어야** 한다.
⑤ 조건은 사적 자치에 의한 것으로 **당사자가 그 의사에 의하여 임의로 정한 것이어야** 한다.
⑥ 법률이 요구하는 요건인 **법정조건**은 법률행위의 **부관으로서의 조건이 아니다.**(32회)
⑦ 과거의 사실은 법률행위의 부관으로서의 조건으로 되지 못한다.(32회)

(2) 조건의 종류

① 정지조건

> **제147조(조건성취의 효과)** ① 정지조건있는 법률행위는 조건이 성취한 때로부터 그 효력이 □□□.
>
> 📝 생긴다

㉠ 정지조건있는 법률행위는 조건이 **성취한 때로부터** (원칙적으로 장래를 향하여)그 효력이 **생긴다**(+).(29회)
㉡ **불법행위를 하지 않을 것을 정지조건**으로 하는 법률행위는 **무효**이다.
㉢ 이행지체의 경우 채권자는 상당한 기간을 정한 **최고와 함께 그 기간 내에 이행이 없을 것을 정지조건으로 하여 계약을 해제**할 수 있다.(33회)
㉣ **소유권유보의 특약**을 한 경우, **대금이 모두 지급**되었을 때에는 그 정지조건이 완성되어 별도의 의사표시가 없더라도 목적물의 **소유권이 매수인에게 이전**된다.(19회, 25회)
㉤ '대금이 완납되면 매매목적물의 소유권이 이전된다'는 조항이 있는 **소유권유보부 매매**에서 대금완납은 **정지조건**이다.
㉥ 정지조건부 매매계약에 기한 토지 소유권이전청구권을 보전하기 위한 가등기는 허용된다.(17회)
㉦ 정지조건부 권리의 경우, 조건 미성취의 동안은 권리를 행사할 수 없는 것이어서 소멸시효가 진행되지 않는다.(25회)

② 해제조건

> **제147조(조건성취의 효과)** ② 해제조건 있는 법률행위는 조건이 성취한 때로부터 그 효력을 □□□.
>
> 📝 잃는다

㉠ 해제조건있는 법률행위는 조건이 **성취한 때로부터** (원칙적으로 장래를 향하여) 그 효력을 **잃는다**(−).(17회, 30회) (소급하여 효력을 잃는다 ×)
㉡ **약혼예물의 수수는 혼인 불성립을 해제조건**으로 하는 **증여**와 유사한 성질의 것이다.
㉢ 건축허가를 필할 때 매매계약이 성립하고 **건축허가신청이 불허되었을 때에는 무효**로 한다는 약정 아래 이루어진 토지매매계약은 **해제조건부** 계약이다.

(3) **가장조건**(假裝條件)

① 법정조건

㉠ 유언에 있어서의 **유언자의 사망** 등과 같이 **법률이 그 내용을 정**하고 있거나, 효력발생시기를 정하고 있는 것은 **조건이 아니다.**(유언은 유언자의 사망을 정지조건으로 하는 법률행위라고 하면 틀린 지문이다.)
㉡ 민법의 조건에 관한 규정을 법정조건에 유추적용할 수 있다.

② 불법조건

> **제151조(불법조건, 기성조건)** ① 조건이 선량한 풍속 기타 사회질서에 위반(불법조건)한 것인 때에는 그 □□□□는 무효로 한다.
>
> 📝 법률행위

㉠ **선량한 풍속 기타 사회질서에 위반**(불법)하는 **조건**으로써 **불법조건**뿐만 아니라 그 **법률행위 전부가 무효**이고 조건 없는 법률행위가 되는 것이 아니다.(17회, 23회, 33회, 34회)
㉡ 조건부 법률행위에 있어 조건의 내용 자체가 불법적인 것이어서 무효일 경우 또는 **조건을 붙이는 것이 허용되지 아니하는 법률행위에 조건을 붙인 경우 그 조건만을 분리 하여 무효로 할 수 없다.**(12회, 15회 추가, 19회, 20회)
㉢ 부첩관계인 부부생활의 종료를 해제조건으로 하는 증여계약은 조건뿐만 아니라 증여계약(법률행위) 자체가 무효이다.(22회, 33회) (조건만 무효라고 하면 틀림)
㉣ 금괴밀수에 성공하면 5억 원을 배당해 주기로 하는 약정은 정지조건이든, 해제조건이든 불문하고 **사회질서에 위반**(불법)하는 **조건**으로써 무효이다.

③ 기성조건

> **제151조(불법조건, 기성조건)** ② 조건이 법률행위의 당시 이미 성취(기성조건, +)한 것인 경우에는 그 조건이 □□조건(+)이면 조건 없는 법률행위(+ 법률행위는 성립과 동시에 효력이 발생)로 하고 (기성조건이)□□조건(−)이면 그 법률행위는 무효(−)로 한다.
>
> 📝 정지, 해제

	정지조건(+)	해제조건(−)
기성조건(이미 성취, +)	조건 없는 법률행위(+)	무효(−)

㉠ **기성조건**(+)이 **정지조건**(+)이면 **조건 없는 법률행위**(+)로 되고,(22회, 23회, 28회) (기성조건이) **해제조건**(−)이면 그 법률행위는 **무효**(−)이다.(13회, 29회, 31회, 34회)
㉡ **해제**조건(−)이 법률행위 당시에 **이미 성취**(기성조건, +)된 것이면 그 법률행위는 **무효**(−)로 된다.
㉢ "공인중개사시험에 합격하면 자동차를 사주겠다."(정지조건, +)고 약속한 경우 약속 당시 이미 시험에 합격했다면(기성조건, +), 이는 조건 없는 증여계약(+, 유효)이다.
㉣ 딸과 사위가 이미 이혼한 사실(기성조건, +)을 모르는 장인이 이혼하면 돌려받기로 하고 (해제조건, −) 그 사위에게 건물을 증여하기로 하는 약정은 **무효**(−)이다.

④ 불능조건

> **제151조(불법조건, 기성조건)** ③ 조건이 법률행위의 당시에 이미 성취할 수 없는 것(불능조건, −)인 경우에는 그 조건이 □□조건(−)이면 조건 없는 법률행위(+ 유효)로 하고 (불능조건이) □□조건(+)이면 그 법률행위는 무효(−)로 한다.
>
> 📝 해제, 정지

	해제조건(−)	정지조건(+)
불능조건(이미 성취할 수 없는, −)	조건 없는 법률행위(+)	무효(−)

㉠ 법률행위 당시에 **이미 성취될 수 없는** 조건으로서 **불능조건**(−)이 해제조건(−)이면 **조건 없는 법률행위**(+)(20회, 21회)가 되고 (불능조건 이) **정지조건**(+)이면 그 법률행위는 **무효**(−)이다.(14회, 22회, 25회, 28회, 30회, 31회, 32회)

㉡ **정지조건부** 증여계약(+)에서 그 조건이 **불능**(−)인 사실을 내용으로 하는 경우 그 증여계약은 **무효**(−)가 된다.

㉢ "내일 해가 서쪽에서 뜨면(불능조건, −) 자동차를 사주겠다(정지조건, +)"는 내용의 증여계약은 **무효**이다.

㉣ 해저 1만 미터에 빠진 결혼반지를 찾아주면(불능조건, −) 사례금을 지급하기로 하는 약정(정지조건, +)은 **무효**이다.

(4) 조건의 성취와 불성취의 의제(13회, 14회, 19회)

> **제150조(조건성취, 불성취에 대한 반신의 행위)** ① 조건의 성취로 인하여 불이익을 받을 당사자가 신의성실에 반하여 조건의 성취를 □□한 때에는 상대방은 그 조건이 성취한 것으로 주장할 수 있다.
> ② 조건의 성취로 인하여 이익을 받을 당사자가 신의성실에 반하여 조건을 □□시킨 때에는 상대방은 그 조건이 성취하지 아니한 것으로 주장할 수 있다.
>
> 📝 방해, 성취

① 조건의 성취를 **방해**한 경우에는 **고의**에 의한 방해만이 아니라 **과실**에 의한 경우에도 상대방은 그 조건의 성취를 주장할 수 있다.

② 조건이 성취된 것으로 의제되는 시점은 이러한 **신의성실에 반하는 행위가 없었더라면 조건이 성취되었으리라고 추산되는 시점**이다.(20회, 33회)

(5) 입증책임

① 어떠한 법률행위가 **정지조건부 법률행위에 해당한다**는 사실에 대한 주장·입증책임은 그 법률행위로 인한 법률효과의 발생을 저지하는 사유로서 그 **법률효과의 발생을 다투려는 자**에게 있다.(31회, 34회, 35회)

② 정지조건부 법률행위에 있어서 **조건성취의 사실**은 권리를 취득하고자 하는 측이 입증해야 한다.(17회, 28회) 즉, 정지조건부 채권양도에 있어서 정지조건이 성취되었다는 사실에 대한 입증책임은 **채권양도의 효력을 주장하는 자**에게 그 입증책임이 있다.

③ 어느 법률행위에 어떤 조건이 붙어 있었는지 아닌지는 사실인정의 문제로서 그 **조건의 존재를 주장하는 자**가 이를 입증하여야 한다고 할 것이다.

(6) 조건을 붙일 수 없는 법률행위(적용범위)

① 조건을 붙인 **어음발행행위**는 **무효**이나 **어음보증**은 조건을 붙일 수 있다.

② 상계·취소·해제·철회 등의 **단독행위**에는 원칙적으로 **조건을 붙이지 못한다**.(12회, 16회) 그러나 **상대방의 동의**,(21회) **채무면제**(28회)·유언·**유증**처럼 상대방에게 이익만을 주는 경우에는 **가능**하다.

③ **환매권행사**(단독행위)에 **조건을 붙이면 무효**이나 **물권행위**(물권계약)나 **현상광고**(계약)에는 조건을 붙일 수 있다.
④ **정지조건부** 또는 **시기부** 법률행위와 **채권적 청구권**에는 **가등기**할 수 있다.
⑤ 일반적으로 가족법상 행위(혼인, 인지, 입양 등)는 조건에 친하지 않은 법률행위라고 할 수 있으나, **유언에는 조건을 붙일 수 있다.**
⑥ **조건을 붙일 수 없는 법률행위에 조건을 붙인 경우에는** 원칙적으로 법률행위 **전부가 무효**로 된다. (28회, 35회)
⑦ **어음·수표**행위에 **시기**(始期)를 붙이는 것은 원칙적으로 허용된다.
⑧ **유치권 배제 특약**(계약)에도 **조건을 붙일 수 있다.**

(7) 조건부 법률행위의 효력

> **제148조(조건부권리의 침해금지)** 조건 있는 법률행위의 당사자는 조건의 성부(成否)가 미정(未定)한 동안에 조건의 성취로 인하여 생길 상대방의 이익을 해하지 못한다.
>
> **제149조(조건부권리의 처분등)** 조건의 성취가 미정한 권리의무는 일반규정에 의하여 □□(화재보험계약에 기한 장래의 보험금청구권에 대한 질권 설정), □□, □□(부동산의 경우 가등기) 또는 □□(조건부 권리를 위해 담보를 설정할 수 있다는 의미)로 할 수 있다.
>
> 처분, 상속, 보존, 담보

① 조건의 성취가 **미정**한 권리의무는 일반규정에 의하여 **처분, 상속, 보존** 또는 **담보**(보증인)로 할 수 있다.(12회, 13회, 17회, 19회, 21회, 22회, 23회, 25회) 조건부 권리는 조건이 성취되기 전이라도 담보로 제공될 수 있다.
② 조건 있는 법률행위의 당사자는 조건의 성부가 **미정**한 동안에 조건의 성취로 인하여 생길 **상대방의 이익을 해하지 못**한다.
③ 조건부 권리에 대한 침해의 효과는 조거부로 발생한다. 따라서 해제조건부증여로 인한 부동산소유권이전등기를 마쳤다 하더라도 그 **해제조건이 성취**되면 그 **소유권은 증여자에게 복귀**한다.

> **제147조(조건성취의 효과)** ③ 당사자가 조건성취의 효력을 그 성취 전에 소급하게 할 의사를 표시한 때에는 그 □□에 의한다.
>
> 의사

④ 조건성취의 효력은 원칙적으로 조건이 성취한 때 부터 발생한다.(법률행위가 성립한 때 부터 발생한다 ×)(22회, 23회, 25회) 당사자가 조건성취의 효력을 그 **성취 전에 소급하게 할 의사**를 표시한 때에는 **그 의사에 의한다.**(29회) (조건성취의 효력은 특별한 사정이 없는 한 소급하지 않는다) 당사자의 의사표시로 조건성취의 효력을 소급시킬 수 있다.(12회, 13회, 21회, 28회, 33회)

4. 기한부 법률행위

(1) 의의

① 의의
- ㉠ 기한은 법률행위 효력의 발생 및 소멸을 **장래** 발생할 것이 **확실한 사실에 의존**시키는 법률행위의 부관이다.
- ㉡ 조건은 법률행위 효력의 발생 또는 소멸을 장래의 불확실한 사실의 성부에 의존하게 하는 법률행위의 부관이다.
- ㉢ 장래의 사실이더라도 그것이 **장래 반드시 실현되는 사실**이면 실현되는 시기가 비록 확정되지 않더라도 이는 **기한**이다.

② 종류(16회, 20회, 31회, 34회)

> **제152조(기한도래의 효과)** ① □□있는 법률행위는 기한이 도래한 때로부터 그 효력이 생긴다.
> ② □□ 있는 법률행위는 기한이 래한 때로부터 그 효력을 잃는다.
>
> 📝 시기, 종기

③ 정지조건과 불확정기한의 구별
- ㉠ 법률행위에 부관이 붙은 경우, **부관에 표시된 사실이 발생하지 아니하면 채무를 이행하지 아니하여도 된다**고 보아야 하는 때에는 〈정지조건〉으로 정한 것으로 보아야 하고, **표시된 사실이 발생**한 때는 물론이고 반대로 **발생하지 아니하는 것이 확정**된 때에도 그 **채무를 이행하여야 한다**고 보는 것이 타당한 경우에는 〈불확정기한〉으로 정한 것으로 보아야 한다. (16회, 33회35회)
- ㉡ 불확정한 사실의 발생을 **기한**으로 한 경우, 특별한 사정이 없는 한 **그 사실이 발생**한 때는 물론 그 사실의 **발생이 불가능**하게 된 때에도 **이행기한은 도래한 것**으로 보아야한다. (20회, 30회)

④ 구체적인 사례
- ㉠ 미성년자에게 **성년이 되면** 오토바이를 사겠다고 약정한 경우, 이는 **확정기한부** 법률행위이다.
- ㉡ 사육하고 있는 **진돗개가 죽으면**(첫눈이 내리면, 다음에 비가 오면) 풍산개 한 마리를 사 주기로 하는 약정은 조건이 아니라 **불확정기한**이다.
- ㉢ 임대차계약을 체결함에 있어서 **임대기한을 본건 토지를 임차인에게 매도할 때까지**로 정하였다면 기한을 정한 것 이므로 볼 수 없으니 위 임대차계약은 **기간의 약정이 없는 것**이다. (15회 추가, 17회)
- ㉣ **임대인이 생존하는 동안** 임대하기로 하는 계약이나, 甲이 乙에게 '**丙이 사망하면** 부동산을 주겠다'고 한 약정은 **불확정기한부** 법률행위이다.
- ㉤ 甲이 乙에게 '丙이 사망하면 부동산을 주겠다'고 한 약정은 불확정 기한부 증여이다. (21회)

ⓑ 이미 부담하고 있는 채무의 변제에 관하여 일정한 사실이 부관으로 붙여진 경우에는 특별한 사정이 없는 한 그것은 **변제기를 유예**한 것으로서 그 사실이 **발생**한 때 또는 **발생하지 아니하는 것으로 확정**된 때에 **기한이 도래**한다.
ⓢ 도급계약의 당사자들이 '수급인이 공급한 목적물을 도급인이 검사하여 합격하면, 도급인은 수급인에게 보수를 지급한다.'고 정한 경우 '검사 합격'은 법률행위의 효력 발생을 좌우하는 조건이 아니라 보수지급시기에 관한 불확정기한이다.
ⓞ 중도금 지급기일을 '**1층 골조공사 완료시**'로 정한 것은 중도금 지급의무의 이행기를 장래 도래할 시기가 확정되지 아니한 때, 즉 **불확정기한**으로 이행기를 정한 경우에 해당한다.

(2) 기한부 법률행위의 효력

> **제154조(기한부권리와 준용규정)** 기한부 법률행위의 당사자는 기한의 도래가 미정한 동안에 기한의 도래로 인하여 생길 상대방의 이익을 해하지 못한다.
> 기한의 도래가 미정한 권리의무는 일반규정에 의하여 □□, □□, □□ 또는 □□로 할 수 있다는 규정은 기한부 법률행위에 준용한다.
>
> 📝 처분, 상속, 보존, 담보

① 기한도래에는 **소급효가 없다.** 당사자 간에 **소급효를 인정하는 특약**을 체결하더라도 **무효**이다.
② 기한 있는 법률행위의 당사자는 **기한의 도래가 미정**인 동안 기한의 도래로 인하여 생길 **상대방의 이익을 해하지 못**한다.
③ **어음행위는 조건에는 친하지 않**으나 **시기**를 붙이는 것은 **무방**하다.
④ **상계**의 의사표시에는 조건이나 기한을 붙일 수 없다. (30회)
⑤ 기한의 도래가 미정한 권리의무는 일반규정에 의하여 처분, 상속하거나 담보로 할 수 있다. (29회)

(3) 기한의 이익

> **제153조(기한의 이익과 그 포기)** ① 기한은 □□□의 이익을 위한 것으로 □□한다.
>
> 📝 채무자, 추정

① 기한의 이익은 당사자의 특약이나 법률행위 성질상 분명하지 않으면, **채무자**에게 있는 것으로 **추정**된다. (34회) (본다 ×)
② **무상임치**의 경우에는 **채권자**에게 있고, **무이자소비대차·사용대차**의 경우에는 **채무자**(채권자 ×)에게 기한의 이익이 있고, **이자부 소비대차** 또는 **정기예금**은 **쌍방**에게 기한의 이익이 있다.

(4) 기한의 이익 포기

> 제153조(기한의 이익과 그 포기) ② 기한의 이익은 이를 □□할 수 있다. 그러나 상대방의 이익을 해하지 못한다.
>
> 📝 포기

① **기한의 이익은 포기**할 수 있으므로 기한의 이익이 채무자에게만 있는 경우 채무자는 기한전이라도 언제든지 변제할 수 있다.(14회, 16회, 19회)
② 기한의 이익은 포기할 수 있으나, 상대방의 이익을 해치지 못하므로(14회, 29회) 이자부 소비대차처럼 기한의 이익이 채권자에게도 있는 경우, 채무자는 채권자의 **손해를 배상**하고 기한 전에도 변제할 수 있다.

(5) 기한의 이익의 상실

> 「민법」 제388조(기한의 이익의 상실) 채무자는 다음 각호의 경우에는 기한의 이익을 주장하지 못한다.
> 1. 채무자가 담보를 □□, □□ 또는 □□하게 한 때
> 2. 채무자가 담보제공의 의무를 이행하지 아니한 때
>
> 「채무자 회생 및 파산에 관한 법률」 제425조(기한부채권의 변제기도래) 기한부채권은 □□□□시에 변제기에 이른 것으로 본다.
>
> 📝 손상, 감소, 멸실, 파산선고

① **채무자가 담보를 손상 · 감소 또는 멸실**하게 한 때(인적 · 물적 담보를 불문, 보증인의 살해 등), 채무자가 **담보제공을 게을리**한 때,(16회) **파산선고** 받은 때 기한이익의 상실자는 **기한의 이익을 주장할 수 없고** 채권자의 이행청구가 있으면 그에 응해야 한다.
② 기한이익 상실의 특약은 그 내용에 의하여 **일정한 사유**(채무자가 담보를 손상 · 감소 또는 멸실)가 발생하면 채권자의 청구 등을 요함이 없이 **당연히 기한의 이익이 상실**되어 **이행기가 도래**하는 것으로 하는 〈정지조건부 기한이익 상실의 특약〉과 **일정한 사유**(채무자가 담보를 손상 · 감소 또는 멸실)가 발생한 후 **채권자의 통지**나 **청구** 등 **채권자의 의사행위**(의사표시)를 기다려 비로소 **이행기가 도래**하는 것으로 하는 〈형성권적 기한이익 상실의 특약〉의 두 가지로 대별할 수 있다.
③ 기한이익 상실의 특약이 채권자를 위하여 둔 것인 점에 비추어 특별한 사정이 없는 이상 **형성권적 기한이익 상실의 특약**으로 **추정**한다.(23회, 30회, 31회, 35회)
④ 형성권적 기한이익 상실의 특약이 있는 **할부채무에 있어서는 1회의 불이행**이 있더라도 각 할부금에 대해 그 **각 변제기의 도래시마다 그 때부터 순차로 소멸시효가 진행**하고 채권자가 특히 잔존 채무 전액의 변제를 구하는 취지의 의사를 표시한 경우에 한하여 전액에 대하여 그 때부터 소멸시효가 진행한다.

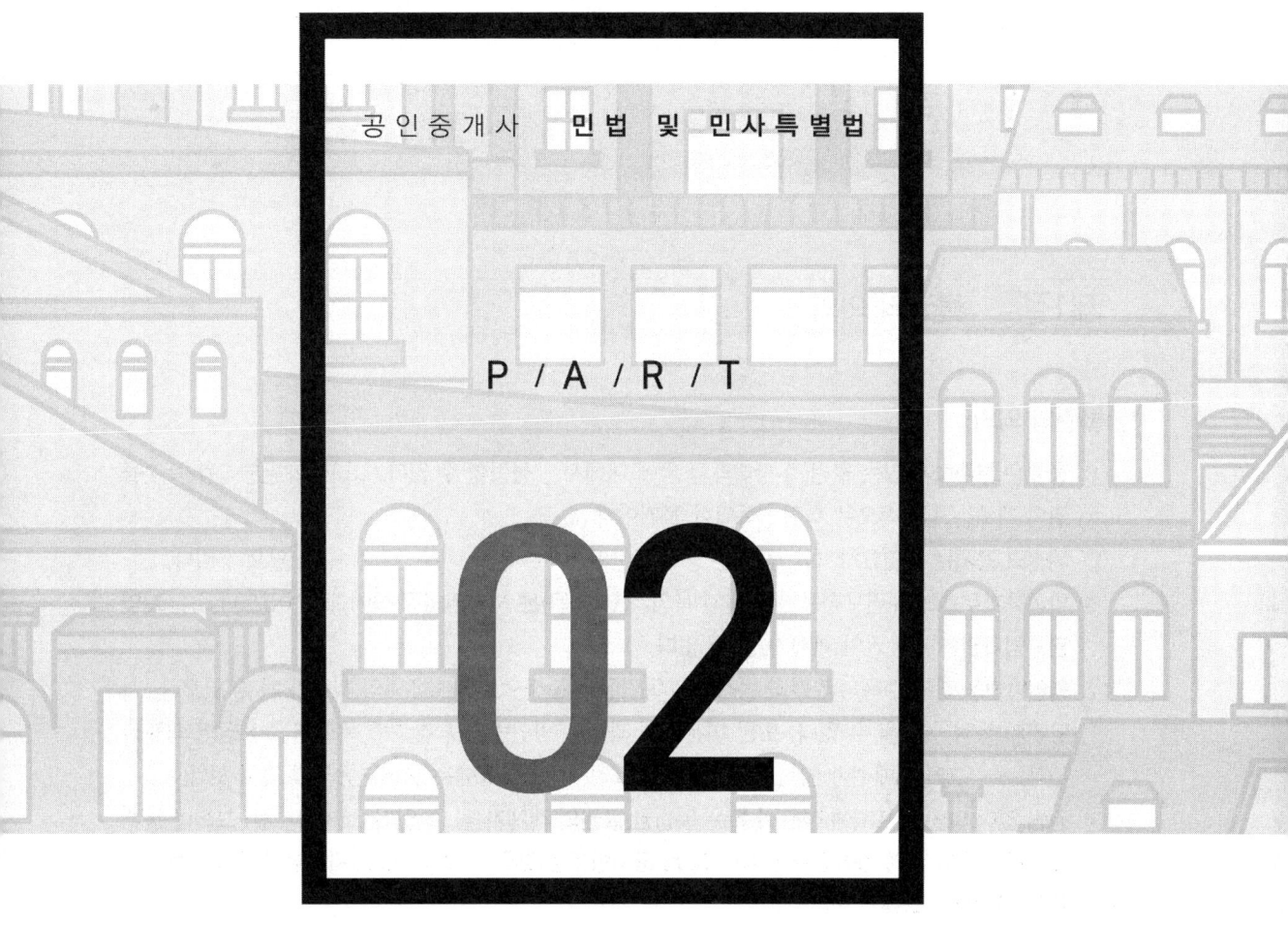

물권법

Chapter 1 총설 | Chapter 2 기본물권 | Chapter 3 용익물권 | Chapter 4 담보물권

CHAPTER 01 총설

제1절 물권의 의의

1. 물권의 의의

① 물권은 **현존하지 않는 물건**(즉 장래의 물건)에 대해서는 **성립할 수 없다**.(그러나 채권은 성립가능) 물권의 객체는 원칙적으로 특정·독립한 물건이다.(16회)

② **채권의 공시는 불필요**하지만, **물권은 공시**(동산의 경우는 인도, 부동산은 등기)될 필요가 있다.

③ 입목등기부에 소유권보존등기가 된 수목의 집단(**입목**)은 저당권의 목적이 될 수 있으나,(17회) **지역권·임차권**은 저당권의 객체가 **될 수 없다**.

④ **명인방법**을 갖춘 수목의 집단과 **농작물**은 독립한 부동산으로서 소유권의 객체가 될 수 있으나, 저당권의 목적물은 **될 수 없다**. 또한 미분리의 과실은 명인방법을 갖추면 독립된 소유권의 객체로 된다.(27회) 그러나 매수한 입목을 특정하지 않고 한 명인방법에는 물권변동의 효력이 없다.(17회)

⑤ **권원 없이 타인의 토지에 심은 수목은 독립한 물권의 객체가 될 수 없다**.(토지에 부합) 그러나 농지 소유자의 승낙 없이 농작물을 경작한 경우, 공시방법을 갖추지 않더라도 토지로부터 독립된 물건으로서 경작자의 소유가 된다.(27회)

⑥ **소유권에 기한 말소등기청구권은 소멸시효의 적용을 받지 않는다**

⑦ 아파트 분양권은 소유권의 객체(물건에 한한다)가 될 수 없다.(16회) 그러나 토지에서 벌채되어 분리된 수목(동산)은 독립된 소유권의 객체로 된다.(27회)

⑧ 물건 이외에 재산권인 권리(유치권, 질권, 저당권)도 물권의 객체가 될 수 있다.(34회)

⑨ 점유권, 소유권, 지상권, 전세권, 유치권은 **토지**를 **점유**할 수 있는 물권이다.

⑩ 토지를 점유할 수 있는 물권으로 점유권, 소유권, 지상권, 전세권, 유치권, 임차권이 있다.(33회)

⑪ 지상권, 지역권, 전세권은 부동산만을 객체로 하는 물권이다.(33회)

⑫ 광업권, 어업권, 구분지상권, 분묘기지권, 양도담보권, 가등기담보권, 관습상 법정지상권은 물권이지만 부동산환매권은 물권이 아니다.(18회)

2. 일물일권주의

① 일물일권주의란 동일한 물건 위에 성질, 범위, 순위가 같은 물권이 동시에 성립하지 못한다는 원칙이다.(17회) 따라서 저당권(부동산을 객체)과 질권(동산을 객체)은 서로 다른 물권이므로 하나의 물건에 관하여 동시에 성립할 수 있다.

② 한 개의 물건이라고 함은 **사회통념** 내지 거래관념에 의해 결정된다.

③ 종류, 장소 또는 수량지정 등의 방법으로 **특정할 수 있으면**(특정 양만장 내의 뱀장어들 전부) 수량이 **변동하는 동산의 집합**도 하나의 **물권의 객체**가 될 수 있다.(유동집합물의 양도담보) 집합물 위에 재단저당이 성립한 후에 그 구성물의 변동이 있게 되더라도 특정성을 상실하지 아니한다.(16회,35회)

④ 토지
  ㉠ 토지의 개수는 지적법에 의한 **지적공부상의 토지의 필수를 표준**으로 하여 결정된다.
  ㉡ 지적법상 **분필절차를 거치지 아니한** 경우 이미 등기부에 **분필의 등기**가 실행된 경우라도 **분필의 효력이 발생하지 않는다.**(등기부취득시효 X)
  ㉢ 분필절차를 밟기 전이라도 1필지의 토지의 일부 위에 **지상권**(34회) · **지역권** · **전세권** 등 용익물권을 설정할 수는 있다.(16회)
  ㉣ 일필의 **토지의 일부**에 대한 **점유취득시효**는 가능하나(27회) **등기부취득시효**는 **불가능**하다.(1부동산 1등기 기록 원칙)
  ㉤ **쉽게 분할이 가능한 토지의 일부**에도 **유치권**이 성립할 수 있다.(임야의 일부를 개간한 경우)
  ㉥ 1필의 토지일부에 저당권을 설정할 수 없다.(16회, 21회, 33회, 35회)
  ㉦ 임차권, 점유권은 1필의 토지의 일부를 객체로 할 수 있는 권리이다.(33회)

⑤ 건물
  ㉠ **최소한 기둥**과 **주벽**과 **지붕**이 이루어진 상태를 법률상 **건물**로 본다.
  ㉡ 건물의 개수는 공부상의 등록에 의하여 결정되는 것이 아니라 건물의 상태 등 **객관적 사정**과 소유자의 의사 등 **주관적 사정**을 참작하여 결정된다.
  ㉢ **건물의 일부**에 대한 **구분소유와 전세권설정**은 할 수 있다.
  ㉣ **공유지분**은 하나의 소유권이 양적으로 분할되어 수인에게 귀속하는 형태이므로 **일물일권주의에 반하지 않는다.**(양적분할설)
  ㉤ 구분등기를 하지 않는 한 1동의 건물 중 일부에 관한 소유권보존등기는 허용되지 않는다.(17회)
  ㉥ 1동 건물의 일부도 구조상 · 이용상 독립성이 있으면 구분행위에 의하여 독립된 부동산이 될 수 있다.(27회)

3. 물권법정주의

> **제185조(물권의 종류)** 물권은 □□(형식적의미의 법률, 헌법상의미의 법률) 또는 □□□에 의하는 외에는 □□□ 창설하지 못한다.
>
> 📝 법률, 관습법, 임의로

① 물권은 **법률** 또는 **관습법**(35회) (관행존재＋법적확신＋정당성과 합리성)에 의하는 **외에는 임의로 창설하지 못한다**(강행규정).
② 법률은 **형식적 의미의 법률**(헌법상의미의 법률)을 의미하고(32회) **명령·규칙**(부동산등기규칙)·**조례**는 제외된다.
③ 물권은 「부동산등기규칙」에 의해 창설될 수 없다.(34회)
④ 관습법상 물권으로서 인정되지 않은 것
　㉠ 타인의 토지에 대한 관습법상 물권으로서 통행권이 인정되지 아니한다.(26회)
　㉡ **온천**에 관한 **권리**를 관습법상의 물권이라고 볼 수 없고(19회, 26회, 32회) 또한 **온천수**는 공용수 또는 **생활상 필요한 용수에 해당하지 아니**한다.
　㉢ **미등기 무허가건물의 양수인**은 소유권이전등기를 경료 받지 않는 한 관습상의 물권이 있다고 볼 수도 없다.(20회, 26회)
　㉣ 도시공원법상 근린공원으로 지정된 사정만으로 **공원이용권**이라는 배타적인 권리를 취득하였다고는 할 수 없다.(26회, 32회)
⑤ 위반의 효과
　㉠ 제185조는 **강행규정**이므로 물권법정주의에 위배되는 물권행위는 원칙적으로 **무효**이다.
　㉡ 소유자는 **소유권의 사용·수익의 권능을 대세적으로 유효하게 포기할 수 없**으므로(32회) 현행 민법은 처분 권능만을 내용으로 하는 소유권을 허용하지 아니한다.(32회)

제2절 | 물권의 효력

1. 우선적 효력

① **제한물권은 언제나 소유권에 우선**한다. 동일한 부동산에 관하여 설정된 수개의 권리의 순위(제한물권 상호 간)는 법률에 다른 규정이 없으면 등기의 전후에 의하여 정하여진다. 즉 **저당권은 동일한 토지 위에 두 개 이상 성립할 수 있지만, 그들 상호간에는 먼저 성립한 저당권이 우선한다.**(14회)
② **점유권**은 배타성이 없고 **우선적 효력이 없**으므로 **혼동**이나 소멸시효에 걸리지 않는다.

③ 원칙적으로 **물권은 채권에 우선**하나, 등기된 부동산임차권, 대항요건과 확정일자를 갖춘 주택(또는 상가건물) 임차인은 후순위권리자보다 우선하고, 주택(상가건물)의 **소액임차인**(14회)이나 근로자의 **임금우선특권**(3월의 임금, 재해보상금)(14회, 16회) 등은 **물권보다 우선**한다.

2. 물권적 청구권

(1) 종류

① 소유권에 기한 물권적 청구권의 규정(제213조, 제214조 ⇨ 지상권(제290조), 지역권(제301조), 전세권(제318조), 저당권(제370조)이 **유치권과 질권에는 준용하는 규정이 없**으므로 유치권 자체에 기한 물권적 청구권은 없다.(18회) (유치권자는 점유는 하므로 점유보호청구권은 인정된다)(30회)

② **지역권자와 저당권자는 점유를 하지 않**으므로 지역권이나 저당권의 침해를 이유로 **반환을 청구할 수 없다.**(15회 추가)

③ 소유자가 제3자에게 그 소유 물건에 대한 처분권한을 유효하게 수여하였더라도 **제3자의 처분이 없다면**, 소유자는 자신의 소유물을 여전히 **유효하게 처분**할 수 있고, 또한 그 제3자 이외의 자에 대해 소유권에 기한 **물권적 청구권을 행사**할 수 있다.

④ 임차권
  ㉠ 임차권 자체에 기한 **물권적 청구권을 인정할 수 없다.**
  ㉡ 임차인이 **점유**하고 있는 경우 **점유보호청구권을 행사**할 수 있다.
  ㉢ 임차인이 대항력도 없고 점유도 하고 있지 않은 경우에는 **임대인의 물권적 청구권을 대위 행사**할 수 있다.(17회, 30회)
  ㉣ **등기된 임차권**에는 **임차권에 기한 방해제거청구권**과 방해예방청구권이 있다.(17회)

(2) 물권적 성질

① 현재 침해 받고있는 소유자가
  ㉠ 물권에 의존하는 권리이므로 **물권이 이전·소멸**하면 물권적 청구권도 함께 **이전·소멸**한다.
  ㉡ **물권적 청구권은 물권과 분리하여 양도할 수 없다.**(지역권 ⇨ 요역지, 전세권 ⇨ 전세금반환청구권, 저당권 ⇨ 피담보채권, 대지사용권 ⇨ 전유부분)
  ㉢ **소유권을 상실한 전소유자**(소유권을 이전한 전소유자)는(15회 추가) 제3자인 **불법점유자**에 대해 물권적 청구권에 의한 **방해배제를 청구할 수 없다.**
  ㉣ 방해배제소송의 계속 중에 **소유권을 양도한 양도인은 방해배제**를 계속 **청구할 수 없다.**
  ㉤ **소유권을 양도한 전소유자가 물권적 청구권만을 분리, 유보하여 불법점유자에 대해 그 물권적 청구권에 의한 방해배제를 할 수 없다.**(20회, 32회) (소유권에 기한 물권적 청구권을 소유권과 분리하여 이를 소유권을 상실한 전(前)소유자에게 유보하여 행사시킬 수 없다)
  ㉥ **현재 침해받고 있는 대지의 소유자는 불법건물 소유자에게 그 건물의 철거**(방해제거청구)**와 대지 부분의 인도**(반환)**를 청구할 수 있을 뿐, 그 건물에서 퇴거할 것을 청구할 수는 없다.**(19회, 35회)

ⓐ 부동산 **양도담보**의 경우에 있어서 피담보**채무**가 **변제**된 **이후**에 양도담보권설정자(소유자)가 행사하는 **말소등기청구권**(소유권에 기한 물권적청구권)은 **소멸시효의 대상이 아니다**.
　　ⓑ **불법한 원인으로 급여**를 한 사람(남자)이 상대방(첩)에게 **부당이득반환청구를 할 수 없는 경우**, 급여한 물건의 소유권이 여전히 자기(남자)에게 있다고 하여 **소유권에 기한 반환청구도 할 수 없다**.
② 현재 침해하고 있는 점유자에게 청구
　　㉠ **불법점유를 이유로 한 건물명도 청구를 하려면 현실적으로 불법점유를 하고 있는 사람을 상대로** 하여야 하지만, 그렇지 않은 경우에는 **간접점유자를 상대로 명도 청구**할 수 있다.
　　㉡ **불법점유자라 하여도** 그 물건을 다른 사람에게 인도하여 **현실적으로 점유를 하고 있지 않은 이상**, 그 자를 상대로 한 **인도청구는 부당하다**. (35회)
　　㉢ **건물소유자가 아닌 사람**(전세권자, 임차인)이 **건물을 점유**하고 있는 경우, 토지소유자는 건물 점유자에 대하여 **퇴거청구는 할 수 있고**, (35회) 이는 건물 점유자(전세권자, 임차인)가 **대항력을 가지는 경우에도 퇴거를 청구할 수 있다**.
　　㉣ **타인의 토지위에 무단으로 신축된 미등기건물을 매수하여 대금을 지급하고 점유하는 자**(사실상 소유자 또는 실질적 소유자)**는 건물철거청구의 상대방이 될 수 있다**. (19회, 31회) 즉 토지소유자는 (미)등기 건물소유자를 상대로 **건물의 철거를 구할 수 있고**, (19회) 법률상 소유자(미등기건물을 신축한자)를 상대로 철거를 청구할수도 있다.
　　㉤ 점유보조자가 그 물건의 사실적 지배를 가지는 이상 물권적 청구권의 상대방이 될 수 있다. (15회 추가)
　　㉥ 甲 소유의 토지 위에 乙이 지상권을 취득한 뒤 건물을 축조하였는데(법률의 규정에 의해 등기 없이도 乙이 소유자) 乙의 허락 없이 戊가 건물을 점유한다면, 乙이 아닌 甲은 戊를 상대로 건물의 인도를 청구할 수 없다. (19회)
　　㉦ 매매계약의 이행으로 토지를 인도받은 매수인이 이전등기를 마치지 않고 제3자에게 전매하여 인도한 경우 매도인은 제3자에게 소유권에 기한 물권적 청구권을 행사할 수 없다. (20회)
③ **미등기 무허가건물을 매수**하였으나 소유권이전등기를 마치지 않은 매수인은 그 건물의 **불법점유자에 대하여 직접 소유물반환을 청구할 수 없고**, (22회) **양도인을 대위하여 반환청구권을 행사**해야 한다.
④ 부동산매매계약이 **합의해제**되면 매수인에게 이전되었던 **소유권은 당연히**(등기 없이) **매도인에게 복귀**하므로 합의해제에 따른 매도인의 **원상회복청구권**(말소등기청구권)은 **소유권에 기한 물권적 청구권**이고 이는 **소멸시효의 대상이 아니다**.
⑤ **물권적 청구권**을 보전하기 위하여 가등기를 할 수 **없다**.
⑥ 지상권을 설정한 **토지소유권자는 불법점유자에 대하여 물권적청구권**(소유권에 기한 물권적청구권)**을 행사**할 수 있으나, 특별한 사정이 없는 한 **불법점유자에게 손해배상은 청구할 수 없다**. (지상권자는 지상권에 기한 물권적청구권과 손해배상청구권을 행사할 수 있다)
⑦ 건물의 공유자들이 부담하는 **철거의무**는 성질상 불가분채무라 할 것이어서 각자 그 **지분의 한도 내에서 건물 전체에 대한 철거의무**를 지는 것이다.

⑧ 건물의 임대인이 건물의 존립을 위한 토지사용권을 가지지 못하여 그가 **토지 소유자의 건물철거청구에 대항할 수 없는 경우**라면 건물에 대한 대항력 있는 **임차권자 역시 토지 소유자의 퇴거청구 등의 권리행사에 대항할 수 없다.**

(3) 채권적 성질

① 소유권에 기한 물권적 청구권은 소멸시효에 걸리지 않지만,(30회) **제한물권**(용·익물권에 한함)에 기한 **물권적 청구권은 20년의 소멸시효에 걸린다.**(담보물권은 피담보채권이 존재하는 한 독자적으로 소멸시효에 걸리지 않고, 전세권은 최장존속기간이 10년이므로 소멸시효에 걸릴 여지가 없다)

② **물권적 청구권**은 상대방의 **귀책사유를 불문**하고 인정되므로(30회, 32회, 35회) 당연히 손해배상청구권이 포함되지는 않지만,(15회 추가) 현재의 방해자를 상대로 행사하는 권리이고, **손해배상청구권은 귀책사유를 요구**하고 불법행위자를 상대로 청구한다. (물권적 청구권과 불법행위로 인한 손해배상청구권은 병존할 수 있다)

(4) 방해배제청구권에 있어서 '방해'의 의미

① 민법 제214조의 소유권에 기한 방해배제청구권에 있어서 '**방해**'라 함은 **현재에도 지속되고 있는 침해**를 의미하고, 소유권에 기한 방해배제청구권은 **방해결과의 제거를 내용으로 하는 것이 되어서는 아니** 되며(이는 손해배상의 영역에 해당한다) **현재 계속되고 있는 방해의 원인을 제거**하는 것을 내용으로 한다.

② **물권적 방해배제청구권의 요건으로 요구되는 방해는 개념상 손해**(방해 결과)**와 구별된다.**(30회)

③ 소유자가 침해자에 대하여 **방해제거 행위** 또는 방해예방 행위를 하는 데 드는 비용을 청구할 수 있는 권리는 민법 제214조(소유권에 기한 방해배제청구권)에 포함되어 있지 않으므로, 소유자가 민법 제214조에 기하여 방해배제 비용 또는 방해예방 비용을 **청구할 수는 없다.**(29회)

제3절 | 부동산 등기제도

1. 물권변동

(1) 의의

① 건물

㉠ 아직 **독립한 건물로서의 요건을 갖추지 못한 단계**에서 건축공사가 중지된 후 제3자가 잔여공사를 진행하여 그 소유권을 **원시취득**한 경우, 신축 중인 건물에 관한 권리를 **상실한 자는 원시취득자에게 부당이득반환을 청구**할 수 있다.

ⓛ 건축공사가 중단되었던 미완성 건물을 인도받아 나머지 공사를 마치고 완공한 경우, 그 건물이 공사가 중단된 시점에서 이미 **최소한의 기둥과 지붕** 그리고 **주벽**이 이루어져 있었다면 **원래의 건축주**가 그 건물의 소유권을 **원시취득** 한다.
ⓒ 매도인 甲이 신축한 무허가 건물은 매수인 乙에게 등기 없이 점유만 이전된 경우라면 乙은 건물소유권을 취득할 수 없다.(17회)

② 가공
㉠ 건축물 도급계약에서 **수급인**이 **자기의 노력과 재료**를 들여 건물을 **완성**하였더라도(원칙적으로 수급인이 원시취득) 도급인과 수급인 사이에 완성된 건물의 **소유권을 도급인에게 귀속키로 하는 합의**가 있었다면, 그 건물의 소유권은 **도급인에게 원시적으로 귀속**된다.
ⓛ 채무의 담보를 위하여 **채무자**가 **자기 비용과 노력으로 신축**하는 건물의 **건축허가 명의를 채권자 명의**로 하기로 합의한 경우 그 건물의 소유권은 **채무자**가 **원시취득**한다.

③ 명인방법
㉠ 甲이 임차한 乙의 토지에서 경작한 쪽파를 수확하지 않은 채 丙에게 매도한 경우, 丙이 명인방법을 갖추어야 그 쪽파의 소유권을 취득한다.(17회)
ⓛ 명인방법으로 공시되는 물권변동은 소유권의 이전 또는 유보에 한한다.(23회)

(2) 등기 일반

① 甲이 자기소유의 X부동산을 乙에게 매도하는 계약을 체결하였는데, 소유권이전등기는 Y부동산에 대해 경료된 경우, 그 등기는 무효이다.(15회)
② 토지대장상 소유권이전등록을 받은 자는 대장상 최초의 소유명의인 앞으로 보존등기를 한 다음에 이전등기를 하여야 한다.(22회)
③ 등기가 실행되지 않는 한 등기의 유효, 무효의 문제는 전혀 생길 수 없다.(13회)
④ 소유자는 허무인 명의로 등기한 행위자를 상대로 그 등기의 말소를 구할 수 있다.(31회)
⑤ 구분소유의 목적이 되는 건물의 등기부상 표시에서 전유부분의 면적 표시가 잘못된 경우, 그 잘못 표시된 면적만큼의 소유권보존등기를 말소할 수 없다.(34회) (보존등기 말소×)
⑥ 甲소유의 X토지에 대한 등기부가 멸실된 경우, 甲이 회복기간 내에 멸실회복등기를 하지 않더라도 甲은 X토지에 대한 소유권을 상실하지 아니한다.(21회)
⑦ 부동산 물권변동에 관해서 공신의 원칙이 인정되지 아니한다.(35회)

(3) 제186조 법률행위에 의한 물권변동

> **제186조(부동산물권변동의 효력)** 부동산에 관한 □□□□로 인한 물권의 득실변경은 □□하여야 그 효력이 생긴다.
>
> 법률행위, 등기

① 법률행위(매매, 증여, 교환, 예약완결권 행사)를 원인으로 하여 소유권이전등기를 명하는 판결(소유권이전등기를 명하는 이행판결)이 확정되더라도 그에 따른 이전**등기를 하여야** 물권변동의 효력이 생긴다. (14회, 15회, 18회, 26회)
② **소유권이전**의 약정을 내용으로 하는 **화해조서**가 작성된 경우 **등기**해야 소유권을 취득한다.
③ 부동산소유권을 **확인**하는 **판결**에는 민법 제186조가 적용되어 **등기**를 요한다.
④ 부동산에 관한 **점유취득시효**가 완성되면 **등기**해야 소유권을 취득한다. (14회, 15회, 35회) 또한 점유취득시효에 의한 지역권의 취득은 등기해야 한다. (24회)
⑤ 건물의 **신축자**(원시취득이므로 등기 ×)로부터 그 건물을 **매수**한 경우는 부동산 물권의 변동을 위하여 **등기**가 필요하다.
⑥ **공유물분할**의 소에서 현물 분할하는 내용의 **조정이 성립**하였다면, 토지의 분필절차를 마친 후 공유지분을 이전받아 **등기**를 마침으로써 소유권을 취득하게 된다. 그리고 현물분할의 합의에 의하여 공유토지에 대한 단독소유권을 취득하려는 경우도 등기해야 한다. (25회)
⑦ 부동산 **공유**(합유)**지분의 포기**(상대방 있는 단독행위)로 인한 물권변동은 **등기**하여야 효력이 있다. (33회)
⑧ 공익사업에 필요한 토지에 관하여 토지소유자와 관계인 사이의 협의에 의한 토지소유권의 취득은 **등기**하여야 효력이 있다.
⑨ 증여, 매매(35회), 교환,(14회, 21회) 매매예약완결권 행사(21회)에 의한 부동산 소유권 취득은 **등기**하여야 효력이 있다.
⑩ 등기된 입목에 대한 저당권의 취득은 등기하여야 물권변동의 효력이 생긴다. (22회)

(4) 제187조 법률의 규정에 의한 물권변동

제187조(등기를 요하지 아니하는 부동산물권취득) □□, □□□□, (형성)□□, (공)□□ 기타 법률의 규정(건물의 신축, 법정지상권 등)에 의한 부동산에 관한 물권의 취득은 □□를 요하지 아니한다. 그러나 등기를 하지 아니하면 이를 □□하지 못한다.

📝 상속, 공용징수, 판결, 경매, 등기, 처분

① 공유토지 분할판결(사해행위취소판결, 상속재산분할판결 ⇨ 형성판결로서 판결확정시)이 확정된 때에는 분할등기 없이 물권변동이 일어난다. (18회, 34회, 35회) **등기없이도 물권을 취득할 수 있는 형성판결에 기한 부동산물권의 변동시기는 판결확정시이다.** (31회)
② **공용징수**(수용의 개시일까지 보상금 지급 또는 공탁),(15회, 18회) 피상속인의 사망으로 인한 상속재산의 귀속(피상속인 사망시),(14회, 22회, 24회, 26회, 31회, 34회) 합병에 의한 법인부동산의 소유권 이전(합병등기시),(14회) 포괄적 유증(피상속인 사망시), 건물의 **신축** 등은 **등기 없이** 소유권을 취득한다.
③ 담보권실행을 위한 **경매**에서 경락인이 **경락대금을 완납**함으로써 소유권을 취득하는 경우 매수인이 매수대금을 납부한 때에 **등기 없이** 권리변동이 생긴다. (14회, 15회, 26회, 27회, 31회, 33회, 34회)
④ 매매계약이 **취소**나 **해제**되면(원인행위의 실효) 그 계약의 이행으로 이전되었던 부동산소유권은 **등기 없이도 매도인에게 당연히 복귀**한다. (14회, 18회)

⑤ 甲 소유의 건물에 임차인이 창고를 지어 **부합**(구성부분, 독립성×, 거래의 객체×)된 경우, **혼동**에 의한 저당권(지상권)의 소멸은 등기를 하지 않아도 효력이 발생한다.
⑥ **건물전세권**이 **법정갱신**된 경우, 전세권자는 **등기 없이** 전세권설정자가 그 목적물을 취득한 제3자에 대하여 갱신된 권리를 주장(대항력 발생) 할 수 있다. (25회, 27회)
⑦ 재단법인의 설립함에 있어서 출연재산은 출연자와 법인 사이에는 법인의 성립 외에 등기를 필요로 하는 것은 아니지만, 제3자에 대한 관계에 있어서는 등기를 필요로 한다. (14회)
⑧ 유치권에서 법원이 **간이변제충당**을 허가하는 결정을 하면 유치권자는 **등기없이** 유치물의 소유권을 취득한다.
⑨ **피담보채권**(주된권리)**의 소멸**에 의한 **저당권**(종된권리)**의 소멸**은 부동산의 물권변동을 위해 **등기를 필요로 하지 아니한다.** (26회) 또한 법정저당권(지상권)의 취득은 부동산 물권을 등기 없이 취득할 수 있다. (24회)
⑩ **존속기간만료**에 의한 **지상권**(용익물권)**의 소멸은 등기없이 물권변동이 일어난다.** (21회, 24회)
⑪ 혼동에 의한 지상권의 소멸은 등기없이 물권변동의 효력이 생긴다. (22회, 24회)
⑫ 관습법에 따른 **법정지상권의 취득**은 부동산의 물권변동을 위해 **등기를 필요로 하지 아니한다.** (27회, 31회) 그러나 강제경매로 인해 성립한 관습상 **법정지상권을 법률행위에 의해 양도**(지상권 이전)하기 위해서는 **등기가 필요하다.** (30회)
⑬ **해제조건부** 법률행위에 기해 소유권이전**등기**가 경료되었더라도 그 **조건이 성취**되면 소유권은 등기없이도 **원래의 소유자에게 복귀**한다. (23회)
⑭ 신축에 의한 건물소유권취득에는 소유권보존등기를 요하지 않지만(14회, 22회, 24회, 25회, 31회, 34회, 35회) 이를 **양도**하는 경우에는 **등기를 해야 양수인이** 소유권을 취득할 수 있다.
⑮ 1동의 건물 중 구분된 건물부분이 구조상·이용상 독립성을 갖추고 구분행위로 인하여 구분소유권을 취득하는 경우는 부동산 물권을 등기없이 취득할 수 있다. (25회)
⑯ 부동산물권을 등기 없이 취득한 자(신축자)가 자기 명의의 등기 없이 이를 처분한 경우 그 처분의 상대방은 **부동산물권**(소유권)**을 취득하지 못한다**는 것일 뿐, 그 처분 행위의 **채권적 효력**(매매계약)까지 부인할 수는 없다.

2. 등기는 효력발생요건

① **등기는 물권의 효력발생요건이다.**
   ㉠ **등기**는 **물권의 효력발생 요건**이고 존속요건은 아니므로 물권에 관한 등기가 원인 없이 말소된 경우에는 그 물권의 효력에 아무런 변동이 없다. (13회, 23회, 28회, 30회, 31회)
   ㉡ **등기가 원인 없이 말소**된 경우, 그 회복등기가 마쳐지기 전이라도 말소된 등기의 등기명의인은 **적법한 권리자로 추정**된다. (13회, 25회) (즉, 그 물권의 효력에는 아무런 영향을 미치지 않는다.) 따라서 甲이 자기 소유 건물을 乙에게 매도하여 소유권이전등기를 해 준 뒤 관계서류를 위조하여 乙의 등기를 말소한 경우, 말소등기의 회복등기가 없더라도 乙은 소유권을 상실하지 아니한다. (21회)

② **저당권설정등기가 원인 없이 말소**된 때에도(원칙적으로 등기는 효력발생요건에 속하므로 저당권은 소멸하지 아니한다) 그 부동산이 **경매**되어(경매시 저당권은 말소기준권리에 해당하여 언제나 소멸한다) 매수인이 매각대금을 납부하면 원인 없이 **말소된 저당권은 소멸**한다.

③ 그 이유가 무엇이든 당사자가 자발적으로 말소등기한 경우 말소회복등기를 할 수 없다.

3. 실체관계에 부합한 등기 등

① 증여자 甲이 수증자 乙에게 부동산을 **증여하면서**(은닉행위) 증여세 등을 면하기 위하여 등기원인을 **매매로 기재**(가장매매)하게 하여 소유권이전등기를 한 때에도 乙의 그 등기는 **실체관계에 부합하는 유효**한 등기이다.

② 등기의무자인 사자(死者) 명의의 신청으로 행하여진 등기가 사자의 **공동상속인들의 의사에 좇아 이루어진 것**이고(상속인에 의한 등기) 또한 현재의 실체적 권리관계에 합치한다면 그러한 등기도 **유효하다.** (15회 추가)

③ 신축건물의 보존등기를 건물 완성 전에 하였더라도 **그 후 그 건물이 곧 완성**된 이상 **등기를 무효라고 볼 수 없다.** (28회)

④ 소유자의 대리인으로부터 **토지를 적법하게 매수**한 이상 설사 매수인의 소유권이전**등기가 위조된 서류에 의하여 경료**되었다 하더라도 그 등기는 **유효**한 것이다. 따라서 **위조된 등기신청서류**에 의하여 소유권이전등기가 경료 되었으나, 그 등기가 **실체적 권리관계에 부합**되는 경우 **유효**한 등기라고 보아야 한다. (13회)

⑤ 등기명의인 표시변경등기는 권리변동을 가져오는 것은 아니다.

⑥ 등기명의인이 허무인인 경우, 소유자는 허무인 명의로 등기행위를 한 자에 대해 소유권에 기한 방해배제로서 허무인 명의 등기의 말소를 구할 수 있다. (31회)

4. 진정한 등기명의의 회복을 위한 소유권이전등기

① 진정한 등기명의를 회복하기 위한 방법으로 **현재의 등기명의인을 상대**로 그 등기의 말소를 구하는 외에 '진정한 등기명의의 회복'을 원인으로 한 소유권이전등기절차의 이행을 직접 구하는 것도 허용되어야 한다.

② 현재 **소유자만**이 진정명의회복을 위한 소유권이전등기를 **청구**할 수 있다.

③ 진정명의회복을 위한 소유권이전등기청구의 상대방은 **현재의 등기명의인**이다.

④ 진정명의회복을 원인으로 한 소유권이전등기청구권과 무효등기의 말소청구권은 **소유권에 기한 방해배제청구권**과 동일하므로(20회, 34회) **소유권이전등기말소청구소송에서 패소확정판결**을 받았다면 그 후 제기된 **진정명의회복을 원인으로 한 소유권이전등기청구소송에도 미친다.** (진정명의 회복을 원인으로하는 소유권이전등기 청구×)

⑤ 소유자가 말소등기의무자에 의해 소유권을 상실하여 소유권에 기한 등기말소를 구할 수 없는 경우, 그 의무자에게 이행불능에 의한 전보배상청구권을 가지지 못한다. (31회)

⑥ 자기 앞으로 소유권의 등기가 되어 있지 않았고 법률에 의하여 소유권을 취득하지도 않은 사람(현재 소유자가 아님)이 소유권자를 대위하여 현재의 등기명의인을 상대로 그 등기의 말소를 청구할 수 있을 뿐인 경우에는 진정한 등기명의의 회복을 위한 소유권이전등기청구를 할 수 없다.

5. 이중보존등기(중복등기)

① 동일부동산에 관하여 **동일인 명의**로 **중복보존등기**가 경료된 경우 **뒤에 경료된 등기**는 **무효**이다.(15회) 따라서 이 무효인 등기에 터 잡은 **등기부 시효취득도 무효**이다.
② 동일 부동산에 관해 **등기명의인을 달리**하여 **중복된 소유권보존등기**가 경료된 경우에는 **먼저 이루어진 소유권보존등기가 원인무효가 되지 않는 한 뒤에 한 소유권보존등기는 무효**이고, 이 무효인 등기에 터 잡은 등기부 시효취득도 무효이다.
③ 甲으로부터 토지를 매수한 乙이 甲명의로 된 유효한 보존등기에 기초하여 소유권이전등기를 하지 않고 새로 등기부를 개설하여 乙명의로 보존등기를 한 경우(이중보존등기에서 선등기가 무효가 아닌 경우 후등기는 무효이므로), 乙은 소유권을 취득하지 못한다.(21회)

6. 무효등기의 유용

① **신축건물의 등기를 멸실 건물의 등기부에 등재**하거나 멸실 건물의 등기부상 표시를 신축건물의 내용으로 표시 변경 등기를 하였다고 하더라도 그 등기가 **무효**임에는 변함이 없다.(표제부 등기 유용×) 종전건물의 등기를 신축건물의 등기로 유용하지 못한다.(22회, 29회)
② 기존 건물 멸실 후 건물이 신축된 경우, 기존 건물에 대한 등기는 신축건물에 대한 등기로서 효력이 없다.(15회, 26회)
③ 실질관계의 소멸로 무효가 된 등기의 유용은, 그 등기를 유용하기로 하는 합의가 이루어지기 전에 **등기상 이해관계 있는 제3자가 생기지 않은 경우**에 허용된다.
④ 무효등기의 유용에 관한 합의(의사표시)은 **명시적, 묵시적**으로 이루어질 수 있다.(묵시적 합의 내지 추인을 인정하려면 무효등기 사실을 알면서 장기간 이의를 제기하지 아니하고 방치한 것만으로는 부족하고 그 등기가 무효임을 알면서도 유효함을 전제로 기대되는 행위를 하거나 용태를 보이는 등 무효등기를 유용할 의사에서 비롯되어 장기간 방치된 것이라고 볼 수 있는 특별한 사정이 있어야 한다.)
⑤ 무효인 등기를 유용하기로 한 약정을 하더라도, (일종의 무효행위의 추인) 무효의 등기가 있은 때로 **소급하여 유효한 등기로 전환될 수 없다.**
⑥ 무효인 등기를 유용할 수 있는 등기에는 가등기도 포함된다.

7. 등기청구권

(1) 채권적 청구권

① 부동산 매수인의 등기청구권
㉠ 부동산을 **매수**하고 **인도받은 자**가 매도인에 대해 소유권이전등기를 청구하는 경우는 **채권적 청구권**(15회, 30회)으로서 **소멸시효**에 걸린다.

ⓒ 부동산 매수인이 **점유를 상실**한 시점으로부터 매수인의 이전등기청구권에 관한 **10년의 소멸시효는 진행**한다.
　　ⓓ 매매목적 부동산을 **인도받아 사용수익**하고 있는 매수인의 등기청구권은 **소멸시효에 걸리지 않는다.**(30회, 32회, 34회)
　　ⓔ 또한 인도받은 물건을 제3자(丙)에게 처분하고 그 점유를 승계해준 경우에도 매수인(乙)의 매도인(甲)에 대한 등기청구권은 **소멸시효가 진행하지 아니**한다.(15회, 16회, 18회)
　　ⓕ 부동산 매매로 인한 **소유권이전등기청구권**은 특별한 사정이 없는 한 그 권리의 **성질상 양도가 제한**되고 그 양도에 **채무자의 승낙이나 동의**를 요한다.(34회) (그러나 점유취득시효로 등기청구권을 취득한 경우 통상의 채권양도방법 즉, 통지만으로 양도가능하다)
　　ⓖ 등기청구권은 등기권리자(매수인)가 등기의무자(매도인)에게 등기신청에 협력할 것을 청구하는 실체법상 권리(사법상의 권리)이다.(12회) 따라서 건물의 보존등기의 경우에는 등기의무자가 존재하지 아니하므로 등기청구권이 문제되지 아니한다.(12회)
　　ⓗ **등기신청권**이란 등기권리자와 등기의무자가 함께 국가(등기소)에 등기를 신청하는 공법상의 권리(절차법상 권리)이다.(32회) 따라서 **등기청구권**(실체법상 권리)**은 등기신청권과는 개념상 구분된다.**(12회, 30회)

② 시효취득자의 등기청구권
　　ⓐ 부동산 **점유취득시효가 완성된 후** 점유자가 등기명의자에 대해 소유권이전등기를 청구하는 경우는 **채권적 청구권**이다.(15회)
　　ⓑ 점유취득시효완성으로 인한 소유권이전등기청구권은 시효완성자의 **점유가 계속**되는 한 **시효로 소멸하지 않는다.**(34회)
　　ⓒ 시효완성자가 **점유를 상실**한 날로부터 **10년의 소멸시효에 걸린다.**
　　ⓓ **시효이익을 포기**하면 **즉시**로 등기청구권이 **소멸**한다.
　　ⓔ **취득시효완성**으로 인한 소유권이전**등기청구권의 양도**는 특별한 사정이 없는 한 **등기의무자에게 통지** 함으로써 그에게 **대항**할 수 있다.(34회) (통상의 채권양도 법리에 따라 양도)

③ **임차인**은 "반대약정이 없으면" 임대인에 대하여 임대차등기절차에 협력할 것을 청구할 수 있는데 이는 **채권적 청구권**이다.(민법 제621조)

④ 당사자간의 약정에 기초하여 환매권보류에 관한 등기청구권을 행사하는 경우, 그 청구권의 법적 성질은 채권적청구권이다.

⑤ 근저당권 설정 후 부동산 소유권이 제3자에게 이전된 경우 근저당권을 설정한 **종전의 소유자**는 근저당권자에게 **피담보채무의 소멸**을 이유로 하여 그 **근저당권설정등기의 말소를 청구**할 수 있다. (채권적청구권 ▷ 만약, 현재소유자인 제3취득자가 말소를 청구할 경우 물권적청구권이다)

⑥ **근저당권 설정등기청구권은** 그 피담보채권이 되는 **대여금채권**(변제기 부터 시효시효 진행)**과는 별개의 청구권으로서 시효기간 또한 독자적으로 진행**된다.

⑦ 매매로 인한 소유권이전등기청구권 보전을 위한 가등기에 기한 본등기청구권은 채권적 청구권이다.(15회)

⑧ 전원의 합의에 의한 중간생략등기에 있어서 최종양수인이 최초양도인에게 행사하는 등기청구권은 **채권적 청구권**이다.(22회)
⑨ **매매**(예약완결권 행사), **교환, 증여와 같이 법률행위에 의한 등기청구권은 채권적청구권**으로서 소멸시효의 대상이 된다.(34회)

(2) 물권적 청구권

① **2번 저당권자**(물권자)가 무효인 1번 저당권의 **말소를 청구**하는 것은 저당권에 기한 **물권적 청구권**이다.
② 매매계약의 **무효·취소·해제**(소유권이 등기없이 매도인에게 복귀)로 인한 **매도인의 말소등기청구권** 등은 **물권적 청구권**으로 인정된다.(22회)
③ **실체적 권리**(소유자는 甲)**와 등기**(등기는 乙명의)**가 일치하지 아니한** 상황을 해결하기 위하여 행사하는 등기청구권은 소유권에 기한 **물권적 청구권**으로서의 성질을 지닌다.
④ **위조서류에 의해 마쳐진 소유권이전등기**(무효)**에 대한 소유자**(물권자)**의 말소등기청구권**은 물권적청구권이다.(15회)
⑤ 진정한 소유자(물권자)가 "말소등기청구" 대신에 현재등기명의인을 상대로 "**진정한 등기명의의 회복을 위한 소유권이전등기청구**"를 할 수 있는데 이때의 등기청구권도 **물권적 청구권**이다.
⑥ 가등기에 기한 소유권이전등기청구권(채권적청구권)이 시효완성으로 소멸된 후(10년) 그 부동산을 취득한 제3자(소유자로서 물권자)가 가등기권자에게 대해 갖는 등기말소청구권은 물권적 청구권이다.(15회, 30회)
⑦ **법정지상권자**(물권자)**의 등기청구권은 물권적 청구권의 일종**이라고 할 수 있다.(12회)

8. 물권적 합의만 있고 등기가 없는 경우(등기를 갖추지 않은 취득자의 법적지위)

① 일반적으로 <사실상 소유 또는 실질적 소유>라는 개념은 매매 등 소유권 취득의 원인이 되는 법률요건이 성립되어 **소유권 취득의 실질적 요건은 모두 갖추고** 있으나 그 형식적 요건인 자기 명의의 **등기를 갖추고 있지 않은 경우**를 의미한다.
② 부동산을 매수하였으나 아직 **소유권이전등기를 갖추지 못한 자**(제3자와의 관계에서 등기가 없으므로 소유자로 취급받지 못함)는 그 건물의 **불법점거자**(제3자)에 대하여 직접 자신의 소유권 등에 기하여 **명도를 청구할 수는 없다.**(소유자인 매도인을 대위해서 청구 가능하다)
③ 부동산의 **매수인**(乙)**으로부터 다시 매수한 전득자**(丙)는 매수인의 점유·사용권을 취득하므로 매도인(甲)은 전득자(제3자)에 대하여 소유권에 기한 **물권적 청구권(반환청구권)을 행사할 수 없다.**(35회)
④ 법률행위에 의한 등기청구권
   ㉠ **법률행위**(매매, 교환, 증여계약)**에 기한 등기청구권은 채권적 청구권으로서 10년의 소멸시효**에 걸린다.

- ⓒ 부동산의 매수인이 목적 부동산을 **인도받아 계속 점유**하는 경우에는 그 소유권이전등기청구권의 **소멸시효가 진행하지 않는다.**(35회) 그러나 **매도인의 대금청구권**은 잔대금 지급일 이후부터 **소멸시효에 걸린다.**
- ⓔ 부동산의 **매수인**(乙)이 그 부동산을 **인도**받은 이상 이를 사용·수익하다가 **다른 사람**(丙)에게 **그 부동산을 처분하고 그 점유를 승계**하여 준 경우에도 매수인의 매도인에 대한 소유권이전등기청구권의 **소멸시효는 진행되지 않는다.**
- ⑤ 미등기, 무허가건물
  - ⓐ 주택으로 사용되는 건물에 관하여 **소유권보존등기가 이루어지지 않은 경우**에도, 특별한 사정이 없는 한 「주택임대차보호법」이 적용된다.
  - ⓑ 토지임대차에서 종전 임차인으로부터 **미등기 무허가건물을 매수하여 점유**하고 있는 **토지임차인**은, 특별한 사정이 없는 한 임대인에 대하여 **지상물매수청구권을 행사**할 수 있는 지위에 있다.
  - ⓒ 미등기 건물을 그 대지와 함께 매수한 사람이 그 대지에 관하여만 소유권이전등기를 넘겨받은 후 저당권의 실행으로 대지가 경매되어 다른 사람의 소유로 된 경우 그 건물을 위한 법정지상권이 성립한다.
- ⑥ 미등기 매수인은 부동산 **점유자로서의 지위**를 가진다.
- ⑦ **매수인**이 소유권이전**등기**를 경료받기 **전**에 부동산을 **인도받거나 이미 사용**하고 있는 경우, 매수인의 그 부동산 점유·사용이 **부당이득이 되지 아니**한다. (매수인은 인도 받은때 부터 과실수취권이 있기 때문이다)

9. 중간생략등기

(1) 단속규정

① 중간생략등기는 부동산등기특별조치법상 조세포탈과 부동산투기 등을 방지하기 위하여 **형사처벌**하도록 되어 있으나 중간생략등기합의에 관한 **사법상 효력까지 무효로 한다는 취지는 아니다.**(단속규정으로서 유효)

② 중간생략등기절차에 있어서 **이미 중간생략등기가 이루어진 경우** 중간생략등기에 관한 합의가 없었다는 사유만 으로서는 그 **등기를 무효라고 할 수는 없다.** ⇨ 실체적 권리관계에 부합되어 적법한 등기

③ 미등기 건물의 원시취득자와 그 승계취득자 사이의 합의에 의하여 **직접 승계취득자 명의로 소유권보존등기**를 한 경우, 그 등기는 **유효**이다. (모두冒頭 생략등기)(14회, 23회, 29회)

④ 사망자(피상속인)를 등기의무자로 하여 경료된 등기라도 그의 **상속인들의 의사에 따라** 이루어진 것이라면 실체적 권리관계에 합치되는 **유효**한 등기이다. (상속인에 의한 등기)(21회)

⑤ 소유권이전등기 소요 서류 등에 **매수인란을 백지**로 하여 교부한 경우에는 소유권이전등기에 있어 **묵시적 그리고 순차적으로 중간생략등기에 합의**한 것으로 볼 수 있다.

⑥ **중간생략등기의 합의는 적법한 등기원인이 될 수 없다.**(29회)

(2) 3자간 합의가 있는 경우(합의조건부 유효설)

① 최종 양수인이 최초 양도인에게 "**직접**" 그 소유권이전**등기청구권을 행사**하기 위해서는 관계 당사자 **전원의 의사합치**, 즉 중간생략등기의 합의가 있었음이 요구된다.(31회, 35회)

② 甲, 乙, 丙 3자간 **중간생략등기의 합의 후에 甲과 乙이** 그들 사이의 매매계약을 **합의해제**하였다면 **최초양도인 甲은** 최종양수인 丙의 소유권이전**등기청구를 거절**할 수 있다.(중간생략등기의 합의가 있더라도 최초매도인과 최종매수인 사이에 매매계약이 체결되었다고 볼 수는 없다.)

③ 최종양수인이 중간자로부터 소유권이전등기청구권을 양도받았다 하더라도 **최초양도인이 그 양도에 대해 동의하지 않고 있다면** 최종양수인은 최초양도인에 대해 **채권양도를 원인으로 하여 소유권이전등기절차 이행을 청구할 수 없다.**(31회)

④ 중간생략등기의 합의가 있었다 하여 **중간매수인의 소유권이전등기청구권이 소멸된다거나 첫 매도인의** 그 매수인에 대한 소유권이전등기의무가 소멸되는 것은 아니다.(31회) (중간생략등기 합의가 있더라도 첫 매도인이 중간 매수인에 대하여 가지는 대금청구권의 행사가 제한되는 것은 아니다.)(31회)

⑤ **중간생략등기의 합의**(단속규정으로서 사법상 유효, +) 하에 최종 매수인과 최초 매도인을 당사자로 하는 **토지거래허가**(효력규정에 위반되어 무효, −)를 받아 최초 매도인으로부터 최종 매수인 앞으로 경료된 소유권이전등기는 **무효**이다.(31회) (최종매수인은 최초매도인에게 허가신청절차의 협력을 구할 수 없다.)

⑥ 중간생략등기의 **합의가 있은 후**에 최초 매도인과 중간 매수인 간에 **매매대금을 인상**하는 약정이 체결된 경우, 최초 매도인은 **인상된 매매대금이 지급되지 않았음**을 이유로 최종 매수인 명의로의 소유권이전**등기의무의 이행을 거절**할 수 있다.(대금과 등기는 동시이행관계이므로)

⑦ 소유권이전등기 소요 서류등에 **매수인란을 백지**로 하여 교부한 경우에는 소유권이전등기에 있어 **묵시적**으로 **중간생략등기의 합의**가 있었다고 본다.

⑧ 중간생략등기를 합의한 최초매도인은 그와 거래한 매수인의 대금미지급을 들어 최종매수인 명의로의 소유권이전등기의무의 이행을 거절할 수 있다.(29회)

(3) 3자간 합의가 없는 경우

부동산이 전전 양도된 경우에 중간생략등기의 합의가 없는 한 최종 양수인은 최초 양도인에 대하여 **직접** 자기 명의로의 **소유권이전등기를 청구할 수 없고**,(15회, 30회) 전전매수인(丙)은 **매도인**(중간매수인)**을 대위하여** 그 전매도인인 등기명의자(甲)에게 매도인(乙) 앞으로의 **소유권이전등기**를 구할 수 있다.(35회)

10. 가등기

(1) 가등기의 원인

① 가등기는 부동산등기법 제3조 소유권, 지상권, 지역권, 전세권, 저당권, 권리질권, 채권담보권, 임차권의 어느 하나에 해당하는 권리의 **설정, 이전, 변경** 또는 **소멸**(처분의 제한 X)의 **청구권**을 보전하려는 때에 한다.(저당권설정 등기청구권을 보전하기 위한 가등기도 인정된다.) 그 청구권이 **시기부** 또는 **정지조건부**일 경우나 그 밖에 **장래에 확정될 것**(예약완결권)인 때에 하는 등기이다.

② 가등기를 하려면 보전할 유효한 청구권이 존재하여야 하므로 **소유권보존등기의 가등기나 물권적 청구권을 보전하기 위한 가등기**는 이를 **할 수 없다**.(32회) (채권적 청구권을 보존하기 위한 가등기는 가능하다)(20회)

③ **가등기권자**가 가등기에 기한 본등기절차(매매계약)에 의하지 아니하고 가등기설정자로부터 **별도의 소유권이전등기**(증여계약)**를 경료** 받았다고 하여 **혼동**의 법리에 의하여 가등기권자의 가등기에 기한 **본등기청구권이 소멸하지는 않는다.**(32회) (가등기에 기한 본등기청구권이 혼동으로 소멸 ×)

④ 가등기에 기하여 본등기가 경료된 경우 가등기의 원인인 법률행위와 본등기의 원인인 법률행위가 명백히 다른 것이 아닌 한 사해행위 요건의 구비 여부는 **가등기의 원인된 법률행위 당시를 기준**으로 하여 판단하여야 한다.

⑤ **가등기명의인**은 **단독**으로 **가등기의 말소**를 신청할 수 있다.

⑥ 정지조건부(소유권유보부매매) 청구권을 보전하기 위한 가등기도 허용된다.(32회)

(2) 본등기 전의 효력

① 가등기의무자(양도인)의 처분권
  ㉠ **가등기가 있더라도** 그에 기한 본등기가 없는 한 **가등기의무자인 소유권자**는 그 부동산을 **처분할 권리를 잃지 않는다.**
  ㉡ **소유권이전등기의무자**(매도인 甲)가 그 부동산상에 제3자 명의(가등기권리자, 乙)로 **가등기를 마쳐 주었다** 하여도 그 가등기만으로는 **소유권이전등기의무가 이행불능이 된다고 할 수 없다.**(乙명의의 가등기가 있더라도 甲은 제3자 丙에게 처분하여 등기를 이전해 줄 수 있다. 따라서 丙은 가등기가 있음을 이유로 甲과의 계약을 해제할 수 없다)

② 가등기 자체의 효력
  ㉠ 소유권이전청구권의 보전을 위한 **가등기**(예비등기)가 있다하여 소유권이전등기를 청구할 **어떤 법률관계가 있다고 추정이 되지 않는다.**(21회)
  ㉡ 가등기는 아무런 실체법상 효력을 갖지 않으므로 **중복된 소유권보존등기가 무효**이더라도 **가등기권리자는 그 말소를 청구할 권리가 없다.**
  ㉢ **가등기에 기한 본등기절차의 이행을 금지하는 취지의 가처분**은 등기사항이 아니어서 **허용되지 아니한다.**
  ㉣ 가등기 후 제3자에게 소유권이전등기가 경료된 경우, 본등기를 하지 않은 가등기권리자는 가등기의무자에게 제3자명의의 등기의 말소를 청구할 수 없다.(22회)

③ 가등기가 불법말소된 경우(말소회복등기의 상대방은 말소당시의 소유자)
  ㉠ **가등기**가 이루어진 부동산에 관하여 **제3취득자** 앞으로 소유권이전등기가 마쳐진 후 그 가등기가 불법말소된 경우 그 말소된 가등기의 **회복등기의무자**는 가등기가 말소될 당시의 소유자인 **제3취득자**이다.
  ㉡ 가등기가 부적법하게 말소된 후 소유권이전등기를 마친 제3자는 말소당시 소유자를 상대로 가등기의 말소회복등기가 경료되면 가등기의 회복등기절차에서 등기상 이해관계 있는 제3자로서 **승낙의무**가 있다.
  ㉢ 가등기에 기한 소유권이전의 **본등기**가 경료됨으로써 **등기공무원이 직권으로 가등기 후에 경료된 제3자의 등기를 말소**한 경우 그 후에 그 가등기에 기한 **본등기**가 원인무효 등의 사유로 말소된 때에는 등기공무원은 **직권**으로 그 **말소등기의 회복등기**를 하여야 하는 것이다. (등기관에 의해 직권말소된 등기가 무효일 경우 등기관이 직권으로 말소회복등기를 한다)

(4) **본등기 후의 효력**(본등기 순위보전의 효력)
  ① 가등기권자는 **가등기의무자**인 **전소유자**(양도인)를 **상대로 본등기청구권을 행사**할 것이고(21회, 32회) 본등기를 한 경우에는 등기공무원은 **가등기 이후에 한 제3자의 등기를 직권 말소**할 수 있다. (22회)
  ② 가등기에 기해 본등기가 행해지면 **본등기의 순위**는 **가등기의 순위**에 따른다. (가등기에 의하여 보전되는 본등기 청구권은 채권적 청구권으로서 10년의 소멸시효에 걸린다)
  ③ 가등기는 그 성질상 본등기의 순위보전만의 효력이 있고 본등기에 의한 **물권변동의 효력은 본등기 시부터** 발생하고(소급효 ×) **가등기한 때로 소급하여 발생하는 것은 아니다.** (14회, 21회, 23회, 30회)
  ④ 가등기후 **본등기**가 행해지면 **가등기 이후의 제3자의 등기는 직권말소** 된다.
  ⑤ 소유권이전청구권 보전을 위한 **가등기 이후에 가압류등기**가 마쳐지고 위 가등기에 기한 **본등기**가 이루어지는 경우, 등기공무원이 위 **가압류등기를 직권으로 말소**할 수 있다. (22회)
  ⑥ 甲명의의 저당권설정가등기가 있은 후에 乙명의의 저당권설정등기가 되었고, 그 후 甲의 가등기에 기해 본등기가 되었다면, 甲의 저당권이 乙의 저당권보다 우선한다. (22회)

(5) **가등기의 가등기**
  가등기는 이를 양도한 경우에는 **양도인과 양수인의 공동신청**으로 그 가등기상의 권리의 이전등기를 **가등기에 대한 부기등기**의 형식으로 경료할 수 있다. (21회, 32회)

11. 등기의 추정적 효력(등기의 추정력, 형식적 확정력)

(1) **추정력이 미치는 범위**
  ① **등기부의 기록을 신뢰**하는 것은 **선의·무과실**로 추정된다.
  ② 선의라도 **등기부의 기록을 조사하지 않았다면 과실이 있는 것**으로 추정된다.
  ③ 부동산물권을 취득하려는 자는 **등기부에 기록된 내용을 알고 있는 것**(악의)으로 추정된다.

④ **등기부상 명의자를 소유자로 믿고 그 부동산을 매수**하여 점유하는 자는 특별한 사정이 없는 한, **과실 없는 점유자**이다.(19회)
⑤ 부동산의 표시에 관한 사항에는 추정력이 인정되지 않는다.

(2) **보존등기**(약한 추정력)
① 보존등기명의인 외의 자가 당해 토지를 **사정**(査定)받은 것으로 밝혀지면 그 등기의 **추정력은 깨어진다.**
② **등기명의자가 신축한 것이 아니라면** 그 등기의 **권리추정력은 깨어진다** 할 것이고,(15회 추가, 19회, 23회) 등기명의자가 스스로 적법하게 그 소유권을 취득한 사실을 **입증**하여야 한다.
③ 소유권보존등기의 명의인이 부동산을 양수받은 것이라 주장하는데 **전**(前)**소유자가 양도사실을 부인**하는 경우 그 보존등기의 권리 추정력은 **깨어진다.**(30회)

(3) **이전등기**(강한 추정력)
① 추정력이 인정되지 않는 경우
   ㉠ 소유권이전등기의 원인으로 주장된 **계약서가 진정하지 않은 것으로 증명**된 이상 그 등기의 **적법추정은 복멸**되고, 다른 적법한 등기원인이 있을 것으로 추정할 수는 없다.(31회)
   ㉡ 소유권이전등기가 경료 되어 있더라도 **등기절차가 적법하게 진행되지 않은 것으로 볼만한 의심스러운 사정이 있음이 입증**되는 경우에는 그 **추정력은 깨어진다.**
   ㉢ **등기명의자가 허무인**(虛無人)**으로부터 소유권이전등기를 이어받았다는 사실만으로도 그 등기명의자가 적법한 권리자라는 추정은 깨어진다.**(15회 추가) 즉 전 소유명의자가 실재하지 아니한 경우에는 현재의 등기명의자에 대한 소유권의 추정력은 깨어진다.
   ㉣ **사망자 명의**로 신청하여 이루어진 **이전등기**는 특별한 사정이 없는 한 등기의 **추정력이 인정되지 아니하므로**(30회) 등기의 유효를 주장하는 자가 현재의 실체관계와 부합함을 증명할 책임이 있다.(등기의무자가 사망하기 전에 등기원인이 이미 존재하였다면 등기의무자의 사망 후에 그로 부터 경료된 등기라도 적법한 것으로 추정된다.)
② 추정력이 인정되는 경우
   ㉠ 부동산에 관하여 소유권이전등기가 경료되어 있는 경우 **등기원인 사실에 관한 입증이 부족**하다는 이유로 그 등기를 **무효라고 단정할 수 없다.**
   ㉡ 소유권이전등기의 명의자는 **제3자**에 대해서뿐만 아니라 **전소유자**(권리변동의 당사자)에 대해서도 적법한 등기원인에 의하여 소유권을 취득한 것으로 **추정**한다.(19회) 따라서 등기부상 권리변동의 당사자 사이에서는 등기의 추정력을 원용할 수 있다.(23회, 31회)
   ㉢ **등기원인행위**(매매계약 등)**의 태양이나 과정을 다소 다르게 주장**하더라도 그 주장만으로 등기의 추정력이 깨어진다고 할 수 없다.(25회)
   ㉣ **등기부에 기록된 것**(예를들면 매매계약)**과 다른 원인**(증여나 교환계약)**으로 등기명의를 취득했다는 주장**(이전등기)이 사실로 인정되지 않는다 하더라도 그 자체로 등기의 추정력이 깨어진다고 할 수 없다.

- ⓟ **매매**로 인한 소유권이전등기에서 등기명의자가 등기원인을 **증여**로 주장하더라도 등기의 추정력은 깨어지지 아니한다.
- ⓗ 어느 부동산에 관하여 등기가 경료되어 있는 경우, 특별한 사정이 없는 한 그 원인과 절차에 있어서 적법하게 경료된 것으로 추정된다. (15회 추가, 20회, 25회)
- ⓢ 대리에 의한 매매계약을 원인으로 소유권이전등기가 이루어진 경우, **대리권의 존재는 추정**된다. (30회)
- ⓞ 등기된 권리는 등기명의인에게 있는 것으로 추정된다. (15회 추가)

(4) 특별조치법상의 등기(최강의 추정력)

① 추정력이 인정되지 않는 경우
- ㉠ 구 임야소유권이전등기에관한**특별조치법**에 따라 경료된 소유권보존등기는 위 특별조치법 소정의 **보증서와 확인서가 허위임이 입증되었다면 그 추정력은 깨어진다**.
- ㉡ **원인무효인 소유권보존등기를 기초로 마친 소유권이전등기**는 그것이 **특별조치법**에 의하여 이루어진 등기라고 하더라도 원인무효이다. (등기에는 공신력이 인정되지 아니하므로)
- ㉢ 부동산소유권 이전등기 등에 관한 **특별조치법**에 의한 소유권이전등기도 그 **전 등기명의인이 무권리자이기 때문에** 그로부터의 소유권이전등기가 **원인무효로서 말소되어야 할 경우**라면, 등기의 **추정력은 번복**된다. (등기에는 공신력이 인정되지 아니하므로)

② 추정력이 인정되는 경우
- ㉠ 당해 토지에 대해 **사정(査定)받은 사람이 따로 있음**이 밝혀졌다는 사정만으로 특별조치법에 의한 소유권**보존등기의 추정력이 깨어지는 것은 아니다**.
- ㉡ 전 소유자의 사망 이후에 「부동산소유권이전등기 등에 관한 특별조치법」에 의한 소유권이전등기가 경료되면 그 등기의 **추정력은 깨어지지 아니한다**. (23회)

(5) 기타

① 말소회복등기
- ㉠ **등기가 원인 없이 말소**된 경우에는 그 물권의 효력에 아무런 영향이 없으므로, 그 **회복등기가 마쳐지기 전이라도** 말소된 등기의 등기 명의인은 **적법한 권리자로 추정**된다. (등기는 효력발생요건)
- ㉡ 불법하게 말소된 것을 이유로 한 근저당권 설정등기 **회복등기청구**는 그 **등기말소 당시의 소유자를 상대**로 하여야 한다. (13회)
- ㉢ 가등기가 그 등기명의인의 의사에 기하지 아니하고 위조된 서류에 의하여 부적법하게 말소된 사실이 인정되는 경우, 그 가등기는 여전히 적법하게 이루어진 것으로 추정된다.
- ㉣ 그 이유가 무엇이든 당사자가 **자발적으로 말소등기**한 경우 **말소회복등기를 할 수 없다**.

② (근)저당권의 등기는
　㉠ (근)**저당권의 등기**는 저당권의 존재뿐만 아니라 **피담보채권의 존재도 추정**하게 된다.
　㉡ **근저당권설정행위**와는 별도로 근저당권의 **피담보채권을 성립시키는 법률행위**(기본계약)가 있어야 하고, 피담보채권을 성립시키는 기본계약은 추정되지 않으므로(30회) 입증책임은 그 존재를 주장하는 측에 있다
③ 소유권이전청구권의 보전을 위한 **가등기**가 있다하여 소유권이전등기를 청구할 **어떤 법률관계가 있다고 추정이 되는 것은 아니다.**(20회, 25회)
④ 환매기간을 제한하는 **환매특약이** 등기부에 **기재**되어 있는 때에는 등기부 기재와 같은 **환매특약이 진정하게 성립하는 것으로 추정**된다.
⑤ 등기부상 등기 명의자의 **공유지분의 분자 합계가 분모를 초과**하는 경우 그 보존등기의 권리 **추정력은 깨어진다.**
⑥ **무허가건물대장에 건물주로 등재**된다고 하여 소유권을 취득하는 것이 아닐 뿐만 아니라 권리자로 **추정되는 효력도 없는 것이다**
⑦ **토지대장등본에 토지의 소유자로 등재**되어 있는 자는 반증이 없는 한 그의 **소유토지로 추정**을 받을 수 있다.
⑧ **멸실회복등기**에 있어 전(前) 등기의 접수년월일 등이 각 공란으로 되어 있다고 하더라도 특별한 사정이 없는 한, 이는 등기공무원에 의하여 적법하게 수리되고 처리된 것이라고 추정된다.

제4절 | 물권의 소멸

1. 목적물의 멸실

① **물건이 멸실하면 물권도 당연히 소멸**한다(절대적 소멸).(12회) 그러나 멸실물의 **가치적 변형물**(보험청구권·손해배상청구권 등)이 남아 있으면 질권, 저당권의 **물상대위**에 의해 그 변형물에 **권리가 존속**한다.(유치권에는 물상대위성이 없다. ⇨ 따라서 목적물이 멸실하면 물권은 절대적으로 소멸한다는 것은 옳지 않다.)
② **포락**(浦落)으로 **사권이 소멸**한 경우, 포락한 토지가 **추후 성토**된다 하더라도 종전의 소유자가 토지소유권을 **다시 취득할 수 없다.**(18회, 20회)
③ **지역권(지상권)**은 소멸시효의 대상(20년)이 될 수 있다.(17회)
④ **점유권**은 혼동이나 소멸시효에 의해 **소멸하지 않는다.**
⑤ **소유권은 소멸시효에 의해 소멸하지 않지만**, 타인이 시효취득하면 상대적으로 소멸할 수 있다.(17회, 24회)
⑥ **공유지분의 포기**는 법률행위로서 **상대방 있는 단독행위**에 해당하므로, 민법 제186조에 의하여 **등기를 하여야** 공유지분 포기에 따른 **물권변동의 효력**이 발생한다.(30회)

⑦ 합유지분 포기가 적법하다면 그 포기된 합유지분은 **나머지 잔존 합유지분권자들에게 균분으로 귀속**하게 되지만 그와 같은 물권변동은 **등기하여야 효력**이 있고 합유지분권 이전등기가 이루어지지 아니하는 한 지분을 포기한 지분권자는 제3자에 대하여 여전히 합유지분권자로서의 지위를 가지고 있다.
⑧ 피담보채권이 존속하는 한 저당권은 단독으로 소멸시효에 걸리지 않는다. (17회, 24회)
⑨ 전세권이 저당권의 목적인 경우, 저당권자의 동의 없이는 전세권을 포기할 수 없다. (24회)

2. 물권의 포기

① 소유권·점유권의 포기는 **상대방 없는 단독행위**이나 제한물권의 포기는 **상대방 있는 단독행위**이다.
② 지상권 또는 전세권을 목적으로 저당권을 설정한 자는 **저당권자의 동의 없이** 지상권 또는 전세권을 포기할 수 없다.

3. 혼동

> **제191조(혼동으로 인한 물권의 소멸)** ① 동일한 물건에 대한 소유권과 다른 물권(저당권)이 동일한 사람에게 귀속한 때에는 다른물권(저당권)은 소멸한다.

① 부동산에 대한 소유권과 임차권이 동일인에게 귀속되면 **임차권은 혼동에 의하여 소멸**하는 것이 원칙이지만, (대항력 있는 임차인 乙이 甲소유의 주택을 양수한 경우 특별한 사정이 없는 한 乙의 보증금반환채권은 소멸한다) (20회) 그 임차권이 대항요건을 갖춘 후에 저당권이 설정된 때에는 **임차권은 소멸하지 않는다.** (15회, 19회, 21회)
② 근저당권자가 저당부동산의 소유권을 취득하게 되면 그 근저당권이 제3자의 권리의 목적이 되거나 그 근저당권 이후에 후순위 권리자가 없는 한 **근저당권은 혼동에 의하여 소멸**하지만, (15회) 후에 그 소유권 취득이 무효로 밝혀지면 소멸하였던 근저당권은 **당연히 부활**한다.
③ 甲의 토지위에 乙이 1번 저당권, 丙이 2번 저당권을 가지고 있다가 乙이 증여를 받아 토지소유권을 취득하면 1번 저당권은 소멸하지 아니한다. (22회)
④ 채무자 甲소유의 토지에 채권자 乙이 1순위, 채권자 丙이 2순위 저당권자인 경우, 丙이 甲으로부터 그 토지소유권을 취득한 때에는 **丙의 저당권은 소멸**한다. (즉, 저당권자가 자신 또는 제3자의 이익을 위해 존속시킬 필요가 없는 저당권의 목적물에 대한 소유권을 취득한 경우는 저당권의 소멸원인이다) (25회)
⑤ 지상권자가 지상권이 설정된 토지의 소유권을 단독상속 한 경우 혼동으로 인해 지상권이 확정적으로 소멸한다. (19회)
⑥ 저당권이 설정된 부동산에 가압류등기가 된 후 그 저당권자가 부동산에 소유권을 취득한 경우 혼동으로 인해 저당권은 소멸하지 아니한다. (19회)
⑦ 甲의 지상권에 대해 乙이 1번 저당권, 丙이 2번 저당권을 취득한 후 乙이 그 지상권을 취득한 경우 혼동으로 인해 1번 저당권이 확정적으로 소멸한다. (19회)

⑧ 甲의 토지에 乙이 지상권을 취득한 후, 그 토지에 저당권을 취득한 丙이 그 토지의 소유권을 취득하면 丙의 저당권은 소멸한다. (22회, 24회)

> **제191조(혼동으로 인한 물권의 소멸)** ① 그러나 그 물권(지상권)이 제3자의 권리(저당권)의 목적이 된때에는 (지상권은)소멸하지 아니한다.

⑨ 甲소유의 토지에 관하여 乙이 지상권을 취득하였고, 丙이 그 지상권을 목적으로 하는 저당권을 취득한 후, 乙이 위 토지의 소유권을 취득한 경우에 있어서의 '**乙의 지상권**'은 **소멸하지 않는다**.
⑩ 乙 소유의 토지에 지상권을 취득한 甲이 그 지상권을 목적으로 하는 저당권을 丙에게 설정한 후에 **甲이 그 저당권을 취득**한다면, 그 **저당권은 소멸**한다.
⑪ 전세권에 저당권이 설정된 경우, 전세목적물에 대한 소유권과 전세권이 동일인에게 귀속되더라도 **전세권은 혼동에 의해 소멸하지 않**는다.

> **제191조(혼동으로 인한 물권의 소멸)** ③ □□□에 관하여는 혼동의 규정을 적용하지 아니한다.
> 점유권

⑫ 甲소유의 토지를 **점유하고 있는 乙이 甲으로부터 그 토지를 매수**한 경우 乙의 **점유권은 소멸하지 않는다.** (15회, 22회)
⑬ **광업권**과 토지소유권은 양립할 수 있으므로 광업권은 **혼동으로 소멸하지 않는다.** (17회)
⑭ 승역지 소유자가 그 소유권을 지역권자(요역지 소유자)에게 이전시키는 의사표시(위기 委棄)를 하고 등기를 경료한 경우에 **지역권은 등기없이 혼동으로 소멸**한다.
⑮ 가등기에 기한 본등기 절차에 의하지 않고 별도의 본등기를 경료받은 경우, 제3자 명의로 중간처분의 등기가 있어도 가등기에 기한 본등기 절차의 이행을 구할 수 있다. (32회)
⑯ 혼동에 의한 저당권의 소멸은 등기없이 물권변동이 일어난다. (21회)
⑰ 민법은 **혼동**을 **물권·채권의 공통된 소멸**원인으로 규정하고 있다.

CHAPTER 02 기본물권

제1절 점유권

1. 점유일반

> 제192조(점유권의 취득과 소멸) ① 물건을 □□□ □□하는 자는 점유권이 있다.
>
> 📝 사실상 지배

① 물건을 **사실상 지배**하는 자는 **점유권**이 있다.
② 점유가 성립하기 위해서는 반드시 물건에 대한 **물리적·현실적으로 지배**(직접점유)하는 것에 **국한하는 것이 아니라** 사회관념에 따라 합목적적으로 판단하여야 한다.(현실적 지배가 없는 간접점유도 인정된다.)
③ 건물의 부지가 된 토지
  ㉠ 특별한 사정이 없는 한, 건물의 부지가 된 토지는 그 건물의 소유자가 점유하는 것이고,(32회) 건물의 소유권이 양도된 경우에는 그 부지에 대한 점유도 함께 상실한다.
  ㉡ 건물의 소유자가 현실적으로 건물이나 그 부지를 점거하고 있지 않다 하더라도 건물의 소유를 위하여 그 부지를 점유한다고 보아야 한다.(17회)
  ㉢ 공유자 중 일부만이 건물을 점유하고 있더라도 그 건물의 부지는 건물 공유자 전원이 공동으로 점유한 것으로 본다.
  ㉣ **미등기건물을 양수**(사실상 소유, 실질적 소유)하여 건물에 관한 **사실상의 처분권을 보유한 양수인**은 그 **건물부지의 점유자**이다.(미등기건물을 양수하여 사실상의 처분권을 가진 자는 토지소유자에 대하여 건물부지의 점유·사용에 따른 부당이득반환의무를 진다.)
  ㉤ **건물의 소유명의자가 아닌 자**(임차인, 전세권자)는 실제로 그 건물을 점유하고 있다 하더라도 그 건물의 **부지를 점유하는 자로 볼 수 없다.**(건물에 대하여 유치권을 행사하는 자는 건물의 부지를 점유하는 자에 해당하지 않는다.)
④ **토지**에 대한 **소유권이전등기**가 이루어졌다면, 그 등기명의자는 그 무렵 다른 사람으로부터 당해 토지에 대한 **점유를 이전받았다고** 본다.(24회) (그러나 소유권보존등기는 점유를 이전받았다고 보지 않는다)
⑤ 매매당사자가 당시 실제의 경계를 대지의 경계로 알고 매매하였다고 해서 **지적공부상의 경계**를 떠나 현실의 경계에 따라 매매목적물을 특정하여 매매한 것이라고 볼 수는 없다.
⑥ 사실상 지배가 계속되는 한 점유할 권리(전세권)의 소멸로 점유권이 소멸하지 않는다.(17회)

2. 간접점유

(1) 구별개념(점유보조자)

> **제195조(점유보조자)** □□□(가사도우미), □□□(점원) 기타 유사한 관계(점유보조관계 ⇨ 사회적 종속관계)에 의하여 □□□ □□를 받아 물건에 대한 사실상의 지배(점유)를 하는 때에는 그 □□만을 점유자로 한다.
>
> 📝 가사상, 영업상, 타인의 지시, 타인

① **가사상, 영업상,** 기타 유사한 관계에 의하여 **타인의 지시**를 받아 물건에 대한 **사실상의 지배**(점유)를 하는 때에는 그 타인(집주인, 점장)만을 점유자로 한다.(14회, 28회) (점유보조자는 점유권이 인정되지 아니하므로 점유보호청구권이 없다).
② 점유보조자도 점유를 하므로 **자력구제권**을 **행사**할 수 있으나(18회) 점유권은 인정되지 아니하므로 **점유보호청구권**은 **없다. 즉 점유보조자는 점유자가 아니다.**(14회, 19회)
③ 점유보조자에 대한 인도청구는 원칙적으로 허용되지 않는다.(21회) (점유자가 아니므로)
④ 주인을 대신하여 가게를 보고 있는 종업원은 점유보조자이다.

(2) 간접점유자와 점유매개자의 관계

> **제194조(간접점유)** □□□, □□□, 질권, 사용대차, □□□, 임치 기타의 관계(점유매개관계)로 타인(임차인, 점유매개자, 직접점유자)으로 하여금 물건을 점유하게 한 자(간접점유자)는 □□으로 점유권이 있다.
>
> **제207조(간접점유의 보호)** ① 점유보호청구권(제204조 점유의 회수, 제205조 점유의 보유, 제206조 점유의 보전)은 제194조의 규정에 의한 □□□□□도 이를 행사할 수 있다.
> ② (직접)점유자가 점유의 침탈(절도, 강도)을 당한 경우에 간접점유자는 그 물건을 (직접)□□□에게 반환할 것을 청구할 수 있고 (직접)점유자가 그 물건의 반환을 받을 수 없거나 이를 원하지 아니하는 때에는 □□(간접점유자)에게 반환할 것을 청구할 수 있다.
>
> 📝 지상권, 전세권, 임대차, 간접, 간접점유자, 점유자, 자기

① 간접점유자는 간접으로 점유권을 가지므로 **점유보호청구권**이 간접점유자에도 인정된다.(30회)
② 간접점유가 인정되기 위해서는 직접점유자와 간접점유자 사이에 점유매개관계가 존재하여야 하고, 점유매개관계는 **반환청구권**을 내용으로 하는 법률관계이다.
③ 간접점유의 요건이 되는 **점유매개관계**는 **법률행위**(임대차 계약)나 **법령의 규정**(도로관리 위임 등)에 의해서도 설정될 수 있다.
④ 점유매개관계가 소멸하면 **간접점유자**(임대인)는 **직접점유자**(임차인)에게 점유물의 **반환을 청구**할 수 있고, **직접점유자**(임차인)는 **간접점유자**(임대인)에게 **보증금의 반환을 청구**할 수 있다.
⑤ 점유매개관계를 발생시키는 법률행위가 무효라 하더라도 간접점유는 인정될 수 있다.(30회)
⑥ 전세권자에게 주택을 인도한 **전세권설정자**는 간접점유자이다. 甲이 乙로부터 임차한 건물을 乙의 동의 없이 丙에게 전대한 경우, 甲과 乙이 간접점유자이다.(29회)

⑦ 공사대금 지급을 위해 부동산 양도담보설정의 취지로 분양계약을 체결한 경우, 수분양자는 목적 부동산을 간접점유한다.(23회)
⑧ 점유침탈의 경우에 먼저 그 물건을 **직접점유자에게 반환**할 것을 청구해야 하고 **직접점유자가 그 물건의 반환을 받을 수 없거나 이를 원하지 않는 때**에만 **자기(간접점유자)에게 반환할 것을 청구**할 수 있다.
⑨ 간접점유자는 직접점유자에 대한 목적물반환청구권을 양도하는 방법으로는 간접점유권을 양도할 수 있다.(17회)

3. 점유권의 상속

> **제193조(상속으로 인한 점유권의 이전)** □□□은 상속인에 이전한다.
>
> 📝 점유권

① 상속에 의하여 피상속인의 **점유권은 상속인에게 이전**한다.(22회, 28회) 이러한 경우에 상속인이 피상속인의 점유의 성질과 하자를 그대로 승계한다.
② 상속인이 그 물건을 **현실적으로 점유**하거나 **상속개시사실을 알 필요도 없이** 점유는 계속되는 것으로 된다.(15회)
③ **상속**은 타주점유가 자주점유로 전환되기 위한 **새로운 권원**이 **아니다**.
④ **상속인은 새로운 권원**에 의해 자기 고유의 **점유를 개시하지 않는 한** 피상속인의 점유를 떠나 **자기만의 점유를 주장할 수 없다**.(점유의 분리가 원칙적으로 인정되지 아니한다)
⑤ **선대의 점유가 타주**점유(전세권자)인 경우 **상속**에 의해 점유를 승계한 자의 점유도 **자주점유로는 될 수 없고**, 자주점유(소유자)가 되기 위해서는 점유자(상속인)가 소유자에 대해 **소유의 의사가 있는 것을 표시**하거나(14회, 15회 추가) **새로운 권원**(매매, 교환 등)에 의해 다시 **소유의 의사로써 점유**를 시작해야만 한다.(15회, 17회, 19회)

4. 자주점유와 타주점유

(1) 소유의 의사

> **제197조(점유의 태양)** ① (점유권원이 분명하지 아니한 경우) 점유자는 □□□ □□(자주)로 □□, □□ 및 □□하게 점유한 것으로 추정한다.
>
> 📝 소유의 의사, 선의, 평온, 공연

① 소유의 의사 즉, 타인을 배제하면서 **자기의 소유물처럼 배타적 지배를 행사할 의사**(소유자와 동일한 지배를 하려는 의사)를 말하고 법률상 소유권을 가지고서 또는 소유권이 있다고 믿고서 하는 점유를 의미하는 것은 아니다.
② 자주점유인지 타주점유인지 여부는 **점유의 시초**에 있어서 모든 사정에 의해 **외형적·객관적**으로 결정되어야 한다.(19회, 20회, 26회)

(2) 자주점유의 추정

① 부동산의 **점유권원의 성질이 분명하지 않을 때**에는 점유자는 **소유의 의사**(자주)(15회 추가, 19회)로 **평온·공연 및 선의**로 **점유**한 것으로 **추정된다**.(17회, 19회, 24회, 28회) (무과실 점유는 추정되지 아니한다)(19회, 29회) 따라서 타주점유임을 주장하는 자(상대방)에게 그 **입증책임**이 있다.(17회) 이러한 추정은 지적공부 등의 관리주체인 국가나 지방자치단체가 점유하는 경우에도 적용될 수 있다.

② 자주점유의 권원에 관한 입증책임이 점유자에게 있지 않은 이상 **점유자가**(자주점유 추정) **스스로** 매매 또는 증여와 같이 **자주점유의 권원을 주장**하였으나 이것이 **인정되지 않는 경우**(타주점유임을 주장하는 상대방이 입증책임)에도 **자주점유의 추정이 번복된다고 볼 수 없다.**(15회, 17회, 20, 26회)

③ 지상 건물과 함께 그 대지를 매수·취득하여 점유를 개시함에 있어서 **착오로 인접토지의 일부**(51평)를 그가 매수·취득한 대지(962평)에 속하는 것으로 믿고 그 부분을 현실적으로 인도받아 점유한 경우, 그 인접토지에 대한 점유를 **자주점유**로 볼 수 있다.(상당히 초과 한 경우에는 타주점유)

④ 타인 소유의 토지임을 알면서 매수하여 점유한 자는 자주점유자이다.(14회, 15회 추가)

⑤ 매도인에게 처분권이 없다는 이유로 **매매가 무효**가 된 경우 그 사실을 **알지 못**한 매수인의 점유는 **자주**점유이다.

⑥ **지방자치단체**가 도로개설공사의 시공자로서 사후 감정가격에 의하여 보상하기로 하고 그 소유자들의 **사용승낙을 받아 도로를 개설**함으로써 토지를 점유한 경우 자주점유로 볼 수 있다.

⑦ **무권리자로부터** 토지를 **매수**(타인소유임을 알면서 매수)한 자의 **점유**는 다른 특별한 사정이 없는 한 자주점유이다.(14회)

⑧ 타인의 권리를 매매한 매수인이 **등기를 수반하지 않은 점유**를 하고 있더라도 특별한 사정이 없는 한 그 점유는 자주점유이다.

⑨ 타주점유자(전세권자)가 새로운 권원(매매)에 기하여 소유의 의사를 가지고 점유를 시작했으면 그때부터 자주점유자가 된다.

⑩ 소유의 권원이 불명(不明)한 점유자는 자주점유로 추정된다.

⑪ 양도인이 등기부상의 명의인과 동일인이며 그 명의를 의심할 만한 특별한 사정이 없는 경우, 그 부동산을 양수하여 인도받은 자는 과실(過失) 없는 점유자에 해당한다.(33회)

⑫ 물건을 매수하여 점유하고 있으나 매매가 무효인 것을 모르는 매수인은 자주점유자이다.(19회)

(3) 타주점유로 추정되는 경우

① 점유자가 **점유 개시 당시**에 소유권취득의 원인이 될 수 있는 법률행위 기타 법률요건이 없이 그와 같은 법률요건이 없다는 사실을 **잘 알면서** 타인 소유의 부동산을 **무단 점유**한 것임이 입증된 경우 특별한 사정이 없는 한 소유의 의사가 있는 점유라는 추정은 깨어진다.(14회) 즉 무단점유의 경우에는 자주점유의 추정이 깨어진다.(14회)

② 공유자 1인이 공유토지 전부를 점유하고 있더라도 다른 공유자의 지분에 대해서는 타주점유이다.

③ **명의신탁에 기해 토지의 소유자로 등기된 자**(명의수탁자)의 점유가 인정된다고 하더라도 그 점유권원의 성질상 자주점유라 할 수 없는 것이다.(29회) (명의수탁자의 상속인에 의한 점유도 타주점유)

④ **타인의 토지 위에 분묘를 설치** 또는 소유하는 자의 **점유**(분묘기지)는 타주점유이다. (15회 추가, 17회, 18회)
⑤ 경락인이 **경락허가결정**에 의하여 소유권을 취득하고 이전등기를 경료한 경우 **종전소유자의 점유**는 자주점유에서 타주점유로 전환된다.
⑥ **처분권한이 없는 자로부터** 그 사실을 **알면서**(모르고 취득하면 자주점유) 부동산을 취득하거나, 어떠한 법률행위가 **무효임을 알면서**(모르고 취득하면 자주점유) 그 부동산을 취득하여 점유를 시작한 경우에 그 점유는 타주점유이다. (타인소유임을 알면서 매수하여 점유하고 있는 경우에는 자주점유이다)
⑦ 매매계약이 **해제된 후 매수인의 점유**는 타주점유자 된다. 매수인이 매매계약의 무효사유가 있음을 안 경우와 같이 특별한 사정이 있는 경우에는 타주점유가 될 수 있다. (12회)
⑧ 부동산을 매도하고 등기를 이전하였으나, 아직 그 부동산을 인도하지 않은 매도인의 점유는 특별한 사정이 없는 한 타주점유로 본다. (15회 추가, 18회)
⑨ **점유매개관계의 직접점유자**는 타주점유자이다. (29회) 즉 건물 소유의 목적으로 타인의 토지를 임차한 자의 토지는 타주점유이다. (14회, 23회)
⑩ 계약명의신탁약정에 따라 명의수탁자 명의로 등기된 부동산을 명의신탁자가 점유하는 경우, 특별한 사정이 없는 한 명의신탁자의 점유는 타주점유에 해당한다.
⑪ 실제 면적이 등기된 면적을 상당히 초과하는 토지를 매수하여 인도받은 때에는 특별한 사정이 없으면 초과부분의 점유는 타주점유이다. (29회)
⑫ 타인의 토지를 무단으로 점유하던 자가 그 지상에 건물을 축조하고 건축물관리대장에 등재하였다면 토지에 대해서는 타주점유자이다. (14회)
⑬ 피상속인의 점유가 소유의 의사가 없는 경우, 그 상속으로 인한 점유도 타주점유이다. (19회)

(4) 소송상의 문제(점 · 자 ⇨ 소 · 타)

> **제197조(점유의 태양)** ② 선의의 점유자라도 본권에 관한 소에 패소한 때에는 그 □□ □□된 때로부터 □□의 점유자로 본다.
>
> 📝 소가 제기, 악의

① 선의의 점유자라도 본권에 관한 소에 패소한 때에는 그 소가 제기된때 부터 악의의 점유자로 본다. (19회, 23회, 32회, 33회)
② 토지의 **점유자가 소유자를 상대**로 소유권이전등기말소청구의 소를 제기하였다가 **패소**하고 그 판결이 확정된 경우, 자주점유의 추정이 번복되어 **타주점유로 전환된다고 할 수 없다.** 그러나 그 소송의 제기 시부터는 **악의의 점유자**로 간주된다. (점유자는 소제기시 부터 과실을 수취할 수 없다)
③ 진정 **소유자**가 자신의 소유권을 주장하여 **점유자를 상대**로 소유권이전등기의 말소등기청구소송을 제기하여 점유자의 패소로 확정된 경우, 소 **제기 시부터는 악의점유**가 되고(점유자는 소제기시 부터 과실을 수취할 수 없다), **패소판결 확정 후**부터는 점유자의 점유가 **타주점유**로 전환된다.

(5) 평온(平穩)·공연(公然)·선의점유

① 점유자는 **선의로 점유**한 것으로 **추정**되지만, 권원 없는 점유였음이 밝혀졌다고 하여 곧 그동안의 점유에 대한 선의의 추정이 깨어졌다고 볼 것은 아니다.
② 점유가 불법이라고 주장하는 자로부터 **이의를 받은 사실**이 있거나 점유물의 소유권을 둘러싸고 당사자 사이에 **법률상의 분쟁**이 있었다는 사실만으로 곧 그 점유의 **평온·공연성이 상실된다고 할 수 없다.**
③ 점유의 권리추정효로 인하여 점유자의 **무과실이 추정되지 아니한다**. 따라서 선의취득에서의 **무과실은 선의취득의 주장자가 그 입증책임**을 부담하고, 등기부취득시효에서는 **시효취득을 주장하는 자**가 자신의 선의에 **과실이 없음을 입증**해야 한다.

5. 점유계속의 추정 등

> **제198조(점유계속의 추정)** 전후양시에 점유한 사실이 있는 때에는 그 점유는 □□한 것으로 □□한다.
> 📝 계속, 추정

① 점유계속추정은 동일인이 전후 양 시점에 점유한 것이 증명된 경우뿐만 아니라(28회, 31회) **전후 양 시점의 점유자가 다른 경우에도** "점유의 승계가 입증"되는 한 **점유계속은 추정**된다.(20회, 32회)

> **제199조(점유의 승계의 주장과 그 효과)** ① 점유자의 승계인은 자기의 점유만을 주장(점유의 분리)하거나 자기의 점유와 전점유자의 점유를 아울러 주장(점유의 병합)할 수 있다.
> ② 전점유자의 점유를 아울러 주장(점유의 병합)하는 경우에는 그 □□도 계승한다.
> 📝 하자

② 점유자의 승계인은 **자기의 점유만을 주장**(점유의 분리)하거나 자기의 점유와 **전점유자의 점유를 아울러 주장**(점유의 병합)할 수 있다.
③ 점유자의 특정승계인이 자기의 점유와 전(前)점유자의 점유를 아울러 주장하는 경우, 그 하자도 승계한다.(14회, 24회, 26회) 하자란 악의, 과실, 폭력, 은비, 불계속 점유를 말한다.

> **제200조(권리의 적법의 추정)** 점유자가 점유물에 대하여 행사하는 권리는 적법하게 보유한 것으로 □□한다.
> 📝 추정

④ 점유자가 **점유물**에 대하여 가지는 권리는 **적법**하게 **보유**하는 것으로 **추정한다**(24회, 28회)(본다 ×)는 점유자의 권리추정의 규정은 특별한 사정이 없는 한 **동산물권에만 적용**되고, 등기된 여부를 불문하고 **부동산 물권에는 적용되지 아니한다.**(19회, 20회, 23회, 31회)

6. 점유자와 회복자의 관계

(1) 점유자의 과실취득권

> **제201조(점유자와 과실)** ① □□의 점유자는 점유물의 과실을 취득한다.
> ② □□의 점유자는 수취한 과실(果實)을 반환하여야 하며 소비하였거나 □□(過失. 잘못으로)로 인하여 훼손 또는 수취하지 못한 경우에는 그 과실의 대가를 보상하여야 한다.
> ③ □□ 또는 □□에 의한 점유자는 악의의 점유자로 취급한다.
>
> 📝 선의, 악의, 과실, 폭력, 은비

① 선의의 점유자
　㉠ 점유물의 **과실**(천연과실, 법정과실, 사용이익)**을 취득**한다. <u>소유권·지상권·전세권·임차권</u>과 같이 과실취득권을 포함하는 본권이 있다고 오신한 점유자를 말하고, 오신을 함에는 **오신할 만한 근거**(선의·무과실)가 있어야 한다.
　㉡ **선의의 점유자**는 법률상 원인 없이 타인의 건물을 점유·사용하고 이로 말미암아 손해를 입혔다고 하더라도 그 **점유·사용으로 인한 이득**(사용이익)**을 반환할 의무가 없다.**(13회, 14회, 15회, 16회)
　㉢ 선의의 점유자가 직접 물건을 사용함으로써 얻은 **이득도 과실**이므로 회복자에게 **반환할 필요가 없다.**(16회, 23회)
　㉣ **선의의 점유자**로서 그 과실(果實)을 취득할 권리가 있다 하더라도, 점유에 **과실**(過失)**이 있다면**, 불법행위로 인한 **손해배상책임**을 진다. 즉, 선의의 점유자에게 과실취득권이 있다는 이유만으로 불법행위로 인한 손해배상책임이 배제되지는 않는다.
　㉤ 점유자는 선의로 **점유**한 것으로 추정되지만, **권원 없는 점유였음이 밝혀지더라도** 곧 그동안의 점유에 대한 **선의의 추정이 깨어지는 것은 아니다.**

② 악의점유자
　㉠ 선의의 점유자라도 본권에 관한 소에 **패소**한 때에는 그 **소가 제기된 때**(소장부본이 송달된 때)로부터 **악의의 점유자**로 되고, 선의이더라도 **폭력 또는 은비에 의한 점유자**(34회)는 **악의의 점유자**로 간주되어 과실수취권이 없다.(33회)(폭력에 의한 점유자는 수취한 과실을 반환하여야 한다)
　㉡ 악의의 점유자는 수취한 과실(果實)을 반환해야 하며, 소비하였거나(33회) 과실(過失. 잘못으로)로 인해 훼손하거나 수취하지 못한 경우에는 그 **과실**(果實)의 **대가를 보상**해야 한다.(27회) 악의의 점유자가 그의 잘못 없이 과실을 훼손 또는 수취하지 못한 때에는 그 과실의 대가를 보상할 필요가 없다.(24회, 26회)
　㉢ 악의 수익자가 반환하여야 할 범위는 받은 **이익**에 **이자**를 붙여 반환하여야 하며, 위 이자의 이행지체로 인한 **지연손해금도 지급**하여야 한다.(29회)
　㉣ 악의의 점유자가 점유물의 사용에 따른 이익을 반환하여야 하는 경우, 자신의 노력으로 점유물을 활용하여 얻은 **초과이익**은 **반환할 필요가 없다.**

③ **유치권자**에게는 원칙적으로 **수익목적의 과실수취권이 인정되지 아니**한다. (유치권자는 과실을 수취하여 채권변제에 우선충당한다)
④ 부동산 매매계약이 **취소**된 경우 부동산을 인도받은 **선의의 매수인**에게 **과실취득권이** 인정되는 이상 **선의의 매도인**에게도 대금의 운용이익 내지 **법정 이자의 반환을 부정**함이 형평에 맞다.
⑤ **계약이 해제된 경우 선의, 악의를 불문하고 전부에 대해 원상회복의무가 있으므로 선의의 매수인 일지라도 과실수취권이 없다.**(31회, 34회)
⑥ 타인의 물건을 임차하여 차임을 수취한 자가 그 물건의 소유자로 부터 차임의 반환을 청구받은 경우, 자신에게 본권이 있다고 믿은 때에는 이것을 반환할 필요가 없다.(12회)

(2) 점유물의 멸실ㆍ훼손에 대한 책임(제202조 ⇨ 선ㆍ자 현존이익)

> **제202조(점유자의 회복자에 대한 책임)** 점유물이 점유자의 책임□□ 사유로 인하여 멸실 또는 훼손한 때에는 □□의 점유자는 그 손해의 전부를 배상하여야 하며 □□의 점유자는 이익이 현존하는 한도에서 배상하여야 한다. 소유의 의사가 □□ 점유자는 선의인 경우에도 손해의 전부를 배상하여야 한다.
>
> 📝 있는, 악의, 선의, 없는

① 점유물이 점유자의 **책임 있는 사유로 멸실ㆍ훼손**된 경우에 점유자는 회복자에 대하여 **손해배상책임**을 진다. 따라서 책임 없는 사유로 멸실 등이 된 때에는 아무런 책임을 부담하지 아니한다.
② 점유물의 멸실ㆍ훼손에 대하여 소유권이 있다고 오신한 **선의**(자주점유 추정)의 **점유자**는 **현존이익의 한도 내에서** 배상책임을 지나,(12회, 13회, 19회, 33회) **소유의 의사가 없으면**(타주점유) **선의일지라도** 악의의 점유자와 같이 **손해전부를 배상**하여야 한다.(13회, 23회, 26회, 27회, 28회, 34회)
③ **악의**의 점유자가 책임 있는 사유로 점유물을 훼손한 경우, **자주**점유이든 **타주**점유이든 그의 귀책사유로 점유물이 멸실ㆍ훼손된 경우에 **손해전부**에 대한 **책임**을 진다.(16회, 29회, 31회)

(3) 점유자의 비용상환청구권(제203조 ⇨ 임의규정, 선ㆍ악 불문)

> **제203조(점유자의 상환청구권)** ⇨ 임의규정, 점유자의 선의, 악의를 불문하고 청구가능.
> ① 점유자가 점유물을 □□□ □(또는 반환청구를 받았을 경우)에는 회복자에 대하여 점유물을 보존하기 위하여 지출한 금액 기타 필요비의 상환을 청구할 수 있다. 그러나 점유자가 과실을 취득한(선의점유자) 경우에는 □□의 필요비는 청구하지 못한다.
> ② 점유자가 점유물을 □□하기 위하여 지출한 금액 기타 유익비에 관하여는 그 가액의 증가가 □□한 경우에 한하여 □□□(소유자)의 선택에 좇아 그 지출비용(2,000만원)□□ 증가액(3,000만원)의 상환을 청구할 수 있다.
> ③ □□□(필요비 X)의 경우에 법원은 □□□의 청구에 의하여 상당한 상환기간을 허여할 수 있다.
>
> 📝 반환할 때, 통상, 개량, 현존, 회복자, 이나, 유익비, 회복자

1) 적용범위

    민법 제203조 제2항에 의한 점유자의 회복자에 대한 유익비상환청구권은 점유자(절도범)가 **계약관계 등 적법하게 점유할 권리를 가지지 않아** 소유자의 소유물반환청구에 응하여야 할 의무가 있는 경우에 성립되는 것으로서, 점유자가 유익비를 지출할 당시 계약관계 등 **적법한 점유의 권원**(임대차 계약)**을 가진 경우**에 그 지출비용 또는 가액증가액의 상환에 관하여는 **그 계약관계를 규율하는 법조항**(전세권의 경우 제310조, 임대차의 경우 제626조 등)이나 법리 등이 적용된다.(임차인이 지출한 유익비는 임대인이 아닌 점유회복자에 대해서도 민법 제203조 제2항에 근거하여 상환을 청구할 수 없다.)

2) 필요비 상환청구권(제203조 제1항)

    ① **선의점유자**가 **과실을 취득**한 경우에는 회복자에게 **통상의 필요비**(기계장치를 계속 사용함에 따라 마모되거나 손상된 부품을 교체, 수리비용 ⇨ 보존, 수선, 사육, 공조공과 등)는 **청구하지 못하**나(27회, 29회, 31회, 32회) **악의의 점유자**는 원칙적으로 **필요비 전부**(통상의 필요비+특별필요비)**의 상환을 청구**할 수 있다.(19회, 27회, 33회, 34회) ⇨ 과실을 취득한 점유자는 그가 지출한 비용 전부를 청구할 수 있다.(×)

    ② 기계의 점유자가 그 기계장치를 계속 사용함에 따라 **마모**되거나 **손상된 부품을 교체**하거나 **수리하는 데에 소요된 비용은 통상의 필요비**에 해당하고,(19회) 점유자가 과실을 취득하면 회복자로부터 그 상환을 구할 수 없다.

    ③ **선의의 점유자가 과실을 취득한 경우에는 통상의 필요비를 청구할 수 없으나 특별필요비**(태풍으로 인한 파손부분의 수선비 등)**는 청구**할 수 있다.(16회)

3) 유익비 상환청구권

    ① 점유자가 점유물을 **개량**하기 위하여 지출한 금액 기타 유익비에 관하여는 그 **가액의 증가가 현존**한 경우(28회) 에 한하여 **회복자**(소유자)**의 선택**(31회)**에 좇아** 그 지출금액이나 증가액의 상환을 청구할 수 있다.(13회, 29회) 그 **실제 지출금액 및 현존 증가액에 관한 증명 책임**은 모두 **유익비의 상환을 구하는 점유자**에게 있다.

    ② **타주 점유자**(임차인, 전세권자)에게도 **유익비**상환청구권이 **인정**될 수 있다.

    ③ **유익비**상환청구의 경우에 회복자가 법원으로부터 **상환기간을 허여** 받은 때에는 유익비에 관한 **유치권을 성립시킬 수 없다.**(29회) (필요비에는 적용 안 됨)(27회, 34회)

    ④ 점유자가 회복자로부터 **점유물의 반환을 청구 받거나** 회복자에게 **점유물을 반환한 때**에 비로소 회복자에 대해 **비용 상환청구권을 행사**할 수 있다.(33회) ⇨ 임대차와는 달리 필요비를 지출한 경우 즉시 상환을 청구할 수 있다.(X)

    ⑤ 점유물의 소유자가 변경된 경우, 점유자는 **현재의 소유자에게 비용의 상환**을 청구해야 한다. 즉 무효인 매매계약의 매수인이 점유목적물에 필요비 등을 지출한 후 매도인이 그 목적물을 제3자에게 양도한 경우, 점유자인 매수인은 양수인에게 비용상환을 청구할 수 있다.(31회)

⑥ 점유자의 회복자에 대한 유익비상환청구권은 선의 또는 악의점유를 구별할 실익이 없다.(22회)
⑦ 회복자가 소유권이전등기 말소를 구하는 경우에 점유자는 비용상환청구권으로 유치권 항변을 할 수 없다.(13회)
⑧ 乙의 점유가 불법행위로 인하여 개시되었다면, 乙이 지출한 유익비의 상환청구권을 기초로 하는 乙의 유치권의 주장은 배척된다.(19회)

7. 점유보호청구권

(1) 의의

① 점유보호청구권은 본권의 유무와는 관계없이 **직접점유자**뿐만 아니라 **간접점유자**(33회)에게도 인정되는 일종의 **물권적 청구권**을 말한다.
② 점유보호청구권의 내용으로 손해배상청구권까지 규정하고 있으나 이는 순수한 채권(제750조)이다.
③ 간접점유자에게는 인정되지만,(16회) **영업상 타인의 지시를 받아 물건을 사실상 지배하는 자**(점유보조자)에게는 점유보호청구권이 **인정되지 아니**한다.

(2) **점유물반환청구권**(점유회수청구권)

> **제204조(점유의 회수)** ① 점유자가 점유의 □□을 당한 때에는 그 물건의 반환 □ 손해의 배상을 청구할 수 있다.
> ② 점유회수의 청구권은 침탈자의 (선의 의)특별승계인에 대하여는 행사하지 못한다. 그러나 (특별)승계인이 □□인 때에는 반환청구할 수 있다.
> ③ 점유회수의 청구권은 침탈을 당한 날로부터 □□내에 행사하여야 한다.
>
> 📝 침탈, 및, 악의, 1년

① 침탈여부
  ㉠ **위법한 강제집행**은 공권력을 빌려서 상대방의 점유를 **침탈**(절도 · 강도)한 것이 된다.
  ㉡ **직접점유자**(임차인)가 **임의로**(자기의사에 기하여) **점유를 타인에게 양도**(무단양도/무단전대)한 경우에는 그 점유이전이 간접점유자의 의사에 반한다 하더라도 **간접점유자의 점유가 침탈된 경우에 해당하지 않는다.**(20회, 30회) (간접점유자의 점유의 태양은 직접 점유자의 점유를 기준으로 한다. 따라서 직접점유자가 점유를 침탈당하면 간접점유자도 점유를 침탈당한 것으로 되어 점유보호청구권을 행사할 수 있다)
  ㉢ **유실물**을 우연히 **습득**한 경우나 점유자가 상대방의 **사기**(침탈 ×)로 물건을 인도한 경우에는 침탈이 아니므로 점유물**반환청구를 할 수 없다.**(15회 추가, 16회, 19회, 32회, 35회)
  ㉣ 소유물의 점유를 침탈당한 소유자는 본권(소유권)을 이유로 반환청구하거나 점유회수의 소를 청구할 수 있다.(20회)

② **상대방**
  ㉠ 점유침해의 원인을 현재 자기의 사회적 지배범위 내에 두고 있는 자(35회) (침탈자)나 그 **포괄승계인**(선의·악의를 불문 ⇨ 상속인, 포괄유증, 회사의 합병), 침탈자의 **악의의 특별승계인**이 상대방이다. (선의의 특별승계인에게는 점유물반환청구권을 행사할 수 없다)
  ㉡ 점유자의 점유회수청구권은 점유를 침탈한 자의 **선의의 특별승계인에 대하여는 행사할 수 없**으나(손해배상도 청구 X),(16회) 특별승계인이 **악의**인 때에는 예외적으로 **반환청구권을 행사**할 수 있다.
  ㉢ 점유를 침탈당한 경우, 선의의 **특별승계인으로부터 다시 전득한자**에 대해서는 그의 **선의·악의를 불문**하고 점유권에 기하여 점유물 반환청구권을 **행사할 수 없다.**(15회, 19회) (엄폐물의 법칙)
  ㉣ 간접점유자는 점유회수청구권의 상대방이 될 수 있다.(20회)
③ 점유자가 점유의 침탈을 당한 때에는 **침탈을 당한 날로부터 1년** 이내에 침탈자를 상대로 그 물건의 **반환 및 손해의 배상**을 청구할 수 있다.(28회)
④ **1년의 제척기간**은 반드시 그 기간 내에 소를 제기하여야 하는 **출소기간**이다.(16회, 20회)
⑤ 출소기간 1년은 본권(유치권 등) 침해로 발생한 손해배상청구권의 행사에는 적용되지 않으므로 점유를 침탈당한 자가 본권인 유치권 소멸에 따른 손해배상청구권을 행사하는 때에는 점유를 침탈당한 날부터 1년 내에 행사할 것을 요하지 않는다.

구분	점유회수청구권	소유물반환청구권
요건	침탈(절도·강도) ⇨ 사기·강박·착오나 유실물습득 ×	원인 불문
상대방의 귀책사유	불문, 단 손해배상청구시 요함	불문
상호침탈	소유자 甲의 자전거를 乙이 절취하여 타고 다니는 것을 甲이 발견하고 자력구제로 이를 탈환한 경우 소송경제에 반하여 乙은 점유물반환청구를 할 수 없다.	×
내용	점유물 반환 및 손해배상청구	손해배상규정 없다.
상대방	침탈자, 선의, 악의 불문하고 포괄승계인, 악의의 특별승계인에게만 행사. 선의의 특별승계인에게는 반환청구 ×	제한 없다.
제척기간	1년(출소기간), 중단·정지제도 없다.	규정 없다.

(3) 점유물방해제거청구권(점유보유청구권)

제205조(점유의 보유) ① 점유자가 점유의 □□(침탈 이외의 방법으로 점유를 방해)를 받은 때에는 그 방해의 제거 및 손해의 배상을 청구할 수 있다.
② 방해제거 청구권은 방해가 종료한 날로부터 □□내에 행사하여야 한다.
③ 공사로 인하여 점유의 방해를 받은 경우에는 공사착수 후 □□을 경과하거나 그 공사가 □□한 때에는 방해의 제거를 청구하지 못한다.

📝 방해, 1년, 1년, 완성

① 점유권에 기한 방해제거청구권은 **방해가 종료한 날**로부터 **1년 이내**(손해배상에만 적용)에 행사하여야 하는데, 그 기간은 **출소기간**으로 해석된다.
② 공사로 인하여 점유의 방해를 받은 경우, **공사 착수 후 1년을 경과**하거나 그 **공사가 완성**된 때에는 **방해의 제거를 청구하지 못**한다.(35회) (공사가 완성되기 전이라도 1년이 경과하였다면 방해제거 청구 × ⇨ 손해배상만 청구)
③ **점유의 방해를 받은 점유자는 방해의 제거 및 손해의 배상을 청구할 수 있으나, 손해배상을 청구하려면 방해자의 고의나 과실이 있어야 한다.**(19회)

(4) 점유물방해예방청구권(점유보전청구권)

> **제206조(점유의 보전)** ① 점유자가 점유의 방해를 받을 □□가 있는 때에는 그 방해의 예방 □□ 손해배상의 □□를 청구할 수 있다.(1년의 제척기간 제한이 없다).
> ② 공사로 인하여 점유의 방해를 받을 염려가 있는 경우에는 공사착수후 1년을 경과하거나 그 공사가 완성한 때에는 방해의 제거를 청구하지 못한다.
>
> 📝 염려, 또는, 담보

① 점유자는 점유권을 방해할 **염려**가 있는 자에 대하여 그 **예방 또는**(이나, 및 X, 과 X, 그리고 X) **손해배상의 담보**(손해배상 X)를 청구할 수 있다.(19회, 28회) (1년의 제척기간 X)
② 방해예방청구권(점유보전청구권)에 있어서 점유를 방해할 염려나 위험성이 있는지의 여부는 구체적인 사정하에 일반 경험법칙에 따라 **객관적으로 판정**되어야 할 것이다.

8. 점유의 소와 본권의 소의 관계 (28회, 35회)

> **제208조(점유의 소와 본권의 소와의 관계)** ① □□□에 기인한 소(점유권을 원인으로 소로써 점유보호청구권을 행사하는 것)와 □□에 기인한 소(소유권, 전세권, 임차권 등 점유할 수 있는 권리인 본권을 원인으로 하는 소)는 서로 영향을 미치지 아니한다.
> ② □□□에 기인한 소는 본권에 관한 이유로 재판하지 못한다.
>
> 📝 점유권, 본권, 점유권

9. 자력구제권(제209조)

> **제209조(자력구제)** ① 점유자는 그 점유를 부정히 침탈 또는 방해하는 행위에 대하여 자력으로써 이를 □□할 수 있다.(자력방위권)
> ② 점유물이 침탈되었을 경우에 부동산일 때에는 점유자는 침탈 후 □□(直時 객관적으로 가능한 한 신속히 ⇨ 위법한 강제집행이 종료된 후 2시간내에 자력으로 탈환한 경우) 가해자를 배제하여 이를 탈환할 수 있고 동산일 때에는 점유자는 현장에서 또는 추적하여 가해자로부터 이를 □□할 수 있다.(자력탈환권)
>
> 📝 방위, 직시, 탈환

10. 준점유(권리점유)

> **제210조(준점유)** 본장의 규정은 □□□을 사실상 행사하는 경우에 준용한다.
>
> 📝 재산권

물건 이외의 재산권을 사실상 행사하는 것을 말한다. 일반채권·지식재산권·지역권·저당권·광업권·어업권처럼 물건의 점유를 수반하지 않는 재산권에 관해서만 준점유가 성립한다.

11. 점유권의 소멸

> **제192조(점유권의 취득과 소멸)** ② 점유자가 물건에 대한 사실상의 지배를 □□한 때에는 점유권이 소멸한다. 그러나 제204조의 점유회수청구권에 의하여 점유를 □□한 때에는 점유권이 소멸하지 아니하다.
>
> 📝 상실, 회수

제2절 | 소유권

1. 의의

(1) 토지소유권의 범위

① **소유자**는 **법률의 범위 내**에서 그 소유물을 **사용, 수익**(용익권능), **처분**(처분권능)할 권리가 있다.
② **토지의 소유권**은 **정당한 이익** 있는 범위 내에서 토지의 상하에 미친다.
③ 토지의 경계는 **지적공부**에 의하여 확정된다.
  ㉠ 물권의 객체인 토지 1필지의 공간적 범위를 특정 하는 것은 **지적도나 임야도의 경계**이지 등기부의 표제부나 임야대장·토지대장에 등재된 면적이 아니다.
  ㉡ 등기부의 표제부나 임야대장·토지대장에 등재된 면적이 아니므로, **토지등기부의 표제부에 토지의 면적이 실제와 다르게 등재되어 있다 하여도**, 이러한 등기는 해당 토지를 표상하는 등기로서 **유효**하다.
  ㉢ 기술적 착오로 지적도상의 경계선이 진실한 경계선과 다르게 작성된 경우, 그 토지의 경계는 실제의 경계에 따른다. (32회, 34회)
④ 어느 토지의 지번과 지적을 등기부의 표제부에 등재된 대로 표시하여 경매하였으나 실제 면적이 등기부의 표제부에 등재된 것보다 넓더라도, **등기부상의 지적을 넘는 면적은 등기부상의 면적과 함께 매수인에게 귀속**되는 것이다
⑤ **바다**는 **사적소유권의 객체가 되지 아니**한다.
⑥ 지중(地中)에 있는 **지하수**는 **토지의 구성부분**으로서 토지소유권의 범위에 속한다.

⑦ 매도인은 매매계약의 이행으로 토지를 **인도받았으나** 소유권이전**등기를 하지 않고 점유·사용**하는 매수인에게 **부당이득의 반환을 청구할 수 없다.**

⑧ 토지 소유자가 그 소유의 토지를 일반 공중을 위한 용도로 제공한 경우
  ㉠ 그 토지에 대한 **소유자의 독점적이고 배타적인 사용·수익권의 행사가 제한**되나(위 토지를 상속받은 상속인의 독점적·배타적인 사용·수익권의 행사 역시 제한)
  ㉡ **사용·수익권 자체**를 대세적·확정적으로 **상실하는 것은 아니다.**
  ㉢ 원소유자의 독점적·배타적인 사용·수익권 행사가 제한되는 경우에도 특별한 사정이 있다면 **특정승계인의 독점적·배타적인 사용·수익권 행사가 허용될 수 있다.**
  ㉣ 또한, 토지 소유자의 독점적·배타적인 사용·수익권 행사가 제한되는 경우에도 일정한 요건을 갖춘 때에는 **사정변경의 원칙**이 적용되어 **소유자가 다시 독점적·배타적인 사용·수익권을 행사할 수 있다**고 보아야 한다.
  ㉤ 여러 사정을 종합적으로 고찰 한 결과, 소유자가 그 토지에 대한 독점적·배타적인 사용·수익권을 포기한 것으로 볼 수 있다면, **타인**[사인(私人)뿐만 아니라 국가, 지방자치단체도 이에 해당할 수 있다]이 그 **토지를 점유·사용하고 있다 하더라도** 특별한 사정이 없는 한 그로 인해 토지 소유자에게 어떤 손해가 생긴다고 볼 수 없으므로, 토지 소유자는 그 **타인을 상대로 부당이득반환을 청구할 수 없고, 토지의 인도 등을 구할 수도 없다.**
  ㉥ 소유권의 핵심적 권능에 속하는 **사용·수익 권능의 대세적·영구적인 포기는 물권법정주의에 반하여 허용할 수 없**으므로, 토지 소유자의 독점적·배타적인 사용·수익권의 행사가 제한되는 것으로 보는 경우에도, **토지 소유자는** 일반 공중의 통행 등 이용을 방해하지 않는 범위 내에서는 **그 토지를 처분하거나 사용·수익할 권능을 상실하지 않는다.**[대법원 2019. 1. 24. 선고 2016다264556 전원합의체]

(2) 토지의 포락(浦落)

① **포락**이라 함은 토지가 바닷물이나 하천법상의 적용하천의 물에 개먹어 무너져 그 원상복구에 과다한 비용이 요하는 등으로 **사회통념상 복구가 불가능**한 상태에 이르렀을 때를 말한다.
② 한번 포락되어 토지로서의 효용을 상실하면 **종전의 소유권이 영구히 소멸**되고 그 후 포락된 토지가 **다시 성토**되어도 종전의 소유자가 **다시 소유권을 취득할 수는 없다.**(32회) (국유가 된다)

(3) 미채굴의 광물

미채굴의 광물은 **국가가 배타적 채굴취득허가권**(혼동 ×)을 가지고 있으므로 그 범위내 에서 토지의 소유권 행사가 제한된다.

(4) 소유권에 기한 물권적청구권

1) 의의
  ① 소유권에 기한 물권적 청구권은 그 소유권과 분리하여 별도로 소멸시효의 대상이 되지 아니한다.(32회)

② 소유권에 기한 물권적 청구권은 그 소유자가 소유권을 상실하면 더 이상 인정되지 않는다.(32회)

2) 소유물반환청구권

> **제211조(소유권의 내용)** 소유자는 □□의 범위내에서 그 소유물을 사용, 수익, 처분할 권리가 있다.
> 📝 법률

① 미등기건물의 매수인이 건물의 매매대금을 전부 지급한 경우에도 건물의 불법점유자에 대해 직접 소유물반환청구를 할 수 없다.(21회)
② 乙이 소유자 甲으로부터 토지를 매수하고 인도받았으나 등기를 갖추지 않고 다시 丙에게 이를 전매하고 인도한 경우, 甲은 丙에게 소유물반환청구를 할 수 없다.(21회)
③ 소유권에 기한 물권적 청구권은 소유권과 분리하여 양도될 수 없다.(18회) 따라서 소유권에 기한 물권적 청구권이 발생한 후 소유자가 소유권을 상실하면 그 청구권을 행사할 수 없다.(29회)
④ 소유자는 소유물을 불법점유한 사람의 특별승계인에 대하여 그 반환을 청구할 수 있다.(29회)

3) 소유물방해제거·방해예방청구권

> **제212조(토지소유권의 범위)** 토지의 소유권은 □□□ □□있는 범위내에서 토지의 □□에 미친다.
> 📝 정당한 이익, 상하

① 소유자는 소유권을 방해할 염려가 있는 자에 대하여 그 예방이나(또는) 손해배상의 담보를 청구할 수 있다.(17회, 33회)
② 소유자 아닌 자의 명의로 무효인 소유권보존등기가 경료된 후 이에 기초하여 저당권이 설정된 경우에도 소유자는 보존등기의 말소를 청구할 수 있다.(21회)
③ 甲이 자신의 토지 위에 무단으로 건축한 乙을 상대로 건물철거소송을 제기한 후 甲이 丙에게 토지소유권을 이전한 경우, 甲의 소유물방해배제청구권은 상실된다.(21회) 즉 토지의 소유권을 양도하여 소유권을 상실한 전(前)소유자는 그 토지 일부의 불법점유자에 대하여 소유권에 기한 방해배제를 청구할 수 없다.(33회)
④ 甲소유의 건물에 乙명의의 저당권설정등기가 불법으로 경료된 후 丙에게 저당권이전등기가 경료되었다면, 甲은 丙을 상대로 저당권설정등기의 말소를 청구할 수 있다.(21회)
⑤ 소유권에 기한 방해제거청구권은 현재 계속되고 있는 방해의 원인을 기초로 인정되는 것이지 방해결과의 제거를 내용(손해배상의 영역)으로 하는 것이 아니다.(29회) 따라서 소유권에 기한 방해배제청구권에 있어서 방해에는 과거에 이미 종결된 손해는 포함되지 아니한다.(32회)
⑥ 지상권을 설정한 토지의 소유자는 그 토지 일부의 불법점유자에 대하여 소유권에 기한 방해배제를 청구할 수 있다.(33회)

⑦ 소유권에 기한 방해배제청구권에서 '방해'는 현재 지속되고 있는 침해를 의미한다.(34회)
⑧ 미등기 무허가건물의 양수인은 소유권에 기한 방해배제청구권을 행사할 수 없다.(34회) (매도인을 대위하여 청구할 수 있다)
⑨ 소유물방해예방청구권에서 방해의 염려가 있다고 하기 위해서는 객관적으로 근거있는 상당한 개연성을 가져야 할 것이고, 관념적인 방해의 가능성만으로는 방해의 염려가 있다고 할 수 없다.

(5) 기타

① 도급계약에서 신축집합건물의 소유권을 수인의 도급인에게 귀속할 것을 약정한 경우(소유권은 도급인에게 원시적으로 귀속) 그 건물의 각 전유부분의 소유관계는 공동도급인의 약정에 의한다.
② 구분소유권의 객체로서 적합한 물리적 요건을 갖추지 못한 건물의 일부(부합)가 구분소유권의 목적으로 등기되었더라도 구분소유권은 인정되지 않는다.
③ 乙은 甲의 X토지를 임차하여 점유하고 있는데, 丙이 무단으로 X토지 위에 건축폐자재를 적치(積置)하여 乙의 토지사용을 방해하고 있는 경우?
  ㉠ 甲은 丙에 대하여 소유권에 기한 방해배제청구권을 행사할 수 있다.
  ㉡ 乙은 丙에 대하여 소유권에 기한 방해배제청구권을 행사할 수 없지만, 甲의 소유권에 기한 방해배제청구권을 대위 행사할 수 있다.
  ㉢ 丙이 X토지를 자신의 것으로 오신하여 건축폐자재를 적치한 경우라 하더라도, 乙은 丙에 대하여 점유권에 기한 방해배제청구권을 행사할 수 있다.
  ㉣ 甲은 丙에 대하여 점유권에 기한 방해배제청구권을 행사할 수 있다.
  ㉤ X토지에 대한 임대차 계약이 종료되면 甲은 乙에 대하여 임대차 계약상 반환청구권을 행사할 수 있는데, 이는 채권적 청구권으로 물권적 청구권과 별개로 행사할 수 있다.

2. 상린관계

(1) 의의

① **인접**하고 있는(격지 × ⇨ 지역권은 인지이든, 격지이든 불문) **부동산**(토지나, 건물 ⇨ 지역권은 토지만)**소유자 상호간**(지상권자, 전세권자, 임차인도 주장가능)의 이용을 조절하기 위하여 **민법의 규정**(등기 × ⇨ 지역권은 설정합의와 등기)에 의하여 규율되는 부동산 소유자(소유권의 내용으로서 독립한 물권 × ⇨ 지역권은 독립한 물권)간의 권리관계를 상린관계라고 한다.
② 소유권에 규정된 상린관계의 내용은 지상권, 전세권에 준용되고 토지임대차에 유추적용되나 **지역권에는 적용되지 않는다.**
③ **경계선 부근의 건축**에 관한 제242조, 지하시설에 관한 제244조는 **강행규정이라고 볼 수 없고** 이와 다른 내용의 당사자 특약을 무효라고 할 수 없다.

(2) 생활방해금지 등

> **제217조(매연등에 의한 인지에 대한 방해금지)** ① 토지소유자는 매연, 열기체, 액체(증기), 음향, 진동 기타 이에 유사한 것(불가양물 ⇨ 가스, 악취, 먼지)으로 이웃토지의 사용을 방해(공중에 방산되는것)하거나 이웃 거주자의 생활에 고통을 주지 아니하도록 적당한 조처를 할 의무가 있다.
> ② 이웃거주자는 전항의 사태가 이웃 토지의 통상의 용도에 적당한 것인 때에는 이를 □□할 의무가 있다.
>
> 📝 인용

토지 주변의 소음이 사회통념상 수인한도를 넘은 경우에는 그 토지소유자는 소유권에 의하여 소음피해의 제거를 청구할 수 있다.(33회)

(3) 주위토지통행권

1) 유상통행권
   ① 주위토지
      ㉠ 주위토지통행권이 성립한 경우, 통행권자는 **통행지소유자의 손해를 보상**하여야 한다. 주위토지통행권자가 손해를 **보상하지 않더라도 통행권은 소멸하지 않고** 채무불이행책임만 발생한다.
      ㉡ 이미 그 소유 토지의 용도에 필요한 통로가 있는 경우에는 **그 통로를 사용하는 것보다 더 편리하다는 이유만**으로 다른 장소로 **통행할 권리를 인정할 수 없다.**(15회 추가, 24회)
      ㉢ 통행권자의 허락을 얻어 **사실상 통행하고 있는 자**(지상권자, 전세권자, 임차인 등)에게는 그 손해의 **보상을 청구할 수 없다.**(15회 추가, 20회) (통행권자가 통행지소유자의 손해를 보상하도록 규정되어 있다)
      ㉣ 주위토지통행권은 그 통행로가 항상 특정한 장소로 고정된 것은 아니다. 통행로로 인정된 이후 주위토지 등의 현황이나 **구체적 이용 상황에 변동**이 생긴 경우에는 구체적 상황에 맞게 **통행로를 변경**할 수 있다.
      ㉤ 주위토지통행권은 그 통로로의 폭이나 위치 등을 정함에 있어서는 **피통행지의 소유자에게 가장 손해가 적게 되는 방법이 고려**되어야 한다.
      ㉥ 토지소유자 자신이 그 토지와 공로사이의 통로를 막는 건물을 축조한 경우 타인소유의 주위토지를 **통행할 권리가 없다.**
      ㉦ **주위토지통행권자**는 주위토지통행권이 인정되는 때에도 그 **통로개설이나 유지비용을 부담**해야 한다.(27회, 28회)
   ② 통행
      ㉠ 주위토지통행권은 **현재의 토지의 용법**에 따른 이용의 범위에서 인정되는 것이지 더 나아가 **장차의 이용 상황까지 미리 대비하여 통행로를 정할 것은 아니다.**(27회)

ⓒ **위요지**(맹지)**의 소유자**는 반드시 이를 현실적으로 이용하고 있는지의 여부에 관계없이 주위토지에 대하여 상당한 범위 내에서 **장래의 이용에 필요한 통행권이 인정**되어야 한다.(현재 토지를 사용하지 않는 토지소유자도 주위토지통행권 자체가 부정되는 것은 아니다)

ⓒ 일단 주위토지통행권이 발생하였다고 하더라도 나중에 그 토지 **위요지에 접하는 공로가 개설**되면 그 **통행권은 소멸**한다.(24회)

ⓐ **주위토지통행권은 법정의 요건이 없어지게 되면 당연히 소멸**하므로 포위된 토지가 사정변경에 의하여 공로에 접하게 되거나

ⓑ 포위된 토지의 소유자가 주위의 토지를 취득함으로써 주위토지**통행권을 인정할 필요성이 없**어지게 된 경우에는 통행권은 당연히 **소멸**한다.(32회)

ⓔ 이미 **기존의 통로**가 있더라도 그것이 **당해 토지의 이용에 부적합**하여 실제로 통로로서의 충분한 기능을 하지 못하고 있는 경우에도, 주위토지통행권이 **인정**된다.(15회 추가, 18회, 20회, 27회)

ⓜ **주위토지통행권자**가 통행지를 통행함에 그치지 않고 이를 **배타적으로 점유**하고 있다면 통행지 소유자는 통행권자에 대하여 그 **인도를 청구**할 수 있다.(20회)

ⓑ 주위토지통행권이 인정된다고 하더라도 통로를 상시적으로 개방하여 제한 없이 이용할 수 있도록 하거나 피통행지 소유자의 관리권이 배제되어야만 하는 것은 아니므로, 쌍방 토지의 용도 및 이용 상황, 통행로 이용의 목적 등에 비추어 **토지의 용도에 적합한 범위에서 통행 시기나 횟수, 통행방법 등을 제한하여 인정할 수도 있다.**

ⓢ 공로(公路)에 통할 수 있는 자기의 공유토지를 두고 공로에의 통로라 하여 타인의 토지를 통행하는 것은 허용될 수 없고, 이는 위 공유토지가 구분소유적 공유관계에 있고 공로에 접하는 공유 부분을 다른 공유자가 배타적으로 사용·수익하고 있더라도 마찬가지이다.

ⓞ 건축법상 도로의 폭 등에 관하여 제한규정이 있더라도 반사적 이익으로서 포위된 토지 소유자에게 이와 일치하는 통행권이 인정되는 것이 아니다.(15회 추가)

③ 권리
ⓐ **통행에 방해가 되는 담장**과 같은 축조물도 위 통행권의 행사에 의하여 **철거**되어야 하는 것이고(24회) 그 담장이 **비록 당초에는 적법하게 설치**되었던 것이라 하더라도 통행지 소유자가 그 철거의무를 부담한다.(27회, 28회)

ⓒ 주위토지통행권자는 모래를 깔거나 돌계단을 조성하거나 장해가 되는 나무를 제거할 수 있고, **통로를 포장**하는 것도 **허용**된다.

ⓒ 주위토지통행권의 성립에는 등기가 필요하다.(27회)

④ **명의신탁자에게는** 주위토지통행권이 **인정되지 아니한다.**(20회) (통행지소유자와의 관계에서 소유자로 취급받는자는 수탁자 이므로) 그러나 **지상권자, 임차인, 전세권자**는 주위토지통행권을 **직접 행사**할 수 있다. (신탁자는 토지에 대한 개발행위 허가를 받았다거나, 전소유자로부터 통행에 허가를 받았더라도 현소유자에게 대항할 수 없다)

⑤ 주위토지통행권(법률상 권리)을 행사함에 있어서도 **주거의 자유**(헌법상 권리)**와 평온 및 안전을 침해하여서는** 아니 된다.
⑥ 지료액 산정기준
　㉠ 타인 소유의 토지를 법률상 권원 없이 점유함으로 인하여 그 토지소유자가 입은 통상의 손해는 특별한 사정이 없는 한 **그 점유토지의 임료 상당액**이지만
　㉡ 주위토지통행권자가 단지 통로로서 통행지를 통행함에 그치고 **통행지 소유자의 점유를 배제할 정도의 배타적인 점유를 하고 있지 않다면 임료 상당액 전부가 통행지 소유자의 손해액이 된다고 볼 수는 없고** 구체적인 이용상태 기타 제반사정을 고려하여 손해액을 산정해야 한다.
　㉢ 주위토지통행권자가 통행지 소유자에게 보상해야 할 손해액은 주위토지통행권이 인정되는 당시의 현실적 이용 상태에 따른 **통행지의 임료 상당액을 기준**으로 하여, 구체적인 사안에서 사회통념에 따라 기타 제반 사정을 고려하여 **이를 감경할 수 있다.**
　㉣ 단지 주위토지통행권이 인정되어 통행하고 있다는 사정만으로 **통행지를 '도로'로 평가하여 산정한 임료 상당액**이 통행지 소유자의 **손해액이 된다고 볼 수 없다.**

2) 분할, 일부양도와 무상주위통행권
① 토지의 분할 또는 일부 양도로 인한 타인의 토지에 대한 **무상통행권**은 공유토지의 **직접 분할당사자 사이** 또는 토지의 **일부양도의 당사자 사이에만 적용**되고 피통행지의 특정승계인에 대해서는 적용되지 않는다.(20회, 24회, 26회) (유상통행권이 인정된다)
② **분할**로 인하여 공로에 통하지 못하는 토지가 생긴 경우 그 **포위된** 토지의 특정승계인에게는 **무상의 주위토지통행권이 인정되지 않는다.**(15회 추가)

(4) 인지사용에 관한 상린관계

> **제216조(인지사용청구권)** ① 토지소유자는 경계나 그 근방에서 담 또는 건물을 축조하거나 수선하기 위하여 필요한 범위내에서 이웃□□의 사용을 청구할 수 있다. 그러나 이웃사람의 승낙이 없으면 그 □□에 들어가지 못한다.
> ② 전항의 경우에 이웃사람이 손해를 받은 때에는 보상을 청구할 수 있다.
>
> 　　　　　　　　　　　　　　　　　　　　　　　　　　　📝 토지, 주거

토지소유자는 경계나 그 근방에서 담 또는 건물을 축조하거나 수선하기 위하여 필요한 범위 내에서 **이웃토지의 사용을 청구**할 수 있다(26회) (승낙이 없으면 필요한 범위내에서 타인의 토지를 임의로 사용할 수는 없으나, 토지에 대해서는 판결로 갈음할 수는 있다).(17회) 그러나 **이웃사람의 승낙이 없으면 그 주거에 들어가지 못한다.**(17회) (승낙이 없으면 주거에 대해 판결로 갈음할 수 없다)

(5) 경계에 관한 상린관계

제237조(경계표, 담의 설치권) ① 인접하여 토지를 소유한 자는 □□□□으로 통상의 경계표나 담을 설치할 수 있다.
② 통상의 경계표나 담의 설치비용은 쌍방이 □□하여 부담한다. 그러나 □□비용은 토지의 면적에 비례하여 부담한다.

제238조(담의 특수시설권) 인지소유자는 □□의 비용으로 담의 재료를 통상보다 양호한 것으로 할 수 있으며 그 높이를 통상 보다 높게 할 수 있고 또는 방화벽 기타 특수시설을 할 수 있다.

제239조(경계표등의 공유추정) 경계에 설치된 경계표, 담, 구거등은 상린자의 □□로 추정한다. 그러나 경계표, 담, 구거등이 상린자 일방의 단독비용으로 설치되었거나 담이 건물의 일부인 경우에는 □□으로 소유한다.

📝 공동비용, 절반, 측량, 자기, 공유, 단독

① 인접하여 토지를 소유한 자는 **공동비용**으로 **통상의 경계표나 담을 설치**할 수 있다. **비용은 쌍방이 절반**하여 부담한다(공유 추정)(18회, 25회) ⇨ 공용부분과 함께 공유물분할을 청구할 수 없다).(28회)
② 토지의 경계에 담이 없는 경우, 특별한 사정이 없는 한 인접지 소유자는 공동비용으로 통상의 담을 설치하는 데 협력할 의무가 있다.(25회)
③ 그러나 **측량비용**은 **토지의 면적에 비례**하여 부담한다.(26회) 인지소유자는 자기의 비용으로 담의 높이를 통상보다 높게 할 수 있다.(26회)
④ 경계에 설치된 담이 상린자의 공유인 경우, 상린자는 공유를 이유로 공유물분할을 청구할 수 없다.(28회)
⑤ 수지, 목근 재거(17회, 28회)

제240조(수지(樹脂), 목근(木根)의 제거권) ① 인접지의 □□□□가 경계를 넘은 때에는 그 소유자에 대하여 가지의 제거를 청구할 수 있다.
② 수목가지의 소유자가 가지의 제거청구에 응하지 아니한 때에는 □□□가 그 가지를 제거할 수 있다.
③ 인접지의 수목 □□가 경계를 넘은 때에는 임의로 제거할 수 있다.

제241조(토지의 심굴금지) 토지소유자는 인접지의 지반이 붕괴할 정도로 자기의 토지를 심굴(深掘)하지 못한다. 그러나 충분한 방어공사를 한 때에는 심굴할 수 있다.

📝 수목가지, 청구자, 뿌리

⑥ 경계선 부근의 건축(17회, 25회)

> **제242조(경계선부근의 건축)** ① 건물을 축조함에는 특별한 관습이 없으면 경계로부터 □□□ 이상의 거리를 두어야 한다.(판례는 제242조는 임의규정이라고 한다)
> ② 인접지소유자는 전항의 규정에 위반한 자에 대하여 건물의 변경이나 철거를 청구할 수 있다. 그러나 건축에 착수한 후 □□을 경과□□□ 건물이 완성된 후에는 손해배상만을 청구할 수 있다.(1년이 경과되기 전이라도 건물이 완성되면 철거는 청구할 수 없고, 손해배상만 청구할 수 있다.)(28회)
>
> 📝 반미터, 1년, 하거나

⑦ 차면시설

> **제243조(차면시설의무)** 경계로부터 □□□ 이내의 거리에서 이웃 주택의 내부를 관망할 수 있는 창이나 마루를 설치하는 경우에는 적당한 차면(遮面)시설을 하여야 한다.
>
> 📝 2미터

⑧ 지하시설(33회)

> **제244조(지하시설등에 대한 제한)** ① 우물을 파거나 용수, 하수 또는 오물등을 저치할 지하시설을 하는 때에는 경계로부터 □□□이상의 거리를 두어야 하며 저수지, 구거 또는 지하실공사에는 경계로부터 그 □□□ □ 이상의 거리를 두어야 한다.(판례는 제244조는 임의규정이라고 한다)
>
> 📝 2미터, 깊이의 반

⑨ 乙소유 주택의 일부는 甲소유 대지와 乙소유 대지의 경계표인 담이 될 수 있다.(17회)

(6) 물에 관한 상린관계

> **제221조(자연유수의 승수의무와 권리)** ① 토지소유자는 이웃 토지로부터 □□□ 흘러오는 물을 막지 못한다.
> ② 고지소유자는 이웃 저지에 자연히 흘러 내리는 이웃 저지에서 필요한 물을 자기의 정당한 사용범위를 넘어서 이를 막지 못한다.
>
> 📝 자연히

① 토지소유자가 부담하는 자연유수의 승수의무(承水義務)에는 적극적으로 그 자연유수의 소통을 유지할 의무는 없다.(33회)
② 고지(高地)의 소유자는 이웃 저지(低地)에 자연히 흘러내리는 이웃 저지에서 필요한 물을 **자기의 정당한 사용범위를 넘어서 이를 막지 못한다**.(25회)

③ 소통공사권

> **제222조(소통공사권)** 흐르는 물이 저지에서 폐색(閉塞·막힘)된 때에는 (특별한 관습이 없으면)□□소유자는 자비로 소통에 필요한 공사를 할 수 있다.
>
> 📝 고지

④ 처마물에 대한 시설의무(25회)

> **제225조(처마물에 대한 시설의무)** 토지소유자는 처마물이 이웃에 □□ □□하지 아니하도록 적당한 시설을 하여야 한다.
>
> 📝 직접 낙하

⑤ 토지소유자는 그 소유지의 물을 소통하기 위하여 이웃 토지소유자가 시설한 공작물을 사용할 수 있고, 이를 사용하는 자는 그 이익을 받은 비율로 공작물의 설치와 보존의 **비용을 분담**하여야 한다.

⑥ 타인의 토지를 통과하지 않으면 필요한 수도를 설치할 수 없는 토지의 소유자는 그 **타인의 승낙 없이도 수도를 시설**할 수 있다.(32회)

⑦ 여수급여청구권(26회)

> **제228조(여수급여청구권)** 토지소유자는 과다한 비용이나 노력을 요하지 아니하고는 가용이나 토지이용에 필요한 물을 얻기 곤란한 때에는 이웃 토지소유자에게 보상하고 여수의 급여를 청구할 수 있다.

(7) 관습이 우선적용(14회, 15회 추가)

제223조 **저**수, 배수, 인수를 위한 공작물에 대한 공사청구권, 제232조 **하**류연안의 용수권보호, 제229조 **수**류의 변경, 제233조 **용**수권의 승계, 제222조 **소**통공사권 제231조 **공**유하천용수권, 제237조 **경**계표, 담의 설치권. 제242조 경계선 부근의 건축, 제302조의 특수지역권의 경우에 비용부담에 관한 **관습**이 있으면 그 관습에 의한다.

3. 부동산 소유권의 점유시효취득

(1) 의의

부동산물권(소유권, 지상권, 지역권, 전세권)		동산물권(소유권, 질권)	
점유시효취득	등기부시효취득	일반시효취득	단기시효취득
20년	10년	10년	5년
자주, 평온, 공연	+선의, 무과실	자주, 평온, 공연	+선의, 무과실

① 주체
  ㉠ 자연인, 법인, **국가**나 **지방자치단체**, 문중 또는 종중과 **같이 법인 아닌 사단** 또는 **재단**도 취득시효완성으로 인한 소유권을 취득할 수 있다.
  ㉡ 부동산 명의수탁자는 신탁부동산을 점유시효취득 할 수 없다.(21회, 22회)

② 시효취득의 대상(점유+등기＝원시취득)
  ㉠ **부동산의 일부를 점유**하여 취득시효가 완성된 경우 **분필**절차를 밟은 후 시효취득의 **등기**를 함으로써 그 부분의 소유권을 취득한다.(12회, 30회) 그러나 **부동산 일부에 대한 등기부 시효취득은 불가능**하다.(1부동산 1등기 기록원칙)
  ㉡ **행정재산**(보존용 재산 포함)에 대해서는 시효취득이 **인정되지 않**지만 **일반재산**(잡종재산)에 대해서는 시효취득이 **인정**된다.(31회, 32회) 일반재산일 당시에 취득시효가 완성되었다고 하더라도 행정재산으로 되었다면 시효완성을 이유로 소유권이전등기를 청구할 수 없다.(17회, 34회)
  ㉢ **자기 소유의 부동산**(명의신탁자가 20년간 점유)이라도 시효취득의 **목적물이 될 수 있다.**(12회, 17회) 그러나 부동산에 관하여 적법·유효한 **등기를 하여 소유권을 취득한 사람**이 부동산을 점유하는 경우, 그 점유는 **취득시효의 기초가 되는 점유라고 할 수 없다.**(28회)
  ㉣ **공유지분**의 일부에 대해서도 시효취득이 **가능**하지만, 집합건물의 **공용부분**은 점유취득시효에 의한 소유권취득의 **대상이 될 수 없다.**(30회)
  ㉤ 소유권, 지상권, **계속**되고 **표현**된 **지역권**, 전세권 등은 시효취득이 인정된다.(26회) ⇨ 점유권, 유치권,(이상 등기하지 않으므로) 저당권(점유하지 않으므로)시효취득이 인정되지 않으나 지역권은 계속+표현된 것이라는 조건하에 인정된다.(26회)
  ㉥ **성명불상자**의 소유물도 시효취득의 **대상**이 된다.(32회)

② 점유

> 제245조(점유로 인한 부동산소유권의 취득기간) ① □□간 □□□ □□(자주)로 평온, 공연하게 부동산을 점유하는 자는 □□함으로써 그 소유권을 (원시)취득한다.
>
> 📝 20년, 소유의 의사, 등기

  ㉠ **점유자**가 취득시효를 주장하는 경우에는 **스스로 소유의 의사를 입증할 책임이 없고**(22회, 23회)(소유권의 시효취득을 주장하는 점유자는 특별한 사정이 없는 한 자신의 점유가 자주점유에 해당함을 증명할 필요가 없다)(33회), 점유자의 **취득시효의 성립을 부정하는 자**에게 그 입증책임이 있다.
  ㉡ 민법 제197조 제1항에 의하여 점유자는 소유의 의사로 선의, 평온 및 공연하게 점유한 것으로 추정되고,(20회) 이러한 추정은 지적공부 등의 관리주체인 국가나 지방자치단체가 점유하는 경우에는 적용될 수 있다.
  ㉢ 점유매개자의 점유를 통한 **간접점유**에 의해서도 점유에 의한 시효취득이 가능하다.(20회, 30회, 33회)
  ㉣ 점유자가 자주점유의 권원을 주장하였으나 이것이 인정되지 않는 경우라도 특별한 사정이 없는 한 자주점유로 추정된다.(32회)

ⓜ 부동산에 대한 악의의 무단점유는 점유취득시효의 기초인 자주점유로 추정되지 아니한다.(30회)
　③ 기산점
　　　㉠ 취득시효는 그 기간 동안 등기명의자가 동일하고 그 변동이 없는 경우(취득시효의 기초가 되는 점유가 법정기간 이상으로 계속되는 경우), 당사자가 **임의로 기산점을 선택**하여 취득시효완성을 **주장**할 수 있다.(12회, 17회)
　　　㉡ 점유기간 중에 해당 부동산의 소유권자가 변동된 경우에는 취득시효를 주장하는 자가 임의로 기산점을 선택하거나 소급하여 20년 이상 점유한 사실만 내세워 시효완성을 주장할 수 없다.
　　　㉢ 점유가 순차 승계된 경우에는 취득시효의 완성을 주장하는 자는 자기의 점유만을 주장하거나 또는 자기의 점유와 전 점유자의 점유를 아울러 주장할 수 있는 선택권이 있다.(32회)
　　　㉣ 전 점유자의 점유를 아울러 주장하는 경우에 그 점유의 개시 시기를 어느 점유자의 점유기간 중의 임의의 시점으로 선택할 수는 없다.
　　　㉤ **소유자가 변경된 시점을 새로운 기산점으로 삼아도 다시 취득시효의 점유기간이 완성**되는 경우에는 **2차의 취득시효의 완성**을 주장할 수 있다.

(2) 점유취득시효 완성후 등기전의 법률관계
　① 등기청구권의 소멸시효
　　　㉠ 시효취득자는 취득시효의 완성으로 바로 소유권을 취득할 수 없고, 이를 원인으로 소유권이전 등기청구권이 발생할 뿐인데, 이는 **채권적 청구권**이다.(24회)
　　　㉡ 점유자가 **점유를 상실**한 경우에는 점유를 상실한 때로부터 **10년간 등기청구권을 행사**하지 않으면 소멸시효가 완성한다.(22회)
　　　㉢ 취득시효완성으로 인한 소유권이전등기 청구권(채권적 청구권)은 그 토지에 대한 **점유가 계속되는 한 시효로 소멸하지 아니하나**,(24회) 여기서 말하는 점유에는 직접점유뿐만 아니라 **간접점유도 포함**된다.
　　　㉣ 취득시효완성으로 인한 소유권이전등기청구권은 점유가 계속되는 한 시효로 소멸하지 않고 그 후 **점유를 상실하였다**(상실한 날로부터 10년 소멸시효) **하더라도** 이를 '**시효이익의 포기**(즉시 등기청구권이 소멸)로 볼 수 있는 경우가 **아닌 한**' 이미 취득한 소유권이전등기청구권이 '**바로**' **소멸되지는 않는다.**
　　　㉤ 점유자가 취득시효기간이 경과한 후에 상대방에게 토지의 **매수를 제의**한 경우 이를 가지고 **시효이익의 포기라고 볼 수 없고** 위 점유자의 점유를 타주점유라고 볼 수는 없다.
　　　㉥ 취득시효에서 **시효이익의 포기**(취득시효 완성 후 시효취득자가 소유권이전등기절차의 이행의 소를 제기하였으나 그 후 상대방의 소유권을 인정하여 합의로 소를 취하한 경우)(24회)는 특별한 사정이 없는 한 시효취득자가 **취득시효 완성 당시의 진정한 소유자에게 하여야** 효력이 발생한다.
　　　㉦ 취득시효기간의 **완성 전에 부동산에 압류 또는 가압류** 조치가 이루어졌다고 하더라도 이는 취득시효의 **중단사유가 될 수 없다.**(30회, 34회)

ⓒ 점유취득시효 완성으로 인한 이전등기청구권의 양도는 통상의 채권양도법리에 따라 양도인의 채무자에 대한 통지만으로 대항력이 생기나(30회) (즉, 취득시효완성으로 인한 소유권이전등기청구권은 원소유자의 동의가 없어도 제3자에게 양도할 수 있다)(31회, 32회), 그러나 매매로 인한 소유권이전등기청구권의 양도는 반드시 채무자의 동의나 승낙을 받아야 대항력이 생긴다.

② 점유의 법률효과 승계여부
  ㉠ **전점유자의 점유를 승계**한 자는 그 점유 자체와 **하자만을 승계**하는 것이지 그 점유로 인한 **법률효과**(등기청구권)**까지 승계하는 것은 아니다.**
  ㉡ 부동산을 취득시효기간 만료 당시의 점유자(등기청구권이라는 채권을 취득)로부터 양수하여 **점유를 승계한 현 점유자**는 전점유자의 원소유자에 대한 소유권이전**등기청구권을 대위 행사**할 수 있을 뿐 전점유자의 취득시효완성의 효과를 주장하여 "**직접**" 자기에게 소유권이전등기를 청구할 권원은 없다.

③ 소급효

> **제247조(소유권취득의 소급효, 중단사유)** ① 취득시효에 의한 소유권취득의 효력은 점유를 개시한 때에 □□한다.
> ② 소멸시효의 중단에 관한 규정은 부동산·동산의 소유권 취득기간에 준용한다.
>
> **제248조(소유권이외의 재산권의 취득시효)** 취득시효의 규정은 소유권 이외의 □□□(지상권, 계속되고 표현된 지역권, 전세권 ⇨ 소유권 이외의 재산권이므로 자주점유일 필요 없다)의 취득에 준용한다.
>
> 📝 소급, 재산권

  ㉠ 취득시효의 완성을 이유로 소유권이전등기를 청구하려면 **시효완성당시의 소유자를 상대**로 하고, 소유권취득의 효력은 **점유를 개시한 때에 소급**한다.(22회)
  ㉡ 취득시효 완성자가 아직 소유권이전**등기를 경료받기 전**이라도 원소유자(등기의무자)는 시효완성 점유자(등기권리자)에 대하여
    ⓐ 그 **점유부분의 인도**와 그 점유로 인한 **부당이득반환청구를 할 수 없고,**(32회, 34회)
    ⓑ 시효취득 기간 동안 점유로 인한 **손해의 배상을 청구할 수 없다.**
    ⓒ 그리고 원소유자가 점유자에 대하여 그 대지에 대한 불법점유임을 이유로 그 **지상건물의 철거와 대지의 인도를 청구할 수는 없다.**
    ⓓ 취득시효가 완성된 점유자는 토지 소유자가 시효완성 후 당해 토지에 무단으로 담장 등을 설치하더라도 그 철거를 청구할 수 있다.
  ㉢ 시효완성으로 이전등기를 경료받은 자(점유개시시로 소급하여 소유권 취득)가 취득시효기간 중에 체결한 임대차에서 발생한 임료는 시효완성자에게 귀속한다.(23회)
  ㉣ 점유취득시효에 따른 부동산소유권 취득의 효력은 시효취득자가 이전등기를 한 이후부터 발생한다.(33회)

④ **시효 완성 당시의 등기부상 소유자의 소유권이전등기가 원인무효인 경우**(실체관계에 부합하지 않은 등기로서 말소대상), 시효취득자는 **진정한 소유자를 대위하여** 위 **무효등기의 말소를 구하고 다시 위 소유자를 상대**로 취득시효 완성을 이유로 한 소유권**이전등기를 구**하여야 한다.(24회) 즉, 이전등기가 무효라면 원칙적으로 그 등기명의인은 시효완성을 원인으로 한 소유권이전등기청구의 상대방이 될 수 없다.(20회, 34회)

⑤ **미등기 부동산**의 경우라고 하여 취득시효기간의 완성만으로 **등기 없이도 점유자가 소유권을 취득한다고 볼 수 없다.** 점유취득시효는 등기함으로써 소유권을 취득한다.

⑥ 점유취득시효가 완성된 후에는 **취득시효 완성의 이익**을 **포기**할 수 있다.

⑦ 20년간 소유의 의사로 평온, 공연하게 집합건물을 구분소유한 사람은 이를 등기함으로써 건물의 대지에 대한 소유권까지도 취득할 수 있다.

⑧ 취득시효가 완성된 점유자는 소유권이전등기를 마치기 전이라도 점유권에 기하여 등기부상의 명의인을 상대로 점유방해의 배제를 청구할 수 있다.

(3) 시효취득자와 등기명의인과의 관계

① 부동산 소유자와 시효취득자 사이에 계약상의 **채권·채무관계가 성립하는 것은 아니**므로, 그 부동산을 제3자에게 처분한 소유자에게 **채무불이행책임**을 물을 수 **없다.**(24회)

② **원소유자가 취득시효가 완성된 사실을**
  ㉠ **모르고**(취득시효가 완성된 후 점유자가 그 취득시효를 주장하거나 이로 인한 소유권이전등기청구를 하기 이전) 이를 **제3자에게 처분**하였다고 하더라도 **불법행위가 성립하는 것은 아니다.**
  ㉡ **알고도** 그 부동산을 **제3자에게 처분**(근저당권설정을 통한 대출)함으로써 소유권이전등기의 무가 이행불능이 되게 하였다면 취득시효를 완성한 자에 대하여 **불법행위를 구성**한다.(20회)
  ㉢ 취득시효가 완성된 사실을 알든 모르든 제3자는 소유권을 원시취득한다.(20회)

③ 취득시효 완성 후에 부동산을 취득한 **제3자**가 원소유자의 배임적 불법행위에 "**적극 가담**"하였다면 이는 사회질서에 반하는 행위로서 **무효**이다.
  ㉠ 점유자는 취득시효 완성 당시의 소유자를 대위하여 위 제3자 앞으로 경료된 원인무효인 등기의 말소를 구함과 아울러 위 소유자에게 취득시효 완성을 원인으로 한 소유권이전등기를 구할 수 있다.
  ㉡ 또한 시효완성 당시의 소유자가 그 무효행위를 추인하여도 그 제3자 명의의 등기는 무효이다. (제103조 위반으로 인하여 무효인 경우 추인 ×)

④ 시효완성자는 취득시효완성에 따른 등기를 하지 않더라도
  ㉠ 시효완성 당시의 등기명의인에 대하여 **취득시효를 주장**할 수 있다.
  ㉡ 점유권에 기하여 등기부상의 명의인을 상대로 점유방해의 배제를 청구할 수 있다.
  ㉢ 취득시효가 완성된 점유자는 토지 소유자가 시효완성 후 당해 토지에 무단으로 담장 등을 설치하더라도 그 철거를 청구할 수 있다.(23회)
  ㉣ 미등기부동산의 점유자는 취득시효의 완성만으로 점유부동산의 소유권을 취득할 수 없고,(20회) 소유권이전등기를 함으로써 소유권을 취득한다.

(4) 제3자에 대한 관계
    ① 취득시효완성 후(등기청구권=채권) 이전등기 전에 제3자 앞으로 소유권이전등기가 경료되면 (제3자가 소유권 취득=물권) 시효취득자(채권)는 등기명의인(물권)에게 시효취득을 주장할 수 없음이 원칙이다.(29회, 22회) 그로 인해 **시효완성 당시의 소유자에 대한 점유자의 소유권이전등기 청구권이 상실하는 것은 아니고**(채권은 특정인과 특정인간의 관계이므로) 그 후 어떤 사유로 시효완성 당시의 소유자에게로 소유권이 회복되면 점유자는 그 소유자에게 **시효취득의 효과를 주장할 수 있다.**
    ② **점유취득시효완성 후**(채권) **이전등기 전에 원소유자가 해당 부동산에 관하여 근저당권을 설정한 경우**(물권), 특별한 사정이 없는 한 취득시효완성자는 소유권이전**등기를 경료함으로써 담보권 제한**(근저당권)**이 있는 소유권을 취득한다.**(23회, 31회) (따라서 시효완성자가 근저당권의 채권최고액을 변제하더라도 원소유자에게 구상권을 행사할 수 없다)
    ③ 점유취득시효 완성 후 제3자 명의의 소유권이전등기가 마쳐진 경우, 점유자는 그 **소유권 변동 시를 새로운 기산점**으로 하여 **2차의 취득시효의 완성을 주장**할 수 있다.
    ④ 완성전 소유자 변경
        ㉠ 취득시효가 **완성되기 전에 등기명의인이 바뀐 경우**에는 시효완성자는 **취득시효완성 당시**(등기청구권 취득)**의 등기명의인에게 취득시효를 주장할 수 있다.**(23회)
        ㉡ 그러나 **취득시효기간이 진행하는 중에 등기명의인이 변동**된 경우, 취득시효기간의 **기산점을 임의로 선택**하거나 소급하여 20년 이상 점유한 사실만을 내세워 **시효완성을 주장할 수 없다.**
    ⑤ 제3자에 해당한 경우
        ㉠ 취득시효가 **완성된 후** 그 **등기를 하기 전**에 취득시효 **완성 전에 이미 설정되어 있던 가등기에 기하여 소유권이전의 본등기**를 경료한 자(이때부터 소유권 취득)에 대하여 시효취득을 주장할 수 없다.(30회) (취득시효완성 후 등기명의인이 변경되면 설사 등기원인이 취득시효 완성 전에 존재하였더라도, 시효완성자는 변경된 등기명의인에게 취득시효를 주장할 수 없다.)
        ㉡ 명의신탁된 부동산에 대하여 점유취득시효가 **완성된 후**(채권) **명의신탁이 해지되어 그 등기명의가 명의신탁자에게로 이전**된 경우(시효완성 후 등기전에 이해관계를 맺은 제3자로서 물권자)에는 **시효완성자는 신탁자에 대하여 취득시효를 주장할 수 없다.**(31회) (신탁자는 시효완성자에게 권리를 주장(대항)할 수 있다)(23회)
        ㉢ **파산관재인**(제3자)을 상대로 파산선고 전의 점유취득시효 완성을 원인으로 한 소유권이전등기절차의 이행을 청구할 수 없다.

(5) 대상청구권
    ① 민법상 대상청구권을 규정하고 있지 않으나 해석상 대상청구권을 행사하기 위해서는 그 **이행불능 전**에 취득기간이 만료되었음을 이유로 그 **권리를 주장**하였거나 **등기청구권을 행사**하였어야 대상청구권을 행사할 수 있다.

② 등기청구권자는 대상청구권 행사로 **수용보상금의 반환을 청구**할 수 있으나 그 **보상금의 소유자가 자신이라는 확인을 구할 수는 없다.**

4. 등기부시효취득

(1) **의의**

> 제245조(등기로 인한 부동산소유권의 취득기간) ② 부동산의 소유자로 □□한 자(이중보존등기X)가 □□간 소유의 의사로 평온, 공연하게 □□이며 □□□□(무과실은 추정되지 않으므로 시효취득자가 입증) 그 부동산을 점유(선의, 무과실은 점유에 관한 것)한 때에는 (즉시) 소유권을 취득한다.
>
> 📝 등기, 10년, 선의, 과실없이

(2) **등기**

① 등기부취득시효의 요건으로서 소유자로 등기한 자라 함은, 그 등기가 **중복등기가 아니라면** 적법·유효한 등기를 마친 자일 필요는 없고 **무효의 등기를 마친 자라도 상관없다.**
② **무효인 이중의 소유권보존등기**에 기초하여 소유권이전등기를 경료 받은 점유자는 등기부취득시효의 완성을 **주장할 수 없다.**(31회) (중복등기 중 선등기가 원인무효가 아니어서 후등기가 무효로 된 경우, 후등기를 근거로 등기부취득시효의 완성을 주장할 수 없다)
③ 지적공부 소관청의 분필절차를 거치지 않은 채 **등기부상만으로 분할된 토지**에 대한 등기부취득시효는 **인정되지 않는다.**
④ 부동산을 **점유한 기간**과 소유자로 **등기된 기간은 각각 10년 이상**이어야 하며, 점유와 마찬가지로 **등기의 승계가 인정**된다.(등기승계설)
⑤ 등기부취득시효가 완성된 이후에는 등기원인의 실효를 주장하여 등기명의자의 소유권취득을 부인할 수 없다.(23회)

(3) **부동산의 점유**

① 등기부취득시효에 있어서는 **점유의 개시에 과실이 없었음을 필요로** 하고(무과실점유는 추정되지 않으므로), 그 **입증책임은 시효취득을 주장하는 소유자에게 있다.**
② 등기부취득시효에 있어서 **선의, 무과실**은 등기에 관한 것이 아니고 **점유의 취득에 관한 것**이다.

(4) **기타**

① **10년간 등기와 점유한 때에 곧바로 소유권을 원시취득**하므로 소유권이전등기청구권의 문제는 생기지 않는다. 따라서 등기부취득시효가 완성된 이후에는 등기원인의 실효를 주장하여 등기명의자의 소유권취득을 부인할 수 없다.
② **등기부취득시효가 완성된 후**(소유권을 원시취득한 후)에 그 부동산에 관한 **점유자 명의의 등기가 말소**되거나 **적법한 원인 없이 다른 사람 앞으로 소유권이전등기**가 경료되었다 하더라도 그 점유자는 **소유권을 상실하는 것은 아니다.**(15회) (등기는 효력발생요건이지 존속요건이 아니므로)

5. 동산의 취득시효 (12회, 22회)

> **제246조(점유로 인한 동산소유권의 취득기간)** ① □□간 소유의 의사로 평온, 공연하게 □□을 점유한 자는 그 소유권을 취득한다.
> ② 동산의 점유가 □□이며 □□□□ 개시된 경우에는 □□을 경과함으로써 그 소유권을 취득한다.
>
> 📝 10년, 동산, 선의, 과실없이, 5년

① 동산의 점유로 인한 시효취득의 경우, 그 점유가 선의이며 과실없이 개시된 경우에는 5년을 경과함으로써 그 소유권을 취득한다.(12회)
② 10년간 소유의 의사로 평온·공연하게 동산을 점유한 자는 그 점유개시 당시에 과실이 있었더라도 소유권을 취득할 수 있다.(22회)

6. 선의취득

(1) 의의

> **제249조(선의취득)** 평온, 공연하게 □□을 양수한 자가 □□이며 □□□□ 그 동산을 점유한 경우에는 양도인이 정당한 소유자가 아닌 때에도 □□ 그 동산의 소유권(또는 질권)을 취득한다.(원시취득)
>
> 📝 동산, 선의, 과실없이, 즉시

① 동산을 점유하고 있는 상대방을 권리자로 믿고 평온, 공연, 선의, 무과실(자주점유 ×)로 거래한 경우에는 비록 양도인이 정당한 권리자가 아니라 할지라도(무권리자) 양수인은 그 동산에 대한 권리(소유권과 질권)를 취득하는 것을 인정하는 제도이다.

> **제188조(동산물권양도의 효력, 간이인도)** ① 동산에 관한 물권의 양도(이전적 승계 중에서 법률행위에 의한 권리의 이전을 양도라고 함)는 그 동산을 □□(점유의 이전 ⇨ 현실의 인도)하여야 효력이 생긴다.
> ② □□□□이 □□ 그 동산을 점유한 때에는 당사자의 의사표시(인도에 관한 합의)만으로 그 효력이 생긴다.(간이인도)
>
> **제189조(점유개정)** 동산에 관한 물권을 양도하는 경우에 당사자의 계약(양도인이 직접점유, 양수인이 간접점유하는 임대차 등의 계약관계)으로 □□□□이 그 동산의 점유를 □□하는 때에는 양수인이 인도받은 것으로 본다.(선의취득 ×)
>
> **제190조(목적물반환청구권의 양도)** 제3자(직접점유자)가 점유하고 있는 동산에 관한 물권을 양도하는 경우에는 양도인(간접점유자)이 그 제3자에 대한 □□□□□(채권적청구권)을 양수인에게 양도함으로써 동산을 인도한 것으로 본다.
>
> 📝 인도, 양수인, 이미, 양도인, 계속, 반환청구권

② 동산의 선의취득에 필요한 점유의 취득은 **현실의 인도**뿐만 아니라 **간이인도, 목적물반환청구권의 양도로는 선의취득할 수 있으나, 점유개정에 의해서는 선의취득할 수 없다.**

③ **점유개정의 방법**으로 동산에 대한 이중의 양도담보설정계약이 체결된 경우, **뒤에 계약을 체결한 후순위 채권자는 양도담보권을 선의취득할 수 없다.**(19회)

(2) 선의취득의 객체 – 동산
① 선의취득의 대상이 되는 물건은 **동산**에 한하므로, 선박, 자동차, 항공기, 건설기계(준부동산, 의제부동산)의 경우에는 선의취득의 **대상이 될 수 없다.**
② **부동산**(토지, 건물, 입목, 명인방법으로 공시되는 수목의 집단, 농작물)(12회)과 점유권, **저당권**이나 지상권과 같이 부동산에 관한 권리 등은 **선의취득의 대상이 아니다.**(12회, 19회)
③ 거래행위(양도)가 금지되는 국유문화재(12회)·마약·위조지폐, **금전**이 가치의 표상으로 유통된 경우(화폐수집용 금전은 선의취득 가능), **증권적채권**(유가증권)(12회) 등도 선의취득의 **대상이 아니다.**
④ 수분양자로서의 지위를 내용으로 하는 **연립주택의 입주권은 선의취득의 대상이 될 수 없다.**
⑤ 점유권, 유치권, 용익물권, 저당권은 선의취득할 수 없다.

(3) 양도인(전주 前主, 무권리자)에 관한 요건
① 양도인의 점유는 직접점유·간접점유나 **자주점유**(소유권)·**타주점유**(질권)를 불문한다.
② **양도인의 소유권취득이 무효·취소·해제**된 경우 양도인은 무권리자이나 **다시 전득한 제3자는 선의취득**에 의해 소유권을 취득할 수 있다.
③ 양도인인 **무권대리인으로부터** 대리권이 있는 줄 믿고서 동산을 양수한 경우에는 양수인의 **선의취득이 인정되지 않으나, 다시 전득한 자는 선의취득할 수 있다.**
④ **양도인이 제한능력자**로서 본인의 재산을 처분한 경우에는 **양수인에게 선의취득이 성립하지 않**으나 양수인(무권리자)으로부터 **다시 전득한자는 선의취득**할 수 있다.
⑤ **채무자 이외의 사람에 속하는 동산**을 경매절차에서 경락받은 경우에도 선의취득이 성립할 수 있다.

(4) 양수인(선의취득자)에 관한 요건 ⇨ 유효한 거래행위의 존재
① 동산의 선의취득은 **양도인이 무권리자**라고 하는 점을 제외하고는 아무런 **흠이 없는 유효한 거래행위**이어야 성립한다.
② **거래행위가 무효**이거나 **취소**된 경우에는 양수인의 선의취득이 인정되지 않는다.(19회) 그러나 그 양수인(무권리자)로 부터 **다시 전득한 제3자는 선의취득**을 할 수 있다.
③ **거래행위가 있을 것**
  ㉠ **매매·증여·교환·경매** 등에 의한 **특정승계의 경우**에는 선의취득이 인정된다.
  ㉡ **상속**·포괄유증·회사의 합병과 같은 **포괄승계**에는 선의취득이 **인정되지 않는다.**(상속은 거래행위가 아니므로)
  ㉢ 자기 소유의 논에 인접한 **타인 소유의 논을 자신의 것으로 오인하고 그 지상의 벼를 수확한 경우, 자신의 소유로 오신하고 타인의 산림벌채·유실물습득과 같은 사실행위는 선의취득이 인정되지 않는다.**

(5) 평온 · 공연 · 선의 · 무과실 점유(19회)

① 민법 제249조가 규정하는 **선의 · 무과실**의 기준시점은 **물권행위**(물권적 합의 + 인도)가 완성되는 때이므로
  ㉠ **물권적 합의**(2/1)가 동산의 **인도**(3/1)보다 먼저 행하여지면 **인도**(3/1)**된 때**
  ㉡ **인도**(2/1)가 **물권적 합의**(3/1)보다 먼저 행하여지면 **물권적 합의**(3/1)가 이루어진 때를 기준으로 선의 · 무과실을 판단해야 한다.
② **무과실점유**는 추정되지 아니하므로 무과실점유의 **입증책임**은 **동산점유자**(선의취득자)에게 있다.(동산점유자에게 과실이 있는 경우 선의취득할 수 없다)(19회)

(6) 선의취득의 효과

① 선의취득의 대상이 되는 물권은 동산물권이지만 실제로는 **동산 소유권**(자주점유)과 **동산 질권**(타주점유)에 한한다.
② 선의취득이 유효하게 성립한 경우(원시취득)에는 **선의취득자는 임의로 선의취득의 효과를 거부하고 종전 소유자에게 동산을 반환받아 갈 것을 요구할 수 없다.**
③ 선의취득자는 권리를 잃은 전(前)소유자에게 부당이득을 **반환할 의무가 없다.**
④ 특별한 사정이 없는 한 선의취득이 성립되면 무권리자인 **양도인은 양수인과의 거래행위에 의해 취득한 이익을 부당이득으로** 종전 소유자에게 **반환해야** 한다.

(7) 도품, 유실물에 대한 특례

> **제250조(도품, 유실물에 대한 특례)** 선의취득의 경우에 그 동산이 □□이나 □□□□인 때에는 피해자 또는 유실자는 도난 또는 유실한 날로부터 □□내에 그 물건의 반환을 청구할 수 있다. 그러나 도품이나 유실물이 □□인 때에는 반환을 청구하지 못한다.
>
> **제251조(도품, 유실물에 대한 특례)** 양수인이 도품 또는 유실물을 경매나 공개시장에서 또는 동종류의 물건을 판매하는 상인에게서 □□(+무과실까지 요구)로 매수한 때에는 피해자 또는 유실자는 양수인이 지급한 □□□ □□하고 그 물건의 반환을 청구할 수 있다.
>
> 📝 도품, 유실물, 2년, 금전, 선의, 대가를 변상

① 특례규정
  ㉠ 선의취득의 경우에 그 동산이 **도품**(절도 · 강도만 해당)이나 **유실물**인 때에는 피해자 또는 유실자는 도난 또는 유실한 날로부터 **2년 내**에 그 물건의 반환을 청구할 수 있다.
  ㉡ 도품이나 유실물이 **금전**인 때에는 **반환을 청구하지 못한다.**
  ㉢ 양수인이 도품 또는 유실물을 **경매나 공개시장**에서 또는 동종류의 물건을 판매하는 **상인**에게서 **선의**(판례는 무과실까지 요함)(19회)로 매수한 때에는 피해자 또는 유실자는 양수인이 지급한 **대가를 변상**하고 그 물건의 **반환을 청구**할 수 있다.(12회) (양수인이 악의나 과실이 있으면 대가변상 없이 반환을 청구할 수 있다)

② 선의취득자에게 **항변권만을 인정한 것이 아니라** 대가변상청구권을 부여한 것이다.
③ 사기·횡령·공갈·**점유보조자**(가게의 점원)가 **횡령**하여 선의의 제3자에게 매도하고 인도한 경우(제3자가 소유권을 원시취득), 도품이 아니므로 피해자는 2년 내에 그 시계의 **반환을 청구할 수 없다.**

6. 무주물선점 · 유실물습득 · 매장물발견(원시취득)

(1) 무주물선점(19회, 33회)

> **제252조(무주물의 귀속)** ① 무주(無主)의 동산을 □□□ □□(자주)로 점유한 자는 그 소유권을 (원시)취득한다.
> ② 무주의 □□□은 국유로 한다.(선점의 대상 ×).
> ③ 야생하는 동물은 무주물로 하고 사양하는 야생동물도 다시 야생상태로 돌아가면 무주물로 한다.
>
> 📝 소유의 의사, 부동산

(2) 유실물습득

> **제253조(유실물의 소유권취득)** 유실물(遺失物)은 법률에 정한 바에 의하여 공고한 후 □□□내에 그 소유자가 권리를 주장하지 아니하면 습득자가 그 소유권을 (원시)취득한다.
>
> 📝 6개월

(3) 매장물발견(33회)

> **제254조(매장물의 소유권취득)** 매장물(埋藏物)은 법률(유실물법)에 정한 바에 의하여 공고한 후 □□내에 그 소유자가 권리를 주장하지 아니하면 발견자가 그 소유권을 (원시)취득한다. 그러나 타인의 토지 기타 물건으로부터 발견한 매장물은 그 토지 기타 물건의 □□□와 □□□가 절반하여 취득한다(공유).
>
> 📝 1년, 소유자, 발견자

(4) 문화재의 국유(18회)

> **제255조(문화재의 국유)** ① 학술, 기예 또는 고고의 중요한 재료가 되는 물건에 대하여는 언제나 □□로 한다.(모든 동산이 선점의 대상이 되는 것은 아니다)
> ② 그 습득자, 발견자 및 매장물이 발견된 토지 기타 물건의 소유자는 국가에 대하여 적당한 보상을 청구할 수 있다.
>
> 📝 국유

7. 첨부(부합, 혼화, 가공)

(1) 규정의 성질

① **강행규정**
  ㉠ 첨부에 의해 생긴 물건의 **분리·복구는 금지**된다.
  ㉡ 첨부로 소멸한 구물건 위에 존재하던 **제3자의 권리는 보호**된다.

② **임의규정**
  ㉠ 첨부에 의해 생긴 물건의 **소유자를 누구로 할 것인가?**
  ㉡ 부합으로 인하여 소유권을 상실한 자는 **부당이득에 관한 규정**에 의하여 보상을 청구할 수 있다.(30회)

(2) 부동산에의 부합

> **제256조(부동산에의 부합)** 부동산의 □□□는 그 부동산에 부합(독립성X, 구성부분)한 물건의 소유권을 취득한다. 그러나 □□□ □□에 의하여 부속된 것은 그 타인의 소유이다.
>
> 📝 소유자, 타인의 권원

1) **부합물**(독립성X=부합=구성부분=물건의 일부=물권의 객체 X)

  ① 건물 증축에 있어서 부합 여부는 증축 부분의 **객관적 상태** 외에 **소유자의 의사를 고려**하여 결정한다.
  ② 부합물은 동산에 한한다는 것이 다수설이나 〈판례〉는 동산뿐만 아니라 **부동산도 부합**하는 **물건**이 될 수 있다고 한다.(30회)
  ③ 주유소지하에 매설된 **유류저장탱크**나 **정화조 탱크**는 토지에 부합된 것이라고 할 것이다.(16회) 그러나 건물 임차인이 부착한 벽걸이 에어컨은 건물에 부합하지 아니한다.(16회)
  ④ **동산이 부동산에 부합**하여 동산의 소유권이 소멸한 때에는 **그 동산을 목적으로 한 다른 권리도 소멸**한다.(부동산의 소유자가 원시취득이므로)
  ⑤ 부합의 원인은 인위적이든 자연적(산사태 등)이든 불문한다.(23회)

2) **효과**

  ① 독립성X=부합=구성부분=물건의 일부=물권의 객체 X
    ㉠ 부동산에 **부합된 물건이 사실상 분리, 복구가 불가능**하여 거래상 **독립한 권리의 객체성을 상실**하고 그 부동산과 일체를 이루는 **구성부분**이 된 경우 타인이 권원에 의하여 부속시켰더라도 **부동산 소유자가 그 물건의 소유권을 취득**한다.
    ㉡ 타인이 그의 권원에 의하여 부동산에 부속한 물건은 이를 **분리하여도 경제적 가치가 없**으면(독립성X, 구성부분, 부합) **부동산소유자의 소유**로 한다.
    ㉢ 건물로서의 **독립성이 없**어서 기존 건물의 **구성부분**이 된 경우에는 타인의 권원에 의해 부속시킨 것이라도 기존 건물에 **부합**한다.

② 건물의 임차인이 임차한 건물에 그 권원에 기하여 증축을 하였더라도 **증축한 부분이 구조상·이용상 독립성이 없어 기존 건물의 구성부분**이 된 때에는, 증축된 부분에 **별개의 소유권이 성립할 수 없다.**(28회, 32회) (따라서 임차권, 전세권 등 타인의 권원이 부합여부의 기준이 되는 것이 아니고, 독립성이 있는지 없는지가 부합여부의 기준이 된다)
   ⑩ 증축당시에는 독립성이 없었지만 그 후 구조의 변경 등으로 **독립한 권리의 객체성을 취득**하면 증축된 부분은 독립한 **소유권의 객체**가 될 수 있다.
   ⑪ 토지 위에 건물이 신축 완공된 경우에 건물은 토지에 부합하지 않는다.(29회)
   ⑫ 지상권자가 지상권에 기하여 토지에 부속시킨 물건은 지상권자의 소유로 된다.(28회)
② **부동산에 부합된 동산의 가격**(2억원)이 **부동산의 가격**(1억원)을 **초과하여도 부동산의 소유자는 원칙적으로 부합한 물건**(동산)**의 소유권을 취득**한다.(23회, 30회)
③ 무단경작/무단식목
   ㉠ **권원 없이 타인의 토지에 경작·재배한 농작물**일지라도 그 소유권은 **경작자**에게 있고 토지에 부합하지 아니한다.(16회, 28회, 29회) 적법한 경작권 없이 타인의 토지를 경작하였다면 그 경작한 입도(立稻, 벼)가 성숙한 경우에도 경작자는 그 입도의 소유권을 갖는다.
   ㉡ 타인의 임야에 권원 없이 식재한 수목의 소유권은 임야소유자에게 귀속한다.(16회, 21회, 28회) (수목은 토지에 부합한다)
   ㉢ 토지임차인의 승낙만을 받아 임차 토지에 나무를 심은 사람(무단전차인)은 다른 약정이 없으면 토지소유자(임대인)에 대하여 그 나무의 소유권을 주장할 수 없다.(29회) (대항하지 못한다)
   ㉣ 토지의 **사용대차권**(정당한 권원)에 기하여 그 토지상에 **식재된 수목**은 이를 식재한 자(사용차주)에게 그 소유권이 있고, **토지에 부합하지 않는다.**(30회)
④ 매수인이 제3자와의 도급계약에 따라 **매도인에게 소유권이 유보된 자재를 제3자의 건물에 부합**한 경우, 매도인은 **선의·무과실의 제3자**(선의취득자)**에게 보상을 청구할 수 없다.**(29회) (그러나, 제3자가 이를 알고 있는 경우에는 부합이나, 보상청구는 가능)
⑤ **동일인 소유의 여러 동산들이 결합하는 것은 부합이 아니다.**(부합은 원시취득에 해당하므로 이미 자기 소유물인 경우에 원시취득X)
⑥ **저당권의 효력**은 다른 사정이 없으면 저당부동산에 **부합**(종물)**된 물건에 미친다.**
⑦ **전유부분**(주된권리)만에 대해 내려진 **가압류**결정의 효력은, 대지사용권의 분리처분이 가능하도록 규약으로 정한 경우가 아닌 한 그 **대지권**(종된권리)**에도 미친다.**
⑧ 건물의 **증축 부분이 기존건물에 부합**한 경우 기존건물에 대한 경매절차에서 **경매목적물로 평가되지 아니하였다고 할지라도 경락인은 부합된 증축 부분의 소유권을 취득**한다.
⑨ 분리가 가능하지만 분리할 경우 상호 부착되거나 결합된 물건의 경제적 가치가 심하게 손상되는 경우에도 부합이 인정된다.
⑩ 동산이 부동산에 부합하여 동산의 소유권이 소멸한 때에는 그 동산을 목적으로 한 다른 권리도 소멸한다.

⑪ 매도인에게 소유권이 유보된 시멘트를 매수인이 제3자 소유의 건물 건축공사에 사용한 경우, 그 제3자가 매도인의 소유권 유보에 대해 악의라면 매도인의 보상청구를 거부할 수는 없으나, 특별한 사정이 없는한 시멘트는 건물에 부합된다.(30회)

(3) 동산간의 부합 16회 ⇨ 혼화

제257조(동산간의 부합) 동산과 동산이 부합하여 훼손하지 아니하면 분리할 수 없거나 그 분리에 과다한 비용을 요할 경우에는 그 합성물의 소유권은 □□ □□의 소유자에게 속한다. 부합한 동산의 주종을 구별할 수 없는 때에는 동산의 소유자는 □□□□의 가액의 비율(현재 가액비율 X)로 합성물을 공유한다.

제258조(혼화) 동산간의 부합에 관한 규정은 동산과 동산이 혼화(混和·곡물, 금전과 같은 "혼합"과 술, 기름과 같은 "융합")하여 식별할 수 없는 경우에 준용한다.

📝 주된 동산, 부합당시

(4) 가공

제259조(가공) ① □□의 동산에 가공(加工)한 때에는 그 물건의 소유권은 □□□의 소유자에게 속한다(재료주의 원칙). 그러나 가공으로 인한 가액의 증가가 원재료의 가액보다 □□□ □□인 때에는 가공자의 소유로 한다(예외적으로 가공주의).
② 가공자가 재료의 일부를 제공하였을 때에는 그 가액은 전항의 증가액에 가산한다.

📝 타인, 원재료, 현저히 다액

(5) 첨부의 효과

제260조(첨부의 효과) ① 첨부(添附·부합, 혼화, 가공)에 의하여 동산의 소유권이 소멸한 때에는 그 동산을 목적으로 한 다른 권리(동산질권)도 소멸한다.
② 동산의 소유자(구 물건의 소유자)가 합성물, 혼화물 또는 가공물의 단독소유자가 된 때에는 제3자의 권리는 합성물, 혼화물 또는 가공물에 □□하고 그 공유자가 된 때에는 그 □□에 존속한다.

제261조(첨부로 인한 구상권) 부합, 혼화, 가공의 경우에 손해를 받은 자(구물건의 소유자)는 □□□□에 관한 규정에 의하여 보상을 청구할 수 있다.(임의규정)

📝 존속, 지분, 부당이득

8. 공유

(1) 의의

제262조(물건의 공유) ① 물건이 지분(1개의 소유권의 분량적 일부분)에 의하여 수인의 소유로 된 때에는 □□로 한다.

📝 공유

① 공유란 하나의 물건이 **지분**에 의해 수인의 소유로 되는 것을 말한다. 즉 공유는 1개의 물건에 대한 1개의 소유권이 분량적으로 분할되어 여러 사람에게 속하는 것이다(양적분할설). 따라서 공유는 **1물1권주의에 반하지 않는다.**
② 형제간인 **두 사람이 각자 3천만원씩 투자**하여 구입한 토지의 공동소유관계는 **공유**이다.
③ 수인이 공동으로 **상속**한 부동산은 상속인들 사이에 **공유**로 된다.
④ 건물 **공유자 중 일부만이** 당해 건물을 현실적으로 **점유**하고 있는 경우라도 **공유명의자 전원**이 공동으로 건물 소유를 위하여 그 건물 부지를 **점유**하고 있는 것으로 볼 수 있다.
⑤ **수인의 명의수탁자**의 물건 소유 형태는 **공유**이나 **신탁법상의 수탁자가 수인** 있는 경우의 신탁재산에 대한 소유형태는 **합유**이다.
⑥ **개별 채권자들**이 같은 기회에 특정 부동산에 관하여 **하나의 근저당권**을 설정 받은 경우, 그들은 해당 근저당권을 **준공유**한다.(30회)

(2) 공유지분

① 지분등기

> **제262조(물건의 공유)** ② 공유자의 지분은 □□한 것으로 추정한다.
>
> 📝 균등

㉠ 공유지분은 등기를 요하는데 공유물에 대하여 **등기가 없으면 그 지분비율은 균등**한 것으로 **추정**된다.
㉡ **지분을 양수** 받은 자가 지분의 **등기를 하지 않으면** 그 지분취득으로 **기존의 공유자나 제3자에게 대항할 수 없다.**
㉢ 공유물분할청구소송에 있어 **제3자에 대한 관계**에서는 **등기부상의 지분**을 기준으로, **원래의 공유자들 사이**에서는 **실제의 지분**(공유물분할, 점유, 임대행위 등)을 기준으로 삼아야 할 것이다.
㉣ **복수의 권리자**가 소유권이전청구권을 보존하기 위하여 **가등기**를 마쳐 둔 경우 특별한 사정이 없는 한 그 권리자 중 **한 사람은 자신의 지분**에 관하여 **단독**으로 그 가등기에 기한 **본등기를 청구**할 수 있다.(각자의 지분은 단독으로 등기할 수 있으므로)

② 지분처분의 자유

> **제263조(공유지분의 처분과 공유물의 사용, 수익)** 공유자는 그 □□을 처분할 수 있고 공유물 전부를 □□의 비율(집합건물법에서 공용부분은 용도에 좇아 사용, 수익)로 사용, 수익할 수 있다.
>
> 📝 지분, 지분

㉠ 공유자는 **다른 공유자의 동의 없이 자기의 공유지분을 처분**(양도·저당권설정·포기 등)을 자유로이 할 수 있다.(12회, 23회) 즉, **부동산 공유자는 자기 지분 위에 다른 공유자의 동의 없이 저당권을 설정**(물권행위로서 처분행위)**할 수 있다.**(16회)

ⓒ 공유자가 **지분처분금지특약**에 위반하여 지분을 **처분**한 경우에도 **유효**하고 **그 처분에 다른 공유자들의 동의를 받을 필요가 없다.**(지분양도금지의 특약은 물권법정주의에 위반되어 무효이므로 등기사항 X)
ⓒ 공유자끼리 그 **지분을 교환**하는 것은 지분권의 처분이므로 이를 위해서는 교환당사자가 아닌 **다른 공유자의 동의가 필요없다.** (33회)
③ **공유지분의 포기**는 법률행위로서 상대방 있는 **단독행위**에 해당하므로, 민법 제186조에 의하여 **등기**를 하여야 공유지분 포기에 따른 물권변동의 효력이 발생한다. (31회) (부동산 공유자의 공유지분 포기의 의사표시가 다른 공유자에게 도달하더라도 이로써 곧바로 공유지분 포기에 따른 물권변동의 효력이 발생하는 것은 아니다.)

(3) 공유물에 대한 공유관계

1) 공유물의 사용 · 수익

> **제263조(공유지분의 처분과 공유물의 사용, 수익)** 공유자는 그 □□을 처분할 수 있고 공유물 전부를 □□의 비율(집합건물법에서 공용부분은 용도에 좇아 사용, 수익)로 사용, 수익할 수 있다.
>
> 📝 지분, 지분

① 공유자는 그 지분을 처분할 수 있고 **공유물 전부**를 **지분의 비율**로 **사용, 수익**할 수 있다. (35회)
② 공유자 간의 공유물에 대한 **사용 · 수익**에 관한 특약은 **특약을 변경**할 만한 사정이 있는 경우에는 공유자의 **지분의 과반수의 결정**으로 기존 특약을 변경할 수 있다.
③ 건물의 공유자가 **공동으로 건물을 임대**하고 **보증금을 수령**한 경우, 특별한 사정이 없는 한 그 보증금 **반환채무**는 성질상 **불가분채무**에 해당된다.

2) 공유물의 보존

> **제265조(공유물의 관리, 보존)** 그러나 보존행위는 □□가 할 수 있다.
>
> 📝 각자

① 보존행위는 **각자**가 할 수 있다. (35회)
② 공유자가 다른 공유자의 **지분권을 대외적으로 주장**하는 것은 공유물의 **보존행위에 속한다고 할 수 없다.**(20회) (보존행위는 공유물에 관한 것이지, 지분에 관한 것이 아니다.)
③ 공유자의 불법점유/무효등기
  ㉠ 공유토지의 **甲**(지분 1/2, 소수지분권자)이 **乙**(지분 1/2)과 협의 없이 그 토지를 **배타적으로 독점 사용**하는 경우(소수지분권자의 점유는 불법점유) 乙은 공유물의 보존행위로서 그 배타적 **사용의 배제를 청구할 수 있으나, 토지의 반환은 청구할 수 없다.** 즉, **소수지분권자**는 공유물의 전부를 협의 없이 점유하는 **다른 소수지분권자**에게 공유물의 **인도를 청구할 수 없다.**(18회, 27회, 31회, 32회)

ⓛ 토지 공유자 **甲, 乙, 丙** 중 1인인 **甲이 공유토지 전부**에 관하여 무단으로 자기 앞으로 **소유권이전등기**를 경료한 경우, **乙은 甲의 지분**(1/3)을 **제외**한 **나머지 지분 등기**(2/3)**의 말소**를 청구할 수 있다.(19회, 30회) (각자 지분만큼 등기해야 하므로, 甲의 지분(1/3)은 유효이다. 따라서 甲의 지분을 제외한 나머지 2/3를 말소해야 한다)

ⓒ **甲이 乙, 丙**과 함께 X 토지를 각 1/3 지분으로 공유하고 있는 경우 공유물에 관한 보존행위를 이유로는 **乙 명의의 1/3 지분에 관하여 원인 없이 丁 앞으로 마쳐진 소유권이전등기의 말소를 구할 수 없다.**(공유물에 대한 침해가 아니고, 乙의 지분소유권이 丁으로부터 침해된 경우이므로 침해당한 乙이 丁을 상대로 말소 청구해야 한다)

ⓔ 공유자는 **단독**으로 자신의 지분에 관한 **제3자의 취득시효를 중단**시킬 수 있고, 시효중단의 효력은 그 공유자에 한해 발생한다.(31회, 35회)

ⓜ 甲과 乙이 X토지의 **각 특정부분을 구분**하여 **소유**하면서 **공유등기**를 한 경우(구분소유적 공유), **甲 자신이 구분소유하는 지상에 건물을 신축**하더라도 **乙은** 그 건물의 **철거를 청구할 수 없**다.

④ 제3자의 불법점유/무효등기

ⓐ 제3자가 공유물을 불법 점유한 경우, 공유자(소수 또는 과반수 지분권자임을 요하지 아니한다)는 단독으로 공유물 전부의 반환을 청구할 수 있다.(16회)

ⓑ **제3자**가 공유토지 전부에 대해 **원인무효**의 소유권이전**등기**를 경료한 경우 **공유자 중 1인은 그 등기 전부의 말소를 청구**할 수 있다.(28회) (제3자의 원인없는 등기는 전부 무효이므로)

ⓒ 제3자의 점유(임차인)가 **과반수지분권자**(임대인)**의 승낙**을 얻은 경우 **적법한 점유**로서 보호되지만, **소수지분권자**(점유나 임대할 권원이 없다)**와 임대차계약**을 체결하고 점유를 이전받은 경우 **불법점유**로서 **반환의무를 부담**한다.

ⓓ 공유물을 **불법 점유하는 제3자**가 있는 경우 공유자는 **단독**으로 자기의 **지분범위 안**에서 **부당이득반환청구** 및 **손해배상청구권**을 행사할 수 있다.(돈은 각자가 자신의 지분비율대로 청구)

3) 공유물의 관리

제265조(공유물의 관리, 보존) 공유물의 관리(임대차)에 관한 사항은 공유자의 □□□ □□□(공유자의 과반수 X)로써 결정한다.

📝 지분의 과반수

① 지분 과반수

ⓐ 공유물의 관리(임대행위)에 관한 사항은 공유자의 **지분의 과반수**(공유자의 과반수 X)로써 결정한다.(32회)

ⓑ 공유물의 **사용 · 수익 · 관리**에 관한 공유자간의 **특약**은 그 **특정승계인**에 대하여도 **승계**된다고 할 것이나,(32회) 공유물에 관한 특약이 지분권자로서의 **사용 · 수익권을 사실**

상 포기하는 등으로 공유지분권의 본질적 부분을 **침해**하는 경우에는 특별한 사정이 없는 한 특정승계인에게 **당연히 승계된다고 볼 수 없다**.(27회)

ⓒ **과반수 지분의 공유자**라면 **다른 공유자**와 사이에 공유물의 관리방법에 관한 **협의를 하지 아니한 채** 자신이 그 공유물의 **특정 부분을 배타적으로 사용·수익**하기로 정할 수 있고, 공유물의 특정부분을 제3자에게 임대할 수 있다.

ⓔ X건물의 **2/3 지분권자**(과반수 지분권자) **甲**이 乙의 동의 없이 X건물 **전부를 丙에게 사용하게 한 경우**,

 ⓐ 과반수 지분권자로부터 공유물의 특정 부분에 대한 배타적인 사용·수익을 허락받은 제3자의 점유는 다른 소수지분권자와 사이에서도 적법하다.(27회) 따라서 **소수지분권자 乙은 丙**에 대하여 3분의 1 지분만큼의 X건물의 인도를 청구할 수 없다.
 ⓑ **乙은** 과반수 지분권자 **甲에게 차임상당의 부당이득반환청구를 해야 하고**,(30회)
 ⓒ 적법한 임차인 **丙에게 임료의 1/3을 부당이득으로 반환할 것을 청구할 수 없다**.
 ⓓ **소수지분의 공유자 乙은** 그 점유자 丙이 사용하는 건물부분에서의 퇴거를 청구할 수 **없다**.(18회) (과반수 지분권자로부터 사용을 허락받은 경우 적법한 점유이므로)

② 공유건물을 임대 중에 대항력 있는 임차인에게 **계약갱신을 거절**하려면 **공유지분의 과반수**로써 결정하여야 한다. 공유자 전원이 임대인으로 되어 공유물을 임대한 경우, 그 임대차계약을 해지하는 것은 특별한 사정이 없는 한 공유물의 관리행위(공유 지분의 과반수)이다.(30회)

③ **토지공유자 중의 일부**가 공유 토지의 특정 부분을 **배타적으로 점유·사용**하고 있는 경우, 그 토지를 사용·수익 하지 않는 **다른 공유자들에 대하여는** 그 지분에 상응하는 **부당이득을 반환할 의무**가 있다.(35회)

④ 무단임대행위는 불법행위를 구성하여 **손해배상책임이 성립**하는데, 반환 내지 배상의 범위는 위 **부동산 임대차로 인한 차임상당액**이지, 임대보증금 자체에 대한 지분비율 상당액이 아니다.

⑤ 소수지분권자

ⓐ 부동산에 관하여 **1/3의 지분을 가진 자**는 그 부동산 면적의 1/3에 해당하는 **특정 부분에 대하여 배타적으로 사용·수익할 수 없다**(소수지분권자의 점유는 불법점유이다).

ⓑ 甲과 乙이 X건물을 공유하고 있는 경우 **3분의 1 지분권자 乙**이 甲의 동의 없이 X건물을 **丙에게 임대한 경우**, 그 **임대차계약 자체는 효력이 있다**.(채권행위는 누구든지 할 수 있으나, 乙은 甲에게 불법행위책임을 진다)

ⓒ 甲, 乙, 丙이 건물을 공유(지분은 甲이 1/2, 乙과 丙이 각각 1/4)하고 있는데 건물이 제3자에게 임대된 경우, **甲**(소수지분권자)은 **단독으로 임대차계약을 해지할 수 없다**.(해지권은 관리행위이므로 과반수 지분권자이어야 한다)

4) 공유물의 변경 및 처분

> **제264조(공유물의 처분, 변경)** 공유자는 다른 공유자의 동의없이 공유물을 □□하거나 □□하지 못한다.
>
> 📝 처분, 변경

① 공유자는 **다른 공유자의 동의없이** 공유물을 **처분**(공유물의 양도·담보권설정·전세권설정 등)하거나 **변경**(공유물에 대한 물리적 변화)**하지 못한다.**(27회, 35회)
② 공유자중 1인이 **그 토지에 건물을 신축**하여 배타적으로 점유하고 있는 경우(공유대지위에 건물을 축조하는 것은 처분행위이므로 전원의 동의가 필요), 공유물의 관리방법으로 부적당 하므로 **그 지상 건물의 철거를 구할 권리**가 있다.(31회, 32회)

5) 공유물에 관한 비용부담(27회)

> **제266조(공유물의 부담)** ① 공유자는 그 □□□ □□로 공유물의 관리비용 기타 의무를 부담한다.
> ② 공유자가 □□이상 비용부담의 의무이행을 지체한 때에는 다른 공유자는 상당한 가액으로 지분을 매수할 수 있다.
>
> 📝 지분의 비율, 1년

6) 지분의 탄력성

> **제267조(지분포기등의 경우의 귀속)** 공유자가 그 지분을 포기하거나 상속인 없이 사망한 때에는 그 지분은 다른 공유자에게 각 □□□ □□로 귀속한다.(지분의 탄력성)
>
> 📝 지분의 비율

(4) 공유물의 분할

1) 의의

> **제268조(공유물의 분할청구)** ① □□□는 공유물의 분할을 청구할 수 있다. 그러나 □□내의 기간으로 분할하지 아니할 것을 약정할 수 있다.
> ② 공유물분할금지의 계약을 갱신한 때에는 그 기간은 갱신한 날로부터 □□을 넘지 못한다.
> ③ 제215조(제215조 건물의 구분소유에서 공용부분), 제239조(제239조 경계표, 담, 도랑등의 공유추정)의 공유물에는 □□을 청구할 수 없다.
>
> 📝 공유자, 5년, 5년, 분할

① **각 공유자**는 특별한 사정이 없는 한 **언제든지** 공유물의 **분할을 청구**할 수 있다.(15회)
② **각 공유자가 다른 공유자를 상대로 공유물분할을 청구**하면 **각 공유자는 분할에 관해 협의할 의무를 부담**한다.(20회) 따라서 **공유자 전원이 분할절차에 참여**하여야 하므로 공유자는 이에 응할 의무가 있고,(15회 추가) 공유자 전원이 분할절차에 참가하지 않은 공유물분할은 무효이다.(20회)

③ 건물의 구분소유에서 **공용부분**(제215조)과 경계에 설치된 **경계표, 담, 구거** 등은 상린자의 공유로 추정(제239조)되나 **분할할 수가 없다.**
④ **5년 내의 기간으로 분할하지 아니할 것을 약정**할 수 있고, 그 기간은 계약을 **갱신할 수 있으나**(29회) 갱신한 날로부터 **5년을 넘지 못한다. 등기된 분할금지특약**은 물권적 효력을 가지므로 그 지분권의 **승계인에게도 효력이 미친다.**(15회 추가)
⑤ 공유관계가 존속하는 한, **공유물분할청구권**(형성권으로서 제척기간에 걸린다)만이 독립하여 **시효로 소멸하지는 않는다.**
⑥ 공유물분할청구는 부동산의 구분소유적 공유관계에서 인정되지 않고, 지분이전등기를 청구해야 한다.

2) **협의상 분할**(15회 추가, 16회)

> 제269조(분할의 방법) ① 분할의 방법에 관하여 □□가 성립되지 아니한 때에는 공유자는 □□에 그 분할을 청구할 수 있다.
>
> 📝 협의, 법원

3) **재판상 분할 – 현물분할 원칙**

> 제269조(분할의 방법) ② □□로 분할할 수 없거나 분할로 인하여 □□□ 그 가액이 감손될 염려가 있는 때에는 법원은 물건의 □□(대금분할)를 명할 수 있다.
>
> 📝 현물, 현저히, 경매

① 공유물분할의 소는 결국 분할방법을 정하기 위한 것이고, 그 상대방은 다른 공유자 전원이어야 한다.(15회 추가)
② 공유자 사이에 **이미 분할에 관한 협의**가 성립된 경우에는 "일부 공유자가 분할에 따른 이전등기에 협조하지 않거나 분할에 관해 다툼이 있더라도" **또다시 소**로써 그 분할을 청구하거나 이미 제기한 **공유물분할의 소를 유지함은 허용되지 않는다.**(35회)
③ **공유물분할 소송절차**에서 공유토지의 특정한 일부씩을 각각의 공유관계에 귀속시키는 것으로 현물분할하는 내용의 **조정이 성립**하였다면, **등기를 한때 물권변동**의 효력이 발생한다.
④ **현물분할이 원칙**(16회)
   ㉠ 〈공유지분비율에 따른다〉 함은 **지분에 따른 가액비율**에 따름을 의미한다.
   ㉡ 공유물분할청구의 소가 제기된 경우, 법원은 청구권자가 요구한 분할방법에 구애받지 않고 **공유자의 지분 비율에 따라 합리적으로 분할**하면 된다.(공유토지를 현물분할하는 경우에 반드시 공유지분의 비율대로 토지 면적을 분할해야 하는 것은 아니다)
   ㉢ **토지를 분할하는 경우**
       ⓐ 원칙적으로는 각 공유자가 취득하는 토지의 면적이 그 **공유지분의 비율과 같도록** 해야 하나, (반드시 공유지분의 비율대로 토지 면적을 분할해야 하는 것은 아니다)
       ⓑ 토지의 형상·위치·이용 상황이나 **경제적 가치가 균등하지 않은** 때에는 제반사정

을 고려하여 경제적 가치가 **지분비율에 상응되도록** 분할하는 것도 허용되며,
ⓒ 일정한 요건이 갖추어진 경우에는 공유자 상호간에 **금전으로 경제적 가치의 과부족을 조정**하게 하여 분할을 하는 것도 현물분할의 한 방법으로 허용되고,
ⓓ 여러 사람이 공유하는 물건을 현물분할하는 경우에는 **분할을 원하지 않는 나머지 공유자는 공유로 남겨 두는 방법**도 허용된다. (35회)
ⓔ 공유물을 **공유자 중의 1인의 단독소유 또는 수인의 공유로 하되 현물을 소유하게 되는 공유자로 하여금** 다른 공유자에 대하여 그 지분의 적정하고도 합리적인 **가격을 배상**시키는 방법에 의한 분할도 현물분할의 하나로 허용된다. (18회)
ⓕ 공유물분할청구의 소에서 분할청구자 **지분의 일부에 대하여만 공유물 분할을 명하고 일부 지분에 대하여는 이를 분할하지 아니하거나**, 공유물의 **지분비율만을 조정하는 등의 방법**으로 공유관계를 유지하도록 하는 것은 **허용될 수 없다.**

⑤ 경매
㉠ **현물로 분할할 수 없**거나 **분할로 인하여 현저히 그 가액이 감손될 염려**가 있는 때에는 법원은 물건의 경매(대금분할)를 명할 수 있다.
㉡ **현물분할이 원칙**이며 대금분할은 **보충적**으로만 가능하다. 따라서 현물분할이 가능함에도 경매를 명(命)함은 위법하다.

3) 공유물분할의 효과
① 부동산의 일부 공유지분에 관하여 저당권이 설정된 후 부동산이 분할된 경우, 저당권은 **저당권 설정자가 분할 받은 토지에만 집중되는 것이 아니다.** (15회, 20회, 29회) 따라서 그 저당권은 분할된 각 부동산 위에 종전의 지분비율대로 존속하고, 분할된 각 부동산은 저당권의 공동담보가 된다.
② **협의상 분할**의 경우에는 **등기 시**(물권변동은 등기가 접수된 때)이고 (35회), **재판상 분할**의 경우에는 판결확정시 **등기 없이** 소유권을 취득한다.
③ 분할의 효과는 공유관계 발생시로 **소급하지 않는다.** 〈다만〉, 공동상속재산의 경우에는 상속개시시로 소급한다.

4) 담보책임 (15회, 16회, 35회)

> **제270조(분할로 인한 담보책임)** 공유자는 다른 공유자가 분할로 인하여 취득한 물건에 대하여 그 □□□ □□로 매도인과 동일한 담보책임이 있다.

📝 지분의 비율

9. 합유와 총유

(1) 합유

> **제271조(물건의 합유)** ① 법률의 규정 또는 계약(조합재산)에 의하여 수인의 조합체로서 물건을 소유하는 때에는 □□로 한다. 합유자의 권리는 합유물 □□에 미친다.
> ② 합유관계는 그 □□에 의해 규율된다. □□이 없는 경우 합유관계는 민법 제272조 내지 제274조(임의규정)에 의해 규율된다.
>
> 📝 합유, 전부, 계약, 계약

① 두 사람이 건축업을 **동업**하기로 하고 각자 일정금액을 투자하여 구입한 토지의 공동소유관계가 **합유**이다.
② **조합재산**(제704조),(12회) **신탁법상 수탁자가 수인**인 경우의 신탁재산(신탁법 제45조), 2인 이상이 공동으로 광업권설정의 출원을 한 경우(광업법 제19조)는 **합유**이다.
③ 부동산을 합유하는 경우에는 등기부에 **합유자의 명의를 모두 기재**하고 **합유라는 취지를 기재**해야 한다.
④ 합유재산을 **합유자 1인 명의**로 소유권보존등기를 한 것은 실질관계에 부합하지 아니하여 **무효**이다.(27회) (다른 합유자는 등기명의인인 합유자를 상대로 소유권보존등기 말소청구의 소를 제기하는 등의 방법으로 원인무효의 등기를 말소시킨 다음 새로이 합유의 소유권보존등기를 신청할 수 있다.)
⑤ **조합원의 지위**는 특별한 **약정이 없으면 상속이 허용되지 않는다.**(18회, 29회, 34회) (그러나 약정에 따라 상속 할 수도 있다.) 따라서 **합유자 중 일부가 사망**한 경우 합유자 사이에 특별한 약정이 없는 한 해당 부동산은 **잔존 합유자가 2인 이상**일 때에는 **잔존 합유자의 합유**로 귀속된다.(27회)
⑥ 합유자의 권리는 합유물 전부에 미친다.(34회)

> **제272조(합유물의 처분, 변경과 보존)** 합유물을 처분 또는 변경함에는 합유자 □□의 동의가 있어야 한다. 그러나 보존행위는 □□가 할 수 있다.(관리행위는 합유지분의 과반수 결정에 따름)
>
> 📝 전원, 각자

⑦ 합유자는 **합유물을 처분, 변경**하는 것은 물론이고, 합유물에 대한 **지분을 처분**함에 있어서도 **합유자 전원의 동의**가 있어야 한다.(12회, 29회, 33회, 34회)
⑧ 합유물에 관하여 경료된 원인 **무효**의 소유권이전**등기의 말소**를 구하는 소송(33회)은 합유물에 관한 **보존행위**로서 합유자 **각자**가 할 수 있다.(27회, 34회)

> **제273조(합유지분의 처분과 합유물의 분할금지)** ① 합유자는 □□의 동의없이 합유물에 대한 지분을 처분하지 못한다.(합유지분은 특별한 약정이 없는한 상속 안됨)
> ② 합유자는 합유물의 □□을 청구하지 못한다.
>
> 📝 전원, 분할

⑨ 합유자는 **합유물의 분할을 청구하지 못**한다. (34회)
⑩ **합유지분 포기**가 적법하다면 그 포기된 합유지분은 나머지 **잔존 합유지분권자들에게 균분으로 귀속**하게 되지만 **등기**하여야 효력이 있다. (22회, 27회)
⑪ 동업 목적의 조합체가 부동산을 조합재산으로 취득하면서 **조합원들 명의로 공유등기**를 하였다면, 그 공유등기는 조합체가 조합원들에게 **각 지분에 관하여 명의신탁한 것**으로 보아야 한다.

> **제274조(합유의 종료)** ① 합유는 조합체의 □□ 또는 합유물의 □□로 인하여 종료한다.
> ② 조합체의 해산 또는 합유물의 양도의 경우에 합유물의 분할에 관하여는 공유물의 분할에 관한 규정을 준용한다.
>
> 📝 해산, 양도

⑫ 합유는 조합체의 **해산**(합유물 분할청구 인정) 또는 합유물의 **양도**로 인하여 **종료**한다. (27회)
⑬ 은행에 공동명의로 예금을 하고 은행에 대하여 그 권리를 함께 행사하기로 한 경우에 만일 **동업 자금을 공동명의로 예금**한 경우라면 채권의 **준합유**관계에 있다.

(2) 총유

> **제275조(물건의 총유)** ① □□□ □□ □□(종중, 교회)의 사원이 집합체로서 물건을 소유할 때에는 총유로 한다.
> ② 총유에 관하여는 사단의 정관 기타 계약에 의하는 외에 다음 2조의 규정에 의한다.
>
> **제276조(총유물의 관리, 처분과 사용, 수익)** ① 총유물의 관리 및 처분 □□□□의 결의에 의한다.
> ② □□□은 정관 기타의 규약에 좇아 총유물을 사용, 수익할 수 있다.
>
> **제277조(총유물에 관한 권리의무의 득상)** 총유물에 관한 사원의 권리의무는 사원의 지위를 □□□□함으로써 취득상실된다.
>
> 📝 법인이 아닌 사단, 사원총회, 각사원, 취득상실

① **7형제**가 종산을 구입하여 **부모 묘소**를 쓰기로 합의하고 그 중 자력이 있는 **3형제**가 돈을 모아 **임야를 매수**하여 부모 등의 묘소를 설치한 경우, 매수대금을 부담하지 않은 형제를 포함한 **7형제의 총유**이다. 법인이 아닌 사단의 사원이 집합체로서 물건을 가지는 경우에는 총유가 된다. (12회)
② 종중 소유 재산의 **보존행위**로서 **소를 제기**하는 경우, **대표자가 종중결의**를 거쳐 **종중 명의**로 하거나 그 **구성원 전원이 당사자**가 되어 필수적 공동소송의 형태를 취하여야 한다. (비법인사단의 대표자는 총유재산에 관한 소송에서 단독으로 당사자가 될 수 없다.)
③ 총유물에 관한 사원의 권리 · 의무는 사원의 지위를 **취득 · 상실**함으로써 **취득 · 상실**된다.
④ 총유물의 관리 · 처분
　㉠ 종중 소유의 재산은 종중원의 총유에 속하는 것이므로 그 관리 및 처분에 관하여 먼저 **종중규약**에 따라야 하고, 종중규약이 없으면 **종중 총회의 결의**에 의하여야 한다. 총회의 결의를 거치지 않은 총유물 처분은 무효로서 표현대리도 성립할 수 없다.

    ⓒ 비법인사단(재건축조합의 조합장)이 **타인 간의 금전채무를 보증**하는 행위는 단순한 **채무부담행위**에 불과하여 이를 총유물의 **관리·처분행위라고 볼 수는 없다.**(따라서 조합원 총회결의를 할 필요가 없다)

    ⓒ 비법인사단이 총유물에 관한 **매매계약을 체결**하는 행위는 총유물의 **처분행위**이다.

    ⓔ 법인 아닌 종중이 그 소유 토지의 매매를 중개한 중개업자에게 중개수수료를 지급하기로 하는 약정을 체결하는 것은 총유물의 관리·처분행위에 해당하지 아니한다.(33회) (채권행위로서 의무부담행위이다)

⑤ 총유재산에 관한 등기는 **사단 명의로 등기**하고, 등기신청은 사단의 대표자가 한다.(비법인사단의 대표자는 총유재산에 관한 소송에서 단독으로 당사자가 될 수 없다.)

⑥ 총유는 합유나 공유와 같이 지분권을 가지지 못하므로 지분처분권이 없다.(12회)

⑦ 교회

    ㉠ 교회가 비법인사단으로서 존재하는 이상 **교회의 분열은 인정되지 않고, 일부 교인들이** 개별적이든 집단적이든 교회를 **탈퇴**하면 **종전교회의 재산은 그 교회에 소속된 잔존교인들의 총유**로 귀속됨이 원칙이다.(18회)

    ⓒ **소속교단에서의 탈퇴** 내지 소속교단의 **변경**은 사단법인 정관변경에 준하여 의결권을 가진 **교인 2/3 이상의 찬성**에 의한 결의를 필요로 한다.

    ⓒ 비법인사단인 **교회의 대표자가 권한 없이 총유물인 교회재산을 처분**한 행위(무효)에 대하여도 민법 제126조의 **표현대리에 관한 규정을 준용할 수 없다.**

⑧ 비법인사단인 주택조합이 주체가 되어 신축 완공한 건물로서 일반에게 분양되는 부분은 조합원 전원의 총유에 속한다.

⑨ **비법인사단인 주택조합**이 주체가 되어 **신축 완공한 건물**로서 일반에게 분양되는 부분은 **조합원 전원의 총유**에 속한다.

⑩ 비법인사단의 사원은 단독으로 총유물의 보존행위를 할 수 없고 사원총회 결의에 의한다.(29회)

CHAPTER 03 용익물권

제1절 | 지상권(地上權)

1. 의의

(1) 의의(14회)

> **제279조(지상권의 내용)** 지상권자는 타인의 토지에 건물 기타 □□□(도로, 교량, 광고탑, 지하철, 터널, 우물, 등)이나 □□(식림대상인 식물)을 소유하기 위하여 그 토지를 □□하는 권리가 있다.
>
> 📝 공작물, 수목, 사용

① 토지는 1필의 토지의 **일부라도 무방**하고(토지를 분할하기 전이라도 가능) 지표뿐만 아니라 토지의 지상·지하(구분지상권)에도 설정할 수 있다.

② 부종성 여부

　㉠ 지상권설정계약 당시 건물 기타의 **공작물이나 수목이 없더라도 지상권은 유효하게 성립할 수 있고**,(28회) 기존의 건물 기타의 **공작물이나 수목이 멸실**되더라도 존속기간이 만료되지 않는 한 **지상권은 소멸되지 않는다.**(17회, 23회)

　㉡ 수목의 소유를 목적으로 하는 **지상권은 수목이 멸실되더라도 소멸하지 아니한다.**

　㉢ 지상권자는 **지상권을 유보한 채 지상물 소유권만을 양도**할 수도 있고(34회) **지상물 소유권을 유보한 채 지상권만을 양도**할 수도 있다.(34회) **지상권자와 그 지상물의 소유권자가 반드시 일치하여야 하는 것은 아니다.**

　㉣ 법정지상권이 성립된 건물의 소유자가 그 **건물과 법정지상권 중 어느 하나만을 처분하는 것도 허용**된다.

③ 담보지상권

　㉠ **토지저당권자**가 그 목적 토지 위에 추후 용익권의 설정 등으로 인한 **담보가치의 감소를 막기 위해 지상권을 취득**한 경우, **저당채무가 변제로 소멸**(피담보채권이 시효로 소멸)하면 그 **지상권도 소멸**한다.(23회, 25회, 30회, 32회)

　㉡ 금융기관이 토지에 저당권과 함께 지료 없는 지상권을 설정받으면서 **채무자의 사용수익권을 배제하지 않은 경우**, 금융기관(담보지상권자)이 아닌 **토지소유자**가 그 토지의 **무단점유자에 대해** 지상권침해를 근거로 임료 상당의 **손해배상을 청구**할 수 있다.(31회)

ⓒ 지상권은 용익물권으로서 담보물권이 아니므로 **피담보채무라는 것이 존재할 수 없다.**(30회)
ⓔ 저당 토지위에 건물의 축조로 토지의 교환가치가 피담보채권액 미만으로 하락(손해 발생)하면 저당권자는 토지소유자에게 저당권침해를 이유로 손해배상을 청구할 수 있다.(30회)
ⓜ 현재 토지에 대한 용익권능은 토지소유자에게 있으므로 **제3자가 토지 위에 무단으로 건물을 신축**하는 경우 **토지소유자는 제3자에 대하여 직접 건물철거와 대지인도를 구할 수 있다.**(지상권설정등기에 관한 피담보채무의 범위 확인을 구하는 청구는 확인의 이익이 없어 부적법하다.)
ⓗ **제3자가 토지소유자의 동의를 얻어 토지 위에 건물을 신축**하는 경우 제3자가 저당권자(지상권자)에게 대항할 수 있는 권원을 가지고 있다는 등의 특별한 사정이 없는 한, **저당권자(지상권자)는 신축공사의 중지를 구**할 수 있다.

④ 지상권을 목적으로 저당권을 설정한 자는 저당권자의 동의 없이 지상권을 포기하지 못한다.
⑤ 지상권자는 반대 특약이 없는 한 유익비의 상환을 청구할 수 있다.(17회)
⑥ 지상권에 기하여 토지에 부속된 공작물은 토지에 부합하지 않는다.(25회)
⑦ 물권적청구권과 상린관계

> **제290조(준용규정)** ① 제213조(지상권에 기한 반환청구권), 제214조(지상권에 기한 방해제거·방해예방청구권), 제216조 내지 제244조(상린관계)의 규정은 지상권자 간 또는 지상권자와 인지소유자 간에 이를 준용한다.

(2) 최단존속기간의 제한

> **제280조(존속기간을 약정한 지상권)** ① 계약으로 지상권의 존속기간을 정하는 경우에는 그 기간은 다음 연한보다 단축하지 못한다.(최단존속기간 제한 ⇨ 지상권의 최장존속기간을 영구로 약정하는 것도 가능하다)
> 1. 석조(石造·돌), 석회조(石灰造), 연와조(煉瓦造·붉은벽돌로 지은 건물) 또는 이와 유사한 견고한 건물이나 수목의 소유를 목적으로 하는 때에는 □□년
> 2. 견고하지 않는 건물의 소유를 목적으로 하는 때에는 □□년
> 3. 건물이외의 공작물의 소유를 목적으로 하는 때에는 □년
>
> ② 30년, 15년, 5년의 기간보다 단축한 기간을 정한 때에는 30년, 15년, 5년의 기간까지 연장한다.(즙이란 등기부상 옛 용어로서 지붕을 뜻한다. 초즙은 초가지붕, 와즙은 기와지붕, 세멘와즙은 '시멘트기와지붕' 도단즙은 함석지붕. 육즙(육옥근, 평옥개)은 슬래브지붕)
>
> **제281조(존속기간을 약정하지 아니한 지상권)** ① 계약으로 지상권(건물 기타 공작물이나 수목)의 존속기간을 정하지 아니한 때에는 그 기간은 제280조(□□년, □□년, □년)의 최단존속기간으로 한다.
> ② 지상권설정당시에 공작물(수목은 언제나 30년)의 종류와 구조를 정하지 아니한 때에는 지상권은 견고하지 않는 건물의 소유를 목적(□□년)으로 한 것으로 본다.

📝 30, 15, 5, 30, 15, 5, 15

① 지상권의 존속기간은 당사자가 설정행위에 의해 임의로 정할 수 있으나, 지상물의 종류와 구조에 따라 **30년 이상**(견고한 건물, 수목)(17회) · **15년 이상**(견고하지 않는 건물) · **5년 이상**(기타 공작물)(17회) 이라는 최단기간의 제한이 있고,(13회) 설정행위로 이보다 짧은 기간을 약정한 경우에는 최단존속기간까지 연장한다. (예를 들어 견고한 건물의 존속기간을 20년으로 정한 경우 30년으로 본다는 의미)

② 최단존속기간 규정은 **지상권자**가 그 소유의 건물 등을 **건축**하거나 수목을 **식재**하여 토지를 이용할 목적으로 지상권을 설정한 경우에만 **적용**되고, **기존 건물**(지상권설정자 소유건물)의 사용을 목적으로 지상권이 설정된 경우, 지상권의 최단 존속기간에 관한 규정이 **적용되지 않는다.**

③ **지상권설정자 소유의 견고한 건물을 사용할 목적으로 30년을 정하지 않아도 유효**하다. (최단존속기간 보장은 지상권자가 신축한 경우에 한하여 인정된다)

④ 지상권(지역권, 임차권 포함)의 존속기간을 **영구로 약정**하는 것도 **허용**된다.(17회)

(3) 지상권의 양도(대여, 담보제공 등)

제282조(지상권의 양도, 임대) 지상권자는 타인에게 그 권리를 □□하거나 그 권리의 존속기간내에서 그 토지를 □□할 수 있다.

제289조(강행규정) 제280조 내지 제287조의 규정에 위반되는 계약으로 지상권자에게 불리한 것은 그 효력이 없다.[편면적강행규정]

📝 양도, 임대

① 지상권양도금지특약이 지상권자에게 불리한 경우에는 그 효력이 없다.(편면적강행규정)

② 지상권자는 토지소유자의 의사에 반하여도 자유롭게 타인에게 지상권을 양도할 수 있다.(25회, 28회) 즉 지상권의 양도를 금지하는 특약이 있더라도 지상권의 양도는 절대적으로 보장된다.(17회) (지상권을 유보한 채 지상물 소유권만을 양도할 수도 있고, 지상물 소유권을 유보한 채 지상권만을 양도할 수도 있는 것이어서 지상권자와 지상물 소유자가 일치할 필요가 없다)

③ 토지의 지상권자는 타인에게 그 권리를 양도하거나 그 권리의 존속기간 내에서 그 토지를 임대할 수 있다.(13회) (임차인은 토지소유자의 동의 없이 지상권자와 체결한 임차권으로, 대항력을 갖추었는지 여부와 상관없이 토지 소유자에게 대항 가능) 그러나 임차인은 임대인의 동의 없이 그 권리를 양도할 수 없다.

④ 지상권이 설정된 토지를 양수한 자는 존속기간 동안 지상권자에게 그 토지의 인도를 청구할 수 없다.(21회, 23회)

(4) 지료지급의무

① 지료의 지급에 대한 약정이 없더라도 지상권의 성립에는 영향이 없다.(13회, 25회, 31회)

② **지상권에 있어 지료의 등기를 하지 않은 경우**
   ㉠ **무상의 지상권**으로서 지료증액청구권도 발생할 수 없다.(19회)
   ㉡ **당사자인 지상권자에게는 약정된 지료를 청구할 수 있다.**

ⓒ 지상권설정등기를 하면서 지료를 등기하지 않은 경우, 지상권설정자는 그 **지상권을 양수한 자에게 지료를 청구할 수 없다.**(지상권자가 지료를 연체한 경우 지료등기가 없으면 지상권양수인에게 연체사실로 대항하지 못한다)

> **제287조(지상권소멸청구권)** 지상권자가 □□ 이상의 지료를 지급하지 아니한 때에는 지상권설정자는 지상권의 소멸을 청구할 수 있다.
>
> 📝 2년

③ 지상권자가 **2년 이상의 지료를 지급하지 아니**한 때에는 지상권설정자는 **지상권의 소멸을 청구할 수 있다.**(19회, 34회) 지료연체를 이유로 지상권이 소멸한 경우, 지상권자는 **지상물에 대한 매수청구권을 행사할 수 없다.**

④ 지상권자의 지료 지급 연체가 토지소유권의 양도 전후에 걸쳐 이루어진 경우 **토지양수인에 대한 연체기간이 2년**이 되지 않는다면 양수인은 **지상권소멸청구**를 할 수 없다.(19회) **주의할 점은 양도 전·후를 통산하여 2년에 이르더라도 지상권소멸청구를 할 수 없다.**(31회, 32회)

⑤ 법정지상권의 경우
  ㉠ **법정지상권자**는 대지소유자에게 **지료를 지급할 의무**가 있고 장차 법정지상권을 취득할 지위에 있는 자가 **대지를 점유·사용함으로 인하여 얻은 이득**은 부당이득으로서 대지소유자에게 **반환할 의무**가 있다.
  ㉡ 법정지상권이 성립한 경우, 그 지료액에 대하여 **당사자 간에 협의가 되지 않으면 당사자의 협의에 의해 법원**이 이를 정한다.
  ㉢ 지체된 지료가 **판결확정의 전후에 걸쳐 2년분 이상**일 경우에도 토지소유자는 **지상권의 소멸을 청구**할 수 있다.(23회)

> **제286조(지료증감청구권)** 지료가 토지에 관한 조세 기타 부담의 증감이나 지가의 변동으로 인하여 상당하지 아니하게 된 때에는 당사자는 그 증감을 청구할 수 있다.

⑥ 지상권과 임대차의 경우에는 지료(차임)증감청구권이 인정된다.(13회)

(4) 지상권의 소멸

① 지상물수거의무

> **제285조(수거의무, 매수청구권)** ① 지상권이 소멸한 때에는 지상권자는 건물 기타 공작물이나 수목을 수거하여 토지를 원상에 회복하여야 한다.

② 지상권자의 갱신청구권과 지상물매수청구권

> **제283조(지상권자의 갱신청구권, 매수청구권)** ① 지상권이 소멸한 경우에 건물 기타 공작물이나 수목(지상물)이 현존한 때에는 지상권자는 계약의 □□을 청구할 수 있다.
> ② 지상권설정자가 계약의 갱신을 원하지 아니하는 때에는 지상권자는 상당한 가액으로 공작물이나 수목의 □□를 청구할 수 있다.
>
> **제284조(갱신과 존속기간)** 당사자가 계약을 갱신하는 경우에는 지상권의 존속기간은 갱신한 날로부터 제280조의 최단존속기간(30년, 15년, 5년)보다 단축하지 못한다. 그러나 당사자는 이보다 장기의 기간을 정할 수 있다.
>
> 📝 갱신, 매수

③ 지상권이 존속기간의 **만료**로 소멸한 경우(존속기간 만료로 소멸+2년 이상 지료연체로 인한 채무불이행 X), 건물 기타 **공작물이나 수목이 현존**하는 때에는 지상권자는 **계약의 갱신을 청구**할 수 있고,(31회) **지상물의 매수청구**를 할 수 있다. (관습법상 법정지상권이 붙은 건물의 양수인은 지상권등기 없이도 건물 양도인의 지상권 갱신청구권을 대위행사할 수 있다.)

④ **지상권설정자의 지상물매수청구권**(28회)

> **제285조(수거의무, 매수청구권)** ② 지상권이 소멸한 경우에 지상권설정자가 상당한 가액을 제공하여 그 공작물이나 수목(지상물)의 매수를 청구한 때에는 지상권자는 □□□ □□□□ 이를 거절하지 못한다.
>
> 📝 정당한 이유없이

⑤ **지상권소멸청구권**(17회, 28회)

> **제288조(지상권소멸청구와 저당권자에 대한 통지)** 지상권이 저당권의 목적인 때 또는 그 토지에 있는 건물, 수목이 저당권의 목적이 된 때에는 제287조(지료연체로 인한 소멸청구) 지상권소멸의 청구는 저당권자에게 통지한 후 □□□ □□□이 경과함으로써 그 효력이 생긴다.
>
> 📝 상당한 기간

2. 구분지상권

> **제289조의2(구분지상권)** ① 지하 또는 지상의 공간은 상하의 범위를 정하여 건물 기타 □□□을 소유하기 위한 지상권의 목적으로 할 수 있다. 이 경우 설정행위로써 지상권의 행사를 위하여 토지의 □□□ □□할 수 있다.
> ② 제1항의 규정에 의한 구분지상권은 제3자가 토지를 사용·수익할 권리를 가진 때에도 그 권리자 및 그 권리를 목적으로 하는 권리를 가진 자 □□의 승낙이 있으면 이를 설정할 수 있다. 이 경우 토지를 사용·수익할 권리를 가진 제3자는 그 지상권의 행사를 방해하여서는 아니된다.
>
> 📝 공작물, 사용을 제한, 전원

① 구분지상권은 토지의 지상 또는 지하의 공간을 상하의 범위로 정하여 설정할 수 있게 함으로써 토지의 입체적 이용을 가능하게 한다.(13회)
② **지하**(지하철, 지하상가, 지하주차장) 또는 **지상**(육교, 고가도로)의 공간은 **상하의 범위**를 정하여 건물 기타 **공작물**(터널, 지하철, 송전선 ⇨ 수목 제외)을 소유하기 위한 지상권의 목적으로 할 수 있다.(13회, 28회) 이 경우 **설정행위로써 지상권의 행사를 위하여 토지의 사용을 제한할 수 있다.**(13회) (예를 들면 지하에 구분지상권을 설정하는 경우에 토지소유자가 지상에 100톤 이상의 공작물을 설치하지 않기로 하는 약정)
③ 구분지상권은 제3자(지상권, 지역권, 전세권, 등기된 임차권)가 토지를 사용·수익할 권리를 가진 때에도 그 권리자 및 그 권리를 목적으로 하는 권리를 가진 자(지상권, 전세권을 목적으로 하는 저당권) **전원의 승낙**이 있으면 이를 설정할 수 있다.(13회)
④ 지료의 지급은 지상권 성립요건이 아니다.

> **제290조(준용규정)** ② 제280조 내지 제289조(지상권 일반에 관한 규정) 및 제213조(반환청구권), 제214조(방해제거, 방해예방청구권), 제216조 내지 제244조의 규정(상린관계)은 제289조의2의 규정에 의한 구분지상권에 관하여 이를 준용한다.

⑤ 상린관계가 준용되고, 1필의 토지의 일부의 특정 구분층에 대하여 구분지상권을 설정할 수 있다.(13회)
⑥ 구분지상권의 존속기간을 영구적인 것으로 약정하는 것은 허용된다.(23회)

3. 분묘기지권

① 봉분(등기 X)이 분묘기지권의 취득요건이므로 분묘가 평장되어 있거나 암장되어 있는 경우 분묘기지권은 인정되지 아니한다.(17회, 35회)
② 임야의 소유권에 터잡아 **분묘의 철거를 청구**하려면 분묘의 설치를 누가 하였건 그 **분묘의 관리처분권을 가진 자를 상대**로 하여야 한다.
③ 분묘기지권에는 그 효력이 미치는 범위 안에서 **새로운 분묘를 설치**하거나 원래의 **분묘를 다른 곳으로 이장할 권능**은 포함되지 않는다.
④ **분묘가 일시적으로 멸실**되어도 유골이 존재하여 분묘의 **원상회복이 가능**하다면 분묘기지권은 **존속한다.**
⑤ 「장사 등에 관한 법률」(시행 2001. 1. 13.)이 **시행된 후 설치된 분묘**에 대해서는 더 이상 **시효취득이 인정되지 않는다.** 토지소유자의 승낙 없이 분묘를 설치한 후 20년간 평온, 공연하게 분묘기지를 점유하더라도 그 기지의 소유권을 시효취득 할 수 없다.(17회) (분묘기지를 점유하는 것은 타주점유이므로)
⑥ 「장사 등에 관한 법률」 시행(시행 2001. 1. 13.) **이전에 설치된 분묘**에 관한 분묘기지권의 **시효취득**은 법적 규범으로 유지되고 있다. 이때 분묘기지권의 **존속기간은 분묘를 수호하고 봉제사, 관리하는 동안 분묘기지권은 존속한다.**(17회)

⑦ **시효로 분묘기지권을 취득**한 사람은 **토지소유자가** 분묘기지에 관한 **지료를 청구**하면 그 청구한 날부터의 **지료를 지급할 의무가 있다.**(17회, 21회, 32회) (분묘기지권을 시효취득하는 경우에는 특약이 없는 한 지료를 지급할 필요가 없다)

⑧ 자기 소유 토지에 분묘를 설치한 사람이 그 **토지를 양도하면서 분묘를 이장하겠다는 특약을 하지 않음으로써 분묘기지권을 취득**한 경우, 특별한 사정이 없는 한 분묘기지권자는 **분묘기지권이 성립한 때부터 토지소유자에게 지료를 지급할 의무가 있다.**(35회)

⑨ 판결에 따라 분묘기지권에 관한 지료의 액수가 정해졌음에도 **판결확정 후 책임 있는 사유로 상당한 기간 동안 지료의 지급을 지체**하여 지체된 지료가 **판결확정 전후에 걸쳐 2년분 이상**이 되는 경우에는 새로운 토지소유자는 분묘기지권자에 대하여 **분묘기지권의 소멸을 청구할 수 있다.**

⑩ 토지소유자의 승낙을 얻어 분묘를 설치함으로써 분묘기지권을 취득한 경우, 설치할 당시 토지소유자와의 합의에 의하여 정한 지료지급의무의 존부나 범위의 효력은 그 토지의 승계인에게도 미친다.(35회)

3. 일괄경매청구권

(1) 의의(31회)

> **제365조(저당지상의 건물에 대한 경매청구권)** 토지를 목적으로 □□□을 설정한 후 그 □□□가 그 토지에 건물을 축조한 때에는 저당권자는 토지와 함께 그 건물에 대하여도 경매를 청구할 수 있다(권리이지 의무 X). 그러나 그 □□의 경매대가에 대하여는 우선변제를 받을 권리가 없다.
>
> 저당권, 설정자, 건물

(2) 요건

① 토지를 목적으로 저당권을 설정한 후 그 저당권설정자가 그 토지에 건물을 축조(토지 저당권설정자로부터 토지용익권을 취득한 자가 건물을 신축한 경우에는 일괄경매 X ⇨ 나중에 저당권설정자가 건물 소유권을 취득하면 일괄경매청구 가능)하여 소유하고 있는 때에는 저당권자는 토지와 건물을 일괄하여 경매를 청구할 수 있다.(21회) **이때 저당권실행으로 토지와 건물의 소유자가 다르게 되더라도 법정지상권은 성립하지 아니한다.**(16회) (법정지상권이 성립하려면 토지나 건물에 저당권 설정당시 토지위에 건물이 존재하고, 토지와 건물소유자가 동일해야 한다)

② **저당권 설정당시에 건물이 없어야** 하고 **그 후에 신축**되어야 한다.(16회) **원칙**적으로 **저당권설정자가** 저당토지상에 **건물을 축조하여 소유**하고 있는 경우에 한한다. 즉, 나대지에 저당권이 설정된 후 저당권설정자가 건물을 신축하여 소유하고 있는 경우, 저당권자는 일괄경매를 청구할 수 있다.(20회)

③ 저당지상의 건물에 대한 일괄경매청구권은 저당권설정자가 건물을 축조한 경우뿐만 아니라 **저당권설정자로부터 저당토지에 대한 용익권을 설정 받은 자가 그 토지에 건물을 축조한 경우**(16회) (토지와 건물의 소유자가 상이하므로 일괄경매 안됨)라도 **그 후 저당권설정자가 그 건물의 소유권을 취득한 경우**(경매당시에 토지와 건물의 소유자가 동일)에는 저당권자는 토지와 함께 그 **건물에**

대하여 **경매를 청구**할 수 있다. 그러나 일괄경매전에 건물이 제3자에게 양도된 경우(토지와 건물 소유자가 상이한 경우)에는 일괄경매를 청구할 수 없다. (16회, 24회)

④ 저당권자는 일괄경매를 청구할 의무가 있는 것이 아니므로, 토지만 경매를 신청하는 것도 허용된다. (16회) (일괄경매청구권은 권리이지 의무가 아니다)

⑤ 저당물인 토지만 경매하더라도 각 채권자에게 변제하고 집행비용에 충분하더라도 일괄경매가 허용된다. 즉, **과잉경매 규정이 적용되지 않는다.**

(3) 효과

① 토지저당권자는 토지의 경매대가에 대해서만 우선변제를 받을 수 있고 **건물의 경매대가에 대하여는 우선변제는 받을 수 없다.** (16회, 19회, 22회, 23회, 34회)

② 토지와 그 지상 건물의 소유자가 이에 대하여 **공동저당권을 설정한 후 건물을 철거하고**(이때 토지에 대해서만 저당권이 설정된 상태) 그 토지상에 **새로이 건물을 축조**하여 소유하고 있는 경우에는, 특별한 사정이 없는 한 민법 제365조에 의하여 그 토지와 신축건물의 **일괄경매를 청구할 수 있다.** (법정지상권은 원칙적으로 성립 X)

③ 저당권이 설정된 토지 위에 건물이 축조된 후, 토지의 경매로 인하여 토지와 그 건물이 다른 소유자에게 속하게 된 경우 법정지상권은 인정되지 아니한다. (22회)

④ 甲소유의 토지 위에 저당권이 설정된 후 甲이 건물을 축조하였는데 저당권이 실행되어 乙이 토지를 경락받고 경락대금을 완납한 경우, 甲은 건물의 철거를 거절할 수 없다. (14회) (법정지상권이 성립하지 않으므로 철거의무가 있다)

5. 민법 제366조 법정지상권

(1) 의의

> **제366조(법정지상권)** □□□□ □□로 인하여 토지와 그 지상건물이 다른 소유자에 속한 경우에는 토지소유자는 □□ □□□에 대하여 지상권을 설정한 것으로 본다. 그러나 지료는 당사자의 청구에 의하여 법원이 이를 정한다.
>
> 📝 저당물의 경매, 건물 소유자

① (저당권 설정당시 토지와 건물의 소유자가 동일했는데 나중에) **저당물의 경매**(임의 경매, 담보권 실행 경매 ⇨ 강제경매는 관습상 법정지상권이 성립)로 인하여 **토지와 그 지상건물이 다른 소유자에 속한 경우에는** 토지소유자는 **건물소유자에 대하여 지상권을 설정한 것으로 본다.**

② 저당권설정 당사자 간의 특약으로 **법정지상권이 성립하는 것을 배제하는 약정**을 하더라도 그 약정은 **무효**이다. (29회)

제305조(건물의 전세권과 법정지상권) ① 대지와 건물이 ▢▢▢ ▢▢▢에 속한 경우에 건물에 전세권을 설정한 때에는 그 대지소유권의 특별승계인은 ▢▢▢▢▢▢에 대하여 지상권을 설정한 것으로 본다. 그러나 지료는 당사자의 청구에 의하여 법원이 이를 정한다.
② ▢▢▢▢▢이 성립한 경우에 대지소유자는 타인에게 그 대지를 임대하거나 이를 목적으로 한 지상권 또는 전세권을 설정하지 못한다.

[가등기담보등에관한법률 제10조 법정지상권] 토지와 그 위의 건물이 ▢▢▢ ▢▢▢에게 속하는 경우 그 토지나 건물에 대하여 제4조제2항에 따른 소유권을 취득하거나 담보가등기에 따른 본등기가 행하여진 경우에는 그 건물의 소유를 목적으로 그 토지 위에 지상권이 설정된 것으로 본다. 이 경우 그 존속기간과 지료는 당사자의 청구에 의하여 법원이 정한다.

[입목에 관한 법률 제6조 법정지상권] ① 입목의 경매 기타 사유로 인하여 토지와 그 입목이 각각 다른 소유자에게 속하게 되는 경우에는 토지소유자는 ▢▢▢▢▢에 대하여 지상권을 설정한 것으로 본다.
② 전항의 경우에 지료에 관하여는 당사자의 약정에 따른다.

📝 동일한 소유자, 전세권설정자, 법정지상권, 동일한 소유자, 입목소유자

(2) 저당권설정 당시에 토지에 건물이 존재할 것

① **저당권을 설정할 당시 토지의 지상에 건물이 존재**하고 있었고 그 **양자가 동일 소유자**에게 속하고 토지나 건물의 양쪽 또는 어느 한쪽에 **저당권이 설정**되어야 하고,(29회) 그렇지 않으면 관습상의 법정지상권이 성립할 수는 있어도 제366조 법정지상권은 성립할 수 없다.

② **저당권설정 당시 토지와 건물이 동일인의 소유에 속하고 있어야 한다.**
  ㉠ **甲의 토지**에 설정된 저당권이 실행된 경우 **저당권설정 전부터 乙이 건물을 소유**하고 있었다면 乙은 법정지상권을 **취득할 수 없다.**
  ㉡ **토지 위에 1번저당권을 설정한 후 건물을 신축**하고 그 후에 2번저당권을 설정하였는데, 2번저당권의 실행으로 경매가 진행되어 토지와 건물의 소유자가 다르게 된 경우 법정지상권은 **성립하지 않는다**(최선순위 저당권설정시를 기준으로 토지와 건물의 동일성 여부를 판단).
  ㉢ 건물 건축 개시 전의 나대지에 저당권이 설정될 당시 저당권자가 그 토지 소유자의 건물 건축에 동의한 경우, 저당토지의 임의경매로 인한 법정지상권은 성립하지 않는다.(34회, 35회)
  ㉣ **가설건축물**은 특별한 사정이 없는 한 독립된 부동산으로서 **건물의 요건을 갖추지 못**하여 민법 제366조의 법정지상권이 **성립하지 않**는다.(35회)
  ㉤ 건물은 건물로서의 요건을 갖추고 있는 이상 **무허가건물**이거나 **미등기건물**인 경우에도 법정지상권이 **성립**할 수 있다.(18회, 22회, 35회)

(3) **저당권설정후 경락전 사정변경**
   ① 저당권설정 당시에 존재하던 **건물이 개축·증축**된 경우 또는 그 건물이 멸실되었다가 경매 당시에 **재건축**되어 있는 경우에도 **법정지상권은 성립**한다.(18회) (건물이 있는 토지에 저당권을 설정하고 나서 그 건물을 헐고 다시 건물을 지은 때에도 저당권의 실행으로 토지와 건물의 소유자가 달라지게 되면 법정지상권이 발생한다.)
   ② 민법 제366조의 법정지상권은 저당권설정 당시 존재하던 **건물을 철거하고 건물을 신축**한 경우에도 **성립**하며 이 경우 새 건물과 구 건물 사이에 동일성이 있음을 요하지 않는다.(다만 그 법정지상권의 내용은 구 건물을 기준으로 한다. ⇨ 구건물이 조립식 건물(15년)이고 신축건물이 콘크리트 건물(30년)인 경우 법정지상권의 존속기간은 15년이다.)
   ③ **토지에 저당권을 설정할 당시 토지의 지상에 건물이 존재**하고 있었고 그 양자가 동일 소유자에게 속하였다가 그 후 저당권의 실행으로 토지가 **낙찰되기 전에 건물이 제3자에게 양도**된 경우(토지에 1순위 저당권 ⇨ 2순위로 관습상 법정지상권 성립)에도 건물을 양수한 제3자(저당권 실행으로 인한 경락인)는 민법 제366조 소정의 **법정지상권을 취득**한다고 봄이 상당하다.(22회) (일단 건물의 소유자가 바뀌면 1순위저당권 ⇨ 2순위 관습상법정지상권이 성립하고, 이후 저당권에 의해 경매가 되면 저당권이 말소기준권리가 되어 저당권 이하의 관습상법정지상권도 저당권과 함께 소멸하고 동시에 제366조 법정지상권이 발생한다)

(4) **임의경매의 결과 토지와 건물의 소유자가 다른 경우**
   ① **저당물의 경매**로 인하여 토지와 그 지상건물이 다른 소유자에 속한 경우 건물소유자는 민법 제187조의 규정에 따라 **등기 없이** 당연히 **법정지상권을 취득**한다. 이 경우 지상권자는 건물의 철거를 거절할 수 있다.(14회)
   ② 경매는 임의경매(담보권 실행을 위한 경매)를 말하고, **강제경매**로 인한 경우에는 **관습상의 법정지상권**을 인정하면 족하다.
   ③ 법정지상권을 가진 건물소유자로부터 건물을 양수하면서 지상권까지 양도받기로 한 자에 대하여 지상권등기가 없다는 것을 이유로 **토지소유자가 건물철거 및 대지의 인도를 구하는 것은 신의성실의 원칙상 허용될 수 없다.**(16회) (제100조 제2항 ⇨ 종물(종된 권리, 지상권)은 주물(주된 권리, 건물소유권)의 처분에 따르므로 지상권 등기 없이 건물등기만 이전 받았어도 건물의 양수인은 건물양도인에게 지상권 이전등기를 청구할 수 있으므로 현재 지상권등기가 없다고 해서 건물철거를 청구할 수 없다.)
   ④ X토지에 Y건물의 소유를 위한 **법정지상권을 가진 甲의 Y건물을 경매에서 매수한 乙**은 건물철거의 매각조건 등 특별한 사정이 없으면 **지상권 이전등기 없이도 당연히 법정지상권을 취득**한다.

(5) **제366조 법정지상권의 성립시기**
   ① 저당물의 경매로 매수인이 **매각대금을 완납**하여 토지와 건물의 소유자가 달라질 때 건물 소유를 위한 법정지상권이 **등기 없이** 성립한다.(12회, 16회, 29회)

② 법정지상권자가 지상건물을 제3자에게 양도한 경우, 제3자는 그 건물과 함께 법정지상권도 이전등기를 해야 취득한다.(29회) 따라서 지상권등기 없는 양수인은 건물 양도인의 지상권 갱신청구권을 대위하여 행사할 수 있다.(21회, 29회)

③ 법정지상권을 취득한 사람으로부터 경매에 의해 건물소유권을 이전받은 매수인은 특별한 사정이 없는 한 건물의 소유권취득과 함께 위 지상권도 당연히(등기없이도) 취득한다.

(6) 기타 판례정리

① 명의신탁된 토지 위에 **수탁자가 건물을 지어 소유**하고 있다가 그 **명의신탁이 해지**된 경우 수탁자는 신탁자에 대해 지상건물의 소유를 위한 관습상의 지상권을 **취득하였다고 주장할 수 없다.**(21회) (제3자가 토지나 건물을 매수하게 되면 관습상 법정지상권이 성립할 수 있다)

② 동일인의 소유에 속하는 토지 및 그 지상 건물에 관하여 **공동저당권이 설정된 후 그 지상 건물이 철거되고 새로 건물이 신축된 경우**에는 그 신축건물의 소유자가 토지의 소유자와 동일하고 토지의 저당권자에게 "**신축건물에 관하여 토지의 저당권과 동일한 순위의 공동저당권을 설정해 주는 등 특별한 사정이 없는 한**" 저당물의 경매로 인하여 토지와 그 신축건물이 다른 소유자에 속하게 되더라도 그 신축건물을 위한 **법정지상권은 성립하지 않는다.**(16회, 22회) (일괄경매청구권의 대상)

③ **토지와 함께 공동근저당권이 설정된 건물이 그대로 존속함에도 등기기록에 멸실의 기재**가 이루어지고(등기는 효력발생요건이므로 멸실등기가 되어 있더라도 건물 소유권은 존속) 이를 이유로 등기기록이 폐쇄된 후 토지에 대하여만 경매절차가 진행되어 토지와 건물의 소유자가 달라진 경우에도 **법정지상권은 성립**한다.

④ 법정지상권이 성립한 경우 지료에 관하여 토지소유자와 협의가 이루어지지 않으면 당사자의 청구에 의하여 법원이 이를 정한다.(24회)

6. 관습상 법정지상권(慣習上 法定地上權)

(1) 의의

관습상의 법정지상권은 **동일인의 소유이던 토지와 그 지상건물이 매매 기타 원인**(처분 당시)으로 인하여 각각 소유자를 달리하게 되었으나 그 **건물을 철거한다는 등의 특약이 없으면** 건물 소유자로 하여금 토지를 계속 사용하게 하려는 것이 당사자의 의사이다. 즉, 건물의 소유자는 그 토지위에 관습법상 법정지상권을 취득한다.(12회)

(2) 처분 당시 토지와 지상건물이 동일인에게 귀속

① 관습법상의 법정지상권이 성립하려면 토지와 건물의 소유권이 분리될 당시에 **토지와 그 지상건물이 동일인**의 소유에 속하였어야 한다.(원시적으로 동일할 필요 없다.)

② 원래 관습상 법정지상권이 성립하려면 토지와 그 지상 건물이 애초부터 **원시적으로 동일인의 소유에 속하였을 필요는 없고**, 그 소유권이 유효하게 변동될 당시에 동일인이 토지와 그 지상 건물을 소유하였던 것으로 족하다.

③ **무허가** 또는 **미등기건물**을 소유하기 위한 관습법상의 **법정지상권도 성립**할 수 있다.(21회)
④ 지상권이 부정되는 경우
  ㉠ **타인 소유의 대지 위에 건물을 신축**한 경우(대지와 건물의 소유자가 다름)에는 관습법상의 법정지상권은 발생하지 않는다.
  ㉡ **토지를 매수하여** 소유권이전등기를 마친 매수인이 그 **지상에 건물을 신축한 후 그 토지의 소유권이전등기가 원인무효**로 밝혀져 말소됨으로써 건물과 토지의 소유자가 달라진 경우 관습법상 법정지상권이 **성립하지 아니한다**.
  ㉢ 토지의 매수인이 소유권이전등기를 하기 전에 토지소유자의 승낙을 받아 건물을 신축했으나 매매계약이 해제된 경우 관습법상의 법정지상권이 **성립하지 않**는다.(18회)
  ㉣ 乙 소유의 토지 위에 乙의 승낙을 얻어 신축한 丙 소유의 건물을 甲이 매수한 경우 법정지상권이 인정되지 아니한다.(33회) (토지와 건물의 소유자가 다르므로)
  ㉤ 대지소유자가 **채권의 담보로 가등기를 설정한 대지 위에 건물을 신축**한 후 가등기에 기한 본등기가 이루어짐에 따라 대지와 건물의 소유자가 달라진 경우 관습상 법정지상권은 **성립하지 아니한다**.
⑤ 1필지의 대지를 **구분소유적으로 공유하던 자가 그 몫의 대지 위에 건물을 신축**(대지와 건물소유자가 동일)하여 사용하던 중 다른 공유자가 그 대지만을 경매로 매수한 경우에 관습상의 법정지상권이 **성립**한다.(19회) 그러나 구분소유적 공유관계에 있는 자가 **자신의 특정 소유가 아닌 부분에 신축**한 건물(대지와 건물소유자가 다름)을 제3자에게 양도한 경우에 관습상 법정지상권이 **성립하지 아니한다**.
⑥ 강제경매의 경우
  ㉠ **압류나 그 압류에 선행한 가압류가 있기 이전에 저당권이 설정**되어 있다가 그 후 강제경매로 인해 그 저당권이 소멸하는 경우에는, 그 **저당권 설정 당시를 기준**으로 토지와 그 지상 건물이 동일인에게 속하였는지에 따라 관습상의 법정지상권의 성립 여부를 판단하여야 한다.
  ㉡ **가압류 후 본압류** 및 강제경매가 이루어지는 경우, 관습법상 법정지상권의 성립요건인 토지와 건물에 대한 소유자의 동일성 판단은 **가압류의 효력 발생 시를 기준**으로 한다.

(3) **처분**(매매 기타 원인)으로 소유자가 달라질 것
① **동일한 소유자에 속하는 토지와 그 지상건물**이 매매, **강제경매**, 대물변제, 증여, 귀속재산처리법상의 **불하처분**, 공매에 의하여 다른 소유자에 속한 경우 건물소유자는 그 대지 위에 지상권을 취득한다.(15회 추가)
② **환지처분**으로 인하여 토지와 그 지상건물의 소유자가 달라진 경우에도 관습법상 법정지상권은 **성립하지 않는다**.
③ **환매특약의 등기**가 경료된 나대지의 소유자가 그 지상에 건물을 신축한 후, **환매권이 행사**되면 관습상의 법정지상권은 **성립할 수 없다**.(23회, 27회)

④ 토지와 그 지상건물이 함께 양도되었다가 **채권자취소권의 행사**로 그 중 건물에 대해서만 양도가 취소되어 수익자 명의의 소유권이전등기가 말소된 경우, 채무자에게 **관습상 법정지상권은 인정되지 않는다.**
⑤ 甲으로부터 **대지와 건물이 함께** 乙에게 매도되었으나 **대지에 관하여만** 乙명의로 소유권이전등기가 경료된 경우에는 **관습법상의 법정지상권을 인정할 필요가 없다.**(16회, 21회, 33회)
⑥ 공유지분
  ㉠ 공유토지 위에 건물을 소유하고 있는 토지공유자 중 1인이 자기의 **토지 지분만을 매도**한 경우, 토지 전체에 관해 법정지상권은 **성립할 수 없다.**(15회)
  ㉡ 다른 공유자의 **지분 과반수의 동의를 얻어 건물을 건축**한 후 토지와 건물의 소유자가 달라진 경우 법정지상권은 **인정되지 않는다.**(21회) (공유대지위에 건물을 신축하는 것은 공유물의 처분행위에 속하므로 공유자 전원의 동의를 요한다)
  ㉢ 공유자 중 1인 또는 수인 소유의 건물이 있는 공유대지를 분할하여 대지의 소유권이 공유에서 단독소유로 바뀐 경우, 특별한 사정이 없는 한 건물소유자는 관습상의 법정지상권을 취득한다.(15회)
  ㉣ 대지 소유자가 그 지상 건물을 다른 사람과 공유하면서 대지만을 타인에게 매도한 경우 건물 공유자들은 대지에 관하여 관습법상 법정지상권을 취득한다.(33회)

(4) 건물철거의 합의가 없을 것

① 토지와 건물이 동일인의 소유에 속하고 있다가 그 중 하나가 처분되어 소유자가 다르게 되었을 때 관습법상의 법정지상권이 성립하는데 **당사자 사이에 건물을 철거한다는 특약이 없어야** 성립한다.(24회)
② 관습상의 법정지상권 발생을 배제하는 특약의 존재에 관한 주장·증명책임은 그 특약의 존재를 주장하는 측에 있다.
③ 관습법상 법정지상권을 **미리 포기하기로 하는 약정**은 **효력이 있다.** (제366조 법정지상권은 강행규정에 속하지만, 관습상 법정지상권은 임의규정이다)
④ **대지상의 건물만을 매수**(관습상 법정지상권 성립 후)하면서 **대지에 관한 임대차계약을 체결**하였다면 위 건물매수로 인하여 취득하게 될 **관습상의 법정지상권을 포기하였다**고 본다.(18회)
⑤ 법정지상권자는 건물의 유지·사용에 필요한 범위에서 지상권이 성립된 토지를 자유로이 사용할 수 있다.(24회)

(5) 효력

① 건물 소유를 위하여 **법정지상권을 취득한 자로부터 경매에 의하여 건물의 소유권을 이전받은** 경락인은 경락 후 건물을 철거한다는 등의 매각조건하에서 경매되는 경우 등 특별한 사정이 없는 한 **건물의 경락취득과 함께 위 지상권도 당연히 취득**한다.
② 관습법상 법정지상권이 붙은 건물의 양수인은 **지상권등기 없이도** 건물 **양도인의 지상권 갱신청구권을 대위행사**할 수 있다.

③ 관습법상의 법정지상권은 그에 관한 등기가 없어도 대지소유자에게 이를 주장할 수 있고(12회) 관습상의 법정지상권은 이를 취득할 당시의 토지소유자로부터 토지소유권을 취득한 제3자에게도 등기없이 주장할 수 있다.(24회)

④ 법정지상권을 양도하기 위해서는 등기가 필요하다.(24회) 따라서 법정지상권은 등기 없이 당사자의 약정만으로 승계취득할 수 없다.(18회)

(6) 법정지상권 성립 후의 법률관계

① 관습법상의 법정지상권은 관습법에 의하여 성립하는 것이므로 **등기 없이도 취득**한다.

② 乙소유의 토지와 그 지상건물 중, 甲이 건물을 매수하고 이전등기를 경료한 경우(乙의 토지위에 甲이 법정지상권 취득) 甲은 건물의 철거를 거절할 수 있다.(14회)

③ 건물의 양도가 있는 경우
  ㉠ 법정지상권은 등기 없이도 성립하지만, 이를 **처분하려면 등기**하여야 한다.
  ㉡ 관습상 법정지상권이 붙은 **건물의 소유자가 지상권 등기 없이 건물을 제3자에게 처분**한 경우 그 **법정지상권은 여전히 당초의 법정지상권자에게 유보**되어 있다.
  ㉢ **법정지상권을 취득할 지위에 있는 자에 대하여** 대지소유자가 소유권에 기하여 **건물철거를 구하는 것은 신의성실의 원칙상 허용될 수 없다.**

④ 건물 소유를 위해 **법정지상권을 취득한 자로부터 경매에 의해 건물소유권을 이전받은 경락인은 법정지상권도 당연히 이전**받는다.(건물의 경락취득과 함께 위 지상권도 등기 없이 당연히 취득하고, 부지 소유자에 대한 관계에서 지상권으로 대항할 수 있다)

⑤ 관습법상 **법정지상권에 기한 대지점유는 정당**한 것이므로 불법점유를 전제로 한 손해배상청구는 성립할 여지가 없다. 그러나 법정지상권이 있는 건물의 양수인으로서 장차 법정지상권을 취득할 지위에 있는 자가 그 대지를 점유·사용함으로 인하여 얻은 이득은 부당이득이다.(18회)

제2절 | 지역권

1. 의의 및 법적성질

> **제291조(지역권의 내용)** 지역권자는 □□□ □□을 위하여 타인의 토지를 자기 토지의 □□에 이용하는 권리가 있다.
>
> 📝 일정한 목적, 편익

① 지역권자는 **일정한 목적**을 위하여(목적의 비한정성) 타인의 토지(승역지)를 자기토지(요역지)의 **편익**에 이용하는 권리가 있다.(25회) (1차적으로 요역지의 사용가치를 증가시키고, 이를 통해 그 소유자가 토지자체에 관계된 편익을 받는 관계)

② 지역권(지상권)은 **20년의 소멸시효**에 걸린다.
③ **도자기 생산업자**(인역권)가 도자기를 만들기 위해 이웃 토지의 토사를 채취할 목적의 **지역권을 취득할 수 없다.**
④ 수반성

> **제292조(부종성)** ① 지역권(종된권리)은 □□□ 소유권(주된권리)에 부종하여 이전하며 또는 요역지에 대한 소유권 이외의 권리의 목적이 된다. 그러나 다른 약정이 있는 때에는 그 약정에 의한다.
> 📝 요역지

지역권은 다른 약정이 없는 한 **요역지 소유권에 부종하여 이전**하며(언제나 수반하는 것은 아니고, 이전시 지역권 이전의 부기등기 X) 또는 요역지에 대한 소유권이외의 권리의 목적이 된다.(요역지에 지상권, 전세권, 임차권등의 용익물권이 설정되면 이들 용익권자는 지역권을 행사할 수 있으며 또 요역지에 저당권이 설정되면 당연히 지역권에도 그 효력이 미친다)
㉠ 요역지의 소유권이 양도되면 지역권도 원칙적으로 이전한다.(31회, 33회)35회)
㉡ 요역지 소유권의 처분은 다른 약정이 없는 한 지역권의 처분을 수반한다.(16회)
㉢ 지역권의 이전을 위해서 지역권 이전의 부기등기가 필요없다.(20회)
㉣ 요역지 등기부 乙구에 지역권설정등기가 등재되고, 승역지 등기부 乙구에는 요역지 지역권의 등기가 등재된다.(13회)

⑤ 부종성

> **제292조(부종성)** ② 지역권(종된권리)은 □□□(주된권리)와 분리하여 양도하거나 다른 권리의 목적으로 하지 못한다.
> 📝 요역지

지역권은 요역지와 분리하여 **양도**하거나 다른 권리의 목적으로 **하지 못한다.**(26회, 27회, 28회, 29회, 32회, 34회, 35회) 지역권은 요역지와 분리하여 저당권의 목적이 될 수 없다.(20회, 27회)
⑥ 지역권은 부종성이나 수반성이 인정된다.(13회)

2. 지역권의 성립요건

① 요역지와 승역지는 서로 **인접**하고 있음을 지역권 **성립의 요건으로 하지 않는 독립한 물권**이다.
② **요역지는 1필의 토지여야 하나**(30회, 33회) **승역지**는 1필의 토지 **일부여도 된다.**(23회, 24회, 26회, 32회) 따라서 토지의 일부를 위한 지역권은 인정되지 아니한다.(20회)
③ **존속기간**은 민법에는 **규정이 없고** 등기사항이 아니나, **영구무한**의 존속기간을 약정할 수 있다.(33회) (지역권의 존속기간은 등기 할 수 있다) 자기 소유의 토지에 도로를 개설하여 타인에게 영구적으로 사용하도록 약정하고 대금을 수령하는 것은 지역권설정에 관한 합의이다.(29회)
④ 지역권이 설정된 후에 **요역지 위에 지상권·전세권·임차권을 취득한 자**는 당연히 **지역권을 행사**할 수 있다.(24회, 30회) (지역권은 토지소유자 사이에서만 성립할 수 있는 것이 아니다)

⑤ 지역권을 취득한 甲이 乙에게 **요역지를 처분**하여 소유권 이전등기를 마치면 특별한 사정이 없는 한 **지역권의 이전 등기가 없더라도 지역권 이전**의 효력이 생긴다.(승역지 등기부 乙구에 지역권설정 등기가 기록되고, 요역지 등기부 乙구에는 요역지 지역권의 등기가 기록)
⑥ **통행지역권은 지료의 약정을 성립요건으로 하지 아니하므로** 유상, 무상을 불문하고 설정될 수 있다.(16회)
⑦ 공유자의 1인은 다른 공유자의 동의 없이 지역권을 설정(처분행위로서 공유자 전원의 동의를 요함)할 수 없다.(29회)

3. 지역권의 불가분성

① 취득의 불가분성(지역권의 취득은 쉽게)

> **제295조(취득과 불가분성)** ① 공유자의 □□이 지역권을 취득한 때에는 다른 공유자도 이를 취득한다.
> ② 점유로 인한 지역권 취득기간의 중단은 지역권을 행사하는 □□ 공유자에 대한 사유가 아니면 그 효력이 없다.
>
> 📝 1인, 모든

공유자의 **1인**이 지역권을 **시효취득**한 때에는 **다른 공유자**도 이를 **취득**한다.(14회, 16회, 17회, 21회, 23회, 24회, 25회, 26회, 30회, 31회, 32회, 34회, 35회)

② 소멸의 불가분성(지역권 소멸은 어렵게)

> **제296조(소멸시효의 중단, 정지와 불가분성)** 요역지가 수인의 공유인 경우에 그 □□에 의한 지역권 소멸시효의 중단 또는 정지는 다른 공유자를 위하여 효력이 있다.
>
> 📝 1인

요역지가 수인의 공유인 경우에 그 **1인**에 의한 지역권 **소멸시효의 중단 또는 정지**는 **다른 공유자를 위하여 효력**이 있다.(14회, 28회)

③ 점유로 인한 지역권**취득기간의 중단**은 지역권을 행사하는 **모든 공유자에 대한 사유**가 아니면 그 효력이 없다.(14회, 31회) (소멸시효도 모든 공유자에 대한 사유가 아니면 그 효력이 없다)

④ 공유관계와 불가분성(20회, 27회, 28회, 33회, 35회)

> **제293조(공유관계, 일부양도와 불가분성)** ① 토지 공유자의 □□은 지분에 관하여 그 토지를 위한 지역권 또는 그 토지가 부담한 지역권을 소멸하게 하지 못한다.
>
> 📝 1인

⑤ 일부양도와 불가분성

> **제293조(공유관계, 일부양도와 불가분성)** ② 토지의 분할이나 토지의 일부양도의 경우에는 지역권은 요역지의 □ □□을 위하여 또는 그 승역지의 □ □□에 존속한다.(甲토지를 위해 乙토지에 용수지역권을 설정했는데, 甲토지가 분할이나 일부양도로 A토지, B토지로 분필된 경우 용수지역권은 A토지, B토지에 모두를 위해 존속) 그러나 지역권이 토지의 일부분에만 관한 것인 때에는 다른 부분에 대하여는 그러하지 아니하다.(다만, 용수가 A토지만을 위한 경우 분필 후 B토지를 위한 지역권은 소멸)

📝 각 부분, 각 부분

4. 통행지역권의 시효취득(통로개설+계속+표현)

> **제294조(지역권취득기간)** 지역권은 □□되고 □□된 것에 한하여 제245조(취득시효)의 규정을 준용한다.

📝 표현, 계속

① **요역지의 소유자가 승역지상에 통로를 개설**하여 승역지를 사용하고 있는 객관적 상태(표현지역권은 통로의 개설처럼 권리내용의 실현을 외부에서 인식할 수 있는 지역권, 불표현지역권은 조망방해 건축금지 지역권처럼 외부에서 인식할수 없는 지역권)가 민법 제245조에 규정된 기간(20년) 계속(계속지역권은 통로의 개설이나 송전선 부설과 같이 중단없이 권리의 내용이 실현되는 것, 불계속지역권은 통로를 개설치 않는 통행지역권)한 사실이 있어야 한다.(13회, 16회, 27회, 32회, 34회, 35회) (계속+표현+요역지소유자가 승역지상에 통로를 개설+20년+등기해야 지역권을 시효취득)
　㉠ **자기 토지**(요역지)**에 통로를 개설**한 경우에는 승역지가 타인 소유의 토지임을 전제로 하는 **통행지역권이 성립될 여지가 없다.**
　㉡ 요역지소유자가 스스로 **통로를 개설하지 않는 한** 통행지역권을 **시효취득하지 못**한다.
　㉢ **통로의 개설 없이** 일정한 장소를 오랜 시일 통행한 사실만으로는 지역권을 **취득할 수 없다.**(13회)
② **요역지 토지의 불법점유자**는 그 토지를 사용할 정당한 권원이 없는 자이므로 **통행지역권을 시효취득할 수 없다.**(20회, 24회, 25회, 30회, 34회) (불법점유자는 주위 토지통행권이나 유치권을 취득할 수 없다)
③ **통행지역권을 시효취득**한 요역지소유자는, 특별한 사정이 없으면 승역지의 사용으로 그 소유자가 입은 **손해를 보상**하여야 한다.(30회, 31회)
④ 지상권자는 인접한 토지에 통행지역권을 시효취득할 수 있다.(28회)
⑤ 통행지역권을 주장하는 사람은 통행으로 편익을 얻는 요역지가 있음을 주장·증명하여야 한다.(29회, 31회, 34회)

5. 지역권의 효력

① 용수지역권(28회)

> **제297조(용수지역권)** ① 용수 승역지의 수량이 요역지 및 승역지의 수요에 부족한 때에는 그 수요정도에 의하여 먼저 □□(家用)에 공급하고 다른 용도에 공급하여야 한다. 그러나 설정행위에 다른 약정이 있는 때에는 그 약정에 의한다.
> ② 승역지에 수개의 용수지역권이 설정된 때에는 □□□의 지역권자는 □□□의 지역권자의 용수를 방해하지 못한다.
>
> 📝 가용, 후순위, 선순위

② 특별승계인의 의무부담

> **제298조(승역지소유자의 의무와 승계)** 계약에 의하여 승역지소유자가 자기의 비용으로 지역권의 행사를 위하여 공작물의 설치 또는 수선의 의무를 부담한 때에는 승역지소유자의 □□□□□도 그 의무를 부담한다.
>
> 📝 특별승계인

③ 위기에 의한 부담면제(26회)

> **제299조(위기에 의한 부담면제)** 승역지의 소유자는 지역권에 필요한 부분의 토지소유권을 지역권자에게 □□(委棄 지역권은 혼동으로 소멸)하여 공작물의 설치 또는 수선의 의무의 부담을 면할 수 있다.
>
> 📝 위기

④ 공작물의 공동사용(23회)

> **제300조(공작물의 공동사용)** ① 승역지의 소유자는 지역권의 행사를 방해하지 아니하는 범위내에서 지역권자가 지역권의 행사를 위하여 승역지에 설치한 공작물을 사용할 수 있다.
> ② 승역지 소유자가 공작물을 공동사용한 경우에 승역지의 소유자는 수익정도의 비율로 공작물의 설치, 보존의 □□을 분담하여야 한다.
>
> 📝 비용

⑤ 물권적청구권

> **제301조(준용규정)** 제214조(방해제거청구권과 방해예방청구권)의 규정은 지역권에 준용한다.

지역권은 **점유할 권능이 없**으므로 그의 지배가 침해되는 경우에는 **반환청구권은 인정되지 않**고,(24회, 32회, 33회) (소유권에 기한 소유물반환청구권에 관한 규정은 지역권에 준용되지 않는다) (29회) 방해제거청구권과 방해예방청구권이 인정된다.(14회, 23회, 26회)

6. 지역권의 소멸사유

요역지 또는 승역지의 멸실, 지역권 소멸시효의 완성, 혼동, 승역지의 수용, 지역권자의 포기, 존속기간의 만료 기타 약정된 소멸사유의 발생, 승역지 소유자의 위기, 승역지의 시효취득 등이 있다.(제3자가 승역지를 시효취득하면 원칙적으로 지역권이 소멸하나 승역지 점유자가 지역권의 존재를 인용하면서 그 점유를 계속한 때에는 지역권은 소멸하지 않는다)

7. 특수지역권

제302조(특수지역권) 어느 지역의 □□(인역권)이 집합체의 관계로 각자가 타인의 토지에서 초목, 야생물 및 토사의 채취, 방목 기타의 수익을 하는 권리가 있는 경우에는 □□에 의하는 외에 본장의 규정을 준용한다.

주민, 관습

제3절 | 전세권

1. 의의

제303조(전세권의 내용) ① 전세권자는 □□□을 지급하고 타인의 부동산(토지, 건물)을 점유하여 그 부동산의 □□에 좇아 사용·수익(용익권능)하며, 그 부동산 □□에 대하여 후순위권리자 기타 채권자보다 전세금의 우선변제를 받을 권리(부차적으로 담보권능)가 있다.

전세금, 용도, 전부

① 전세권의 존속기간이 **만료**되면 전세권의 **용익물권적 권능**은 전세권설정등기의 **말소 없이도 당연히 소멸**하고(28회) 전세금반환채권을 담보하는 **담보물권적 권능**(21회)의 범위 내에서 **전세금의 반환 시까지** 그 전세권설정등기의 효력이 존속한다.
② 즉, 전세권은 용익물권적 성격과 담보물권적 성격을 겸비하고 있다.(27회) 전세권의 사용·수익 권능을 배제하고 채권담보만을 위해 전세권을 설정하는 것은 허용되지 아니한다.(34회)

2. 성립요건

(1) 객체

제303조(전세권의 내용) ② 농경지는 전세권의 목적으로 하지 못한다.

1필의 토지 또는 1동의 건물의 일부도 전세권의 목적이 될 수 있다.

(2) 전세금의 지급

① **전세금의 지급**은 **전세권 성립의 요소**이므로 전세금을 지급하지 않는다는 특약은 **무효**이다.(21회, 32회)
② 당사자가 **주로 채권담보의 목적으로 전세권을 설정**한 경우에도 장차 전세권자의 **사용·수익권을 배제하는 것이 아니라면** 그 전세권은 **유효**하다.(27회, 32회)
③ 전세금의 지급이 반드시 현실적으로 수수되어야 하는 것은 아니고 **기존의 채권으로 갈음**할 수도 있다.(18회, 27회, 28회, 31회) (실제로 사용·수익할 의사는 필요)
④ 전세금 증감청구권

> **제312조의2(전세금 증감청구권)** 전세금이 목적 부동산에 관한 조세·공과금 기타 부담의 증감이나 경제사정의 변동으로 인하여 상당하지 아니하게 된 때에는 당사자는 장래에 대하여 그 증감을 청구할 수 있다.
>
> **[민법 제312조의2 단서의 시행에 관한 규정]**
> **제2조(증액청구의 비율)** 전세금의 증액청구의 비율은 약정한 전세금의 □□□ □을 초과하지 못한다.
> **제3조(증액청구의 제한)** 전세금의 증액청구는 전세권설정계약이 있은 날 또는 약정한 전세금의 증액이 있은 날로부터 □□ 이내에는 이를 하지 못한다.
>
> 📝 20분의 1, 1년

(3) 등기

① 전세목적물의 **인도**는 전세권의 **성립요건이 아니다.**(21회, 34회)
② 따라서 전세권의 **존속기간이 시작되기 전에 마친 전세권설정등기**는 원칙적으로 **유효**이다.(29회, 31회)
③ 임차보증금반환채권을 담보할 목적으로 임대인, 임차인 및 **제3자 사이의 합의**에 따라 **제3자 명의로 경료된 전세권설정등기도 유효**하다.(27회)

3. 전세권의 존속기간

> **제312조(전세권의 존속기간)** ① 전세권의 존속기간은 □□을 넘지 못한다(최장존속기간의 제한). 당사자의 약정기간이 10년을 넘는 때에는 이를 10년으로 단축한다.
> ② □□(토지 제외)에 대한 전세권의 존속기간을 1년 미만으로 정한 때에는 이를 1년으로 한다.
> ③ 전세권의 설정은 이를 갱신할 수 있다. 그 기간은 갱신한 날로부터 □□을 넘지 못한다.
>
> 📝 10년, 건물, 10년

① 전세권의 존속기간은 **10년을 넘지 못한다**. 당사자의 약정기간이 **10년을 넘는 때에는 이를 10년으로 단축**한다.(14회, 31회) 즉, 토지전세권을 처음 설정할 경우 최장존속기간에 제한이 있다.(33회)
② **건물**전세권(토지 전세권은 제외)의 경우 **최단존속기간은 1년**이다.(14회, 30회) (주택임대차와 달리 건물전세권의 존속기간을 1년으로 약정하면 전세권자는 그 존속기간을 2년으로 주장할 수 없다) 그러나 토지전세권의 경우에는 1년 최단보장기간 규정이 없다.(14회, 15회 추가, 21회) 토지전세권의 존속기간을 1년 미만으로 정한 때에는 1년으로 본다는 표현은 틀린지문이다.(33회) 토지 전세권에는 각각 최장기간

(10년)과 최단기간의 제한이 정하여져 있다는 표현도 틀린지문이다.(14회)
③ 전세권의 설정은 이를 갱신할 수 있다.(당사자 간의 합의로만 갱신되고, 지상권처럼 갱신청구권이 없다. 전세권의 갱신은 등기해야 한다) 그 기간은 **갱신**한 날로부터 **10년**을 넘지 못한다.(33회)
④ **건물 전세권의 법정갱신**

> **제312조(전세권의 존속기간)** ④ □□의 전세권설정자가 전세권의 존속기간 만료 전 □□부터 □□까지 사이에 전세권자에 대하여 갱신거절의 통지 또는 조건을 변경하지 아니하면 갱신하지 아니한다는 뜻의 통지를 하지 아니한 경우에는 그 기간이 만료된 때에 전(前)전세권과 동일한 조건으로 다시 전세권을 설정한 것으로 본다. 이 경우 전세권의 존속기간은 그 □□□ □□ □(⇨ 제313조)으로 본다.
>
> 📝 건물, 6월, 1월, 정함이 없는 것

건물(토지 전세권은 제외) **전세권이 법정갱신**된 경우 갱신에 따른 **등기를 하지 않아도**, 전세권자는 그 목적물을 취득한 제3자(양수인)에 대하여 갱신된 **권리를 주장**할 수 있다.(18회, 20회, 21회, 28회, 31회, 32회, 34회) 건물에 대한 전세권이 법정갱신되는 경우 그 존속기간은 기간의 정함이 없는 것으로 본다.(26회)

⑤ 건물(토지 전세권은 제외)전세권설정자가 존속기간 만료 전 6월부터 1월 사이에 갱신거절의 통지를 하지 않은 경우, 특별한 사정이 없는 한 동일한 조건으로 다시 전세권을 설정한 것으로 본다.(33회)
⑥ **전세권의 소멸통고**(14회, 28회)

> **제313조(전세권의 소멸통고)** 전세권의 존속기간을 약정하지 아니한 때에는 각 당사자(전세권설정자, 전세권자)는 언제든지 상대방에 대하여 전세권의 소멸을 통고할 수 있고 상대방이 이 통고를 받은 날로부터 □□이 경과하면 전세권은 소멸한다.
>
> 📝 6월

⑦ 전세권의 존속기간을 등기하지 아니한 경우에는 제3자에 대하여 존속기간의 약정이 없는 것으로 다루어진다.(14회)

4. 물권적 청구권

> **제319조(준용규정)** 제213조(반환청구권), 제214조(방해제거 및 방해예방청구권), 제216조 내지 제244조(□□□□)의 규정은 전세권자간 또는 전세권자와 인지소유자 및 지상권자간에 이를 준용한다.
>
> 📝 상린관계

① 제3자가 불법 점유하는 건물에 대해 용익목적으로 전세권을 취득한 자는 제3자를 상대로 건물의 인도를 청구 할 수 있다.(26회) (전세권에 기한 반환청구권)
② 전세권이 설정된 토지 위에 제3자가 건물을 무단으로 건축한 경우, 특별한 사정이 없는 한 **토지소유자**(소유권에 기한 방해제거청구)나 **전세권자**(전세권에 기한 방해제거청구)는 건물의 **철거를 청구**할 수 있다.(20회)
③ 전세권자는 그의 점유가 침해당한 때에는 점유보호청구권을 행사할 수 있다.(23회, 24회) (지상권과 전

세권, 유치권, 질권, 임차권은 점유하므로)
④ 건물 전세권설정자가 건물의 존립을 위한 토지사용권을 가지지 못하여 그가 토지소유자의 건물철거 등 청구에 대항할 수 없는 경우(지상권자가 건물을 신축한 후 전세권설정을 했는데, 2년 이상 지료를 연체하여 지상권 소멸청구를 한 경우), 전세권자는 토지소유자의 권리 행사에 대항할 수 없다.
④ 전세권자와 인접 토지소유자 사이에는 **상린관계**에 관한 규정이 적용된다.(24회, 28회) (전세권자는 직접 상린관계를 주장할 수 있다)

5. 전세권의 효력

> **제304조(건물의 전세권, 지상권, 임차권에 대한 효력)** ① 타인의 토지에 있는 건물(주된권리)에 전세권을 설정한 때에는 전세권의 효력은 그 건물의 소유를 목적으로 한 □□□ 또는 □□□(종된권리)에 미친다.
> ② 전항의 경우에 전세권설정자는 전세권자의 □□ □□ 지상권 또는 임차권을 소멸하게 하는 행위를 하지 못한다.

📝 지상권, 임차권, 동의 없이

① **타인의 토지에 있는 건물에 전세권을 설정**한 때에는 **전세권의 효력**은 그 건물의 소유(주된 권리)를 목적으로 한 **지상권** 또는 **임차권**(종된 권리)**에 미친다.**(23회, 31회, 34회) 이 경우에 **전세권설정자는 전세권자의 동의 없이 지상권 또는 임차권을 소멸하게 하는 행위를 하지 못한다.**(35회) (지상권을 가지는 건물 소유자가 그 건물에 전세권을 설정하였는데 2년분 이상의 지료를 지급하지 않아 지상권설정자의 청구에 의해 지상권이 소멸하는 것처럼 법률의 규정에 따라 지상권이 소멸하는 경우는 포함하지 아니한다)

② 전세권자의 유지, 수선의무(17회, 30회, 34회)

> **제309조(전세권자의 유지, 수선의무)** □□□□는 목적물의 현상을 유지하고 그 통상의 관리에 속한 수선을 하여야 한다.(전세권자가 필요비 부담)

📝 전세권자

전세권 소멸 시에 전세권자는 목적물의 관리에 든 **필요비의 상환**을 전세권설정자에게 **청구할 수 없다.**(26회, 35회) (임차인은 필요비 청구를 할 수 있다)

③ 전세권자의 유익비상환청구권

> **제310조(전세권자의 상환청구권)** ① 전세권자가 목적물을 개량하기 위하여 지출한 금액 기타 □□□에 관하여는 그 가액의 증가가 현존한 경우에 한하여 □□□(회복자, 전세권설정자)의 선택에 좇아 그 지출액이나 증가액의 상환을 청구할 수 있다.
> ② □□□ 상환청구권의 경우에 법원은 소유자의 청구에 의하여 상당한 상환기간을 허여할 수 있다.(유치권이 소멸)

📝 유익비, 소유자, 유익비

④ 건물의 전세권과 법정지상권(12회, 14회, 17회, 18회, 35회)

> **제305조(건물의 전세권과 법정지상권)** ① 대지와 건물이 동일한 소유자에 속한 경우에 건물에 전세권을 설정한 때에는 그 대지소유권의 특별승계인은 □□□□□에 대하여 지상권을 설정한 것으로 본다. 그러나 지료는 당사자의 청구에 의하여 법원이 이를 정한다.
> ② 법정지상권이 성립한 경우에 대지소유자는 타인에게 그 대지를 임대하거나 이를 목적으로 한 지상권 또는 전세권을 설정하지 못한다.
>
> 전세권설정자

6. 전세금반환청구권을 전세권과 분리하여 양도할 수 있는가?

① 전세권자가 **전세권이 존속**하는 동안에 전세권을 존속시키기로 하면서 **전세금반환채권만을 전세권과 분리하여 확정적으로 양도할 수 없다.**(30회)
② 전세권 존속 중에는 **장래**에 그 **전세권이 소멸**하는 경우에 전세금반환채권이 발생하는 것을 조건으로 그 **장래의 전세금반환채권을 양도**할 수 있다.(전세권과 전세금을 분리하여 양도할 수는 없지만, 전세권의 소멸을 정지조건으로 하여 전세금반환채권만을 양도할 수 있다)
③ 전세권설정 계약이 **합의해지**된 경우 전세권자는 **전세권과 분리하여 전세금반환채권만을 확정적으로 양도**할 수 있다.

7. 전세권저당권

① 전세권이 기간**만료**로 종료된 경우 전세권은 전세권설정등기의 **말소등기 없이도 용익권능의 전세권은 당연히 소멸**하고, 저당권의 목적물인 전세권이 소멸하면 **저당권도 당연히 소멸**하는 것이므로 전세권을 목적으로 한 저당권자는 전세권의 목적물인 부동산의 소유자에게 더 이상 **저당권을 주장할 수 없다.**(23회) (전세권의 저당권자는 전세권 자체에 대하여 저당권을 실행하여 전세금을 배당받을 수 없다.)
② 저당권설정자는 **저당권자의 동의 없이 전세권을 소멸**하게 하는 행위를 하지 **못한다**.
③ 저당권이 설정된 전세권의 존속기간이 만료된 경우에 **저당권자**는 전세권자의 **전세금반환채권에 대하여 압류** 및 **추심명령** 또는 **전부명령**을 받거나 제3자가 전세금반환채권에 대하여 실시한 **강제집행절차에서 배당요구**를 하는 등의 방법으로 자신의 권리를 행사할 수 있다.(최선순위 전세권자의 채권자는 전세권이 설정된 부동산에 대한 경매절차에서 채권자대위권에 기하거나 전세금반환채권에 대하여 압류 및 추심명령을 받은 다음 추심권한에 기하여 자기 이름으로 전세권에 대한 배당요구를 할 수 있다.)
④ 전세금반환채권에 대한 **제3자의 압류 등이 없는** 한 **전세권설정자**는 **전세권자에 대해서만 전세금반환의무**를 부담한다.
⑤ 전세권을 목적으로 저당권을 설정한 자는 **저당권자의 동의 없이** 전세권설정자와 합의하여 **전세권을 소멸시킬 수 없다.**
⑥ **전세금반환채권은 저당권의 목적물이 아니다.**(전세권이 저당권의 목적이 된다)

8. 전세권의 처분

(1) 의의

> **제306조(전세권의 양도, 임대등)** 전세권자는 전세권을 타인에게 양도 또는 담보로 제공할 수 있고 그 존속기간 내에서 그 목적물을 타인에게 전전세 또는 임대할 수 있다. 그러나 설정행위로 이를 □□ 때에는 전전세 또는 임대할 수 없다.
>
> 📝 금지

① 전세권 양도금지특약을 위반하여 전세권을 양도한 경우 전세권설정자는 소멸청구를 할 수 있다.
② 전세권 **양도금지특약이 없는 한** 전세권**설정자의 동의 없이 양도, 임대 등을** 할 수 있다.(24회)
③ 따라서 원칙적으로 원전세권자가 소유자의 동의 없이 전전세를 하면 원전세권은 소멸하지 아니한다.(26회)

(2) 전전세

> **제308조(전전세등의 경우의 책임)** 전세권의 목적물을 전전세 또는 임대한 경우(임대인의 동의 X)에는 전세권자는 전전세 또는 임대하지 아니하였으면 면할 수 있는 □□□□으로 인한 손해에 대하여 그 책임을 부담한다.
>
> 📝 불가항력

① 전전세권의 설정에는 원전세권자와 전전세권자 사이의 전전세권 설정의 합의 및 등기와 **전전세금의 지급**이 있어야 하나 원전세권**설정자의 동의를 요하지 아니한다.**(전대차는 임대인의 동의 요함)
② 전전세의 존속기간은 **원전세권의 존속기간 내**여야 한다.(23회) 전전세금은 **원전세금을 초과할 수 없다.**
③ 전세권자는 전전세 또는 임대하지 아니하였으면 면할 수 있는 **불가항력으로 인한 손해에 대하여 그 책임**을 부담한다.(15회 추가, 35회) (A건물소유자 甲이 옷가게를 할 乙에게 전세를 주었는데 乙이 가스판매업을 하는 丙에게 전전세하였고 벼락 또는 제3자의 방화로 丙 소유 가스통의 폭발로 A건물이 완파된 경우, 乙이 전전세하지 않았더라면 丙 소유 가스통의 폭발은 없었을 것인바, 이로 인한 甲의 손해에 대해서도 乙이 책임진다.)
④ 전전세권이 소멸했는데도 전전세권설정자가 전세금의 반환을 지체하고, 원전세권이 소멸했음에도 원전세권설정자가 원전세권자(전전세권설정자)에 대해 전세금 반환을 지체한 때에는 전전세권자는 원전세권자를 대위하여 목적부동산의 경매를 청구할 수 있다.(26회)

(3) 전세권의 양도

> **제307조(전세권양도의 효력)** 전세권양수인은 전세권설정자에 대하여 전세권양도인과 동일한 □□□□가 있다.
>
> 📝 권리의무

① 전세권양도시 양도대금은 **원전세금보다 고·저액이라도 무방**하지만, 양수인은 전세권설정자로부터 원래의 전세금의 반환을 청구할 수 있을 뿐이다.
② 전세권자는 전세권을 제3자에게 양도할 수 있으며, 전세권 **양수인은 전세권설정자의 동의가 없더라도 전세권설정자에게 대항**할 수 있다.
③ 전세권의 존속기간 중 전세목적물의 소유권이 양도되면, 그 양수인이 전세권설정자의 지위를 승계한다.(32회) 즉, 전세권의 존속 중 전세목적물이 양도된 경우, 신소유자(양수인)가 전세금반환의무를 부담한다.(20회)
④ 전세권이 성립한 후 전세목적물의 소유권이 이전되면, 종전소유자는 전세금반환채무를 면한다.(21회, 30회)
⑤ 전세목적물이 처분된 때에도 전세권을 양수한 양수인이 전세권관계에서 생기는 권리·의무의 주체이다.(전세권양수인에게 전세금을 반환해야 한다)

9. 동시이행관계(35회)

> **제317조(전세권의 소멸과 동시이행)** 전세권이 소멸한 때에는 전세권설정자는 전세권자로부터 그 목적물의 인도 및 전세권설정등기의 말소등기에 필요한 서류의 교부를 받는 □□에 전세금을 반환하여야 한다.
>
> 📝 동시

① 전세권자인 채권자가 전세목적물에 대한 **경매를 청구**하려면 우선 전세권설정자에 대하여 전세목적물의 인도의무 및 전세권설정등기말소 의무의 **이행제공을 완료**하여 **전세권설정자를 이행지체(채무불이행)에 빠뜨려야** 한다.
② 전세기간 만료 후 전세권자로부터 목적물을 인도받았다고 하더라도 전세권설정등기의 **말소등기에 필요한 서류를 교부**받거나 그 이행의 제공을 **받지 아니**하는 이상, 전세권설정자는 **전세금의 반환을 거부**할 수 있고(동시이행항변권 행사), 이 경우 전세권자에게 전세금에 대한 **이자 상당액의 부당이득을 반환할 의무도 없다.**(항변권에 기한 전세금 반환거부는 적법하므로)

10. 경매청구권

제318조(전세권자의 경매청구권) 전세권설정자가 전세금의 반환을 □□한 때에는 전세권자는 민사집행법의 정한 바에 의하여 전세권의 목적물의 경매를 청구할 수 있다.

📝 지체

① 전세권설정자가 전세금의 반환을 지체하면(전세권자가 경매를 청구하려면 전세목적물 인도의무 및 전세권 말소등기의무의 이행제공을 완료하여 전세권설정자를 이행지체에 빠뜨려야 한다) 전세권자는 그 목적물의 경매를 청구할 수 있다.(24회)
② 전세권이 부동산의 일부에 설정된 경우, 전세권의 목적물이 아닌 **나머지 부분에 대해서는 그 전세권에 기한 경매신청을 할 수 없다.** 즉 건물 **전부의 경매를 청구할 수 없다.**(30회, 32회)
③ 구분소유권의 객체가 될 수 없는 건물의 일부에 대한 전세권자는 건물 전체의 경매를 신청할 수 없다.(21회, 27회)
② 건물의 일부에 대하여 전세권이 설정되어 있는 경우 그 전세권자는 건물 전부에 대하여 후순위권리자 기타 채권자보다 전세금의 우선변제를 받을 권리가 있다.(18회)

11. 전세권의 소멸

① 원상회복의무 및 부속물매수청구권

제316조(원상회복의무, 매수청구권) ① 전세권이 그 존속기간의 만료로 인하여 소멸한 때에는 전세권자는 그 목적물을 원상에 회복하여야 하며 그 목적물에 부속시킨 물건은 수거할 수 있다. 그러나 전세권설정자가 그 부속물건의 매수를 청구한 때에는 전세권자는 □□□ □□ □□ 거절하지 못한다.
② 전항의 경우에 그 부속물건이 전세권설정자의 □□를 얻어 부속시킨 것인 때에는 전세권자는 전세권설정자에 대하여 그 부속물건의 매수를 청구할 수 있다. 그 부속물건이 전세권설정자로부터 □□한 것인 때에도 그 부속물건의 매수를 청구할 수 있다.(부속물매수청구권 ⇨ 강행규정, 형성권)

📝 정당한 이유 없이, 동의, 매수

② 불가항력으로 인한 멸실

제314조(불가항력으로 인한 멸실) ① 전세권의 목적물의 전부 또는 일부가 불가항력으로 인하여 멸실된 때에는 그 □□된 부분의 전세권은 소멸한다.
② 불가항력으로 인한 일부멸실의 경우에 전세권자가 그 잔존부분으로 전세권의 목적을 달성할 수 없는 때에는 전세권설정자에 대하여 전세권 □□의 소멸을 통고하고 전세금의 반환을 청구할 수 있다.

📝 멸실, 전부

③ 전세권자의 책임 있는 사유로 인하여 멸실(15회)

> **제315조(전세권자의 손해배상책임)** ① 전세권의 목적물의 전부 또는 일부가 전세권자에 □□ □□ □□ (귀책사유, 고의·과실)로 인하여 멸실된 때에는 전세권자는 손해를 배상할 책임이 있다(전세금의 감액은 인정되지 않는다).
> ② (전세권설정자가 전세권소멸청구를 하지 않고 잔존부분으로 전세권의 목적달성이 가능하면 존속기간의 만료 등으로 전세권이 소멸할 때까지 전세권은 존속하며) 이 경우에 전세권설정자는 전세권이 소멸된 후 전세금으로써 손해의 배상에 충당하고 잉여가 있으면 반환하여야 하며 부족이 있으면 다시 청구할 수 있다.
> 📝 책임 있는 사유

④ 전세권의 소멸청구권(24회)

> **제311조(전세권의 소멸청구)** ① 전세권자가 전세권설정계약 또는 그 목적물의 성질에 의하여 □□□□ □□으로 이를 사용, 수익하지 아니한 경우에는 전세권설정자는 전세권의 소멸을 청구할 수 있다.
> ② 전항의 경우에 전세권설정자는 전세권자에 대하여 원상회복 또는 손해배상을 청구할 수 있다.
> 📝 정하여진 용법

⑤ 판례에 따르면 토지전세권자에게도 토지임차인과 마찬가지로 지상물매수청구권이 인정될 수 있다.(33회)

CHAPTER 04 담보물권

제1절 총설

1. 채권담보의 의의

채권담보란 금전채권의 일반적 효력을 보강하여 채권실현을 확보하는 수단을 말한다. 채권자대위권·채권자취소권·가압류 등으로도 채무자의 책임재산을 보전하기에 불충분한 경우에 채권담보는 채권을 보다 확실하게 실현시키는 수단으로 기능한다.

2. 채권담보의 종류

① 인적 담보(人的 擔保)
채무자의 일반재산에 제3자의 일반재산을 추가하여 책임재산을 늘림으로써 채권을 담보하는 방법으로서 보증채무·연대채무가 이에 해당한다.

② 물적 담보(物的 擔保)

구분	유치권	질권	저당권
성립요건	법정담보물권, 점유	약정담보물권, 점유	약정담보물권, 점유 불요
목적물	동산·부동산·유가증권	동산·재산권(용익물권 제외)	부동산
효력	유치적 효력	유치적 효력, 우선변제적 효력	우선변제적 효력
간이변제충당	법원의 허가 받으면 가능	법원의 허가 받으면 가능	불가능
부종성	엄격	완화(근질·근저당의 인정)	완화(근질·근저당의 인정)
물상대위성	불인정	인정	인정
공통점	경매신청권, 별제권, 불가분성, 수반성		

3. 담보물권의 물권으로서의 특질

① 가치권으로서의 물권 : 담보물권은 목적물의 교환가치의 취득을 목적으로 하는 가치권으로서 물권이므로 모든 사람에게 대항할 수 있고 물권적 청구권과 추급력, 그리고 우선적 효력을 가지고 공시의 원칙의 적용을 받는다.

② 특정성 : 담보물권의 목적물은 원칙적으로 특정한 1개의 물건이다. 타물권으로서 소유자저당은 극히 예외적으로 혼동에 의해서만 발생한다.

4. 담보물권의 통유성(通有性)

구분	전세권	유치권	질권	저당권
우선변제권	○	×	○	○
물상대위성	○	×	○	○
추급효	○	×	○	○
경매권	○	○	○	○
별제권	○	○	○	○
본질적 징표	채권(주택임대차보호법)에도 우선변제권이 인정되므로 우선변제권은 담보물권의 본질적 징표가 되지 못하고 경매권과 별제권이 본질적 징표가 된다.			

(1) 의의

① 모든 담보물권에 공통된 성질을 말하는데 각종 담보물권에 따라 약간의 차이가 있다.
② 추급적효력은 담보물이 누구에게 이전되든지 담보물권이 그 목적물을 따라가는 효력을 말한다. 저당권·질권은 추급력이 있으나, 유치권은 점유를 상실하면 추급력이 없다.

(2) 물상대위성

① 우선변제적 효력이 있는 질권과 저당권·전세권·가등기담보권·양도담보의 경우에 물상대위가 인정되나 **유치권에는 물상대위가 인정되지 않는다.**
② 저당목적물이 전부멸실되면 원칙적으로 저당권 소멸원인이지만,(25회) 담보권자의 과실에 기하지 않은 담보물의 **멸실**(화재보험금청구권)·**훼손**(손해배상청구권) 또는 **공용징수**(수용보상금)로 인해 담보권설정자가 받을 가치적변형물인 금전 기타의 물건의 **지급청구권** 또는 **인도청구권에 대한 권리**이다.(27회, 34회)
③ **매매대금청구권·차임은 물상대위의 객체가 되지 않는다.** 따라서 저당권이 설정된 토지가 「공익사업을 위한 토지 등의 취득 및 보상에 관한 법률」에 따라 **협의취득**된 경우(사법상의 매매에 따른 매매대금으로 볼 수 있는 보상금에 대해 물상대위할 수 없다), 저당권자는 토지소유자가 수령할 보상금에 대하여 **물상대위를 할 수 없다.**(26회, 27회, 32회)
④ 저당물의 멸실로 인하여 받을 금전이 저당물의 **소유자에게 지급되기 전**에 그 지급청구권이 **압류**된 경우, 저당권자는 물상대위권을 행사할 수 있다.(21회)
⑤ 저당목적물의 변형물인 금전 기타 물건에 대하여 **이미 제3자가 압류**하여 그 금전 또는 물건이 특정된 이상 **저당권자가 스스로 이를 압류하지 않고서도 물상대위권**을 **행사**할 수 있다.(27회, 32회) 즉, 물상대위권 행사를 위한 압류는 그 권리를 행사하는 저당권자가 아닌 제3자에 의한 압류도 무방하다.(23회)
⑥ 저당권설정자에게 대위할 물건(화재보험금청구권)이 인도된 후에 저당권자가 그 물건을 압류한 경우 물상대위권을 행사할 수 없고,(27회) 채무자에게 부당이득반환을 청구할 수 있다.
⑦ 저당권자가 물상대위권을 행사하지 않은 경우, 저당목적물의 변형물로부터 이득을 얻은 **다른 채권자**(후순위권리자)에 대하여 **부당이득반환을 청구할 수 없다.**
⑧ 전세권을 저당권의 목적으로 한 경우에도 저당권자에게 물상대위권이 인정된다.(27회)

(3) 불가분성

① 저당권자는 채권 전부의 변제를 받을 때까지 저당권부동산 전부에 관하여 그 저당권을 행사할 수 있다.
② 불가분성은 전세권의 일부가 불가항력으로 멸실한 경우, 공동저당의 일괄경매에서 동시배당의 경우에만 그 예외가 인정된다.(15회 추가)

(4) 부종성

① 유치권·법정질권·법정저당권 등 법정담보물권은 **부종성이 엄격**하게 적용된다.(15회 추가)
② 근질·근저당권 등 약정담보물권은 **부종성이 완화**된다.(15회 추가)
③ **피담보채권의 소멸 후**(말소등기없이 저당권은 당연소멸) 저당권의 **말소등기가 경료되기 전**에 그 저당권부 채권의 압류 및 전부명령을 받아 **저당권이전의 부기등기**를 경료한 자는 그 **저당권을 취득할 수 없다**(등기에는 공신의 원칙이 적용되지 아니한다).

제2절 유치권

1. 의의(13회)

> **제320조(유치권의 내용)** ① 타인의 물건(동산, 부동산) 또는 □□□□을 점유한 자는 그 물건이나 유가증권에 관하여 생긴 채권이 □□□에 있는 경우에는 변제를 받을 때까지 그 물건 또는 유가증권을 유치할 권리가 있다.
> ② 유치의 규정은 그 점유가 □□□□로 인한 경우에 유치할 권리가 없다.
>
> 📝 유가증권, 변제기, 불법행위

① 유치권은 일정한 요건을 갖추면 **법률상 당연히 성립하는** 권리로서 **당사자의 합의에 의하여 성립하는 약정담보물권이 아니다.**(법정담보물권)
② 물권적청구권
   ㉠ 유치권 자체에 기한 **물권적 청구권은 없다.**(19회)
   ㉡ 유치권자가 점유를 침탈당한 경우(침탈당하면 점유를 상실하므로 유치권은 소멸하므로 유치권에 기한 물권적청구권과 추급효가 없다)에는 점유보호청구권에 기한 점유회수청구권은 인정된다.(26회)
③ 담보물권적 성질
   ㉠ 유치권자는 유치물에 대한 **경매청구권이 있으나**(우선변제를 위한 경매가 아닌 환가를 위한 경매), 유치권은 목적물의 교환가치를 파악하는 것이 아니므로 **우선변제권이 없다.**

ⓒ 유치물의 멸실·훼손·공용징수로 인하여 소유자가 받을 금전 그 밖의 물건(물상대위)에 대하여는 유치권의 효력이 미치지 않는다. **그러나 수반성, 부종성, 불가분성은 인정된다.**(15회 추가, 23회, 31회)
④ 토지 등 그 성질상 다른 부분과 **쉽게 분할할 수 있는** 물건의 경우, 그 **일부를 목적으로 하는 유치권이 성립**할 수 있다.(분할이 가능한 토지의 일부에도 유치권이 성립할 수 있다)

2. 요건

(1) 타인의 물건 또는 유가증권

① 타인은 채무자뿐 아니라 **제3자도 포함**되므로(유치권자 소유만 아니면 된다) 민사유치권의 객체인 물건 또는 유가증권은 **채무자의 소유에 한정되지 않는다.**(21회, 23회)
② 수급인
  ㉠ 건물의 **신축공사를 한 수급인**이 그 건물에 관하여 생긴 **공사대금 채권**이 있다면 건물을 **유치할 권리**가 있다.
  ㉡ **수급인**의 **재료와 노력으로 건축**되었고 독립한 건물에 해당되는 기성부분은 **수급인의 소유**라 할 것이므로 수급인은 **유치권을 가질 수 없다.**(자기소유이므로)
  ㉢ 수급인의 재료와 노력으로 건축했으나 **도급인 소유**로 하기로 **합의**한 경우 도급인이 원시취득하므로 수급인은 **유치권을 행사할 수 있다.**(15회 추가)
  ㉣ 건물신축공사를 도급받은 수급인이 사회통념상 독립한 건물이 되지 못한 정착물(부합물)을 토지에 설치한 상태에서 공사가 중단된 경우, 그 정착물에 대해 유치권을 행사할 수 없다.(34회)
③ 점유자의 **비용상환청구권**은 유치권의 피담보채권이 될 수 있다.

> **제325조(유치권자의 상환청구권)** ① 유치권자가 유치물에 관하여 필요비를 지출한 때에는 소유자에게 그 상환을 청구할 수 있다.
> ② 유치권자가 유치물에 관하여 유익비를 지출한 때에는 그 가액의 증가가 현존한 경우에 한하여 소유자의 선택에 좇아 그 지출한 금액이나 증가액의 상환을 청구할 수 있다. 그러나 법원은 소유자의 청구에 의하여 상당한 상환기간을 허여할 수 있다.

  ㉠ 임차인이 임대차기간 만료 전에 임차목적물을 보존하기 위해 비용을 지출한 경우(필요비), 비용상환청구권은 목적물에 관하여 생긴 채권으로 본다.(16회, 21회) (즉, 유치권이 성립한다) **유치권자**가 유치물에 관하여 **필요비를 지출**한 때에는 **유치권이 성립**한다.(20회)
  ㉡ 임대차종료 후 법원이 임차인의 유익비상환청구권에 유예기간을 인정한 경우, 임차인은 그 유예기간 내에는 유익비상환청구권을 담보하기 위해 임차목적물을 유치할 수 없다.(26회)
  ㉢ **가축이 타인의 농작물을 먹어 발생한 손해에 관한 배상청구권**에 기해 그 타인이 그 가축에 대한 유치권을 주장하는 경우 견련관계가 인정된다.(32회) (유치권이 성립한다)

⑤ 채무불이행으로 인한 손해배상청구권
  ㉠ 채권과 물건 사이에 견련관계가 있으면, 그 **채무불이행으로 인한 손해배상채권**과 그 물건 사이의 **견련관계는 인정되어** 유치권이 성립한다.
  ㉡ **필요비상환채무의 불이행**으로 인한 **손해배상청구권**은 원채권의 연장이므로 물건과 원채권 사이에 견련관계가 있으면 유치권이 성립한다.(27회)

(2) 적법한 점유

① **임대차계약을 체결하지 않고 권원 없이** 타인의 물건을 **점유**한 자(불법점유자)가 그 물건에 관해 필요비 또는 유익비를 지출했다 하더라도 유치권을 행사할 수 없다. 즉, **점유가 불법행위로 인한 경우에는 유치권은 성립하지 아니한다.**(21회, 30회)
② 건물임차인이 **점유할 권원이 없음을 알면서** 그 건물을 **점유**하면서 필요비를 지출한 경우(임대차 계약의 종료 후에 동시이행항변권에 기하지 않고서 비용을 지출한 경우로서 불법점유로 인한 비용) 유치권이 **인정되지 않는다.**(18회) 또한 전세권이 소멸한 후에 전세권자가 소유자와 합의 없이 목적물을 증축한 경우(불법증축으로 인한 비용)에 공사대금채권과 그 건물에는 유치권이 성립하지 아니한다.(15회 추가)
③ **물건의 소유자**는 그 물건을 **점유하는 제3자가 비용을 지출할 때에 점유권원이 없음을 알았거나 중대한 과실로 몰랐음을 증명**하여 비용상환청구권에 기한 **유치권의 주장을 배척**할 수 있다.
④ 유치권자로부터 유치물을 유치하기 위한 방법으로 유치물의 점유 내지 보관을 위탁받은 자는 특별한 사정이 없는 한 점유할 권리가 있음을 들어 소유자의 소유물반환청구를 거부할 수 있다.

(3) 물건으로부터 발생한 채권

① 유치권은 목적물에 관하여 생긴 채권의 담보를 목적으로 한다.(물건과 채권간의 견련성을 요한다)(25회)
② **채권**과 물건의 **점유** 간에는 **견련성이 요구되지 않**는다.
  ㉠ 어떤 물건을 점유(2/7)하기 전에 그에 관하여 발생한 채권(2/3)에 대해서는 후에 채권자가 그 물건의 점유를 취득하더라도 유치권은 성립한다.(18회)
  ㉡ 목적물에 대한 점유(2/5)를 취득한 뒤 그 목적물에 관하여 성립한 채권(2/8)을 담보하기 위한 유치권도 인정된다.(26회)
③ 유치권자가 유치물의 소유자가 변동된 후에 유치물에 비용을 지출한 경우, 그 비용상환채권을 담보하기 위해 유치권을 행사할 수 있다.
④ 유치권이 부정되는 경우
  ㉠ 임대인과 임차인 사이에 건물명도시 권리금을 반환하기로 하는 약정이 있는 경우 그 **권리금반환청구권**을 가지고 건물에 대한 유치권을 행사할 수 없다.(15회 추가, 18회, 20회, 27회, 31회, 32회, 35회)
  ㉡ 임차인은 임대인에 대한 **보증금반환청구권**으로서 임차물에 대한 유치권을 행사할 수 없다.(15회 추가, 22회, 27회, 32회)

      ⓒ **원상회복약정**이 있는 경우 **유익비상환청구권을 미리 포기**하기로 한 취지의 특약으로 보아 임차인의 유치권 주장을 배척한다.(27회)
      ⓔ **임대인**이 건물시설을 하지 않아 임차인이 건물을 임차목적대로 사용하지 못하였음을 이유로 하는 **손해배상청구권**은 그 건물에 관하여 생긴 채권이 아니다. (유치권이 성립하지 아니한다)
      ⓜ **간판 설치공사 대금채권**은 그 건물 자체에 관하여 생긴 채권이라고 할 수는 없다.(유치권이 성립하지 아니한다)
      ⓗ **매매대금채권**을 피담보채권으로 하여 매수인이나 그에게서 부동산 소유권을 취득한 제3자에게 유치권을 주장할 수 없다.
         ⓐ 자재업자가 공사수급인과의 계약으로 시멘트를 공급하였고 이것이 공사수급인에 의해 건물신축공사에 사용됨으로써 부합된 경우, **시멘트대금채권**(건축자재대금채권)은 신축된 건물 자체에 관하여 생긴 채권이라고 할 수 없다.
         ⓑ 부동산 **계약명의신탁**의 경우 부동산을 점유하는 명의신탁자는 명의수탁자에 대한 **매매대금 상당의 부당이득반환청구권**에 기해서 유치권을 행사할 수 없다.(21회)
         ⓒ 토지임차인은 임차지상의 **지상물**에 대한 **매수**청구권에 기한 **대금**채권을 담보하기 위하여 유치권을 행사할 수 없다.
         ⓓ 임차인의 **부속물매수**청구권에 따른 **대금채권**을 담보하기 위한 임대목적물에 대한 유치권은 인정되지 않는다.(15회 추가)

(4) 채권의 변제기의 도래

① 피담보채권의 변제기 도래는 유치권에 있어서는 **성립요건**이며 **존속요건**이다.(13회, 16회, 30회·34회)
② 유치권배제 특약
      ㉠ 유치권의 성립을 배제하는 당사자의 특약은 유효하고(21회, 23회, 30회) 그 특약(계약)에 **조건을 붙일 수 있다.**
      ㉡ 유치권을 사후에 포기한 경우 곧바로 유치권은 소멸한다.
      ㉢ 유치권 포기로 인한 유치권의 소멸은 **유치권 포기의 의사표시의 상대방**뿐 아니라 **그 밖의 제3자도 주장할 수 있다.**(31회)
      ㉣ 유치권은 법정담보 물권이지만 이를 미리 포기(배제)하는 특약은 유효이다.(16회, 34회)

(5) 변제 받을 때까지

> **제321조(유치권의 불가분성)** 유치권자는 채권 □□□ □□를 받을 때까지 유치물 전부에 대하여 그 권리를 행사할 수 있다.
>
> 📝 전부의 변제

① 유치권은 불가분성을 가지고 있어서 채권 전부의 변제를 받을 때까지 유치물 전부에 대하여 행사하거나,(12회) **경매절차의 매수인**(경락인) 등 **누구에 대해서나** 그 목적물의 **인도를 거절**(유치권 행사)할 수 있다.(13회)

② 다세대주택 전체의 창호 공사를 완성한 수급인이 위 공사 전부에 대하여 일률적으로 지급하기로 한 공사대금 잔액을 변제받기 위하여 위 다세대주택 중 한 세대를 점유하여 유치권을 행사하는 경우, 그 **유치권**은 위 **다세대주택 전체**에 대하여 시행한 **공사대금 잔액 전부에 대한 채권을 피담보채권으로 하여 성립**한다.(유치권은 실제로 점유하고 있는 건물 세대 부분에만 미치고, 점유하고 있는 세대만 경매를 청구할 수 있다.)

③ 유치물은 그 각 부분으로써 피담보채권의 전부를 담보하며, 이와 같은 유치권의 불가분성은 그 목적물이 분할 가능하거나 수개의 물건인 경우에도 적용된다.(임야 일부를 개간하여 쉽게 분할가능한 경우 개간한 부분만 유치권을 행사할 수 있다)

(6) 유치(점유+인도거절)

① 유치권의 성립요건이자 존속요건인 유치권자의 점유는 **직접점유**이든 **간접점유**이든 관계가 없다.(22회, 23회, 31회)

② 채권자가 **채무자를 직접점유자**로 하여 목적물을 간접점유하는 경우 유치권이 **성립하지 아니한다**.(20회, 21회, 23회, 26회, 30회)

③ 대세권

　㉠ 유치권자는 **경락인에 대하여** 그 피담보채권의 변제가 있을 때까지 유치목적물인 부동산의 **인도를 거절**(유치권은 대세권으로서 누구에게든지 행사)할 수 있을 뿐이고, 그 피담보채권의 **변제를 청구하거나** 동시이행항변권을 행사 할 수도 없다.(채권은 특정인(채권자)이 특정인(채무자)에게만 행사 가능)

　㉡ 유치권자(채권자)는 **채무자에 대하여** 피담보채무의 **변제를 청구**와 동시이행의**항변권을 행사**할 수 있고, 전부 변제를 받을 때까지 **유치권을 행사**할 수 있다.

④ 유치권자의 점유가 침탈된 후 1년 이내에 **점유를 회복**하면 점유가 계속된 것으로 보아 **유치권이 소멸하지 아니한다**. 그러나 점유회수의 소를 제기하여 승소판결을 받았더라도 **점유를 회복하지 않으면 유치권이 부활하지 않는다**.

⑤ 건물에 대한 점유를 승계한 사실이 있다 하더라고 **전 점유자를 대위하여 유치권을 주장할 수는 없다**.(전(前)점유자는 점유를 상실한 자이므로 유치권도 소멸)

⑥ 유치권자는 선량한 관리자의 주의로 유치물을 점유해야 한다.(34회)

3. 유치권의 효력

① 환가를 위한 경매

> **제322조(경매)** ① 유치권자는 채권의 변제를 받기 위하여 유치물을 □□할 수 있다.
>
> 　　　　　　　　　　　　　　　　　　　　　　　　　　　　　　　　📝 경매

　㉠ 유치권자는 **채권의 변제를 받기 위하여** 유치물을 경매할 수 있다(우선변제를 위한 경매가 아니라 환가를 위한 경매로서 경매권이 있다).(12회, 31회, 34회) 이것은 우선변제를 위한 경매가 아니라 **환가를 위한 경매**이다.

ⓒ 유치권에는 유치적 효력은 인정되지만, 원칙적으로 후순위권리자보다 **우선하여 변제받을 권리는 없다.** (22회)35회)
② 간이변제충당

> **제322조(간이변제충당)** ② □□□ □□□있는 때에는 유치권자는 □□□□ □□에 의하여 유치물로 직접변제에 충당할 것을 □□에 청구할 수 있다. 이 경우에는 유치권자는 미리 □□□에게 통지하여야 한다.
>
> 📝 정당한 이유, 감정인의 평가, 법원, 채무자

　　㉠ **정당한 이유**(목적물의 가치가 적어서 경매에 부치는 것이 부적당한 경우) 있는 때에는 유치권자는 **감정인의 평가**에 의하여 유치물로 직접 변제에 충당할 것을 **법원에 청구**할 수 있다. (12회)
　　ⓒ 유치권자는 **미리 채무자에게 통지**하여야 한다.
　　ⓒ 유치부동산에 대하여 법원이 간이변제충당을 허가한 경우, 법률의 규정에 의한 물권변동이므로 그 부동산에 대한 **등기없이 소유권을 취득**한다.

③ 압류(경매기입등기)와 유치권과의 관계
　　㉠ 근저당권 설정 후라도 경매로 인한 **압류의 효력 발생 전**(기입등기 전)에만 **유치권을 취득**하면, 그 유치권으로 경매절차의 **매수인**(경락인)에게 대항할 수 있다. (29회)
　　ⓒ 부동산에 가압류등기를 마친 후에 채무자의 점유이전으로 **유치권을 취득**한 경우(가압류가 기준이 아니고, 압류가 기준), 유치권자는 그 부동산경매절차의 **매수인에게 유치권을 주장**할 수 있다. (29회)
　　ⓒ **경매개시결정의 기입등기 전(압류 전)에 유치권을 취득**한 자는 저당권이 실행되더라도(경매개시결정의 기입등기 또는 압류) 그의 채권이 완제될 때까지 **매수인에 대하여 목적물의 인도를 거절**(유치권 행사)할 수 있다. (22회)
　　ⓒ **경매개시결정의 기입등기가 경료되어 압류의 효력이 발생한 이후에 유치권을 취득**한 경우,(29회) **압류의 효력이 발생한 이후에 피담보채권의 변제기가 도래한 경우**(유치권 성립)(29회) 부동산을 점유한 수급인은 그 부동산에 관한 경매절차의 **매수인**(경락인, 소유자)**에게 유치권으로 대항할 수 없다.** (22회) (유치권은 성립하지만, 그 유치권으로 경락인에게 대항할 수 없다)

④ 과실수취권

> **제323조(과실수취권)** ① 유치권자는 유치물의 □□을 □□하여 다른 채권보다 먼저 그 채권의 변제에 충당할 수 있다(변제충당권). 그러나 과실이 금전이 아닌 때에는 □□하여야 한다.
> ② 과실은 먼저 채권의 □□에 충당하고 그 잉여가 있으면 □□에 충당한다.(법정충당)
>
> 📝 과실, 수취, 경매, 이자, 원본

　　㉠ 유치권자는 유치물의 **과실**을 **수취**하여(유치권자의 과실수취권) 다른 채권보다 먼저 그 **채권의 변제에 충당**할 수 있다. (12회, 23회, 24회)
　　ⓒ 과실은 먼저 채권의 **이자**에 충당하고 그 잉여가 있으면 **원본**에 충당한다.
　　ⓒ 유치권자는 유치물의 과실(果實)이 **금전이 아닌 경우, 이를 경매**하여야 한다.

⑤ 유치물 사용권

> **제324조(유치권자의 선관의무)** ① 유치권자는 선량한 관리자의 주의로 유치물을 점유하여야 한다.
> ② 유치권자는 채무자의 □□없이 유치물의 사용, 대여 또는 담보제공을 하지 못한다. 그러나 유치물의 □□에 필요한 사용은 승낙없이 사용할 수 있다.
>
> 📝 동의, 보존

㉠ 유치권자는 선량한 관리자의 주의로 유치물을 점유하여야 하고,(12회) **소유자**(채무자)의 **승낙 없이**는 유치물의 보존에 필요한 범위를 넘어 **사용**하거나 **대여** 또는 **담보로 제공할 수 없다.**(13회, 26회) 따라서 유치권자는 채무자의 승낙이 없는 이상 그 목적물을 타에 임대할 수 있는 처분권한이 없다.

㉡ **소유자**(채무자)의 **동의 없이** 유치권자로 부터 유치권의 목적물을 **임차한 자**는 소유자에게 그 **임대의 효력을 주장할 수 없다.**(16회) 따라서 유치물이 **강제경매** 절차가 진행되어 매각된 경우, 임차인은 **임차권에 기한 점유로써 경락인**(소유자)에게 그 임대차의 효력을 주장할 수 없다.(18회)

㉢ 유치권자가 채무자의 **승낙 없이** 유치물을 제3자에게 **임대한 경우**, 유치권자가 취득한 **차임은 부당이득으로서 채무자**(소유자)에게 **반환**하여야 한다.

⑥ 보존을 위한 사용(19회)

㉠ 공사대금채권에 기하여 유치권을 행사하는 자가 **스스로 유치물인 주택에 거주하여 사용하는** 것은 특별한 사정이 없는 한 이는 유치물의 **보존에 필요한 사용으로서 적법한 점유**에 해당한다.(23회, 35회)

㉡ 다만, **차임 상당의 이득**(사용이익)은 유치물의 소유자에게 **반환할 의무**가 있다.

㉢ 유치권자가 유치물에 대한 보존행위로서 목적물을 사용한 경우, **불법행위로 인한 손해배상책임을 지지 않는**다. 따라서 소유자는 유치권의 소멸을 청구할 수 없다.

4. 유치권의 소멸

① 유치권의 행사와 소멸시효

> **제326조(피담보채권의 소멸시효)** 유치권의 행사는 채권의 □□□□의 진행에 영향을 미치지 아니한다.
>
> 📝 소멸시효

㉠ **유치권의 행사**는 채권의 **소멸시효의 진행에 영향을 미치지 아니**한다.(피담보채권은 변제기 이후 소멸시효에 걸린다) 즉, 건물공사대금의 채권자가 그 건물에 대하여 **유치권을 행사하는 동안**에도 그 **공사대금 채권의 소멸시효가 진행**한다.

㉡ 유치권의 **피담보채권의 소멸시효기간**(도급의 경우에는 3년)**이 확정판결 등에 의하여 10년으로 연장**된 경우 유치권이 성립된 부동산의 **매수인은 그 채권의 단기 소멸시효기간**(3년)**을 원용**(주장)**할 수 없다.**(피담보채권의 소멸시효기간은 10년으로 연장된다)

② 선관의무 위반

> **제324조(유치권자의 선관의무)** ③ 유치권자가 전2항의 규정에 위반한 때에는 채무자는 유치권의 소멸을 청구할 수 있다.

유치권자가 선관주의의무나 채무자의 승낙 없이 유치물을 사용·대여·담보제공 한 때에는 채무자는 유치권의 소멸을 청구할 수 있다.

③ 타담보제공과 유치권소멸(31회)

> **제327조(타담보제공과 유치권소멸)** 채무자는 □□□ □□를 제공하고 유치권의 소멸을 청구할 수 있다.
>
> 📝 상당한 담보

피담보채권에 상당한 담보의 제공(채권액 상당의 담보)에 관하여 **유치권자의 승낙** 또는 **이에 갈음하는 판결**이 있어야만 유치권이 소멸된다. (형성권이 아닌 청구권)

④ 유치권의 행사와 소멸시효(23회, 35회)

> **제326조(피담보채권의 소멸시효)** 유치권의 행사는 채권의 소멸시효의 진행에 영향을 미치지 아니한다.

㉠ 동시이행의 **항변권**과 **유치권**의 행사는 소멸시효 진행에 영향을 미치지 아니한다.(23회, 35회) (즉, 유치권을 행사해도 피담보채권의 소멸시효는 진행한다)
㉡ 동시이행의 **항변권**과 **유치권**이 동시에 성립하는 경우, 권리자는 이를 **선택적으로 행사**할 수 있다.(20회, 25회) 즉, 동시에 서로 병존할 수 있다.(25회)
㉢ 유치권은 동시이행항변권과는 달리 점유를 성립요건으로 한다.(25회)
㉣ 동시이행항변권은 자신의 채무이행을 거절할 수 있는 채권이나, 유치권은 타인의 물건의 인도를 거절할 수 있고, 점유를 본질로 하는 독립한 물권이다.(25회)

⑤ 점유의 상실

> **제328조(점유상실과 유치권소멸)** 유치권은 점유의 □□로 인하여 소멸한다.
>
> 📝 상실

⑥ 유치목적물의 양도와 유치권
㉠ 제3자에게 동시이행항변권이나 피담보채권의 변제를 청구할 수는 없다.(25회)
㉡ 양수인인 제3자(경락인)에게도 대세권에 속하는 유치권은 행사할 수 있다.(25회) 따라서 소유자의 목적물 양도는 유치권의 소멸사유가 아니다.(28회)
⑦ 기타 유치권의 소멸사유로 혼동,(24회) 점유의 상실,(24회, 28회) 유치물의 멸실,(24회, 28회) 유치권의 포기,(28회) 목적물의 전부멸실, 피담보채권의 소멸(24회, 28회) 등이 있다.

제3절 저당권

1. 저당권의 성립

(1) 저당권설정계약

> **제356조(저당권의 내용)** 저당권자(채권자)는 채무자 또는 제3자(물상보증인)가 점유를 이전하지 아니하고 채무의 담보로 제공한 □□□에 대하여 다른 채권자보다 자기채권의 우선변제를 받을 권리가 있다.
>
> 📝 부동산

① 성립상의 부종성
  ㉠ 저당권자는 피담보채권의 **채권자**에 한하고, 저당권설정계약에는 조건을 붙일 수 있다.(18회)
  ㉡ 제3자 명의로 저당권등기를 하는 데 대해 채권자와 채무자 및 **제3자 사이에 합의**가 있었고, 나아가 제3자에게 그 **채권이 실질적으로 귀속**되었다고 볼 수 있는 특별한 사정이 있는 경우에는 **제3자 명의의 저당권등기**(전세권, 가등기담보권)**도 유효**하다.(15회, 24회)
  ㉢ 저당권설정자는 **채무자** 또는 **제3자**(물상보증인)이다. 따라서 채무자 이외의 제3자도 저당권설정자가 될 수 있다.(18회)
  ㉣ 근저당권 설정계약상의 채무자 아닌 **제3자를 채무자**로 하여 된 근저당권 설정등기는 원인 없는 **무효의 등기**이다.(15회, 15회 추가, 31회) 그러나 **제3자 사이에 합의**가 있으면 **제3자를 채무자**로 할 수 있다.
  ㉤ 저당권이 설정된 부동산의 등기부가 멸실해도 그 저당권의 효력이 당연히 소멸하지 아니한다.(등기는 효력발생요건)
  ㉥ 저당권등기가 불법말소되더라도 저당권은 소멸하지 아니한다.

② 이전상의 부종성
  ㉠ 저당권은 그 담보한 채권과 분리하여 타인에게 양도할 수 없다.(21회, 26회, 28회, 29회, 30회, 34회)
  ㉡ 저당권의 이전을 목적으로 하는 물권적 합의(물권계약, 물권적 의사표시)는 저당권을 양도·양수하는 당사자 사이에 있으면 족하고 그 외에 채무자나 물상보증인 사이에까지 있어야 하는 것은 아니다.(21회)
  ㉢ 피담보**채권을 저당권과 함께 양수한 자**는 **저당권이전의 부기등기**를 마치고 저당권실행의 요건을 갖추고 있는 한 채권양도의 대항요건을 갖추고 있지 아니하더라도 **경매신청**을 할 수 있다.(피담보채권을 양수한자는 대항요건을 갖추지 못하더라도 채권자이므로 저당권이전의 부기등기를 했다면 저당권자로서 경매를 청구할 수 있다)
  ㉣ 근저당권 양도의 부기등기가 경료된 경우, 피담보채무의 소멸을 원인으로 한 근저당권설정등기의 말소등기청구의 상대방은 양수인이다.(18회)

③ 존속상의 부종성
  ㉠ 저당권으로 담보한 채권이 시효완성으로 소멸(피담보채무 전부 변제)하면 저당권은 말소등기 없이 당연히 소멸한다. (18회, 25회, 28회, 34회)
  ㉡ 피담보**채권의 소멸**(저당권은 당연소멸하고, 저당권등기는 무효) 후 **저당권의 말소등기**가 경료되기 전에 **저당권이전의 부기등기를 경료**한 자는 그 **저당권을 취득할 수 없다.** (15회, 21회, 24회) (등기에는 공신의 원칙이 인정되지 아니한다) 저당권으로 담보한 채권이 시효완성으로 소멸하면 저당권도 소멸한다. (28회)

(2) **저당권설정등기** ⇨ 저당권등기의 불법말소의 효력
  ① 채권자가 부동산을 담보로 취득하기 위해서 지급한 **등기비용**, 취득세, 소개료 등은 특약이 없는 한 **채무자가 부담함이 거래상 관행**이다. (부동산양도담보의 경우 채권자가 등기비용을 부담한다)
  ② **저당권등기가 불법 말소**된 경우 등기는 물권의 효력발생요건이지 그 존속요건은 아니므로 그로 인해 **저당권이 소멸하는 것은 아니다.**
  ③ 저당권설정행위(물권행위)(34회)는 처분행위이므로 처분의 권리 또는 권한을 가진 자만이 저당권을 설정할 수 있다. (24회)
  ④ 무효등기의 유용
  ㉠ **피담보채권이 소멸한 후** 말소되지 않고 남아 있는 저당권등기를 새로운 **저당권의 등기로 유용**하기로 한 합의는 **등기상 이해관계 있는 제3자가 나타나 있지 않는 한 유효**하다.
  ㉡ 특별한 사정이 없으면, 저당권이전을 부기등기하는 방법으로 무효인 저당권등기를 다른 채권자를 위한 담보로 유용할 수 있다. (24회)

(3) **피담보채권**
  ① 조건부채권 · 기한부채권 기타 장래에 발생할 특정의 채권(23회) · 장래의 증감 · 변동하는 불특정 채권위에 근저당을 설정할 수 있다.
  ② 채권과 분리양도 금지

  > **제361조(저당권의 처분제한)** 저당권(종된권리)은 그 담보한 □□(주된권리)과 □□하여 타인에게 □□하거나 다른 채권의 담보로 하지 못한다.
  >
  > 📝 채권, 분리, 양도

  저당권으로 담보한 **채권**이 시효의 완성 기타 사유로 인하여 **소멸**한 때에는 **저당권도 소멸**한다.
  ③ 범위(35회)

  > **제360조(피담보채권의 범위)** 저당권은 □□, □□, □□□, 채무불이행으로 인한 □□□□ 및 저당권의 □□□□ 을 담보한다. 그러나 지연배상에 대하여는 원본의 이행기일을 경과한 후의 □□□에 한하여 저당권을 행사할 수 있다.
  >
  > 📝 원본, 이자, 위약금, 손해배상, 실행비용, 1년분

㉠ **원본 · 이자 · 위약금**은 **등기**사항이다.
㉡ "이행기일 경과후의 **1년분에 한하여** 저당권을 행사할 수 있다"고 규정한 것은 저당권자의 제3자에 대한 관계에서의 제한이고, **채무자나 저당권설정자는 실제 채무액 전부를 변제한 후 저당권등기의 말소를 청구할 수 있다.**(26회)
㉢ 저당물보존비용이나 저당물의 하자로 인한 손해배상청구권(질권에 속한다)은 저당권의 피담보채권의 범위에 포함되지 아니한다.(29회)
④ 저당권으로 담보한 채권을 질권의 목적으로 한 때에는 저당권등기에 질권의 부기등기를 하여야 그 효력이 저당권에 미친다.

2. 저당권의 객체

① 저당권은 목적물을 점유하지 않으므로 **등기 · 등록**에 의해 공시될 수 있는 **물건**이나 **권리**에 한한다. **따라서 공유지분**상에도 저당권 설정이 가능하다.
② 1필지 토지, 1동의 건물, **지상권,**(22회, 28회) **전세권**(22회, 34회)이 객체가 된다.(토지의 일부나 건물의 일부는 저당권의 객체가 될 수 없다)
③ 성숙한 **농작물**, **명인방법**에 의해 공시된 수목의 집단,(18회) **지역권,**(22회) **임차권**에는 저당권을 **설정할 수 없다.**
④ 등기된 **입목,**(18회) 선박(20ton 이상), **자동차**, 항공기, 등록된 건설기계,(18회) **어업권,**(22회) **광업권,**(22회) 공유지분,(22회) 광업재단, 저당재단 등은 저당권의 객체로 **인정된다.**

3. 용익권과의 관계 내지 우선변제적 효력

> **제363조(저당권자의 경매청구권, 경매인)** ① 저당권자는 그 채권의 변제를 받기 위하여 저당물의 □□를 청구할 수 있다.
>
> 📝 경매

① **1번 저당권**(말소기준권리)이 설정된 후 **지상권**이 설정되고 그 후 **2번 저당권**이 설정된 경우, **2번 저당권 실행**으로 목적물이 매각되면 **지상권은 소멸**한다.(저당권, 근저당권, 가압류, 압류, 가등기담보, 경매개시등기 등 최선순위 말소기준권리 이하의 권리는 소멸한다) 저당목적물의 경락은 저당권의 소멸원인이므로(20회) 후순위저당권의 실행으로 저당물이 매각된 경우, 선순위 저당권도 소멸하는 것이 원칙이다.(20회)
② **전세권**만이 설정되어 있는 부동산에 관하여 **저당권**이 설정된 경우(1순위 전세권 ⇨ 2순위 저당권이 말소기준권리), **저당권자가 경매신청**을 하여 제3자에게 경락되었더라도 **전세권은 소멸하지 않는 것**이 원칙이다.
③ **전세권이 저당권보다 먼저** 설정된 경우(1순위 전세권 ⇨ 2순위 저당권이 말소기준권리), 저당권 실행 시 전세권자가 기한의 이익을 포기하고 **배당요구**를 하면 전세권은 목적물의 매각으로 **소멸**한다.(15회 추가, 16회, 19회)

④ **지상권이 저당권보다 먼저** 설정된 경우(1순위 지상권 ⇨ 2순위 저당권이 말소기준권리), **저당권 실행**으로 토지가 매각되더라도 **지상권은 소멸하지 않는다.**(16회, 21회, 22회) 그러나 동일한 토지 위에 저당권이 설정된 후 성립된 지상권(제3취득자)은 저당권의 실행으로 소멸한다.(14회, 16회)
⑤ 지상권을 목적으로 제3자에게 저당권이 설정된 후 토지 소유자가 그 지상권을 취득한 경우는 저당권의 소멸원인이 아니다.(25회)
⑥ 불법말소된 저당권등기가 회복되기 전에 경매가 행하여져 매수인이 매각대금을 완납하였다면 저당권말소등기의 회복등기를 청구할 수 없다.(18회) (저당권은 말소기준권리에 속하여 경락되면 언제나 소멸한다.)
⑦ 가압류등기가 먼저 된 후 저당권이 설정된 경우, 물권자인 저당권자가 가압류채권자에 우선하여 변제받는 것이 아니라 채권액에 비례해서 평등배당받는다.(16회)
⑧ 법률에 특별한 규정이 없는 경우, 저당권의 우선변제적 효력은 토지에 저당권이 설정된 후 그 토지 위에 완공된 건물에 미치지 않는다.(33회) (토지와 그 지상의 건물은 별개의 독립한 부동산이므로)

4. 저당권의 효력 범위

> **제358조(저당권의 효력의 범위)** 저당권의 효력은 (다른 약정이 없는 한 저당권설정 전후를 불문하고) 저당부동산에 □□□ □□과 □□에 미친다. 그러나 법률에 특별한 규정 또는 설정행위에 다른 약정이 있으면 미치지 아니한다.
>
> 📝 부합된 물건, 종물

① 저당권의 효력은 부합물에 미친다는 민법규정은 임의규정이므로(21회) 당사자는 설정계약으로 저당권의 효력이 종물에 미치지 않는 것으로 정할 수 있다.(32회)
② 저당권설정 이후에 부합한 물건에 대하여 저당권의 효력이 미칠 수 없음을 약정할 수 있다.(23회) 물론 그 약정은 등기해야 제3자에 대해 효력이 있다.(26회)
③ **부합물(附合物)·종물(從物)**
  ㉠ 토지 지하에 설치된 **유류저장탱크**(부합물)(33회)와 건물에 설치된 **주유기**(종물)는 토지에 부합되거나 건물의 종물로서 토지 및 건물에 대한 **경매의 목적물**이 된다.
  ㉡ 저당권의 효력은 **저당권 설정 전후를 불문하고, 등기여부를 불문하고** 저당권의 목적인 부동산의 종물에 미친다.(28회) 따라서 저당권의 효력은 저당권 설정 전에 목적부동산에 권원 없이 부합된 물건에 미친다.(22회)
  ㉢ 원칙적으로 **천연과실**에는 **미치지 않**는다.(저당권은 점유하지 않으므로 압류 후에 미친다)
  ㉣ 토지에 대한 경매절차에서 그 **지상건물을 저당토지와 함께 경매**를 진행하고 경락허가를 하였다면 당연 **무효**이므로 경락인은 그 **건물의 소유권을 취득할 수 없**다.(토지와 건물은 별개의 독립한 부동산이므로 토지에 대한 저당권이 건물에는 미치지 아니한다)
  ㉤ **토지저당권의 효력**은 토지상에 타인이 무단 경작하여 **성숙한 농작물에는 미치지 않는다.**(18회) (농작물은 토지와 별개의 독립한 부동산이므로)

ⓑ 저당권 설정 이전의 저당 부동산의 종물로서 분리, 반출되지 않은 것에는 저당권의 효력이 미친다.(30회)
ⓢ 저당권의 목적인 건물에 증축되어 독립적 효용이 없는 부분(부합물)에도 저당권의 효력이 미친다.(27회)
ⓞ 저당권의 우선변제적 효력은 토지에 저당권이 설정된 후 토지의 전세권자가 그 토지에 식재하고 등기한 입목(토지와 독립한 부동산)에는 미치지 않는다.(33회)

④ 경매대상목록
  ㉠ 경매의 목적이 되고 안 되고는 **경매절차에서의 평가목록으로 결정되는 것이 아니고,** 부합되었는가의 여부에 달린 것이다.
  ㉡ 부합물·종물 임에도 경매대상목록에 넣지 않거나 경락대상에서 제외시킨 경우에도 경락인은 그 소유권을 취득한다.(29회)
  ㉢ 건물의 **증축부분**이 본래의 건물에 부합되어 **독립물로서의 효용을 갖지 않는다면**(부합, 건물의 구성부분) 비록 경매절차에서 **경매목적물로 평가되지 않았다** 할지라도 경락인은 그 부합된 증축부분의 **소유권을 취득**한다.
  ㉣ 어떤 물건이 저당권이 **설정된 후**에 저당목적물의 **종물**이 된 경우에도 그 종물에 대하여 저당권의 효력이 **미친다.** (저당권 설정 전후를 불문하고 종물에 저당권의 효력이 미친다)

⑤ 건물에 설정된 저당권의 효력은 그 **설정 후 증축된 건물 부분**(원칙적으로 독립물로서의 효용을 갖지 못하고 부합물에 해당)에도 **미친다.**

⑥ 과실수취권

> **제359조(과실에 대한 효력)** 저당권의 효력은 저당부동산에 대한 □□가 있은 □에 저당권설정자가 그 부동산으로부터 수취한 과실 또는 수취할 수 있는 과실에 미친다. 그러나 저당권자가 그 부동산에 대한 소유권, 지상권 또는 전세권을 취득한 제3자(제3취득자)에 대하여는 압류한 사실을 □□□ □가 아니면 이로써 대항하지 못한다.
>
> 📝 압류, 후, 통지한 후

  ㉠ 저당권의 효력은 저당부동산에 대한 **압류**가 있은 **후**에 저당권설정자가 그 부동산으로부터 수취한 과실(천연과실, 법정과실 포함) 또는 수취할 수 있는 **과실에 미친다.**(29회, 33회)
  ㉡ 저당부동산에 대한 압류 후에는 저당권설정자의 저당부동산에 관한 차임채권(법정과실)에도 저당권의 효력이 미친다.(30회, 32회)

⑦ 종된 권리
  ㉠ 건물의 소유를 목적으로 하여 토지를 임차한 사람이 그 토지 위에 소유하는 건물에 설정한 **저당권의 효력**은 건물의 소유(주된 권리)를 목적으로 한 토지의 **임차권**(종된권리)에도 **미친다.**(27회, 32회)
  ㉡ 건물에 대한 저당권의 효력은 그 건물에 종된 권리인 건물의 소유를 목적으로 하는 **지상권**(종된 권리)에도 **미친다.**

ⓒ **전유부분**(주된 권리)에 대한 **근저당권**은 대지사용권 내지 **대지권**(종된 권리)에도 **미친다.**(21회, 22회, 27회) (전유 부분만을 경락받아 매각대금을 다 낸 자는 그 대지사용권도 취득)
⑧ **지상권** 또는 **전세권**을 목적으로 저당권을 설정한 자는 저당권자의 **동의없이** 지상권 또는 **전세권을 소멸**하게 하는 행위를 하지 **못**한다.

5. 제3취득자의 지위

① 제3취득자의 변제(32회)

> **제364조(제3취득자의 변제)** 저당부동산에 대하여 □□□, □□□ 또는 □□□을 취득한 제3자는 저당권자에게 그 부동산으로 담보된 채권을 변제하고 저당권의 소멸을 청구할 수 있다.
>
> 📝 소유권, 지상권, 전세권

② 타인의 채무를 담보하기 위하여 저당권을 설정한 부동산의 소유자로부터 소유권을 양수한 제3자(제3취득자)
  ㉠ 채권의 **변제기 후**에 저당**채무를 변제**하여 **저당권의 소멸**을 **청구**할 수 있다.
  ㉡ **채무자의 의사에 반해서도** 저당채무를 변제할 수 있다. 다만 **지연이자의 경우 1년분**에 한한다.
  ㉢ 저당채무를 변제한 때에는 보증채무에 관한 규정에 의하여 **채무자에 대한 구상권**이 있다.
③ 제3취득자의 비용상환청구권

> **제367조(제3취득자의 비용상환청구권)** 저당물의 제3취득자가 그 부동산의 보존, 개량을 위하여 필요비 또는 유익비를 지출한 때에는 제203조제1항(필요비), 제2항(유익비)의 규정에 의하여 저당물의 경매대가에서 □□□□상환을 받을 수 있다.
>
> 📝 우선상환

근저당권이 설정된 후 근저당물을 취득한 제3자(제3취득자)가 그 부동산의 보존·개량을 위하여 **필요비**(29회, 32회, 34회) 또는 **유익비**(26회) 를 지출한 경우, 그는 근저당물의 경매대가 중 **근저당권자보다 우선상환**을 받을 수 있다.(그러나 건물의 증축비용을 투자한 자가 그 대가로 건물에 대한 공유지분이전등기를 경료 받은 경우, 제3취득자로서 필요비 또는 유익비를 지출한 것이 아니므로 저당권이 실행되면 매수대금에서 우선상환을 받을 수 없다)(23회)
④ 제3취득자의 경매인(20회, 29회)

> **제363조(저당권자의 경매청구권, 경매인)** ② 저당물의 소유권을 취득한 제3자(제3취득자)도 □□□이 될 수 있다.
>
> 📝 경매인

제3취득자는 저당권을 실행하는 경매에 참가하여 매수인이 될 수 있다.(32회)
⑤ 저당부동산에 대하여 전세권을 취득한 자(22회)나 지상권을 취득한자(23회)는 저당권자에게 그 부동산으로 담보된 채권을 변제하고 저당권의 소멸을 청구할 수 있다.

⑥ 저당부동산에 대한 후순위저당권자는 저당부동산의 피담보채권을 변제하고 그 저당권의 소멸을 청구할 수 있는 제3취득자에 해당하지 않는다. (32회)
⑦ 물상보증인이 저당물에 필요비를 지출한 경우, 저당물의 매각대금에서 우선상환을 받을 수 없다. (20회) (물상보증인은 저당권설정자로서 제3취득자가 아니다.)
⑧ 저당부동산의 소유권이 제3자에게 양도된 후 피담보채권이 변제된 때에는 **현재의 소유자**(물권적 청구권) 뿐만 아니라 저당권을 설정한 **종전소유자**(채권적청구권)**도 저당권설정등기의 말소를 청구**할 권리가 있다.
⑨ 물상보증인이 저당부동산을 제3자에게 양도하고, 그 제3취득자가 저당권의 피담보채무의 이행을 인수한 경우, 저당권이 실행되면 물상보증인이 채무자에 대한 구상권을 취득한다. (19회)

6. 저당권침해에 대한 구제

(1) 물권적 청구권(귀책사유 불요+손해발생 불문)

> **제370조(준용규정)** 제214조(방해제거청구권·방해예방청구권 ⇨ 저당권은 점유를 하지 않으므로 저당권에 기한 반환청구권은 없다), 제321조(피담보채권의 불가분성), 제333조(동일한 부동산 위에 수개의 저당권이 경합하는 경우, 설정등기의 선후에 의해 배당의 우선순위가 결정된다), 제340조(① 저당권자는 저당물에 의해 변제를 받지 못한 부분의 채권에 한해 채무자의 다른 재산으로부터 변제를 받을 수 있다. ② 저당물보다 먼저 다른 재산에 관한 배당을 실시하는 경우에 저당권자는 일반채권자 자격으로 채권전액에 관해 배당에 참가할 수 있으나, 다른 채권자는 저당권자에게 배당금액의 공탁을 청구할 수 있다), 제341조 및 제342조(물상대위)의 규정은 저당권에 준용한다.

① 저당 토지의 지상권자가 통상의 용법에 따라 토지를 사용, 수익하는 경우 저당권침해에 해당하지 않는다.
② 저당권은 점유를 하지 않으므로 지역권과 마찬가지로 **저당권에 기한 반환청구권과 점유보호청구권**이 **없다.** (19회, 21회, 26회, 31회)
③ 저당권자 자신에게 반환할 것을 청구할 수는 없지만(34회) **원래의 설치 장소에 원상회복할 것을 청구**함은 방해배제권의 당연한 행사에 해당한다.
④ 저당권이 설정된 토지의 소유자가 그 위에 건물을 신축하는 경우, 저당권자는 교환가치의 실현이 방해될 염려가 있으면 공사의 중지를 청구할 수 있다. (22회) (저당권에 기한 방해배제청구권)
⑤ 저당물에 제3자 명의로 원인무효의 소유권이전등기가 있는 경우(소유권의 침해이지 저당권 침해가 아님), 저당권자는 그 등기의 말소를 청구할 수 없다. (20회) (소유권은 甲구, 저당권은 乙구)
⑥ 저당권자에게 인정되는 것은 물상대위권, 우선변제권, 피담보채권의 처분권, 경매권, 저당물방해배제청구권 등이 있다. (21회)

(2) 손해배상청구권(귀책사유+손해발생 요함)

① 침해자의 책임 있는 사유로 저당물이 침해되어 저당권자가 **채권의 만족을 얻을 수 없을 때**(손해발생) 행사한다.
② 저당권의 침해가 있으면 **저당권의 실행**(경매) **전이라도** 손해배상청구를 할 수 있다.

(3) 담보물보충청구권

> **제362조(저당물의 보충)** 저당권설정자의 책임□□ 사유로 인하여 저당물의 가액이 현저히 감소된 때에는 저당권자는 저당권설정자에 대하여 그 원상회복 또는 □□□ □□□□을 청구할 수 있다.(담보물보충청구권을 행사하면 손해배상청구권이나 즉시변제청구권을 행사할 수 없다.)

📝 있는, 상당한 담보제공

(4) 즉시변제청구권

① **채무자가 담보를 손상, 감소 또는 멸실**하게 한 때(담보제공을 게을리, 파산) 저당채권자는 **즉시 변제를 청구**할 수 있으며, 변제가 없으면 곧 저당권을 실행할 수 있다.
② 채무자가 담보를 손상·감소 또는 멸실하여 기한의 이익이 상실되면 **즉시변제청구권을 행사하더라도 손해배상청구를 할 수 있다.**(22회)

제4절 │ 근저당권

1. 근저당권의 성립

> **제357조(근저당)** ① 저당권은 그 담보할 채무의 □□□만을 정하고 채무의 확정을 장래에 보류하여 이를 설정할 수 있다. 이 경우에는 그 (채무가) 확정될 때까지의 채무의 소멸 또는 이전은 저당권에 영향을 미치지 아니한다.

📝 최고액

① 근저당은 계속적인 거래관계로부터 발생하는 불특정 다수의 채권을 장래의 결산기에 일정 한도액까지 담보하려는 제도이다.(12회)
② 근저당권이 성립하기 위해서는 그 설정행위와 별도로 피담보채권을 성립시키는 법률행위가 있어야 한다.(26회)
③ 근저당권의 존속기간 중 **채무가 일시적으로 전부 변제**되었더라도 **근저당권이 소멸하는 것은 아니고**, 근저당권의 채무자가 피담보**채권의 일부를 변제**한 경우, 변제한 만큼 **채권최고액이 축소되지 아니**한다.

④ 근저당권설정계약상의 채무자가 아닌 **제3자를 채무자**로 하여 된 근저당권설정등기는 부종성에 비추어 **무효**의 등기이다.(31회) 그러나 **제3자간 합의**에 의하여 제3자를 채무자로 정한 경우에는 **유효**이다.(31회 35회)

⑤ 등기사항
   ㉠ 등기원인이 **근저당권**설정계약이라는 뜻과 **채권 최고액**과 채무자는 반드시 등기해야 한다.(12회, 16회, 23회)
   ㉡ 근저당권의 **존속기간**은 필요적 **등기사항이 아니다.**(12회)

⑥ 피담보채권의 범위

> **제357조(근저당)** ② 근저당권의 경우에는 채무의 □□는 최고액중에 산입한 것으로 본다.
>
> 📝 이자

㉠ 채무의 **이자는 최고액** 중에 **산입**한 것으로 간주되므로 이자는 **등기할 수 없다.**(14회, 20회, 34회, 35회)
㉡ 1년분이 넘는 지연배상금이라도 채권최고액의 한도 내라면 전액 근저당권에 의해 담보된다.(26회, 33회)
㉢ **근저당권 실행비용**은 채권최고액에 **포함되지 않는다.**(20회)

2. 담보되는 채권의 확정(피담보채권의 확정)

① 피담보채무는 근저당권설정계약에서 정한 **존속기간**(19회, 34회)이나 **결산기가 도래**한 때(19회)에 확정되므로 그 존속기간 또는 결산기가 경과하기 전이라도 근저당권설정자가 기본**계약을 해지**(17회, 31회)(피담보채권 확정)하고 근저당권설정**등기의 말소를 구**할 수 있다.
② 근저당채무자가 **파산선고**를 받거나,(19회) 채무자에 대한 **회생절차 개시결정**이 있는 때(16회)에도 **확정**된다.
③ 당사자 일방의 사망은 피담보채권의 확정사유가 아니다.(17회)
④ 경매신청의 경우
   ㉠ 선순위이든, 후순위이든 **근저당권자가 경매신청**을 한 경우에는 경매를 신청한 그 근저당권자의 피담보채권액은 **경매신청 시**에 확정된다.(16회, 19회, 24회, 23회, 26회, 28회, 31회, 34회)
   ㉡ 경매개시결정이 있은 후에 **경매신청이 취하**되었다고 하더라도 채무확정의 효과가 **번복되는 것은 아니다.**(20회)
   ㉢ 후순위 근저당권자가 경매를 신청한 경우 **후순위근저당권자**의 피담보채권은 후순위 근저당권자가 **경매를 신청한 때 확정**되나, **선순위근저당권자**의 채권은 경락인이 **경락대금을 완납한 때**에 확정된다.(17회, 19회, 24회, 26회, 28회)
   ㉣ 선순위근저당권자가 경매를 신청하는 경우(선순위근저당권자는 경매신청시 확정), **후순위근저당권**의 피담보채권의 확정시기는 **매각대금 완납시**이다.

⑤ 공동근저당권자가 목적 부동산 중 일부 부동산에 대하여 제3자가 신청한 경매절차에 소극적으로 참가하여 우선배당을 받은 경우
  ㉠ 위 일부 부동산에 관한 근저당권의 피담보채권은 매수인이 매각대금을 지급한 때에 확정된다.
  ㉡ 나머지 목적 부동산에 관한 근저당권의 피담보채권은 기본거래가 종료하거나 채무자나 물상보증인에 대하여 파산이 선고되는 등의 다른 확정사유가 발생하지 아니하는 한 확정되지 아니한다.
⑥ 피담보채권이 **확정**되면 그 이후부터 보통의 **저당권**과 같은 취급을 받게 된다.
⑦ 결산기의 정함이 없는 경우, 근저당권설정자는 언제든지 근저당권자를 상대로 해지의 의사표시를 함으로써 피담보채무를 확정시킬 수 있다. (16회)

3. 근저당권의 효력

① 채권최고액이란 저당물로부터 **우선변제를 받을 수 있는 최고한도액**이지 책임의 한도액을 의미하지 아니한다. (14회, 15회 추가, 24회)
② 채무자의 실제채무액(확정된 피담보채권, 4억)이 채권최고액(등기, 3억)을 초과하는 경우, 근저당권을 설정한 **채무자**는 그 **최고액을 변제**하고 근저당권 설정등기의 **말소를 청구할 수 없다**. 즉 채무자는 실제**채무 전액**(4억)**을** 변제해야 근저당권 **말소청구**를 할 수 있다. (16회, 22회, 23회)
③ 선순위 근저당권의 확정된 피담보채권 액이 채권최고액을 초과하는 경우, **후순위 근저당권자**가 선순위 근저당권의 **채권최고액을 변제하더라도** 선순위 근저당권의 **소멸을 청구할 수 없다**. (26회)
(채무자와 동일하게 확정된 피담보채권액 전부를 변제해야 소멸을 청구할 수 있다)
④ 근저당부동산의 **제3취득자**는 피담보채무가 확정(4억원)된 이후에 **채권최고액**(3억원)**의 범위 내**에서 그 확정된 피담보채무를 **변제**하고 근저당권의 **소멸을 청구**할 수 있다. (21회)
⑤ 채무자의 채무액이 채권최고액을 초과하는 경우, 물상보증인은 채권최고액까지만 변제하고 근저당권설정등기의 말소를 청구할 수 있다. (20회, 24회, 34회)

4. 피담보채권이 확정되기 전의 효력

① 피담보채무가 **확정**되기 **이전**이라면 채무의 범위 또는 채무자를 변경할 수 있고, (26회, 34회, 35회) 채무의 범위나 **채무자가 변경**된 경우에는 당연히 **변경 후의 범위에 속하는 채권이나 채무자에 대한 채권만**이 당해 근저당권에 의해 **담보**되고 변경전의 범위에 속하는 채권이나 채무자에 대한 채권은 그 근저당권에 의해 담보되는 채무의 범위에서 제외된다.
② 확정 전에 발생한 원본채권에 관하여 **확정 후에 발생하는 이자나 지연손해금채권**은 채권최고액의 범위 내에서 근저당권에 의하여 여전히 **담보**되는 것이나 **확정 이후에 새로운** 거래관계에서 발생한 원본**채권은** 그 근저당권에 의하여 **담보되지 아니한다**.
③ 근저당권의 피담보채권이 **확정**되기 전에 그 **채권의 일부를 양도**하거나 **대위변제**한 경우 **근저당권**이 양수인이나 대위변제자에게 **이전할 여지가 없다**. (15회 추가)
④ 피담보채권이 확정되기 전에는 채무원인의 변경에 관하여 후순위권리자의 승낙이 있을 필요가 없다. (15회 추가, 23회)

⑤ 후순위권리자가 없는 한, 당사자는 피담보채권액이 확정될 때까지는 최고액 또는 존속기간을 합의로 변경할 수 있고, 이를 변경등기하여야 한다. (14회)

⑥ 피담보채권이 확정되기 전이라도 당사자의 약정으로 근저당권을 소멸시킬 수 있다. (15회 추가, 23회)

5. 근저당권의 소멸

① 부동산에 설정된 근저당권의 피담보채권이 소멸한 후 그 부동산에 관하여 제3자에게 소유권이 이전된 경우, **현재의 소유자**가(제3취득자) 자신의 소유권에 기하여(물권적 청구권) 피담보채무의 소멸을 원인으로 그 **근저당권설정등기의 말소를 청구**(16회)할 수 있을 뿐만 아니라 근저당권설정자인 **종전의 소유자**는 근저당권자를 상대로 피담보채무의 소멸을 이유로 근저당권설정계약의 당사자(채권적 청구권)로서 근저당권설정등기의 **말소를 청구**할 수 있다.

② **근저당권이전의 부기등기**가 경료된 후 그 피담보채무가 소멸한 경우, **주등기인 근저당권설정등기의 말소등기만 구**하면 되고, 그 부기등기는 주등기의 말소에 따라 직권으로 말소되는 것이며, **근저당권이 양도**된 경우 근저당권설정등기의 말소등기청구는 **양수인만을 상대**로 하면 된다.

6. 누적적 근저당권 [대법원 2020. 4. 9. 선고 2014다51756, 51763]

① 의의
당사자 사이에 **하나의 기본계약에서 발생하는 동일한 채권을 담보**하기 위하여 **여러 개의 부동산에 근저당권을 설정**하면서 각각의 근저당권 채권최고액을 합한 금액을 우선변제받기 위하여 공동근저당권의 형식이 아닌 **개별 근저당권의 형식을 취한 경우**, 이러한 근저당권은 민법 제368조가 적용되는 공동근저당권이 아니라 **피담보채권을 누적적(累積的)으로 담보하는 근저당권**에 해당한다.

② 비교
당사자가 **근저당권 설정 시 피담보채권을 여러 개로 분할하여 분할된 채권별로 근저당권을 설정하였다면** 이는 그 자체로 각각 별개의 채권을 담보하기 위한 **개별 근저당권일 뿐** 누적적 근저당권이라고 할 수 없다. **누적적 근저당권은 각 근저당권의 담보 범위가 중첩되지 않고 서로 다르지만, 이러한 점을 들어 피담보채권이 각 근저당권별로 자동으로 분할된다고 볼 수도 없다.**

③ 행사방법
누적적 근저당권은 공동근저당권과 달리 담보의 범위가 중첩되지 않으므로, 누적적 근저당권을 설정받은 채권자는 여러 개의 근저당권을 동시에 실행할 수도 있고, 여러 개의 근저당권 중 어느 것이라도 먼저 실행하여 그 채권최고액의 범위에서 피담보채권의 전부나 일부를 우선변제받은 다음 피담보채권이 소멸할 때까지 나머지 근저당권을 실행하여 그 근저당권의 채권최고액 범위에서 반복하여 우선변제를 받을 수 있다.

④ 물상보증인소유 부동산이 먼저 경매된 경우
채권자가 하나의 기본계약에서 발생하는 동일한 채권을 담보하기 위하여 채무자 소유의 부동산과 물상보증인 소유의 부동산에 누적적 근저당권을 설정받았는데 **물상보증인 소유의 부동산이 먼저 경매되어 매각대금에서 채권자가 변제를 받은 경우, 물상보증인은 채무자에 대하여 구상권을 취득**함과 동시에 민법 제481조, 제482조에 따라 종래 채권자가 가지고 있던 채권 및 담보에 관한

권리를 행사할 수 있다. 이때 물상보증인은 변제자대위에 의하여 종래 채권자가 보유하던 채무자 소유 부동산에 관한 근저당권을 대위취득하여 행사할 수 있다고 보아야 한다.

제5절 공동저당

1. 의의

① 채권자가 동일한 채권의 담보로서 수개의 부동산 위에 설정한 **복수의 저당권**을 공동저당이라고 한다(목적물마다 저당권 성립). 일부 목적물에 설정된 저당권이 무효이더라도 나머지 물건에 대한 저당권은 유효이다.(13회)
② 수개의 저당권은 **다른 시기**에 설정되거나(추가저당) 수개의 목적물의 **소유자가 다르**거나(채무자, 물상보증인) 수개의 저당권의 **순위가 다르**거나(1번 저당권, 2번 근저당권) 저당권의 **종류가 달라도** (근저당권, 저당권) 공동저당권 설정계약을 할 수 있다.
③ 공동담보부동산이 **5개 이상**인 때에는 **공동담보목록**을 첨부하여 공동담보의 취지를 등기부에 기재해야 한다.
④ **공동저당관계의 등기**를 공동저당권의 **성립요건이나 대항요건이라고는 할 수 없다.**
⑤ 근저당권설정자와 근저당권자 사이에서 동일한 기본계약에 기하여 발생한 채권을 중첩적으로 담보하기 위하여 수 개의 근저당권을 설정하기로 합의하고 이에 따라 수 개의 근저당권설정등기를 마친 때에는 부동산등기법에 따라 공동근저당관계의 등기를 마쳤는지 여부와 관계없이 그 수 개의 근저당권 사이에는 각 채권최고액이 동일한 범위 내에서 공동근저당관계가 성립한다.

2. 동시배당

> **제368조(공동저당과 대가의 배당, 차순위자의 대위)** ① □□한 채권의 담보로 수개의 부동산에 저당권을 설정한 경우에 그 부동산의 경매대가를 동시에 배당하는 때에는 각 부동산의 □□□□에 비례하여 그 채권의 분담을 정한다.
>
> 📝 동일, 경매대가

① 동시배당의 경우에는, 공동저당의 목적물인 부동산의 소유자 및 후순위권리자를 보호하기 위하여 **각 부동산의 경매대가에 비례**하여 그 **채권의 분담을 정**한다.
② 동시배당에 있어서의 부담의 안분에 관한 규정은 **후순위저당권자가 있든 없든 불문하고 적용**된다.(13회)
③ 대지와 건물이 동시에 매각되어 주택임차인에게 그 경매 대가를 동시에 배당하는 때에는 공동저당에 관한 민법 제368조 제1항을 **유추적용**하여 대지와 건물의 경매대가에 비례하여 그 채권의 분담을 정하여야 한다.

3. 이시배당

> **제368조(공동저당과 대가의 배당, 차순위자의 대위)** ② 전항의 저당부동산 중 일부의 경매대가를 먼저 배당(순차배당, 이시배당)하는 경우에는 그 대가에서 그 채권□□의 변제를 받을 수 있다. 이 경우에 그 경매한 부동산의 차순위저당권자는 선순위저당권자가 동시배당의 규정에 의하여 다른 부동산의 경매대가에서 변제를 받을 수 있는 금액의 한도에서 □□□□□ □□하여 저당권을 행사할 수 있다.
>
> 📝 전부, 선순위자를 대위

① 공동저당부동산 중 **일부의 경매 대가를 먼저 배당**(순차배당)하는 경우에는 **그 대가에서 그 채권전부의 변제**를 받을 수 있다.(21회)
② 이시배당의 경우에 경매부동산의 후순위저당권자는, 선순위 저당권자가 동시배당의 경우에 다른 부동산의 경매대가에서 변제받을 수 있는 금액의 한도에서 선순위자를 대위한다.

4. 후순위저당권자와 물상보증인의 관계

① 이시배당
  ㉠ 공동저당의 목적인 채무자 소유의 부동산과 물상보증인 소유의 부동산 중 **채무자 소유의 부동산에 대해 먼저 경매**가 이루어져 1번 공동저당권자가 변제를 받더라도, **채무자 소유의 부동산에 대한 후순위저당권자는** 1번 공동저당권자를 대위하여 **물상보증인 소유의 부동산에 대해 저당권을 행사할 수 없다.** (물상보증인이 채무자의 채무를 변제함과 동시에 부종성에 의해 물상보증인의 지위가 소멸하고 변제자대위에 의해 채무자소유 부동산에 변제받은 채권자의 1번 저당권을 대위하므로 물상보증인이 채무자소유 부동산의 2순위저당권자에 우선한다)
  ㉡ 공동저당권 실행에서 **물상보증인 소유 부동산이 먼저 경매**되어 1번 저당권자에게 대위 변제를 한 **물상보증인은, 채무자 소유 부동산에 대한 1번 저당권을 대위취득**하고, 그 **물상보증인 소유 부동산의 후순위 저당권자**는 위 1번 저당권에 대하여 **물상대위**를 할 수 있다.(13회)

② 동시배당의 경우 : 공동저당권이 설정되어 있는 수 개의 부동산 중 일부는 채무자 소유이고 일부는 물상보증인의 소유인 경우 위 각 부동산의 경매 대가를 동시에 배당하는 때에는, **채무자 소유 부동산의 경매대가에서 공동저당권자에게 우선적으로 배당**을 하고, **부족분**이 있는 경우에 한하여 **물상보증인 소유 부동산의 경매대가에서 추가로 배당**을 하여야 한다.

5. 공동근저당권 [대법원 2017. 12. 21. 선고 2013다16992 전원합의체 판결]

① 공동근저당권이 설정된 목적 부동산에 대하여 동시배당이 이루어지는 경우에 공동근저당권자는 채권최고액 범위 내에서 피담보채권을 민법 제368조 제1항(동시배당)에 따라 부동산별로 나누어 각 환가대금에 비례한 액수로 배당받으며, 공동근저당권의 각 목적 부동산에 대하여 채권최고액 만큼 반복하여, 이른바 누적적으로 배당받지 아니한다.

② 공동근저당권자가 스스로 근저당권을 실행하거나 타인에 의하여 개시된 경매 등의 환가절차를 통하여 공동담보의 목적 부동산 중 일부에 대한 환가대금 등으로부터 다른 권리자에 우선하여 피담보채권의 일부에 대하여 배당받은 경우에, 그와 같이 우선변제받은 금액에 관하여는 공동담보의 나머지 목적 부동산에 대한 경매 등의 환가절차에서 다시 공동근저당권자로서 우선변제권을 행사할 수 없다.
③ 공동담보의 나머지 목적 부동산에 대하여 공동근저당권자로서 행사할 수 있는 우선변제권의 범위는 피담보채권의 확정 여부와 상관없이 최초의 채권최고액에서 위와 같이 우선변제받은 금액을 공제한 나머지 채권최고액으로 제한된다.
④ 이러한 법리는 채권최고액을 넘는 피담보채권이 원금이 아니라 이자·지연손해금인 경우에도 마찬가지로 적용된다.(29회)
⑤ 甲은 乙에게 1억원을 대출해주고, 乙소유의 X토지와 Y토지에 관하여 채권최고액 1억 2,000만원으로 하는 1순위 공동근저당권을 취득하였다. 그 후 甲은 丙이 신청한 X토지의 경매절차에서 8,000만원을 우선 변제받았다. 이후 丁이 신청한 경매절차에서 Y토지가 2억원에 매각되었고, 甲의 채권은 원리금과 지연이자 등을 포함하여 경매신청 당시는 5,000만원, 매각대금완납시는 5,500만원이다. 甲이 Y토지에 매각대금에서 우선 배당받을 수 있는 금액은 4,000만원이다. (다툼이 있으면 판례에 따름)(29회)

MEMO

채권법

Chapter 1 계약총론 | Chapter 2 계약각론

CHAPTER 01 계약총론

제1절 | 약관의 규제에 관한 법률

1. 의의

> **제2조(정의)** 1. "약관"이란 그 명칭이나 형태 또는 범위에 상관없이 계약의 한쪽 당사자가 여러 명의 상대방과 계약을 체결하기 위하여 일정한 형식으로 □□ 마련한 계약의 내용을 말한다.
> 2. "□□□"란 계약의 한쪽 당사자로서 상대 당사자에게 약관을 계약의 내용으로 할 것을 제안하는 자를 말한다.
> 3. "□□"이란 계약의 한쪽 당사자로서 사업자로부터 약관을 계약의 내용으로 할 것을 제안받은 자를 말한다.
>
> 📝 미리, 사업자, 고객

① 골프장 운영회사가 불특정다수의 회원에게 적용하기 위하여 만든 골프클럽운영회칙 중 당사자의 권리·의무에 관한 규정은 약관의 성질을 갖는다.(19회) (약관이란 다수의 상대방과의 계약에 획일적으로 포함시킨다는 특징만 있으면 그 작성 주체나 시기는 불문한다는 내용은 틀린지문이다.)
② 보통보험약관이 계약당사자에 대하여 구속력을 가지는 것은 그 자체가 <u>법규범</u> 또는 법규범적 성질을 가진 약관이기 때문이 아니라 보험계약 당사자 사이에서 계약내용에 포함시키기로 **합의**(계약)하였기 때문이다.(19회)

2. 약관의 작성 및 설명의무

> **제3조(약관의 작성 및 설명의무 등)** ① 사업자는 고객이 약관의 내용을 쉽게 알 수 있도록 한글로 작성하고, 표준화·체계화된 용어를 사용하며, 약관의 중요한 내용을 부호, 색채, 굵고 큰 문자 등으로 명확하게 표시하여 알아보기 쉽게 약관을 작성하여야 한다.
> ② □□□는 계약을 체결할 때에는 고객에게 약관의 내용을 계약의 종류에 따라 일반적으로 예상되는 방법으로 분명하게 밝히고, 고객이 요구할 경우 그 약관의 사본을 고객에게 내주어 고객이 약관의 내용을 알 수 있게 하여야 한다. 다만, 1. 여객운송업, 2. 전기·가스 및 수도사업, 3. 우편업, 4. 공중전화 서비스 제공 통신업에 해당하는 업종의 약관에 대하여는 명시 및 사본 교부의무가 면제된다.
>
> **시행령 제2조(약관의 비치)** 「약관의 규제에 관한 법률」(이하 "법"이라 한다) 제3조제2항 각 호에 해당하는 업종의 약관인 경우에도 사업자는 영업소에 해당 약관을 비치하여 고객이 볼 수 있도록 하여야 한다. ⇨ 명시의무를 완화되어 있으나 설명의무까지 당연히 면제되는 것은 아니다.

③ 사업자는 약관에 정하여져 있는 계약의 종류을 고객이 이해할 수 있도록 설명하여야 한다.(설명의무의 대상이 아니라는 사실은 사업자가 입증해야 한다) 다만, 계약의 성질상 설명하는 것이 현저하게 곤란한 경우(자동판매기에 의한 거래 등)에는 설명하지 않아도 된다.
④ 사업자가 약관의 내용고지 및 교부의무 및 설명의무을 □□하여 계약을 체결한 경우에는 해당 약관을 계약의 내용으로 주장할 수 없다.

📝 사업자, 위반

① 사업자는 약관에 정하여져 있는 **중요한 내용**을 고객이 이해할 수 있도록 설명하여야 한다. 다만, 계약의 성질상 설명하는 것이 현저하게 곤란한 경우에는 설명의무가 면제된다.
② 약관상 매매계약 해제시 사업자인 **매도인을 위한 손해배상의 예정조항은 있는 반면 고객인 매수인을 위한 손해배상의 예정조항은 없는 경우**라도 이는 약관의 규제에 관한 법률에 위배되어 무효라 할 수 없다.(고객은 실제손해를 입증하여 손해배상을 청구하면 된다)
③ 보험약관에 정하여진 사항이라고 하더라도 거래상 일반적이고 공통된 것이어서
  ㉠ **보험계약자가 별도의 설명 없이도 충분히 예상할 수 있었던 사항**
  ㉡ **이미 법령에 의하여 정하여진 것을 되풀이**하거나, 계약에 적용되는 법령과 동일한 약관내용(17회)
  ㉢ **부연하는 정도**에 불과한 사항
  ㉣ **당해 거래계약에 당연히 적용되는 법령에 규정되어 있는 사항**
  ㉤ 어느 약관 조항이 당사자 사이의 약정의 취지를 명백히 하기 위한 확인적 규정에 불과한 경우에 대해서까지 보험자에게 명시·설명의무가 있다고 할 수 없다.
④ **사업자**가 제2항(명시, 교부의무) 및 제3항(설명의무)을 **위반**하여 계약을 체결한 경우에는 **해당 약관을 계약의 내용으로 주장할 수 없고, 고객**은 그 약관의 내용을 **계약의 내용으로 주장**할 수 있다. 따라서 보험계약자가 그 약관에 규정된 고지의무를 위반하였다 하더라도 보험계약을 해지할 수는 없다.
⑤ 설명의무가 있는 약관내용이 설명되었다는 점은 그 약관 내용을 계약의 내용으로 주장하는 자가 증명하여야 한다.(19회)

3. 약관의 해석원칙

① 약관 규제의 기본원리(32회)

제5조(약관의 해석) ① 약관은 □□□□□ □□에 따라 공정하게 해석되어야 하며 고객에 따라 □□□ 해석되어서는 아니된다.

📝 신의성실의 원칙, 다르게

② 보통거래약관의 내용은 평균적 고객의 이해가능성을 기준으로 하여 **객관적·획일적·통일적으로 해석하여야 한다.**(15회 추가, 32회) 즉, 약관은 **고객에 따라 다르게 해석되어서는 아니**된다.

③ 작성자 불이익의 원칙(15회 추가, 32회)

> **제5조(약관의 해석)** ② 약관의 뜻이 명백하지 아니한 경우에는 □□에게 유리하게 해석되어야 한다.
>
> 📝 고객

④ 개별약정 우선의 원칙(15회 추가)

> **제4조(개별약정의 우선)** 약관에서 정하고 있는 사항에 관하여 사업자와 고객이 약관의 내용과 □□□ □□한 사항이 있을 때에는 당해 합의사항은 약관에 우선한다.
>
> 📝 다르게 합의

4. 불공정약관조항

> **제6조(일반원칙)** ① 신의성실의 원칙에 반하여 공정을 잃은 약관조항은 □□이다.
> ② 약관에 다음 각호의 1에 해당되는 내용을 정하고 있는 경우에는 당해 약관조항은 공정을 잃은 것으로 □□된다.
> 1. 고객에 대하여 □□□□ 불리한 조항
> 2. 고객이 계약의 거래형태등 제반사정에 비추어 예상하기 □□□ 조항(기습조항 또는 의외조항 ⇨ 상가임대분양 계약서 약관에 "기부채납에 대한 부가가치세액은 별도"라고 기재되어 있는 경우 기습조항으로 추정되어 무효이다)
> 3. 계약의 목적을 달성할 수 없을 정도로 계약에 따르는 □□□ □□를 제한하는 조항
>
> 📝 무효, 추정, 부당하게, 어려운, 본질적 권리

① 법률에 따른 고객의 해제권 또는 해지권을 배제하거나 그 행사를 제한하는 조항은 무효이다.
② 고객에게 **부당하게**(상당한 이유없이) 불리한 조항(19회, 32회)은 공정을 잃은 것으로 추정된다(무효).
③ 고객에게 부당하게 과중한 지연 손해금 등의 손해배상의무를 부담시키는 약관 조항은 무효로 한다.(32회)
④ 상당한 이유없이 분양자의 담보책임의 성립요건으로 고의·과실을 요하는 분양약관의 내용은 무효이다.(15회 추가) 사업자가 상당한 이유없이 자신이 부담하여야 할 위험을 고객에게 이전하는 내용의 약관조항은 무효이다.(19회)

> **제7조(면책조항의 금지)** 계약당사자의 책임에 관하여 정하고 있는 약관의 내용은 이를 무효로 한다.
> 1. 사업자, 이행보조자 또는 피용자의 고의 또는 □□□ □□로 인한 법률상의 책임을 배제하는 조항(경과실로 인한 법률상의 책임을 배제하는 조항은 유효)
> 2. □□□ □□ □□ 사업자의 손해배상 범위를 제한하거나 사업자가 부담하여야 할 위험을 고객에게 떠넘기는 조항
>
> **제13조(대리인의 책임가중)** 고객의 대리인에 의하여 계약이 체결된 경우 고객이 그 의무를 이행하지 아니하는 때에는 대리인에게 그 의무의 전부 또는 일부를 이행할 책임을 지우는 내용의 약관조항은 이를 □□로 한다.
>
> 📝 중대한 과실, 상당한 이유 없이, 무효

5. 일부무효의 특칙(17회)

제16조(일부무효의 특칙) 약관의 전부 또는 일부의 조항이 제3조제4항에 따라 계약의 내용이 되지 못하는 경우나 제6조부터 제14조까지의 규정에 따라 무효인 경우 계약은 □□□ □□만으로 유효하게 존속한다. 다만, 유효한 부분만으로는 계약의 목적 달성이 불가능하거나 그 유효한 부분이 한쪽 당사자에게 부당하게 불리한 경우에는 그 계약은 무효로 한다.

📝 나머지 부분

제2절 | 계약의 성립

1. 계약 성립의 모습

① 매매계약체결 당시 **목적물과 대금**이 구체적으로 확정되지 않았더라도, **이행기 전까지** 구체적으로 **확정**될 수 있는 방법과 기준이 정해져 있다면 계약의 성립을 인정할 수 있다.(19회, 22회) 그러나 적어도 매매계약의 당사자인 **매도인과 매수인**이 누구인지는 구체적으로 **특정**되어 있어야만 매매계약이 성립할 수 있다.

② 착오는 법률행위가 성립한 후의 문제이므로 무의식적 불합의로 계약이 **불성립한 경우**에는 **착오를 이유로 계약을 취소하지 못한**다.(27회)

③ 승낙자가 청약과 승낙이 불합치했음에도 합치하는 것으로 오신한 경우, 계약은 성립하지 않는다.(19회)

④ 계약을 체결(법률행위의 성립)함에 있어 당해 계약으로 인한 **법률효과에 관하여 제대로 알지 못**하고 처분문서인 계약서를 작성하였다면 이는 계약체결에 관한 의사표시의 **착오의 문제**가 될 뿐이고 당사자의 **의사의 불합치**(법률행위의 불성립)**에 해당하지 않는다.**(법률효과(착오)는 법률행위 성립 후의 문제)

⑤ 계약의 당사자가 누구인지는 계약에 관여한 당사자의 **의사해석 문제**로서, 당사자들의 **의사가 일치**하는 경우에는 **그 의사에 따라** 계약의 당사자를 확정해야 한다.

⑥ 甲은 자신이 소장하던 그림을 갖고 싶어하던 乙에게 매도의사로 청약을 하였는데, 丙이 승낙한 경우 계약이 불성립한다.(18회)

⑦ 당사자 사이에 계약의 내용을 이루는 본질적 사항이나 중요사항에 관하여 구체적으로 의사합치가 있으면 계약이 성립한다.(16회)

2. 청약과 승낙에 의한 계약의 성립

(1) 청약의 유인

① 확정된 의사표시가 없는 것으로 구인광고·상품목록배부·열차시간표게시·하숙방이 있다는 광고·**상가**(아파트) **분양광고**,(27회) 계약내용이 제시되지 않은 광고 등은 청약의 유인이다.(32회)
② 하도급계약을 체결하려는 교섭당사자가 견적서를 제출하는 행위는 청약의 유인에 해당한다.(32회)
③ 계약내용이 제시되지 않은 광고는 청약의 유인에 해당한다.
④ 가격을 올려가는 경매에 있어서 경매자가 최저가격을 정하지 않은 경우, 경매에 붙이는 것은 청약의 유인이다.
⑤ 선시공·후분양이 되는 아파트의 경우, 준공 전 그 외형·재질에 관하여 분양광고에만 표현된 내용은 특별한 사정이 없는 한 분양계약의 내용이라고 보기 어렵다.(35회)

(2) 청약

> **제527조(계약의 청약의 구속력)** 계약의 청약(승낙만 있으면 곧 계약이 성립하는 구체적, 확정적 의사표시이나 청약자체가 법률행위인것은 아니다)은 이를 □□하지 못한다.(청약은 도달후에는 철회하지 못하나, 도달전에는 철회 가능 ⇨ 근로자가 근로계약관계의 합의해지를 청약하고 이에 대하여 사용자가 승낙함으로써 해당 근로관계를 종료시키는 경우 근로자는 사용자가 승낙하기 전에는 사직의 의사표시를 철회할 수 있으나, 명예퇴직 신청에 대해 사용자가 승낙하여 합의가 성립한 후에는 임의로 철회할 수 없다)
>
> 📝 철회

① 정찰을 붙인 상품진열처럼 청약은 그에 응하는 승낙만 있으면 곧 계약이 성립하는 **구체적·확정적 의사표시**여야 하므로(15회 추가, 17회, 19회, 20회, 28회) 내용적으로 확정되어 있거나 해석에 의하여 확정될 수 있어야 한다.
② 甲이 대금을 확정하지 않고 그의 주택을 乙에게 팔겠다는 의사를 표시한 경우에는 청약이 아니므로 승낙이 있더라도 계약은 불성립한다.(23회)
③ 상대방은 특정인이나 **불특정다수인**(자동판매기의 설치, 버스의 정류장에서의 정차, 신문광고에 의한 청약)이어도 무방하다.(15회 추가, 23회, 25회, 27회, 29회, 32회) 즉, 청약은 상대방 있는 의사표시이나 청약할 때 상대방이 특정되어 있어야 할 필요가 없다.(26회)
④ 청약은 상대방에게 **도달**하기 전까지 **철회**할 수 있다. 그러나 청약의 의사표시는 그 **효력이 발생한**(도달) 후에는 **철회할 수 없다.**
⑤ 정찰제 할인매장에서 물건을 고르고 바구니에 집어넣었다가 도로 가져다 놓은 경우에는 계약은 성립하지 아니한다.(14회)

(3) 청약의 효력발생시기

① 청약도 의사표시이므로 원칙적으로 상대방에게 **도달**한 때부터 효력이 생긴다.
② 의사표시자가 그 통지를 **발송한 후** (도달전) **사망**하거나 **제한능력자**가 되어도 의사표시의 효력에 **영향을 미치지 아니**한다.(26회, 29회, 31회) (도달하면 의사표시의 효력이 발생한다)
③ 甲이 자기 소유 주택을 乙에게 매도의사로 청약하였는데, 乙이 승낙한 후 사망하였지만 그 의사표시가 甲에게 도달한 경우 계약이 성립한다.(18회)
④ 의사표시의 **상대방**이 의사표시를 받은 때에 **제한능력자**인 경우에는 의사표시자는 그 의사표시로써 **대항할 수 없다**(제한능력자가 도달을 주장할 수는 있다).
  다만, 그 상대방의 **법정대리인**이 의사표시가 도달한 사실을 **안 후**에는 안 때부터 그 의사표시로써 **대항할 수 있다.**(23회) (의사표시의 효력을 주장할 수 있다)

(4) 비철회성(청약의 구속력, 청약의 형식적 효력)

① **청약**의 효력이 발생하면(도달하면) 청약자는 임의로 **철회하지 못**한다.(12회, 29회, 31회, 33회) 청약은 상대방에게 도달하기 전까지 철회할 수 있다.
② 격지자간의 청약은 (도달하면) 이를 자유로이 철회할 수 없다.(26회, 32회)

(5) 청약의 실질적 효력(청약의 승낙적격, 청약의 존속기간)

① 청약의 효력
  ㉠ 승낙기간을 정한 계약의 청약(12회, 25회, 26회, 27회)

  > **제528조(승낙기간을 정한 계약의 청약)** ① 승낙의 기간을 정한 계약의 □□은 청약자가 그 기간 내에 승낙의 통지를 받지 못한 때에는 그 효력을 잃는다.
  >
  > 📝 청약

  ㉡ 승낙의 기간을 정하지 아니한 계약의 청약(12회)

  > **제529조(승낙기간을 정하지 아니한 계약의 청약)** 승낙의 기간을 정하지 아니한 계약의 청약은 청약자가 □□□ □□내에 승낙의 통지를 □□ 못한 때에는 그 효력을 잃는다.
  >
  > 📝 상당한 기간, 받지

  ㉢ 청약자가 청약을 할 때에는 청약과 동시에 반드시 승낙기간을 정할 필요가 없다.(15회 추가)
  ㉣ 불착, 연착으로 인한 **불이익은 표의자인 승낙자**가 진다.

② 청약의 상대방에게 청약을 받아들일 것인지 여부에 관하여 회답할 의무가 있는 것은 아니므로, 청약자가 미리 정한 기간 내에 이의를 하지 않으면 승낙한 것으로 간주한다(또는 구입하지 않겠다면 반송하라. 반송하지 않으면 구입한 것으로 보겠다)는 뜻을 청약시 표시하였다고 하더라도 이는 **상대방을 구속하지 않는다.**(22회, 24회, 28회, 29회, 31회) (즉, 계약이 불성립한다)

③ 연착된 승낙

> **제530조(연착된 승낙의 효력)** 전2조의 경우에 연착된 승낙은 청약자가 이를 □ □□으로 볼 수 있다.
> 📝 새 청약

승낙기간이 경과한 후에 도달한 승낙(연착된 승낙)은 계약을 성립시키지 못하지만 청약자가 그 승낙(연착된 승낙)을 **새로운 청약**으로 보고 **승낙하여 계약을 성립**시킬 수 있다. (22회, 25회, 31회)

④ 연착의 통지, 지연의 통지

> **제528조(승낙기간을 정한 계약의 청약)** ② 승낙의 통지가 정해진 기간후에 도달(연착된 승낙)한 경우에 보통 그 기간내에 도달할 수 있는 발송일 때에는(우체국사정이나 자연재해 등으로 연착된 경우) 청약자는 지체 없이 상대방에게 그 □□의 통지를 하여야 한다. 그러나 그 도달전에 지연의 통지를 □□(발신주의)한 때에는 연착의 통지할 필요 없다.
> ③ 청약자가 연착의 통지를 하지 아니한 때에는 승낙의 통지는 □□□□ □□□ □□으로 본다.
> 📝 연착, 발송, 연착되지 아니한 것

⑤ 조건 · 변경을 붙인 승낙

> **제534조(변경을 가한 승낙)** 승낙자가 청약에 대하여 조건을 붙이거나 변경을 가하여 승낙한 때에는 그 청약의 거절과 동시에 □□ □□한 것으로 본다.
> 📝 새로 청약

㉠ 승낙자가 청약에 대하여 **조건**을 붙이거나(청약을 수령한 상대방이 100만원만 깎아주면 매수하겠다) **변경을 가하여 승낙**(승낙자가 대금을 낮추어 승낙한 경우)한 때에는 그 **청약을 거절**함과 동시에 **새로운 청약**을 한 것으로 본다. (12회, 15회 추가, 18회, 19회, 20회, 23회, 28회, 33회, 35회)
㉡ 승낙자가 청약의 내용을 변경해서 승낙을 한 경우(새로운 청약), **청약자가** 이를 **승낙**한 경우 계약은 **성립**한다.
㉢ 청약의 상대방이 그 청약에 대해 승낙을 거절하였지만, 승낙기간 내에 생각을 바꿔 승낙한 경우 새로운 청약에 불과하고 이에 청약자가 승낙해야 계약이 성립한다. (20회)
㉣ 계약의 합의해제에 관한 청약에 대하여 상대방이 조건이나 변경을 가하여 승낙한 때에는 그 청약은 효력을 잃는다. (24회, 30회)

⑥ **교차청약** (17회, 19회, 24회, 28회, 32회, 35회)

> **제533조(교차청약)** 당사자간에 동일한 내용의 청약이 상호교차된 경우에는 □ □□□이 상대방에게 □□한 때에 계약이 성립한다. (동시에 도달한 경우가 아닌 경우 마지막에 도달한 청약 시점에 계약이 성립한다)
> 📝 양 청약, 도달

⑦ 의사실현에 의한 계약성립

> **제532조(의사실현에 의한 계약성립)** 청약자의 의사표시나 관습에 의하여 승낙의 통지가 필요하지 아니한 경우에는 계약은 승낙의 의사표시로 인정되는 사실이 □□□(안때가 아님)에 성립한다.
>
> 📝 있는 때

청약자의 의사표시나 관습에 의하여 승낙의 통지가 필요하지 아니한 경우(㉠ 서점에서 신간서적을 보내오자 책을 사기로 하고 책에 이름을 적은 경우, ㉡ 청약한 목적물의 제작을 시작하는것, ㉢ 청약과 동시에 보내온 물건을 소비하는것, ㉣ 유료주차장에 차를 주차시키는것, ㉤ 버스나 택시에 승차하는 것)에는 계약은 승낙의 의사표시로 인정되는 **사실이 있는 때**(그러한 사실을 안 때가 아님)에 성립한다. (24회, 35회) 청약과 더불어 송부된 물품을 소비하거나 사용한 경우에도 계약이 성립한다. (14회)

(6) 승낙

> **제531조(격지자간의 계약성립시기)** 격지자간의 계약은 승낙의 통지를 □□(발신주의)한 때에 성립한다.
>
> 📝 발송

① 격지자간의 계약은 승낙의 의사표시가 청약자에게 도달하면 **승낙의 통지를 발송**(발신주의)한 때에 성립한다. (12회, 17회, 26회, 29회, 33회, 35회) (청약에 응하여 주문품을 송부한 경우에는 계약이 성립한다)
② 승낙의 상대방은 **특정의 청약자**에게 해야 한다. (15회 추가) 따라서 불특정다수인에 대한 승낙은 인정되지 않는다. (23회, 25회)
③ 격지자간의 계약은 **승낙**의 통지를 **발송**한 때에 성립한다.
④ 대화자간은 특별한 규정이 없으므로 청약과 승낙 모두 **도달주의** 원칙에 의한다. (25회)
⑤ 청약자가 5억원에 청약했는데 상대방이 5천만원으로 잘못 알고 승낙한 경우 계약은 불성립한다. (31회)

제3절 ｜ 계약체결상의 과실책임

1. 의의

> **제535조(계약체결상의 과실)** ① 목적이 불능한 계약을 체결할 때에 그 불능을 □□거나 □ □ □□□ □(표의자)는 상대방이 그 계약의 유효를 믿었음으로 인하여 받은 손해를 배상(신뢰이익 배상)하여야 한다. 그러나 그 배상액은 계약이 유효함으로 인하여 생길 이익액(이행이익 ⇨ 전매차익)을 넘지 못한다.
> ② 계약체결상의 과실책임의 규정은 □□□이 그 불능을 알았거나(악의) 알 수 있었을 경우(과실)에는 계약체결상의 과실책임을 지지 아니한다.
>
> 📝 알았, 알 수 있었을 자, 상대방

① **원시적**(객관적, 전부) **불능**으로 계약이 **무효**인 경우(19회)에 급부불능을 알았거나 알 수 있었을 자가 상대방의 **신뢰이익**을 **배상**할 책임을 말한다.
② 토지에 대한 매매계약**체결 전**에 **이미** 그 토지 전부가 **공용 수용**된 경우(원시적·전부 불능의 경우) **계약체결상의 과실책임**이 인정될 수 있다.(23회)
③ 부동산매매에 있어서 실제면적이 계약면적에 **미달**하는 경우(원시적·일부불능) 그 미달부분이 원시적 불능임을 이유로 **계약체결상의 과실책임을 물을 수 없다.**(19회, 35회) (수량을 지정한 매매일 경우 담보책임에 해당)
④ 계약이 의사의 **불합치**로 성립하지 아니한 경우, 그로 인하여 손해를 입은 당사자는 상대방에 대하여 민법 제535조(계약체결상의 과실)를 **유추적용하여 손해배상을 청구 할 수 없다.**(35회)
⑤ **채무자**(매도인)는 **고의·과실**이 있어야 하고, **상대방**은 **선의, 무과실**이어야 한다.(19회, 35회) (만약 채무자가 선의·무과실이면 체약상 과실책임을 지지 않는다)
⑥ 계약체결시에 목적의 불능을 알았던(악의) 계약 당사자(매도인)는 이를 **알 수 있었던**(과실) **상대방**(매수인)에 대해 신뢰이익의 **배상책임을 지지 않는다.**(일방은 악의나 과실. 상대방은 선의+무과실이어야 손해배상책임을 진다)
⑦ 과실 있는 당사자는 상대방이 **그 계약의 유효를 믿었음으로 인하여 받은 손해**(신뢰이익 배상 ⇨ 목적물에 대한 조사비용, 대금지급을 위해 융자를 받은 경우의 이자·수수료, 제3자로부터의 유리한 청약을 거절한 경우의 손해액 등)를 **배상**해야 하는데 그 배상액은 **계약이 유효함으로 인하여 생길 이익액**(이행이익)을 **넘지 못한다.**(19회)

2. 교섭단계에서의 부당파기

① 어느 일방이 계약의 **교섭단계**(계약체결 전이므로 계약책임이나 채무불이행책임은 없고, 원시적 불능으로서 불법행위에 의한 신뢰이익 배상책임을 진다)에서 계약이 확실하게 체결되리라는 정당한 기대 내지 신뢰를 부여하여 상대방이 그 신뢰에 따라 행동하였음에도 **상당한 이유 없이**(상당한 이유가 있는 경우에는 불법행위 불성립) 계약의 **체결을 거부**하여 손해를 입혔다면 불법행위를 구성한다.(16회)
② 계약교섭의 부당한 중도파기가 **불법행위**를 구성하는 경우(상당한 이유 없이 계약체결을 거부한 경우) 손해는 **계약이 유효하게 체결된다고 믿었던 것에 의하여 입었던 손해** 즉 **신뢰손해**(계약의 성립을 기대하고 지출한 통상의 계약준비비용)에 한정된다. 그러나 계약교섭의 당사자가 계약체결이 **좌절되더라도 어쩔 수 없다**고 생각하고 **지출한 비용**(경쟁 입찰에 참가하기 위하여 지출한 제안서·견적서 작성 비용 등)은 **포함되지 않는다.**(18회)
③ 상대방의 적극적인 요구에 따라 이행에 착수하고 이행비용의 지급에 대하여 계약교섭이 진행되었다면, 이행을 위하여 지출한 비용도 손해배상으로 청구할 수 있다.(18회)
④ 계약교섭의 파기로 인한 불법행위가 **정신적 고통**을 초래하였다고 인정되면 그러한 정신적 고통에 대한 손해(위자료)에 대하여는 별도로 **배상을 구할 수 있다.**(18회)
⑤ 당사자 사이에 계약체결에 대한 신뢰가 형성된 상태에서의 **부당파기는 계약이 체결되기 전으로서 채권, 채무관계가 있을 수 없으므로 채무불이행이 성립될 수 없다.**(18회)

제4절 | 계약의 종류

1. 계약의 의의
광의의 계약에는 채권계약·물권계약·준물권계약·신분계약을 포함한다. 그러나 협의의 계약은 채권의 발생을 목적으로 하는 채권계약을 말한다.

2. 계약의 종류(16회, 20회, 22회, 26회, 28회, 31회, 33회, 35회)

① 전형계약(典型契約, 유명계약 有名契約)

재산권 이전이 목적인 계약	증여, 매매, 교환
재산권의 사용·수익이 목적인 계약	소비대차, 사용대차, 임대차
노무의 제공을 목적으로 하는 계약	고용, 도급, 여행계약, 현상광고, 위임, 임치
단체의 결성을 목적으로 하는 계약	조합
기타	종신정기금, 화해

② **쌍무계약**(매매·교환·임대차·고용·도급·조합·여행계약·화해·유상위임·유상임치·이자부 소비대차)**은 모두 유상계약**이고,(16회, 18회, 26회) 유상계약이 모두 쌍무계약은 아니다.(12회)

③ **무상계약은 모두 편무계약**(증여·사용대차·현상광고·무이자소비대차·무상위임·무상임치)이나 편무계약이 모두 무상계약은 아니다. 편무계약 중에서 요물계약인 현상광고는 유상계약이다.

④ 유상계약과 무상계약의 구별은 계약의 전과정을 통하여 객관적으로 당사자가 서로 상대방에 대하여 대가적 의미를 가지는 출연을 하는지의 여부에 의하여 결정된다.(12회)

⑤ 쌍무계약과 편무계약을 구별하는 실익은 **쌍무계약**에 한하여 동시이행의 **항변권**과 **위험부담의 문제**가 발생한다.

⑥ 매매에 관한 규정(일방예약(제564조), 해약금(제565조), 비용부담(제566조), 담보책임(제570조 이하))이 유상계약(교환, 임대차, 도급 등)에 준용된다는 데 있다.

⑦ 쌍무계약이 갖는 **이행상의 견련성**으로부터 동시이행항변권이 성립한다.(위험부담은 존속상의 견련성)

⑧ 계속적 계약(임대차·소비대차·사용대차·임치·조합·종신정기금 등)과 일시적 계약(매매·교환·증여·도급 등)(28회)

⑨ 계약금계약·보증금계약·환매특약은 종된계약이다.(주된계약이 무효이면 종된계약도 무효이다)

⑩ 중개계약은 민법상의 비전형계약이다.(28회)

⑪ 현상광고·대물변제·계약금계약·보증금계약은 요물계약이다.

제5절 | 동시이행항변권

1. 의의

① 동일한 계약에 의하여 생긴 쌍방의 채무라고 하더라도 상호간에 대가적인 의미가 없는 **부수적인 의무**(토지거래허가에서 협력의무)에는 동시이행의 항변권이 **인정되지 않는 것**이 원칙이다.
② 동시이행 항변권을 행사하는 것이 **주로 자기 채무의 이행만을 회피하기 위한 수단**이라면 **권리남용**에 해당한다.(임차인이 원상복구(32만원 예상)를 하지 아니하자 임대인이 보증금(1억 2천만원) 전액의 반환을 거부한 경우)
③ 쌍무계약과 편무계약을 구별하는 실익은 **쌍무계약**에 한하여 동시이행의 **항변권**과 **위험부담의 문제**가 발생한다.(13회)
④ 쌍무계약이 갖는 **이행상의 견련성**으로부터 동시이행항변권이 성립한다.(16회) (위험부담은 존속상의 견련성)
⑤ 강행규정이 아니므로 당사자의 약정으로 동시이행**항변권**을 **배제**하는 것은 **유효**하다.(22회)
⑥ 상대방이 채무내용에 좇은 이행을 제공한 때에는 동시이행의 항변권을 행사할 수 없다.(20회) (동시이행관계에 있는 일방이 채무의 이행을 제공할때까지 자기채무의 이행을 거절할 수 있다)
⑦ 채무자는 상대방의 이행제공이 없는 한 이행기에 채무를 이행하지 않더라도 이행지체 책임이 없다.(20회)
⑧ 유상, 쌍무계약에 속하는 매매, 환매, 교환, 임대차, 도급, 이자부소비대차등은 동시이행항변권이 인정되나, 증여, 사용대차, 무상소비대차등(무상, 편무계약)은 동시이행항변권이 인정되지 아니한다.(21회)

2. 하나의 대가관계 있는 쌍무계약일 것

> **제536조(동시이행의 항변권)** ① 쌍무계약의 당사자 일방은 상대방이 그 채무이행을 제공할 때까지 자기의 채무이행을 거절할 수 있다.

① 동시이행의 항변권이 인정되려면 공평의 관념과 신의칙에 입각하여 양당사자의 채무가 서로 대가적 의미로 관련되어 있을 것을 요한다.(19회)
② 별개의 약정
  ㉠ 당사자 쌍방이 각각 **별개의 약정**으로 상대방에 대하여 채무를 지게 된 경우, 특약이 없는 한 동시이행의 항변권을 **행사할 수 없다.**
  ㉡ 별개의 계약에 기한 것이더라도 동시이행의 **특약이 있으면** 동시이행의 **항변권이 인정**된다.(19회) 즉 동시이행관계에 있는 일방의 채무도 이를 발생시킨 계약과 별개의 약정으로 성립한 상대방의 채무와는 특약이 있어야 동시이행관계에 있다.(17회)

ⓒ 근저당권 실행을 위한 임의경매절차에서 근저당권자가 배당을 받았으나 그 **경매가 무효**가 된 경우, 낙찰자의 채무자에 대한 소유권이전등기 말소의무와 근저당권자의 낙찰자에 대한 배당금 반환의무는 **동시이행관계에 있지 않다.**(19회, 29회)

　　② 임대차계약 해제에 따른 임차인의 목적물반환의무와 **임대인의 목적물을 사용수익하게 할 의무불이행에 대한 약정 지연손해배상의무**는 특별한 사정이 없는 한 동시이행관계가 아니다. (보증금의 반환과 목적물 인도의무가 동시이행관계에 있다)

　　⑩ 상가건물**임대인의 권리금회수방해로** 인한 손해배상채권과 임차인의 목적물인도의무는 **동시이행관계에 있지 않다.**(33회)

③ 동시이행의 관계에 있는 쌍방의 채무 중 **어느 한 채무가 이행불능이 됨으로 인하여 발생한 손해배상채무**도 여전히 다른 채무와 **동시이행**의 관계에 있다.(17회, 20회, 22회, 26회)

④ **채권양도**・채무인수・상속 등으로 당사자가 변경되더라도 채무의 동일성이 유지되는 한 동시이행의 **항변권**은 **존속**하나,(19회, 25회) 경개는 인정되지 아니한다.

⑤ 채권(주된권리)와 담보권 말소(종된권리)
　　㉠ **채권의 변제**와 그 채권을 위하여 설정된 **담보권의 소멸절차**(말소등기)는 **동시이행의 관계에 있지 않다.**(31회) (주된권리인 피담보채무가 소멸하면 등기 없이 저당권등 담보권은 자동소멸하므로 채무변제가 선이행의무이다)

　　ⓒ 채권을 담보하기 위하여 저당권을 설정한 경우, 채권의 변제와 저당권설정등기 말소절차는 동시이행의 관계에 있지 않다. (채무변제가 선이행의무)

　　ⓒ 채권담보의 목적으로 마쳐진 가등기의 말소의무와 피담보채무의 변제의무는 동시이행관계에 있지 않다.(17회, 18회) (채무변제가 선이행의무)

　　② 특정채무의 담보를 위하여 경료된 채권자명의의 소유권이전등기의 말소청구와 피담보채무의 변제는 동시이행관계에 있지 않다.(13회, 35회) (채무변제가 선이행의무)

⑥ 매매(동시이행)
　　㉠ 가압류등기등이 있는 부동산의 **매매계약**에 있어서는 매도인의 소유권이전등기 의무와 가압류등기의 말소의무도 매수인의 대금지급의무와 동시이행 관계에 있다.(19회)

　　ⓒ 건물**매매계약**은 쌍무계약으로서 매수인의 잔대금지급의무와 매도인의 소유권이전등기의무는 서로 동시이행관계에 있고(13회, 32회) 매매목적물이 **미등기건물**이라고 하여 달라지는 것은 아니다. (미등기부동산일지라도 등기와 대금은 동시이행관계)

　　ⓒ 부동산의 **매매계약**이 체결된 경우에는 매도인의 소유권이전등기의무, **인도의무**와 매수인의 잔대금 지급의무는 동시이행의 관계에 있는 것이 원칙이다.

　　② 매도인이 **매매계약**의 목적물상에 설정되어 있는 **담보권 설정등기를 말소**해야 할 의무와 매수인의 잔대금 지급의무는 동시이행 관계에 있는 것이다.

　　⑩ 매매목적부동산에 관하여 가처분등기가 이루어진 상태에서 매도인과 매수인 사이의 매매계약이 해제된 경우, 위와 같은 가처분등기의 말소와 매도인의 대금반환의무는 동시이행의 관계에 있다.

ⓑ 부동산 **매매계약**에 있어 매수인이 **부가가치세**(또는 양도소득세)를 **부담**하기로 약정한 경우, 부가가치세(또는 양도소득세)를 포함한 매매대금 전부와 부동산의 소유권이전등기의무가 동시이행의 관계에 있다. (13회)

3. 상대방의 채무가 변제기에 있을 것(20회, 25회)

> **제536조 (동시이행의 항변권)** ① ~ 그러나 상대방의 채무가 □□□에 있지 아니하는 때에는 채무이행을 거절할 수 없다.
> ② 당사자 일방이 상대방에게 먼저 이행하여야 할 경우에 상대방의 이행이 곤란할 현저한 사유(신용불안이나 재산상태의 악화)가 있는 때에는 채무이행을 거절할 수 있다.(불안의 항변권)
>
> 📝 변제기

① 쌍방이 이행기에 **동시이행관계** 있는 채무를 이행하지 않았다면 그 이후 쌍방의 채무는 기한의 정함이 없는 동시이행관계에 있게 된다. 따라서 일방이 계약을 **해제**하기 위해서는 먼저 **자기채무의 이행을 제공하여 상대방을 이행지체에 빠뜨려야** 한다.
② 불안의 항변권이 인정되기 위해서는 채권자측에 발생한 사정이 신용불안이나 재산상태 악화와 같이 **객관적·일반적인 사정만** 이에 **해당한다고 볼 수 없다.**(왜냐하면 매매계약을 맺은 후에야 등기부상 매매목적물이 매도인의 소유가 아닌 것이 발견된 경우에도 중도금지급을 거절할 수 있다.)
③ 선이행의무(중도금) 있는 채무자가 자신의 채무를 이행하지 않고 있는 동안에 **상대방의 채무가 변제기**(잔금지급일)에 도달한 경우 선이행의무 있는 채무자가 동시이행**항변권을 행사**할 수 있다.(26회) (잔금지급일 이후 부터는 중도금에 대한 이행지체의 책임을 지지 않는다)

4. 단순청구

① 상대방이 **이행의 제공을 계속**하고 있는 동안에 수령지체에 빠진 당사자는 동시이행**항변권을 상실**하게 되나 그 후 상대방이 자기 채무의 변제나 변제제공을 **다시 하지 않고서 이행청구**를 해오면 동시이행**항변권을 행사**할 수 있다.(22회, 35회)
② 쌍무계약의 당사자 일방이 먼저 **한 번 현실의 제공**을 하여 상대방을 수령지체에 빠지게 하였다고 하더라도 상대방이 가지는 동시이행의 **항변권이 소멸하는 것은 아니다.**
③ **수령지체**에 빠졌다고 하여 **언제나** 동시이행**항변권이 소멸하는 것은 아니다.**

5. 판례에 의한 동시이행항변권 확장

(1) 동시이행항변권 인정

① **변제와 영수증의 교부**는 동시이행관계에 있으나, **변제와 채권증서반환**은 동시이행관계가 아니다.
② 임대차관계의 종료로 발생하는 **임차인의 목적물반환의무**와 임대인의 연체차임 기타 손해배상금을 공제하고 남은 **보증금반환의무**는 **동시이행관계에 있다.**(13회, 31회, 32회) 임대차보증금반환채

권에 대한 압류 및 추심 명령이 있더라도 임대인이 임차인에 대하여 가지는 동시이행 항변권을 상실하지 않는다.
③ 구분소유적 공유관계가 **해소**되는 경우, 공유지분권자 상호간의 **지분이전등기의무**는 동시이행 관계에 있다.(22회, 25회, 29회, 33회, 35회)
④ 원인채무의 지급을 담보하기 위하여 어음이 교부된 경우, 채무자는 **어음반환과 동시이행**을 주장하여 원인채무의 지급을 거절할 수 있다.(13회) (채무자는 어음과 상환으로 지급하겠다는 항변으로 채권자에게 대항할 수 있다)
⑤ 쌍무계약이 **무효**로 되어 각 당사자가 서로 취득한 것을 반환하여야 할 경우, 각 당사자의 반환 의무는 동시이행관계에 있다.(17회, 35회)
⑥ 쌍무계약이 **취소**된 경우에 당사자 쌍방의 원상회복의무는 동시이행의 관계에 있다.(13회, 20회)
⑦ 계약이 **해제**되면 계약당사자가 부담하는 원상회복의무뿐만 아니라 손해배상의무도 함께 **동시이행의 관계**에 있다.(18회, 25회, 29회)
⑧ 토지임차인이 건물매수청구권을 행사한 경우, 토지임차인의 건물인도 및 소유권이전등기의무와 토지임대인의 건물대금지급의무는 동시이행관계에 있다.(31회)
⑨ 전세계약의 종료 시 전세금반환의무와 전세목적물 인도 및 전세권말소등기에 필요한 서류의 교부의무는 동시이행의 관계에 있다.(18회, 29회)
⑩ 가등기담보에 있어 채권자의 **청산금지급의무**와 채무자의 목적부동산에 대한 **본등기 및 인도의무**는 동시이행관계에 있다.(29회)
⑪ 수급인의 의무불이행으로 도급인에게 하자확대손해가 발생한 경우 수급인의 손해배상채무와 도급인의 보수지급채무, 수급인의 하자보수책임과 도급인의 보수지급의무는 **동시이행의 관계**에 있다.

(2) 동시이행항변권 부정

① 임대인의 임대차보증금반환의무와 임차인의 **임차권등기 말소의무**는 동시이행관계에 **있지 않다.**(18회, 25회, 33회) (보증금반환이 선이행의무)
② 공사도급계약상 도급인의 **지체상금채권**과 수급인의 공사대금채권은 특별한 사정이 없는 한 **동시이행의 관계에 있다고 할 수 없다.**
③ 매도인의 토지거래허가 신청 절차에 협력할 의무와 매수인의 매매 대금지급의무는 동시이행의 관계에 있지 않다.(31회, 32회)

6. 실체법상의 효력(당연효)

① 쌍무계약에서 쌍방의 채무가 **동시이행관계에 있는 경우**(채무불이행 X=이행지체 X ⇨ 지연이자 X ⇨ 해제권 X) 일방의 채무의 이행기가 도래하더라도 **상대방 채무의 이행제공이 있을 때까지는 그 채무를 이행하지 않아도 이행지체의 책임을 지지 않는 것**인데, 그 채무자는 반대채무의 이행의 제공이 없는 한 동시이행의 **항변권을 행사하지 않더라도 지체책임을 지지 않는다.**

② 동시이행의 **항변권이 붙은 채권을 자동**으로 하여 **상계**하지 **못**하는 것이 원칙이다.(35회) 그러나 자동채권과 수동채권이 동시이행관계에 있더라도 서로 현실적으로 이행하여야 할 필요가 없는 경우, 특별한 사정이 없는 한 상계는 허용된다.
③ 동시이행항변권이 붙은 채권을 **수동채권**으로 하여 **상계**할 수 있다.
④ 임대차 종료 후 보증금을 반환받지 못한 임차인이 동시이행의 항변권에 기하여 임차목적물을 점유하는 경우, 적법점유로서 손해배상책임이 없다.(26회) (그러나 사용이익은 반환해야 한다)

7. 소송상의 효력

① 소송상 항변권을 행사한 때에만 소송에서 고려되고 **항변하지 않**으면 **피고 전부패소판결**(원고 전부 승소판결)을 받는다.(22회, 26회) (법원이 직권으로 고려할 사항 X)
② 채권자의 이행청구소송에서 채무자가 주장한 동시이행의 항변이 받아들여진 경우, 채권자는 **상환 급부 판결**(상환이행판결, 원고 일부승소, 일부패소판결)을 받게 된다.(26회)

8. 소멸시효 진행 여부

부동산에 대한 매매대금 채권이 소유권이전등기청구권과 동시이행의 관계에 있다고 할지라도 매매대금 청구권은 그 지급기일 이후 시효의 진행에 걸린다. 따라서 동시이행의 **항변권**(또는 유치권 행사)은 **소멸시효의 진행에 영향을 미치지 않는다.** 즉, 동시이행관계에 있더라도 잔금에 대한 **소멸시효는 진행**한다.

제6절 | 위험부담

1. 채무자 위험부담주의

> **제537조(채무자위험부담주의)** 쌍무계약의 당사자 일방의 채무가 당사자 쌍방의 □□ □□ 사유로 이행할 수 없게 된 때에는 채무자는 상대방의 이행을 청구□□ □□□.
>
> 📝 책임 없는, 하지 못한다.

① 쌍무계약(12회) (편무계약의 경우 원칙적으로 위험부담의 법리가 적용되지 않는다)(30회)의 당사자 일방의 채무가 당사자 **쌍방의 책임 없는 사유**(12회) (천재지변(14회), 제3자의 방화(23회), 정부의 수입금지조치)로 이행할 수 없게 된 때에는 **채무자**(매도인)는 **상대방**(매수인, 채권자)**의 이행을 청구하지 못한다.**(매도인인 채무자가 대가위험을 부담한다).
② 매매목적물인 토지가 매매계약 후 **국가**에 의하여 돌연 **수용**(쌍방의 책임 없는 사유)된 때에는 **매도인**(채무자)이 **대가위험을 부담**하여 매수인(채권자)에 대하여 **매매대금의 지급을 청구할 수 없**게 된다.(35회)

③ 당사자 쌍방의 귀책사유가 없어야 한다. 급부불능이 자연력(태풍, 낙뢰 등)에 의한 것이든 제3자의 행위(방화)에 의한 것이든 불문한다.
④ **채무불이행**(후발적＋채무자＋귀책사유)
  ㉠ 위험부담이 문제되는 영역에서는 채무불이행에 의한 손해배상의무가 발생하지 않는다.
  ㉡ **채무자의 책임 있는 사유로 후발적 불능이 발생한 경우, 채무불이행을 원인으로 계약을 해제할 수 있고, 원상회복의무, 손해배상의무가 발생할 수 있다.** (31회)
  ㉢ 유명화가의 그림에 대해 임대차계약을 체결한 후, 임대인(채무자)의 과실로 그 그림이 파손된 경우 채무불이행의 문제가 적용된다. (23회)
⑤ **매수인**(채권자)은 매도인(채무자)에 대하여 **매매대금을 지급할 의무가 없다.** (35회)
⑥ 당사자 쌍방의 귀책사유 없는 이행불능으로 매매계약이 종료된 경우, 매도인은 **이미 지급받은 급부**(계약금, 중도금 등)를 부당이득으로 **반환해야 한다.** (30회, 34회)
⑦ 대상청구권
  ㉠ 쌍무계약에서 당사자 쌍방에 책임 없는 사유(강제수용)로 후발적 불능이 된 경우 매수인은 **대상청구권을 행사**할 수 있으며, 이 때 매수인은 **매도인에게 반대급부를 해야** 한다. (30회, 31회)
  ㉡ 매수인이 대금전부를 지급하더라도 당연히 수용보상금자체가 매수인에게 귀속되지 않고, 매수인은 수용보상금청구권의 양도를 청구할 수 있다. (29회)
  ㉢ 강제수용은 후발적으로 채무자의 귀책사유에 의한 채무불이행이 아니므로 계약을 해제하거나, 전보배상을 청구할 수 없다. (29회)
  ㉣ 후발적불능과 관련있으므로 계약체결상의 과실(원시적＋객관적＋전부불능)을 이유로 신뢰이익의 배상을 청구할 수 없다. (29회)
  ㉤ 계약체결 후 강제수용된 경우(후발적＋쌍방＋책임없는 사유) 매수인은 이미 지급한 중도금을 부당이득으로 반환 청구할 수 있다. (29회)
⑧ 계약당사자는 위험부담에 관하여(임의규정) 민법 규정과 달리 정할 수 있다. (31회)
⑨ 위험부담에 관하여 우리 민법은 채무자 위험부담주의를 취한다. (12회, 30회)
⑩ 위험부담은 후발적 불능인 경우에 발생한다. (12회, 30회)

2. 채권자 위험부담주의

제538조(채권자 귀책사유로 인한 이행불능) ① 쌍무계약의 당사자 일방의 채무가 채권자의 □□□□ 사유로 이행할 수 없게 된 때에는 채무자는 상대방의 이행을 청구할 수 있다. 채권자의 수령지체 중에 당사자 쌍방의 □□□□ 사유로 이행할 수 없게 된 때에도 채무자는 상대방의 이행을 청구할 수 있다.
② 채권자 위험부담주의의 경우에 □□□는 자기의 채무를 면함으로써 이익을 얻은 때(중간수익)에는 이를 채권자에게 상환하여야 한다.

📝 책임있는, 책임없는, 채무자

① 쌍무계약의 당사자 일방의 채무가 **채권자**(매수인)의 **책임 있는 사유**로 이행할 수 없게 된 때에는 채무자(매도인)는 **상대방의 이행**(대금지급)**을 청구**할 수 있다.(31회, 34회) (채권자는 대금을 지급할 의무를 진다)
② 채권자의 **수령지체** 중에 당사자 **쌍방의 책임 없는 사유**(천재지변, 제3자에 의한 방화)로 이행할 수 없게 된 때에도 채무자(매도인)는 **상대방의 이행**(매매대금)**을 청구**할 수 있다.(12회, 31회, 34회) (채권자는 등기를 청구하지 못하고 매매대금만 지급하므로 채권자에게 대가위험이 이전한다).
③ 채권자지체 중에 **채무자의 경과실**(채무자의 고의나 중과실이 없는 경우)이 있는 경우에 채권자가 위험을 부담하여 채무자(매도인)는 **대금을 청구**할 수 있다.(35회)
④ 계약관계는 존속하고 **채무자는 자기 채무를 면**하고서 상대방(채권자)에 대해 반대급부를 청구할 수 있다. **채권자는 대가를 지급**하여야 하고 물건의 급부청구권을 상실한다.(물건의 위험·급부의 위험)
⑤ 소유권유보부 매매로 인도받은 동산이 제3자의 방화로 소실(燒失)된 경우 채권자위험부담의 법리가 적용된다.(14회) (매도인은 매수인에게 대금을 청구할 수 있다)
⑥ 주택의 매도인이 잔금을 받기 전에 매수인에게 **미리 소유권이전등기 및 인도**를 하여 주었는데 그 후 **옆집에 화재**가 나서 위 주택이 연소된 경우 매도인(채무자)이 **매수인**(채권자)**에게 잔금의 지급을 청구**할 수 있다.
⑦ 쌍무계약에서 채권자의 귀책사유로 이행불능이 된 경우 **채무자는 자기의 채무를 면함으로써 이익을 얻은 때**에는(중간수익) 이를 채권자에게 **상환**하여야 한다.

제7절 제3자를 위한 계약

1. 의의

제539조(제3자를 위한 계약) ① 계약에 의하여 당사자 일방(낙약자, 채무자)이 제3자(수익자)에게 이행할 것을 약정한 때에는 그 제3자(수익자)는 채무자(낙약자)에게 □□ 그 이행을 청구할 수 있다.

📝 직접

① 계약에 의하여 당사자 일방(낙약자)이 제3자(수익자)에게 이행할 것을 약정한 때에는 그 제3자는 채무자(낙약자)에게 직접 그 이행을 청구할 수 있다.
② **보상관계**(기본관계, 요약자·낙약자 사이의 원인관계)

제542조(채무자의 항변권) 채무자는 □□□□에 기한 항변으로 그 계약의 이익을 받을 제3자(수익자)에게 대항할 수 있다.

📝 보상관계

- ㉠ 기본**관계**의 하자·흠결은 계약의 효력에 영향을 미친다.
- ㉡ **낙약자는 요약자와의 계약**(기본관계, 보상관계)**에서 발생한 항변으로 수익자에게 대항할 수 있다.**(20회, 27회, 28회, 29회, 33회) 요약자가 소유권이전등기를 지체한 경우 낙약자는 수익자에 대한 대금지급을 거절할 수 있다.(31회)
- ㉢ 요약자는 낙약자가 채무를 이행하지 않으면 **제3자의 동의 없이도 계약을 해제**할 수 있다.(29회, 33회, 34회, 35회)
- ㉣ **수익자**는 계약의 **해제권**이나 해제를 원인으로 한 **원상회복청구권**이 **없다.**(27회, 28회, 29회)
- ㉤ **수익자는 요약자가 제한능력자임을 이유로 계약을 취소하지 못한다.**(29회)
- ㉥ **요약자가 착오**를 한 경우, 제3자가 **수익의 의사표시를 했더라도 취소할 수 있고,** 이때 수익자는 제3자가 아니므로 **선의이더라도 보호받지 못한다.**(30회)
- ㉦ 제3자는 계약당사자가 아니므로 채무자의 채무불이행을 이유로 그 계약을 해제할 수 없다.(32회, 33회)

③ 대가관계(출연관계, 요약자·수익자 사이의 원인관계)
- ㉠ 제3자를 위한 계약의 내용을 이루지 않으며 대가관계의 하자·흠결은 제3자를 위한 계약의 효력에 영향을 미치지 않는다.
- ㉡ 낙약자는 요약자와 수익자 사이의 법률관계(대가관계)에 기한 항변으로 **수익자에게 대항하지 못한다.**(34회)
- ㉢ **대가관계가 무효일지라도 낙약자는 수익자에게 대금지급을 거절할 수 없다.**(35회)
- ㉣ 요약자는 대가관계의 부존재나 효력의 상실을 이유로 자신이 기본관계에 기하여 **낙약자에게 부담하는 채무의 이행을 거절할 수 없다.**(30회)

2. 성립요건

① 제3자를 위한 계약의 당사자는 요약자와 낙약자이다.(33회)
② **태아나 설립 중의 법인**처럼 제3자를 위한 계약에서 제3자는 계약성립시에 **특정될 필요가 없고,**(33회) **현존할 필요도 없다.**(27회)
③ 요약자(채권자)와 낙약자(채무자)는 제3자를 위한 계약의 당사자이나 **제3자는 계약당사자가 아니다.**(무효·취소·해제권 행사 X)

3. 제3자를 위한 계약인지 여부

① **계약의 당사자가 제3자에 대하여 가진 채권에 관하여 그 채무를 면제**하는 계약도 제3자를 위한 계약에 준하는 것으로서 유효하다.(28회)
② 채무자와 인수인의 계약으로 체결되는 **병존적 채무인수,**(28회, 32회) 타인을 위한 보험계약 등은 제3자를 위한 계약으로 해석된다.
③ 이행인수·면책적 채무인수는 제3자를 위한 계약이 아니다.

4. 수익의 의사표시

> **제539조(제3자를 위한 계약)** ② 제3자를 위한 계약의 경우에 제3자의 권리는 그 제3자(수익자)가 ☐☐☐(낙약자)에 대하여 계약의 이익을 받을 의사를 표시(수익의 의사표시)한 때에 생긴다.
>
> 📝 채무자

① 제3자의 권리는 그 **제3자가 채무자**(낙약자)**에 대하여 계약의 이익을 받을 의사를 표시**(수익의 의사표시)한 때에 **생긴다.**(20회, 29회, 32회) (계약의 성립시에 소급하여 발생 X)
② 형성권으로서 상속·양도·채권자대위권·압류의 목적이 된다.
③ 수익의 의사표시는 제3자를 위한 계약의 성립요건(보상관계)이 아니고 **제3자의 권리발생요건**이다.(20회)
④ 제3자에 대한 최고권(27회, 32회)

> **제540조(채무자의 제3자에 대한 최고권)** 제3자를 위한 계약의 경우에 채무자(낙약자)는 상당한 기간을 정하여 계약의 이익의 향수여부의 확답을 제3자(수익자)에게 최고할 수 있다. 채무자가 그 기간내에 확답을 받지 못한 때에는 제3자가 계약의 이익을 받을 것을 ☐☐한 것으로 본다.
>
> 📝 거절

5. 제3자의 권리발생요건

① 수익의 의사표시를 한 **수익자는 낙약자에게 직접** 그 **이행을 청구**할 수 있고,(28회, 30회, 32회) 채무자(낙약자)의 **채무불이행이 있으면** 제3자는 채무자에 대한 **손해배상청구권**을 가진다.(30회, 31회, 34회) (그러나 계약해제권은 계약당사자인 요약자만 가진다)
② 제3자의 보호규정(제107조 제2항~제110조 제3항, 제548조 제1항) : 당사자 간의 계약이 무효·취소·해제되어 제3자가 보호받는 경우에도 **수익자**는 보호되는 **제3자에 해당하지 않고** 계약 당사자로 취급한다.(요약자가 낙약자의 사기를 이유로 취소하면 수익의 의사를 표시한 제3자가 선의이더라도 수익자는 보호되지 아니한다)
③ **제3자**(수익자)는 계약당사자가 아니므로 계약에 관한 **취소권이나 해제권을 갖지 않으므로**(34회, 35회) 계약의 해제를 원인으로 한 **원상회복청구권이 없다.**(31회)
④ 따라서 제3자를 위한 계약관계에서 낙약자가 수익자에게 대금을 지급 한 후 계약이 해제된 경우 특별한 사정이 없는 한 낙약자는 계약해제에 기한 원상회복을 원인으로 제3자를 상대로 그 반환을 구할 수 없다.(30회, 34회, 35회)
⑤ 요약자와 낙약자 사이의 매매계약이 **무효**인 경우, 매수인인 낙약자는 수익자에게 지급한 매매대금을 부당이득이라는 이유로 **수익자를 상대로 그 반환을 청구할 수 없다.**(31회)

6. 수익의 의사표시 후 제3자의 지위

> **제541조(제3자의 권리의 확정)** 제3자가 계약의 이익을 향수할 의사를 표시하여 제3자의 권리가 생긴 후(수익의 의사표시 후)에는 당사자는 이를 □□ 또는 □□시키지 못한다.
>
> 📝 변경, 소멸

① 제3자가 수익의 의사표시를 하여 제3자의 권리가 생긴 후에는 계약당사자(요약자와 낙약자)는 **수익의 내용을 변경 또는 소멸시키지 못한다.**(20회, 27회)
② 계약의 당사자가 제3자의 권리를 **임의로 변경·소멸**시키는 행위를 한 경우 이는 **제3자에 대하여 효력이 없다.**(즉 수익의 의사표시 후에 합의해제는 인정되지 아니하나,(31회) 사기등을 원인으로 법정취소할 수는 있고, 채무불이행이 있으면 법정해제할 수는 있다)
③ 요약자와 낙약자의 합의에 의하여 제3자의 권리를 변경·소멸시킬 수 있음을 **미리 유보**하였거나, **제3자의 동의**가 있는 경우 제3자의 권리를 **변경·소멸시킬 수 있다.**(35회)

제8절 | 계약의 해제

1. 의의

> **제543조(해지, 해제권)** ① 계약 또는 법률의 규정에 의하여 당사자의 일방이나 쌍방이 해지 또는 해제의 권리가 있는 때에는 그 해지 또는 해제는 상대방에 대한 □□□□로 한다.
> ② 해지 또는 해제의 의사표시는 □□하지 못한다.
>
> 📝 의사표시, 철회

계약의 해제는 유효하게 성립하고 있는 계약의 효력을 당사자의 일방적 의사표시에 의하여 소급적으로 소멸시키고 처음부터 계약이 성립하지 않았던 것과 같은 상태로 복귀시키는 것을 말한다. 따라서 매매계약 전부가 무효라면 계약해제의 문제가 생길 여지가 없다.

2. 해제계약(합의해제)

① 계약이 합의해제되기 위해서는 쌍방 당사자의 표시행위에 나타난 의사의 내용이 서로 객관적으로 일치하여야 하고, 청약과 승낙이라는 **명시적**인 의사표시뿐만 아니라 **묵시적**인 합의해제(계약 후 당사자 쌍방의 계약 실현의사의 결여 또는 포기로 인하여 쌍방 모두 이행의 제공이나 최고없이 장기간 방치한 경우)도 인정된다.
② 합의해제된 경우 **소유권은 등기없이 당연히 매도인에게 복귀**하는 것이므로(31회, 35회) 합의해제에 따른 매도인의 **원상회복청구권**(말소등기청구권)은 **소유권에 기한 물권적 청구권**이라고 할 것이고 이는 **소멸시효의 대상이 되지 아니한다.**

③ 계약은 **소급적으로 소멸**하고 채무가 이행된 경우에는 부당이득반환채무로 청산된다.
④ 합의해제(해제계약)의 경우 **민법 제543조 이하**~제553조의 **규정**(단독행위에 관한 규정)은 **적용되지 않는다.** (14회)
  ㉠ 합의해제의 경우에는 반환할 금전에 그 **받은 날로부터의 이자를 가산할 의무가 있는 것이 아니다.** (제548조 제2항)(26회, 29회, 31회, 32회)
  ㉡ 합의해제의 경우 **채무불이행으로 인한 손해배상을 청구할 수 없다.** (제551조)(24회, 29회, 30회, 31회, 32회)
⑤ 합의 해제되면 계약은 소급하여 소멸되므로 원상회복의무가 발생하지만 이로 인하여 **제3자의 권리를 해하지는 못한다.** (25회, 30회, 31회, 32회) (제3자 보호규정이 적용된다.)
⑥ 합의로 해제권을 유보한 경우 **채무불이행으로 인한 법정해제권의 발생을 배제하지 않는다.**
⑦ 계약을 **합의해제** 한 후 해제된 매매계약을 **부활시키는 약정**도 계약자유의 원칙상 **허용**된다.
⑧ **계약을 합의해제할 때에 원상회복에 관하여 반드시 약정해야 하는 것은 아니지만,**(30회) 계약이 **일부 이행**된 경우에는 그 원상회복에 관하여도 의사가 일치되어야 한다.
⑨ 당사자 쌍방은 자기 채무의 이행제공 없이 합의에 의해 계약을 해제할 수 있다.(32회)
⑩ 매도인이 잔금기일 경과 후 해제를 주장하며 수령한 대금을 공탁하고 매수인이 이의 없이 수령한 경우, 특별한 사정이 없는 한 합의해제된 것으로 본다.(31회, 32회)

3. 법정해제권

유형	채무 불이행	최고	해제의 의사표시	무효
이행지체, 채권자지체, 불완전이행중 추완이 가능한 경우, 이행거절의 사를 철회한 경우	○	○	○	○
이행불능, 정기행위, 사정변경의 원칙, 최고불요특약, 미리이행거절의 의사를 표시한 경우, 불완전이행중 추완이 불가능한 경우	○	×	○	○
약정해제권	불문	×	○	○
정지조건부 해제의 의사표시	○	○	×	○
실권약관(중도금), 잔대금(이행지체에 빠뜨려야)	○	×	×	○

(1) 채무자의 이행지체

① 부수적채무
  채무불이행을 이유로 계약을 해제하려면, 당해 채무가 주된 채무이어야 하고, **부수적 채무**(토지거래허가제에서 협력의무)를 불이행한 데에 지나지 아니한 경우에는 계약을 **해제하거나 동시이행관계에 있지 않다.**(14회, 19회)

② 이행지체

> **제544조(이행지체와 해제)** 당사자일방이 그 채무를 이행하지 아니하는 때(이행지체)에는 상대방은 상당한 기간(채무의 성질이나 기타 객관적 사정에 의해 정해지며, 채무자의 질병이나 여행 등 주관적 사정은 고려되지 않는다)을 정하여 그 이행을 □□하고 그 기간내에 이행하지 아니한 때에는 계약을 해제할 수 있다.
>
> 📝 최고

- ㉠ 당사자일방이 그 채무를 이행하지 아니하는 때(이행지체)에는 상대방은 상당한 기간을 정하여 그 이행을 최고(의사의 통지)하고 그 기간내에 이행하지 아니한 때에는 계약을 해제할 수 있다. (12회, 14회, 18회, 28회)
- ㉡ 매수인을 이행지체에 빠뜨리기 위하여 소유권이전등기에 필요한 서류 등을 현실적으로 제공할 필요까지는 없으나 **최소한 위 서류 등을 준비하여두고 그 뜻을 매수인에게 통지하여 잔금지급과 아울러 이를 수령하여 갈 것을 최고함을 요한다.** 단순히 이행의 준비태세를 갖추고 있는 것만으로는 상대방을 이행지체에 빠지게 할 수 없다.

③ 상당한 기간을 정하여 최고
- ㉠ 상당하지 않게 짧은 기간의 최고도 최고로서의 효력을 가지나 상당한 기간이 경과한 후에 해제권이 발생한다.
- ㉡ **상당한 기간을 정하지 않는 최고도 유효하고 상당한 기간이 지나면 해제권이 발생**한다.
- ㉢ 매도인의 최고가 약정된 중도금액보다 **현저하게 과다**하고(260만원인데 2,600만원으로 최고한 경우), 매도인이 청구한 금액을 제공하지 않으면 그것을 수령하지 않을 것이라는 매도인의 의사가 분명하다면, 위와 같은 최고에 터 잡은 매도인의 **계약 해제는 효력이 없다.**

④ 최고기간내 이행하지 아니할 것
- ㉠ 한번 이행제공을 하여 상대방을 이행지체에 빠지게 한 경우 이행을 최고하는 일방 당사자로서는 그 채무이행의 제공을 계속할 필요는 없으나, 상대방의 이행을 수령하고 자신의 채무를 이행할 수 있는 정도의 준비가 되어 있으면 된다.
- ㉡ 채무자가 상당한 기간내에 이행하지 아니하는 데에 정당한 이유가 있는 경우 신의칙상 상당한 기간내에 이행 또는 이행의 제공이 없다는 이유로 해제권을 행사하는 것이 제한될 수 있다.

(2) 상대방이 이행거절의 의사를 명백히 표시한 경우

> **제544조(이행지체와 해제)** 그러나 채무자가 미리 이행하지 아니할 의사를 표시한 경우에는 □□를 요하지 아니한다.
>
> 📝 최고

① 부동산 매도인이 중도금의 수령을 거절하였을 뿐만 아니라 계약을 이행하지 아니할 의사를 명백히 표시한 경우(31회) 소유권이전등기의무 **이행기일까지 기다릴 필요 없이** 매매계약을 **최고 없이** 해제할 수 있다.(18회) 이 경우에는 **이행을 제공하지 아니하더라도** 계약을 **해제**할 수 있다.
② 이행거절의 경우
  ㉠ 매수인이 이행기일을 도과한 후에 매도인에 대하여 계약상 의무 없는 과다한 채무의 이행을 요구하고 있는 경우
  ㉡ 당사자 일방이 이행을 제공하였더라도 상대방이 그 채무를 이행하지 아니할 것이 객관적으로 명백한 경우
③ **이행거절의 의사표시**가 적법하게 **철회**된 경우 상대방으로서는 상당한 기간을 정하여 이행을 **최고한 후** 계약을 **해제**할 수 있다.(20회)

(3) 정기행위(14회, 26회)

> **제545조(정기행위와 해제)** □□□ □□(절대적 정기행위) 또는 □□□□ □□□□(상대적 정기행위)에 의하여 일정한 시일 또는 일정한 기간내에 이행하지 아니하면 계약의 목적을 달성할 수 없을 경우에 당사자 일방이 그 시기에 이행하지 아니한 때에는 상대방은 상당한 기간을 정하여 □□를 하지 아니하고 계약을 해제할 수 있다.
>
> 📝 계약의 성질, 당사자의 의사표시, 최고

① 꽃가게 주인의 과실로, 결혼식 시작 전에 배달해주기로 한 화원이 결혼식이 끝날 때까지 배달되지 못했다면, 특약이 없는 한 그 매매계약은 최고는 하지 않아도 되지만, 해제의 의사표시는 있어야 해제된다.(19회)
② 당사자 일방이 정기행위를 일정한 시기에 이행하지 않으면 상대방은 이행의 최고없이 계약을 해제할 수 있다.(28회)

(4) 이행불능(14회, 19회, 20회, 29회)

> **제546조(이행불능과 해제)** □□□의 책임 □□ 사유로 이행이 불능하게 된 때에는 채권자는 계약을 해제할 수 있다.(㉠ 최고없이, ㉡ 이행기전이라도, ㉢ 이행의 제공없이 ㉣ 해제할 수 있다)
>
> 📝 채무자, 있는

① 매도인(채무자)의 과실로 계약목적물인 별장이 소실된 때에는 최고 없이도 해제권을 행사 할 수 있다.(18회)
② 이행기에 불능일 것이 확실하면 **이행기를 기다리지 않고, 즉시**(최고 없이) 해제권이 발생한다. 이행불능을 이유로 매매계약을 해제함에 있어서는 그 **이행의 제공을 필요로 하는 것이 아니다**.(25회) 즉, 동시이행관계에 있는 자신의 급부를 제공할 필요가 없다.(31회)
③ 쌍무계약에서 당사자의 일방이 이행을 제공하더라도 상대방이 채무를 이행할 수 없음이 명백한지의 여부는 **계약해제시를 기준**으로 판단하여야 한다.(28회)

④ 채무의 일부가 이행 불능인 경우에 이행이 가능한 나머지 부분만의 이행으로 계약의 **목적을 달성할 수 없**을 경우에만 계약 **전부**의 **해제**가 가능하고,(31회) 나머지 부분만으로 계약의 **목적을 달성**할 수 있는 경우에는 **일부해제**도 가능하다.

⑤ 이행불능이 매수인(채권자)의 귀책사유에 의한 경우에는 매수인이 이행불능을 이유로 계약을 해제할 수 없다.(채권자위험부담주의가 적용된다)

⑥ 가압류되었다는 사유만으로 매도인의 계약 위반을 이유로 매매계약을 해제할 수는 없다.(35회) (가압류말소의무와 소유권이전등기 의무가 대금지급의무와 동시이행관계에 있다)

(5) 사정변경에 의한 해제, 해지권

① 민법에는 사정변경의 원칙에 입각한 일반규정은 없으나, 개별 규정은 있다.
② 매매계약 체결 후 목적물의 가격이 급등하여 약정한 매매대금의 지급이 현저하게 균형을 잃은 이행이 되더라도 매도인은 계약을 해제할 수 없다.(원칙)
③ 해제권 행사요건
  ㉠ **계약 성립 당시** 당사자가 **예견할 수 없었던** 현저한 사정의 변경이 발생하였고(계약 성립 당시에 당사자가 예견할 수 있었던 것이라면 그 당사자는 계약을 해제할 수 없다.)
  ㉡ 그러한 사정의 변경이 해제권을 취득하는 **당사자에게 책임 없는 사유**로 생긴 것으로서(일방의 책임 있는 사유로 인해 현저한 사정변경이 초래된 경우, 그 당사자는 해제할 수 없다.)
  ㉢ 계약내용대로의 구속력을 인정한다면 **신의칙에 현저히 반**하는 결과가 생기는 경우에 계약준수 원칙의 예외로서 인정되는 것이고,
  ㉣ 사정이라 함은 계약의 기초가 되었던 **객관적인 사정**으로서, 일방당사자의 주관적 또는 개인적인 사정을 의미하는 것은 아니다.
④ 계약의 해지
  ㉠ 회사의 이사가 채무액과 변제기가 **특정**되어 있는 회사 **채무**에 대하여 보증계약을 체결한 경우에는 이사직 사임이라는 사정변경을 이유로 보증계약을 **해지할 수 없다**.
  ㉡ **계속적 보증**계약(불확정 채무)에 있어서는 이사직 사임이라는 사정변경을 이유로 한 보증인의 보증계약 **해지권을 인정**한다.

(6) 정지조건부 계약해제의 의사표시

상당한 기간 내에 이행이 없으면 다시 해제의 의사표시를 하지 않더라도 당연히 위 매매계약은 해제된 것으로 하겠다는 최고는 이행최고와 동시에 상당한 기간 내에 명도의무의 이행이 없을 것을 정지조건으로 하여 미리 해제의 의사표시(정지조건부 계약해제의 의사표시)를 한 것이므로 그로부터 상당기간이 경과함으로써 위 매매계약은 적법하게 해제되었다.

(7) 실권약관부 계약(해제조건부계약)

① 부동산 매매계약에 있어서 매수인이 **잔대금** 지급기일까지 그 대금을 지급하지 못하면 그 계약이 자동적으로 해제된다는 취지의 약정이 있더라도, 매도인이 잔대금 지급기일에 이행의 제공을 하여 매수인으로 하여금 **이행지체에 빠지게 하였을 때**에 비로소 자동적으로 매매계약이 해제된다.

② 매매계약에 있어 매수인이 **중도금**을 약정한 일자에 지급하지 아니하면 그 계약을 무효로 한다고 하는 특약이 있는 경우, 매수인이 약정한 대로 중도금을 지급하지 아니하면 그 **불이행 자체**로써 계약은 그 일자에 **자동적으로 해제**된 것이라고 보아야 한다.

③ 매도인이 위약시에는 계약금의 배액을 상환하고 매수인이 위약시에는 지급한 계약금을 매도인이 취득하고 계약은 자동해제된다는 조항은 해제권 유보조항이라 할 것이고, 최고나 통지없이 해제할 수 있다는 특약이라고 볼 수 없다.

(8) 불완전이행에 의한 해제권의 발생

① 추완 또는 완전이행이 **가능**하면 채권자는 상당한 기간을 정하여 추완이나 완전이행을 **최고**하고 이행을 하지 않으면 해제권이 발생한다.

② 추완 또는 완전이행이 **불가능**하고 이행된 급부만으로는 계약목적을 달성할 수 없으면 **최고 없이** 바로 해제권이 발생한다.

(9) 약정해제권

① 해제권은 법정해제권과 약정해제권이 있다. (13회)
② 약정해제에서는 손해배상청구권이 발생할 수 없다. (13회)
③ 법정해제권을 배제하는 약정이 없으면, 약정해제권의 유보는 법정해제권의 성립에 영향을 미칠 수 없다. (20회)
④ 중도금을 지급한 부동산 매수인도 약정해제사유가 발생하면 계약을 해제할 수 있다. (24회)
⑤ 당사자가 약정한 해제권의 유보사실이 발생한 때에는 최고 없이 해제권을 행사할 수 있다. (18회)

4. 해제권의 행사와 소멸

① 해제의 의사표시는 상대방의 승낙이 없는 한 **철회하지 못**하고, 조건이나 기한을 붙이지 못한다.
② 해제권의 불가분성 (13회, 20회, 26회, 28회, 29회)

> **제547조(해지, 해제권의 불가분성)** ① 당사자의 일방 또는 쌍방이 수인인 경우에는 계약의 해지나 해제는 그 □□으로부터 또는 □□에 대하여 하여야 한다.
> ② 전항의 경우에 해지나 해제의 권리가 당사자 □□에 대하여 소멸(포기)한 때에는 다른 당사자에 대하여도 소멸한다.

전원, 전원, 1인

㉠ 당사자의 쌍방이 수인인 경우, 계약의 해제는 그 1인에 대하여 하면 **효력이 없다.** (29회)
㉡ 공유자가 공유토지에 대한 매매계약을 체결한 경우. 특별한 사정이 없는 한 공유자 중 1인은 다른 공유자와 별개로 자신의 지분에 관하여 매매계약을 해제할 수 있다. (25회)

③ 해제권의 소멸

> **제552조(해제권행사여부의 최고권)** ① 해제권의 행사의 기간을 정하지 아니한 때에는 상대방은 상당한 기간을 정하여 해제권 행사여부의 확답을 해제권자에게 최고할 수 있다.
> ② 상당한 기간내에 해제의 통지를 받지 못한 때에는 해제권은 □□한다.
>
> **제553조(훼손등으로 인한 해제권의 소멸)** 해제권자의 □□나 □□로 인하여 계약의 목적물이 현저히 훼손되거나 이를 반환할 수 없게 된 때 또는 □□이나 □□로 인하여 다른 종류의 물건으로 변경된 때에는 해제권은 소멸한다.
>
> 📝 소멸, 고의, 과실, 가공, 개조

5. 해제의 효과

(1) 해제의 소급효

① 계약을 해제하면 계약은 소급하여 없었던 것으로 된다. (24회)
② 계약이 해제되면 그 계약의 이행으로 변동이 생겼던 **물권**(소유권)은 **당연히**(등기 없이, 제187조) 그 **계약이 없었던 원상태로 복귀**(매도인에게 소유권이 복귀)한다. 이 사건 합의해제에 따른 매도인(소유자)의 **원상회복청구권**(매수인에 대한 말소등기청구권)은 **소유권에 기한 물권적 청구권**이고, 이는 **소멸시효의 대상이 아니다.**
③ **소제기의 방식으로 해제권을 행사**한 이후(소급하여 확정적 무효) 그 **소를 취하**하더라도 그 해제권행사의 효력(무효)에는 **영향이 없다.**
④ 계약해제 의사표시에 의하여 **계약이 해제**(확정적 무효)**되었음에도 상대방이 계약이 존속함을 전제로 계약상 의무의 이행을 구하는 경우 계약을 위반한 당사자**(무효는 누구든지 주장 가능)도 당해 계약이 상대방의 해제로 소멸되었음을 들어 그 **이행을 거절할 수 있다.** (34회)
⑤ 토지 매매계약이 해제되면, 매수인은 특별한 사정이 없는 한 인도받은 토지를 반환하여야 한다. (19회)
⑥ 계약이 적법하게 해제된 후에도 착오를 원인으로 그 계약을 취소할 수 있다. (25회, 29회, 35회)

(2) 제3자의 보호

> **제548조(해제의 효과, 원상회복의무)** ① 그러나 제3자의 권리를 해하지 못한다.

① 제3자는 원칙적으로 계약**해제가 있기 전**에 그 계약에서 생긴 법률효과를 기초로 새로운 권리를 취득한 자(선·악을 불문)를 말하며 **등기·인도 등의 공시방법**이나 계약당사자에 대한 **대항요건**을 갖추고 있어야 한다.

② 계약해제 후 계약해제로 인한 **원상회복등기 전**(말소등기 전)에 계약해제 사실을 **몰랐던** 선의의 **제3자**도 포함시킨다.(14회)
③ 해제된 계약으로부터 생긴 법률효과에 기초하여 해제 후 말소등기 전에 양립할 수 없는 새로운 이해관계를 맺은 제3자는 그 선의인 경우에 한하여 해제에 의하여 영향을 받지 않는다.(24회)
④ 제3자에 해당하는 경우
  ㉠ 소유권을 취득하였다가 계약해제로 인하여 소유권을 상실하게 된 임대인(매수인)으로부터 그 계약이 해제되기 전에 주택을 임차받아 주택의 인도와 주민등록을 마침으로써 **대항요건을 갖춘 임차인**(35회)
  ㉡ 해제된 계약에 의하여 채무자(매도인)의 책임재산(소유권 복귀)이 된 계약의 목적물을 가압류한 가압류채권자.(35회) (예컨대 甲이 자신의 X토지에 관하여 乙과 매매계약을 체결하고 소유권이전등기를 마쳐주었는데 丙이 乙에 대한 대여금채권을 청구채권으로 하여 X 토지를 가압류한 후 위 매매계약이 해제된 경우)
  ㉢ 소유권이전**등기를 경료 받은 매수인과** 전세권 계약을 체결하고 **전세권등기**를 한 자(15회)
  ㉣ 소유권이전**등기를 경료 받은 매수인**의 채권자가 그 부동산을 **가압류**한 자(15회) 매매계약에 의하여 매수인 명의로 이전등기 된 부동산을 계약해제 전에 가압류 집행한 자(23회, 30회)
  ㉤ 매수인과 매매예약을 체결한 후 그에 기한 소유권이전청구권 보전을 위한 가등기를 마친 자(35회)
  ㉥ 소유권이전등기를 경료 받은 매수인으로부터 저당권등기를 경료 받은 자(15회, 35회)
  ㉦ 부동산매매계약의 해제 후 해제를 원인으로 하는 소유권이전등기의 말소등기가 있기 전에 해제사실을 모르는 제3자가 저당권을 취득한 경우(19회)
⑤ 제3자에 해당하지 않는 경우
  ㉠ 계약해제 전 그 계약상의 채권을 양수하고 이를 피보전권리로 하여 처분금지가처분결정을 받은 채권자(30회)
  ㉡ 해제에 의하여 소멸되는 계약상의 **채권**을 양도받은 **양수인**이나 그 **채권**(소유권이전등기청구권)**의 가압류채권자**(30회, 35회)
  ㉢ 토지를 매도하였다가 대금을 받지 못하여 그 매매계약을 해제한 경우, 그 **토지위에 신축된 건물의 매수인**(25회) (토지매매계약이 해제된 것이지 건물매매계약이 해제된 것이 아니다)
  ㉣ 주택의 임대권한을 부여받은 매수인으로부터 매매계약이 해제되기 전에 주택을 임차한 후, 대항요건을 갖추지 않는 임차인(23회)
  ㉤ 해제 대상 매매계약의 매수인으로부터 목적부동산을 증여받은 후 소유권이전등기를 마치지 않은 수증자(23회)
  ㉥ 계약해제 이전에 계약상의 채권(소유권이전등기청구권)을 양수하여 이를 피보전권리로 하여 처분금지가처분결정을 받은 경우 그 채권자(15회, 23회)
  ㉦ 계약해제 전, 해제대상인 계약상의 채권 자체를 압류 또는 전부(轉付)한 채권자(23회)
  ㉧ 매매대금채권이 양도된 후 매매계약이 해제된 경우, 그 양수인(26회)
  ㉨ 제3자를 위한 계약에서의 제3자인 수익자

ㅊ 건축주 허가명의만을 양수한 자나, 무허가건물관리대장에 소유자로 등재된 자
ㅋ 계약해제 이전에 해제로 인하여 소멸되는 채권을 양수한 자

6. 원상회복의무

> **제548조(해제의 효과, 원상회복의무)** ① 당사자 일방이 계약을 해제한 때에는 각 당사자는 그 상대방에 대하여 ☐☐☐☐의 의무가 있다.
>
> 📝 원상회복

① 받은 날부터 이자 지급

> **제548조(해제의 효과, 원상회복의무)** ② 원상회복의무의 경우에 반환할 금전에는 그 ☐☐☐로부터 이자를 가하여야 한다.
>
> 📝 받은 날

㉠ 당사자 일방이 계약을 해제한 때에는 각 당사자는 그 상대방에 대하여 원상회복의 의무가 있고, 반환할 금전에는 **그 받은 날로부터** 민법 소정의 **법정이율인 연 5푼의 비율에 의한 법정이자를 부가**하여 지급하여야 한다.(13회, 35회)

㉡ 계약해제 시 반환할 금전에 가산할 이자에 관하여 당사자 사이에 약정이 있는 경우에는 특별한 사정이 없는 한 이행지체로 인한 지연손해금도 그 약정이율에 의하기로 하였다고 보는 것이 당사자의 의사에 부합한다.(34회) 다만 그 약정이율이 법정이율보다 낮은 경우에는 약정이율에 의하지 아니하고 법정이율에 의한 지연손해금을 청구할 수 있다고 봄이 타당하다.

② 과실상계는 계약해제로 인한 원상회복의무의 이행으로서 이미 지급한 급부의 반환을 구하는 경우에는 적용되지 않는다.(34회)

③ 민법 제548조 제2항 소정의 이자의 반환은 일종의 **부당이득반환의 성질**을 가지는 것이지 반환의무의 이행지체로 인한 손해배상은 아니다. (따라서 계약이 해제된 경우 그 원상회복의 범위를 정함에 있어서는 과실상계가 적용되지 아니한다)

④ 매수인이 매도인의 계약해제 이전에 제3자에게 목적물을 처분하여 계약해제에 따른 원물반환이 불가능하게 된 경우, 매수인이 원상회복의무로서 반환하여야 하는 목적물의 **가액은** 특별한 사정이 없는 한 **그 처분 당시**(해제당시가 아님)**의 대가** 또는 **그 시가 상당액**이다.

⑤ 계약의 해제로 인한 원상회복청구권의 소멸시효는 해제권이 발생한 때가 아니라, 해제시 즉 원상회복청구권이 발생한 때부터 진행한다.

⑥ 해제로 인한 원상회복의무는 부당이득반환의무의 성질을 가지고, 그 반환의무의 범위는 **선의·악의를 불문하고 특단의 사유가 없는 한 받은 이익 전부**이다.(24회) 따라서 이행지체로 인해 매매계약이 해제된 경우, 선의의 점유자인 매수인에게 과실취득권이 인정되지 아니하므로 사용이익을 반환할 의무가 있다.(35회) (취소의 경우 선의의 매수인에게 과실수취권이 인정된다)

⑦ 매매계약의 해제로 인하여 매수인이 반환하여야 할 목적물의 사용이익을 산정함에 있어서 매수인의 영업수완등 노력으로 인한 이른바 운용이익은 매수인이 반환하여야 할 사용이익의 범위에서 공제하여야 한다.

7. 동시이행관계

제549조(원상회복의무와 동시이행) 제536조(동시이행항변권)의 규정은 원상회복의무의 경우에 준용한다.

계약이 해제되면 계약당사자는 상대방에 대하여 원상회복의무뿐만 아니라 **손해배상의무도** 함께 **동시이행**의 관계에 있다.(13회, 14회, 26회)

8. 손해배상의무(14회, 16회, 28회)

제551조(해지, 해제와 손해배상) 계약의 해지 또는 해제는 □□□□의 청구에 영향을 미치지 아니한다.

📝 손해배상

① 우리 민법상 해제권의 행사는 손해배상의 청구와는 전혀 별개이므로, 채권자는 계약을 해제하여야만 손해배상 청구를 할 수 있는 것은 아니고, **계약을 해제하지 아니한 채 손해배상청구권만을 행사할 수도 있다.**(13회)
② 채무불이행을 이유로 계약을 해제하면서 손해배상도 함께 청구할 수 있지만, 이 경우 손해배상은 **이행이익의 배상을 청구**하는 것이 **원칙**이다.
③ 판례는 해제 후 **그 계약이 이행되리라고 믿고 채권자가 지출한 비용, 즉 신뢰이익의 배상을 구할 수도** 있다고 한다.(14회)
④ 그러나 신뢰이익배상을 청구하는 경우에는 그 **신뢰이익은 이행이익의 범위를 초과할 수 없다.**

제9절 │ 계약의 해지

제550조(해지의 효과) 당사자일방이 계약을 해지한 때에는 계약은 □□에 대하여 그 효력을 잃는다.

📝 장래

① 당사자 사이에 약정이 없는 이상 **합의해지**로 인하여 반환할 금전에 **그 받은 날로부터 이자를 붙여서 반환할 의무는 없다.**(27회, 30회)
② 해지의 의사표시가 상대방에게 도달하면 이를 철회하지 못한다.(27회)

③ 당사자의 일방 또는 쌍방이 수인인 경우에 계약의 해지는 그 전원으로부터 또는 전원에 대하여 해야 한다.(31회) 해지권이 당사자 1인에 대하여 소멸한 때에는 다른 당사자에 대하여도 소멸한다.(27회)
④ 계약당사자 일방이 **계약 합의해지에 관한 조건을 제시**한 경우 **조건에 관한 합의까지** 이루어져야 한다.
⑤ 계약을 합의해지하기 위해서는 청약과 승낙이라는 서로 대립하는 의사표시가 합치되어야 한다.(24회) 계약해지의 의사표시는 묵시적으로도 가능하다.(27회)
⑥ 해지로 인해 계약은 장래에 대하여 효력을 잃는다.(13회)
⑦ 계약의 해지는 손해배상청구에 영향을 미치지 않는다.(31회)

	해제권	해지권
소급효여부	소급무효	장래무효
반환의무	원상회복의무	청산의무
채권관계	일시적 계약 – 매매	계속적 채권관계 – 임대차
기이행채무	부당이득으로 반환 → 원상회복으로 확대(제548조)	수령자가 적법하게 보유하므로 원상회복 의무 없다
미이행채무	소멸하므로 이행할 의무 없다	연체차임 등은 그대로 이행되어야 한다.
공통점	형성권(제543조), 해제·해지권 행사의 불가분성(제547조), 손해배상청구권(제551조)	

CHAPTER
02 계약각론

제1절 | 매매 일반

1. 매매의 성립

> **제563조(매매의 의의)** 매매는 당사자 일방(매도인)이 □□□을 상대방(매수인)에게 이전□ □을 약정하고 상대방(매수인)이 그 □□을 지급□ □을 약정함으로써 그 효력이 생긴다.
>
> 📝 재산권, 할 것, 대금, 할 것

① 매매의 목적인 재산권과 대금에 관한 합의가 있었다면, 계약비용·채무이행기·이행장소에 관한 합의가 없더라도 특별한 사정이 없는 한 매매계약이 성립할 수 있다.
② 매매목적물과 대금은 반드시 계약체결 당시에 구체적으로 특정할 필요는 없고 이를 **사후에라도** 구체적으로 **특정할 수 있는** 방법과 **기준**이 정하여져 있으면 족하다.
③ **매매대금은 시가**에 따르기로 한다는 계약은 **유효**이다.
④ **지상권**은 매매의 **대상**이 될 수 있고,(26회) 타인의 권리(제569조)도 매매의 대상이 될 수 있다.(30회, 34회)
⑤ 유상계약에의 준용

> **제567조(유상계약에의 준용)** 본절의 규정은 매매 이외의 □□계약(임대차, 교환, 환매 등)에 준용한다. 그러나 그 계약의 성질이 이를 허용하지 아니하는 때에는 그러하지 아니하다.
>
> 📝 유상

⑥ 매매계약은 **쌍무·유상·낙성·불요식** 계약이므로(30회, 34회) 매매의 규정(매매비용, 해제권, 담보책임, 위험부담, 동시이행항변권, 계약금 등)은 매매 이외의 **유상계약**(임대차, 교환, 도급 등)에 **준용**한다.(26회)
⑦ 매매계약의 비용 부담

> **제566조(매매계약의 비용의 부담)** 매매계약에 관한 비용은 당사자 쌍방이 □□하여 부담한다.
>
> 📝 균분

⑧ **매매계약에 관한 비용**(목적물의 측량비용, 계약서 작성비용, 중개수수료)은 다른 의사표시가 없으면 **쌍방**이 **공동**으로 부담한다.(20회, 25회, 30회, 34회)
⑨ 매매비용을 매수인이 전부 부담한다는 약정은 특별한 사정이 없는 한 유효하다.(26회) (임의규정)
⑩ 측량비용 등 매매계약에 관한 비용은 특별한 사정이 없으면 당사자 쌍방이 균분하여 분담한다.(24회)
⑪ 소유권이전등기비용은 매도인이 부담하는 것이 원칙이지만 권리를 취득할 매수인이 부담하는 것이 거래의 관행이다.(24회)
⑫ 담보권말소비용은 매도인에게 완전한 소유권이전 의무가 있으므로 매도인이 부담한다.(24회)

2. 매매의 효력(13회)

> **제568조(매매의 효력)** ① 매도인은 매수인에 대하여 매매의 목적이 된 권리를 이전□□□ 하며 매수인은 매도인에게 그 대금을 지급□□□ 한다.
> ② 매도인의 권리이전의무와 매수인의 대금지급의무는 특별한 약정이나 관습이 없으면 □□에 이행하여야 한다.
>
> 📝 하여야, 하여야, 동시

3. 과실의 귀속 등

(1) 과실의 귀속 여부

> **제587조(과실의 귀속, 대금의 이자)** 매매계약 있은 후에도 인도하지 아니한 목적물로부터 생긴 과실은 □□□에게 속한다. 매수인은 목적물의 □□를 받은 날로부터 대금의 이자를 지급하여야 한다. 그러나 대금의 지급에 대하여 기한이 있는 때에는 그러하지 아니하다.
>
> 📝 매도인, 인도

① 매수인이 토지에 관한 소유권이전등기를 경료 받았지만 **인도하지 아니**한 목적물로부터 생긴 과실은 **매도인**에게 속한다.(14회, 30회) 즉, 매수인이 매매대금을 완납하지 않은 상태에서 매도인이 인도의무를 지체한 경우 목적물로부터 생긴 과실은 매도인에게 속하므로(26회, 30회) 매수인이 잔대금을 지체하여도 잔대금의 이자상당액을 손해배상으로 청구할 수 없고,(30회) 매수인은 목적물로부터 발생한 과실의 반환을 청구할 수도 없고, 매도인의 인도의무지체로 인한 손해배상도 청구할 수 없다.
② 매매목적물의 **인도전**이라도 매수인이 **매매대금을 완납**한 때에는 그 **후**(대금 완납 후)의 과실수취권은 **매수인**에게 귀속된다.(19회, 20회, 34회)
③ 대금지급의 기한이 없는 때에는 **매수인은 목적물의 인도를 받은 날로부터 과실을 수취할 수 있으므로**(13회) **대금의 이자를 지급**하여야 한다.(14회) (왜냐하면 매도인이 목적물을 인도한 때부터 매수인이 과실을 수취하기 때문이다)

④ 판례정리
   ㉠ 목적물이 인도되지 아니하고 또한 매수인이 대금을 완제하지 아니한 때에는 매도인의 이행지체가 있더라도 과실은 매도인에게 귀속되는 것이므로 매수인은 인도의무의 지체로 인한 손해배상금의 지급을 구할 수 없다.
   ㉡ 매수인이 대금지급을 거절할 정당한 사유가 있는 경우, 매수인은 목적물을 미리 인도받더라도 대금 이자의 지급의무가 없다.(34회)
   ㉢ 매매계약이 취소된 경우, 선의의 점유자인 매수인의 과실취득권이 인정되는 이상 선의의 매도인도 지급받은 대금의 운용이익 내지 법정이자를 반환할 의무가 없다.(34회) (계약이 해제된 경우 선의의 매수인에게는 과실수취권이 없다)

(2) **동일기한추정**(14회, 25회)

> **제585조(동일기한의 추정)** 매매의 당사자 일방(매수인)에 대한 의무이행(대금지급의무)의 기한(예를들면 2/1)이 있는 때에는 상대방(매도인)의 의무이행(재산권이전의무)에 대하여도 □□□ □□(2/1)이 있는 것으로 □□한다.(본다 아님)
>
> 📝 동일한 기한

(3) **대금지급장소**(14회, 24회, 25회, 26회)

> **제586조(대금지급장소)** 매매의 목적물의 인도와 동시에 대금을 지급할 경우에는 그 □□□□에서 이를 지급하여야 한다.(목적물이 있었던 장소 X)
>
> 📝 인도장소

(4) **대금지급거절권**(13회, 14회)

> **제588조(권리주장자가 있는 경우와 대금지급거절권)** 매매의 목적물에 대하여 권리를 주장하는 자가 있는 경우에 매수인이 매수한 권리의 전부나 일부를 잃을 염려가 있는 때에는 매수인은 그 □□□ □□(근저당권설정등기가 있는 부동산을 매수한 매수인은 그 담보한도금액 상당의 매매대금지급을 거절할 수 있다.)에서 대금의 전부나 일부의 지급을 거절할 수 있다. 그러나 매도인이 □□□ □□를 제공한 때에는 대금지급을 거절할 수 없다.
>
> **제589조(대금공탁청구권)** 매수인이 대금의 전부나 일부의 지급을 거절할 경우에 매도인은 매수인에 대하여 대금의 □□을 청구할 수 있다.
>
> 📝 위험의 한도, 상당한 담보, 공탁

4. 매매의 일방예약(一方豫約)

> **제564조(매매의 일방예약)** ① 매매의 일방예약은 상대방이 매매를 □□□ □□를 표시하는 때에 매매의 효력이 생긴다.
>
> 📝 완결할 의사

① 매매의 일방예약은 언제나 채권계약으로서(28회) 상대방이 예약상의 의무자에 대하여 **매매를 완결할 의사를 표시**하는 때에 **매매의 효력**이 생긴다. (매매는 예약체결시로 소급하여 그 효력이 발생하는 것이 아니다)(33회)

② **일방예약이 성립하려면 본계약인 매매계약의 요소가 되는 내용이 확정되어 있거나 확정할 수 있어야 한다.**(34회)

③ 예약완결권
  ㉠ 예약완결권은 예약자의 상대방이 매매예약 완결의 의사표시를 하여 매매의 효력(본계약 성립)을 생기게 하는 권리로서(15회 추가, 24회, 28회) **형성권이면서 단독행위이다.**(16회, 21회, 26회)
  ㉡ 예약완결권을 행사하면 의무자의 승낙이 없어도 매매계약은 그 효력이 발생한다.(33회)
  ㉢ 매매의 일방예약은 **채권계약**(예약내용은 합의로 성립하고, 내용변경도 합의로 변경가능하다)으로서 본계약 성립 전에 **일방이 예약내용을 변경**하는 것은 특별한 사정이 없는 한 **허용되지 아니한다.**(21회)
  ㉣ 예약완결권이 가등기된 후 매매목적물이 제3자에게 양도된 경우, **완결권행사의 상대방은 양도인**이고,(15회 추가) 본등기 후에는 양수인의 등기를 "사건이 등기할 것이 아닌 때"에 해당한다는 이유로 직권말소 해야 된다.
  ㉤ 예약완결권은 양도성(33회)·가등기·채권자 대위권의 목적이 될 수 있으므로 이를 양수한 자가 예약완결권을 행사할 수 있다.(15회 추가, 21회)
  ㉥ 매매예약이 성립한 이후 상대방의 예약완결권 행사 전에 목적물이 전부 멸실되어 이행불능이 된 경우에도 예약완결권을 행사할 수 **없다.**(28회)

④ 존속기간(제척기간)
  ㉠ 예약완결권은 당사자가 그 행사기간을 **약정하지 않은 경우**, 그 **예약이 성립한 때부터 10년** 내에 이를 행사하여야 한다.(15회 추가, 20회, 26회, 28회, 33회)
  ㉡ 당사자 사이에 약정하는 예약완결권의 행사기간에 특별한 제한은 없으나, 당사자 사이에 행사기간을 약정한 때에는 그 기간 내에 행사해야 한다.(34회)
  ㉢ 예약완결권의 제척기간이 지난 후에 상대방이 예약목적물인 **부동산을 인도**받았더라도 예약완결권은 **제척기간의 경과로 소멸**한다.(21회, 34회)
  ㉣ 매매예약완결권은 **제척기간**(중단X, 정지X, 포기X, 소급효X)의 제한을 받는 소위 법원의 직권조사사항이다.(21회) 따라서 예약완결권을 행사기간 내에 행사하였는지에 관해 당사자의 주장이 없다면 법원은 이를 고려할 수 있다.(28회, 33회)

㉤ 예약완결권 행사의 의사표시를 담은 소장 부본의 송달로써 예약완결권을 재판상 행사하는 경우, 그 행사가 유효하기 위해서는 그 소장 부본이 제척기간내에 상대방에게 송달되어야 한다.(34회)
　㉥ 기간 진행의 기산점은 특별한 사정이 없는 한 원칙적으로 권리가 발생한 때이고, 당사자 사이에 매매예약 완결권을 행사할 수 있는 시기를 특별히 약정한 경우에도 그 제척기간은 당초의 권리의 발생일부터 10년간의 기간이 경과되면 만료되는 것이지 그 기간을 넘어서 그 약정에 따라 권리를 행사할 수 있는 때부터 10년이 되는 날까지 연장된다고 볼 수 없다.
⑤ **완결권 행사여부의 최고**(15회 추가)

> **제564조(매매의 일방예약)** ② 예약완결권의 의사표시의 기간을 정하지 아니한 때에는 예약자는 상당한 기간을 정하여 매매완결여부의 확답을 상대방에게 최고할 수 있다.
> ③ 예약자가 전항의 기간내에 확답을 받지 못한 때에는 예약은 그 효력을 □□□.
>
> 📝 잃는다

⑥ 상가에 관하여 매매예약이 성립한 이후 법령상의 제한에 의해 일시적으로 분양이 금지되었다가 다시 허용된 경우, 그 예약완결권 행사는 이행불능이라 할 수 없다.(34회)

5. 계약금

(1) 의의

> **제565조(해약금)** ① 매매의 당사자 일방이 계약당시에 금전 기타 물건을 계약금, 보증금등의 명목으로 상대방에게 교부한 때에는 당사자간에 □□ □□□ □□ □ 당사자의 일방이 □□□ □□할 때까지 교부자는 이를 포기하고 수령자는 그 배액을 상환하여 매매계약을 해제할 수 있다.
> ② 제551조의 □□□□□□의 규정은 계약금의 경우에 이를 적용하지 아니한다.
>
> 📝 다른 약정이 없는 한, 이행을 제공, 손해배상청구권

① 계약금이란 계약을 체결하면서 그 계약(주된 계약)에 **부수**(종된계약)하여 당사자 일방이 상대방에게 **교부**(요물계약 ⇨ 현상광고, 대물변제, 계약금계약, 보증금계약)하는 금전 기타의 유가물을 말한다.
② 불요식계약이 원칙이므로 계약금은 **증약금**(증거금)으로서의 성질이 있다.(19회, 29회)
③ 계약금계약은 매매계약에 **종된 계약**이고 **요물계약**이다.(20회, 24회, 28회) **매매계약이 무효이거나 취소되면 계약금계약의 효력은 당연히 소멸한다.**(29회)
④ 당사자 사이에 다른 **약정이 없으면** 계약금은 **해약금으로 추정**한다.(24회, 26회, 30회, 31회) (언제나 해약금으로 추정되는 것이 아니고, 계약금을 지급하면서 특약으로 계약금에 의한 해제를 배제할 수도 있다)
⑤ 매수인이 약정한 계약금을 지급하지 않은 경우, 그 약정이 없었더라면 매매계약을 체결하지 않았을 것이라는 사정이 없는 한, 매도인은 매매계약을 임의로 해제할 수 없다.(19회)
⑥ 매매계약의 성립 후에 교부된 계약금도 계약금으로서의 효력이 있다.(19회)

(2) 해약금에 의한 계약해제

① 계약금을 포기하고 행사할 수 있는 해제권은 당사자의 합의로 배제할 수 있다.(28회) 따라서 계약금의 포기나 배액상환에 의한 해제권 행사를 배제하는 당사자의 약정은 **유효**이다.(20회, 22회)

② 이행의 착수
   ㉠ 당사자 일방(매매의 쌍방 당사자 중 어느 일방을 지칭)이 이행에 착수한다는 것은 객관적으로 외부에서 인식할 수 있는 정도로 채무의 이행행위의 일부를 하거나(중도금 지급이나 목적물의 인도) 또는 이행을 하기 위하여 필요한 전제행위를 하는 경우(잔금을 준비하여 등기절차를 밟기 위해 등기소에 동행할 것을 촉구하는 경우)를 말하는 것으로서 **단순히 이행의 준비를 하는 것만으로는 부족**하므로 계약금의 배액을 제공하고 해제할 수 있다.(15회)
   ㉡ 계약금이 수수된 후 매도인이 매매계약의 이행에 착수한 바가 없다고 하더라도 **매수인이 중도금을 지급**하였다면(일방이 이행의 착수) 매수인은 더 이상 **계약금을 포기하고 계약을 해제할 수 없다.**(15회, 22회, 29회, 34회)
   ㉢ 매매계약의 일부 이행에 착수한 매수인은 매도인이 이행착수 전이라도 임의로 계약금을 포기하고 계약을 해제할 수 없다.(19회)
   ㉣ 계약금이 수수된 후 **매도인이** 매수인에 대하여 매매계약의 이행을 최고하고 **매매잔대금의 지급을 구하는 소송을 제기**한 것만으로는 **이행에 착수하였다고 볼 수 없**으므로 **계약금을 포기하고 해제할 수 있다.**(22회, 26회) (매도인은 잔금을 수령하면서 소유권 이전에 필요한 등기서류를 제공할 때가 이행단계이다)
   ㉤ 이행기의 약정이 있다 하더라도 특별한 사정이 없는 한 그 **이행기 전에 이행에 착수**할 수도 있으므로 매수인이 이행기 전에 중도금을 지급한 경우(이행의 착수), 매도인은 특별한 사정이 없는 한 계약금의 배액을 상환하여 계약을 해제할 수 없다.(30회, 31회)
   ㉥ 매매계약 당시 매수인이 중도금 일부의 지급에 갈음하여 매도인에게 제3자에 대한 대여금 채권을 양도하기로 약정하고 그 자리에 제3자도 참석한 경우 매수인은 매매계약과 함께 채무의 일부이행에 착수하였다.(34회)
   ㉦ 매도인이 해약금에 의해 계약을 해제한다는 의사표시를 하고 일정한 기한까지 해약금의 수령을 최고하며 기한을 넘기면 공탁하겠다고 통지한 경우 이행의 착수에 해당하여 매수인은 매도인의 의사에 반하여 이행할 수 없다.
   ㉧ 매도인이 매수인에게 계약을 해제하겠다는 의사표시를 하고 일정한 기한까지 해약금의 수령을 최고 하였다면 매수인은 매도인의 의사에 반하여 이행할 수 없다.

③ 요물계약
   ㉠ 매매계약과 더불어 체결된 계약금계약은 **요물계약**이다. 따라서 **계약금 지급약정만을 한 단계에서는 해약금에 의한**(제565조 제1항) **계약해제권이 발생하지 않는다.**
   ㉡ 매수인이 **약정한 계약금을 지급하지 않은 경우**, 계약금 계약은 성립하지 아니하므로 당사자가 주**계약을 임의로 해제할 수 없다.**(29회)

ⓒ 계약금의 일부만 지급된 경우, **해약금의 기준**이 되는 금원은 실제 교부받은 계약금이 아니라 **약정계약금**이다.(28회, 31회) 따라서 수령한 금액의 배액을 상환하고 계약을 해제할 수 없다.(31회)

④ 계약금을 받은 매도인이 그 배액을 상환하고 계약을 해제하려면 계약해제의 의사표시 외에 **계약금 배액을 이행 제공**하여야 하고, 매수인이 이를 **수령하지 않더라도** 매도인은 이를 **공탁할 필요가 없다**.(30회)

⑤ 채무불이행에 의한 해제가 아니므로 **손해배상청구권은 발생하지 않**는다.(20회, 22회, 28회)

⑥ 해약금에 의한 해제는 이행이 있기 전이므로 **원상회복의무는 생기지 않는다**.(20회, 26회)

⑦ 토지거래허가를 받지 않아 **유동적 무효 상태**인 매매계약에서도 (허가가 있든, 없든 불문하고 중도금 지급전이라면) 매도인은 **계약금의 배액을 상환**하고 계약을 적법하게 **해제**할 수 있다.(26회, 31회)

⑧ 계약금에 의해 해제권이 유보된 경우, 채무불이행을 이유로 계약을 법정해제할 수 있다.(22회) 즉, 계약금을 지급하였더라도 정당한 사유 없이 잔금지급을 지체한 때에는 손해배상을 청구할 수 있다.(29회)

(3) 위약금 특약

① 계약금을 위약금으로 약정한 경우, 손해배상액의 예정으로 추정된다.(31회)

② 계약금을 위약금으로 하기로 하는 특약이 없는 경우
  ㉠ 이를 손해배생액의 예정액으로 볼 수 없고,(28회)
  ㉡ 계약이 당사자 일방의 귀책사유로 인하여 해제되었다 하더라도 계약금이 위약금으로서 **상대방에게 당연히 귀속되는 것은 아니다**.
  ㉢ 또한 채무불이행을 이유로 계약이 해제되더라도 **실제 손해만을 배상**받을 수 있다.(19회)

③ **손해배상의 예정액이 부당히 과다**한 경우에는 법원이 이를 적당히 **감액**할 수 있으나,(15회) **위약벌의 약정은 과다하더라도 그 액을 감액할 수 없다**.(위약벌 약정은 별도로 손해배상을 청구할 수 있으므로)

④ "대금불입 불이행시 계약은 자동무효가 되고 이에 불입된 금액은 일체 반환하지 않는다"고 되어 있는 매매계약에 기하여 계약금이 지급된 경우, 그 계약금은 해약금(중도금 지급 전)과 손해배상의 예정으로서의 성질(중도금 지급 후)을 겸한다.(15회)

제2절 | 매도인의 담보책임

1. 서설

(1) 의의

매매의 목적인 재산권에 하자가 있어 그 재산권의 전부 또는 일부를 이전할 수 없거나 매매의 목적물로서 인도한 물건에 하자가 있는 경우에 매도인이 매수인에 대해 부담하는 책임을 말한다.

(2) 담보책임의 내용

① 대금감액청구권 : 일부 타인의 권리, 수량부족·일부멸실의 경우에 인정되며 계약의 일부해제에 해당한다.
② 계약해제권 : 계약의 목적을 달성할 수 없고 매수인이 선의일 경우 인정된다(예외 ⇨ 제570조, 제576조).
③ 손해배상청구권 : 대금감액청구권 또는 계약해제권과 함께 인정된다. 저당권·전세권이 실행의 경우(제576조)를 제외하고 매수인이 선의인 경우에 인정된다.
④ 완전물급부청구권 : 종류물 하자(제581조)의 경우 매수인이 선의이고 무과실인 때에 계약해제와 손해배상을 청구에 갈음하여 인정된다.
⑤ 출재(出財)비용상환청구권 : 제576조에서 저당권·전세권이 실행되어 소유권을 상실할 염려가 있는 매수인이 자신의 출재로 소유권을 보존한 경우에 인정된다.
⑥ 제척기간 : 1년(제572조 일부 타인의 권리, 제574조 수량을 지정한 매매, 제574조 일부멸실, 제575조 용익권능의 제한), 6월(제580조, 제581조 종류물), 제척기간의 제한이 없는 경우(제570조 전부 타인의 권리, 제576조 저당권의 실행)

2. 권리의 전부가 타인에게 속한 경우(제570조)

제569조(타인의 권리의 매매) 매매의 목적이 된 권리가 타인에게 속한 경우에는 매도인은 그 권리를 취득하여 매수인에게 이전하여야 한다.

제570조(同前 - 매도인의 담보책임) 타인의 권리의 매매의 경우에 매도인이 그 권리를 취득하여 매수인에게 이전할 수 없는 때에는 (선 악불문 하고) 매수인은 계약을 □□할 수 있다. 그러나 매수인이 계약 당시 그 권리가 매도인에게 속하지 아니함을 □ □(악의)에는 손해배상을 청구하지 못한다.

📝 해제, 안 때

① 타인의 건물에 대한 임대차계약이나, **타인의 토지에 대한 매매계약**은 원칙적으로 **유효**이다.(19회) 다만 매도인은 그 권리를 취득하여 매수인에게 이전하여야 할 의무를 진다.(25회)
  ㉠ **미등기전매의 경우**, 명의신탁한 부동산을 **신탁자가 매도**하는 경우 민법 제569조에 정한 타인의 권리의 매매에 해당하지 않는다.

ⓒ 甲과 乙이 X토지를 공유하고 있는데 甲이 乙의 동의 없이 X토지 전부를 丙에게 매도한 경우, 그 매매계약은 유효이다.(21회)
② 매매계약의 목적이 된 권리의 전부가 타인에게 속한 경우, 매도인이 그 권리를 취득하여 매수인에게 이전할 수 없다면, 매수인(선의, 악의를 불문)은 **최고 없이 해제권**을 행사할 수 있다.(16회, 19회, 26회, 33회)
③ 선의의 매수인의 손해배상청구권
　　㉠ 선의의 매수인은 매도인의 귀책사유를 불문하고 계약해제와 더불어 손해배상을 청구할 수 있다.(17회)
　　ⓒ 매도인은 **이행불능당시 시가를 기준**으로 **계약이 완전히 이행된 것과 동일한 경제적 이익을 배상**(이행이익배상)해야 한다.(16회, 17회, 26회)
④ 전부 타인권리의 매매에는 단기 제척기간에 관한 규정과 대금감액청구권이 **없다**.(15회 추가)
⑤ 선의의 매도인의 해제권(20회)

> **제571조(同前 – 선의의 매도인의 담보책임)** ① □□□이 계약 당시에 매매의 목적이 된 권리가 자기에게 속하지 아니함을 □□ □□ 경우에 그 권리를 취득하여 매수인에게 이전할 수 없는 때에는 매도인은 손해를 배상하고 계약을 해제할 수 있다.
> ② 전항의 경우에 매수인이 계약 당시 그 권리가 매도인에게 속하지 아니함을 안 때에는 매도인은 매수인에 대하여 그 권리를 이전할 수 없음을 통지하고 (손해배상 없이) 계약을 □□할 수 있다.
> 　　　　　　　　　　　　　　　　　　　📝 매도인, 알지 못한, 해제

⑥ 타인의 권리매매에 있어 매도인의 목적물을 **매수인에게 이전할 수 없게 된 것이 오직 매수인의 귀책사유에 기인**한 경우에는 매도인은 제570조 **담보책임을 지지 않는다.**
⑦ 채무불이행책임은 매도인(채무자)의 귀책사유를 요건으로 하고 과실책임이 원칙이지만, 담보책임은 매도인의 귀책사유를 요건으로 하지 않는 무과실책임이다.(30회)

3. 권리의 일부가 타인에게 속하는 경우(제572조)

> **제572조(권리의 일부가 타인에 속한 경우와 매도인의 담보책임)** ① 매매의 목적이 된 권리의 일부가 타인에게 속함으로 인하여 매도인이 그 권리를 취득하여 매수인에게 이전할 수 없는 때에는 (선, 악 불문 하고) 매수인은 그 부분의 비율로 □□□ □□을 청구할 수 있다.
> 　　　　　　　　　　　　　　　　　　　📝 대금의 감액

① 甲이 토지 330㎡을 乙에게 매도하였는데 그 중에서 33㎡(일부)는 丙의 소유(타인의 권리)였고 丙이 그 33㎡의 매도를 거부하여 甲이 이를 취득하여 乙에게 이전할 수 없는 경우를 말한다.
② 매매의 목적이 된 권리의 일부가 타인에게 속함으로 인하여 매도인이 그 권리를 취득하여 매수인에게 이전할 수 없는 때에는 (선의, 악의 불문하고) **매수인은 그 부분의 비율로 대금의 감액을 청구**할 수 있다.(12회, 33회)

③ **계약해제권**(20회)

> **제572조(권리의 일부가 타인에게 속한 경우와 매도인의 담보책임)** ② 일부타인의 권리의 매매의 경우에 잔존한 부분만이면 매수인이 이를 매수하지 아니하였을 때(계약의 목적을 달성할 수 없는 때)에는 □□의 매수인은 계약전부를 해제할 수 있다.
>
> 📝 선의

④ **손해배상청구권**

> **제572조(권리의 일부가 타인에게 속한 경우와 매도인의 담보책임)** ③ □□의 매수인은 감액청구 또는 계약해제 외에 손해배상을 청구할 수 있다.
>
> 📝 선의

매도인이 선의의 매수인에게 배상하여야 할 손해액은 원칙적으로 매도인이 매매의 목적이 된 권리의 일부를 취득하여 매수인에게 이전할 수 없게 된 때의 **이행불능이 된 권리의 시가, 즉 이행이익 상당액**이다. (12회, 15회 추가, 18회)

⑤ **제척기간**(17회, 24회, 26회)

> **제573조(전조의 권리행사의 기간)** 일부 타인의 권리의 매매는 매수인이 선의인 경우에는 사실을 □ □로부터, 악의인 경우에는 계약□ □로부터 1년 내에 행사하여야 한다.
>
> 📝 안 날, 한 날

⑥ "사실을 **안 날**"이라 함은 단순히 권리의 일부가 타인에게 속한 사실을 안 날이 아니라 그 때문에 **매도인이 이를 취득하여 매수인에게 이전할 수 없게 되었음이 확실하게 된 사실을 안 날**을 말한다.

4. 목적물의 수량부족 · 일부멸실의 경우(제574조)

> **제574조(수량부족, 일부멸실의 경우와 매도인의 담보책임)** 전2조(일부 타인의 권리 매매에서 대금감액청구권, 계약해제권, 손해배상청구권)의 규정은 수량을 지정한 매매(㎡당 100만원×100㎡를 매수한 경우 ⇨ 수량을 지정한 매매, ㉠ 목적물이 일정한 면적(수량)을 가지고 있다는 데 주안을 두고 대금도 면적을 기준으로 하여 정하여지는 아파트분양계약, ㉡ 임차인이 건물면적의 일정한 수량이 있는 것으로 믿고 계약을 체결하였고, 임대인도 그 일정 수량이 있는 것으로 명시적 또는 묵시적으로 표시하였으며, 임대차 보증금과 월임료 등도 그 수량을 기초로 하여 정해진 경우, ㉢ 계약당사자가 면적을 가격을 정하는 여러 요소 중 가장 중요한 요소로 파악하고 그 객관적 수치를 기준으로 가격을 정한 경우 ⇨ 특정물 매매에만 적용)의 목적물이 부족되는 경우와 매매목적물의 일부가 계약당시에 이미 멸실된 경우(원시적 · 객관적 · 일부불능)에 매수인이 그 부족 또는 멸실을 □□ □한 때(선의)에 준용한다. (악의의 매수인 X)
>
> 📝 알지 못

① 甲이 토지 100㎡를 ㎡당(면적) 100만원(가격결정)으로 하여 1억 원에 계약을 체결하였는데 토지를 측량한 결과 10㎡가 부족한 경우처럼 당사자가 매매의 목적인 특정물이 **일정한 수량을 가지고 있다는 데 주안을 두고 대금도 그 수량을 기준으로 하여 정한 경우**를 말하는 것이다.

② **수량부족** – 수량을 지정한 매매에 해당하는 경우
  ㉠ 매수인이 일정한 면적이 있는 것으로 믿고 매도인도 그 면적이 있는 것을 명시적 또는 묵시적으로 표시하며 나아가 계약당사자가 **면적을 가격을 정하는 여러 요소 중 가장 중요한 요소로 파악**하고 그 객관적 수치를 기준으로 가격을 정한 경우 수량을 지정한 매매에 해당한다.
  ㉡ 목적물이 일정한 면적(수량)을 가지고 있다는 데 주안을 두고 대금도 면적을 기준으로 하여 정하여지는 **아파트분양계약**은 수량을 지정한 매매이다. (17회, 32회)
  ㉢ 건물 일부의 임대차계약을 체결함에 있어 **임대차 보증금과 월임료 등도 그 수량을 기초로 하여 정해진 경우**에는 그 임대차는 수량을 지정한 임대차라고 봄이 타당하다.
  ㉣ 토지의 매매에 있어 목적물을 등기부상 면적에 따라 특정한 경우라도 당사자가 그 지정된 구획을 전체로서 평가하였고, 면적에 의한 계산이 하나의 표준에 지나지 아니하여 그것이 당사자들 사이에 대상토지를 특정하고 그 대금을 결정하기 위한 방편이었다고 보일 때에는 수량을 지정한 매매라 할 수 없다.
  ㉤ 매매당사자가 부동산의 면적에 별로 관심을 두지 않는 경우이거나, 객관적 수치에 상관하지 않고 외관상 확인되는 경계 또는 표지에 따라 매수하는 경우에는 수량을 지정한 매매라 할 수 없다.
③ **선의의 매수인은 대금감액청구권, 손해배상청구권을 가지며 또 잔존부분만이면 이를 매수하지 아니하였을 때에는 계약 전부를 해제할 수 있다.** (12회, 18회, 19회, 24회, 28회, 32회) 일부타인의 권리매매에서 선의의 매수인은 멸실된 부분의 비율로 대금감액을 청구할 수 있다. (32회)
④ 선의의 매수인은 수량부족·일부멸실의 사실을 **안 날부터 1년** 내에 행사하여야 한다. (32회)
⑤ 부동산에 관한 수량지정매매에서 **실제면적이 계약면적에 미달**하는 경우에는 제574조 담보책임이 성립하고, (23회) 매매계약이 일부 무효임을 이유로 일반 **부당이득반환청구**를 하거나 그 일부가 원시적 불능임을 이유로 민법 제535조에 의해 **계약체결상의 과실에 따른 책임을 물을 수 없다.** (15회, 23회, 28회)

5. 용익적 권리에 의하여 제한되어 있는 경우(제575조)

> **제575조(제한물권 있는 경우와 매도인의 담보책임)** ① 매매의 목적물이 지상권, 지역권, 전세권, 질권 또는 유치권의 목적이 된 경우에 매수인이 이를 알지 못한 때(선의인 경우)에는 이로 인하여 계약의 목적을 달성할 수 □□ 경우에 한하여 매수인은 계약을 해지할 수 있다. 기타의 경우(계약의 목적을 달성할 수 있는 경우)에는 □□□□만을 청구할 수 있다.
> ② 전항의 규정은 매매의 목적이 된 부동산을 위하여 존재할 지역권이 없거나 그 부동산에 등기된 임대차계약이 있는 경우에 계약해제나 손해배상을 청구할 수 있다.
> ③ 계약해제나 손해배상을 청구할 권리는 매수인이 그 사실을 □ □로부터 1년 내에 행사하여야 한다.
>
> 📝 없는, 손해배상, 안 날

① 매매의 목적물이 **지상권**(15회 추가, 33회) · 지역권 · **전세권** · 질권 또는 **유치권**의 목적이 된 경우,(12회) 목적 부동산을 위하여 존재할 **지역권이 없는 경우**, 목적 부동산 위에 **등기된 임차권**(24회) 등으로 매수인의 사용·수익에 지장을 주는 제한이 있는 경우이다.

② **선의의 매수인**은 계약의 **목적을 달성할 수 없는 경우**에 한하여 계약을 **해제**할 수 있고, **손해배상을 청구**할 수 있다. (15회 추가)
③ 계약의 **목적을 달성할 수 있는 경우에는** 계약을 **해제할 수는 없고,** (18회, 26회) 손해배상만 청구할 수 있다.

6. 저당권·전세권이 행사된 경우의 담보책임(제576조)

제576조(저당권, 전세권의 행사와 매도인의 담보책임) ① 매매의 목적이 된 부동산에 설정된 저당권 또는 전세권의 □□로 인하여 매수인이 그 소유권을 취득할 수 없거나 취득한 소유권을 잃은 때에는 (선·악 불문하고) 매수인은 계약을 □□할 수 있다
② 전항의 경우에 매수인의 출재로 그 소유권을 보존한 때에는 매도인에 대하여 그 상환을 청구할 수 있다.
③ 전2항의 경우에 (선·악 불문하고) 매수인이 손해를 받은 때에는 그 배상을 청구할 수 있다.

제577조(저당권의 목적이 된 지상권, 전세권의 매매와 매도인의 담보책임) 제576조의 규정은 저당권의 목적이 된 지상권 또는 전세권이 매매의 목적이 된 경우에 준용한다.(저당권의 대상으로 된 지상권이나 전세권을 매수한 경우 저당권에 기해 경매가 실행되면 그 지상권이나 전세권의 매수인은 그 권리를 취득할 수 없거나 잃게 되므로 이 경우에 민법 제576조를 준용한다)

📝 행사, 해제

① 저당권만 설정되어 있는 경우, 그것만으로는 담보책임을 지지 않는다.(14회) 후에 저당권이 실행되어 소유권을 잃게 된 경우 제576조 담보책임이 발생한다.(23회)
② 매매의 목적부동산에 설정된 저당권의 실행으로 매수인이 소유권을 취득할 수 없게 된 때에는 최고 없이도 (매수인의 선의 악의를 불문하고) 해제권을 행사할 수 있다.(18회, 33회)
③ 저당권이 설정된 부동산의 매수인이 저당권의 행사로 그 소유권을 취득할 수 없는 경우, 악의의 매수인도 계약을 해제하고 손해배상을 청구할 수 있다.(26회)
④ 저당권이 설정된 부동산의 매수인이 그 소유권을 보존하기 위해 출재한 경우, 선의, **악의를 불문**하고 매수인은 매도인에게 그 상환을 청구할 수 있다.(18회, 24회)
⑤ **가등기의 목적이 된 부동산을 매수**한 사람이 그 뒤 가등기에 기한 **본등기**가 경료됨으로써 그 부동산의 **소유권을 상실**하게 된 때에는 매도인은 민법 **제576조에 의한 담보책임**을 진다.

7. 경매에 있어서의 담보책임(제578조)

제578조(경매와 매도인의 담보책임) ① 경매의 경우에는 경락인(매수인)은 전8조(권리의 하자에 관한 담보책임 ⇨ 물건의 하자는 제외)의 규정에 의하여 채무자에게 계약의 해제 또는 손해배상의 청구를 할 수 있다.
② 전항의 경우에 □□□(1차적 책임)가 자력이 없는 때에는 경락인은 대금의 배당을 받은 □□□(2차적 책임)에 대하여 그 대금전부나 일부의 반환을 청구할 수 있다.
③ 전2항의 경우에 채무자가 물건 또는 권리의 흠결을 □□ 고지하지 아니하거나 채권자가 이를 □□ 경매를 청구한 때에는 경락인은 그 흠결을 안 채무자나 채권자에 대하여 손해배상을 청구할 수 있다.

📝 채무자, 채권자, 알고, 알고

① 경매는 민사집행법상의 강제집행이나 담보권실행을 위한 경매 또는 국세징수법상의 공매 등을 의미하고 사경매는 제외된다.
② 경매절차 자체가 **무효**인 경우에는 **담보책임**(대금감액, 해제권, 손해배상청구권)**은 인정될 여지가 없다.**(29회) 그러나 배당받은 매각대금은 부당이득으로 채무자에게 반환해야 한다.(29회)
③ **권리의 하자**에만 **적용**되고, **물건의 하자**에 대해서는 담보책임이 **인정되지 않는다.**(29회) 따라서 경매목적물에 **법률적 장애**가 있는 경우(건축의 목적으로 매수한 토지에 대해 법적 제한으로 건축허가를 받을 수 없어 건축이 불가능한 경우) 이것을 **물건의 하자**로 보면(판례) **담보책임을 지지 않는다.**(28회, 34회)
④ **채무자가 자력이 없는 때**에는 경락인은 대금의 배당을 받은 **채권자에 대하여** 그 대금전부나 일부의 **반환을 청구할 수 있다.**(29회) 즉, **제1차적**으로 **채무자**(또는 물상보증인)가, **제2차적**으로 대금의 **배당을 받은 채권자**가 경락인(매수인)에 대해 담보책임을 진다.(채무자의 자력유무를 불문하고 채권자에게 먼저 담보책임 물을 수 없다)
⑤ **손해배상**을 **청구할 수 없음**이 〈원칙〉이나 채무자가 물건 또는 권리의 **흠결을 알고 고지하지 않거나** 채권자가 이를 알고 경매를 청구한 때에는 〈예외적〉으로 **손해배상**을 청구할 수 있다.

8. 채권의 매도인의 담보책임(제579조)(24회)

제579조(채권매매와 매도인의 담보책임) ① (변제기에 도달한) 채권의 매도인이 채무자의 자력을 담보한 때에는 ☐☐☐☐ ☐☐의 자력을 담보한 것으로 ☐☐한다.(본다 X)
② 변제기에 도달하지 아니한 채권의 매도인이 채무자의 자력을 담보한 때에는 ☐☐☐의 자력을 담보한 것으로 ☐☐한다.(본다 X)

📝 매매계약 당시, 추정, 변제기, 추정

9. 물건의 하자에 대한 매도인의 담보책임(하자담보책임)

제580조(매도인의 하자담보책임) ① 매매의 목적물에 하자가 있는 때에는 제575조 제1항(선의의 매수인은 계약을 해제, 손해배상을 청구)의 규정을 준용한다. 그러나 매수인이 하자 있는 것을 알았거나(악의) 과실로 인하여 이를 알지 못한 때에는 계약의 해제나 손해배상을 청구할 수 없다(물건의 하자에서 매수인은 선의·무과실이어야 한다).
② 물건의 하자에 관한 규정은 ☐☐의 경우에 적용하지 아니한다.

제581조(종류매매와 매도인의 담보책임) ① 매매의 목적물을 종류로 지정한 경우에도 그 후 특정된 목적물에 하자가 있는 때에는 제575조 제1항(선의·무과실의 매수인은 계약을 해제, 손해배상을 청구)의 규정을 준용한다.
② 불특정물 하자의 경우에 매수인은 계약의 해제 또는 손해배상의 청구를 하지 아니하고 ☐☐☐☐ ☐☐을 청구(완전물급부청구권)할 수 있다.

제582조(전2조의 권리행사기간) 하자담보책임(물건의 하자)에 관한 권리는 매수인이 그 사실을 안 날로부터 ☐☐ 내에 행사하여야 한다.

📝 경매, 하자없는 물건, 6월

① 객관적 하자

해당 종류의 권리나 물건이 **객관적으로 통상 갖추어야 할 상태나 성질을 기준**으로 하자 유무를 판단해야 한다.

② 주관적 하자

㉠ 다만 견본이나 **광고로써 특수한 품질·성능 등을 보증**한 경우에는 **그것을 기준**(주관적하자)으로 판단해야 한다. (16회)

㉡ 매도인이 매수인에게 기계를 공급하면서 당해 기계의 카탈로그와 검사성적서를 제시하였다면 매도인이 공급한 기계가 매도인이 **카탈로그와 검사성적서에 의하여 보증한 일정한 품질과 성능을 갖추지 못**한 경우에는 그 기계에 **하자**가 있다.

③ 건축을 목적으로 매매된 토지에 대하여 **법률상 건축허가를 받을 수 없어** 건축이 불가능한 경우, 이는 **매매목적물의 하자**에 해당하고, 그 하자의 존부는 **매매계약성립시를 기준**으로 판단한다. (16회, 17회, 28회)

④ 매도인의 하자담보책임은 **무과실책임**이나 하자 발생 및 그 확대에 가공한 **매수인의 잘못을 참작**하여 손해배상의 범위를 정함이 상당하다. (16회, 28회)

⑤ 매매목적물의 하자로 인하여 매도인에게 그 **확대손해**에 대한 배상책임을 지우기 위해서는 채무의 내용으로 된 하자 없는 목적물을 인도하지 못한 **의무위반사실** 외에 그러한 의무위반에 대하여 매도인에게 **귀책사유**가 인정될 수 있어야만 한다.

⑥ 하자담보책임으로 발생하는 매수인의 계약해제권 행사기간은 제척기간이다. (28회) 그러나 하자담보책임에 기한 매수인의 **손해배상청구권**은 매수인이 매매 **목적물을 인도받은 때부터 10년의 소멸시효가 진행**한다. (28회)

⑦ 종류매매의 경우 인도된 **목적물에 하자**가 있는 때에는 **선의·무과실의 매수인**은 그 사실을 안 날부터 **6월 내에 계약해제권 또는 손해배상청구권**을 행사하지 않고 하자 없는 물건을 청구할 수 있다. (12회, 18, 31회) (그러나 완전물 급부청구권은 특정물의 하자에는 없다)

⑧ 제척기간에도 소멸시효가 경합할 수 있는가? ⇨ 민법 제582조의 제척기간 규정으로 인하여 소멸시효 규정의 적용이 배제된다고 볼 수 없으며, 이때 다른 특별한 사정이 없는 한 무엇보다도 매수인이 매매 목적물을 인도받은 때부터 소멸시효가 진행한다고 해석함이 타당하다.

⑨ 계약 당시 매수인이 목적물에 하자가 있음을 과실로 알지 못한 경우 매도인은 하자담보책임을 지지 않는다.

	매수인	전부 타인의 권리	일부 타인의 권리	수량부족 일부멸실	용익권능의 제한	저당권 행사	물건의 하자
대금감액 청구권	선의		O	O			
	악의						
계약해제권	선의	O	O	O	O	O	O
	악의						
손해배상 청구권	선의	O	O	O	O	O	O
	악의						
출재비용 상환청구권	선의					O	
	악의						
완전물 급부청구권	선의·무과실						O (종류물)
	악의						
제척기간	선의 (안날)	X	1년	1년	1년	X	6월
	악의 (한날)		1년				

10. 적용범위

① 담보책임과 동시이행

제583조(담보책임과 동시이행) 동시이행항변권의 규정은 제572조 내지 제575조(일부 타인의 권리, 수량부족 일부멸실, 용익권능의 제한), 제580조(특정물의 하자) 및 제581조(종류물의 하자)의 경우에 준용한다.(매수인은 위 권리에 기해 지급한 대금의 반환 또는 손해배상을 청구할 수 있는 반면, 매도인은 매수인에게 급부한 것의 반환을 청구할 수 있는데 이 양자의 급부에 대해 동시이행의 항변권이 준용된다)

② 담보책임 면제의 특약

제584조(담보책임 면제의 특약) 매도인은 전15조에 의한 담보책임을 면하는 특약(임의규정)을 한 경우에도 매도인이 ㅁㅁ 고지하지 아니한 사실 및 제3자에게 권리를 설정 또는 양도한 행위에 대하여는 책임을 면하지 못한다.

📝 알고

㉠ 매도인의 담보책임에 관한 규정은 강행규정이 아니므로 당사자는 **특약**으로 **담보책임을 배제·감경** 또는 **가중**할 수 있다.

㉡ 당사자 간에 **담보책임을 면하는 특약**을 한 경우에도 **매도인이 알고 고지하지 않은 사실**(매매의 목적인 권리의 전부나 일부가 타인의 권리인 사실, 수량이 부족하다는 사실, 다른 권리에 의한 제한이 있다는 사실, 물건에 하자가 있다는 사실) 및 제3자에게 권리를 설정 또는 양도한 행위(매매 목적물에 제한물권을 설정하거나, 그 목적물의 전부 또는 일부를 제3자에게 양도 한 후 담보책임 면제특약을 맺은 경우)에 대하여는 **책임을 면하지 못**한다. (25회, 28회)

③ 매매계약 내용의 중요 부분에 **착오**가 있는 경우(매매 목적물인 서화(書畫)가 위작으로 밝혀진 경우), 매수인은 매도인의 **하자담보책임이 성립하는지와 상관없이 착오를 이유로** 그 매매계약을 **취소**할 수 있다.
④ **하자보수청구권**은 수급인의 담보책임에 관한 내용이지, **매도인의 담보책임의 내용이 아니다.**

제3절 환매

1. 의의

환매란 매도인이 매매계약과 동시에 매수인과의 특약으로 환매할 권리를 보류한 경우에 일정한 기간 내에 그 환매권을 행사하여 그 매매목적물을 도로 찾는 것을 말한다(제590조). 환매는 소유권이전형식에 의한 채권담보의 작용을 한다(매도담보). 따라서 환매의 경우에도 「가등기담보 등에 관한 법률」이 적용되므로 청산절차를 거쳐야 한다.

2. 환매등기

> **제592조(환매등기)** 매매의 목적물이 부동산인 경우에 매매등기와 □□(동시에 하지 않으면 재매매 예약으로 봄)에 환매권의 보류를 □□(부기등기)한 때에는 제3자에 대하여 그 효력이 있다.
>
> 동시, 등기

① 매매의 목적물이 부동산인 경우에 **매매등기와 동시에** 환매권의 보류를 **등기**(부기등기)한 때에는 **제3자에 대하여 그 효력**(대항력)이 있다.(17회, 19회, 27회, 30회, 33회)
② 매매계약과 **동시에 하지 않은 환매계약**은 환매로서의 **효력이 없다.**(재매매예약으로서 효력) 따라서 매매목적물이 부동산인 경우에 소유권이전등기를 하고 **1개월 후에** 환매특약에 따라 **환매권보류를 등기**하였다면 제3자에게 **환매권을 행사할 수 없다.**(19회)
③ **매매계약**(주된계약)**의 무효**는 환매특약(종된계약)도 무효로서 **효력에 영향을 미치나**,(20회, 34회) **환매특약**(종된계약)**의 실효**는 원칙적으로 **매매계약**(주된계약)**의 효력에 영향을 주지 않는다.**(매매계약에 종된 계약이므로 매매계약이 무효·취소·해제되면 환매특약도 실효된다)(33회)
④ 환매기간을 제한하는 환매특약이 등기부에 기재되어 있는 때에는 반증이 없는 한 등기부 기재와 같은 환매특약이 진정하게 성립된 것으로 추정된다.
⑤ 환매특약등기는 매수인의 권리취득의 등기에 부기하는 방식으로 한다.(34회)

2. 목적물

환매의 목적물은 특별한 **제한이 없**으므로 동산·부동산, 그밖의 재산권이 환매의 목적물이 될 수 있다.

3. 환매대금

> **제590조(환매의 의의)** ① 매도인이 매매계약과 □□에 환매할 권리를 보류한 때에는 그 영수한 대금 및 매수인이 부담한 매매비용을 반환하고 그 목적물을 환매할 수 있다.
> ③ 전2항의 경우에 목적물의 □□과 대금의 □□는 특별한 약정이 없으면 이를 상계한 것으로 본다.
>
> 📝 동시, 과실, 이자

① 특별한 **약정이 없**으면 환매권자는 최초의 **매매대금**과 매수인이 부담한 **매매비용**을 환매대금으로 한다.(17회, 27회) 따라서 당사자가 특약으로 환매대금을 다르게 정할 수 있다.
② 매도인은 **환매기간 내**에 **대금과 매매비용**(환매대금)을 매수인에게 **제공하지 아니**하면 **환매할 권리를 잃**는다.(17회, 32회)
③ 환매목적물의 **과실과 대금의 이자**는 특별한 약정이 없으면(언제나 X) **상계**한 것으로 본다.(33회) (즉, 매도인은 환매할 때까지 대금의 이자를 지급할 필요가 없고, 매수인은 목적물로부터 얻은 과실을 반환할 필요가 없다)

4. 환매기간

> **제591조(환매기간)** ① 환매기간(특약이 성립한 날부터 기산한다)은 부동산은 □년, 동산은 □년을 넘지 못한다. 약정기간이 이를 넘는 때에는 부동산은 □년, 동산은 □년으로 단축한다.
> ② 환매기간을 정한 때에는 다시 이를 □□하지 못한다.
> ③ 환매기간을 정하지 아니한 때에는 그 기간은 부동산은 □년, 동산은 □년으로 한다.
>
> 📝 5, 3, 5, 3, 연장, 5, 3

① 환매기간은 **부동산은 5년**,(17회) **동산은 3년**을 넘지 못하며 당사자의 약정기간이 이를 넘는 때에는 부동산은 5년, 동산은 3년으로 단축한다.(27회) (약정기간이 이를 넘은 때에는 그 환매계약 자체가 무효로 되는 것이 아니다)
② 환매기간을 정하지 않은 때에는 나중에 기간을 정하지 못하고 그 기간은 부동산은 5년,(30회, 32회) 동산은 3년으로 한다.
③ 환매기간을 정한 때에는 **다시 이를 연장하지 못**한다.(17회, 19회, 30회, 34회)
④ 환매기간을 정한 경우, 환매권의 행사로 발생한 소유권이전등기청구권은 특별한 사정이 없는 한 그 환매기간 내에 행사하지 않으면 소멸한다.(33회)

5. 환매권의 행사방법 및 효력

> **제594조(환매의 실행)** ① 매도인은 □□□□ 내에 대금과 매매비용(환매대금)을 매수인에게 제공하지 아니하면 환매할 권리를 잃는다.
> ② 매수인이나 전득자가 목적물에 대하여 비용을 지출한 때에는 매도인은 제203조(점유자의 비용상환청구권)의 규정에 의하여 이를 상환하여야 한다. 그러나 유익비에 대하여는 법원은 매도인의 청구에 의하여 상당한 상환기간을 허여할 수 있다.
>
> 📝 환매기간

① 환매권자는 **환매기간** 내에 **매매대금과 매매비용**을 환매의무자에게 제공하고 **환매의 의사표시**를 해야 한다.
② 환매권은 **형성권**이므로, 채권자대위를 할 수 있고, 일신전속권이 아니므로 양도된 때에는 양수인이 행사한다. (20회, 34회)
③ 환매등기 후 제3자가 X토지를 매수하였다면, 양도인은 환매등기를 이유로 제3자에게 X토지에 대한 소유권이전등기청구를 거절할 수 없다. (32회)
④ 상대방은 환매권이 부기등기된 경우 **환매의 의사표시**는 최종양수인에게 한다.
⑤ 부동산의 매매계약에 있어 환매등기가 마쳐진 경우 매도인이 환매기간 내에 적법하게 환매권을 행사하면 **환매등기 후에 마쳐진 제3자의 근저당권 등 제한물권은 소멸**한다. (32회)
⑥ 매도인이 환매기간 내에 환매의 의사표시를 했더라도 그 환매에 의한 권리취득의 등기를 하지 않으면 그 부동산에 가압류집행을 한 자에 대하여 이를 주장할 수 없다. (30회)
⑦ 환매권의 대위행사

> **제593조(환매권의 대위행사와 매수인의 권리)** 매도인(甲)의 채권자(A ⇨ 1억)가 매도인을 대위하여 환매하고자 하는 때(환매권은 양도성, 상속성, 채권자대위권의 객체가 됨)에는 매수인(乙 ⇨ 환매대금 1억5000만원)은 법원이 선정한 감정인의 평가액(3억)에서 매도인이 반환할 금액(1억 5000만원)을 공제한 잔액(1억 5000만원)으로 매도인의 채무(A에 대한 채무 1억)를 변제하고 잉여액(5천만원)이 있으면 이를 매도인에게 지급(5천만원)하여 환매권을 소멸시킬 수 있다.

⑧ 공유지분의 환매

> **제595조(공유지분의 환매)** 공유자의 1인이 환매할 권리(환매권)를 보류하고 그 지분을 매도한 후 그 목적물의 분할이나 경매가 있는 때에는 매도인(환매권자)은 매수인이 받은 또는 받을 부분이나 대금에 대하여 환매권을 행사할 수 있다. 그러나 매도인에게 통지하지 아니한 매수인은 그 분할이나 경매로써 매도인에게 대항하지 못한다.

제4절 교환

1. 의의(12회)

> **제596조(교환의 의의)** 교환은 당사자 쌍방이 □□ 이외의 재산권을 상호이전할 것을 약정함으로써 그 효력이 생긴다.
>
> 📝 금전

① **환금**은 일종의 유상의 무명계약으로서 **교환이 아니다.**(12회)
② **낙성·쌍무·유상·불요식**의 계약이다.(12회, 16회, 18회, 32회) 따라서 서면의 작성은 필요하지 않고 유상계약이므로 **매매에 관한 규정이 준용**된다.(12회, 19회)
③ 금전 외의 재산권이어야 한다. 즉 부동산 **소유권**의 이전 대가로 **주식**을 양도받는 약정은 **교환계약**이다.
④ 노무의 제공(고용계약)이나 일의 완성(도급계약)은 교환계약의 목적이 될 수 없다.(15회)
⑤ 금전의 보충지급(18회, 32회)

> **제597조(금전의 보충지급의 경우)** 당사자 일방이 교환에 있어서 재산권 이전과 금전의 보충지급을 약정한 때에는 그 금전에 대하여는 □□□□에 관한 규정을 준용한다.(보충금을 지급하지 않으면 채무불이행으로 계약을 해제할 수 있다)
>
> 📝 매매대금

⑥ 교환목적물의 가액을 시가보다 높게 고지하거나 목적물의 시가를 묵비하여 상대방에게 고지하지 않은 경우라 하더라도 특별한 사정이 없는 한 의사결정에 불법적인 간섭을 한 것이라고 볼 수 없으므로 **위법한 행위**(사기)**가 되지 않는다.**(15회)

2. 해제권 등

① 교환계약이 이행된 후에도 이전받은 재산권에 하자가 있을 때에는 당사자는 계약을 **해제**할 수 있고, **담보책임**을 질 수도 있다.(18회, 32회, 34회)
② 쌍무계약이므로 **동시이행항변권** 및 **위험부담**(14회, 15회)에 관한 규정이 적용된다.
③ 당사자 간에 교환계약이 해제된 경우에는 각기 원상회복의무를 부담하며 이는 상호 동시이행관계에 있다.

제5절 | 임대차

1. 총설

(1) 의의(13회)

> **제618조(임대차의 의의)** 임대차는 당사자 일방(임대인)이 상대방(임차인)에게 목적물을 사용, 수익하게 할 것을 약정하고 상대방(임차인)이 이에 대하여 □□을 지급할 것을 약정함으로써 그 효력이 생긴다.
>
> 📝 차임

① 차임의 지급은 임대차의 요소이나 **차임은 금전에 한하지 않는다.**(16회) 그러나 **보증금의 수수는** 임대차계약의 **성립요건이 아니다.**(22회)
② **임차인은 보증금의 존재를 이유로 차임의 지급을 거절할 수 없**으며 차임의 연체에 따른 채무불이행책임을 부담한다.(15회)
③ **임차권은 상속인에게 상속될 수 있다.**(28회)
④ 임대인이 그 목적물에 대한 소유권 기타 이를 **임대할 권한이 없다고 하더라도 임대차계약은 유효**하게 성립한다.(34회) (즉, 임대인이 그 목적물에 대한 소유권 기타 이를 임대할 권한이 있을 것을 성립요건으로 하고 있지 아니한다)
⑤ 입증책임
  ㉠ **임료를 지급하였다**는 입증책임은 임차인이 부담한다.
  ㉡ 임대차계약에서 **보증금을 지급하였다**는 입증책임은 보증금의 반환을 구하는 임차인이 부담한다.(18회, 33회) (화재의 원인이 불명일 경우에도 임차인이 부담한다)
  ㉢ 임차건물이 화재로 소훼된 경우, 그 화재의 발생원인이 불명인 때에도 임차인이 그 책임을 면하려면 그 임차건물의 보존에 관하여 선량한 관리자의 주의의무를 다하였음을 입증하여야 한다. 그러나 이행불능이 임대차목적물을 임차인이 사용, 수익하기에 필요한 상태로 유지하여야 할 임대인의 의무위반에 원인이 있음이 밝혀진 경우까지 임차인에게 입증책임이 있는 것이 아니다.

(2) 용익권능과 담보권능

등기된 임차권에는 **용익권적 권능** 외에 임차보증금반환채권에 대한 **담보권적 권능**이 있고, 임대차 기간이 **종료**되면 **용익권적 권능**은 임차권등기의 **말소등기 없이도 곧바로 소멸**하나 담보권적 권능은 곧바로 소멸하지 않는다.

(3) 임차인의 사용, 수익권

제654조(준용규정) 제610조제1항(제610조 (차주의 사용, 수익권) ①차주는 계약 또는 그 목적물의 성질에 의하여 정하여진 용법으로 이를 사용, 수익하여야 한다.)은 임대차에 이를 준용한다.

2. 임대차의 존속기간

(1) 계약으로 기간을 정하는 경우

제651조(임대차존속기간) [2016.1.6. 법률 제13710호에 의하여 2013.12.26. 헌법재판소에서 위헌결정된 이 조를 삭제함.]

임대차의 존속기간은 20년을 넘지 못한다는 규정은 헌법재판소에 의해 위헌판결을 받아 **삭제**되었다. 따라서 임차기간을 영구로 정한 임대차약정은 특별한 사정이 없는 한 허용된다.(22회, 34회)

(2) 묵시적 갱신(법정갱신)

제639조(묵시의 갱신) ① 임대차기간이 만료한 후 임차인이 임차물의 사용, 수익을 계속하는 경우에 임대인이 상당한 기간 내에 이의를 하지 아니한 때에는 전임대차와 동일한 조건으로 다시 임대차한 것으로 본다. 그러나 당사자는 제635조의 규정에 의하여 해지의 통고를 할 수 있다.
② 묵시적 갱신의 경우에 전임대차에 대하여 제3자가 제공한 담보는 기간의 만료로 인하여 소멸한다.

① 기간의 약정은 없는 것으로 되어 당사자(임대인 또는 임차인)(24회, 26회)는 제635조의 규정(6월, 3월, 5일)(13회)에 의하여 언제든지 해지의 통고를 할 수 있다.(27회) 이는 강행규정이라고 해석된다.
② 전임대차에 대하여 **제3자가 제공한 담보**는 기간의 만료로 인하여 **소멸**한다.(22회, 34회) (그러나 당사자들의 합의에 따른 임대차 기간연장의 경우에는 적용되지 않는다) 여기서 담보라 함은 질권, 저당권 그 밖의 보증 등을 말하고, 건물의 임차보증금까지 포함되는 것은 아니다.

(3) 단기임대차

제619조(처분능력, 권한없는 자의 할 수 있는 단기임대차) 처분의 능력 또는 권한없는 자(관리능력 또는 관리권한은 있으나 처분능력 또는 처분권한까지는 없는 자 ⇨ ㉠ 민법상 관리능력은 있으면서 처분능력이 없는 자는 없다. ㉡ 제한능력자는 처분능력이 제한되고, 관리능력도 없다. ㉢ 따라서 처분권한은 없지만 관리능력은 있는 자를 뜻하는데 부재자재산관리인, 권한의 정함이 없는 임의대리인, 후견인, 상속재산관리인 등을 말한다)가 임대차를 하는 경우에는 그 임대차는 다음 각호의 기간을 넘지 못한다.
    1. 식목, 채염 또는 석조, 석회조, 연와조 및 이와 유사한 건축을 목적으로 한 토지의 임대차는 10년
    2. 기타 토지의 임대차는 5년
    3. 건물 기타 공작물의 임대차는 3년
    4. 동산의 임대차는 6월

제620조(단기임대차의 갱신) 전조의 기간은 갱신할 수 있다. 그러나 그 기간만료 전 토지에 대하여는 1년, 건물 기타 공작물에 대하여는 3월, 동산에 대하여는 1월 내에 갱신하여야 한다.

(4) 기간의 약정이 없는 경우

제635조(기간의 약정없는 임대차의 해지통고) ① 임대차기간의 약정이 없는 때에는 당사자(임대인 또는 임차인)는 언제든지 계약해지의 통고를 할 수 있다.(강행규정)
② 상대방이 계약해지의 통고를 받은 날로부터 다음 각호의 기간이 경과하면 해지의 효력이 생긴다.
  1. 토지, 건물 기타 공작물(부동산)에 대하여는 임대인이 해지를 통고한 경우(임차인이 통고를 받은 후)에는 □월, 임차인이 해지를 통고한 경우(임대인이 통고를 받은 후)에는 □월
  2. 동산(임대인, 임차인)에 대하여는 □일

제636조(기간의 약정있는 임대차의 해지통고) 임대차기간의 약정이 있는 경우에도 당사자 일방 또는 쌍방이 그 기간 내에 해지할 권리를 보류한 때에는 전조(제635조의 규정에 따라 6월, 1월, 5일)의 규정을 준용한다.

📝 6, 1, 5

3. 임대차의 효력

(1) 임대인의 권리

1) 차임증감청구권

제628조(차임증감청구권) 임대물에 대한 공과부담의 증감 기타 경제사정의 변동(사정변경의 원칙)으로 인하여 약정한 차임이 상당하지 아니하게 된 때에는 당사자는 □□에 대한 차임의 증감을 청구할 수 있다.

📝 장래

① 지상권의 경우에는 지료증감청구권이 인정되고, 임대차의 경우에는 차임증감청구권이 인정된다.(13회)
② 임대차계약에서 **차임을 증액하지 않는다는 특약**은 **유효**하나, 그 약정 후 그 특약을 그대로 유지시키는 것이 신의칙에 반한다고 인정될 정도의 **사정변경**이 있는 경우에는 임대인이 **차임증액을 청구**할 수 있다.
③ **차임감액금지특약**은 임차인에게 불리하므로 **효력이 없다.**
④ 경제사정변동에 따른 임대인의 차임증액청구에 대해 법원이 차임증액을 결정한 경우, 그 증액의 청구가 도달한 다음 날부터 지연손해금이 발생한다.(31회)
⑤ 장래에 대한 차임의 증액을 청구하였을 때에 그 청구가 상당하다고 인정되면 그 효력은 **청구 시**에 곧 발생한다.(18회) (차임증액청구권은 형성권으로서 임차인의 동의 없이 증액청구당시를 기준으로 증액된다)

2) 차임에 대한 권리

> **제648조(임차지의 부속물, 과실등에 대한 법정질권)** 토지임대인이 임대차에 관한 채권에 의하여 임차지에 부속 또는 그 사용의 편익에 공용한 임차인의 소유□□ 및 그 토지의 □□을 압류한 때에는 질권과 동일한 효력이 있다.(21회)
>
> **제649조(임차지상의 건물에 대한 법정저당권)** 토지임대인이 변제기를 경과한 최후 2년의 차임채권에 의하여 그 지상에 있는 임차인소유의 □□(부동산)을 압류한 때에는 저당권과 동일한 효력이 있다.(35회)
>
> **제650조(임차건물등의 부속물에 대한 법정질권)** 건물 기타 공작물의 임대인이 임대차에 관한 채권에 의하여 그 건물 기타 공작물에 부속한 임차인소유의 □□을 압류한 때에는 질권과 동일한 효력이 있다.

📝 동산, 과실, 건물, 동산

(2) **임대인의 의무**

① 임차인의 안전배려의무

㉠ **통상의 임대차**에서 임대인은 임차인에게 임대목적물을 제공하여 이를 사용·수익하게 해야 할 뿐, 특별한 사정이 없는 한 **안전배려** 또는 **도난방지 등의 보호의무를 부담하지 않는다.**(18회)

㉡ **숙박계약**은 일종의 일시 사용을 위한 임대차계약이고 숙박업자는 고객에게 위험이 없는 안전하고 편안한 객실 및 관련 시설을 제공함으로써 **고객의 안전을 배려해야 할 보호의무를 부담**한다.(19회)

② 수선의무(12회, 19회)

> **제623조(임대인의 의무)** □□□은 목적물을 임차인에게 인도하고 계약존속 중 그 사용, 수익에 필요한 상태를 유지하게 할 의무를 부담한다.(필요비를 임대인이 부담하나 전세권에서는 전세권자가 필요비를 부담한다)

📝 임대인

㉠ 임대인이 목적물을 사용, 수익하게 할 의무를 불이행하여 임차인이 **목적물을 전혀 사용할 수 없을 경우**에는 임차인은 **차임 전부의 지급을 거절**할 수 있으나, 목적물의 사용·수익이 **부분적으로 지장**이 있는 상태인 경우에는 그 **지장의 한도 내**에서 차임의 **지급을 거절**할 수 있을 뿐이다.

㉡ 임차인의 특별한 용도로의 사용, 수익에 대해서는 임대인이 그에 적합한 상태를 유지할 의무는 없다.(16회)

③ 수선의무의 내용 – 임의규정

㉠ 목적물에 파손 또는 장해가 생긴 경우 그것이 임차인이 **목적물의 파손정도가 별 비용을 들이지 아니하고도 손쉽게 고칠 수 있을 정도의 사소한 것**이어서 임차인의 사용·수익을 방

해할 정도의 것이 아니라면 **임대인은 수선의무를 부담하지 않**지만(16회) (임차인이 수선의무 부담), 그것을 **수선하지 아니하면 임차인이 계약에 의하여 정하여진 목적에 따라 사용·수익할 수 없는 상태로 될 정도**의 것이라면, **임대인은 그 수선의무를 부담**한다 할 것이다.

ⓒ 임차목적물인 방에 약간의 실금형태로 균열이 있고 외벽에 금이 가 있을 정도라면 임차인의 통상의 수선 및 관리의무에 속한다.

ⓒ 특약에 의하여 **임대인이 수선의무를 면**하거나 **임차인이 수선의무를 부담**하게 되는 것은 통상 생길 수 있는 파손의 수선 등 **소규모의 수선**에 한한다.(15회, 18회)

ⓔ 대파손의 수리, 건물의 주요 구성부분에 대한 대수선, 기본적 설비부분의 교체 등과 같은 **대규모의 수선**은 **임대인**이 수선의무를 부담한다.

(3) 임차인의 권리

1) 임차권

임차인은 계약 또는 목적물의 성질에 의한 용법에 따라 목적물을 사용, 수익할 수 있는 권리를 가지는데 이것을 임차권이라 한다.

2) 임차권의 대항력

① 임대차 등기(12회)

> **제621조(임대차의 등기)** ① 부동산임차인은 당사자간에 다른 약정이 없으면 임대인에 대하여 그 임대차등기절차에 협력할 것을 청구할 수 있다.
> ② 부동산임대차를 등기한 때에는 □□□□ 제3자에 대하여 효력이 생긴다.
>
> 📝 그때부터

② 건물등기 있는 토지임차권(26회)

> **제622조(건물등기 있는 차지권의 대항력)** ① 건물의 소유를 목적으로 한 토지임대차는 이를 등기하지 아니한 경우에도 임차인이 그 지상건물을 □□한 때에는 제3자에 대하여 임대차의 효력이 생긴다.
> ② 건물이 임대차기간 만료 전에 멸실 또는 후폐한 때에는 토지 임대차에 관한 대항력을 잃는다.
>
> 📝 등기

ⓐ 임차인이 임차권을 등기하지 않으면 임차건물의 불법점유자에 대하여 임차권에 기한 방해배제청구권을 갖지 못한다.(14회)

ⓑ 임차인이 그 지상건물을 등기하기 전에 제3자가 그 토지에 관하여 물권취득의 등기를 한 때에는 임차인이 그 지상건물을 등기하더라도 그 제3자에 대하여 임대차의 효력이 생기지 아니한다.(16회)

3) **차임감액청구권**(31회)

> **제627조(일부멸실등과 감액청구, 해지권)** ① 임차물의 일부가 임차인의 □□□ 멸실 기타 사유로 인하여 사용, 수익할 수 없는 때에는 임차인은 그 부분의 비율에 의한 차임의 감액을 청구할 수 있다.(당연히 감액되는 것 아니다)
> ② 임차물의 일부가 임차인의 과실없이 멸실 기타 사유로 인하여 그 잔존부분으로 임차의 목적을 달성할 수 없는 때에는 임차인은 계약을 해지할 수 있다.
>
> 📝 과실없이

4) **비용상환청구권**(독립성X=부합=구성부분=물건의 일부=물권의 객체X)
   ① 임의규정
      ㉠ **비용상환청구권**(필요비, 유익비상환청구권)에 관한 규정은 **임의규정**이므로 특약에 의하여 임대인의 비용상환의무를 감면하거나 이를 **포기**하는 약정은 **유효**하다.
      ㉡ 건물의 임차인이 임대차관계 종료 시 건물을 **원상으로 복구**하여 임대인에게 명도하기로 약정하였다면, 이는 **비용상환청구권을 미리 포기**하기로 한 취지의 특약으로 볼 수 있으므로 임차인은 **유치권을 주장할 수 없다.**(18회)
      ㉢ 임차인이 **증축한 부분**(특별한 사정이 없는 한 독립성X, 부합, 구성부분)을 **임대인 소유로 귀속**시키기로 하는 약정은 임차인이 원상회복의무를 면하는 대신 **투입비용의 변상**이나 권리주장을 **포기**하는 내용이 포함된 것으로서 특별한 사정이 없는 한 **유효**하다.(22회, 29회) (유치권을 주장할 수 없다)
      ㉣ **필요비** 및 **유익비상환청구권**(임의규정)은 임대차계약에서 **임차인에게 불리한 약정**을 하더라도 그 **효력이 인정**된다.(23회) (법규정과 다른 합의가 임차인에게 유리하든, 불리하든 유효인 경우를 임의규정이라고 한다)
      ㉤ 오로지 **임차인의 특수한 목적을 위해 지출한 비용**은 필요비 또는 유익비에 **해당하지 않**는다.
      ㉥ 그러나 상가건물 임차인이 도로의 포장비용을 지출한 때에도 상가건물의 객관적 가치를 증가시킨 한도에서 유익비가 될 수 있다.
   ② 필요비

> **제626조(임차인의 상환청구권)** ① 임차인이 임차물의 보존에 관한 □□□를 지출한 때에는 임대인에 대하여 그 상환을 청구할 수 있다.
>
> 📝 필요비

   ㉠ 임대인은 목적물을 임차인에게 인도하고 **계약존속 중 그 사용, 수익에 필요한 상태를 유지하게 할 의무**를 부담한다.
   ㉡ **필요비**를 지출한 때에는 임대차의 종료 전이라도 **지출 즉시 상환을 청구할 수 있다.**(15회, 18회, 22회) (이때부터 소멸시효가 진행되고, 임차목적물에 관하여 생긴 채권이므로 유치권 행사가능)

ⓒ 임대인의 필요비상환의무는 특별한 사정이 없는 한 임차인의 차임지급의무와 서로 대응하는 관계에 있으므로 임차인은 지출한 필요비 금액의 한도에서 차임의 지급을 거절할 수 있다.(34회)
ⓓ 임대인이 임대목적물을 반환받은 경우, 임차인이 지출한 필요비의 상환청구는 그 목적물을 **반환받은 날로부터 6월 내**에 하여야 한다.(21회)

③ 유익비

> **제626조(임차인의 상환청구권)** ② 임차인이 유익비를 지출한 경우에는 임대인(소유자, 회복자)은 임대차 □□시에 그 가액의 증가가 현존한 때에 한하여 임차인의 지출한 금액이나 그 증가액을 상환하여야 한다. 이 경우에 법원은 □□□의 청구에 의하여 상당한 상환기간을 허여할 수 있다.
>
> 📝 종료, 임대인

ⓐ 유익비는 임대차 **종료 시**(27회) (종료원인은 불문하므로 임차인의 차임연체를 이유로 해지된 경우라도 청구 가능)에 그 가액의 증가가 **현존**한 때에 한하여 임차인이 지출한 금액이나 그 증가액을 상환해야 한다.(26회) (임차인은 임대인의 선택권을 위해 실제로 지출한 비용과 현존하는 증가액 모두 산정해야 한다)
ⓑ 임차인은 임대차가 **종료하기 전**에는 유익비 상환을 **청구할 수 없다.**
ⓒ 임대인은 **임대인**(소유자·회복자)의 **선택**에 따라 지출한 금액이나 가치증가액을 상환하여야 한다.
ⓓ 임대인이 유익비를 상환하지 않으면, 임차인은 특별한 사정이 없는 한 임대차 종료 후 **임차목적물의 반환을 거절**할 수 있다.(유치권 행사)

④ 비용상환청구권의 상대방
ⓐ 적법한 전대차의 경우 전차인은 임대인에게 의무는 있으나, 권리는 없으므로 임대인에게 비용상환을 청구할 수는 없고, 전대인인 임차인에게 청구해야 한다.
ⓑ 임차권이 대항력을 갖추지 못한 경우 신소유자에게 청구할 수 없고, 종전 소유자에게 비용상환을 청구해야 한다.(유익비는 그로 인한 가치증가가 매매대금 결정에 반영되었다고 할 것이므로)
ⓒ 임차권이 대항력을 갖춘 경우 신소유자가 임대인의 지위를 승계하므로 임차인은 신소유자에게 비용상환을 청구할 수 있다.

⑤ **행사기간**(15회, 27회)

> **제654조(준용규정)** 제617조의 규정(제617조 (손해배상, 비용상환청구의 기간) 계약 또는 목적물의 성질에 위반한 사용, 수익으로 인하여 생긴 손해배상의 청구와 차주가 지출한 비용의 상환청구는 대주가 물건의 반환을 받은 날로부터 6월 내에 하여야 한다.)은 임대차에 이를 준용한다.

5) 부속물매수청구권(독립성=부합X=구성부분X=물건의 일부X=물권의 객체)
   ① 행사요건

   제646조(임차인의 부속매수청구권) ① 건물 기타 공작물(주택의 차양)의 임차인이 그 사용의 편익을 위하여 임대인의 □□를 얻어 이에 부속한 물건이 있는 때에는 임대차의 □□시에 임대인에 대하여 그 부속물의 매수를 청구할 수 있다.
   ⑱ 임대인으로부터 □□한 부속물에 대하여도 그 부속물의 매수를 청구할 수 있다.

   제647조(전차인의 부속물매수청구권) ① 건물 기타 공작물의 임차인이 □□하게 전대한 경우에 전차인이 그 사용의 편익을 위하여 □□□의 동의를 얻어 이에 부속한 물건이 있는 때에는 전대차의 종료시에 임대인에 대하여 그 부속물의 매수를 청구할 수 있다.
   ② 임대인으로부터 매수하였거나 그(임대인)□□를 얻어 임차인으로부터 매수한 부속물에 대하여도 매수를 청구할 수 있다.

   📝 동의, 종료, 매수, 적법, 임대인, 동의

   ㉠ 건물 기타 공작물의 임차인(30회, 33회)(토지 임차인은 제외)이 그 사용의 편익을 위하여 **임대인의 동의**를 얻어 임차물에 **부속한 물건**(29회) 또는 **임대인으로부터 매수**한 부속물(26회, 29회, 30회)이 있는 경우 임차인이 임대차 **종료 시에**(19회) **채무불이행**(2기 이상의 차임연체)**이 없는 경우** 임대인에 대해 그 부속물의 매수를 청구할 수 있는 권리를 말한다.(29회, 31회)
   ㉡ 적법하게 전대된 경우(동의있는 전대차)에는 전차인도 부속물매수청구권을 행사할 수 있다.(19회, 30회)
   ㉢ **부속물**은 건물(토지 X)에 부속된 물건으로서 **임차인의 소유**에 속하고 **건물의 구성부분**(부합)이 **아니**면서(구성부분으로 되면 비용상환청구권이 문제된다)(27회, 29회) 건물의 사용에 객관적인 편익을 가져오게 하는 물건이므로 부속된 물건이 **오로지 임차인의 특수한 목적에 사용**하기 위한 경우에는 매수대상이 되는 부속물에 **해당하지 않**는다.(19회, 30회) (사무실로 사용되어온 건물을 임차하여 대중음식점영업(삼계탕집)을 위한 시설을 한 경우 부속물 X)
   ㉣ **임차인의 지위와 분리하여 부속물매수청구권만을 양도할 수 없다.**(29회)
   ㉤ 건물 임차인이 권원에 기하여 증축한 부분에 구조상·이용상 독립성이 없는 경우 임대차 종료시 임차인은 증축부분의 소유권을 주장할 수 없고(23회) 부속물매수청구권을 행사할 수 없다.(23회)
   ㉥ 상가건물의 유리출입문과 새시는 상가건물로부터 분리하는 것이 가능하고, 독립적으로 거래의 대상이 될 수 있기 때문에 임차목적물의 구성부분이 아니어서 부속물매수청구권의 대상이 된다.

② 행사의 효과
　㉠ 부속물매수청구권은 형성권이기 때문에 임차인이 매수청구를 하면 임대인의 승낙을 기다릴 필요 없이 매수청구권 행사 당시의 시가대로 부속물에 대한 매매계약이 성립한다.
　㉡ 임차인의 임차물반환의무와 임대인의 부속물대금지급의무와의 관계는 동시이행관계에 있다.
　㉢ **부속물매수대금**청구권에 기한 건물·공작물에 대한 **유치권은 부정**된다.
　㉣ **일시사용**을 위한 임대차(임의규정은 적용되나, 강행규정은 적용X)에는 **부속물매수청구권이 인정되지 않는다.**(19회, 27회)
③ 상대방
　원칙적으로 부속물에 동의한 임대인이 상대방이지만 대항력 있는 임차권의 경우 양수인(신소유자)에게도 행사할 수 있다.
④ 강행규정
　㉠ 임차인의 부속물매수청구권에 관한 규정은 **강행규정**으로 이에 위반한 약정(부속물매수청구권을 배제하기로 약정한 경우)으로 임차인에게 불리한 것은 효력이 없다.(19회, 27회, 30회)
　㉡ 임대차계약을 체결하면서 아무 대가 없이 **부속물매수청구권을 일체 행사하지 않기로 특약**한 경우에는 **무효**이다.
　㉢ **차임이 시가보다 파격적으로 저렴**한 경우, 부속물매수청구권을 **포기**하기로 하는 약정은 임차인에게 일방적으로 불리한 것으로서 **무효라고 할 수 없다.**(편면적 강행규정)

4) 토지임차인의 지상물매수청구권
① 행사 요건

> **제643조(임차인의 갱신청구권, 매수청구권)** 건물 기타 공작물의 소유 또는 식목, 채염, 목축을 목적으로 한 □□임대차의 기간이 □□한 경우에 건물, 수목 기타 지상시설(지상물)이 현존한 때에는 제283조(갱신청구권, 지상물 매수 청구권)을 행사할 수 있다.
>
> **제644조(전차인의 임대청구권, 매수청구권)** ① 건물 기타 공작물의 소유 또는 식목, 채염, 목축을 목적으로 한 토지임차인이 □□하게 그 토지를 전대한 경우에 임대차 및 전대차의 기간이 동시에 □□되고 건물, 수목 기타 지상시설이 □□한 때에는 전차인은 임대인에 대하여 전전대차와 동일한 조건으로 임대할 것을 청구할 수 있다.
> ② 전차인의 임대청구권의 경우에 임대인이 임대할 것을 원하지 아니하는 때에는 제283조제2항(지상권자의 지상물매수청구권)의 규정에 따라 전차인은 임대인에게 지상물매수청구권을 행사할 수 있다.
>
> **제645조(지상권목적토지의 임차인의 임대청구권, 매수청구권)** 전조의 규정은 지상권자가 그 토지를 임대한 경우에 준용한다.

토지, 만료, 적법, 만료, 현존

㉠ 건물 기타 공작물의 소유 또는 식목·채염·목축을 목적으로 한 **토지임대차의 기간이 만료**한 경우에 건물·수목 기타 **지상시설이 현존**하고 **2기 이상의 차임연체가 없는 경우**(채무불이행 X), **임차인**은 **계약의 갱신을 청구**할 수 있는데 이때 **임대인이 계약의 갱신을 원하지 않**거나(26회, 30회) **임대인이 해지통고**를 한 경우(이 경우에는 갱신청구권 행사 없이도 지상물매수청구 가능)(24회, 26회, 35회) 임차인은 상당한 가액으로 **공작물이나 수목의 매수**를 재판상으로 뿐만 아니라 재판 외에서도 **청구**할 수 있는 형성권이다.

　　㉡ 건물의 소유를 목적으로 한 토지임대차가 종료한 경우 차임연체 등 임차인의 **채무불이행**을 이유로 임대차계약이 종료된 경우에는 건물매수청구권을 **행사할 수 없다.**(16회, 30회, 34회)

　　㉢ 지상물매수청구권은 그 행사에 특정의 방식을 요하지 않는 것으로서 **재판상**으로 뿐만 아니라 **재판 외**에서도 행사할 수 있고,(18회) 그 행사의 시기에 대하여도 제한이 없다.

　　㉣ 토지의 임대인이 임차인에 대하여 제기한 토지인도 및 **건물철거청구 소송에서 패소**하여 그 확정판결에 의하여 **건물 철거가 집행되지 아니한 이상** 토지의 임차인으로서는 **건물매수청구권을 행사**할 수 있다.

　　㉤ 지상물매수청구권은 매수청구권의 대상이 되는 **건물에 근저당권이 설정**되어 있는 경우에도 **인정**된다.(35회) (근저당권말소 및 건물이전등기 의무와 대금지급의무가 동시이행관계)

　　㉥ **임차인이 자신의 특수한 용도**나 사업을 위하여 설치한 물건이나 시설은 지상물매수청구의 **대상이 되지 아니한다.**

② 당사자(임대차 종료 당시 지상물의 소유자인 임차인이 임대인에게 청구)

　　㉠ 지상물매수청구권은 **지상물의 소유자에 한**하여 행사할 수 있으며, 그 **상대방은 원칙적으로 임차권소멸 당시의 임대인**이다.(18회, 35회)

　　㉡ 임대인이 임차권소멸 당시에 이미 토지소유권을 상실한 경우나 임대차 종료 전에 토지를 임의로 처분한 경우에는 그에게 지상물매수청구권을 행사할 수 없다.(35회)

　　㉢ 만약 임차인이 X토지에 신축한 건물의 소유권을 임대차 종료 전에 제3자에게 이전하였다면, 임차인의 건물매수청구권은 인정되지 않는다.(24회, 29회)

　　㉣ 그러나 임대차계약 종료 후 임대인이 그 토지를 제3자에게 양도하였다면, **대항력 있는 임차인**(건물에 관해 토지 임차인 명의의 보존등기가 되어 있는 경우)**은 토지양수인을 상대로** 매수청구권을 행사할 수 있다.(17회, 29회)

　　㉤ 토지 소유자가 아닌 제3자가 임대차계약의 당사자로서 토지를 임대한 경우, 토지 소유자가 임대인의 지위를 승계하였다는 등의 특별한 사정이 없는 한, 임대인이 아닌 토지 소유자가 직접 지상물매수청구권의 상대방이 될 수는 없다.(35회)

③ 인정범위
  ㉠ 지상건물이 객관적으로 **경제적 가치가 있는지 여부**나 **임대인에게 소용이 있는지 여부**는 행사요건이 아니다. (17회)
  ㉡ 비록 행정관청의 **허가를 받은 적법한 건물**이 아니더라도 토지 임차인의 지상물매수청구권의 **대상**이 될 수 있다. (16회, 30회, 34회) (주택임대차보호법 적용, 법정지상권 성립, 지상물매수청구권의 대상이 됨)
  ㉢ **임차인 소유건물**이 임대인이 임대한 토지 외에 **임차인 또는 제3자 소유의 토지 위에 걸쳐서 건립**되어 있는 경우에는 임차지상에 서 있는 건물부분 중 **구분소유의 객체가 될 수 있는 부분에 한해** 임차인에게 **매수청구가 허용**된다. (15회, 16회, 30회, 34회) (건물 전부에 대해 매수청구 X)
  ㉣ 토지의 임대목적에 반하여 축조되고, 임대인이 예상할 수 없을 정도의 고가의 것이라는 특별한 사정이 없는 한 **임대차 기간 중에 축조**되었다 하더라도 그 만료시에 **그 가치가 잔존하고 있으면 되고**, 반드시 임대차계약 당시의 **기존건물이거나**, **임대인의 동의를 얻어 신축한 것에 한정되는 것도 아니다.**

④ 행사 효과
  ㉠ 매수청구권의 행사로 임대인·임차인 사이에 지상물에 관한 매매가 성립하고 **형성권**(일방적 의사표시로서 임대인의 동의를 요하지 아니한다)(30회)이므로 10년의 제척기간에 걸리고, 임대인은 그 매수를 거절하지 못한다.
  ㉡ 임대인이 지상시설의 철거를 청구한 경우에 임차인이 매수청구권을 행사하면 원칙적으로 임대인의 청구를 기각되어 지상물 철거를 할 수 없다. (16회)
  ㉢ 지상물매수청구권이 행사되면 매수청구권 **행사 당시의 건물시가를 대금**으로 하는 매매계약이 체결된 것과 같은 효과가 발생하는 것이지, 임대인이 기존 건물의 철거비용을 포함하여 임차지상의 건물을 신축하기 위하여 지출한 모든 비용을 보상할 의무를 부담하게 되는 것은 아니다. (16회)
  ㉣ 토지임차인의 매수청구권 행사로 토지임차인의 건물명도 및 그 소유권이전등기의무와 토지임대인의 건물대금지급의무는 동시이행관계에 있다. (지상물매수대금은 유치권의 대상이 아님)
  ㉤ 건물의 소유를 목적으로 한 대지임대차에 있어서 임차인이 그 지상건물에 대하여 **매수청구권을 행사한 후에도** 건물의 점유·사용을 통하여 그 **대지를 계속하여 점유·사용**하는 경우 부당이득으로서 부지의 **임료 상당액을 반환**하여야 한다. (34회) (토지임대차가 적법하게 종료한 이후의 임차인은 실제 건물을 사용, 수익하지 않고 있다 하더라도 대지의 차임에 상당하는 부당이득반환의무를 진다)
  ㉥ 지상물 매수청구권은 매수청구의 대상이 되는 **건물에 근저당권이 설정**되어 있는 경우에도 **인정되나**(35회) 이 경우에 그 건물의 매수가격은 근저당권의 채권최고액이나 **피담보채무액을 공제한 금액을 매수가격으로 정할 것은 아니다.**

⑤ 편면적 강행규정
   ㉠ 임대차가 종료하기 전에 건물 기타 **지상 시설 일체를 포기하기로 약정**을 하였다고 하더라도 위와 같은 약정은 임차인에게 불리한 것으로서 **효력이 없다.**(17회, 18회, 34회)
   ㉡ 임대차기간이 만료하면 임차인이 지상건물을 철거하기로 한 약정은 특별한 사정이 없으면 효력이 없다.(24회)
   ㉢ **건물철거에 관한 합의**가 존재하더라도 임차인은 임대인에게 건물매수청구권을 **행사할 수 있다.**
⑥ 토지전세권에 유추적용
   토지임차인의 건물 기타 공작물의 매수청구권에 관한 민법 제643조의 규정은 성질상 토지의 전세권에도 유추 적용될 수 있다고 할 것이지만, 그 매수청구권은 토지임차권 등이 건물 기타 공작물의 소유 등을 목적으로 한 것으로서 기간이 만료되어야 하고 건물 기타 지상시설이 현존하여야만 행사할 수 있는 것이다.[2005다41740]

(4) 임차인의 의무

① 차임지급의무

> **제633조(차임지급의 시기)** 차임은 동산, 건물이나 대지에 대하여는 매월 말에, 기타 토지에 대하여는 매년 말에 지급하여야 한다. 그러나 수확기 있는 것에 대하여는 그 수확 후 지체 없이 지급하여야 한다.

   ㉠ 임대차계약 체결시에 임대인이 일방적으로 차임을 인상할 수 있고, 상대방은 이의를 할 수 없다고 약정하였다면 강행규정 위반으로 효력이 없다.
   ㉡ 임대인의 차임증액청구에 대해 협의가 성립되지 아니하여 법원이 결정해주는 증액된 차임에 대해서는 법원 결정시가 아니라, 증액청구의 의사표시가 상대방에게 도달한 때를 이행기로 본다.

② 차임연체와 해지

> **제640조(차임연체와 해지)** 건물 기타 공작물의 임대차에는 임차인의 차임연체액이 □□의 차임액에 달하는 때에는 임대인은 계약을 해지할 수 있다.

> **제641조(同前)** 건물 기타 공작물의 소유 또는 식목, 채염, 목축을 목적으로 한 토지임대차의 경우에도 전조의 규정을 준용한다.

> **제642조(토지임대차의 해지와 지상건물등에 대한 담보물권자에의 통지)** 전조의 경우에 그 지상에 있는 건물 기타 공작물이 담보권의 목적이 된 때에는 제288조(지상권 소멸청구와 저당권자에 대한 통지)의 규정을 준용한다.

㉠ 건물 기타 공작물의 임대차에서 임차인의 **차임연체액이 2기**의 차임액에 달하는 때에는 임대인은 최고없이 계약을 **해지**할 수 있다.(12회, 13회, 16회)
㉡ **연체차임액이 1기의 차임액에 이르면 건물임대인이 차임연체로 해지할 수 있다는 약정은 무효이다.**(31회)
㉢ 임대인 지위가 양수인에게 승계된 경우 이미 발생한 연체차임채권은 따로 채권양도의 요건을 갖추지 않는 한 승계되지 않고, 따라서 **승계 이후의 연체차임액이 2기 이상**의 차임액에 달하여야만 비로소 임대차계약을 **해지**할 수 있는 것이다.
㉣ 임대인의 임대차계약 해지권은 행사상의 일신전속권이라고 볼 수 없다.(18회)
㉤ 연체차임에 대한 지연손해금의 발생종기는 다른 특별한 사정이 없는 한 임대차계약의 해지 시가 아니라 목적물이 반환되는 때라고 할 것이다.(35회)

③ 임대인의 보존행위에 대한 인용의무

> **제624조(임대인의 보존행위, 인용의무)** 임대인이 임대물의 □□에 필요한 행위를 하는 때에는 임차인은 이를 거절하지 못한다.
>
> **제625조(임차인의 의사에 반하는 보존행위와 해지권)** 임대인이 임차인의 의사에 반하여 보존행위를 하는 경우에 임차인이 이로 인하여 임차의 목적을 달성할 수 없는 때에는 계약을 해지할 수 있다.
>
> 📝 보존

㉠ **임대인이 임대물의 보존에 필요한 행위를 하는 때에는 임차인은 이를 거절하지 못**한다.(12회)
㉡ 임대인이 임차인의 의사에 반하여 보존행위를 하는 경우에 이로 인하여 임차의 목적을 달성할 수 없는 때에는 계약을 해지할 수 있다.

④ 공동임차인의 연대의무

> **제654조(준용규정)** 제616조의 규정(제616조 (공동차주의 연대의무) 수인이 공동하여 물건을 차용한 때에는 □□히여 그 의무를 부담한다)은 임대차에 이를 준용한다.
>
> 📝 연대

⑤ 임차물반환의무
㉠ 임차인의 과실로 목적물이 소실된 경우, 임차인은 임대인에 대하여 보관의무위반에 기한 채무불이행책임을 면할 수 없다.(12회)
㉡ 임대인이 임차권의 양도를 승낙하여 신 임차인이 구 임차인으로부터 임차목적물을 명도받았다면 구 임차인은 명도의무의 이행을 다한 것이다.
㉢ 임차인의 **임대차 목적물 반환의무가 이행불능**이 된 경우 **임차인**이 그 이행불능으로 인한 손해배상책임을 면하려면 그 이행불능이 **임차인의 귀책사유로 말미암은 것이 아님을 입증**할 책임이 있다.

⑥ 원상회복의무

> **제654조(준용규정)** 제615조의 규정(제615조 (차주의 원상회복의무와 철거권) 차주가 차용물을 반환하는 때에는 이를 원상에 회복하여야 한다. 이에 부속시킨 물건은 철거할 수 있다)은 임대차에 이를 준용한다.

㉠ **임대인의 귀책사유로 임대차계약이 해지**되었다고 하더라도 **임차인은** 그로 인한 손해배상을 청구할 수 있음은 별론으로 하고 **원상회복의무를 부담**한다.
㉡ 임대차 종료 시 임차인의 원상회복의무에는 임차건물 부분에서의 영업허가에 대한 **폐업신고절차를 이행할 의무**도 포함된다.
㉢ 임차인이 자신의 영업을 위하여 설치한 시설에 관한 비용을 임대인에게 청구하지 않기로 약정한 사정만으로는 원상회복의무를 면하기로 하는 합의가 있었다고 볼 수 없다.
㉣ 임대차계약에서 임차인은 목적물 관리 및 유지, 보존에 따른 관리비와 수리비, 조세공과금 등 일체의 유지비를 부담하기로 약정하였다면 비용상환청구권을 포기하는 대신 원상복구의무도 부담하지 않기로 합의한 것으로 본다.

⑦ **임차인의 통지의무**(19회)

> **제634조(임차인의 통지의무)** 임차물의 수리를 요하거나 임차물에 대하여 권리를 주장하는 자가 있는 때에는 임차인은 지체 없이 임대인에게 이를 통지하여야 한다. 그러나 임대인이 이미 이를 안 때에는 그러하지 아니하다.

4. 보증금

① 보증금이란 임차인의 채무를 담보하기 위하여 임차인 또는 제3자가 임대인에게 교부하는 금전 기타의 유가물을 말한다(요물계약). 보증금계약은 임대차계약에 **종된 계약**이다.
② **대항력이 없는** 임차권의 경우에는 **종전임대인**이 보증금 **반환의무**를 부담한다.
③ **대항력 있는** 임대차에 있어서 임대인이 임차목적물의 소유권을 제3자에게 양도한 경우에는 임차인은 **새로운 소유자에 대하여 임차보증금의 반환을 청구**할 수 있다. 즉, 종전 임대인의 보증금반환의무는 소멸하는 것이 원칙이다.
④ 존속 중
㉠ 임대차계약의 **존속 중**에도 임차인이 차임을 지급하지 않는 경우에는 **임대인은 보증금으로 차임에 충당할 수 있으나**, 임대차 존속 중에 발생한 연체차임을 보증금으로 충당하느냐 않느냐는 **임대인의 자유**에 속한다.
㉡ 보증금이 있더라도 **임차인은** 임대인의 **연체차임**청구에 대하여 **보증금으로 충당할 것을 항변**하거나 차임의 지급을 거절할 수 없다.(33회)
㉢ 임대차계약 **종료 전**에는 **연체차임**이 공제 등 별도의 의사표시 없이 **임대차보증금에서 당연히 공제되는 것은 아니다.**

⑤ 종료된 경우
- ⊙ 임대차기간이 **만료**된 경우에 임차목적물 명도의무와 임차보증금 중 임대차에 관하여 **명도 시까지 생긴 모든 채무를 청산한 나머지를 반환할 의무는 동시이행의 관계**에 있다.
- ⓒ 임대인의 임대차보증금반환의무와 임차인의 주택임대차보호법 제3조의 3에 의한 **임차권등기말소의무는 동시이행관계에 있지 않다**.(보증금반환이 선이행의무이다)
- ⓒ 임대차계약이 종료되었다 하더라도 **목적물이 임대인에게 명도 되지 않았다면** 임차인은 보증금이 있음을 이유로 **연체차임의 지급을 거절할 수 없다**.(35회)
- ⓔ 임대차기간 **만료** 후 임차인이 동시이행**항변권**에 기하여 임차목적물을 **계속 점유**하여 사용·수익함으로써 **실질적으로 얻은 이익**이 있으면 부당이득으로 **반환**하여야 한다.
- ⓜ 보증금반환채권에 대해 **전부명령이 있은 후**, 임대인의 임차인에 대한 **연체차임채권이 발생**하였다면 그 전부명령은 **임차목적물을 반환할 때까지** 임대인의 임차인에 대한 그 채권을 **보증금에서 공제**한 잔액에 대해서만 효력을 가진다.
- ⓑ 임차인의 차임연체를 이유로 임대차계약이 해지되어, 임대인이 **임차목적물의 인도와 연체차임의 지급을 구하는 소송을 제기**한 경우 그 **소송비용**은 특별한 합의가 없는 한 보증금에서 **당연히 공제**될 수 있다.
- ⓢ 부동산 임대차**보증금반환채권의 양도**에 대하여 **임대인이 아무런 이의를 보류하지 아니한 채 이를 승낙**하였더라도, 특별한 사정이 없는 한 임대인은 양수인에게 반환할 임대차보증금에서 임대차 목적물의 **원상복구비용 상당의 손해배상액을 당연히 공제**할 수 있다.
- ⓞ **임차목적물이 멸실, 훼손됨에 따라** 목적물반환의무의 전부 또는 일부가 이행불능되었음을 이유로 한 **전보배상청구권 상당액도 공제**의 대상이 된다.
- ⓩ **임대인은** 임대차보증금에서 **공제될 차임채권**, 관리비채권 등의 발생원인에 관하여 주장, **입증**하여야 하지만, 그 발생한 **채권이 변제등의 이유로 소멸**하였는지에 관해서는 **임차인이** 주장, **입증**책임을 부담한다.
- ⓧ 임대보증금이 수수된 임대차계약에서 차임채권에 관하여 압류 및 **추심명령이 있었다 하더라도**, 당해 임대차계약이 종료되어 목적물이 반환될 때에는 그때까지 추심되지 아니한 채 잔존하는 차임채권 상당액도 임대보증금에서 당연히 공제된다.(35회)
- ⓚ 甲과 乙은 甲 소유의 건물 중 1층에 대하여 임대차계약을 체결하였으나 乙이 임차하여 점유하고 있던 건물 1층에서 발생한 화재로 건물 1층뿐만 아니라 甲이 점유하고 있던 건물 2층도 전소되었다. 이에 관한 설명 중 옳은 것은? (다툼이 있는 경우 판례에 의함)
    - ㉮ 건물 1층에서 발생한 화재가 **甲이 지배, 관리하는 영역에 존재하는 하자로 인하여 발생한** 것으로 추단된다면, 특별한 사정이 없는 한 **甲은 화재로** 인한 목적물 반환의무의 이행불능으로 인한 **손해배상책임을 乙에게 물을 수 없다**.
    - ㉯ 건물 1층에서 발생한 **화재가 그 발생 원인이 불분명**한 경우라면 乙은 원칙적으로(이행불능이 자기가 책임질 수 없는 사유로 인한 것이라는 증명을 다하지 못하면) 화재로 인한 임대목적물 반환의무의 이행불능에 따른 **손해배상책임**을 진다.

㉰ 건물 1층과 구조상 불가분의 일체를 이루고 있는 건물 2층에서 발생한 재산상 손해에 대하여 乙에게 채무불이행에 기한 손해배상을 청구하는 경우,
ⓐ 임차인 乙이 그 사정을 알았거나 알 수 있었을 특별한 사정으로 인한 손해에 해당한다고 볼 수 있는 경우라면, **임차인은 임차 외 건물 부분의 손해에 대해서도** 임대인에게 **손해배상책임을 부담**하게 된다.
ⓑ **임대인이** 임차인을 상대로 채무불이행을 원인으로 하는 **배상을 구하려면** 임대인 甲은 화재 발생과 관련된 **乙의 계약상 의무 위반이 있었다는 사실을 주장·증명**하여야 한다.

5. 기타

(1) 강행규정과 임의규정

① 강행규정

> **제652조(강행규정)** 제627조(일부멸실 등과 감액청구, 해지권), 제628조(차임증감청구권), 제631조(전차인의 권리의 확정), 제635조(기간의 약정없는 임대차의 해지통고), 제638조(해지통고의 전차인에 대한 통지), 제640조(차임연체와 해지), 제641조(차임연체와 해지), 제643조(임차인의 갱신청구권, 매수청구권) (제644조 전차인의 임대청구권, 매수청구권) (제645조 지상권목적토지의 임차인의 임대청구권, 매수청구권) (제646조 임차인의 부속물매수청구권) 내지 제647조(전차인의 부속물매수청구권)의 규정에 위반하는 약정으로 임차인이나 전차인에게 불리한 것은 그 효력이 없다.

① 임차인의 지상물매수청구권은 임차인에게 불리한 약정을 하면 그 효력이 부정된다.(20회, 23회) 토지임대차에서 임차인의 건물매수청구권을 배제하는 약정은 무효이다.(29회) 토지임차인의 임대차 갱신청구권은 임차인에게 불리하게 그 내용을 약정한 경우 무효가 되는 편면적 강행규정이다.(20회)
② 임차인의 과실 없는 임차물의 일부 멸실에 따른 차임감액청구권을 배제하는 약정은 무효이다.(29회)
③ 임차인의 차임감액청구권은 민법의 규정보다 임차인에게 불리하게 그 내용을 약정한 경우 무효가 되는 편면적 강행규정이다.(20회) 차임증감청구권은 임차인에게 불리한 약정을 하면 그 효력이 부정된다.(23회)
④ 기간의 약정이 없는 임대차의 해지통고는 임차인에게 불리한 약정을 하면 그 효력이 부정된다.(23회) 기간의 약정이 없는 임대차에서 임차인의 해지권을 배제하는 약정은 무효이다.(29회)
⑤ 임차인의 부속물매수청구권은 임차인에게 불리한 약정을 하면 그 효력이 부정된다.(20회, 23회) 건물임대인으로부터 매수한 부속물에 대한 임차인의 매수청구권을 배제하는 약정은 무효이다.(29회)
⑥ 임의규정(당사자간의 합의가 법규정보다 임차인에게 불리하더라도 유효인 것은?)
임차인의 **비용상환청구권**(필요비상환청구권, 유익비상환청구권),(20회) 임대인의 동의 없는 **임차권양도·전대의 제한**,(29회) 임차건물 소부분을 타인에게 사용케 하는 경우, **차임지급시기** 등은 임의규정으로서 임차인에게 불리한 약정을 하더라도 유효이다.

(2) 일시사용을 위한 임대차의 특례

> **제653조(일시사용을 위한 임대차의 특례)** 제628조(차임증감청구권), 제638조(해지통고의 전차인에 대한 통지), 제640조(차임연체와 해지), 제646조(임차인의 부속물매수청구권), 제647조(전차인의 부속물매수청구권), 제648조(임차지의 부속물, 과실 등에 대한 법정질권), 제650조(임차건물등의 부속물에 대한 법정질권) 및 전조의 규정(강행규정)은 일시사용하기 위한 임대차 또는 전대차인 것이 명백한 경우에는 적용하지 아니한다.

① **차임연체와 해지, 차임증감청구권,**(25회) **해지통고**(6월, 1월)의 전차인에 대한 통지, 임차인의 **부속물매수청구권**(강행규정),(25회) 임차건물 등의 부속물에 대한 **법정질권**(연체 차임채권 등),(25회) **강행규정** 등은 일시 사용하기 위한 임대차인 것이 명백한 경우에는 **적용하지 않는다.**

② 일시사용을 위한 임대차인 경우에는 **임의규정**(비용상환청구권,(25회) 임차권의 양도와 전대 등)이 **적용**된다.

(3) 임차권의 소멸

① 임대차 종료 후 임차인이 임차목적물을 계속점유한 경우
  ㉠ 임대차 종료 후 보증금이 반환되지 않고 있다면 임차인의 목적물에 대한 점유는 적법점유이지만 임차인이 목적물을 계속하여 사용·수익하고 있다면 차임상당의 부당이득 반환의무가 발생한다.(33회)
  ㉡ 임대차계약 종료 후 임차인이 동시이행항변권을 행사하여 임차 건물을 계속 점유하기는 하였으나 실질적인 이득을 얻은바 없는 경우 임차인의 부당이득반환의무는 없다.(18회)
  ㉢ 타인소유 토지위에 권한 없이 건물을 소유하고 있는 자는 대지의 차임에 상당하는 부당이득반환의무를 진다.

② **임대차 종료로 인한 임차인의 원상회복의무에는 임대인이 임대 당시의 부동산용도에 맞게 다시 사용할 수 있도록 협력할 의무까지 포함된다.**(34회)

③ 임차인의 파산

> **제637조(임차인의 파산과 해지통고)** ① 임차인이 파산선고를 받은 경우에는 임대차기간의 약정이 있는 때에도 임대인 또는 파산관재인은 제635조(기간의 약정이 없는 임대차의 해지통고 ⇨ 6월, 1월, 5일)의 규정에 의하여 계약해지의 □□를 할 수 있다.
> ② 임차인의 파산선고로 임대차가 해지된 경우에 각 당사자(임대인, 임차인)는 상대방에 대하여 계약해지로 인하여 생긴 □□□ □□을 청구하지 못한다.
>
> 📝 통고, 손해의 배상

> **제638조(해지통고의 전차인에 대한 통지)** ① 임대차약정이 해지의 통고로 인하여 종료된 경우에 그 임대물이 적법하게 전대(동의있는 전대차)되었을 때에는 임대인은 전차인에 대하여 그 사유를 통고하지 아니하면 해지로써 전차인에게 대항하지 못한다.
> ② 전차인이 전항의 통지를 받은 때에는 제635조제2항(6월, 1월, 5일)의 규정을 준용한다.

6. 임차권의 처분

(1) 동의없는 전대차

> **제629조(임차권의 양도, 전대의 제한)** ① 임차인은 임대인의 □□□□ 그 권리를 양도하거나 임차물을 전대하지 못한다.(양수인이나 전차인의 점유는 불법점유)
> ② 임차인이 동의없이 임차물을 양도나 전대차한 때에는 임대인은 계약을 □□할 수 있다.
>
> 📝 동의없이, 해지

[예제] 甲은 자기 소유의 건물에 대해 乙과 임대차계약을 체결하였고 乙은 甲의 동의 없이 자신의 임차권을 丙에게 양도한 경우?

① 乙의 무단양도를 이유로 甲이 임대차계약을 해지하지 않는 한 甲은 乙에 대하여 여전히 차임청구권을 가진다. 그러나 임대인은 직접 전차인에게 차임의 지급을 청구할 수 없다.(12회)

② 乙의 무단 양도를 이유로 甲이 임대차계약을 해지하지 않는 한 甲은 丙에게 불법점유를 이유로 차임상당 **손해배상청구**나 **부당이득 반환청구를 할 수 없다**.(22회, 29회)

③ <u>乙이</u> 임차권의 존속기간, 임대인의 동의 여부 등 **임차권양도의 중요한 요소**를 이루는 사항을 丙에게 <u>알려주지 않았다면</u>, 乙의 임차권양도행위는 **기망행위**에 해당할 수 있다.

④ 丙은 甲에게 임차권을 주장할 수 없으나(대항 X), **乙과 丙사이 임차권양도**(또는 전대차)의 **효력은 생긴다**.(12회, 23회, 29회)

⑤ **乙과 丙이 부부**로서 임차건물에 **동거하면서 함께 사업을 경영**하는 특수한 관계에 있다면(임대인에 대한 배신적 행위가 아니라면), 甲에게 **해지권이 인정되지 않을 수 있다**.

⑥ 乙은 丙에게 甲의 동의를 받아 줄 의무가 있다.

⑦ 만약 乙이 甲의 동의를 받아 <u>임차권을 丙에게 양도</u>하였다면, 이미 발생된 乙의 연체차임채무는 **특약이 없는 한 丙에게 이전되지 않는다**.

⑧ 乙이 **건물의 소부분을 丙에게 사용하게** 한 경우에 甲은 이를 이유로 임대차계약을 **해지할 수 없다**.

⑨ 임대차기간 <u>만료 시</u>에 丙이 신축한 건물이 토지에 현존한 경우, 甲이 토지의 임대를 원하지 않으면 丙은 甲에게 **건물을 매수할 것을 청구할 수 없다**.

⑩ 乙이 甲의 동의 없이 목적물을 전대한 경우 甲은 **직접 丙에게 차임의 지급을 청구할 수 없다**.(임대인을 대위해서 청구)

⑪ 임차권은 등기되어 있는 경우라 할지라도 甲의 동의 없이는 양도하거나 목적물을 전대할 수 없다.(12회)

⑫ 乙이 甲의 동의 없이 목적물을 전대한 경우 甲은 임대차계약을 해지하고 丙에 대하여 소유권에 기한 물권적 청구권을 행사할 수 있다.(12회)

⑬ 지상권자는 타인에게 그 권리를 양도할 수 있는데 임차인은 임대인의 동의 없이 그 권리를 양도할 수 없다.(13회)

(2) 동의있는 전대차

> **제630조(전대의 효과)** ① 임차인이 임대인의 동의를 얻어 임차물을 전대한 때에는 전차인은 직접 임대인에 대하여 □□를 부담한다. 이 경우에 전차인은 전대인에 대한 차임의 지급으로써 □□□에게 대항하지 못한다.
> ② 전항의 규정은 임대인의 임차인에 대한 권리행사에 영향을 미치지 아니한다.
>
> **제631조(전차인의 권리의 확정)** 임차인이 임대인의 동의를 얻어 임차물을 전대한 경우에는 임대인과 임차인의 □의로 계약을 종료한 때에도 전차인의 권리는 소멸하지 아니한다.
>
> **제632조(임차건물의 소부분을 타인에게 사용케 하는 경우)** 전3조{제629조(동의없는 양도 및 전대), 제630조(전대의 효과), 631조(동의있는 양도 및 전대)}의 규정은 건물의 임차인이 그 건물의 소부분을 타인에게 사용하게 하는 경우에 적용하지 아니한다.

📝 의무, 임대인, 합의

[예제] 乙은 甲소유의 건물 전체를 임차하고 있던 중 甲의 동의를 얻어 이를 다시 丙에게 전대(轉貸)한 경우?

① 丙이 건물상용의 편익을 위하여 **甲의 동의를 얻어 건물에 물건을 부속**했다면, 丙은 전대차 종료 시 **甲에게 그 매수를 청구**할 수 있다.

② 丙이 건물의 부속물을 **甲으로부터 매수**했다면, 丙은 전대차 종료 시 甲에게 그 **매수를 청구**할 수 있다.

③ 임대차와 전대차가 모두 종료한 후에 丙이 건물을 반환하지 않고 사용하는 경우, 甲은 丙에게 차임상당의 부당이득반환을 청구할 수 있다.

④ 임대차와 전대차가 모두 종료한 경우, **丙이 甲에게 직접 건물을 반환**하면 乙에 대한 **건물반환의무를 면**한다.

⑤ **甲이 乙과 임대차계약을 합의해지**(종료)하면 **丙의 전차권은 소멸하지 아니한다**. (32회)

⑥ 임대차계약이 해지통고로 종료된 경우 임대인은 전차인에 대하여 그 사유를 통지하지 아니하면 해지로서 전차인에게 대항하지 못하나, 乙의 **차임연체액이 2기의 차임액**에 달하여 甲이 임대차계약을 **해지**하는 경우, **甲은 丙에 대해 그 사유의 통지 없이도 해지로써 대항**할 수 있다. (32회)

⑦ 乙이 甲의 동의를 얻어 임차물을 전대한 때에는 **丙은 직접 甲에 대하여 차임을 지급할 의무를 부담**한다. (32회) (수선청구나 비용상환청구와 같은 권리 X)

⑧ 전차인은 전대차계약상 차임지급시기 전에 전대인에게 차임을 지급한 사정을 들어 임대인에게 대항하지 못하지만, 차임지급시기 이후에 지급한 차임으로서는 임대인에게 대항할 수 있다.

⑨ 전대차계약상 차임지급시기 전에 전대인에게 차임을 지급한 경우라도, 임대인의 차임청구 전에 차임지급시기가 도래한 경우에는 그 지급으로서 임대인에게 대항할 수 있다.

⑩ 임대인의 동의와 함께 임차권이 양도된 경우, 그의 **동의가 있기 전에 발생한** 임차인의 **연체차임채무나 손해배상채무**는 다른 약정이 없으면 **양수인에게 이전되지 않는다**.

⑪ 전대차 기간이 만료한 경우 丙은 甲에게 전전대차와 동일한 조건으로 임대할 것을 청구할 수 없다. (32회)

MEMO

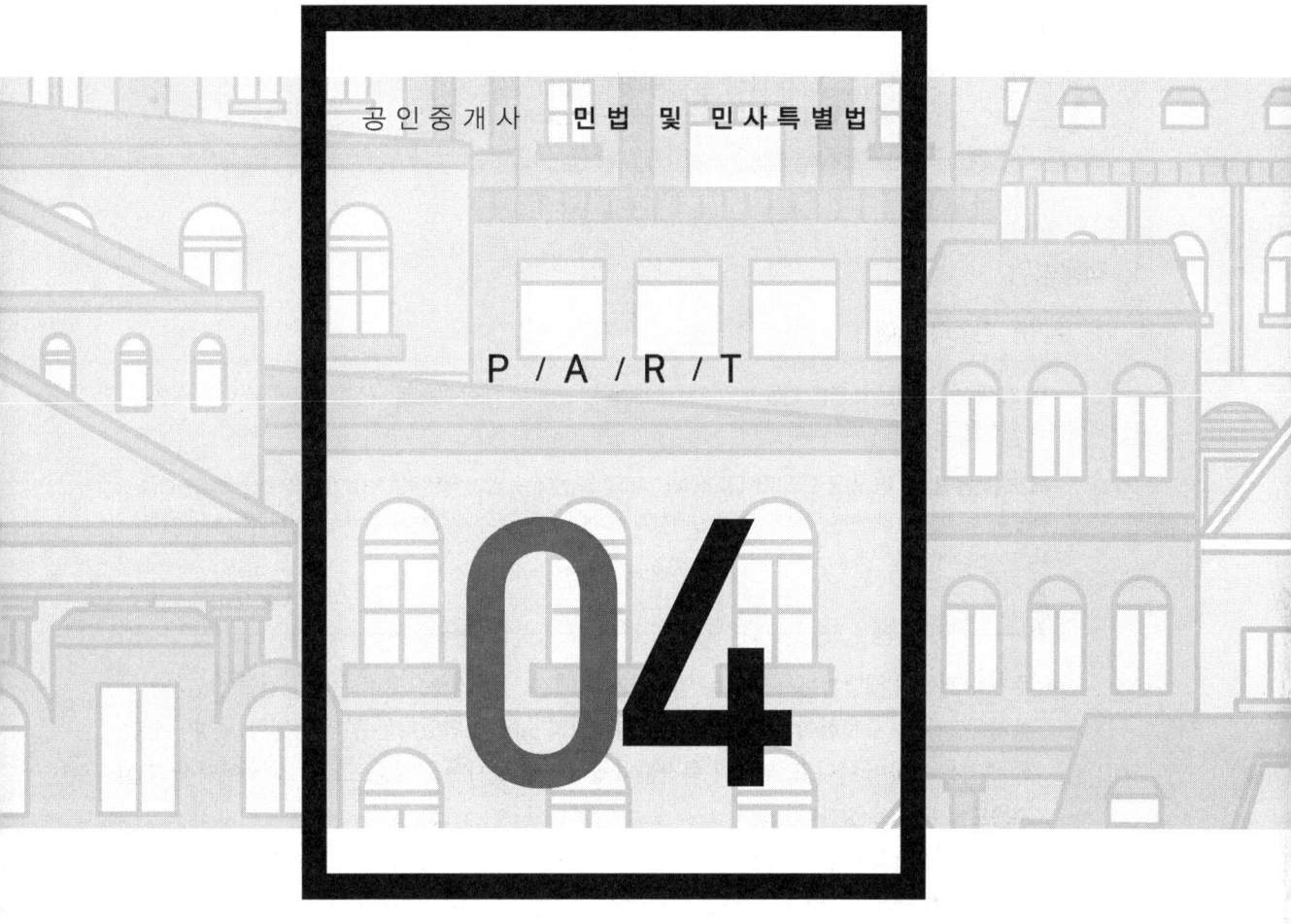

민법 및 민사특별법

Chapter 1 주택임대차보호법 | Chapter 2 상가건물임대차보호법
Chapter 3 부동산실명법 | Chapter 4 가등기담보법 | Chapter 5 집합건물법

CHAPTER 01 주택임대차보호법

1. 적용범위

① 주거용 건물의 임대차

> **제1조(목적)** 이 법은 주거용 건물의 임대차에 관하여 「민법」에 대한 특례를 규정함으로써 국민 주거생활의 안정을 보장함을 목적으로 한다.
>
> **제2조(적용 범위)** 이 법은 □□□ □□(이하 "주택"이라 한다 ⇨ 법의 적용대상을 대지를 제외한 건물에만 한정하는 취지는 아니다)의 전부 또는 일부의 임대차에 관하여 적용한다. 그 임차주택의 일부가 주거 외의 목적으로 사용되는 경우에도 적용한다.

📝 주거용 건물

㉠ 주거용 건물에 해당하는지 여부는 임대차계약 체결 시를 기준으로 비주거용 건물에 임차인이 주거용 건물을 증축하여 사용하는 경우 임대인의 승낙을 받았다는 등의 특별한 사정이 없는 한 주거용 건물이 아니고, 임대차 목적물의 공부상의 표시만을 기준으로 할 것이 아니라 그 **실지용도**에 따라서 정한다. (17회)

㉡ 임차주택이 관할관청의 허가를 받은 건물인지, 등기를 마친 건물인지 여부를 구별하고 있지 않으므로 주택으로 사용되는 **건물**에 관하여 소유권보존**등기가 이루어지지 않은 경우**(무허가, 미등기 건물)에도, 특별한 사정이 없는 한 「주택임대차보호법」이 **적용**된다. (27회)

㉢ 근저당권이 설정(2/1)된 사무실용 건물이 주거용 건물로 용도 변경된 후(3/1) 이를 임차한 소액임차인은 특별한 사정이 없는 한 보증금 중 일정액을 근저당권자에 우선하여 변제받을 수 있다. (21회, 27회)

㉣ 대지 포함

ⓐ '주거용 건물'의 임대차라 함은 같은 법의 적용대상을 **대지를** 제외한 **건물에만 한정하는 취지는 아니다**(우선변제권은 대지의 환가대금에도 미친다). (26회, 28회) 따라서 임대차 성립 시에 임차주택과 그 대지가 임대인의 소유인 경우, 대항력과 확정일자를 갖춘 임차인은 **대지만** 경매되더라도 그 **매각대금**으로부터 **우선변제**를 받을 수 있다. (23회, 24회, 33회)

ⓑ 대항요건 및 확정일자를 갖춘 주택임차권자는 **임대차 성립 당시 임대인 소유였던 대지가 타인에게 양도**되어 임차주택과 대지 소유자가 달라지면, **대지의 환가대금**에 대해 **우선변제권을 행사**할 수 있다.

ⓒ 대지에 관한 저당권설정 후 지상건물이 신축된 경우에도 소액임차인은 대지의 매각대금에서 우선변제를 받을 수 없다. (17회)

② 미등기 전세에 적용(23회)

제12조(미등기 전세에의 준용) 주택의 등기를 하지 아니한 전세계약에 관하여는 이 법을 준용한다. 이 경우 "전세금"은 "임대차의 보증금"으로 본다.

제13조(「소액사건심판법」의 준용) 임차인이 임대인에 대하여 제기하는 보증금반환청구소송에 관하여는 「소액사건심판법」 제6조, 제7조, 제10조 및 제11조의2를 준용한다.(소액사건심판이란 3,000만원을 초과하지 않는 금전, 그 밖의 대체물이나 유가증권의 일정한 수량 지급을 목적으로 하는 사건을 간이한 절차에 따라 신속히 재판을 받을 수 있는 제도로서 임차보증금이 3,000만원을 초과하지 않는 경우, 임차인은 소액사건심판을 통해 보증금을 돌려받을 수 있다.)

③ 법인(法人)이 임차한 경우

제3조(대항력 등) ② 국민주택기금을 재원으로 하여 저소득층 무주택자에게 주거생활 안정을 목적으로 전세임대주택을 지원하는 법인이 주택을 임차한 후 지방자치단체의 장 또는 그 법인이 선정한 입주자가 그 주택을 인도받고 주민등록을 마쳤을 때에는 그 다음 날부터(익일 오전 0시) 제3자에 대하여 효력(대항력)이 생긴다. 이 경우 대항력이 인정되는 법인은 대통령령으로 정한다.

> 「**시행령**」 **제1조의2(대항력이 인정되는 법인)** 「주택임대차보호법」(이하 "법"이라 한다) 제3조제2항 후단에서 "대항력이 인정되는 법인"이란 다음 각 호의 법인을 말한다.
> 1. 「한국토지주택공사법」에 따른 □□□□□□□□(이하 "공사"라 한다)
> 2. 「지방공기업법」 제49조에 따라 주택사업을 목적으로 설립된 □□□□

③ 「중소기업기본법」 제2조에 따른 □□□□에 해당하는 법인이 소속 직원의 주거용으로 주택을 임차한 후 그 법인이 선정한 직원이 해당 주택을 인도받고 주민등록을 마쳤을 때에는 제1항을 준용한다. 임대차가 끝나기 전에 그 직원이 변경된 경우에는 그 법인이 선정한 새로운 직원이 주택을 인도받고 주민등록을 마친 다음 날부터 제3자에 대하여 효력이 생긴다.

> 한국토지주택공사, 지방공사, 중소기업

㉠ 원칙: 법인은 대항요건의 하나인 주민등록을 구비할 수 없는 점 등에 비추어 보면, 주식회사가 아파트를 인도받고 임대차계약서상의 확정일자를 구비하였다 하더라도 대항력이나 우선변제권을 주장할 수는 없다.

㉡ 예외: **한국토지주택공사, 주택사업을 목적**으로 설립된 **지방공사, 중소기업에 해당하는 법인**이 주택을 임차한 후 지방자치단체의 장 또는 그 법인이 선정한 입주자(직원)가 그 주택을 인도받고 주민등록을 마쳤을 때에는 그 다음 날부터(익일 오전 0시) 제3자에 대하여 효력이 생긴다.(22회)

④ 건물의 일부

㉠ 주택이 일부가 주거 외의 목적으로 사용되는 경우(가게와 방 한 칸이 딸려 있는 주택의 일부를 임차하여 영업하면서 그 방 한 칸에서 주거 생활을 한 경우)에도 본법이 적용된다.

㉡ 비주거용 건물의 일부를 주거용으로 사용하는 경우(여관의 방 하나를 내실로 사용하거나, 다방에 딸린 방 두 개를 주거용으로 사용한 경우)에는 여관이나 다방은 주거용 건물이 아니다.

⑤ 임대인
  ㉠ 임대인은 적법한 임대권한이 있는 한 소유자에 한하지 않고, 자연인은 물론 법인 또는 단체여도 무방하다.
  ㉡ 중소기업이 아닌 법인이 임차한 주택을 양수한 자는 주택임대차보호법에 의하여 임대인의 지위를 승계하지 아니한다. (15회 추가)

⑥ 일시사용을 위한 임대차 (24회, 27회)

> **제11조 (일시사용을 위한 임대차)** 이 법은 일시사용하기 위한 임대차임이 명백한 경우에는 적용하지 아니한다.

⑦ 편면적 강행규정

> **제10조(강행규정)** 이 법에 위반된 약정으로서 임차인에게 불리한 것은 그 효력이 없다.

2. 대항력

(1) 대항력의 요건

> **제3조(대항력 등)** ① 임대차는 그 □□가 없는 경우에도 임차인이 주택의 □□와 □□□□을 마친 때에는 □ □□ □부터(익일 오전 0시) 제3자에 대하여 효력(대항력)이 생긴다. 이 경우 전입신고를 한 때에 주민등록이 된 것으로 본다.
>
> **제3조의4(「민법」에 따른 주택임대차등기의 효력 등)** ① 「민법」 제621조에 따른 주택임대차등기의 효력에 관하여는 제3조의3제5항(대항력과 우선변제권 취득) 및 제6항(임차권 등기 이후 임차한 임차인의 최우선변제권)을 준용한다.
> ② 임차인이 대항력이나 우선변제권을 갖추고 「민법」 제621조제1항에 따라 임대인의 협력을 얻어 임대차등기를 신청하는 경우에는 신청서에 「부동산등기법」 제74조제1호부터 제6호까지의 사항 외에 다음 각 호의 사항을 적어야 하며, 이를 증명할 수 있는 서면(임대차의 목적이 주택의 일부분인 경우에는 해당 부분의 도면을 포함한다)을 첨부하여야 한다.
>   1. 주민등록을 마친 날
>   2. 임차주택을 점유한 날
>   3. 임대차계약증서상의 확정일자를 받은 날

📝 등기, 인도, 전입신고, 그 다음 날

① 주택의 인도 : 주택임차인에게 대항력이 발생하는 시점은 **인도와 주민등록**을 모두 갖춘 **다음날의 오전 0시부터**이다. (16회, 32회)
② 가족의 주민등록 : 대항력 취득의 요건인 주민등록은 임차인 본인뿐 아니라 **배우자나 자녀 등 가족의 주민등록도 포함**된다. (12회, 17회)
③ 외국국적동포 : 외국인 또는 외국국적동포가 한 외국인등록이나 체류지변경신고 또는 국내거소신고나 거소이전신고에 대하여는, 주택임대차보호법상 대항력 취득 요건으로 규정하고 있는 주민등록과 동일한 법적 효과가 인정된다.

④ **점유개정의 경우** : 주민등록을 마치고 거주하던 자기 명의의 주택을 매도한 자가 매도와 동시에 이를 다시 임차하기로 약정한 경우, 매수인 명의의 소유권 이전등기를 경료해 준 다음 날 0시부터 대항력이 인정된다. (14회, 32회)

⑤ **대장** : 임차인이 집합건축물대장의 작성과 소유권보존등기의 경료 전에 연립주택의 1층 101호를 임차하여 현관문상의 표시 대로 호수를 101호로 전입신고를 하였고 그 후 작성된 집합건축물대장상에도 호수가 101호로 기재되었으나 등기부에는 1층 101호로 등재된 경우, 임차인의 주민등록은 임대차의 공시방법으로써 유효하다.

⑥ 동·호수·지번
  ㉠ 다가구용 **단독주택**의 경우 **지번만** 기재하는 것으로 충분하다. (23회) (처음에는 다가구용 단독주택으로 지번을 정확히 기재하여 대항력을 취득한 후 나중에 다가구 단독주택이 다세대주택으로 변경된 사실만으로 이미 취득한 대항력이 상실되는 것은 아니다)
  ㉡ 다가구용 단독주택의 임차인이 같은 건물 내에서 이사를 하면서 호수를 변경한 전입신고를 다시 한 경우 최초 전입신고를 한 다음 날부터 주택임대차보호법상 대항력이 발생한다. (12회)
  ㉢ 다가구용 단독주택의 일부나 전부를 임차하여 전입신고를 하는 경우 지번만 기재하고 건물 거주자의 편의상 구분하여 놓은 호수까지 기재하지 않은 경우 주택임대차보호법상 대항력 발생요건인 주민등록의 유효한 공시방법이 된다. (12회)
  ㉣ **다가구용 단독주택의 임차인이 건물의 소유자나 거주자 등이 부르는 대로 지층 1호를 1층 1호로 잘못 알고, 이에 따라 전입신고를 1층 1호로 한 경우 주택임대차보호법상 대항력 발생요건인 주민등록의 유효한 공시방법이 될 수 없다.** (12회)
  ㉤ **다가구용 단독주택 일부의 임차인이 대항력을 취득하였다면, 후에 건축물 대장상으로 다가구용 단독주택이 다세대 주택으로 변경되었다는 사정만으로는 이미 취득한 대항력을 상실하지 않는다.** (33회)
  ㉥ **전출신고는 '260의 3'으로 하였으나 전입신고를 착오로 '206의 3'으로 하고 담당공무원도 이를 발견하지 못하고 그대로 주민등록에 등재된 경우 주택임대차보호법상 대항력 발생요건인 주민등록의 유효한 공시방법이 아니다.** (12회)
  ㉦ 다세대주택의 임차인이 동·호수 표시 없이 그 부지 중 일부 **지번**으로만 주민등록을 한 경우, 그 임차주택에 관한 임대차의 유효한 공시방법을 갖추었다고 볼 수 없다. (21회)

⑦ 전입신고가 잘못된 경우
  ㉠ **담당공무원의 착오**로 주민등록표상에 신거주지 지번이 다소 틀리게 기재되었다 하여 그 대항력에 소장을 끼칠 수는 없다. 즉 **대항력이 있다.**
  ㉡ 주민등록의 신고는 행정청에 도달하기만 하면 신고로서의 효력이 발생하는 것이 아니라 **행정청이 수리한 경우에 비로소 신고의 효력**이 발생한다. (21회, 26회)
  ㉢ 정확한 지번과 동, 호수로 주민등록 전입 신고서를 작성·제출하였는데 (수리하기 전에) **담당공무원이 착오로 수정을 요구**하여, **잘못된 지번으로 수정하고 작성·제출**하여 그대로 주민등록이 된 사안에서, 그 주민등록이 임대차의 **공시방법으로서 유효하지 않고** 이것이 담당공무원의 요구에 기인한 것이라 하더라도 마찬가지다.

⑧ 甲이 乙에게 대여한 금전채권을 변제받지 못하자 이를 임대차보증금으로 전환하여 乙소유의 아파트에 대하여 임대차계약을 체결하고 주택인도 및 주민등록을 마쳤다면, 임대차계약을 통정허위표시로 볼 수 없는 한, 甲의 임차권은 제3자에 대한 대항력이 있다.(15회)

⑨ 간접점유
  ㉠ 주택임차인이 임대인의 승낙을 받아 임차주택을 전대하고 그 **전차인이** 주택을 **인도받아** 자신의 **주민등록**을 마친 때에는 그때로부터(익일 오전 0시) **임차인**(간접점유자)**은 제3자에 대하여 대항력을 취득**한다.(14회)
  ㉡ 임차인이 타인의 점유를 매개로 임차주택을 간접점유하는 경우에도 대항요건인 점유가 인정될 수 있다.(32회)
  ㉢ 주택임대차보호법상의 대항요건인 인도는 임차인이 주택의 간접점유를 취득하는 경우에도 인정될 수 있다.(30회)
  ㉣ 임차인 甲이 임대인의 승낙을 받아 乙에게 임대주택을 적법하게 전대한 경우, 전차인 乙이 주택을 인도받았으나 주민등록은 甲의 이름으로 되어 있다면 乙은 대항력을 취득하지 못한다.(15회) (전차인이 주택을 인도받고, 전차인 명의로 전입신고가 되어 있어야 임차인 甲에게 대항력이 생긴다)

⑩ 기존의 채권 : 임대차계약 당사자가 **기존채권을 임대차보증금**으로 전환하여 임대차계약을 체결하였다는 사정만으로 임차인이 주택임대차보호법 제3조 제1항 소정의 **대항력**을 갖지 못한다고 볼 수는 없다.

(2) 대항력의 발생시기 및 존속요건
① 임차인이 **주택의 인도**와 **주민등록**을 마친 때에는 **그 다음 날부터 제3자에 대하여 효력**(대항력)이 생기는데 '그 다음날'은 익일 오전 0시를 말한다.
② 주민등록 존속기간 : 대항력과 우선변제권을 인정받기 위한 주택의 인도와 주민등록이라는 요건은 경매절차의 **배당요구의 종기인 경락기일까지 계속 존속**하고 있어야 한다.
③ 전출신고
  ㉠ 주택의 임차인이 대항력을 취득한 후 **일시적이나마 다른 곳으로 주민등록을 이전**하였다면 그 전출 당시 **대항력**은 **소멸**하고,(14회) 그 후 임차인이 다시 그 주택의 소재지로 주민등록을 이전하였다면 **재전입한 때로부터 새로운 대항력**이 다시 발생한다.
  ㉡ 임대인 甲이 임차인 乙의 동의를 받지 않은 채 임의로 乙이 퇴거한 것으로 만든 경우(무단전출), 주택임차인이 이미 취득한 대항력은 주민등록의 이전에도 불구하고 그대로 유지된다.
④ 주민등록 직권말소
  ㉠ 주민등록법 및 동법시행령에 따라 시장·군수 또는 구청장에 의하여 **직권조치**로 주민등록이 **말소**된 경우에도 원칙적으로 그 **대항력**은 **상실**된다.
  ㉡ 직권말소 후 동법 소정의 **이의절차에 따라** 그 말소된 주민등록이 **회복**되거나 **재등록**이 이루어진 경우에는 **소급하여 그 대항력이 유지**된다.(14회)

ⓒ 직권말소가 주민등록법 소정의 **이의절차에 의하여 회복된 것이 아닌 경우**에는(재등록이 이루어진 그 다음 날 0시부터 새로운 대항력이 발생) 직권말소 후 **재등록**이 이루어지기 **이전**에 새로운 이해관계를 맺은 **선의의 제3자**(근저당권자)에 대하여는 임차인은 **대항력의 유지를 주장할 수 없다.**(15회)

(3) 대항력의 내용

> **제3조(대항력 등)** ④ 임차주택의 양수인(그 밖에 임대할 권리를 승계한 자를 포함한다)은 임대인의 지위를 승계한 것으로 본다.

① 임차주택의 **양수인**은 **임대인의 지위를 승계**한 것으로 본다.(35회) (양수인이 보증금을 반환 한 후 종전 임대인, 즉 양도인에게 보증금에 대한 부당이득반환을 청구할 수 없다)
② 양수인에 해당하는 경우
  ㉠ 양수인에게 임대인으로서의 지위가 당연히 승계되므로 양수인의 임대인으로서의 지위의 승계에 임차인의 동의가 필요한 것은 아니다.
  ㉡ 적법한 임대권한을 가진 자로부터 임차하였으나 임대인이 주택소유자가 아닌 경우에도 주택임대차보호법이 적용된다.(27회)
  ㉢ 임차인의 임대차보증금반환채권이 가압류된 상태에서 임대주택이 양도되면 **양수인이 채권가압류의 제3채무자**(종전 임대인)의 **지위도 승계**하고,(24회, 31회) 가압류권자 또한 양수인에 대하여만 위 가압류의 효력을 주장할 수 있다.(28회)
  ㉣ 임차인이 대항력을 가진 후 그 임차주택의 소유권이 양도되어 양수인이 임차보증금반환채무를 부담하게 되었더라도(임대인의 지위를 승계한다는 것은 보증금반환의무를 진다는 의미), 임차인이 주민등록을 이전하면 양수인이 부담하는 임차보증금반환채무는 소멸하지 아니한다.(33회) (임차인이 주민등록을 이전하면 임차권으로 제3자에게 주장할 수 있는 대항력은 상실되지만, 양수인에 대한 보증금반환청구권은 소멸하지 아니한다)
  ㉤ 임대차의 목적이 된 주택을 담보목적으로 **신탁법**에 따라 신탁한 경우에 **수탁자**는 임대인의 지위를 승계한다.(15회 추가)
  ㉥ 임차인이 경매절차에서 해당 주택의 소유권을 취득한 경우, 임대인에 대하여 보증금반환을 청구할 수 없다.(28회) (혼동으로 임차권이 소멸하기 때문이다)
③ 양수인에 해당하지 않은 경우
  ㉠ **대지만 경락받은 자**를 임차주택의 양수인이라고 할 수는 없다.
  ㉡ 대항력을 갖춘 임차주택의 양수인이 임대차가 종료한 상태에서 임대인의 지위를 승계하는 것에 대하여, 임차인이 이의를 제기한 경우에는 양도인의 임차인에 대한 보증금반환채무는 존속한다.(15회 추가, 23회) 즉, 주택임차인이 대항력을 갖춘 후 임대인이 소유권을 양도한 경우, 임차인의 이의제기가 없는 한 보증금의 반환의무자는 양수인이다.(16회)

ⓒ 주택의 양도담보에서 양도담보권자는 청산절차가 종료되기 전까지는 소유자가 아니고, 주택의 사용수익권을 갖게 되는것도 아니므로 양도담보권자는 양수인에 해당하지 아니한다.(31회)

④ 주택양수인에 **대항력 있는 임차권자**라도 스스로 임대차관계의 승계를 원하지 아니할 경우, 임차주택이 임대차기간 만료 전에 **경매**되면 임대차계약을 **해지**하고 **우선변제를 청구**할 수 있다.(14회)

⑤ 임대인의 지위승계
ⓐ 양수인이 임대인의 지위를 승계하는 경우 임대차보증금 반환채무도 양수인에게 이전되고, 양도인의 보증금반환채무는 소멸한다.(29회, 31회)
ⓑ 주택양수인이 임차인에게 보증금을 반환하였다 하더라도 이는 자신의 채무를 변제한 것에 불과하므로, 양도인이 이익을 얻었다거나 손해를 입었다고 볼 수 없다.(따라서 양도인에게 보증금 상당액을 부당이득으로 반환을 청구할 수 없다)(31회)
ⓒ 주택임대인의 지위가 양수인에게 승계된 경우 이미 발생한 연체차임채권은 따로 채권양도의 요건을 갖추지 않는 한 승계되지 않고,(31회) 승계이후의 연체차임액이 2기 이상의 차임액에 달해야만 임대차계약을 해지할 수 있다.
ⓓ 임차건물의 양수인이 건물 소유권을 취득한 후 임대차관계가 종료되어 임차인에게 임대차보증금을 반환해야 하는 경우에 임대인의 지위를 승계하기 전까지 발생한 연체차임이나 관리비 등이 있으면 특별한 사정이 없는 한 임대차보증금에서 당연히 공제된다.(35회)

(4) 대항력을 갖춘 임차인이 전세권등기를 한 경우

① **주택임차인으로서 우선변제를 받을 수 있는 권리와 전세권자로서 우선변제를 받을 수 있는 권리**는 **별개**의 것이므로, 최선순위 전세권자로서 **배당요구를 하여 전세권이 매각으로 소멸**되었다 하더라도 변제받지 못한 **나머지 보증금에 기하여 대항력을 행사**할 수 있고,(23회) 그 범위 내에서 임차주택의 매수인(경락인)은 임대인의 지위를 승계한 것으로 보아야 한다.

② 주택임대차보호법상 임차인으로서의 지위와 전세권자로서의 지위를 함께 가지고 있는 자가 그 중 **임차인으로서**의 지위에 기하여 경매법원에 **배당요구**를 하였다면 배당요구를 하지 아니한 **전세권에 관하여는 배당요구가 있는 것으로 볼 수 없다.**(21회, 23회)

③ **주택임차인**이 그 지위를 강화하고자 별도로 **전세권설정등기**를 마쳤더라도 주택임차인이 「주택임대차보호법」상 **대항요건**(주택의 인도＋전입신고)을 **상실**(전출신고)하면 이미 취득한 **주택임대차보호법상의 대항력 및 우선변제권을 상실**한다.(32회) (전세권자로서의 우선변제권은 존속한다)

3. 우선변제적 효력

(1) 우선변제권

① 의의

> **제3조의2(보증금의 회수)** ② □□□□과 임대차계약증서(제3조제2항 및 제3항의 경우에는 법인과 임대인 사이의 임대차계약증서를 말한다)상의 □□□□를 갖춘 임차인은 「민사집행법」에 따른 □□ 또는 「국세징수법」에 따른 □□를 할 때에 임차주택(대지를 포함한다)의 환가대금에서 후순위권리자나 그 밖의 채권자보다 우선하여 보증금을 변제받을 권리가 있다.
> ③ 임차인은 임차주택을 양수인에게 □□하지 아니하면 제2항에 따른 보증금(우선변제권)을 받을 수 없다.
>
> 📝 대항요건, 확정일자, 경매, 공매, 인도

② 경매에 의한 임차권의 소멸

> **제3조의5(경매에 의한 임차권의 소멸)** 임차권은 임차주택에 대하여 「민사집행법」에 따른 경매가 행하여진 경우에는 그 임차주택의 경락에 따라 □□한다. 다만, 보증금이 모두 변제되지 아니한, □□□이 있는 임차권은 소멸하지 아니하다.
>
> 📝 소멸, 대항력

③ 확정일자부여

> **제3조의6(확정일자 부여 및 임대차 정보제공 등)** ① 제3조의2제2항의 확정일자는 주택 소재지의 읍·면사무소, 동 주민센터 또는 시(특별시·광역시·특별자치시는 제외하고, 특별자치도는 포함한다)·군·구(자치구를 말한다)의 출장소, 지방법원 및 그 지원과 등기소 또는 「공증인법」에 따른 공증인(이하 이 조에서 "확정일자부여기관"이라 한다)이 부여한다.
> ② 확정일자부여기관은 해당 주택의 소재지, 확정일자 부여일, 차임 및 보증금 등을 기재한 확정일자부를 작성하여야 한다. 이 경우 전산처리정부주직을 이용할 수 있다.
>
> **주택임대차계약증서상의 확정일자 부여 및 임대차 정보제공에 관한 규칙**(제22회)
> [시행 2018. 10. 26.] [법무부령 제939호, 2018. 10. 26., 일부개정]
>
> **제5조(확정일자부의 작성방법 등)** ① 법 제3조의6제2항에 따른 확정일자부의 확정일자번호는 신청순으로 부여하여야 한다.
> ② 확정일자부는 □□을 단위로 매년 만들고, 사용기간이 지난 확정일자부는 마지막으로 적힌 확정일자번호의 다음 줄에 폐쇄의 뜻을 표시한 후 폐쇄하여야 한다.
> ③ 제2항에 따라 폐쇄한 확정일자부는 □□간 보존하여야 한다.
>
> 📝 1년, 5년

④ 임대차 정보제공의 요청

제3조의6(확정일자 부여 및 임대차 정보제공 등) ③ 주택의 임대차에 이해관계가 있는 자는 확정일자부여기관에 해당 주택의 확정일자 부여일, 차임 및 보증금 등 정보의 제공을 요청할 수 있다. 이 경우 요청을 받은 확정일자부여기관은 정당한 사유 없이 이를 거부할 수 없다.
④ 임대차계약을 체결하려는자는 임대인의 □□를 받아 확정일자부여기관에 제3항에 따른 정보제공을 요청할 수 있다.

> 「시행령」 제5조(주택의 임대차에 이해관계가 있는 자의 범위) 법 제3조의6제3항에 따라 정보제공을 요청할 수 있는 주택의 임대차에 이해관계가 있는 자(이하 "이해관계인"이라 한다)는 다음 각 호의 어느 하나에 해당하는 자로 한다.
> 1. 해당 주택의 임대인·임차인
> 2. 해당 주택의 소유자
> 3. 해당 주택 또는 그 대지의 등기기록에 기록된 권리자 중 법무부령으로 정하는 자(환매권자, 지상권자, 전세권자, 질권자, 저당권자·근저당권자, 임차권자, 신탁등기의 수탁자, 가등기권리자, 압류채권자 및 경매개시결정의 채권자)
> 4. 법 제3조의2제7항에 따라 우선변제권을 승계한 금융기관
> 5. 제1호부터 제4호까지에 준하는 지위 또는 권리를 가지는 자로서 법무부령으로 정하는 자

동의

⑤ 우선변제권
  ㉠ 주택임차인이 **주택인도**(2/1)와 **주민등록**(2/1)을 마친 **당일** 또는 그 이전에 임대차계약증서상에 **확정일자**를 갖춘 경우(2/1), **우선변제권**은 대항력과 마찬가지로 주택의 **인도와 주민등록을 마친 다음 날**(2/2 오전 0시)을 기준으로 발생한다.
  ㉡ **대항요건**(2/1)을 갖춘 후 **확정일자**(2/5)를 받은 경우에는 **확정일자 받은 날**(2/5)부터 **우선변제권이 발생**한다. (대항력 발생시기와 확정일자를 비교하여 늦은 때를 기준으로 우선변제권이 발생)
  ㉢ 주택임대차보호법상의 대항력과 우선변제권의 두 가지 권리를 겸유하고 있는 임차인이 우선변제권을 선택하여 **제1경매절차에서 보증금 전액을 배당받을 수 없었던 때**에는 경락인에게 대항하여 **이를 반환받을 때까지 임대차관계의 존속을 주장할 수 있을 뿐이고**(대항력 행사), **제2경매절차에서 우선변제권에 의한 배당을 받을 수 없다.**(임차인이 제1 경매절차에서 배당요구를 하면 이것은 임대차 해지통고에 해당하여 임대차가 종료된 상태이므로, 제2경매가 진행되더라도 임차인은 임대차가 종료된 상태에서 제3조의5에 의해 경락인에게 대항하여 나머지 보증금을 반환받을 때까지 임대차관계의 존속을 주장할 수 있을 뿐이다)
  ㉣ 주택임대차보호법상 우선변제권을 가진 임차인으로부터 **임차권과 분리하여 임차보증금반환채권만을 양수**한 채권양수인이 주택임대차보호법상의 우선변제권을 행사할 수 있는 **임차인에 해당한다고 볼 수 없다.**

⑥ 금융기관 등

> **제3조의2(보증금의 회수)** ⑦ 금융기관(「은행법」에 따른 은행, 기업은행 등) 등이 우선변제권을 취득한 임차인의 보증금반환채권을 계약으로 양수한 경우에는 □□□ □□의 범위에서 우선변제권을 승계한다.
> ⑧ 제7항에 따라 우선변제권을 승계한 금융기관 등(이하 "금융기관등"이라 한다)은 다음 각 호의 어느 하나에 해당하는 경우에는 우선변제권을 행사할 수 없다.
>   1. 임차인이 제3조제1항·제2항 또는 제3항의 대항요건을 □□한 경우
>   2. 제3조의3제5항에 따른 임차권등기가 □□된 경우
>   3. 「민법」 제621조에 따른 임대차등기가 □□된 경우
> ⑨ 금융기관등은 우선변제권을 행사하기 위하여 임차인을 대위하거나 대리하여 임대차를 해지할 수 없다.(그러나 금융기관등은 임차인을 대위하여 임차권등기명령은 신청 할 수 있다)

📝 양수한 금액, 상실, 말소, 말소

---

⑦ 인도와 보증금반환(30회)

> **제3조의2(보증금의 회수)** ③ 임차인은 임차주택을 양수인에게 인도하지 아니하면 제2항에 따른 보증금(우선변제권)을 받을 수 없다.(경매나 공매절차에서 임차인이 보증금을 수령하기 위해서는 임차주택을 명도 한 증명을 하여야 한다는 의미이고, 임차인의 주택명도의무가 보증금반환의무보다 선이행되어야 하는 것은 아니다)

⑧ 배당요구채권
  ㉠ 주택임대차보호법에 의하여 우선변제권이 있는 임차인은 배당요구를 할 수 있다. **배당요구를 하지 않으면** 배당금으로부터 **우선변제를 받지 못**한다.
  ㉡ **임차권등기**명령에 의해 등기된 경우(또는 민법 제621조에 의한 임대차등기가 된 경우) **배당요구하지 않더라도 당연히 배당받을 수 있다.**
  ㉢ **임차인이 보증금을 반환받기 위하여 보증금반환청구소송의 확정판결 등 집행권원을 얻어 임차주택에 대하여 강제경매를 신청하였다면 별도로 배당요구를 하지 않아도 배당받을 수 있다.**
  ㉣ 대항요건과 확정일자를 갖춘 임차인(우선변제권)이 주택임대차보호법 제8조 제1항에 의하여 보증금 중 일정액의 보호를 받는 소액임차인의 지위(최우선변제권)를 겸하는 경우, **먼저 소액임차인으로서 보호받는 일정액을 우선 배당**하고(최우선변제권) 난 후의 **나머지** 임차보증금채권액에 대하여는 **대항요건과 확정일자를 갖춘 임차인으로서의 순위**(우선변제권)**에 따라 배당**을 하여야 한다.

⑨ **집행개시 요건**(12회, 13회, 17회)

> **제3조의2(보증금의 회수)** ① 임차인(제3조제2항의 법인을 포함한다. 이하 같다)이 임차주택에 대하여 보증금반환청구소송의 확정판결이나 그 밖에 이에 준하는 집행권원(화해조서 등)에 따라서 경매를 신청하는 경우에는 집행개시요건에 관한 「민사집행법」 제41조에도 불구하고 ☐☐☐☐ ☐☐☐이나 ☐☐☐ ☐☐을 집행개시의 요건으로 하지 아니한다.(임차인이 임차 목적물을 명도하지 않고도 강제경매를 신청할 수 있다)
>
> 📝 반대의무의 이행, 이행의 제공

⑩ 임차권과 분리된 임차보증금반환채권만을 양수한 이상 그 채권양수인은 우선변제권을 행사할 수 있는 임차인에 해당하지 아니한다.(21회, 23회)

⑪ **말소기준권리**
  ㉠ 경매목적 부동산이 매각된 경우에는 소멸된 선순위 저당권보다 뒤에 대항력을 갖춘 임차권은 함께 소멸하므로, 임차인은 그 매수인(경락인)에 대하여 임차권의 효력을 주장할 수 없다.(15회 추가)
  ㉡ 저당권이 설정된 주택을 임차하여 대항력을 갖춘 경우, 후순위저당권이 실행되면 매수인이 된 자에게 대항할 수 없다.(23회) (후순위 저당권자에게는 대항할 수 있는 임차권이더라도 소멸된 선순위저당권보다 뒤에 등기되었거나 대항력을 갖춘 임차권은 함께 소멸하고, 경락인에 대해 그 임차권의 효력을 주장할 수 없다.)
  ㉢ 임차권보다 선순위의 저당권이 존재하는 주택이 경매로 매각된 경우, 경매의 매수인은 임대인의 지위를 승계하지 아니한다.(26회)

(2) 최우선변제권

① 의의(15회 추가)

> **제8조(보증금 중 일정액의 보호)** ① 임차인은 보증금 중 일정액을 ☐☐ 담보물권자보다 우선하여 변제받을 권리가 있다.(최우선변제권) 이 경우 임차인은 주택에 대한 경매신청의 등기 전에 ☐☐☐☐을 갖추어야 한다.(그러나 확정일자는 필요없다)
>
> 📝 다른, 대항요건

② 경매신청의 등기 전까지 대항요건 구비
  ㉠ 임차주택의 경매 시, 주택임대차보호법상의 대항요건만을 갖춘 임차인도 매각대금에서 저당권자 기타 채권자보다 보증금을 우선변제 받을 수 있는 경우가 있다.(17회)
  ㉡ 임차인이 일정한 보증금 중 일정액을 우선변제 받기 위해서는 임차주택에 대한 **경매개시 결정 등기 전까지** 임차권의 **대항요건**을 갖추면 되고,(13회) 이외에 <u>확정일자를 갖출 필요는 없다</u>.(14회, 26회)
  ㉢ 경매기입등기전까지 임대차보증금의 **감액**으로 「주택임대차보호법」상 **소액임차인**에 해당하게 된 경우, 특별한 사정이 없으면 소액임차인으로서 보호받을 수 있다.(24회)

② 대항요건 및 확정일자를 갖춘 임차인과 소액임차인은 임차주택과 그 대지가 함께 경매될 경우뿐만 아니라 **임차주택과 별도로 그 대지만이 경매**될 경우에도 **그 대지의 환가대금에 대하여 우선변제권을 행사**할 수 있다.

⑩ **대지에 관한 저당권설정 후 지상건물이 신축**된 경우에도 소액임차인은 **대지의 매각대금에서 우선변제를 받을 수 없다.**

③ 배당요구채권

㉠ 주택임대차보호법에 의하여 우선변제청구권이 인정되는 소액임차인의 소액보증금반환채권은 배당요구가 필요한 **배당요구채권**에 해당한다. 소액임차인이 배당요구를 하지 않아 배당에서 제외된 경우, 후순위채권자를 상대로 부당이득반환을 청구할 수 없다.

㉡ 주택임대차보호법 제8조에 규정된 소액보증금반환청구권은 이른바 **법정담보물권**으로서, 주택임차인이 **대지와 건물 모두로부터 배당**을 받는 경우에는 민법 제368조 제1항(공동저당에서 동시배당)을 유추적용하여 **대지와 건물의 경매대가에 비례**하여 그 채권의 분담을 정하여야 한다.

④ 주택임대차위원회

> **제8조의2(주택임대차위원회)** ① 제8조에 따라 우선변제를 받을 임차인 및 보증금 중 일정액의 범위와 기준을 심의하기 위하여 법무부에 주택임대차위원회(이하 "위원회"라 한다)를 둔다.
> ② 위원회는 위원장 1명을 포함한 9명 이상 15명 이하의 위원으로 성별을 고려하여 구성한다.
> ③ 위원회의 위원장은 법무부차관이 된다.

📝 둔다

⑤ 우선변제를 받을 임차인의 범위

> **제8조(보증금 중 일정액의 보호)** ③ 최우선변제를 받을 임차인 및 보증금 중 일정액의 범위와 기준은 제8조의2에 따른 주택임대차위원회의 심의를 거쳐 대통령령으로 정한다. 다만, 보증금 중 일정액의 범위와 기준은 주택가액(대지의 가액을 포함한다)의 2분의 1을 넘지 못한다.
>
>> 「**시행령**」 **제10조(보증금 중 일정액의 범위 등)** ① 법 제8조에 따라 우선변제를 받을 보증금 중 일정액의 범위는 다음 각 호의 구분에 의한 금액 이하로 한다. 〈개정 2010. 7. 21., 2013. 12. 30., 2016. 3. 31., 2018. 9. 18., 2021. 5. 11., 2023. 2. 21.〉
>> 1. 서울특별시 : □□□□□만원
>> 2. 「수도권정비계획법」에 따른 과밀억제권역(서울특별시는 제외한다), 세종특별자치시, 용인시, 화성시 및 김포시 : □□□□□만원
>> 3. 광역시(「수도권정비계획법」에 따른 과밀억제권역에 포함된 지역과 군지역은 제외한다), 안산시, 광주시, 파주시, 이천시 및 평택시 : □□□□□만원
>> 4. 그 밖의 지역 : □□□□□만원
>> ② 임차인의 보증금 중 일정액이 주택가액의 2분의 1을 초과하는 경우에는 주택가액의 2분의 1에 해당하는 금액까지만 우선변제권이 있다.
>> ③ 하나의 주택에 임차인이 2명 이상이고, 그 각 보증금 중 일정액을 모두 합한 금액이 주택가액의 2분의 1을 초과하는 경우에는 그 각 보증금 중 일정액을 모두 합한 금액에 대한 각 임차인의

보증금 중 일정액의 비율로 그 주택가액의 2분의 1에 해당하는 금액을 분할한 금액을 각 임차인의 보증금 중 일정액으로 본다.
④ 하나의 주택에 임차인이 2명 이상이고 이들이 그 주택에서 가정공동생활을 하는 경우에는 이들을 1명의 임차인으로 보아 이들의 각 보증금을 합산한다.

> 「시행령」 제11조(우선변제를 받을 임차인의 범위) 법 제8조에 따라 우선변제를 받을 임차인은 보증금이 다음 각 호의 구분에 의한 금액 이하인 임차인으로 한다. 〈개정 2010. 7. 21., 2013. 12. 30., 2016. 3. 31., 2018. 9. 18., 2021. 5. 11., 2023. 2. 21.〉
> 1. 서울특별시 : 1억□천500만원
> 2. 「수도권정비계획법」에 따른 과밀억제권역(서울특별시는 제외한다), 세종특별자치시, 용인시, 화성시 및 김포시 : 1억□천500만원
> 3. 광역시(「수도권정비계획법」에 따른 과밀억제권역에 포함된 지역과 군지역은 제외한다), 안산시, 광주시, 파주시, 이천시 및 평택시 : □천500만원
> 4. 그 밖의 지역 : □천500만원

📝 5천500, 4천800, 2천800, 2천500, 6, 4, 8, 7

4. 임차권등기명령

① 의의(29회)

> **제3조의3(임차권등기명령)** ① 임대차가 □□ □ 보증금이 반환되지 아니한 경우 임차인은 □□□□의 소재지를 관할하는 지방법원·지방법원지원 또는 시·군 법원에 임차권등기명령을 신청할 수 있다.
> ④ 임차권등기명령의 신청을 기각(棄却)하는 결정에 대하여 임차인은 □□(抗告)할 수 있다.

📝 끝난 후, 임차주택, 항고

㉠ 임차권등기명령은 특히 임대차관계의 종료 후 임차인이 점유를 상실하거나 주민등록을 전출함으로써 대항력 및 우선변제권을 상실하게 될 경우 특히 실익이 있다.(13회)
㉡ 임대인에게 임차권등기명령이 송달되기 전에도 임차권등기명령을 집행할 수 있다.

② 대항력과 우선변제권

> **제3조의3(임차권등기명령)** ⑤ 임차인은 임차권등기명령의 집행에 따른 임차권등기를 마치면 □□□과 □□□□□을 취득한다. 다만, 임차인이 임차권등기 이전에 이미 대항력이나 우선변제권을 취득한 경우에는 그 대항력이나 우선변제권은 그대로 유지되며, 임차권등기 이후에는 대항요건을 상실하더라도 이미 취득한 대항력이나 우선변제권을 상실하지 아니한다.
> ⑥ 임차권등기명령의 집행에 따른 임차권등기가 □□ 주택(임대차의 목적이 주택의 일부분인 경우에는 해당 부분으로 한정한다)을 그 이후에 임차한 임차인은 최우선변제를 받을 권리가 없다.
> ⑧ 임차인은 제1항에 따른 임차권등기명령의 신청과 그에 따른 임차권등기와 관련하여 든 비용을 □□□에게 청구할 수 있다.
> ⑨ 금융기관등은 임차인을 대위하여 임차권등기명령을 신청할 수 있다.

📝 대항력, 우선변제권, 끝난, 임대인

㉠ 임차인은 임차권등기명령의 집행에 따른 임차권**등기**를 마치면 (아직 대항력과 우선변제권을 취득하지 못한 상태에서 임차권 등기를 마치면)**대항력과 우선변제권을 취득**한다.(12회)

㉡ 임차인이 임차권**등기 이전**에 **이미 대항력**이나 **우선변제권을 취득**한 경우에는 그 대항력이나 우선변제권은 **그대로 유지**되며,(13회) 임차권등기 **이후**에는 **대항요건을 상실**(전출하더라도) 이미 취득한 **대항력**이나 **우선변제권을 상실하지 아니**한다.(12회, 31회)

③ 임차권등기명령의 집행에 따른 **임차권등기가 끝난 주택**(임대차의 목적이 주택의 일부분인 경우에는 해당 부분으로 한정)을 그 **이후**에 **임차**한 임차인은 **최우선변제**(보증금중 일정액)**를 받을 권리가 없다.**(12회, 14회, 26회, 31회) 즉, 보증금 중 일정액에 대한 우선변제권이 인정되지 않는다.(13회)

④ 임차인은 임차권등기명령의 신청과 그에 따른 임차권등기와 관련하여 든 **비용을 임대인에게 청구**할 수 있다.(12회, 13회, 31회)

⑤ 주택임대차보호법에 의한 **임차권등기**가 된 경우, 임대인의 **임대차보증금 반환의무**가 임차인의 **임차권등기 말소의무보다 먼저 이행**되어야 할 의무이다.(31회) (즉, 보증금반환의무와 임차권등기 말소의무가 동시이행관계 아니다)

⑥ 임차권등기명령에 의하여 임차권등기를 한 임차인은 별도로 배당요구를 하지 않아도 **당연히 배당받을 채권자에 속**한다.(31회)

5. 임대차기간 등

(1) 임대차 기간과 법정갱신

① 임대차 기간

> **제4조(임대차기간 등)** ① 기간을 정하지 아니하거나 2년 미만으로 정한 임대차는 그 기간을 □□으로 본다.(30회) 다만, □□□은 2년 미만으로 정한 기간이 유효함을 주장할 수 있다.(15회, 29회, 30회) (임대차 기간을 1년으로 정한 경우 임차인은 2년을 주장할 수 있다)
>
> 2년, 임차인

② 임대차관계 존속(13회, 22회, 23회)

> **제4조(임대차기간 등)** ② 임대차기간이 끝난 경우에도 임차인이 보증금을 반환받을때까지는 임대차관계가 존속되는 것으로 본다.

주택임대차보호법에 따른 임대차에서 그 기간이 끝난 후 임차인이 보증금을 반환받기 위해 목적물을 점유하고 있는 경우 보증금반환채권에 대한 소멸시효는 진행하지 않는다.[대법원 2020. 7. 9. 선고 2016다244224, 244231 판결]

③ 묵시적 갱신(法定更新)
　㉠ 의의

> **제6조(계약의 갱신)** ① 임대인이 임차기간이 끝나기 □□□ 전부터 □□□ 전까지의 기간에 임차인에게 갱신(更新)거절의 통지를 하지 아니하거나 계약조건을 변경하지 아니하면 갱신하지 아니한다는 뜻의 통지를 하지 아니한 경우에는 그 기간이 끝난 때에 전 임대차와 동일한 조건으로 다시 임대차한 것으로 본다(법정갱신, 묵시적갱신). 임차인이 임대차기간이 끝나기 □□□ 전까지 통지하지 아니한 경우에도 전 임대차와 동일한 조건으로 다시 임대차한 것으로 본다.
> 📝 6개월, 2개월, 2개월

　㉡ 2년(16회, 24회, 28회, 29회)

> **제6조(계약의 갱신)** ② 묵시적 갱신의 경우 임대차의 존속기간은 □□으로 본다.
> 📝 2년

　㉢ 적용예외(15회 추가, 30회)

> **제6조(계약의 갱신)** ③ □□(期)의 차임액에 달하도록 연체하거나 그 밖에 임차인으로서의 의무를 현저히 위반한 임차인에 대하여는 법정갱신을 인정하지 아니한다.
> 📝 2기

　㉣ 임차인의 해지통고(29회, 30회)

> **제6조의2(묵시적 갱신의 경우 계약의 해지)** ① 임대차계약이 법정갱신된 경우 존속기간은 2년으로 간주되나 □□□(임대인 X)은 언제든지 임대인에게 계약해지를 통지할 수 있다.
> 📝 임차인

　㉤ 해지 효력(12회, 22회)

> **제6조의2(묵시적 갱신의 경우 계약의 해지)** ② 임차인의 계약 해지는 임대인이 그 통지를 받은 날부터 □□□이 지나면 그 효력이 발생한다.
> 📝 3개월

(2) **계약갱신요구 등**
　① 갱신요구(32회)

> **제6조의3(계약갱신 요구 등)** ① 제6조에도 불구하고 임대인은 임차인이 임대차기간이 끝나기 6개월 전부터 2개월 전까지의 기간 이내에 계약갱신을 요구할 경우 정당한 사유 없이 거절하지 못한다.

② 임대인의 갱신거절사유

제6조의3(계약갱신 요구 등) ① ~ 다만, 다음 각 호의 어느 하나에 해당하는 경우에는 갱신을 거절할 수 있다.
1. 임차인이 □□의 차임액에 해당하는 금액에 이르도록 차임을 연체한 사실이 있는 경우
2. 임차인이 거짓이나 그 밖의 부정한 방법으로 임차한 경우
3. 서로 합의하여 임대인이 임차인에게 상당한 보상을 제공한 경우
4. 임차인이 임대인의 동의 없이 목적 주택의 전부 또는 일부를 전대(轉貸)한 경우(32회)
5. 임차인이 임차한 주택의 전부 또는 일부를 고의나 □□□ □□로 파손한 경우
6. 임차한 주택의 전부 또는 일부가 멸실되어 임대차의 목적을 달성하지 못할 경우
7. 임대인이 다음 각 목의 어느 하나에 해당하는 사유로 목적 주택의 전부 또는 □□□을 철거하거나 재건축하기 위하여 목적 주택의 점유를 회복할 필요가 있는 경우
   가. 임대차계약 □□ □□ 공사시기 및 소요기간 등을 포함한 철거 또는 재건축 계획을 임차인에게 구체적으로 고지하고 그 계획에 따르는 경우
   나. 건물이 노후·훼손 또는 일부 멸실되는 등 안전사고의 우려가 있는 경우
   다. 다른 법령에 따라 철거 또는 재건축이 이루어지는 경우
8. 임대인(임대인의 □□□□·□□□□을 포함한다 ⇨ 혈족 X, 가족X)이 목적 주택에 실제 거주하려는 경우
9. 그 밖에 임차인이 임차인으로서의 의무를 현저히 위반하거나 임대차를 계속하기 어려운 중대한 사유가 있는 경우

📝 2기, 중대한 과실, 대부분, 체결 당시, 직계존속, 직계비속

③ 갱신요구권행사 및 효과

제6조의3(계약갱신 요구 등) ② 임차인은 제1항에 따른 계약갱신요구권을 □□에 한하여 행사할 수 있다.(32회) 이 경우 갱신되는 임대차의 존속기간은 □□으로 본다.
③ 갱신되는 임대차는 전 임대차와 동일한 조건으로 다시 계약된 것으로 본다. 다만, 차임과 보증금은 제7조의 범위(1/20, 5%)에서 증감할 수 있다.
④ 임대차계약이 갱신된 경우 존속기간은 2년으로 간주되나 임차인은 언제든지 임대인에게 계약해지를 통지할 수 있고, 임차인의 계약 해지는 임대인이 그 통지를 받은 날부터 3개월이 지나면 그 효력이 발생한다.

📝 1회, 2년

④ 임차인이 주택임대차보호법 제6조의3 제1항에 따라 임대차계약의 갱신을 요구하면 임대인에게 갱신거절 사유가 존재하지 않는 한 임대인에게 갱신요구가 도달한 때 갱신의 효력이 발생한다.(35회)

⑤ 손해배상청구

제6조의3(계약갱신 요구 등) ⑤ 임대인이 목적 주택에 실제 거주할 사유로 갱신을 거절하였음에도 불구하고 갱신요구가 거절되지 아니하였더라면 갱신되었을 기간이 만료되기 전에 정당한 사유 없이 제3자에게 목적 주택을 □□한 경우 임대인은 갱신거절로 인하여 임차인이 입은 손해를 배상하여야 한다.
⑥ 제5항에 따른 손해배상액은 거절 당시 당사자 간에 손해배상액의 예정에 관한 합의가 이루어지지 않는 한 다음 각 호의 금액 중 □ 금액으로 한다.
1. 갱신거절 당시 월차임(차임 외에 보증금이 있는 경우에는 그 보증금을 제7조의2 각 호 중 낮은 비율에 따라 월 단위의 차임으로 전환한 금액을 포함한다. 이하 "환산월차임"이라 한다)의 □□□분에 해당하는 금액
2. 임대인이 제3자에게 임대하여 얻은 환산월차임과 갱신거절 당시 환산월차임 간 차액의 □□분에 해당하는 금액
3. 제1항제8호의 사유로 인한 갱신거절로 인하여 임차인이 입은 손해액

📝 임대, 큰, 3개월, 2년

(3) 차임에 관한 규정

① 차임 등의 증감청구권

제7조(차임 등의 증감청구권) ① 당사자는 약정한 차임이나 보증금이 임차주택에 관한 조세, 공과금, 그 밖의 부담의 증감이나 경제사정의 변동으로 인하여 적절하지 아니하게 된 때에는 장래에 대하여 그 증감을 청구할 수 있다. 다만, 증액청구(감액의 경우에는 제한×)는 임대차계약 또는 약정한 차임이나 보증금의 증액이 있은 후 □□ 이내에는 하지 못한다.(21회) (제7조의 규정은 임대차계약의 존속 중 당사자 일방이 약정한 차임 등의 증감을 청구한 때에 한해 적용되고, 임대차계약이 종료된 후 재계약을 하는 경우 또는 당사자의 합의로 차임 등이 증액된 경우에는 적용되지 않는다)
② 제1항에 따른 증액청구는 약정한 차임이나 보증금의 □□분의 □의 금액을 초과하지 못한다. 다만, 특별시·광역시·특별자치시·도 및 특별자치도는 관할 구역 내의 지역별 임대차 시장 여건 등을 고려하여 본문의 범위에서 증액청구의 상한을 조례로 달리 정할 수 있다.

📝 1년, 20, 1

② 월차임 전환 시 산정률(算定率)의 제한

제7조의 2(월차임 전환 시 산정률의 제한) 보증금의 전부 또는 일부를 월 단위의 차임으로 전환하는 경우에는 그 전환되는 금액에 다음 각 호 중 □□ 비율을 곱한 월차임(月借賃)의 범위를 초과할 수 없다.
1. 「은행법」에 따른 은행에서 적용하는 대출금리와 해당 지역의 경제 여건 등을 고려하여 대통령령으로 정하는 비율

> 「시행령」 **제9조(월차임 전환 시 산정률)** ① 법 제7조의2제1호에서 "대통령령으로 정하는 비율"이란 연 □□을 말한다.

2. 한국은행에서 공시한 기준금리에 대통령령으로 정하는 이율을 □□ 비율

> 「시행령」 제9조(월차임 전환 시 산정률) ② 법 제7조의2제2호에서 "대통령령으로 정하는 이율"이란 연 □퍼센트를 말한다.

📝 낮은, 1할, 더한, 2

③ 초과 차임 등의 반환청구

제10조의2(초과 차임 등의 반환청구) 임차인이 제7조에 따른 증액비율을 초과하여 차임 또는 보증금을 지급하거나 제7조의2에 따른 월차임 산정률을 초과하여 차임을 지급한 경우에는 □□ 지급된 차임 또는 보증금 상당금액의 반환을 청구할 수 있다.

📝 초과

(4) 주택임차권의 승계

제9조(주택 임차권의 승계) ① 임차인이 상속인 □□ 사망한 경우에는 그 주택에서 가정공동생활을 하던 사실상의 혼인 관계에 있는 자가 임차인의 권리와 의무를 승계한다.(사망한 임차인의 모든 권리와 의무를 승계하는 것이 아니고, 오직 임대차에 관한 사항만 승계)
② 임차인이 사망한 때에 사망 당시 상속인이 그 주택에서 가정공동생활을 하고 □□ □□한 경우에는 그 주택에서 가정공동생활을 하던 사실상의 혼인 관계에 있는 자와 □□ 이내(4촌 이내 X)의 친족이 공동으로 임차인의 권리와 의무를 승계한다.(12회, 16회, 23회) (상속인이 그 주택에서 가정공동생활을 하고 있다면 그 상속인이 단독으로 상속한다)
③ 제1항과 제2항의 경우에 임차인이 사망한 후 □□□ 이내에 임대인에게 제1항과 제2항에 따른 승계대상자가 반대의사를 표시한 경우에는 승계하지 아니한다.
④ 제1항과 제2항의 경우에 □□□ 관계에서 생긴 채권·채무는 임차인의 권리의무를 승계한 자에게 귀속된다.(15회 추가)

📝 없이, 있지 아니, 2촌, 1개월, 임대차

(5) 주택임대차표준계약서 사용

제30조(주택임대차표준계약서 사용) 주택임대차계약을 서면으로 체결할 때에는 법무부장관이 국토교통부장관과 협의하여 정하는 주택임대차표준계약서를 우선적으로 사용한다. 다만, 당사자가 다른 서식을 사용하기로 합의한 경우에는 그러하지 아니하다.

5. 주택임대차분쟁조정위원회

(1) 의의

제14조(주택임대차분쟁조정위원회) ① 이 법의 적용을 받는 주택임대차와 관련된 분쟁을 심의·조정하기 위하여 대통령령으로 정하는 바에 따라 「법률구조법」 제8조에 따른 대한법률구조공단(이하 "공단"이라 한다)의 지부, 「한국토지주택공사법」에 따른 한국토지주택공사(이하 "공사"라 한다)의 지사 또는 사무소 및 「한국감정원법」에 따른 한국감정원(이하 "감정원"이라 한다)의 지사 또는 사무소에 주택임대차분쟁조정위원회(이하 "조정위원회"라 한다)를 둔다. 특별시·광역시·특별자치시·도 및 특별자치도(이하 "시·도"라 한다)는 그 지방자치단체의 실정을 고려하여 조정위원회를 둘 수 있다.

(2) 조정위원회의 심의사항

제14조(주택임대차분쟁조정위원회) ② 조정위원회는 다음 각 호의 사항을 심의·조정한다.
1. 차임 또는 보증금의 증감에 관한 분쟁
2. 임대차 기간에 관한 분쟁
3. 보증금 또는 임차주택의 반환에 관한 분쟁
4. 임차주택의 유지·수선 의무에 관한 분쟁
5. 그 밖에 대통령령으로 정하는 주택임대차에 관한 분쟁

> 「시행령」 제22조(조정위원회의 심의·조정 사항) 법 제14조제2항제5호에서 "대통령령으로 정하는 주택임대차에 관한 분쟁"이란 다음 각 호의 분쟁을 말한다.
> 1. 임대차계약의 이행 및 임대차계약 내용의 해석에 관한 분쟁
> 2. 임대차계약 갱신 및 종료에 관한 분쟁
> 3. 임대차계약의 불이행 등에 따른 손해배상청구에 관한 분쟁
> 4. 공인중개사 보수 등 비용부담에 관한 분쟁
> 5. 주택임대차표준계약서 사용에 관한 분쟁
> 6. 그 밖에 제1호부터 제5호까지의 규정에 준하는 분쟁으로서 조정위원회의 위원장(이하 "위원장"이라 한다)이 조정이 필요하다고 인정하는 분쟁

제16조(조정위원회의 구성 및 운영) ① 조정위원회는 위원장 1명을 포함하여 5명 이상 30명 이하의 위원으로 성별을 고려하여 구성한다. 〈개정 2020. 7. 31.〉

제22조(조정절차) ① 조정위원회의 위원장은 신청인으로부터 조정신청을 접수한 때에는 지체 없이 조정절차를 개시하여야 한다. 〈개정 2020. 6. 9.〉

제23조(처리기간) ① 조정위원회는 분쟁의 조정신청을 받은 날부터 60일 이내에 그 분쟁조정을 마쳐야 한다. 다만, 부득이한 사정이 있는 경우에는 조정위원회의 의결을 거쳐 30일의 범위에서 그 기간을 연장할 수 있다.

제26조(조정의 성립) ① 조정위원회가 조정안을 작성한 경우에는 그 조정안을 지체 없이 각 당사자에게 통지하여야 한다.
② 제1항에 따라 조정안을 통지받은 당사자가 통지받은 날부터 14일 이내에 수락의 의사를 서면으로 표시하지 아니한 경우에는 조정을 거부한 것으로 본다. 〈개정 2020. 6. 9.〉

③ 제2항에 따라 각 당사자가 조정안을 수락한 경우에는 조정안과 동일한 내용의 합의가 성립된 것으로 본다.

제27조(집행력의 부여) 제26조제4항 후단에 따라 강제집행을 승낙하는 취지의 내용이 기재된 조정서의 정본은 「민사집행법」 제56조에도 불구하고 집행력 있는 집행권원과 같은 효력을 가진다.

CHAPTER 02 상가건물임대차보호법

1. 총설

① 적용범위(환산보증금)

제2조(적용범위) ① 이 법은 상가건물(제3조제1항에 따른 사업자등록의 대상이 되는 건물을 말한다)의 임대차(임대차 목적물의 주된 부분을 영업용으로 사용하는 경우를 포함한다)(27회)에 대하여 적용한다. 다만, 제14조의2에 따른 상가건물임대차위원회의 심의를 거쳐 대통령령으로 정하는 보증금액을 □□하는 임대차에 대하여는 적용하지 아니하다. 〈개정 2020. 7. 31.〉

② 제1항 단서에 따른 보증금액을 정할 때에는 해당 지역의 경제 여건 및 임대차 목적물의 규모 등을 고려하여 지역별로 구분하여 규정하되, 보증금 외에 차임이 있는 경우에는 그 차임액에 「은행법」에 따른 은행의 대출금리 등을 고려하여 대통령령으로 정하는 비율을 곱하여 환산한 금액을 포함하여야 한다.

> 「**시행령**」 **제2조(적용범위)** ① 「상가건물 임대차보호법」(이하 "법"이라 한다) 제2조제1항 단서에서 "대통령령으로 정하는 보증금액"이라 함은 다음 각호의 구분에 의한 금액을 말한다.〈2018.1.26., 2019. 4. 2.〉
> 1. 서울특별시 : □억(21회)
> 2. 「수도권정비계획법」에 따른 과밀억제권역(서울특별시는 제외한다) 및 □□광역시 : □억□천만원
> 3. 광역시(「수도권정비계획법」에 따른 과밀억제권역에 포함된 지역과 군지역, 부산광역시는 제외한다), □□□ □□□시, □□시, □□시, 안산시, 용인시, 김포시 및 광주시 : □억□천만원
> 4. 그 밖의 지역 : □억□천만원
>   (서울시에서 상가보증금 5억, 월차임 450만원일 경우 450만원×100 = 4억5000만원. 따라서 보증금 5억 + 환산금액 4억5천만원 = 9억5천만원이므로 상가건물임대차보호법의 적용을 받지 못한다.)
>
> 「**시행령**」 **제2조(적용범위)** ② 법 제2조제2항의 규정에 의하여 보증금외에 차임이 있는 경우의 차임액은 월 단위의 차임액으로 한다.
> ③ 법 제2조제2항에서 "대통령령으로 정하는 비율"이라 함은 1분의 100을 말한다.

📑 초과, 9, 부산, 6, 9, 세종특별자치, 과천, 파주, 5, 4, 3, 7

② 보증금액을 초과하는 임대차(32회, 33회)

제2조(적용범위) ③ 제1항 단서에도 불구하고 제3조(□□□), 제10조제1항(□□□□□□), 제2항(□□□), 제3항 본문(전임대차와 동일한 조건으로 갱신), 제10조의2부터 제10조의7(□□□), 제10조의8(□□ 차임연체와 해지), 제10조의9(2020.11.1.~ 6개월간의 차임연체는 본법에 의한 연체로 보지 않음)까지의 규정 및 제19조(표준계약서 작성)는 제1항 단서에 따른 보증금액을 □□하는 임대차에 대하여도 적용한다. (임차권등기명령 X, 존속기간보장 X, 차임증증감청구권 X, 5% 상환 적용 X, 묵시적갱신 X, (최)우선변제권 X)

📑 대항력, 계약갱신요구권, 10년, 권리금, 3기, 초과

③ 상가건물 임대차보호법이 적용되는 상가건물에 해당하는지 여부는 공부상의 표시가 아닌 건물의 현황·용도 등에 비추어 영업용으로 사용하느냐에 따라 **실질적으로 판단**하여야 하므로 **용도가 '공장 및 사무실'**인 건물 1층 중 20평을 임차하여 **도금작업**을 하며 임차부분과 인접한 컨테이너박스에서 **영업활동**을 한 경우에, 위 법의 적용대상인 **'상가건물'**에 해당한다.

④ 미등기전세

> **제17조(미등기전세에의 준용)** 이 법은 목적건물의 등기하지 아니한 전세계약에 관하여 이를 준용한다. 이 경우 "전세금"은 "임대차의 보증금"으로 본다.
>
> **제18조(소액사건심판법의 준용)** 소액사건심판법 제6조·제7조·제10조 및 제11조의2의 규정은 임차인이 임대인에 대하여 제기하는 보증금반환청구소송에 관하여 이를 준용한다.

⑤ 일시사용을 위한 임대차(18회·22회)

> **제16조(일시사용을 위한 임대차)** 이 법은 일시사용을 위한 임대차임이 명백한 경우에는 이를 적용하지 아니한다.

⑥ 상가건물 임대인은 계약이 존속하는 동안 임차목적물의 사용·수익에 필요한 상태를 유지하게 할 의무를 진다.(22회)

⑦ "계약이 종료하면 임차인은 목적물을 원상으로 회복하여 반환한다"는 특약이 임차인의 비용상환청구권을 배제하는 취지라도 임차인에게 불리하지 않으므로 유효이다.(16회)

⑧ 상가건물의 공유자인 임대인이 임차인에게 갱신 거절의 통지를 하는 행위는 공유물의 관리행위이므로, 공유자의 지분의 과반수로써 결정하여야 한다.(22회)

⑨ 전대차관계에 대한 적용

> **제13조(전대차관계에 대한 적용 등)** ① 제10조(계약갱신요구 등), 제10조의2(계약갱신의 특례), 제10조의8(차임연체와 해지), 제11조(차임 등의 증감청구권) 및 제12조(월차임 전환 시 산정률의 제한)는 전대인(轉貸人)과 전차인(轉借人)의 전대차관계에 적용한다.(권리금은 적용 안 됨)
> ② 임대인의 동의를 받고 전대차계약을 체결한 전차인은 임차인의 계약갱신요구권 행사기간 이내(기간이 만료되기 6개월 전부터 1개월 전까지 사이에 계약갱신을 요구)에 임차인을 대위(代位)하여 임대인에게 계약갱신요구권을 행사할 수 있다.

2. 대항력

① 대항요건

> **제3조(대항력 등)** ① 임대차는 그 등기가 없는 경우에도 임차인이 건물의 □□와 □□□□□을 신청(판례는 사업자 등록을 하고, 그러나 사업자등록증을 교부받고 라고 하면 틀린지문)하면 □ □□ □부터 제3자에 대하여 효력이 생긴다.(16회, 21회, 27회)
> ② 임차건물의 □□□(그 밖에 임대할 권리를 승계한 자를 포함한다)은 임대인의 지위를 승계한 것으로 본다. (양수인이 보증금 반환의무를 진다)
> ③ 이 법에 따라 임대차의 목적이 된 건물이 매매 또는 경매의 목적물이 된 경우에는 「민법」 제575조제1항·제3항(용익권능 제한의 담보책임) 및 제578조(경매에서의 담보책임)를 준용한다.
> ④ 제3항의 경우에는 「민법」 제536조(동시이행항변권)를 준용한다.
>
> **제7조(민법의 규정에 의한 임대차등기의 효력 등)** ① 「민법」 제621조에 따른 건물임대차등기의 효력에 관하여는 제6조제5항(우선변제권, 최우선변제권) 및 제6항(임차권등기 이후 임차한 자의 최우선변제권 인정여부)을 준용한다.
>
> 📝 인도, 사업자등록, 그 다음 날, 양수인

② 사업자등록은 대항력의 취득요건일 뿐만 아니라 존속요건이기도 하므로 **배당요구의 종기까지 존속**하고 있어야 한다.(18회)

③ 상가건물을 임차하고 사업자등록을 마친 사업자가 임차건물의 전대차 등으로 당해 사업을 개시하지 않거나 **사실상 폐업**한 경우에는 그 사업자등록은 **적법한 사업자등록이라고 볼 수 없고**, 이 경우 **임차인**(간접점유자)이 상가건물 임대차보호법상의 **대항력** 및 우선변제권을 **유지**하기 위해서는 건물을 직접 점유하면서 사업을 운영하는 **전차인이 그 명의로 사업자등록**을 하여야 한다.(21회, 31회)

④ 사업자가 **폐업신고**(대항력 상실)(31회)**를 하였다가 다시** 같은 상호 및 등록번호로 **사업자등록**(익일 오전 0시부터 새로운 대항력 발생)을 하였다고 하더라도 상가건물 임대차보호법상의 대항력 및 우선변제권이 **그대로 존속한다고 할 수 없다.**(21회, 31회)

⑤ 법정의제(35회)

> **제9조(임대차기간 등)** ② 임대차가 종료한 경우에도 임차인이 보증금을 반환받을 때까지는 임대차 관계는 존속하는 것으로 본다.

㉠ 임대차관계는 존속하는 것으로 보기 때문에 임차인의 점유는 적법한 점유이다.
㉡ 따라서 불법행위로 인한 손해배상책임이 없고,(35회) 임차목적물을 점유하면서 인도를 거절하더라도 채무불이행책임이 아니다.(35회)
㉢ 상가건물의 임차인이 임대차 종료 이후에 보증금을 반환받기 전에 임차 목적물을 점유하고 있다고 하더라도 임차인에게 차임 상당의 부당이득이 성립한다고 할 수 없다.(35회) (적법한 존속기간 중이므로 종전의 차임액을 지급할 의무는 있으나, 그것이 부당이득으로 되는 것은 아니다)

㉣ 상가임대차법이 적용되는 임대차가 기간만료나 당사자의 합의, 해지 등으로 종료된 경우 보증금을 반환받을 때까지 임차 목적물을 계속 점유하면서 사용·수익한 임차인은 종전 임대차계약에서 정한 차임을 지급할 의무를 부담할 뿐이다.(35회)

㉤ 경락의 경우

> **제8조(경매에 의한 임차권의 소멸)** 임차권은 임차건물에 대하여 「민사집행법」에 따른 □□가 실시된 경우에는 그 임차건물이 매각되면 소멸한다. 다만, 보증금이 전액 변제되지 아니한 □□□이 있는 임차권은 소멸하지 아니하다.
>
> 📝 경매, 대항력

3. 우선변제권

① 의의

> **제5조(보증금의 회수)** ② 제3조제1항의 □□□□을 갖추고 관할 세무서장으로부터 임대차계약서상의 □□□□를 받은 임차인은 「민사집행법」에 따른 □□ 또는 「국세징수법」에 따른 □□ 시 임차건물(임대인 소유의 대지를 포함한다)의 환가대금에서 후순위권리자나 그 밖의 채권자보다 우선하여 보증금을 변제받을 권리가 있다.
> ③ 임차인은 임차건물을 양수인에게 □□하지 아니하면 제2항에 따른 보증금을 받을 수 없다.
>
> 📝 대항요건, 확정일자, 경매, 공매, 인도

② 확정일자 부여 및 임대차정보의 제공 등

> **제4조(확정일자 부여 및 임대차정보의 제공 등)** ① 제5조제2항의 확정일자는 상가건물의 소재지 □□ □□□□이 부여한다.
>
> > **「시행령」 제3조(확정일자부 기재사항 등)** ① 상가건물 임대차 계약증서 원본을 소지한 임차인은 법 제4조제1항에 따라 상가건물의 소재지 관할 세무서장에게 확정일자 부여를 신청할 수 있다.
> > ③ 관할 세무서장은 임대차계약이 변경되거나 갱신된 경우 임차인의 신청에 따라 새로운 확정일자를 부여한다.
>
> ③ 상가건물의 임대차에 이해관계가 있는자는 관할 세무서장에게 해당 상가건물의 확정일자 부여일, 차임 및 보증금 등 정보의 제공을 요청할 수 있다. 이 경우 요청을 받은 관할 세무서장은 정당한 사유 없이 이를 거부할 수 없다.
> ④ 임대차계약을 체결하려는 자는 □□□의 동의를 받아 관할 세무서장에게 제3항에 따른 정보제공을 요청할 수 있다.(30회)
>
> 📝 관할 세무서장, 임대인

③ 금융기관 등

제5조(보증금의 회수) ⑦ 다음 각 호의 금융기관 등이 우선변제권을 취득한 임차인의 보증금반환채권을 계약으로 양수한 경우에는 양수한 금액의 범위에서 우선변제권을 승계한다.
⑨ 금융기관등은 우선변제권을 행사하기 위하여 임차인을 대위하거나 대리하여 임대차를 해지할 수 없다.(그러나 임차권등기명령은 신청할 수 있다)

④ 경매개시 요건(15회 추가)

제5조(보증금의 회수) ① 임차인이 임차건물에 대하여 보증금반환청구소송의 확정판결, 그 밖에 이에 준하는 집행권원(화해조서 등)에 의하여 경매를 신청하는 경우에는 「민사집행법」제41조에도 불구하고 □□□□□ □□□이나 □□□ □□을 집행개시의 요건으로 하지 아니한다.(목적물을 인도하지 아니하고 경매청구할 수 있다)

📝 반대의무의 이행, 이행의 제공

4. 최우선변제권(少額賃借人)

① 의의

제14조(보증금 중 일정액의 보호) ① 임차인은 보증금 중 일정액(최우선변제권·소액임차인)을 다른 담보물권자보다 우선하여 변제받을 권리가 있다. 이 경우 임차인은 건물에 대한 경매신청의 등기 □에 □□□□을 갖추어야 한다.

📝 전, 대항요건

② 상가건물임대차위원회

제14조의2(상가건물임대차위원회) ① 상가건물 임대차에 관한 다음 각 호의 사항을 심의하기 위하여 법무부에 상가건물임대차위원회(이하 "위원회"라 한다)를 둔다.
    1. 제2조제1항 단서에 따른 보증금액
    2. 제14조에 따라 우선변제를 받을 임차인 및 보증금 중 일정액의 범위와 기준
② 위원회는 위원장 1명을 포함한 10명 이상 15명 이하의 위원으로 성별을 고려하여 구성한다.
③ 위원회의 위원장은 법무부차관이 된다.

③ 우선변제를 받을 임차인의 범위

제14조(보증금 중 일정액의 보호) ③ 제1항에 따라 우선변제를 받을 임차인 및 보증금 중 일정액의 범위와 기준은 임대건물가액(임대인 소유의 대지가액을 포함한다)의 2분의 1 범위에서 해당 지역의 경제 여건, 보증금 및 차임 등을 고려하여 대통령령으로 정한다.

> 「시행령」 제6조(우선변제를 받을 임차인의 범위) 법 제14조의 규정에 의하여 우선변제를 받을 임차인은 보증금과 차임이 있는 경우 법 제2조제2항의 규정에 의하여 환산한 금액의 합계가 다음 각호의 구분에 의한 금액 이하인 임차인으로 한다. 〈개정 2008.8.21., 2010.7.21., 2013.12.30.〉
> 1. 서울특별시 : □□□□□만원
> 2. 「수도권정비계획법」에 따른 과밀억제권역(서울특별시는 제외한다) : □□□□□만원
> 3. 광역시(「수도권정비계획법」에 따른 과밀억제권역에 포함된 지역과 군지역은 제외한다), 안산시, 용인시, 김포시 및 광주시 : □□□□□만원
> 4. 그 밖의 지역 : □□만원
>
> 「시행령」 제7조(우선변제를 받을 보증금의 범위 등) ① 법 제14조의 규정에 의하여 우선변제를 받을 보증금중 일정액의 범위는 다음 각호의 구분에 의한 금액 이하로 한다. 〈개정 2008.8.21., 2010.7.21., 2013.12.30.〉
> 1. 서울특별시 : □□□□□만원
> 2. 「수도권정비계획법」에 따른 과밀억제권역(서울특별시는 제외한다) : □□□□□만원
> 3. 광역시(「수도권정비계획법」에 따른 과밀억제권역에 포함된 지역과 군지역은 제외한다), 안산시, 용인시, 김포시 및 광주시 : □□□□□만원
> 4. 그 밖의 지역 : □□만원
> ② 임차인의 보증금중 일정액이 상가건물의 가액의 2분의 1을 초과하는 경우에는 상가건물의 가액의 2분의 1에 해당하는 금액에 한하여 우선변제권이 있다.

📝 6천500, 5천500, 3천800, 3천, 2천200, 1천900, 1천300, 1천

---

5. 임차권등기명령

① 의의

> **제6조(임차권등기명령)** ① 임대차가 □□□ □ 보증금이 반환되지 아니한 경우 임차인은 □□□□의 소재지를 관할하는 지방법원, 지방법원지원 또는 시·군법원에 임차권등기명령을 신청할 수 있다.(15회 추가, 18회, 30회)
> ④ 임차권등기명령신청을 기각하는 결정에 대하여 임차인은 항고할 수 있다.(17회)
> ⑨ 금융기관등은 임차인을 대위하여 제1항의 임차권등기명령을 신청할 수 있다. 이 경우 제3항·제4항 및 제8항의 "임차인"은 "금융기관등"으로 본다.

📝 종료된 후, 임차건물

② 임차권등기의 효력(대항력과 우선변제권)

> ⑤ 임차권등기명령의 집행에 따른 임차권등기를 마치면 임차인은 제3조제1항에 따른 □□과 제5조제2항에 따른 □□□□□을 취득한다. 다만, 임차인이 임차권등기 이전에 이미 대항력 또는 우선변제권을 취득한 경우에는 그 대항력 또는 우선변제권이 그대로 유지되며, 임차권등기 이후에는 제3조제1항의 □□□□을 상실(폐업신고)하더라도 이미 취득한 대항력 또는 우선변제권을 상실하지 아니한다.
> ⑥ 임차권등기명령의 집행에 따른 임차권등기를 마친 건물(임대차의 목적이 건물의 일부분인 경우에는 그 부분으로 한정한다)을 그 이후에 임차한 임차인은 □□□□□를 받을 권리가 없다.(16회)
> ⑧ 임차인은 제1항에 따른 임차권등기명령의 신청 및 그에 따른 임차권등기와 관련하여 든 비용을 □□□에게 청구할 수 있다.
>
> 📝 대항력, 우선변제권, 대항요건, 최우선변제, 임대인

③ 주택임대차보호법에 의한 임차권등기가 된 경우, 임대인의 **임대차보증금 반환의무**가 임차인의 **임차권등기 말소의무보다 먼저 이행되어야 할 의무**이다(즉, 보증금반환의무와 임차권등기 말소의무가 동시이행관계는 아니다).

④ 임차권등기명령에 의하여 **임차권등기**를 한 임차인은 별도로 **배당요구를 하지 않아도** 당연히 **배당받을 채권자**에 속한다.

6. 임대차 기간

① 임대차기간(18회, 27회)

> 제9조(임대차기간 등) ① 기간을 정하지 아니하거나 기간을 □□ 미만으로 정한 임대차는 그 기간을 □□□으로 본다. 다만, □□□은 1년 미만으로 정한 기간이 유효함을 주장할 수 있다.
> ② 임대차가 종료한 경우에도 임차인이 보증금을 □□□□ □까지는 임대차 관계는 존속하는 것으로 본다.(17회)
>
> 📝 1년, 1년, 임차인, 반환받을 때

㉠ **임차인**(임대인 X)은 **1년 미만**으로 정한 기간이 유효함을 **주장**할 수 있다.(17회)
㉡ 임차기간을 2년으로 정한 임대차는 그 기간을 2년으로 보므로, 임대인은 임차기간이 1년임을 주장할 수 없다.(21회)

② 묵시적 갱신(법정갱신)(35회)

> 제10조(계약갱신 요구 등) ④ □□□이 만료되기 6개월 전부터 □□□ 전까지 임차인에게 갱신 거절의 통지 또는 조건 변경의 통지를 하지 아니한 경우에는 그 기간이 만료된 때에 전 임대차와 동일한 조건으로 다시 임대차한 것으로 본다(묵시적갱신, 법정갱신). 이 경우에 임대차의 존속기간은 □□으로 본다.
> ⑤ 제4항의 경우 □□□은 언제든지 임대인에게 계약해지의 통고를 할 수 있고, 임대인이 통고를 받은 날부터 □□□이 지나면 효력이 발생한다.(30회)
>
> 📝 임대인, 1개월, 1년, 임차인, 3개월

③ 폐업으로 인한 임차인의 해지권

제11조의2(폐업으로 인한 임차인의 해지권) ① 임차인은 「감염병의 예방 및 관리에 관한 법률」 제49조 제1항제2호에 따른 집합 제한 또는 금지 조치(같은 항 제2호의2에 따라 운영시간을 제한한 조치를 포함한다)를 총 3개월 이상 받음으로써 발생한 경제사정의 중대한 변동으로 폐업한 경우에는 임대차계약을 해지할 수 있다.
② 제1항에 따른 해지는 임대인이 계약해지의 통고를 받은 날부터 3개월이 지나면 효력이 발생한다.

7. 임차인의 계약갱신요구권

① 갱신거절사유

제10조(계약갱신 요구 등) ① 임대인은 임차인이 임대차기간이 만료되기 □□□ 전부터 □□□ 전까지 사이에 계약갱신을 요구할 경우 정당한 사유 없이 거절하지 못한다. 다만, 다음 각 호의 어느 하나의 경우에는 거절할 수 있다.
1. 임차인이 □□의 차임액에 해당하는 금액에 이르도록 차임을 연체한 사실이 있는 경우(14회, 17회) (임대차 기간 중 어느 때라도 차임이 3기분에 달하도록 연체된 사실이 있다면 임대인은 계약갱신 요구를 거절할 수 있고, 반드시 임차인이 계약갱신요구권을 행사할 당시에 3기분에 이르는 차임이 연체되어 있어야 하는 것은 아니다)
2. 임차인이 거짓이나 그 밖의 부정한 방법으로 임차한 경우
3. 서로 합의하여 임대인이 임차인에게 상당한 보상을 제공한 경우
4. 임차인이 임대인의 동의 없이 목적 건물의 전부 또는 일부를 전대(轉貸)한 경우
5. 임차인이 임차한 건물의 전부 또는 일부를 고의나 □□□ □□로 파손한 경우(19회)
6. 임차한 건물의 전부 또는 일부가 멸실되어 임대차의 목적을 달성하지 못할 경우
7. 임대인이 다음 각 목의 어느 하나에 해당하는 사유로 목적 건물의 전부 또는 □□□(일부 X)을 철거하거나 재건축하기 위하여 목적 건물의 점유를 회복할 필요가 있는 경우(15회 추가)
   가. 임대차계약 □□ □□ 공사시기 및 소요기간 등을 포함한 철거 또는 재건축 계획을 임차인에게 구체적으로 고지하고 그 계획에 따르는 경우
   나. 건물이 노후·훼손 또는 일부 멸실되는 등 안전사고의 우려가 있는 경우
   다. 다른 법령에 따라 철거 또는 재건축이 이루어지는 경우
8. 그 밖에 임차인이 임차인으로서의 의무를 현저히 위반하거나 임대차를 계속하기 어려운 중대한 사유가 있는 경우

📝 6개월 1개월, 3기, 중대한 과실, 대부분, 체결 당시

② 범위

> **제10조(계약갱신 요구 등)** ② 임차인의 계약갱신요구권은 최초의 임대차기간을 □□(제외 ×)한 전체 임대차기간이 □□□을 초과하지 아니하는 범위에서만 행사할 수 있다.
>
> 「부칙」 **제2조(계약갱신요구 기간의 적용례)** 제10조제2항의 개정규정은 이 법 시행 후 최초로 체결되거나 갱신되는 임대차부터 적용한다.
>
> ③ 갱신되는 임대차는 전 임대차와 동일한 조건으로 다시 계약된 것으로 본다. 다만, 차임과 보증금은 제11조에 따른 범위에서 증감할 수 있다.

📝 포함, 10년

㉠ 임차인의 계약갱신요구권은 최초의 임대차기간을 포함한 전체 임대차기간이 10년을 초과하지 아니하는 범위에서만 행사할 수 있다.(17회, 18회, 30회) '최초의 임대차 기간'이라 함은 당해 상가건물에 관하여 최초로 체결된 임대차계약의 기간을 의미한다.

㉡ 이 규정은 임차인의 계약갱신요구권에 관하여 전체 임대차기간을 **10년으로 제한**하는 (구)상가건물 임대차보호법 제10조 제2항의 규정은 **법정갱신에 대하여는 적용되지 아니한다.**(22회) (즉 법정갱신된 경우에는 10년을 초과할 수도 있다)

③ 계약갱신의 특례

> **제10조의2(계약갱신의 특례)** 제2조 제1항 단서에 따른 보증금액을 □□하는 임대차의 계약갱신의 경우에는 당사자는 상가건물에 관한 조세, 공과금, 주변 상가건물의 차임 및 보증금, 그 밖의 부담이나 경제사정의 변동 등을 고려하여 차임과 보증금의 증감을 청구할 수 있다.

📝 초과

8. 차임 등에 관한 사항

① 해지청구(27회)

> **제10조의8(차임연체와 해지)** 임차인의 차임연체액이 □□의 차임액에 달하는 때에는 임대인은 계약을 해지할 수 있다.

📝 3기

점포에 대한 사건에서 임대인 지위가 양수인에게 승계된 경우 **이미 발생한 연체차임채권**은 따로 **채권양도의 요건을 갖추지 않는 한 승계되지 않고,** 따라서 양수인이 연체차임채권을 양수받지 않은 이상 **승계 이후의 연체차임액이 3기 이상**의 차임 액에 달하여야만 비로소 임대차계약을 **해지할** 수 있다.(22회)

② **차임 등의 증감청구권**(15회 추가)

제11조(차임 등의 증감청구권) ① 차임 또는 보증금이 임차건물에 관한 조세, 공과금, 그 밖의 부담의 증감이나 「감염병의 예방 및 관리에 관한 법률」 제2조제2호에 따른 제1급감염병 등에 의한 경제사정의 변동으로 인하여 상당하지 아니하게 된 경우에는 당사자는 장래의 차임 또는 보증금에 대하여 증감을 청구할 수 있다. 그러나 증액의 경우에는 대통령령으로 정하는 기준에 따른 비율을 초과하지 못한다. 〈개정 2020. 9. 29.〉

> 「**시행령**」 **제4조(차임 등 증액청구의 기준)** 법 제11조제1항의 규정에 의한 차임 또는 보증금의 증액청구는 청구당시의 차임 또는 보증금의 100분의 □의 금액을 초과하지 못한다.(임대차계약이 종료한 후 재계약을 하거나 임대차계약 종료 전이라도 당사자의 합의로 차임 등을 증액하는 경우에는 적용되지 않는다)

② 차임등의 증액 청구는 임대차계약 또는 약정한 차임 등의 증액이 있은 후 □□ 이내에는 하지 못한다.
③ 「감염병의 예방 및 관리에 관한 법률」 제2조제2호에 따른 제1급감염병에 의한 경제사정의 변동으로 차임 등이 감액된 후 임대인이 제1항에 따라 증액을 청구하는 경우에는 증액된 차임 등이 □□ □ □□ 등의 금액에 달할 때까지는 차임 또는 보증금의 증액청구는 100분의 5의 제한을 받지 아니한다. 〈신설 2020. 9. 29.〉

📝 5, 1년, 감액 전 차임

③ **월차임 전환 시 산정률의 제한**

제12조(월 차임 전환 시 산정률의 제한) 보증금의 전부 또는 일부를 월 단위의 차임으로 전환하는 경우에는 그 전환되는 금액에 다음 각 호 중 □□ 비율을 곱한 월 차임의 범위를 초과할 수 없다.
1. 「은행법」에 따른 은행의 대출금리 및 해당 지역의 경제 여건 등을 고려하여 대통령령으로 정하는 비율

> 「**시행령**」 **제5조(월차임 전환 시 산정률)** ① 법 제12조제1호에서 "대통령령으로 정하는 비율"이란 연 □□ □□을 말한다.

2. 한국은행에서 공시한 기준금리에 대통령령으로 정하는 배수를 □□ 비율

> 「**시행령**」 **제5조(월차임 전환 시 산정률)** ② 법 제12조제2호에서 "대통령령으로 정하는 배수"란 □.□배를 말한다.

📝 낮은, 1할 2푼, 곱한, 4.5배

9. 권리금

(1) 의의

제10조의3(권리금의 정의 등) ① 권리금이란 임대차 목적물인 상가건물에서 영업을 하는 자 또는 영업을 하려는 자가 영업시설·비품, 거래처, 신용, 영업상의 노하우, 상가건물의 위치에 따른 영업상의 이점 등 유형·무형의 재산적 가치의 양도 또는 이용대가로서 임대인, 임차인에게 보증금과 차임 □□□ 지급하는 금전 등의 대가를 말한다.
② 권리금 계약이란 신규임차인이 되려는 자가 □□□에게 권리금을 지급하기로 하는 계약을 말한다.

📝 이외에, 임차인

① 상가건물임대차보호법은 권리금의 회수에 관한 명문규정을 둠으로써 임차인을 보호하고 있다.(16회)
② 권리금이 임차인으로부터 임대인에게 지급된 경우 그 유형·무형의 재산적 가치의 양수 또는 약정기간 동안의 이용이 유효하게 이루어진 이상 임대인은 그 권리금의 반환의무를 지지 아니한다.

(2) 권리금 회수기회 보호 등

> **제10조의4(권리금 회수기회 보호 등)** ① 임대인은 임대차기간이 끝나기 □□□ 전부터 임대차 □□ □까지 다음 각 호의 어느 하나에 해당하는 행위를 함으로써 권리금 계약에 따라 임차인이 주선한 신규임차인이 되려는 자로부터 권리금을 지급받는 것을 방해하여서는 아니 된다. 다만, 제10조제1항 각 호의 어느 하나에 해당하는 사유가 있는 경우에는 그러하지 아니하다.
> 1. 임차인이 주선한 신규임차인이 되려는 자에게 권리금을 요구하거나 임차인이 주선한 신규임차인이 되려는 자로부터 권리금을 수수하는 행위
> 2. 임차인이 주선한 신규임차인이 되려는 자로 하여금 임차인에게 권리금을 지급하지 못하게 하는 행위
> 3. 임차인이 주선한 신규임차인이 되려는 자에게 상가건물에 관한 조세, 공과금, 주변 상가건물의 차임 및 보증금, 그 밖의 부담에 따른 금액에 비추어 현저히 고액의 차임과 보증금을 요구하는 행위
> 4. 그 밖에 정당한 사유 없이 임대인이 임차인이 주선한 신규임차인이 되려는 자와 임대차계약의 체결을 거절하는 행위

📝 6개월, 종료 시

① 방해 행위의 유형

> **제10조의4(권리금 회수기회 보호 등)** ① ~ 다만, 제10조제1항 각 호의 어느 하나에 해당하는 사유가 있는 경우에는 그러하지 아니하다.
> 1. 임차인이 주선한 신규임차인이 되려는 자에게 권리금을 요구하거나 임차인이 주선한 신규임차인이 되려는 자로부터 권리금을 수수하는 행위
> 2. 임차인이 주선한 신규임차인이 되려는 자로 하여금 임차인에게 권리금을 지급하지 못하게 하는 행위
> 3. 임차인이 주선한 신규임차인이 되려는 자에게 상가건물에 관한 조세, 공과금, 주변 상가건물의 차임 및 보증금, 그 밖의 부담에 따른 금액에 비추어 현저히 고액의 차임과 보증금을 요구하는 행위
> 4. 그 밖에 정당한 사유 없이 임대인이 임차인이 주선한 신규임차인이 되려는 자와 임대차계약의 체결을 거절하는 행위

② 임대인이 신규임차인과 계약체결을 거절할 정당한 사유(30회)

> **제10조의4(권리금 회수기회 보호 등)** ② 다음 각 호의 어느 하나에 해당하는 경우에는 제1항제4호의 정당한 사유가 있는 것으로 본다.
> 1. 임차인이 주선한 신규임차인이 되려는 자가 보증금 또는 차임을 지급할 자력이 없는 경우
> 2. 임차인이 주선한 신규임차인이 되려는 자가 임차인으로서의 의무를 위반할 우려가 있거나 그 밖에 임대차를 유지하기 어려운 상당한 사유가 있는 경우
> 3. 임대차 목적물인 상가건물을 1년 6개월 이상 영리목적으로 사용하지 아니한 경우
> 4. 임대인이 선택한 신규임차인이 임차인과 권리금 계약을 체결하고 그 권리금을 지급한 경우

③ 최신판례

㉠ 권리금 회수 방해를 인정하기 위하여 반드시 **임차인과 신규임차인이 되려는 자** 사이에 권리금계약이 미리 체결되어 있어야 하는 것은 아니다.

㉡ 최초의 임대차기간을 포함한 전체 임대차기간이 **10년을 초과하여 임차인이 계약갱신요구권을 행사할 수 없는 경우**에도 임대인은 임차인의 **권리금 회수기회 보호의무를 부담**한다.

㉢ 임차인이 **3기의 차임액 이상 차임을 연체**하는 등 계약갱신거절 각 호의 사유(임차인의 차임 연체(제1호), 부정한 방법에 의한 임차(제2호), 무단 전대(제4호), 고의·중과실에 의한 임차목적물 파손(제5호)(30회), 현저한 의무 위반(제8호) 등 전형적인 임차인의 채무불이행 또는 신뢰파괴 사유에 관한 것이거나 임대인이 임차인에게 상당한 보상을 제공하여(제3호))가 발생한 경우에는 언제든지 임대인은 임대차계약을 해지하거나 **계약갱신을 거절**할 수 있고 이러한 경우 **권리금 회수기회 보호의무를 부담하지 않는다.**(임대인이 법 제10조 제1항 각호의 갱신거절사유가 있어 계약갱신을 거절하는 경우에는 임대인에게 권리금 회수기회 보호의무가 없다)

㉣ '임대차 목적물인 상가건물을 1년 6개월 이상 영리목적으로 사용하지 아니한 경우'는 임대인이 임대차 종료 후 임대차 목적물인 상가건물을 1년 6개월 이상 영리목적으로 사용하지 아니하는 경우를 의미하고, 위 조항에 따른 정당한 사유가 있다고 보기 위해서는 임대인이 임대차 종료 시 그러한 사유를 들어 임차인이 주선한 자와 신규 임대차계약 체결을 거절하고, 실제로도 1년 6개월 동안 상가건물을 영리목적으로 사용하지 않아야 한다.

(3) **임대인의 손해배상책임**(26회, 27회)

> **제10조의4(권리금 회수기회 보호 등)** ③ 임대인이 제1항을 위반(권리금 회수방해)하여 임차인에게 손해를 발생하게 한 때에는 그 손해를 배상할 책임이 있다. 이 경우 그 손해배상액은 신규임차인이 임차인에게 지급하기로 한 권리금과 임대차 종료 당시의 권리금 중 □□ 금액을 넘지 못한다.
> ④ 제3항에 따라 임대인에게 손해배상을 청구할 권리는 □□□□ □□한 날부터 □□ 이내에 행사하지 아니하면 시효의 완성으로 소멸한다.
> ⑤ 임차인은 임대인에게 임차인이 주선한 신규임차인이 되려는 자의 보증금 및 차임을 지급할 자력 또는 그 밖에 임차인으로서의 의무를 이행할 의사 및 능력에 관하여 자신이 알고 있는 정보를 제공하여야 한다.

낮은, 임대차가 종료, 3년

① **임차인이 신규임차인과 애초부터 권리금계약 체결 자체를 예정하고 있지 아니하였던 경우** 임대인이 임차인의 권리금 회수를 방해하거나 임차인에게 **손해가 발생하였다고 볼 여지가 없다.**
② 임차인이 임대인에게 **권리금 회수 방해로 인한 손해배상을 구하기 위해서는** 원칙적으로 임차인이 신규임차인이 되려는 자를 주선하였어야 한다. 그러나 **임대인이 정당한 사유 없이 임차인이 신규임차인이 되려는 자를 주선하더라도 그와 임대차계약을 체결하지 않겠다는 의사를 확정적으로 표시**한 특별한 사정이 있다면(상가 임차인인 乙이 임대차기간 만료 전 임대인인 甲에게 乙이 주선하는 신규임차인과 임대차계약을 체결하여 줄 것을 요청하였으나, 임대인 甲이 상가를 인도받은 후 직접 사용할 계획이라고 답변하였고, 이에 임차인 乙이 신규임차인 물색을 중단하고 임대차기간 만료일에 임대인 甲에게 상가를 인도한 경우) **임차인이 실제로 신규임차인을 주선하지 않았더라도** 임대인의 위와 같은 거절행위는 거절행위에 해당하여 임차인은 임대인에게 권리금 회수 방해로 인한 **손해배상을 청구**할 수 있다.

(4) 기타

① 권리금 적용 제외

> **제10조의5(권리금 적용 제외)** 제10조의4는 다음 각 호의 어느 하나에 해당하는 상가건물 임대차의 경우에는 적용하지 아니한다.
> 1. 임대차 목적물인 상가건물이 「유통산업발전법」 제2조에 따른 □□□점포(상시 운영되고 매장면적의 합계가 3천㎡ 이상인 매장을 보유한 점포의 집단) 또는 □□□□점포(대규모점포를 경영하는 회사 또는 그 계열회사가 직영하는 점포로서 기업형 슈퍼마켓, 즉 슈퍼슈퍼마켓)의 일부인 경우(다만, 「전통시장 및 상점가 육성을 위한 특별법」 제2조제1호에 따른 □□□□은 제외한다)
> 2. 임대차 목적물인 상가건물이 「국유재산법」에 따른 □□재산 또는 「공유재산 및 물품 관리법」에 따른 □□재산(공유재산은 지방자치단체의 부담이나 기부의 채납(採納) 또는 법령·조례의 규정에 의거 지방자치단체의 소유로 된 재산)인 경우

📝 대규모, 준대규모, 전통시장, 국유, 공유

② 표준권리금계약서

> **제10조의6(표준권리금계약서의 작성 등)** □□□□□장관은 법무부장관과 협의를 거쳐 임차인과 신규임차인이 되려는 자의 권리금 계약 체결을 위한 표준권리금계약서를 정하여 그 사용을 권장할 수 있다. 〈개정 2020. 7. 31.〉
>
> **제10조의7(권리금 평가기준의 고시)** □□□□□장관은 권리금에 대한 감정평가의 절차와 방법 등에 관한 기준을 고시할 수 있다.

📝 국토교통부, 국토교통부

10. 표준계약서의 작성 및 관리비 내역의 제공

제19조(표준계약서의 작성 등) 법무부장관은 국토교통부장관과 협의를 거쳐 보증금, 차임액, 임대차기간, 수선비분담, 관리비 부과 항목등의 내용이 기재된 상가건물임대차표준계약서를 정하여 그 사용을 권장할 수 있다.[시행일 : 2026. 5. 12.]

제19조의2(관리비 내역의 제공) ① 임대차계약시 합의로 임차인이 임대인에게 상가건물의 유지관리를 위하여 필요한 관리비를 납부하는 경우 임차인은 임대인에게 그 부과된 관리비 내역의 제공을 요청할 수 있다.
② 제1항에 따라 임차인으로부터 관리비 내역의 제공을 요청받은 임대인은 이에 따라야 한다.
③ 제1항 및 제2항에 따라 임대인이 제공하여야 하는 관리비 내역 등에 필요한 사항은 대통령령으로 정한다.[본조신설 2025. 11. 11.] [시행일 : 2026. 5. 12.]

CHAPTER 03 부동산실명법

1. 서설

(1) 의의

① 목적

> **제1조(목적)** 이 법은 부동산에 관한 소유권과 그 밖의 물권을 실체적 권리관계와 일치하도록 □□□□ 명의(名義)로 등기하게 함으로써 부동산등기제도를 악용한 투기·탈세·탈법행위 등 반사회적 행위를 방지하고 부동산 거래의 정상화와 부동산 가격의 안정을 도모하여 국민경제의 건전한 발전에 이바지함을 목적으로 한다.
>
> 📝 실권리자

② 정의(26회)

> **제2조(정의)** 이 법에서 사용하는 용어의 뜻은 다음과 같다.
> 1. "명의신탁약정"(名義信託約定)이란 □□□에 관한 소유권이나 그 밖의 물권(이하 "부동산에 관한 물권"이라 한다 ⇨ 타인 명의로 전세권등기를 한 경우에도 명의신탁으로 본다)을 보유한 자 또는 □□□ 취득하거나 취득하려고 하는 자[이하 "실권리자"(實權利者)라 한다]가 타인(수탁자)과의 사이에서 대내적으로는 □□□□(명의신탁자)가 부동산에 관한 물권을 보유하거나 보유하기로 하고 그에 관한 □□(가등기를 포함한다. 이하 같다)는 그 타인의 명의(명의수탁자)로 하기로 하는 약정[위임·위탁매매의 형식에 의하거나 추인(追認)에 의한 경우를 포함한다]을 말한다.
>
> 📝 부동산, 사실상, 실권리자, 등기

③ 실권리자 명의의 등기의무

> **제3조(실권리자명의 등기의무 등)** ① 누구든지(1995. 7. 1. 이후)부동산에 관한 물권을 □□□□□□에 따라 명의수탁자의 명의로 등기하여서는 아니 된다.
>
> 📝 명의신탁약정

④ 부동산실명법이 규정하는 **명의신탁약정** 자체로 **선량한 풍속 기타 사회질서에 위반된다고 할 수 없고**, 무효인 명의신탁약정에 기하여 타인 명의의 등기가 마쳐졌다는 이유만으로 그것이 당연히 **불법원인급여에 해당한다고 볼 수 없다.**

⑤ **농지법에 따른 제한을 피하기 위하여 명의신탁**을 한 경우에도 그에 따른 수탁자 명의의 소유권이전등기가 **불법원인급여라고 할 수 없다.**

⑥ "**명의수탁자**"란 **명의신탁약정**에 따라 **실권리자의 부동산에 관한 물권을 자신의 명의로 등기하는 자**를 말한다. (타주점유이므로 점유취득시효 X)

(2) 용어정리

> **제2조(정의)** 2. "명의□□□"(名義信託者)란 명의신탁약정에 따라 자신의 부동산에 관한 물권을 타인의 명의로 등기하게 하는 실권리자를 말한다.
> 3. "명의□□□"(名義受託者)란 명의신탁약정에 따라 실권리자의 부동산에 관한 물권을 자신의 명의로 등기하는 자를 말한다.
> 4. "실명등기"(實名登記)란 법률 제4944호 부동산실권리자명의등기에 관한 법률 시행 전에 명의신탁약정에 따라 명의수탁자의 명의로 등기된 부동산에 관한 물권을 법률 제4944호 부동산실권리자명의등기에 관한 법률 시행일 이후 명의신탁자의 명의로 등기하는 것을 말한다.
>
> 📝 신탁자, 수탁자

(2) 명의신탁 약정이 아닌 경우(언제나 유효인 경우)

① **부동산의 양도담보와 가등기담보** (15회, 16회, 26회)

> **제2조(정의)** 다만, 다음 각 목의 경우는 제외한다.(⇨ 명의신탁약정이 아니므로 언제나 유효하고 부동산실명법이 적용되지 아니한다)
> 가. 채무의 변제를 담보하기 위하여 채권자가 부동산에 관한 물권을 □□받거나(부동산양도담보) □□□하는 경우(가등기담보)
>
> 📝 이전, 가등기

② **상호명의신탁**(구분소유적공유)

> **제2조(정의)** 다만, 다음 각 목의 경우는 제외한다.(⇨ 명의신탁약정이 아니므로 언제나 유효하고 부동산실명법이 적용되지 아니한다)
> 나. 부동산의 위치와 면적을 특정하여 2인 이상이 구분소유하기로 하는 □□를 하고 그 구분소유자의 □□로 등기하는 경우(구분소유적 공유, 상호명의신탁)
>
> 📝 합의, 공유

㉠ 의의 : 부동산의 위치와 면적을 특정하여 2인 이상이 **구분소유하기로 하는 약정**을 하고 그 구분소유자의 **공유로 등기**하는 경우는 부동산 실명법의 적용대상이 되는 '명의신탁약정'에 해당하지 아니한다.(16회) 상호명의신탁은 부동산실명법의 적용을 받지 않는다.(17회) 그러므로 부동산 공유자의 상호명의신탁은 법률행위의 효력이 확정적으로 유효이다.(21회)
㉡ 내부관계(구분소유자 간) : 구분소유적 공유관계에 있어서는 당사자 내부에 있어서는 **각자가 특정매수한 부분의 단독소유**로 된다. 상호명의신탁의 지분권자는 특정부분에 한해 소유권을 취득하고 이를 **배타적으로 사용·수익**할 수 있으며(자주점유),(29회) **다른 구분소유자의 방해 행위에 대하여는 소유권에 터 잡아 그 배제를 구할 수 있다.** 또한 상호명의신탁의 지분권자는 각자 단독으로 그 특정부분을 처분하고 매수인에게 지분이전등기를 해줄

수 있다.(29회)
ⓒ 대외관계(공유자와 제3자와의 관계) : 1필지 전체에 관해 공유자로서의 권리만을 주장할 수 있으므로, **제3자의 방해 행위**가 있는 경우에는 각 지분권자는 자기의 구분소유부분뿐만 아니라 **전체토지에 대해 공유물의 보존행위로서의 방해배제청구**를 할 수 있고,(29회) **지분의 비율로 손해배상**이나 **부당이득반환**을 청구할 수 있다.
ⓒ 공유물 분할청구의 불가능 : 공유지분권을 주장하지 않고 목적물의 특정부분을 소유한다고 주장하는 자는 **공유물분할청구를 할 수는 없다.**(22회, 29회) 구분소유적 공유관계가 해소되는 경우 **공유지분권자 상호간의 지분이전등기의무는 동시이행의 관계**에 있다.
ⓜ 법정지상권 : 구분소유적 공유관계에 있는 토지의 공유자들이 그 토지 위에 각자 독자적으로 별개의 건물을 소유하면서(토지와 건물의 소유자가 동일) 그 토지 전체(지분)에 대하여 저당권을 설정하였다가 그 저당권의 실행으로 토지와 건물의 소유자가 달라진 경우 법정지상권의 성립한다.(29회)
ⓑ 구분소유적 공유관계는 어떤 토지에 관하여 그 위치와 면적을 **특정**하여 여러 사람이 **구분소유하기로 하는 약정이 있어야만** 적법하게 성립할 수 있다.
ⓢ 공유자들 사이에서 특정 부분을 각각의 공유자들에게 배타적으로 귀속시키려는 의사의 합치가 이루어지지 아니한 경우에는 이러한 관계가 **성립할 여지가 없다.**

③ 신탁재산(16회)

제2조(정의) 다만, 다음 각 목의 경우는 제외한다.(⇨ 명의신탁약정이 아니므로 언제나 유효하고 부동산실명법이 적용되지 아니한다)
다. 「신탁법」 또는 「자본시장과 금융투자업에 관한 법률」에 따른 신탁재산인 사실을 등기한 경우

(3) 종중, 배우자 및 종교단체에 대한 특례(15회) (명의신탁약정과 물권변동의 유효)

제8조(종중 및 배우자에 대한 특례) 다음 각 호의 1에 해당하는 경우로서 조세포탈, 강제집행의 면탈 또는 법령상 제한의 회피를 목적으로 □□ □□하는 경우에는 제4조 내지 제7조 및 제12조제1항ㆍ제2항의 규정을 적용하지 아니한다.(명의신탁 약정 □□, 물권변동도 □□)
1. 종중(종중은 고유한 의미의 종중만 가르키고 종중유사의 비법인 사단은 포함하지 아니한다)이 보유한 부동산에 관한 물권을 종중(종중과 그 대표자를 같이 표시하여 등기한 경우를 포함한다)외의 자의 명의로 등기한 경우
2. 배우자 명의(㉠ 사실혼 관계에 있는 배우자 X ㉡ 신탁자와 수탁자가 혼인하면 혼인한 때부터 유효, ㉢ 배우자 일방의 사망으로 부부관계가 해소되어도 유효하게 종속한다)로 부동산에 관한 물권을 등기한 경우
3. 종교단체의 명의로 □ □□□□이 보유한 부동산에 관한 물권을 등기한 경우

📝 하지 아니, 유효, 유효, 그 산하조직

① 부부일방이 부동산을 구입하면서 배우자명의로 등기하는 경우 부동산 실권리자 명의등기에 관한 법률의 적용대상이 되는 '명의신탁약정'에 해당한다.(16회)
② 사실혼관계에 있는 자 사이의 명의신탁약정은 무효이나(18회, 22회) 그 후 **명의신탁자가 수탁자와 혼인을 함으로써** 법률상의 배우자가 되고 **그때부터(소급효 X)**는 위 특례가 적용되어 그 명의신탁등기가 **유효**로 된다.(18회)
③ 신탁자가 조세포탈, 강제집행의 면탈 또는 법령상 제한의 회피를 목적으로 명의신탁하였다고 볼 수 없는 이상, 비록 **신탁자가 재판상 이혼을 하고 그의 명의로 실명등기를 하지 않았다고 하더라도** 수탁자와 사이의 명의신탁약정 및 이에 따른 부동산물권변동은 **유효**하다.
④ 부동산실명법 제8조 제2호에 따라 **부부 간 명의신탁이 일단 유효한 것으로 인정**되었다면 그 후 배우자 **일방의 사망으로 부부관계가 해소**되었다 하더라도 그 명의신탁약정은 사망한 배우자의 다른 상속인과의 관계에서도 여전히 **유효**하게 존속한다.
⑤ 조세포탈 등의 목적이 있다는 이유로 등기가 무효라는 점은 이를 주장하는자가 증명해야 한다.

2. 이전형 명의신탁(양자간 등기명의신탁)

(1) 의의

① 양자 간 등기명의신탁은 명의신탁자가 자기명의로 등기된 부동산물권을 매매·증여 등으로 가장하여 명의수탁자의 명의로 이전해 주는 것을 말한다.

② 명의신탁약정

> **제4조(명의신탁약정의 효력)** ① 명의신탁약정은 □□로 한다.

📝 무효

③ 물권변동

> **제4조(명의신탁약정의 효력)** ② 명의신탁약정에 따른 등기로 이루어진 부동산에 관한 물권변동은 □□로 한다.

📝 무효

(2) 명의수탁자가 수탁받은 물권을 처분하지 않은 경우

① **수탁자 명의의 등기**는 원인**무효**이며, 소유권 등 **물권**은 **명의신탁자에게** 있고, 명의수탁자 명의로의 소유권이전등기로 인하여 명의신탁자가 어떠한 '손해'를 입게 되거나 명의수탁자가 어떠한 이익을 얻게 된다고 할 수 없다. 결국 침해부당이득반환을 원인으로 하여 소유권이전등기절차의 이행을 구할 수는 없다.

② **명의신탁약정이 무효**이므로 명의신탁자는 명의수탁자에게 **명의신탁 해지를 원인으로 하는 소유권이전등기를 청구할 수 없다.**(18회, 26회, 31회, 35회) (해지는 유효인 법률관계를 장래를 향하여 소멸시키는 것이므로 명의신탁약정이 무효인 경우에는 해지의 법리가 적용될 여지가 없다)

③ 명의신탁자(소유자)로서는 명의수탁자를 상대로 소유권에 기하여 원인무효인 소유권이전등기의 말소를 구하거나 진정한 등기명의 회복을 원인으로 한 소유권이전등기절차의 이행을 구할 수 있다.
④ 수탁자로서는 신탁자(대내관계)는 물론 제3자에 대한 관계(대외관계)에서도 수탁된 부동산에 대한 소유권자임을 주장할 수 없고(수탁자의 점유는 타주점유),(31회) 소유권에 기한 물권적청구권을 행사할 수도 없다.

(3) 명의수탁자가 수탁받은 물권을 처분한 경우

① **명의신탁약정** 및 **물권변동의 무효**는 제3자가 수탁자의 배임행위에 적극가담하지 않는 한 제3자가 소유권을 취득한다.(35회)
② **명의수탁자가** 부동산을 임의로 **처분**한 행위가 형사상 횡령죄로 처벌되지 않더라도, 위 행위는 **명의신탁자의 소유권을 침해**하는 행위로서 **민법상 불법행위에 해당**하여 명의수탁자는 명의신탁자에게 **손해배상책임을 부담**한다.(35회)
③ 명의수탁자가 신탁부동산을 처분하여 제3취득자가 유효하게 소유권을 취득하고 이로써 명의신탁자가 신탁부동산의 소유권을 상실하였다면 명의신탁자의 소유권에 기한 물권적청구권도 소멸한다.
④ 그 후 명의수탁자가 우연히 신탁부동산의 소유권을 우연히 다시 취득하였다고 하더라도 명의신탁자가 소유권을 상실한 점은 변함이 없으므로 명의수탁자에게 소유권이전등기를 청구할 수도 없다.(31회35회)
⑤ 과징금과 벌칙

> **제5조(과징금)** ① 다음 각 호의 어느 하나에 해당하는 자에게는 해당 부동산 가액(價額)의 100분의 30에 해당하는 금액의 범위에서 과징금을 부과한다.
>   1. 제3조제1항을 위반한 명의신탁자(명의신탁이 대리인에 의해 체결된 경우에도 대리인은 과징금 부과대상이 된다고 볼 수 없다)
>
> **제7조(벌칙)** ① 다음 각 호의 어느 하나에 해당하는 자는 □□ 이하의 징역 또는 □□원 이하의 벌금에 처한다. 〈개정 2016.1.6.〉
>   1. 제3조제1항을 위반한 명의□□□
>   2. 제3조제2항을 위반한 채권자 및 같은 항에 따른 서면에 채무자를 거짓으로 적어 제출하게 한 □□□□
> ② 제3조제1항을 위반한 명의수탁자는 □□ 이하의 징역 또는 □□원 이하의 벌금에 처한다.
> ③ 삭제(교사범, 종범)
>
> **제12조의2(양벌규정)** 신설

📝 5년, 2억, 신탁자, 실채무자, 3년, 1억

(4) 제3자의 범위(31회)

> **제4조(명의신탁약정의 효력)** ③ 제1항(명의신탁약정) 및 제2항(물권변동)의 무효는 제3자에게 대항하지 못한다.(제3자가 적극가담한 경우에는 제103조에 위반되어 무효)

① 제3자라 함은 명의신탁 약정의 당사자 및 포괄승계인(상속인) 이외의 자로서 명의수탁자가 물권자임을 기초로 그와의 사이에 직접 새로운 이해관계를 맺은 사람을 말한다.
② 소유권이나 저당권 등 물권을 취득한 자뿐만 아니라 가압류채권자도 포함된다.
③ 제3자가 아닌 경우
　㉠ 오로지 명의신탁자와 부동산에 관한 물권을 취득하기 위한 계약을 맺고 단지 등기명의만을 명의수탁자로부터 경료받은 것 같은 외관을 갖춘 자
　㉡ 명의수탁자와 사이에 아무런 법률행위 없이 그 **소유권이전에 관한 서류를 위조하여 명의수탁자로부터 소유권이전등기를 경료**한 자와 그로부터 부동산을 양도받은 자
　㉢ 학교법인이 명의신탁약정에 기하여 명의수탁자로서 기본재산에 관한 등기를 마침으로써 **관할청이 기본재산 처분에 관하여 허가권**을 갖게 된다고 하더라도 위 관할청
　㉣ 명의수탁자의 일반채권자
　㉤ 명의수탁자와 직접 이해관계를 맺은 것이 아니라, **제3자가 아닌자와 사이에서 무효인 등기를 기초로 다시 이해관계를 맺은데 불과한 자**

3. 중간생략등기형 명의신탁(3자간 등기명의신탁)

(1) 의의

① 중간생략등기형 명의신탁이란 명의신탁자와 명의수탁자가 명의신탁약정을 맺고, **명의신탁자가 매매계약의 당사자**(매수인)가 되어 매도인과 매매계약을 체결하되, 다만 **등기를 매도인으로부터 명의수탁자 앞으로 직접 이전**하는 형식의 명의신탁으로서 3자간 등기명의신탁이라고도 한다.
② 명의신탁약정이 3자간 등기명의신탁인지 아니면 계약명의신탁인지의 구별은 계약당사자가 누구인가를 확정하는 문제로서 계약명의자가 명의수탁자로 되어 있다 하더라도 계약당사자를 명의신탁자로 볼 수 있다면 3자 간 등기명의신탁이 된다.
③ 계약명의자인 명의수탁자가 아니라 명의신탁자에게 계약에 따른 법률효과를 직접 귀속시킬 의도로 계약을 체결한 사정이 인정된다면 명의신탁자가 계약당사자라고 할 것이므로 3자 간 등기명의신탁으로 보아야 한다.

(2) 명의수탁자가 수탁받은 물권을 처분하지 않은 경우

① 신탁자와 수탁자간의 **명의신탁약정**은 **무효**(30회)이므로 명의신탁자는 명의수탁자를 상대로 **명의신탁 해지를 원인으로 한 소유권이전등기를 청구할 수 없다.**

② 매도인(양도인)로부터 명의수탁자 앞으로의 등기에 의한 **물권변동**도 **무효**이다. 따라서 명의신탁된 **물권은 원래의 매도인(양도인)에게 귀속한다.**

③ 매도인과 명의신탁자간의 법률관계
   ㉠ **매도인과 명의신탁자 사이의 매매계약**은 여전히 **유효**하다.
   ㉡ **명의신탁자는 매도인에게** 매매계약에 기한 **소유권이전등기를 청구**할 수 있다.
   ㉢ 그 소유권이전등기청구권을 보전하기 위하여 **매도인을 대위**하여 **명의수탁자에게** 무효인 그 명의 **등기의 말소를 구**할 수도 있다.

④ 매도인과 명의수탁자간의 법률관계
   ㉠ **물권변동**이 **무효**이므로 소유권 등 **물권은 원래의 소유자**(매도인)에게 있다.
   ㉡ **원소유권자**(매도인)는 소유권에 기한 방해배제청구로 **수탁자에게 직접 등기말소를 청구**할 수 있고, **진정한 등기명의 회복을 위한 소유권이전등기를 청구**할 수도 있다.

⑤ 명의신탁자와 명의수탁자간의 법률관계
   ㉠ 명의신탁자와 명의수탁자간의 **명의신탁약정**은 **무효**이고, 명의수탁자 명의의 등기도 무효여서 명의신탁된 부동산소유권은 매도인에게 복귀된다.
   ㉡ **수탁자 명의의 등기가 무효**라도, **명의신탁자는** 매도인에 대하여 매매계약에 따른 소유권이전등기청구권을 보유하고 있어서 **손해를 입었다고 볼 수도 없다.**
   ㉢ 3자간 등기명의신탁에 있어서 명의신탁된 부동산의 **소유권이 매도인에게 복귀**한 마당에 명의신탁자가 무효인 등기의 명의인인 명의수탁자를 상대로 그 이전등기를 구할 수는 없으므로 **명의신탁자는 명의수탁자를 상대로** 부당이득반환을 원인으로 한 **소유권이전등기를 구할 수 없다.**(30회)
   ㉣ **명의신탁자는** 매도인(양도인)에 대한 소유권이전등기청구권(채권적 등기청구권)을 보전하기 위해 **매도인(양도인)을 대위**하여 명의수탁자에게 무효인 **수탁자명의 등기의 말소를 구할 수 있다.**(17회)
   ㉤ **명의수탁자가 명의신탁자 앞으로 소유권이전등기**를 경료해 주었다면 그 등기는 실체관계에 부합하여 **유효**하다.
   ㉥ **명의신탁자가** 명의신탁된 **부동산을 인도받아 점유**하고 있는 경우, 매도인에 대한 소유권이전**등기청구권의 소멸시효는 진행하지 아니**한다.

(3) 명의수탁자가 수탁받은 물권을 처분한 경우

① 제3자와의 법률관계
   ㉠ **명의신탁약정** 및 **물권변동**의 **무효는** 선의, 악의 불문하고 **제3자에게 대항하지 못한다.**
   ㉡ **명의수탁자가** 신탁부동산을 **임의로 매각처분**한 경우에 특별한 사정이 없는 한 그 **매수인**(제3자)은 유효하게 **소유권을 취득**한다.(30회)

ⓒ 제3자가 **명의수탁자**의 부동산횡령 등 범죄행위에 **적극 가담**하여 물권을 이전받았다면 그것은 공서양속위반행위로서 **절대적 무효**이고, 이 경우에는 제3자로서 보호받지 못한다.

② 매도인과 명의신탁자 또는 명의수탁자간의 법률관계

ⓐ 명의수탁자가 제3자에게 처분하면, 매도인에 대해서는 위법행위가 되고, 매도인의 신탁자에 대한 소유권이전등기의무는 이행불능이 된다.

ⓑ 이 경우 **명의수탁자의 수탁물 처분**으로 인해 원물권자(매도인)가 손해를 입은 것은 아니므로 **원물권자**(매도인)**와 명의수탁자 간의 채무불이행 · 불법행위는 성립하지 않고**, 명의수탁자에 대한 매도인의 손해배상청구도 허용되지 아니한다.(매도인은 신탁자로부터 매매대금을 수령했으므로)

③ 명의신탁자와 명의수탁자 간의 법률관계

ⓐ 명의수탁자는 신탁부동산의 처분대금을 부당이득으로 명의신탁자에게 반환할 의무가 있다.

ⓑ 이른바 중간생략등기형 명의신탁을 한 경우, 명의수탁자가 명의신탁자의 재물을 보관하는 자로 볼 수 없으므로 **명의수탁자가 신탁 받은 부동산을 임의로 처분**하면 **명의신탁자에 대한 관계에서 횡령죄가 성립하지 않는다.**

ⓒ 수탁자가 자진하여 신탁자에게 소유권이전등기를 해주면, 그 등기는 유효이다.(26회) (실체관계에 부합)

4. 계약명의신탁(위임형 명의신탁)

(1) 의의

① 강학상 계약명의신탁이라 함은 신탁자가 수탁자와 명의신탁 약정을 맺고 **수탁자가 매매계약의 당사자**(매수인)가 되어 매도인과 매매계약을 체결한 후 그 **등기를 수탁자 앞으로** 이전등기하는 경우를 가리키는 것이다.

② 타인을 통하여 부동산을 매수하면서 매수인 명의를 그 타인 명의로 하기로 하였다면 특별한 사정이 없는 한 계약명의자인 타인(명의수탁자)을 매매당사자로 보아야 하므로 계약명의신탁에 해당한다.

(2) 매도인이 선의인 경우

> **제4조(명의신탁약정의 효력)** ② 명의신탁약정에 따라 행하여진 등기에 의한 부동산에 관한 물권변동은 □□로 한다. 다만, 부동산에 관한 물권을 취득하기 위한 계약에서 명의□□□가 어느 한쪽 당사자(매수인)가 되고 상대방 당사자(매도인)는 명의신탁약정이 있다는 사실을 □□ □□(선의) 경우에는 명의신탁약정은 □□□이나 물권변동은 □□이다.
>
> 📝 무효, 수탁자, 알지 못한, 무효, 유효

① 부동산에 관한 물권을 취득하기 위한 **계약**에서 명의수탁자가 어느 한쪽 당사자(매수인)가 되고 **상대방 당사자**(매도인, 양도인)는 **명의신탁약정이 있다는 사실을 알지 못**한 경우(선의)에는 **물권변동**은 **유효**하다.
② 매매계약과 수탁자명의 등기의 효력은 매매계약을 **체결할 당시** 매도인의 인식을 **기준**으로 판단해야 한다.
③ 선의의 매도인(양도인)과 명의수탁자간의 법률관계
  ㉠ 명의신탁자와 명의수탁자가 계약명의신탁약정을 맺고 **명의수탁자가** 당사자가 되어 **명의신탁약정이 있다는 사실을 알지 못하는 매도인**과 부동산의 취득에 관한 **계약을 체결**하면 계약은 **유효**하고, 그 매매계약에 기하여 당해 부동산의 소유권이전**등기를 수탁자 명의**로 경료한 경우에는 명의수탁자가 소유권을 취득한다.
  ㉡ 신탁자와 수탁자 사이의 **명의신탁약정**은 **무효**이므로, 결국 수탁자는 전소유자인 매도인 뿐만 아니라 신탁자에 대한 관계에서도 유효하게 당해 부동산의 소유권을 취득한 것으로 보아야 한다.(따라서 위 명의수탁자가 위 부동산을 임의 처분한 경우 횡령죄가 성립하지 않는다)
④ 명의신탁자와 명의수탁자 간의 법률관계
  ㉠ **명의신탁약정**은 **무효**이나, 명의수탁자가 매수인이 되고 매도인은 명의신탁약정이 있다는 사실을 알지 못한 경우(선의) 명의수탁자는 완전한 소유권을 취득하되, 신탁자에 대하여 매매대금 상당의 부당이득반환의무를 부담한다.
  ㉡ 신탁자와 수탁자 사이에 **신탁자의 요구**에 따라 부동산의 **소유명의를 신탁자에게 이전하기로 한 약정**도 **무효**이다.
  ㉢ **명의신탁약정이 무효**이므로 명의신탁자는 명의신탁 **해지를 원인으로** 목적부동산의 소유권이전**등기를 청구할 수 없다**.
  ㉣ 명의신탁자는 애초부터 당해 부동산의 소유권을 취득할 수 없었으므로 명의신탁약정의 무효로 인하여 **명의신탁자가 입은 손해**는 당해 부동산 자체가 아니라 **명의수탁자에게 제공한 매수자금**이므로, 명의수탁자는 명의신탁자로부터 제공받은 매수자금을 부당이득하였다.
  ㉤ 명의신탁자는 명의수탁자에게 제공한 부동산 **매수자금에 대해** 부당이득반환청구권을 가질 수 있을 뿐, 매매대금에 대해 **유치권을 행사할 수는 없다**.
  ㉥ 명의신탁자가 이른바 내부적으로 소유권을 가지는 것을 전제로 **부동산의 처분대가를 명의신탁자에게 지급하는 것**을 내용으로 하는 약정도 **무효**이다.
  ㉦ 사후적으로 명의신탁자와의 사이에서 **매수자금 반환의무에 갈음하여 명의신탁된 부동산 자체를 양도하기로 합의**하고 그에 기하여 명의신탁자 앞으로 소유권이전등기를 마쳐준 경우 이는 대물급부약정에 기한 것으로서 **유효**하다.
  ㉧ 명의수탁자가 소유권이전등기를 위하여 지출하여야 할 **취득세, 등록세 등을 명의신탁자로부터 제공받았다**면 명의수탁자는 이를 명의신탁자에게 **부당이득으로 반환해야** 한다.

⑤ 명의수탁자가 제3자에게 목적부동산을 처분한 경우의 법률관계
  ㉠ 명의수탁자와 매도인간의 매매계약은 유효하고, 수탁자는 대내외적으로 완전한 소유권을 취득하므로 계약명의신탁의 **수탁자가 제3자에게 당해 부동산을 임의로 처분**하더라도 유효하고, 횡령죄나 배임죄가 성립하지 않으며, 수탁부동산의 반환이나 처분대금의 반환은 물론 불법행위를 원인으로 한 손해배상청구 등도 할 수 없다.
  ㉡ **제3자는 선의, 악의를 불문하고 소유권을 취득**한다.
⑥ 매도인(양도인)과 명의신탁자간의 법률관계 : 아무런 법률관계가 존재하지 않는다.

(3) 매도인이 악의인 경우

① **수탁자 명의의 등기는 무효**가 되고, 매도인과 수탁자간의 매매계약은 원시적불능인 급부를 목적으로 하는 계약이 되어 무효가 되므로 **소유권은 매도인에게 복귀**된다.
② **매도인**은 수탁자에게 소유권에 기한 **소유권이전등기말소를 청구**할 수 있고, **명의수탁자**는 매도인에게 **매매대금의 반환을 청구**할 수 있다.(양자는 동시이행관계) 이때 신탁자는 수탁자를 대위하여 수탁자의 매도인에 대한 매매대금 반환청구권을 행사할 수 있다.
③ 만약, **수탁자가** 신탁부동산을 제3자에게 **처분**하는 행위는 매도인에 대하여 **위법행위**가 된다.
④ 명의수탁자의 **제3자에 대한 처분행위가 유효**하여 제3자가 소유권을 취득하게 되면 매도인에 대한 소유권 회복이 불가능하므로 그와 동시이행관계에 있는 **매매대금반환채무를 이행할 여지가 없**으므로 매도인은 수탁자의 처분행위로 **어떠한 손해도 입은바 없다.**
⑤ 신탁자는 수탁자에게 소유권이전등기를 청구할 수 없고, 그 무효사실이 밝혀진 후에 계약상대방인 **매도인이** 계약명의자인 명의수탁자 대신 **명의신탁자가 그 계약의 매수인으로 되는 것에 대하여 동의 내지 승낙**을 함으로써 부동산을 명의신탁자에게 양도할 의사를 표시하였다면, **명의신탁자는 매도인에 대하여** 별도의 양도약정을 원인으로 하는 **소유권이전등기청구**를 할 수 있다.

(4) 경매의 경우

① 부동산 경매절자에서 대금을 부담하는 자가 타인의 명의로 경락허가결정을 받기로 약정하여 그에 따라 경락이 이루어진 경우에 **경매목적부동산의 소유권**은 대외적으로는 물론 대내적으로도 그 **명의인**(수탁자)**이 취득**하며, 이 경우 **매수대금을 부담한 사람**(신탁자)**과 이름을 빌려 준 사람**(수탁자) 사이에는 **명의신탁관계**가 성립한다.
② 부동산 **경매**절차에서 경매목적부동산의 소유권은 실질적 경락대금 부담자가 누구인가와 상관없이 그 **명의인**(수탁자)**이** 적법하게 **취득**한다.
③ **경매에서 경매목적물 소유자의 선의여부를 불문하고 매각허가를 받은 명의인**(수탁자)이 매각대금을 완납하면 경매부동산의 **소유권**을 확정적으로 **취득**하는 것으로 본다.
④ **신탁자는 수탁자에게 경매목적 부동산 자체나 그 처분대금의 반환을 청구할 수 없고**, 신탁자가 제공한 매수대금을 부당이득으로 청구할 수 있다.

CHAPTER 04 가등기담보법

1. 서설

(1) 의의

① 비전형담보란 민법이 정하는 담보물권이 아니면서 거래계에서 담보적 기능을 수행하는 것을 말하는데 변칙담보라고도 한다.
② 가등기가 담보가등기인지 여부는 그 등기부상 표시나 등기 시에 주고받은 서류의 종류에 의하여 형식적으로 결정될 것이 아니고 **거래의 실질과 당사자의 의사해석에 따라 결정될 문제**라고 할 것이다. (14회, 30회, 32회)
③ **양도담보의 목적으로 소유권이전 등기**를 하는 경우 **등기비용**과 **취득세액부담**은 당사자사이에 특약이 없는 한 **채권자**가 부담한다. (22회)
④ 채권자 아닌 제3자 명의로 가등기를 하는데 대하여 **채권자와 채무자 및 제3자 사이에 합의**가 있는 경우, 제3자에게 그 채권이 실질적으로 귀속되었다고 볼 수 있는 특별한 사정이 있으면 **제3자 명의의 가등기**는 **유효**이다. (15회)
⑤ 채권자와 채무자가 가등기담보권설정계약을 체결하면서 가등기 이후에 발생한 채권도 후순위 권리자에 대하여 우선변제권을 가지는 가등기담보권의 피담보채권에 포함시키기로 약정할 수 있다. (23회)
⑥ 가등기담보권자는 특별한 사정이 없는 한 가등기담보권을 그 피담보채권과 함께 제3자에게 양도할 수 있다. (33회)
⑦ 가등기담보의 채무자의 채무변제와 가등기 말소는 동시이행관계에 있지 않다. (26회)

(2) 용익관계

① 가등기담보권이 실행될 때까지는 목적물의 **소유권**이 **담보권설정자에게** 있으므로, 담보권설정자는 목적물을 자유롭게 **사용·수익**할 수 있고 **제3자에게 용익물권을 설정**하거나 **임대**할 수도 있다. (15회 추가, 22회)
② 양도담보권자는 청산절차가 종료되기 전까지는 과실수취권이 없으므로 제3자에게 임료상당의 부당이득반환을 청구할 수 없다. (29회)
③ 가등기담보권이 설정된 경우, 설정자는 담보권자에 대하여 그 목적물의 소유권을 자유롭게 행사할 수 있다. (23회)
④ 양도담보설정자로부터 임차하여 사용하고 있는자에게 양도담보권자는 소유권에 기해 반환을 청구할 수 없다. (31회)

⑤ 담보목적물에 대한 **과실수취권 등을 포함한 사용·수익권**은 **청산절차의 종료**와 함께 **채권자에게 귀속**된다. (26회, 30회, 35회)
⑥ 양도담보권자는 담보권실행을 위하여 양도담보설정자로부터 용익권을 설정받은 자에게 부동산의 인도를 청구할 수 있다. (29회, 31회)

(3) 용어정리 (16회, 33회)

> **제2조(정의)** 이 법에서 사용하는 용어의 뜻은 다음과 같다.
> 1. "담보계약"이란 「민법」 제608조에 따라 그 효력이 상실되는 대물반환의 예약[환매(매도담보), 양도담보 등 명목이 어떠하든 그 모두를 포함한다]에 포함되거나 병존(竝存)하는 채권담보 계약을 말한다.
> 2. "채무자등"이란 다음 각 목의 자를 말한다.
>   가. ☐☐☐
>   나. 담보가등기목적 부동산의 ☐☐☐☐☐
>   다. 담보가등기 후 소유권을 취득한 제3자(제3취득자)
> 3. "담보가등기"란 채권담보의 목적으로 마친 가등기를 말한다.
> 4. "강제경매등"이란 강제경매와 담보권의 실행 등을 위한 경매(임의경매)를 말한다.
> 5. "후순위권리자"란 담보가등기 후에 등기된 저당권자·전세권자 및 담보가등기권리자를 말한다.
>
> 📝 채무자, 물상보증인

(4) 청산방법(淸算方法)

① 가등기담보권을 실행하는 방법으로 권리취득에 의한 사적실행, 즉 가등기담보권자가 주도적으로 담보목적물의 소유권을 취득하여 피담보채권의 만족을 얻는 이른바 **귀속청산**(歸屬淸算·사적실행·취득정산(取得精算))과 경매에 의한 **공적실행**, 즉 법원에 경매를 청구하여 담보권을 실행하는 이른바 **처분청산**(處分淸算·공적실행(公的實行)·경매)이 있다.
② 가등기담보법은 귀속청산과 경매신청에 의한 우선변제만을 인정하고 **가등기담보권자의 주도에 의한** 처분 및 그 대금으로의 변제 및 청산을 의미하는 **처분청산은 인정하지 않는다.**
③ 채무자가 자기소유의 건물을 채권담보의 목적으로 채권자에게 양도한 후 채무전액을 변제하였는데, 채권자가 그 건물을 제3자가 매도하여 이전등기를 해 준 경우, 제3자는 소유권을 취득할 수 없다. (15회 추가) (채무전액을 변제하면 부종성으로 양도담보권은 소멸하고 등기는 무효가 되며, 등기에 공신의 원칙이 인정되지 않으므로 제3자는 소유권을 취득할 수가 없다)

2. 가등기담보 등에 관한 법률의 적용범위

(1) (준)소비대차

> **제1조(목적)** 이 법은 ☐☐☐(借用物, 소비대차, 준소비대차, 대여금 반환)의 반환에 관하여 차주(借主)가 차용물을 갈음하여 다른 재산권을 이전할 것을 예약할 때 그 재산의 ☐☐ ☐☐ 가액이 차용액(借用額)과 이에 붙인 이자를 합산한 액수를 ☐☐하는 경우에 이에 따른 담보계약과 그 담보의 목적으로 마친 가등기(가등기담보) 또는 소유권이전등기(부동산양도담보)의 효력을 정함을 목적으로 한다.
>
> 📝 차용물, 예약 당시, 초과

① 가등기담보법은 **차용물의 반환**에 관하여 다른 재산권을 이전할 것을 예약한 경우에만 적용된다.
② 금전소비대차나 준소비대차에 기한 차용금반환채무와 그 외의 원인으로 발생한 채무(공사대금)를 동시에 담보할 목적(가등기담보법 적용 X)으로 경료된 가등기나 소유권이전등기라도 그 후 후자의 채무(공사대금)가 변제 기타의 사유로 소멸하고 **금전소비대차나 준소비대차에 기한 차용금반환채무의 전부 또는 일부만이 남게 된 경우**에는 그 가등기담보나 양도담보에 가등기담보법이 **적용**된다.
③ 차용금채무 1억원의 담보로 2억원 상당의 부동산에 대해 대물변제예약을 하고 가등기한 경우 가등기담보법이 적용된다.(34회)
④ 적용되지 않은 경우
  ㉠ 가등기의 **주된 목적**이 **매매대금채권의 확보**에 있고 대여금채권의 확보는 부수적 목적인 경우(17회)
  ㉡ **매매대금**,(20회, 21회, 34회) 불하대금 채무, **공사대금채권**(19회, 26회, 33회)을 담보하는 담보가등기의 경우
  ㉢ 1억 원의 토지매매대금의 지급담보와 그 불이행의 경우의 제재를 위해 2억 원 상당의 부동산에 가등기한 경우(20회)
  ㉣ 양도담보권이 매매대금채권의 담보를 위하여 설정된 후 대여금채권이 그 피담보채권에 포함되게 된 경우(15회)

(2) 등기·등록이 가능한 물건이나 권리

> **제18조(다른 권리를 목적으로 하는 계약에의 준용)** □□ 또는 □□할 수 있는 부동산소유권 외의 권리{질권·저당권 및 전세권은 제외한다}의 취득을 목적으로 하는 담보계약에 관하여는 제3조부터 제17조까지의 규정을 준용한다. 다만, 「동산·채권 등의 담보에 관한 법률」에 따라 담보등기를 마친 경우에는 적용하지 아니한다.
>
> 📝 등기, 등록

① 등기·등록이 되지 않는 일반 **동산**, 무기명주식이나 주권이 발행되지 않은 주식 등의 취득을 목적으로 하는 담보계약에는 가등기담보법이 **적용되지 않는다.**(19회)
② 1천만원을 차용하면서 2천만원 상당의 **고려청자**를 양도담보로 제공한 경우(고려청자는 동산으로서 등록 X) 가등기담보 등에 관한 법률이 **적용되지 아니한다.**(21회)
③ 1억원을 차용하면서 부동산에 관하여 가등기나 소유권이전등기를 하지 않은 경우(등기나 등록을 해야 한다) **가등기담보법이 적용되지 아니한다.**(34회)
④ 1억원을 차용하면서 2억원 상당의 그림을 양도담보로 제공한 경우(그림은 동산으로서 등록 X) **가등기담보법이 적용되지 아니한다.**(34회)
⑤ **질권·저당권** 및 **전세권**도 가등기담보법이 **적용되지 아니한다.** (민법이 적용된다)

(3) 예약 당시의 목적물의 가액이 피담보채권을 초과

① 가등기담보법은 재산권이전의 예약에 의한 가등기담보(양도담보 포함)에 있어서 **재산의 예약 당시의 가액이 차용액** 및 이에 붙인 이자의 합산 액을 **초과**하는 경우에 **적용**된다.(14회, 19회)

② 가등기담보 **부동산에 대한 예약 당시의 시가가 그 피담보채무액에 미치지 못하는 경우**(미달된 경우)에는 가등기담보법이 적용되지 않으므로 청산금평가액의 통지 및 **청산금지급 등의 절차를 이행할 여지가 없다.**(20회, 32회)

③ 즉, 1억원을 차용하면서 3천만원 상당의 부동산을 양도담보로 제공한 경우(담보부동산의 가액이 채권액에 미달) 가등기담보법이 적용되지 아니한다.(21회, 34회)

④ 재산권이전의 **예약 당시 재산에 대하여 선순위 근저당권이 설정**되어 있는 경우에는 재산의 가액에서 **피담보채무 액을 공제한 나머지 가액이** 차용액 및 이에 붙인 이자의 합산 액을 **초과**하는 경우에만 **적용**된다. 예를 들면 3억원을 차용하면서 이미 2억원의 채무에 대한 저당권이 설정된 4억원 상당의 부동산에 가등기한 경우 가등기담보법이 적용되지 아니한다.(21회)

⑤ 가등기의 원인증서인 매매예약서상의 매매대금은 가등기절차의 편의상 기재하는 것에 불과하고 가등기의 피담보채권이 그 한도로 제한되는 것은 아니며,(32회) 피담보채권의 범위는 당사자의 약정 내용에 따라 결정된다.

⑥ 가등기담보 채권자가 가등기담보권을 실행하기 이전에 그의 계약상의 권리를 보전하기 위하여 **가등기담보 채무자의 제3자에 대한 선순위 가등기담보채무를 대위변제하여 구상권이 발생**하였다면 특별한 사정이 없는 한 이 구상권도 가등기담보계약에 의하여 **담보**된다.(17회)

3. 귀속청산에 의한 실행(권리취득에 의한 사적 실행)

(1) 담보권 실행통지(청산통지)

1) 통지할 내용(청산금의 평가액)

> **제3조(담보권 실행의 통지와 청산기간)** ① 채권자가 담보계약에 따른 담보권을 실행하여 그 담보목적부동산의 소유권을 취득하기 위하여는 그 채권의 변제기 □에 제4조의 □□□(淸算金)의 평가액을 □□□□에게 통지하고, 그 통지가 채무자등에게 도달한 날부터 □□□(이하 "청산기간"이라 한다)이 지나야 한다. 이 경우 청산금이 없다고 인정되는 경우에는 그 뜻을 통지하여야 한다.
>
> 후, 청산금, 채무자등, 2개월

① 청산금(30회)

> **제4조(청산금의 지급과 소유권의 취득)** ① 채권자는 제3조제1항(청산금통지)에 따른 □□ □□의 담보목적부동산의 가액에서 그 채권액을 뺀 금액(이하 "청산금"이라 한다)을 채무자등에게 지급하여야 한다. 이 경우 담보목적부동산에 선순위담보권 등의 권리가 있을 때에는 그 채권액을 계산할 때에 선순위담보 등에 의하여 담보된 채권액을 □□한다.
>
> 통지 당시, 포함

㉠ 후순위담보권자의 피담보채권액은 채무자에게 실행 통지를 할 때 밝힐 필요가 없다.(27회)
㉡ 따라서 청산금은 실행통지 당시의 목적부동산 가액에서 그 시점에 목적부동산에 존재하는 모든 피담보채권액을 공제한 차액을 의미하지 않는다.(17회)

② 명시사항

> **제3조(담보권 실행의 통지와 청산기간)** ② 제1항에 따른 통지에는 통지 당시의 담보목적부동산의 평가액과 「민법」 제360조에 규정된 채권액(원금, 이자, 위약금, 지연배상 1년, 저당권 실행비용)을 밝혀야 한다. 이 경우 부동산이 둘 이상인 경우에는 각 부동산의 소유권이전에 의하여 소멸시키려는 □□과 그 □□을 밝혀야 한다.
>
> 📝 채권, 비용

㉠ 담보권실행의 통지에는 **채권자가 주관적으로 평가**한 통지 당시의 목적부동산의 가액과 피담보채권액을 명시함으로써 청산금의 평가액을 채무자 등에게 통지하면 족하다.
㉡ 즉, 계약자가 나름대로 평가한 청산금액이 객관적인 청산금 평가액에 미달하더라도 담보권실행 통지로서 효력이 있다.(15회, 17회)
㉢ **채권자가 나름대로 평가한 청산금의 액수가 객관적인 청산금의 평가액에 미치지 못한다**고 하더라도 담보권실행의 통지로서의 효력이나 청산기간의 진행에는 **아무런 영향이 없다.**
㉣ **따라서 통지한 청산금액이 객관적으로 정확하게 계산된 액수와 맞지 않더라도 채권자는 정확하게 계산된 금액을 다시 통지할 필요가 없다.**(30회)

③ 청산금이 없는 경우(13회, 16회, 30회)

> **제3조(담보권 실행의 통지와 청산기간)** ① ~ 이 경우 청산금이 없다고 인정되는 경우에는 그 뜻을 통지하여야 한다.

④ 통지의 구속력(19회, 23회, 33회)

> **제9조(통지의 구속력)** 채권자는 제3조제1항에 따라 그가 통지한 청산금의 금액에 관하여 다툴 수 없다.

2) 통지절차(12회, 13회, 16회, 20회)

> **제3조(담보권 실행의 통지와 청산기간)** ① 채권자가 담보계약에 따른 담보권을 실행하여 그 담보목적부동산의 소유권을 취득하기 위하여는 그 채권의 변제기 후에 제4조의 청산금(淸算金)의 평가액을 채무자등에게 통지하고, 그 통지가 채무자등에게 도달한 날부터 2개월(이하 "청산기간"이라 한다)이 지나야 한다. 이 경우 청산금이 없다고 인정되는 경우에는 그 뜻을 통지하여야 한다.

① **통지의 상대방**: 실행통지의 상대방은 **채무자 등**(채무자, 담보가등기목적 부동산의 물상보증인, 담보가등기 후 소유권을 취득한 제3자)이다. 통지는 이들 **모두에게 하여야** 하며,(13회, 19회, 23회) 채무자 등의 전부 또는 **일부에 대하여 통지를 하지 않으면 청산기간이 진행할 수 없고**, 따라서 가등기담보권자는 그 후 적절한 청산금을 지급하거나 실제 지급할 청산금이 없다고 하더라도 가등기에 기한 **본등기를 청구할 수 없으며**, 설령 편법으로 **본등기를 마쳤다고 하더라도 그 소유권을 취득할 수 없다.**(강행규정)

② **통지시기**: 채권자가 담보계약에 따른 담보권을 실행하여 그 담보목적부동산의 소유권을 취득하기 위해서는 그 채권의 **변제기 후**에 언제라도 상관없다.(13회, 16회)

③ **통지방법**: 귀속정산의 통지방법에는 아무런 제한이 없어 구두로든 서면으로든 가능하고,(13회) **담보부동산의 평가액이 피담보채권액에 미달하는 경우**에는(청산금이 없는 경우) 그 미달을 이유로 채무자에 대하여 **담보권의 실행으로** 그 부동산을 확정적으로 **채권자의 소유로 귀속시킨다는 뜻을 알리는 것으로 족하다.**

(2) 후순위권리자가 있는 경우

> **제5조(후순위권리자의 권리행사)** ① 후순위권리자는 그 순위에 따라 채무자등이 지급받을 청산금에 대하여 제3조제1항에 따라 통지된 평가액의 범위에서 청산금이 □□□ □까지 그 권리를 행사할 수 있고, 채권자는 후순위권리자의 요구가 있는 경우에는 청산금을 지급하여야 한다.
> ⑤ 담보가등기 후에 대항력 있는 임차권을 취득한 자에게는 청산금의 범위에서 동시이행의 항변권에 관한 「민법」 제536조를 준용한다.
>
> 📝 지급될 때

① **통지시기 및 내용**(16회)

> **제6조(채무자등 외의 권리자에 대한 통지)** ① 채권자는 제3조제1항에 따른 (청산금)통지가 채무자등에게 도달하면 지체 없이 □□□□□□에게 그 통지의 사실과 내용 및 도달일을 통지하여야 한다.
> ② 제3조제1항에 따른 통지가 채무자등에게 도달한 때에는 담보가등기 후에 등기한 제3자(제1항에 따라 통지를 받을 자를 제외하고, 대항력 있는 임차권자를 포함한다)가 있으면 채권자는 지체 없이 그 제3자에게 제3조제1항에 따른 통지를 한 사실과 그 채권액을 통지하여야 한다.
>
> 📝 후순위권리자

② **후순위권리자**는 **청산기간에 한정**하여 그 피담보채권의 **변제기 도래 전**이라도 담보목적부동산의 **경매를 청구**할 수 있다.(26회) (담보가등기 후의 저당권자는 청산기간 내라면 저당권의 피담보채권의 도래 전이라도 담보목적 부동산의 경매를 청구할 수 있다)

③ **후순위권리자는** 그 순위에 따라 채무자 등이 지급받을 청산금에 대하여 담보가등기권리자에 의하여 통지된 평가액의 범위 안에서 청산금 지급 시까지 그 권리를 행사할 수 있다.(12회)

(3) 청산(淸算)

① **청산기간** : 채권의 변제기 후에 청산금의 평가액을 채무자등에게 통지하고, 그 통지가 채무자 등에게 도달한 날부터 **2개월**(청산기간)이 지난 후에 청산금을 채무자등에게 지급하여야 한다.

② **청산금에 대한 처분 제한**(32회)

> **제7조(청산금에 대한 처분 제한)** ① 채무자가 청산기간이 지나기 전에 한 청산금에 관한 권리의 양도나 그 밖의 처분은 이로써 후순위권리자에게 □□하지 못한다.
> ② 채권자가 청산기간이 지나기 전에 청산금을 지급한 경우 또는 제6조제1항에 따른 (후순위 권리자에 대한)통지를 하지 아니하고 청산금을 지급한 경우 이로써 후순위권리자에게 □□하지 못한다.
>
> 📝 대항, 대항

③ **2월의 청산기간이 만료한 때**이다. 다만 채권자의 청산금의 지급채무와 **채무자등의 부동산의 소유권이전등기 및 인도채무**가 **동시이행의 관계**에 있으므로, (35회) 채무자 등으로부터 위 의무의 이행을 받을 때까지 청산금의 지급을 거절할 수 있다.

④ 청산절차가 종료하면 담보가등기 전에 등기된 저당권·전세권·가등기담보권과 대항력 있는 **임차권은 청산후에도 존속한다. 그러나 후순위담보 등은 귀속청산 종료 시 소멸한다.**(35회)

⑤ 편면적 강행규정

> **제4조(청산금의 지급과 소유권의 취득)** ④ 제1항부터 제3항까지의 규정에 어긋나는 특약으로서 채무자등에게 □□한 것은 그 효력이 없다. 다만, 청산기간이 □□ □에 행하여진 특약으로서 제3자의 권리를 침해하지 아니하는 것은 효력이 있다.
>
> 📝 불리, 지난 후

㉠ **청산절차를 거치지 않고 이루어진 본등기는** 가등기담보법의 강행규정에 위반되어 **무효**이며, (15회 추가) 그 본등기가 가등기권리자와 채무자 사이에 이루어진 특약에 의하여 이루어졌다고 할지라도 만일 그 특약이 채무자에게 불리한 것으로서 무효라면 그 본등기는 여전히 무효일 뿐이다.

㉡ 가등기담보권의 사적 실행에 있어서 채권자가 청산금의 지급 이전에 본등기와 담보목적물의 인도를 받을 수 있다거나, 청산기간이나 동시이행관계를 인정하지 않는 처분정산형의 담보권실행은 가등기담보법상 허용되지 않는다. (15회)

㉢ 가등기담보 등에 관한 법률상 **청산절차를 위반**하여 담보가등기에 기한 본등기가 이루어진 경우에는 그 본등기는 **무효**이고, (22회, 35회) 다만 가등기권리자가 **이러한 청산절차를 거치면** 위 무효인 본등기는 실체적 법률관계에 부합하는 **유효한 등기가 될 수 있을 뿐이다.** (23회) 그 입증책임은 이를 주장하는 자에게 있다고 할 것이다.

(4) **본등기에 의한 소유권의 취득**(12회, 29회)

> **제4조(청산금의 지급과 소유권의 취득)** ② 채권자는 담보목적 부동산에 관하여 이미 소유권이전등기를 마친 경우(부동산 양도담보)에는 청산기간이 지난 후 청산금을 채무자등에게 지급한 때에 담보목적부동산의 소유권을 취득하며, 담보가등기를 마친 경우에는 청산기간이 지난 후 그 가등기에 따른 본등기를 청구할 수 있다.
> ③ 청산금의 지급채무와 부동산의 소유권이전등기 및 인도채무의 이행에 관하여는 동시이행의 항변권에 관한 「민법」 제536조를 준용한다.

청산금을 지급할 여지가 없는 때에는 2월의 청산기간이 경과함으로써 청산절차는 종료되고, 채권자는 더 이상의 반대급부의 제공 없이 채무자에 대하여 소유권이전등기청구권 및 목적물인도청구권을 가진다.(그때부터 담보목적물의 과실수취권은 채권자에게 귀속한다)

(5) **청산절차없이 처분한 경우**

① 가등기담보법에 정해진 청산절차 없이 담보목적부동산을 처분하여 선의의 제3자에게 소유권을 취득하게 한 채권자는 채무자에게 불법행위 책임을 진다.(22회)
② **양도담보권자가** 담보목적부동산에 대하여 가등기담보등에 관한 법률 소정의 **청산절차를 거치지 아니한 채 소유권을 이전**한 경우, 그 제3자가 **선의**이면 유효하게 **소유권을 취득**한다.(14회, 15회 추가, 29회, 31회) 그러나 양수한 제3자가 악의인 경우라면 채무자는 제3자 명의의 등기말소를 청구할 수 있다.(20회)

3. 경매에 의한 실행(公的 實行 · 공적실행)

(1) **선택적 행사**(17회, 26회)

> **제12조(경매의 청구)** ① □□□□□□□□는 그 선택에 따라 제3조에 따른 담보권을 실행(귀속청산)하거나 담보목적부동산의 경매(처분정산)를 청구할 수 있다. 이 경우 경매에 관하여는 담보가등기권리를 □□□으로 본다.
> ② 후순위권리자는 □□□□(2월)에 한정하여 그 피담보채권의 변제기 □□ □이라도 담보목적부동산의 경매를 청구할 수 있다.
>
> 📝 담보가등기권자, 저당권, 청산기간, 도래 전

① 담보가등기권리자는 반드시 청산절차에 의하여 담보권을 실행할 필요가 없다.(12회)
② 「가등기담보 등에 관한 법률」은 경매에 관하여 **담보가등기권리를 저당권으로 보고 있으나,**(14회) 반드시 가등기담보권의 실행을 경매에 의할 필요는 없다.(13회, 15회 추가, 33회)

(2) 우선변제권(13회, 31회)

제13조(우선변제청구권) 담보가등기를 마친 부동산에 대하여 강제경매등이 개시된 경우에 담보가등기권리자는 다른 채권자보다 자기채권을 우선변제 받을 권리가 있다. 이 경우 그 순위에 관하여는 그 담보가등기권리를 저당권으로 보고, 그 □□□□□□ □□ □에 그 저당권의 설정등기가 행하여진 것으로 본다.

📝 담보가등기를 마친 때

(3) 본등기 청구 제한(13회)

제14조(강제경매등의 경우의 담보가등기) 담보가등기를 마친 부동산에 대하여 강제경매등의 개시 결정이 있는 경우에 그 경매의 신청이 청산금을 □□□□ □에 행하여진 경우에는 담보가등기권리자는 그 가등기에 따른 본등기를 청구할 수 없다.

📝 지급하기 전

(4) 경매개시에 따른 신고내용(13회)

제16조(강제경매등에 관한 특칙) ① 법원은 소유권의 이전에 관한 가등기가 되어 있는 부동산에 대한 강제경매등의 개시결정이 있는 경우에는 가등기권리자에게 다음 각 호의 구분에 따른 사항을 법원에 신고하도록 적당한 기간을 정하여 최고하여야 한다.
  1. 해당 가등기가 담보가등기인 경우 : 그 내용과 채권[이자나 그 밖의 부수채권을 포함한다]의 존부(存否)·원인 및 금액
  2. 해당 가등기가 담보가등기가 아닌 경우(순위보전적 가등기) : 해당 내용
② 압류등기 전에 이루어진 담보가등기권리가 매각에 의하여 소멸되면 제1항의 □□□□를 한 경우에만 그 채권자는 매각대금을 배당받거나 변제금을 받을 수 있다.

📝 채권신고

집행법원이 정한 기간 안에 **채권신고를 하지 않은 담보가등기권자는 매각대금을 배당받을 수 없다.**(22회)

(5) 말소기준권리 – 소제주의(掃除主義)(32회, 35회)

제15조(담보가등기권리의 소멸) 담보가등기를 마친 부동산에 대하여 강제경매등이 행하여진 경우에는 담보가등기권리는 그 부동산의 매각에 의하여 □□한다.

📝 소멸

CHAPTER 05 집합건물법

1. 구분소유의 요건

(1) 의의

'구분소유권'이란 1동의 건물 중 구조상, 이용상 구분된 여러 개의 부분이 독립한 건물로서 사용될 수 있을 때 그 각 부분을 각각 소유권의 목적으로 하는 것을 말한다.(공용부분으로 된 것은 제외한다)

(2) 구조상 · 이용상 독립성

① 1동의 건물에 대하여 구분소유가 성립하기 위해서는 객관적 · 물리적인 측면에서 1동의 건물이 존재하고, 구분된 건물부분이 구조상 독립성(일반적으로 각 부분이 건물의 구성부분인 바닥이나 천장, 벽, 출입문 등에 의하여 다른 건물부분과 차단된 경우) · 이용상 독립성(해당부분이 주거, 점포, 사무소 등 건물로서의 용도에 제공될 수 있어야 함을 의미)을 갖추어야 할 뿐 아니라, 1동의 건물 중 물리적으로 구획된 건물 부분을 각각 **구분소유권의 객체로 하려는 구분행위**가 있어야 한다.

② 집합건물인 **상가건물의 지하주차장**은 **구분소유의 대상**이 될 수 있으나 **아파트 지하실은 구분소유의 목적이 될 수 없다.**

③ 구조상 및 이용상의 독립성을 갖추고 있더라도 소유자가 구분 건물로 등기하지 않고 1동의 건물을 객체로 등기를 한 때(표시변경등기)에는 구분소유권이 성립하지 않는다. (19회)

(3) 구분소유설정행위

① **구분행위**는 건물의 물리적 형질에 변경을 가함이 없이 법률관념상 건물의 특정 부분을 구분하여 별개의 소유권의 객체로 하려는 일종의 **법률행위**로서, **처분권자의 구분의사가 객관적으로 외부에 표시되면 인정**된다.

② 소유자가 기존 건물에 마쳐진 등기를 증축한 건물의 현황과 맞추어 **1동의 건물로서 증축으로 인한 건물표시변경등기**를 경료한 때에는 그 **전체를 1동의 건물로 하려는 의사**이다.

(4) 등기여부

구분건물이 물리적으로 완성되기 전에도 건축허가신청이나 분양계약 등을 통하여 장래 신축되는 건물을 구분건물로 하겠다는 구분의사가 객관적으로 표시되면 구분행위의 존재를 인정할 수 있고, 이후 1동의 건물 및 그 구분행위에 상응하는 **구분건물이 객관적 · 물리적으로 완성**되면 아직 그 건물이 **집합건축물대장에 등록되거나 구분건물로서 등기부에 등기되지 않았더라도 그 시점에서 구분소유가 성립**한다. (26회, 32회)

2. 집합건물의 구성요소

(1) 전유부분(專有部分)

① "전유부분"이란 **구분소유권의 목적인 건물부분**을 말한다.(18회, 27회, 32회)
② 집합건물의 어느 부분이 전유부분인지 공용부분인지 여부는 당해 건물에 관한 건축물대장에 **구분건물로 등록된 시점을 기준으로 판단**하여야 하고,(18회) 그 후의 건물 개조나 이용상황의 변화 등은 전유부분인지 공용부분인지 여부에 영향을 미칠 수 없다.(15회)
③ 공동주택의 공용부분으로 건축된 부분을 주거용으로 개조하여 이를 매도하고 주거용으로 사용하게 하였더라도 그 부분은 따로 구분소유의 목적이 될 수 없다.(15회)
④ 전유부분이 속하는 1동의 건물의 설치 또는 보존의 하자로 인하여 타인에게 손해를 가한 때에는 그 하자는 공용부분에 존재하는 것으로 추정한다.(14회, 23회)

(2) 공용부분(共用部分)

① 여러 개의 전유부분으로 통하는 복도, 계단, 그 밖에 구조상 구분소유자 전원 또는 일부의 공용에 제공되는 건물부분은 **구분소유권의 목적으로 할 수 없다.** 즉, 일부의 구분소유자만이 공용하도록 제공되는 것임이 명백한 공용부분은 그들 구분소유자의 공유에 속한다.(29회)
② "구조상 공용부분"이란 이란 **전유부분 외의 건물부분**(지붕, 외벽, 계단, 복도 등), 전유부분에 속하지 아니하는 건물의 부속물(관리실, 수도·가스·전기·소방설비, 수도탱크 등) 및 공용부분으로 된 부속의 건물을 말한다.
③ **공용부분**에 관한 **물권의 득실변경은 등기가 필요하지 아니**하다.(34회)
④ 건물부분과 부속의 건물은 **규약**이나 공정증서로써 **공용부분**으로 정할 수 있다. 이 경우 공용부분이라는 취지를 **등기**하여야 한다.(13회) (표제부만 둔다)
⑤ 집합건물의 공용부분은 시효취득의 대상이 될 수 있다.(26회, 34회)
⑥ 공용부분과 경계표, 담 등은 분할을 청구할 수 없다.(18회)
⑦ 집합건물의 어느 부분이 구분소유자의 전원 또는 일부의 공용에 제공되는지 여부는 특별한 사정이 없는 한 건물의 구조에 다른 객관적인 용도에 의하여 결정되어야 한다.(19회)

(3) 대지(垈地)

① "건물의 대지"란 전유부분이 속하는 1동의 건물이 있는 토지 및 제4조에 따라 건물의 대지로 된 토지를 말한다.
② **대지사용권을 가지지 아니한 구분소유자가 있을 때에는 그 전유부분의 철거를 청구할 권리를 가진 자는** 그 구분소유자에 대하여 **구분소유권을 시가로 매도할 것을 청구**할 수 있다.
③ 대지 위에 구분소유권의 목적인 건물이 속하는 1동의 건물이 있을 때에는 그 대지의 공유자는 그 건물 사용에 필요한 범위의 대지에 대하여는 분할을 청구하지 못한다.(27회)

3. 공용부분에 대한 권리·의무관계

① 각 공유자는 공용부분을 그 **용도에 따라 사용**할 수 있다.(15회 추가, 31회, 34회) (민법은 지분의 비율로 사용) 그리고 비용부담은 전유부분의 지분비율에 따른다.(26회)
② 각 공유자의 지분은 그가 가지는 **전유부분의 면적 비율**에 따른다.(민법은 균등추정)
③ **공용부분에 대한 공유자의 지분은 그가 가지는 전유부분의 처분에 따른다.**(12회, 13회, 14회, 15회) 그리고 공용부분에 관한 물권의 **득실변경**(得失變更)은 **등기가 필요하지 아니**하다.(12회, 13회, 21회, 29회, 30회, 31회) 복도, 계단, 출입구, 엘리베이터, 옥상, 보일러실, 소방설비 등은 법률상 당연히 공용부분이 되며, 공용부분이라는 취지의 등기를 요하지 아니한다.(13회)
④ 공유자는 그가 가지는 **전유부분과 분리하여 공용부분에 대한 지분을 처분할 수 없다.**(15회)
⑤ 공용부분의 변경
  ㉠ 공용부분의 변경에 관한 사항은 관리단집회에서 **구분소유자의 3분의 2 이상 및 의결권의 3분의 2 이상의 결의**로써 결정한다.(12회, 15회 추가, 28회)
  ㉡ 공용부분의 **개량을 위한 것으로서 지나치게 많은 비용이 드는 것이 아닐 경우,**(13회) 휴양 콘도미니엄업의 운영을 위한 휴양 콘도미니엄의 공용부분 변경에 관한 사항인 경우에는 **통상의 집회결의**(구분소유자의 과반수 및 의결권의 과반수)로써 결정할 수 있다.
  ㉢ 건물의 노후화 억제 또는 기능 향상 등을 위한 것으로 **구분소유권 및 대지사용권의 범위나 내용에 변동을 일으키는 공용부분의 변경**에 관한 사항은 관리단집회에서 **구분소유자의 5분의 4 이상 및 의결권의 5분의 4 이상의 결의**로써 결정한다.
  ㉣ 다만, 휴양 콘도미니엄업의 운영을 위한 **휴양 콘도미니엄의 권리변동 있는 공용부분 변경**에 관한 사항은 구분소유자의 **3분의 2 이상 및 의결권의 3분의 2 이상의 결의**로써 결정한다.
⑥ 공용부분의 **관리**에 관한 사항은 **통상의 집회결의**(구분소유자의 과반수 및 의결권의 과반수)로써 결정한다.(21회)
⑦ 집합건물의 구분소유자는 공용부분에 대한 보존행위를 단독으로 할 수 있다.(12회)
  ㉠ 보존행위의 내용은 사실상의 보존행위뿐 아니라 지분권에 기한 방해배제청구권과 공유물의 반환청구권도 **단독**으로 행할 수 있다.(12회)
  ㉡ 입주자대표회의가 공동주택의 구분소유자를 대리하여 공용부분 등의 구분소유권에 기초한 방해배제청구권을 행사할 수 있다고 규정한 공동주택관리규약은 무효이다.(15회 추가)
  ㉢ 관리인 선임 여부와 관계 없이 공유자는 단독으로 공용부분에 대한 보존행위를 할 수 있다.(14회)
  ㉣ 관리단집회 결의나 다른 구분소유자의 동의없이 구분소유자 1인이 공용부분을 독점적으로 점유·사용하는 경우, 다른 구분소유자는 공용부분의 보존행위로서 그 인도를 청구할 수 있다.(33회)
  ㉤ 관리단집회의 결의에서 관리인이 선임되면 관리인이 사업집행에 관련하여 관리단을 대표하여 그와 같은 재판상 또는 재판외의 행위를 할 수 있다.(35회)
⑧ 공유자가 공용부분에 관하여 다른 공유자에 대하여 가지는 채권은 그 특별승계인에 대하여도 행사할 수 있다.(29회)

⑨ 체납관리비
  ㉠ 아파트의 특별승계인은 전(前)입주자의 **체납관리비 중 공용부분에 관하여는 이를 승계**하여야 한다.(15회) 그러나 **전유부분에 관한 체납관리비는 승계하지 아니한다.**(14회, 15회 추가)
  ㉡ **연체료**는 위약벌의 일종으로서 공용부분 관리비에 대한 연체료는 특별승계인에게 승계되는 공용부분 관리비에 **포함되지 않는다.**(17회, 20회, 25회)
  ㉢ 구분소유권이 순차로 양도된 경우 각 **특별승계인들**은 **이전 구분소유권자들의 채무를 중첩적으로 인수**한다고 봄이 상당하므로, 그 이전의 구분소유자들도 공용부분에 관한 종전 구분소유자들의 체납관리비채무를 부담한다.(32회)
⑩ 각 공유자는 규약에 달리 정한 바가 없으면 그 **지분의 비율**에 따라 공용부분의 관리비용과 그 밖의 **의무를 부담**하며 공용부분에서 생기는 **이익을 취득**한다.(14회)
⑪ 당연(구조상)공용부분은 등기를 요하지 않으나, 규약공용부분은 등기하여야 한다.(15회 추가)
⑫ 구분소유자 중 일부가 정당한 권원 없이 구조상 공용부분인 복도를 배타적으로 점유·사용하여 다른 구분소유자가 사용하지 못하였다면, 특별한 사정이 없는 한 이로 인하여 얻은 이익을 다른 구분소유자에게 부당이득으로 반환하여야 한다.(33회)
⑬ 관리비 징수에 관한 유효한 관리단 규약 등이 존재하지 않더라도 이 법상의 관리단은 공용부분에 대한 관리비를 지분비율에 따라 구분소유자에게 청구할 수 있다.(21회, 33회)
⑭ 구분소유자가 집합건물의 규약에서 정한 업종준수의무를 위반할 경우, 특별한 사정이 없는 한 단전·단수 등 제재조치를 할 수 있다고 규정한 규약은 유효하다.(15회 추가)

4. 수선적립금(제17조의2)
① **관리단**은 규약에 달리 정한 바가 없으면 관리단집회결의에 따라 건물이나 대지 또는 부속시설의 교체 및 보수에 관한 **수선계획을 수립할 수 있다.**
② **관리단**은 규약에 달리 정한 바가 없으면 관리단집회의 결의에 따라 **수선적립금을 징수**하여 적립할 수 있다. 다만, 다른 법률에 따라 장기수선을 위한 계획이 수립되어 충당금 또는 적립금이 징수·적립된 경우에는 그러하지 아니하다. (아파트처럼 장기수선충당금을 징수한 경우에는 수선적립금을 또다시 징수할 수 없다)
③ **수선적립금**은 **구분소유자로부터 징수**하며 **관리단에 귀속**된다.
④ 구분소유자는 수선적립금을 점유자가 대신하여 납부한 경우에는 그 금액을 점유자에게 지급하여야 한다.

5. 대지사용권
① "대지사용권"이란 구분소유자가 **전유부분을 소유하기 위하여 건물의 대지에 대하여 가지는 권리**를 말한다.(15회, 27회)
② 구분소유자의 **대지사용권**(종된권리)은 그가 가지는 **전유부분**(주된권리)의 **처분에 따른다.**

③ 구분소유자는 그가 가지는 **전유부분과 분리하여 대지사용권을 처분할 수 없다.**(34회) 다만, **규약으로써 달리 정한 경우**에는 전유부분과 **분리**하여 대지사용권을 **처분**할 수 있다.(15회 추가, 19회, 26회)
④ 대지사용권은 강제경매절차에 의해서도 전유부분과 분리되어 처분될 수 없다.(21회, 34회)
⑤ 전유부분과 대지사용권의 **분리처분금지**는 그 취지를 **등기**(대지권 등기)하지 아니하면 **선의**로 물권을 취득한 **제3자**에게 **대항**하지 **못**한다.(12회) 즉 집합건물의 대지임을 모른 채 대지사용권의 목적이 되는 토지를 취득한 제3자에게 대항할 수 없다.(21회)
⑥ 집합건물의 건축자로부터 **전유부분에 대한 소유권이전등기만 경료받고 대지지분에 대하여는 소유권이전등기를 경료받지 못한 자**는 매매계약의 효력으로써 전유부분의 소유를 위하여 건물의 **대지를 점유·사용할 권리**가 있는바,(15회 추가) 이러한 점유·사용권은 단순한 점유권과는 차원을 달리하는 본권으로서 집합건물법 소정의 **대지사용권**에 해당한다.
⑦ **전유부분**(주된권리)**만에 관하여 설정된 저당권의 효력**은, 특별한 사정이 없는 한, 당연히 종물 내지 종된 권리인 그 **대지사용권에까지 미치고,**(20회, 25회) 그에 터잡아 진행된 **경매**절차에서 **전유부분을 경락받은 자**는 그 **대지사용권도** 함께 **취득**한다.
⑧ 1동의 건물표제부에 대지권의 목적인 토지를 표시하고 구분소유건물의 표제부에 대지권의 종류와 비율을 표시한다.

6. 구분소유자의 의무와 책임

(1) 구분소유자의 의무(제5조)

① 구분소유자는 건물의 보존에 해로운 행위나, 구분소유자 공동의 이익에 어긋나는 행위를 하여서는 아니 된다.(12회) (공동이익침해금지)
② 전유부분이 주거의 용도로 분양된 것인 경우에는 정당한 사유 없이 그 부분을 주거 외의 용도로 사용하거나(용도외 사용금지) 그 내부 벽을 철거하거나 파손하여 증축·개축하는 행위를 하여서는 아니 된다.(13회) (불법증개축 금지)

(2) 의무위반자에 대한 조치

① 구분소유자가 위반한 경우
  ㉠ 공동의 이익에 반하는 행위의 정지청구등 : 구분소유자가 공동의 이익에 어긋나는 행위를 한 경우 또는 그 행위를 할 우려가 있는 경우에는 관리인 또는 관리단집회의 결의로 지정된 구분소유자는 구분소유자 공동의 이익을 위하여 그 행위를 정지하거나 그 행위의 결과를 제거할 것을 청구할 수 있다.(14회)
  ㉡ 사용금지의 청구 : 공동의 이익에 어긋나는 행위로 구분소유자의 공동생활상의 장해가 현저하여 공동생활 유지를 도모함이 매우 곤란할 때(14회)에는 **관리인 또는 관리단집회의 결의로 지정된 구분소유자**는 관리단집회의 결의(구분소유자의 4분의 3 이상 및 의결권의 4분의 3 이상)(28회)에 근거하여 **소**(訴)로써 적당한 기간 동안 해당 구분소유자의 전유부분 **사용금지**를 **청구**할 수 있다.(22회)

ⓒ 구분소유권의 경매 : 구분소유자가 제5조제1항(공동이익침해행위) 및 주거 외의 용도로 사용하거나 그 내부 벽을 철거하거나 파손하여 증축·개축하는 행위를 하거나(14회) 규약에서 정한 의무를 현저히 위반한 결과 공동생활을 유지하기 매우 곤란하게 된 경우(14회)에는 관리인 또는 관리단집회의 결의(구분소유자의 4분의 3 이상 및 의결권의 4분의 3 이상)로 지정된 구분소유자(14회, 28회)는 해당 구분소유자의 전유부분 및 대지사용권의 **경매를 명할 것을 법원에 청구**할 수 있다. 경매를 명한 재판이 확정되었을 때에는 **재판확정일부터 6개월 내 경매를 신청**할 수 있고, **해당 구분소유자는 경락인이 되지 못한다.**

② 점유자가 위반한 경우 : 점유자(전세권자, 임차인)가 제5조제1항(공동이익침해행위) 및 제2항(용도외 사용행위, 불법 증개축행위), 규약위반에 따른 의무위반을 한 결과 공동생활을 유지하기 매우 곤란하게 된 경우에는 관리인 또는 관리단집회의 결의(구분소유자의 4분의 3 이상 및 의결권의 4분의 3 이상)로 지정된 구분소유자는 그 **전유부분을 목적으로 하는 계약의 해제** 및 그 **전유부분의 인도를 청구**할 수 있다. (소송 X)

7. 관리단

① 건물에 대하여 구분소유 관계가 성립되면 **구분소유자 전원**을 구성원으로 하여 **관리단이 설립된다.**(13회, 15회, 15회 추가, 19회, 20회)

② 관리단의 재산으로 채무를 전부 변제할 수 없게 된 경우, 각 구분소유자는 지분의 비율로 관리단의 채무 전부를 변제할 책임이 있음이 원칙이다.(12회, 22회)

8. 관리인

① 관리인의 선임 등
 ㉠ **구분소유자가 10인 이상**일 때에는 관리인을 **선임하여야 한다.**(33회)
 ㉡ 집합건물의 임차인도 관리인이 될 수 있으므로(25회) 관리인은 **구분소유자일 필요가 없으며,**(30회, 33회, 35회) 그 임기는 **2년의 범위**에서 규약으로 정한다.(24회, 35회)
 ㉢ 관리인은 관리단집회의 결의로 선임되거나 해임된다. 다만, 규약으로 관리위원회의 결의로 선임되거나 해임되도록 정한 경우에는 그에 따른다.
 ㉣ 구분소유자의 승낙을 받아 전유부분을 점유하는 자는 관리단집회에 참석하여 그 구분소유자의 의결권을 행사할 수 있다.
 ㉤ **관리인에게 부정한 행위**나 그 밖에 그 직무를 수행하기에 적합하지 아니한 사정이 있을 때에는 **각 구분소유자**는 관리인의 **해임을 법원에 청구**할 수 있다.(13회, 24회)
 ㉥ **전유부분이 50개 이상**인 건물(「공동주택관리법」에 따른 의무관리대상 공동주택 및 임대주택과 「유통산업발전법」에 따라 신고한 대규모점포등관리자가 있는 대규모점포 및 준대규모점포는 제외한다)의 **관리인으로 선임된 자**는 그 선임된 사실을 특별자치시장, 특별자치도지사, 시장, 군수 또는 자치구의 구청장(이하 "소관청"이라 한다)에게 **신고하여야 한다.**

② 임시관리인의 선임 등
  ㉠ 구분소유자, 그의 승낙을 받아 전유부분을 점유하는 자, 분양자 등 이해관계인은 선임된 관리인이 없는 경우에는 **법원**에 **임시관리인의 선임을 청구**할 수 있다.
  ㉡ **임시관리인은 선임된 날부터 6개월 이내에 관리인 선임을 위하여 관리단집회 또는 관리위원회를 소집**하여야 한다.
  ㉢ 임시관리인의 임기는 **선임된 날부터 관리인이 선임될 때까지**로 하되, 규약으로 정한 **2년의 임기를 초과할 수 없다.**
③ 관리인의 권한과 의무
  ㉠ **공용부분**(전유부분 X)의 보존행위(19회)
  ㉡ **공용부분**(전유부분 X)의 관리 및 변경에 관한 관리단집회 결의를 집행하는 행위
  ㉢ **공용부분**의 관리비용 등 관리단의 사무 집행을 위한 비용과 분담금을 각 구분소유자에게 청구·수령하는 행위 및 그 금원을 관리하는 행위
  ㉣ 관리인의 **대표권은 제한**할 수 있다. 다만, 이로써 **선의의 제3자에게 대항할 수 없다.**(29회, 35회)
④ 관리인의 보고의무 등
  ㉠ 관리인은 매년 1회 이상 구분소유자 및 그의 승낙을 받아 전유부분을 점유하는 자에게 그 사무에 관한 보고를 하여야 한다.
  ㉡ 전유부분이 50개 이상인 건물의 관리인은 관리단의 사무 집행을 위한 비용과 분담금 등 금원의 징수·보관·사용·관리 등 모든 거래행위에 관하여 장부를 월별로 작성하여 그 증빙서류와 함께 해당 회계연도 종료일부터 5년간 보관하여야 한다.

9. 회계감사

① **전유부분이 150개 이상**으로서 대통령령으로 정하는 건물의 관리인은 감사인의 회계감사를 **매년 1회 이상** 받아야 한다. 다만, 관리단집회에서 구분소유자의 3분의 2 이상 및 의결권의 3분의 2 이상이 회계감사를 받지 아니하기로 결의한 연도에는 그러하지 아니하다.
② 전유부분이 **50개 이상 150개 미만**으로서 대통령령으로 정하는 건물의 관리인은 **구분소유자의 5분의 1 이상이 연서하여 요구**하는 경우에는 감사인의 **회계감사를 받아야** 한다.

10. 관리위원회

① 관리단에는 **규약**으로 정하는 바에 따라 관리위원회를 **둘 수 있다.**(24회) (둔다 X)
② **관리위원회는** 이 법 또는 규약으로 정한 **관리인의 사무 집행을 감독**한다.
③ 관리위원회의 **위원은 구분소유자 중에서** 관리단집회의 결의에 의하여 **선출**한다.(24회) 다만, 규약으로 관리단집회의 결의에 관하여 달리 정한 경우에는 그에 따른다.
④ **관리인은** 규약에 달리 정한 바가 없으면 **관리위원회의 위원이 될 수 없다.**(33회, 35회)
⑤ 관리위원회 위원의 임기는 **2년의 범위에서 규약으로 정한다.**

⑥ 관리위원회를 둔 경우 규약에서 달리 정한 바가 없으면, 관리인은 공용부분의 보존행위를 함에 있어 관리위원회의 결의를 요한다.(33회)
⑦ 관리위원회 위원은 질병, 해외체류 등 부득이한 사유가 있는 경우 외에는 서면이나 대리인을 통하여 의결권을 행사할 수 없다.(33회)

11. 규약

① **규약의 설정·변경 및 폐지는** 관리단집회에서 **구분소유자의 4분의 3 이상 및 의결권의 4분의 3 이상의 찬성**을 얻어서 한다.(3회, 20회, 28회)
② 관리단집회에서 적법하게 결의된 사항은 그 결의에 반대한 구분소유자에 대하여도 효력을 미친다.(22회)
③ 규약 및 관리단집회의 결의는 구분소유자의 특별승계인에 대하여도 효력이 있다.(30회)

12. 관리단 집회

① 정기관리단집회 : 관리인은 **매년 회계연도 종료 후 3개월 이내**에 정기 관리단집회를 소집하여야 한다.(13회, 24회, 29회)
② 임시관리단집회 : **구분소유자의 5분의 1 이상**이 회의의 목적 사항을 구체적으로 밝혀 관리단집회의 소집을 청구하거나,(13회) 관리인이 필요하다고 인정할 때에는 관리단집회를 소집할 수 있다.
③ 관리단집회를 소집하려면 관리단집회일 1주일 전에 회의의 목적사항을 구체적으로 밝혀 각 구분소유자에게 통지하여야 한다. **관리단집회는 통지한 사항에 관하여만 결의**할 수 있다.
④ 관리단집회는 구분소유자 **전원이 동의**하면 **소집절차를 거치지 아니하고 소집**할 수 있다.(13회, 25회) 관리단집회는 구분소유자 전원이 동의하면 소집절차를 거치지 아니하고 소집할 수 있으므로 소집절차에서 통지되지 않은 사항에 대해서도 결의할 수 있다.(27회)
⑤ 각 구분소유자의 **의결권**은 **지분비율**(전유부분 면적비율)에 따른다.
⑥ 전유부분을 여럿이 공유하는 경우에는 공유자는 관리단집회에서 **의결권을 행사할 1인을 정**한다. (강행규정이다)
⑦ 의결권은 서면이나 전자적 방법으로 또는 대리인을 통하여 행사할 수 있다.(16회)
⑧ 구분소유자들은 미리 그들 중 1인을 대리인으로 정하여 관리단에 신고한 경우에는 그 대리인은 그 구분소유자들을 대리하여 관리단집회에 참석하거나 서면 또는 전자적 방법으로 의결권을 행사할 수 있다.
⑨ 구분소유자의 4분의 3 이상 및 의결권의 4분의 3 이상이 서면이나 전자적 방법 또는 서면과 전자적 방법으로 합의하면 관리단집회에서 결의한 것으로 본다. 따라서 관리인의 선임은 관리단집회의 소집·개최없이 서면결의로 할 수 있다.(22회)

⑩ 다음의 경우에는 그 구분에 따른 의결정족수 요건을 갖추어 서면이나 전자적 방법 또는 서면과 전자적 방법으로 합의하면 관리단집회를 소집하여 결의한 것으로 본다.
  ㉠ 휴양 콘도미니엄의 공용부분 변경에 관한 사항인 경우 : 구분소유자의 과반수 및 의결권의 과반수
  ㉡ 구분소유권 및 대지사용권의 범위나 내용에 변동을 일으키는 공용부분의 변경, 재건축 결의 및 건물가격 1/2 이상에 상당하는 건물부분이 멸실되었을 경우 복구 : 구분소유자의 5분의 4 이상 및 의결권의 5분의 4 이상
  ㉢ 휴양 콘도미니엄의 권리변동 있는 공용부분 변경에 관한 사항 및 휴양 콘도미니엄의 재건축 결의의 경우 : 구분소유자의 3분의 2 이상 및 의결권의 3분의 2 이상
⑪ 관리단집회의 의사는 이 법 또는 규약에 특별한 규정이 없으면 구분소유자의 과반수 및 의결권의 과반수(통상의 집회결의)로써 의결한다.
⑫ 구분소유자는 집회의 소집 절차나 결의 방법이 법령 또는 규약에 위반되거나 현저하게 불공정한 경우, 결의 내용이 법령 또는 규약에 위배되는 경우에는 집회 결의 사실을 **안 날부터 6개월** 이내에, 결의**한 날부터 1년 이내**에 결의취소의 소를 제기할 수 있다.
⑬ 수분양자로서 **분양대금을 완납하였음에도 분양자측의 사정으로 소유권이전등기를 경료받지 못한 수분양자**도 구분소유자에 준하는 것으로 보아 관리단의 구성원이 되어 **의결권을 행사**할 수 있다. (27회)

13. 하자담보책임(제9조)

① 구분소유건물을 건축하여 **분양한 자**(이하 "분양자"라 한다)(12회, 31회)와 분양자와의 계약에 따라 **건물을 건축한 자**로서 대통령령으로 정하는 자(이하 "시공자"라 함은 건물의 전부 또는 일부를 시공하여 완성한 자, 또는 그 자로부터 건물의 시공을 일괄 도급받은 자)(23회) 는 구분소유자에 대하여 **담보책임을 진다**.
② 제9조의 담보책임은 **건물의 건축상의 하자**에 관한 것으로, **대지부분의 권리상의 하자에까지 적용되는 것이라 하기 어렵다**.
③ 분양자와 시공자의 담보책임에 관하여 이 법과 「민법」에 규정된 것보다 매수인에게 불리한 특약은 효력이 없다.(15회) (편면적 강행규정)
④ 제9조에 의한 **하자담보추급권**(손해배상청구권)은 집합건물의 수분양자가 집합건물을 양도한 경우 특별한 사정이 없는 한 **현재의 집합건물의 구분소유자에게 귀속**한다.(18회)
⑤ 손해배상청구권
  ㉠ 제9조에 의한 **하자보수를 갈음한 손해배상청구권, 즉 하자담보추급권**은 집합건물의 수분양자 내지는 **현재의 구분소유자에게 귀속**하는 것이므로, 입주자대표회의나 관리단은 하자담보추급권을 가진다고 할 수 없다.
  ㉡ 법 제9조는 집합건물의 분양자가 집합건물의 현재의 구분소유자에 대하여 부담하는 법정책임이므로(강행규정) 이에 따른 손해배상청구권은 **10년의 소멸시효기간**이 적용된다.
  ㉢ 집합건물의 **하자보수에 갈음한 손해배상청구권의 소멸시효기간은 각 하자가 발생한 시점부터** (모든 하자가 종료한 시점 X) **별도로 진행**한다.(23회)

⑥ 공동주택의 현재 입주자와 입주자대표회의 또는 관리주체(이하 '입주자대표회의 등'이라고 한다)에게 사업주체에 대한 하자보수청구권 및 하자보수보증금에 대한 권리를 인정한다.
⑦ **수분양자는** 집합건물의 완공 후에도 분양목적물의 **하자로 인하여 계약의 목적을 달성할 수 없는 때**에는 분양계약을 **해제**할 수 있다.(23회)
⑧ 담보책임의 존속기간
　㉠ 임대 후 분양전환된 집합건물의 경우 그 하자담보책임 기간은 **최초 임차인들에게 인도된 때부터 10년간**이라고 봄이 상당하다.(23회)
　㉡ 전유부분은 임대 후 분양전환된 집합건물의 경우, **분양전환 시점이 아닌 임대에 의하여 집합건물을 인도받은 시점부터** 하자담보책임의 제척기간이 진행한다고 할 것이다.(27회)
　㉢ **공용부분은 사용검사일** 또는 집합건물 전부에 대하여 **임시 사용승인**을 받은 경우에는 그 임시 사용승인일 부터 10년간 이라고 봄이 상당하다.(31회)

14. 분양자의 관리의무 등

① 분양자는 선임된 관리인이 사무를 개시할 때까지 선량한 관리자의 주의로 건물과 대지 및 부속시설을 관리하여야 한다.
② 분양자는 예정된 매수인의 2분의 1 이상이 이전등기를 한 때에는 규약 설정 및 관리인 선임을 위한 관리단집회를 통지받은 날부터 3개월 이내에 소집할 것을 구분소유자에게 통지하여야 한다.
③ 분양자는 구분소유자가 통지를 받은 날부터 3개월 이내에 관리단집회를 소집하지 아니하는 경우에는 지체 없이 관리단집회를 소집하여야 한다.

15. 재건축

① 건물을 재건축하면 재건축에 드는 비용에 비하여 현저하게 효용이 증가하게 되는 경우에 관리단집회는 **그 건물을 철거하여 그 대지를 구분소유권의 목적이 될 새 건물의 대지로 이용할 것을 결의**할 수 있다.(12회)
② 재건축결의는 **구분소유자의 5분의 4 이상 및 의결권의 5분의 4 이상의 결의**에 따른다.(12회, 15회, 16회, 17회, 24회, 28회, 30회)
　㉠ 제47조 소정의 재건축결의시 서면결의가 가능하고,(25회) 그와 같은 **서면결의를 함에 있어서는 관리단집회가 소집ㆍ개최될 필요가 없다.**
　㉡ 주거용 집합건물을 철거하고 상가용 집합건물을 신축하기로 하는 재건축결의는 원칙적으로 허용된다.(21회)
　㉢ 재건축결의의 내용을 변경함에 있어서는 조합원 5분의 4 이상의 결의가 필요하다.
　㉣ 휴양 콘도미니엄업의 운영을 위한 휴양 콘도미니엄의 재건축 결의는 구분소유자의 3분의 2 이상 및 의결권의 3분의 2 이상의 결의에 따른다.

③ 재건축을 결의할 때에는 새 건물의 설계 개요, 건물의 철거 및 새 건물의 건축에 드는 비용을 개략적으로 산정한 금액, 비용의 분담에 관한 사항, 새 건물의 구분소유권 귀속에 관한 사항(홍보비에 관한 규정 X)(20회) 을 정하여야 한다.
④ 재건축 비용의 분담액 또는 산출기준을 확정하지 않은 재건축결의는 무효임이 원칙이다.(17회)
⑤ 재건축 불참자에 대한 촉구
  ㉠ **재건축의 결의가 있으면 그 결의에 찬성하지 아니한 구분소유자에 대하여** 재건축에 참가할 것인지 여부를 회답할 것을 **서면**으로 **촉구**하여야 한다.(12회, 16회, 17회)
  ㉡ 촉구를 받은 구분소유자가 **2개월 이내**에 회답하지 아니한 경우 그 구분소유자는 재건축에 **참가하지 아니하겠다**는 뜻을 회답한 것으로 본다.(16회, 30회)
⑥ 재건축에 참가하지 아니하겠다는 뜻을 회답한 구분소유자(그의 승계인을 포함한다)에게 구분소유권과 대지사용권을 시가로 매도할 것을 청구할 수 있다.(12회)
  ㉠ 매도청구권은 형성권으로서 행사기간 내에 이를 행사하지 아니하면 그 효력을 상실한다.
  ㉡ 하나의 단지 내에 있는 여러 동의 건물 전부를 일괄하여 재건축하고자 하는 경우라도 **재건축결의의 요건 충족 여부는 각각의 건물마다 별개로 따져야** 하므로,(12회, 16회) 단지 내의 일부 건물에 대하여 일단 재건축 결의의 정족수가 충족되었다면 먼저 매도청구권을 행사할 수 있다.
  ㉢ 재건축의결의가 구분소유자의 5분의 4 이상 및 의결권의 5분의 4 이상의 다수에 의한 **결의의 정족수를 충족하지 못하였다면 매도청구권을 행사할 수 없다.**(20회)
⑦ 재건축 결의에 따라 설립된 '재건축조합'은 법인등기 전에는 비법인 사단에 해당하므로 정관 기타 규약에 달리 정함이 없는 한 그 구성원의 의사의 합의는 총회의 결의에 의하여야 한다.(19회)

MEMO

01 증권경제전문 토마토TV가 만든 교육브랜드

토마토패스는 24시간 증권경제 방송 토마토TV · 인터넷 종합언론사 뉴스토마토 등을 계열사로
보유한 토마토그룹에서 출발한 금융전문 교육브랜드 입니다.
경제 · 금융 · 증권 분야에서 쌓은 경험과 전략을 바탕으로 최고의 금융교육 서비스를 제공하고 있으며
현재 무역 · 회계 · 부동산 자격증 분야로 영역을 확장하여 괄목할만한 성과를 내고 있습니다.

뉴스토마토	토마토증권통	토마토집통	e·Tomato
www.newstomato.com	www.tomatostocktong.com	tv.jiptong.com	www.etomato.com
싱싱한 정보, 건강한 뉴스	24시간 증권경제 전문방송	국내 Only One 부동산 전문채널	맛있는 증권정보

02 차별화된 고품질 방송강의

토마토 TV의 방송제작 장비 및 인력을 활용하여 다른 업체와는 차별화된 고품질 방송강의를 선보입니다.
터치스크린을 이용한 전자칠판, 핵심내용을 알기 쉽게 정리한 강의 PPT,
선명한 강의 화질 등으로 수험생들의 학습능력 향상과 모바일 수강 편의를 제공해 드립니다.

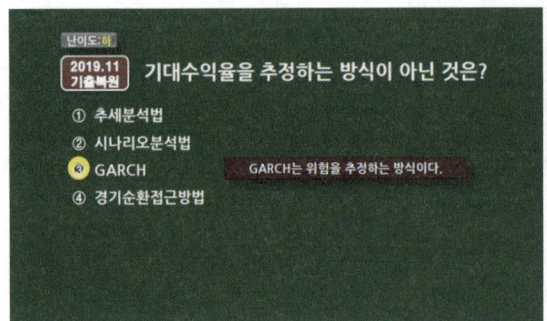
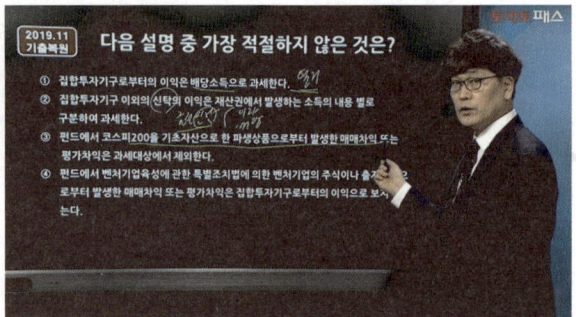

03 검증된 강의력의 운용역 출신 전담강사 유창호

이미 보험심사역과 투자자산운용사의 수많은 합격 후기로 증명된 유창호 전담 강사는
금융보험 수험서 국내최다출간 저자로 다년간의 실무 경력을 보유하고 있는 운용역 출신 강사 입니다.
유창호 강사의 토마토패스 투자자산운용사 교재는 철저한 기출복원과 분석으로 높은 적중률을 보이며
다수의 온라인 서점에서 꾸준히 인기도 1위를 기록하고 있으며, 매 회차의 시험복원 데이터를 반영하여
투자자산운용사 시험 대비의 바이블로 자리잡고 있습니다.
지금 바로 토마토패스 홈페이지 및 유투브 채널에서 수많은 고득점 합격후기를 확인하세요!

04 가장 빠른 1:1 수강생 학습 지원

토마토패스에서는 가장 빠른 학습지원 및 피드백을 위해 다음과 같이 1:1 게시판을 운영하고 있습니다.
· Q&A 상담문의(1:1) ㅣ 학습 외 문의 및 상담 게시판, 24시간 이내 조치 후 답변을 원칙으로 함 (영업일 기준)
· 강사님께 질문하기(1:1) ㅣ 학습 질문이 생기면 즉시 활용 가능, 각 자격증 전담강사가 직접 답변하는 시스템
이 외 자격증 별 강사님과 함께하는 오픈카톡 스터디, 네이버 카페 운영 등 수강생 편리에 최적화된
수강 환경 제공을 위해 최선을 다하고 있습니다.

05 100% 리얼 후기로 인증하는 수강생 만족도

2024 수강후기 별점 기준(100으로 환산)

토마토패스는 결제한 과목에 대해서만 수강후기를 작성할 수 있으며,
합격후기의 경우 합격증 첨부 방식을 통해 100% 실제 구매자 및 합격자의 후기를 받고 있습니다.
합격선배들의 생생한 수강후기와 만족도를 토마토패스 홈페이지 수강후기 게시판에서 만나보세요!
또한 푸짐한 상품이 준비된 합격후기 작성 이벤트가 상시로 진행되고 있으니,
지금 이 교재로 공부하고 계신 예비합격자분들의 합격 스토리도 들려주시기 바랍니다.

강의 수강 방법
PC

01 토마토패스 홈페이지 접속

www.tomatopass.com

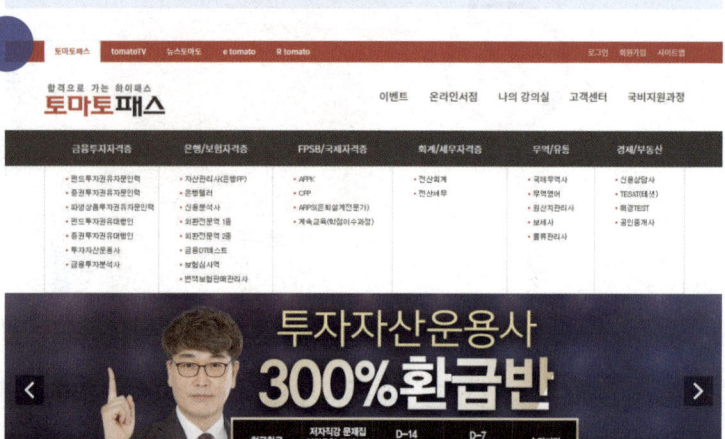

02 회원가입 후 자격증 선택
· 회원가입시 본인명의 휴대폰 번호와 비밀번호 등록
· 자격증은 홈페이지 중앙 카테고리 별로 분류되어 있음

03 원하는 과정 선택 후 '자세히 보기' 클릭

04 상세안내 확인 후 '수강신청' 클릭하여 결제
· 결제방식 [무통장입금(가상계좌) / 실시간 계좌이체 / 카드 결제] 선택 가능

05 결제 후 '나의 강의실' 입장

06 '학습하기' 클릭

07 강좌 '재생' 클릭
· IMG Tech 사의 Zone player 설치 필수
· 재생 버튼 클릭시 설치 창 자동 팝업

강의 수강 방법
모바일

탭 · 아이패드 · 아이폰 · 안드로이드 가능

01 토마토패스 모바일 페이지 접속

WEB · 안드로이드 인터넷, ios safari에서 www.tomatopass.com 으로 접속하거나

 Samsung Internet (삼성 인터넷)

 Safari (사파리)

APP · 구글 플레이 스토어 혹은 App store에서 합격통 혹은 토마토패스 검색 후 설치

 Google Play Store

 앱스토어   합격통

02 존플레이어 설치 (버전 1.0)

· 구글 플레이 스토어 혹은 App store에서 '존플레이어' 검색 후 버전 1.0 으로 설치
 (***2.0 다운로드시 호환 불가)

03 토마토패스로 접속 후 로그인

04 좌측 👤 아이콘 클릭 후 '나의 강의실' 클릭

05 강좌 '재생' 버튼 클릭

· 기능소개
과정공지사항 : 해당 과정 공지사항 확인
강사님께 질문하기 : 1:1 학습질문 게시판
Q&A 상담문의 : 1:1 학습외 질문 게시판
재생 : 스트리밍, 데이터 소요량 높음, 수강 최적화
다운로드 : 기기 내 저장, 강좌 수강 시 데이터 소요량 적음
PDF : 강의 PPT 다운로드 가능

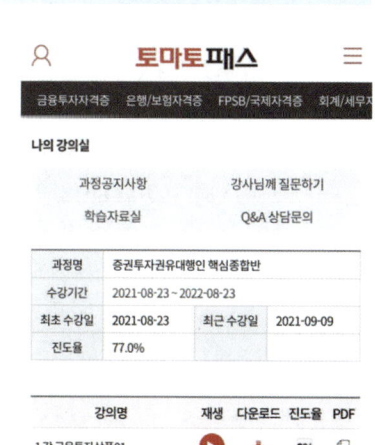

토마토패스
단한권 공인중개사 1차 핵심이론서

초 판 발 행	2025년 01월 15일
개정1판1쇄	2026년 01월 30일
공 저 자	송도윤 · 박기인
발 행 인	정용수
발 행 처	(주)예문아카이브
주 소	경기도 파주시 광인사길 79 4층(문발동)
T E L	031) 955-0550
F A X	031) 955-0660
등 록 번 호	제2016-000240호
정 가	35,000원

- 이 책의 어느 부분도 저작권자나 발행인의 승인 없이 무단 복제하여 이용할 수 없습니다.
- 파본 및 낙장은 구입하신 서점에서 교환하여 드립니다.

홈페이지 http://www.yeamoonedu.com

ISBN 979-11-6386-532-2   [13320]